2015 年教育部人文社科项目：《中华人民共和国成立初期西南民族地区
土地制度变革与乡村社会重构研究（1949~1959）》
项目批准号：15YJA770003

西南民族地区土地制度变革与
乡村社会重构研究

（1949～1957）

范连生 / 著

知识产权出版社
全国百佳图书出版单位

图书在版编目（CIP）数据

西南民族地区土地制度变革与乡村社会重构研究：1949—1957 /
范连生著 . —北京：知识产权出版社，2018.9
ISBN 978-7-5130-5797-4

Ⅰ.①西…　Ⅱ.①范…　Ⅲ.①民族地区—土地改革—研究—
西南地区—1949 - 1957②民族地区—社会变革—研究—西南地区—
1949 - 1957　Ⅳ.①K297

中国版本图书馆 CIP 数据核字（2018）第 196076 号

内容提要

中华人民共和国成立初期，在党和人民政府的领导下，西南地区结合民族地区实际，贯彻和灵活运用中央土地制度和民族政策，开展了土地改革和合作化运动。西南民族地区的土地制度变革推动地区政治、经济、社会、文化和民族关系等方面发生了巨大的嬗变，加速了乡村社会的重构，反之，乡村社会的重构也加速了西南民族地区土地制度的变革。

责任编辑：宋　云　褚宏霞　　　　　责任校对：潘凤越
封面设计：楚泰书装　　　　　　　　责任印制：刘译文

西南民族地区土地制度变革与乡村社会重构研究（1949～1957）
范连生　著

出版发行：知识产权出版社有限责任公司　网　　址：http：//www.ipph.cn
社　　址：北京市海淀区气象路 50 号院　邮　　编：100081
责编电话：010-82000860 转 8388　　　责编邮箱：songyun@cnipr.com
发行电话：010-82000860 转 8101/8102　发行传真：010-82000893/82005070/82000270
印　　刷：北京虎彩文化传播有限公司　经　　销：各大网上书店、新华书店及相关专业书店
开　　本：720mm×1000mm　1/16　　印　　张：28.25
版　　次：2018 年 9 月第 1 版　　　　印　　次：2018 年 9 月第 1 次印刷
字　　数：460 千字　　　　　　　　定　　价：98.00 元
ISBN 978-7-5130-5797-4

目　录

绪　论 …………………………………………………………… 1

　一、问题的提出及研究意义 ………………………………… 1

　二、研究现状概述 …………………………………………… 3

　三、研究思路与研究方法 …………………………………… 7

　四、资料运用与研究框架 …………………………………… 8

　五、主要创新点 ……………………………………………… 12

第一章　土改前西南民族地区的土地分配与经济关系 ……… 13

　一、地权的占有与分配 ……………………………………… 13

　二、租佃剥削 ………………………………………………… 23

　三、高利贷剥削 ……………………………………………… 34

　四、雇工剥削 ………………………………………………… 44

　小　结 ………………………………………………………… 49

第二章　耕者有其田——西南民族地区的土地改革 ………… 53

　一、中央与西南关于土改的方针政策 ……………………… 53

　二、内地汉区、民族杂居区的土地改革 …………………… 61

　三、少数民族聚居地区的土地改革 ………………………… 114

　小　结 ………………………………………………………… 125

第三章　农业合作化——西南民族地区农村土地公有制的建立 …… 129

　一、合作化的内在需求与外在强制 ………………………… 130

　二、农业合作化的历程 ……………………………………… 139

　小　结 ………………………………………………………… 193

第四章　解体与重构——西南民族地区乡村社会的政治 ……… 198

　一、基层政权建设 …………………………………………… 199

二、封建宗族制度的解体 ······························· 219

　　小　结 ·· 223

第五章　西南民族地区经济制度与经济生活的变迁 ········· 227

　　一、西南民族地区经济制度的变化 ··················· 228

　　二、西南民族地区土地制度变革的经济绩效 ········· 230

第六章　西南民族地区乡村秩序的社会建构 ··············· 261

　　一、阶级阶层结构的变化 ····························· 262

　　二、社会风气的变化 ································· 269

　　三、社会心理的变迁 ································· 307

　　四、卫生事业的进步 ································· 330

第七章　社会主义教育：西南民族地区乡村思想文化的重构 ········ 347

　　一、对农民的思想教育与改造 ····················· 347

　　二、意识形态的重建 ································· 364

　　三、扫盲运动与文化翻身 ··························· 372

第八章　西南地区民族团结与社会稳定 ··················· 386

　　一、民族政策的宣传 ································· 386

　　二、民族干部的培养、使用 ······················· 397

　　三、民族区域自治机关的成立 ····················· 407

　　四、民族团结与社会的稳定与发展 ················· 414

结束语 ·· 424

　　一、西南民族地区土地制度的变革 ················· 424

　　二、西南地区灵活运用和推行中央政策 ············· 428

　　三、土地制度变革和乡村社会重构关系 ············· 430

参考文献 ·· 435

后　记 ·· 446

绪　论

一、问题的提出及研究意义

中国是农业的中国、农民的中国、乡土的中国。中国的问题根本上是农民问题。中国有悠久的农业文明，古代农学家王祯说："农，天下之大本也。一夫不耕，或授之饥；一女不织，或授之寒。古先圣哲，敬民事也，首重农。"在传统的农业社会，土地所有制是农村社会经济的基础。因此，乡村土地制度的变迁和农民的生存状态在某种意义上构成了中国历史的主要内容和基本方面。土地制度变革是新中国经济发展和社会转型中一个绕不开的问题。中华人民共和国成立初期农村经过土地改革和合作化运动，土地制度变动频繁，处在不断变化的动态过程中，重组了农村的阶级关系，变革了农村的社会结构，引发了农村社会的种种变迁，具有深远的历史影响。

土地是农业资源中最重要的部分，土地与农民的关系构成了农村的基本关系。土地制度是全部社会关系的高度浓缩，它在本质上体现着人与人之间的关系。因而土地制度在很大程度上决定着农村生产关系、利益关系以及社会关系的基本面貌。中华人民共和国成立初期，党和人民政府通过土地政策的调整来巩固政权，促进社会发展。

增强问题意识，是坚持马克思主义世界观和方法论的具体体现。学术研究中的问题意识是在研究过程中逐渐形成的一种解决问题的观念，问题是时代的声音，而提出问题是解决问题的前提和基础。1986 年，在中国经济史学会成立大会上，著名经济史学家严中平先生强调："我们要努力作出贡献：或者提出新的问题，或者提出新的观点，或者提出新的材料，或者运用新的方法。"此即有名的学术研究"四新"论，但要想做到"四新"，属殊匪易。❶ 本课题研究的一个重要旨趣是提出问题，诚如法国年鉴学派代表人物布洛赫指出："有时候揭示问题本身比试图解决它们更为重要。"❷

社会变迁和重构是社会系统结构和功能的更替过程。1949～1957年，是中华人民共和国成立初期历史发展的一个重要变革和转型时期。"纵观共和国前七年的历史，可圈可点之处颇多。其间虽然也有缺点，但是瑕不掩瑜。从总体上看，可谓'仰之弥高，钻之弥坚'。越是回眸，越觉得辉煌伟大；越是研究，越感到内涵丰富。这七年是在旧世界的废墟上初创辉煌的七年，也是迎战外患内忧旗开得胜的七年，还是为社会主义革命、建设和改革奠基并积累基本经验的七年。"❸ 这也就是本课题把考察时间段定在中华人民共和国成立初期的重要原因。学术界对于土地制度和乡村社会重构的个案研究，多聚焦在租佃制发达的江南和以自耕农制为典型的华北。本课题以西南民族地区为个案，希冀通过个案研究深化研究者对这一段特殊历史和它在当代中国历史发展中独特地位的认知。

学术价值：通过本课题的研究，首先可以深化中华人民共和国成立初期土地制度变革与乡村社会重构关系问题研究，拓宽党史、国史研究的领域；其次可以深化中央土地政策、民族政策推行与民族地区社会稳定和发展之间的关系研究，这些都是学术界关注的热点。同时，本研究将运用历史学、民族学、政治学、社会学等相结合的方法，开展跨学科研究，宽视野、多途径、全方位地研究土地制度变革与乡村社会重构的全貌、规律和特点，以深化乡村社会史研究，弥补由于学科划分而导致的相关研究的不足，从某种程度上填补学术界对该研究领域的空白。

现实意义：中华人民共和国成立初期土地制度变革与乡村社会重构，是党和人民政府领导农民进行农村现代化建设的最初努力和尝试。本课题研究从微观层面揭示西南民族地区乡村社会政治、经济、社会和意识形态等领域发生的真实变动，并形成了许多有益的历史经验。本课题的研究可以为处理当前民族地区社会稳定和发展中出现的问题提供历史借鉴和启迪，因此该项研究对于制定现阶段的民族政策、促进民族地

❶ 李金铮：《民国乡村借贷关系研究》，人民出版社 2003 年版，第 22 页。
❷ ［法］布洛赫：《法国农村史》，商务印书馆 1997 年版，第 1 页。
❸ 田居俭：《共和国初创辉煌的七年》，《当代中国史研究》1999 年第 5～6 期，第 126 页。

区团结、稳定和发展，对于目前探索在民族地区建设中国特色社会主义新农村的发展道路均有重要借鉴意义。

二、研究现状概述

中华人民共和国成立初期，西南民族地区经历了两次土地制度的变革——土地改革和农业合作化。在上述土地制度变革的过程中，由于中央的土地政策和民族政策得到认真贯彻并灵活运用，西南民族地区民族团结、社会稳定发展，乡村社会得到了重构，但学术界对此的研究还非常薄弱。

20 世纪 80 年代以来，研究者从不同的学科背景和不同的角度对中华人民共和国成立初期的土地改革和合作化运动进行了探讨，还有的学者对于已有的研究成果进行了概述。早期土地改革研究成果多为通论性著作，如张永泉等的《中国土地改革史》（武汉大学出版社 1985 年版）、杜润生主编的《中国的土地改革》（当代中国出版社 1996 年版）等，早期成果主要侧重于共产党土地政策的演变以及在各地实施的总体情形，基本上属于证明土改合法性的革命史叙事题材。新中国土地制度研究长期以来一直是学术界关注的重点问题，研究成果颇为丰硕，主要有原玉廷和张改枝主编的《新中国土地制度建设 60 年回顾与思考》（中国财政经济出版社 2010 年版）、曾令秋和胡健敏主编的《新中国农地制度研究》（人民出版社 2011 年版）、吴玲的《新中国农地产权制度变迁与创新研究》（中国农业出版社 2007 年版）、段美玲的《新中国成立以来农村土地制度变迁研究》（华东师范大学硕士学位论文 2012年）、高海燕的论文《20 世纪中国土地制度百年变迁的历史考察》（《浙江大学学报（人文社会科学版）》2007 年第 5 期）、顾钰民的论文《建国 60 年农村土地制度四次变革的产权分析》（《当代世界与社会主义》2009 年第 4 期）、王琢的论文《中国农村土地制度变革的六十年》（《学术研究》1999 年第 11 期）等。上述论著较少关注基层的微观土地制度变革实践，对土地制度与乡村社会变革的互动关系缺乏必要的关注。

在土地改革和合作化运动的研究方面，涉及的代表性论著有杜润生主编的《当代中国的农业合作制》（当代中国出版社 2002 年版）、武力主编的《中华人民共和国经济史》（中国经济出版社 1999 年版）、高化民的《农业合作化运动始末》（中国青年出版社 1999 年版）、邢乐勤的《20 世纪 50 年代中国农业合作化运动研究》（浙江大学出版社 2003 年版）、马社香的《中国农业合作化运动口述史》（中央文献出版社 2012 年版）、叶扬兵的《中国农业合作化运动研究》（知识产权出版社 2006 年版）、罗平汉的《土地改革运动史》（福建人民出版社 2005 年版）和《农业合作化运动史》（福建人民出版社 2004 年版）、莫宏伟和张成洁的《新区农村的土地改革》（江苏大学出版社 2009 年版）等，还有一些专业期刊发表的相关论文，这些论著都涉及了中华人民共和国成立初期的土地制度变革。另外，专门研究西南地区土地改革的论著有陈翠玉的《西南地区实施〈土地改革法〉研究》（法律出版社 2010 年版）、马曜的论文《论云南边疆民族地区的和平协商土地改革》（《中央民族大学学报（哲学社会科学版）》1993 年第 5 期）、邹曦的《贵州少数民族地区土改问题研究——以贵州台江县为例》（山东大学硕士学位论文 2013 年）、岳仁崇的《20 世纪 50 年代和平协商土地改革研究——以云南德宏傣族景颇族自治州傣族地区为例》（贵州财经大学硕士学位论文 2012 年）等。以上论著拓宽了土地制度变革研究领域，极大地丰富了人们对土地制度变革的细节性认知，在学界有着一定的影响。但以上研究较少使用社会学理论和跨学科的研究方法，历史资料充足但理论分析不够，宏观阐述详细而实证分析不够，缺乏应有的实证性分析。

近年来一些研究者采用了跨学科的研究方法，土地制度研究开始从国家层面、制度层面深入到村庄层面、实践层面，一些学者在论著中都涉及这一问题，如周晓虹的《传统与变迁——江浙农民的社会心理及其近代以来的嬗变》（三联书店 1998 年版）、朱冬亮的《社会变迁中的村级土地制度：闽西北将乐县安仁乡个案研究》（厦门大学出版社 2003 年版）、郭于华等的《诉苦：一种农民国家观念的形成机制》（《中国学术》2002 年第 4 期）、吴毅的《村治变迁中的权威与秩序——20 世纪川东双村的表达》（中国社会科学出版社 2002 年版）、李康的《西村十五年：从革命走向革命——1938～1952 冀东村庄基层组织机制变迁》（北京大学博士学位论文 1999 年）、陈益元和黄琨的《土地改革与农村社会转型——以 1949 年至 1952 年湖南省攸县为个案》（《中共党史研究》2013 年第 4 期）、黄荣华的《农村地权研究：1949～1983——以湖北省新洲县为个案的考察》（复旦大学博士学位论文 2004 年）等。以上研究充分发掘资料，进行实证研究，涉及土地制度变革中的宣传动员、权力运作、民众行为、社会心理、集体记忆等方面，强化了对土地制度变革前后乡村社会重构和社会变迁的考察和研究，但相对而言，研究成果较少，尚有较大的研究空间以待研究者。

在 20 世纪中国乡村社会的变迁历程中，中华人民共和国成立初期土地改革和合作化运动是至关重要的环节。目前史学界对土地制度研究成果较多、关注度高，而对土地制度变动引起的乡村社会变迁和乡村重构问题研究关注不够、研究力量相对不足，基本还处于一个开创、积累的阶段。关于乡村重建和社会变迁的研究，近年来，不少研究者越来越关注土地制度变革的社会影响和政治意义，扩展研究领域，注意从区域、底层和日常生活的视角与层面进行考察和揭示，认为土地制度变革渗透着国家权力的实质性扩张、国家与乡村社会关系的重塑、各种动员和治理技术的发明，使得土地制度研究从国家层面的宏观研究深入到地方层面的微观考察，强化了对土地制度变革前后乡村社会变革的实证性分析，呈现出与宏观、总体研究不同的面相和景象。这方面代表性的专著有王瑞芳的《土地制度变动与中国乡村社会变革——以新中国成立初期土改运动为中心的考察》（社会科学文献出版社 2010 年版），作者"依据翔实而丰富的历史资料，从土地改革与乡村社会变革的互动关系入手，重现新中国成立初期乡村社会变革的历史图景，阐述土改运动与乡村社会变革的深刻内涵，揭示土改后乡村社会变革的各种具体表现，考察土改前后乡村社会政治经济结构的显著变化，分析土改后农民生产方式和生活方式的变化，借以说明新中国成立之初土改运动的深远影响"。❶ 其他还有如张一平的《地权变动与社会重构：苏南土地改革研究（1949～1952）》（上海人民出版社 2009 年版）、梁敬明的《走近郑宅：乡村社会变迁与农民生存状态（1949～1999）》（中国社会科学出版社 2005 年版）、贾滕的《乡村社会秩序重构与灾害应对——以淮河流域商水县土地改革为例（1947～1954）》（社会科学文献出版社 2013 年版）、刘娅的《解体与重构——现代化进程中的"国家—乡村社会"》

---

❶ 王瑞芳：《土地制度变动与中国乡村社会变革——以新中国成立初期土改运动为中心的考察》，社会科学文献出版社 2010 年版，第 6 页。

（中国社会科学出版社 2004 年版）、于昆的《变迁与重构——新中国成立初期社会心态研究（1949～1956）》（中国社会科学出版社 2014 年版）、解冰的《新农村基层政权权责制衡重构》（中国方正出版社 2010 年版）、江燕的《新中国成立以来农村基层政权建设的历史考察》（河北大学出版社 2009 年版）、项继权的《集体经济背景下的乡村治理：南街、向高和方家泉村村治实证研究》（华中师范大学出版社 2002 年版）等。

代表性的论文有邓小林的《建国初期西部民族地区农村基层政权的变迁与重构——以西康省雅安县蔡龙乡为中心的研究》（《社科纵横》2013 年第 5 期）、李立志的《土地改革与农民社会心理变迁》（《中共党史研究》2002 年第 7 期）、陈益元的《合作化运动中的基层政权与农村社会——以 1953～1957 年湖南省醴陵县为个案》（《社会主义研究》2005 年第 3 期）、洪鉴和徐学初的《建国初期四川的土地改革与乡村社会变动——当代四川农村现代化变革之个案分析》（《西南民族大学学报（人文社科版）》2010 年第 5 期）、江燕的《新中国农村基层政权初创时期的历史考察》（《当代中国史研究》2009 年第 4 期）等，由上可知，围绕中华人民共和国成立初期乡村社会变迁问题，学术界从不同学科、不同领域和不同立场出发，作出了艰辛的探索、考察和研究。这些研究成果的出现，说明学术界已经关注土地制度变革与乡村社会重构的问题，但现有成果也明显存在西南地区个案研究少、对民族地区土地制度的变革与乡村社会重构的互动关系关注不够，研究不深入等问题。中华人民共和国成立初期乡村社会变动，是中共党史、国史研究中比较薄弱的问题。乡村社会变革的历史图像仍然模糊不清，土地制度变革与乡村社会重构问题，仍然是学术界需要深化研究的领域。

通观上述这些研究成果不难发现，受学科背景、研究时段和研究旨趣的影响，这一问题研究存在以下问题和不足：（1）多角度、历时性与共时性的综合研究成果较少，现有成果中历时性的研究比较欠缺，对历史时期特别是中华人民共和国成立初期土地制度变革的研究着力不多，一些论著主要从社会学、经济学的角度探讨新中国土地制度的历史变迁，跨学科研究结合得不够；（2）历史学界对土地制度变革的研究，主要集中在土地改革和合作化运动过程的描述和价值评判上，有的研究停留于国家政策制度的解读，注重政策—效应分析，对土地制度的变革与乡村社会重构的互动关系关注不够，从全面、立体和深度、细化层面考察的成果还比较缺乏，研究成果较少；（3）目前研究成果宏观概论多，微观实证少，整体与个案研究结合得不够，特别是对民族地区个案研究较少，体现不出地方特点和民族特色，从而使研究不够深入。对土地制度变革与乡村社会重构关系还缺乏深入、全面的考察和研究。

由上可知，目前研究成果宏观概论多，微观实证少，大都采用"自上而下""从中央到地方"的观察和研究视角，宏观阐述详尽而实证分析不够，并且缺乏对地方政府能动性的考察。因此选择典型个案，采取"自上而下"和"自下而上"相结合的观察和研究视角来研究这一问题十分必要，既要从宏观、总体上分析国家土地政策嬗变及其在地方和区域社会的具体实践，又要从微观、细化层面研究乡村社会重构的实际面貌和具体体现。这也成为今后深化国史研究和乡村社会史研究的主要趋势。

三、研究思路与研究方法

研究思路：土地制度变革与乡村社会重构，一直是学术界研究比较薄弱的领域，本研究将依据翔实而丰富的历史资料，从中华人民共和国成立初期土地制度变革与乡村社会重构的互动关系入手，以马克思主义唯物史观为指导，全面检视西南民族地区土地制度变革的基本进程、历史经验及对乡村社会变动的影响。在阅读档案资料、报刊、文献资料和相关理论的基础上，开展扎实的田野调查，充分发掘第一手资料，将实证研究与理论研究相结合，运用跨学科的研究方法，对研究对象进行实事求是的阐述，最终形成富含理论色彩的实证研究成果。既还原被宏观研究屏蔽的社会真貌，涉及历史过程同政策主体和客体的互动关系，又能从微观研究中考察土地制度变革和乡村社会重构的内在联系和普遍规律，重点对土地制度变革后民族地区乡村社会重构问题进行实证性研究。在研究过程中也对照其他区域并参照已有的研究成果，运用原始资料，重视田野调查和个案研究，在个案研究的基础上进行理论分析和实践概括，但决非要得出一个普适性的结论。

研究方法：研究方法取决于研究对象和研究目的。"研究方法的选择与研究的对象以及研究者本身的学术目的直接相关。"❶ 本课题坚持以唯物史观为指导，坚持"论从史出"和"史论结合"的原则，采用的研究方法有：（1）跨学科研究方法。在学科的交叉融合方面，注重民族学、历史学、社会学、政治学等学科的综合运用，从土地制度变革与乡村社会重构的互动关系入手，力争使本课题的研究达到一个较高的学术水平。（2）比较研究方法。注重纵向与横向、点与面的有机结合，从应然与实然的对比中，具体地、历史地考察中华人民共和国成立初期民族地区农村的土地制度变革实践，深化乡村社会史的研究，正确评价土地制度变革的积极意义。（3）理论抽象与实证分析结合法。本研究重视个案研究和田野调查，抓住典型案例进行"解剖"，采用理论与实证相结合的论证方式，采用兼顾宏观与微观的研究方法，把握中央与地方、地方与地方、地方与乡村的互动关系，在个案研究基础上进行理论概括，提炼出带有规律性的东西。

四、资料运用与研究框架

资料运用：本课题研究大量运用原始档案资料、公开出版的档案史料、经济统计资料、社会调查资料、地方志、报刊资料、口述史料、文史资料、学术专著、论文等，运用跨学科的方法，对土地制度变革和乡村社会重构进行实证性分析，力求得出符合客观实际的结论。

如在档案资料使用方面，课题组曾到贵州、云南、四川、重庆等省市州县档案馆查阅大量原始档案资料，还使用了许多公开出版的档案史料，如贵州省档案馆编的《黔地新生——解放初期贵州土地改革档案文献选编》（贵州人民出版社 2011 年版）、张培田主编的《新中国婚姻改革和司法改革史料：西南地区档案选编》（北京大学出版社 2012 年版）、贵州人民出版社出版的《贵州农村合作经济史料》（共 4 辑）、史敬棠等编的《中国农业合作化运动史料》（三联书店 1962 年版）、云南农业合作化史编辑室和中共云南省委农村工作部编的五卷本《云南农业合作制史料》、中国社会科学院和中央档案馆编的《（1949～1952）中华人民共和国经济档案资料选编：农村经济体制卷》（社会科学文献出

---

❶ 林尚立：《当代中国政治形态研究》，天津人民出版社 2000 年版，第 54 页。

版社 1992 年版）等。

在社会调查资料方面，20 世纪五六十年代，中央和各省组织了对西南民族地区的社会调查，出版了许多社会调查资料，如《四川省苗族傈僳族傣族白族满族社会历史调查》《苗族社会历史调查》《傈僳族怒族勒墨人（白族支系）社会历史调查》《苗汉经济关系的历史》《贵州省台江县巫脚公社反排寨社会历史调查资料》《苗族的阶级关系》《贵州省雷山县桥港乡掌披寨苗族社会历史调查资料》《侗族社会历史调查》《苗族租佃关系》《仲家（布依族）的阶级情况及租佃关系》《贵州省威宁县法地区别色园子和东关寨解放前社会经济调查资料》《彝族的土司制度》《景颇族社会历史调查》《彝族土司的租佃形式》《贵州省罗甸县平亭村布依族解放前的社会经济情况和解放后的发展变化》《贵州少数民族地区的教会势力》《傣族社会历史调查》等，为后来研究者提供了珍贵的第一手历史资料。

研究框架：绪论部分主要叙述问题的提出及研究意义、研究现状概述、研究思路与方法、资料运用与研究框架、主要创新点和基本观点等。

第一章为土改前西南民族地区的土地分配与经济关系。在封建土地所有制条件下，土地占有悬殊，西南民族地区的农民在中华人民共和国成立前所受的封建剥削是极其苛重的，不合理的土地分配制度以及与此扭结的租佃关系、雇佣关系、借贷关系，是导致贫富差异、阶级差别和农民生活困苦的根源。农民既受封建土司的剥削，又受封建地主和富农的剥削，阶级矛盾往往与民族矛盾交织在一起，少数民族杂居地区或聚居地区，地租、押金、无偿劳役等负担之沉重，过多地榨取了农民所得，使农民陷于贫困之中，严重地影响了农业生产的资金投入，阻碍着生产力的发展。封建土地所有制是生产停滞、经济落后、人民贫困的根源，早已成为西南民族地区社会进步和农业生产力发展的桎梏，必须对这种封建的土地制度进行改革。

第二章为耕者有其田——西南民族地区的土地改革。西南民族地区的土地改革是一个颠覆乡村秩序的革命。中华人民共和国成立初期，中央、西南、各省先后发布了一系列土地改革的法令政策，以指导土地改革运动的顺利开展。通过清匪反霸、减租退押运动、土改的宣传动员、划分阶级、没收分配土地、土改复查等阶段，西南民族地区完成了土地改革。中华人民共和国成立初期西南民族地区的土地改革以无偿的方式满足了农民"耕者有其田"的要求，根本改变了农村的生产关系，获得了农民的信任和对新生国家政权的认同。通过土地改革，西南地区建立了一种阶级制度，土地改革过程中的阶级划分、成分评定导致传统社会血缘、地缘结构的解体，形成了广泛的组织网络，并全面有效地整合民族社会，使得新中国政府的号召力和行政命令以从未有过的力度深入民族地区乡村。

第三章为农业合作化——西南民族地区农村土地公有制的建立。农业合作化运动是传统的个体占有生产资料和个体生产劳动向集体占有生产资料和集体生产劳动的一次伟大转变。土地改革后，西南民族地区农村发展生产需要土地、劳力、技术、资金等生产要素，需要实现人地资源的有效配置。土地改革并未解决农民所有的生产问题，为了用制度化的乡村社会组织取代小农经济的生产方式和生活方式，在党和人民政府的领导下，西南民族地区进行了农业的社会主义改造，废除了土地私有制，消灭了私有制和私有观念。合作化运动中，照顾农民的私有心理和个体经营习惯，根据党中央的指示，采取由互助组、初级社、高级社逐步过渡的办法。西南民族地区农村的社会主义改造，大致和汉族地区相同，大多经历了从互助组、初级社到高级社的发展过程。生产关系的变革和合作组织规模的确定，一定要与生产力发展水平相适应，才能充分调动各社会阶层在集体经济组织中合作的积极性。西南民族地区合作化的教训之一就是没有循序渐进，从量变到质变地进行社会主义改造，绝不可以采取强制或剥夺的办法，只能坚持自愿原则。

第四章为解体与重构——西南民族地区乡村社会的政治。中华人民共和国成立初期的土地改革是共产党实现"国家—乡村社会"重构的第一步，为了实现国家对基层社会的现代化动员与整合，新政权以阶级斗争和政治运动为武器，直接实施对乡村政治秩序的重建。在西南民族地区，为巩固新政权，国家在进行土地改革的同时，逐步在县以下建立乡级政权体系，国家权力向下延伸，通过对阶级的动态建构，共产党将其政治意识形态下行并渗透到乡村社会。西南民族地区土地改革和农业合作化运动从政治认同、政治话语、政治意识形态等角度将农村纳入国家对基层社会的一体化整合之中，重组乡村社会权力结构，实现了农村基层政权的调整与发展。它破除了传统乡村社会中的权力结构，乡村社会进入新的治理与发展时期，使乡村的权力结构和政治秩序发生了前所未有的变化，重构了乡村社会的新型政治秩序，逐步形成以乡村基层组织为核心、一体化和同质化的乡村社会政治秩序，从而扩大和巩固了共产党和人民政府在乡村基层社会的统治基础。

第五章为西南民族地区经济制度与经济生活的变迁。中华人民共和国成立初期，西南民族地区在党和人民政府的领导下，实现了土地制度的两次变革。在土地制度变革的过程中，各级人民政府都把土地改革、合作化运动同生产紧密结合起来。西南民族地区土地制度变革改变了农村生产关系，改革了农业生产方式，西南民族地区土地制度的变革使农业生产得到了发展，农民的生活水平得到了提高，农村面貌为之一新，产生了巨大的经济绩效。但土地制度变革过程中用政治手段解决经济问题，特别是合作化并不是因生产力发展要求所引起的制度变革，从长远来看，这些都产生了一定的消极影响。

第六章为西南民族地区乡村秩序的社会建构。任何社会在运行过程中，社会体系和阶级结构都不可避免地会发生一系列变迁。社会变迁与环境、制度、经济、科技、人口以及社会价值观念、生活方式的变化密切相关。中华人民共和国成立初期，随着土地制度的变革，西南民族地区农村的社会结构和阶级结构也发生了较大的变化。通过土地制度变革，中国共产党成功地建构了乡村社会的基层组织网络。随着土地制度变革，西南民族地区婚姻制度发生变革，烟毒基本禁绝，农村医疗卫生条件初步改善，良好的社会风气开始形成。新的社会风尚得到倡导，从土改到合作化，土地制度的变革使西南民族地区乡村发生了翻天覆地的变化。土地制度变革过程中的阶级划分，把原有的各种乡村社会关系都归结为阶级关系，一种新型的以阶级为基础、具有浓厚意识形态色彩的、泛政治化的社会结构形态开始形成，社会阶层及其关系发生了巨大的变化，使乡村社会发生了实质性重构。西南民族地区土地制度变革不仅改变了乡村的阶级关系、社会结构，而且使各族农民的生活方式、生活习俗和精神风貌也发生了重大变化。

第七章为社会主义教育：西南民族地区乡村思想文化的重构。中华人民共和国成立初期，在党和人民政府的领导下，西南民族地区加强对农民的思想教育与改造，批评"李四喜思想"，加强农村基层党建，大力开展农村扫盲运动，农民实现了文化翻身，精神生活发生了重大变化，西南地区各族人民思想政治觉悟大大提高，马克思主义的主流意识形态得以确立，从而培育了基层政权公信力的价值认同基础，实现了乡村思想文化的重构。

第八章为西南地区民族团结与社会稳定。在党和人民政府的领导下，西南民族地区积极采取措施，通过派民族访问团、少数民族参观团参观学习、检查民族政策执行等方式，开展了以民族平等、团结为中心的民族政策的宣传教育工作，培养选拔使用少数民族干部，基本满足了少数民族干部带领各族人民进行社会主义改造和建设的需要。民族区域自治机关的成立，使西南地区各族人民社会主义觉悟空前提高，加强了民族团结，实现了各民族人民当家做主、管理本民族事务的权利，促进了民族团结和各项建设事业的发展。

五、主要创新点

主要创新点：（1）研究理念的创新。本研究采用非线性的立体思维模式，拓展思路，从中华人民共和国成立初期民族地区土地制度变革与乡村社会重构的互动关系入手开展双向探讨。（2）大量使用新资料、原始资料。课题组充分发挥地缘优势，深入各地获取第一手材料，保证运用原始的资料，如档案资料、报刊资料、口述资料等。（3）研究方法上的创新。研究方式上采取整体与个案相结合的研究模式，开展跨学科研究，特别重视民族学、田野调查和历史学实证研究法相结合，研究具有浓厚的实证化色彩。

第一章 土改前西南民族地区的
土地分配与经济关系

中国是个古老的农业大国。农业中最基本的经济关系就是人与地的关系，而土地所有制则是其核心。近代中国"农村的经济关系，就是指土地占有关系，以及收获物的分配与交换关系。实质上就是封建势力残酷压迫剥削农民的阶级关系"。❶ 农民土地不足，是人地比例关系失调和土地分配不均两种因素造成的。共产党发动土改的基本依据和合法性是：不合理的土地分配制度以及与此扭结的租佃关系、雇佣关系、借贷关系，是导致贫富差异、阶级差别和农民生活困苦的重要源头。❷ 地权分配不均和阶级压迫被认为是土地改革的基本原因。"历史是至关重要的。它的重要性不仅仅在于我们可以向过去取经，而且还因为现在和未来是通过一个社会制度的连续性与过去连接起来的。"❸ 研究近代地权分配与土地改革有助于从宏观、总体层面考察中华人民共和国成立初期革命与改造语境下乡村社会重构的问题，对当前乡村土地制度变革和土地经营权流转有着现实的指导意义。

一、地权的占有与分配

土地是农业生产最重要的载体，在传统经济结构没有根本变化之前，也是农民收入的主要来源。20 世纪 80 年代，学者对近代地权分配

---

❶ 邢乐勤：《20 世纪 50 年代中国农业合作化运动研究》，浙江大学出版社 2003 年版，第 54 页。
❷ 李金铮：《传统与变迁：近代华北乡村的经济与社会》，人民出版社 2014 年版，第 295 页。
❸ ［美］道格拉斯·C. 诺斯：《制度、制度变迁与经济绩效》，刘守英译，上海三联书店 1994 年版，第 1 页。

做了新的研究和估计。郭德宏提出：地主富农占地平均为 50% ～52%
左右。而且，地主富农占有的土地逐步有所分散，中农、贫农、雇农及
其他劳动人民占有的土地有所增加。❶

（一）汉区和民族杂居地区的地权分配

土地占有关系是不均衡的，西南地区的土地大量集中在地主阶级手
中，他们利用农村经济的破产和农民的贫困、逃亡，纷纷兼并土地。在
土地集中地区，地主、富农占地超过 60%。四川农村土地集中程度为
全国各省之冠，占农村人口百分之三、四的地主，占有百分之六七十的
土地。许多农民无房无地，"连一块打麻雀的泥巴都没有"。❷ 从全国土
地占有的总情况来看，西南地区比其他各大行政区的土地较集中，而川
西又是西南地区土地更集中的地方，川西一般的情况是地主户数占总户
数的 4% 左右，却占有土地总亩数的 65% ～75%，中农、贫雇农占总户
数的 80% ～90%，却只占有土地总亩数的 20% ～30%。如华阳中兴乡
十四五保的调查是：占人口 4.4% 的地主占有 65.2% 的土地；而占
90.4% 的中农、贫雇农，却只占有 21.1% 的土地。成都县城区镇七保
地主户数不到 10%，占有土地 77%，而占 85% 以上的中农、贫雇农，
却只占有 14% 的土地。❸ 就西南区实际情况来说：土地的占有和租佃关
系极端的不合理。万县天成乡第二保的土地更为集中，这个保共 203
户，地主占 7 户，但地主所占土地面积达 81.5%，而占人口总户数
92.2% 的贫农、佃农及小商、小贩、自由职业者，仅占土地面积之
0.9%。川东十二个保的情况，大体可以说明川东甚至四川一般地区土
地占有的情况。❹ 据 1936 年四川省政府的资料载，四川各阶层户数及土
地占有情况：地主占总户数的 7%，占有耕地的 77.6%；佃农占 70%，
自耕农占 13%，占有耕地的 8.1%；半自耕农占 10%，占有耕地的
9.7%。在土地肥沃、水利发达之区域，地主集中耕地现象尤为显著。

---

❶ 郭德宏：《旧中国土地占有状况及其趋势》，《中国社会科学》1989 年第 4 期，第
199 页。

❷ 段志洪、徐学初主编：《四川农村 60 年经济结构之变迁》，巴蜀书社 2009 年版，第
4 页。

❸ 《川西农村的封建统治》1950 年 11 月 21 日，重庆市档案馆藏档，档案号：D－65－1（1）。

❹ 中国社会科学院、中央档案馆：《（1949～1952）中华人民共和国经济档案资料选编：
农村经济体制卷》，社会科学文献出版社 1992 年版，第 5 页。

如川西南地区占人口 7.2% 的地主，占有土地 85% 以上；最肥沃的成都县，竟有 90% 以上的土地掌握在占人口 1.1% 的地主手中。❶ 土地改革前夕，占川北总户数的 6.81% 、总人口的 8.62% 的地主富农，占有 32.81% 的土地，人均 5.47 亩，含外籍地主所占土地，则为 38.96%，占总户数的 83.35% 、总人口的 76.63% 的贫雇中农，占有 50.29% 的土地，人均仅 0.95 亩。❷ 西康汉人地区的情况和四川相类似。芦山县五个保占人口总数不到 10% 的地主和富农，占有 70% 以上的田地；占人口 90% 左右的中农和贫农及其他劳动人民则只占有田地 20% 左右，中农贫农占有的水田仅占总数的 24.5% ，其余水田全为地主富农所有。❸ 贵州一些地方土地集中程度也较厉害。以独山县为例，土地改革前，地主占全县总户数的 4% ，人口占全县总人口的 5% ，而占有的耕地则为全县总耕地面积的 70% ；贫雇农占全县总户数的 55.2% ，人口占全县总人口的 50% ，而占有的耕地仅为全县耕地面积的 5% ，地主每人平均占有耕地为贫雇农每人占有耕地的 142 倍。❹ 黄平县四屏镇五里桥村共 229 户（苗族占绝大多数，其中汉族 17 户），人口 1083 人，土质较好，一般有水田、旱田、土三种，以水田居多，均为地主占有，土地相当集中，占人口极少的地主富农占有 67.5% 的土地。苗族文化落后，绝大多数是无地或少地农民，地主多为汉人（本村地主 4 户，3 户为汉人，1 户为苗人）。❺

---

❶ 四川省地方志编纂委员会：《四川省志·农业志》（上），四川辞书出版社 1996 年版，第 52 页。

❷ 川北人民行政公署土地改革委员会编：《川北区土地改革运动统计材料》，四川省档案馆案卷：建北 O5－46。

❸ 《西南土地问题的若干情况》，《人民日报》1951 年 5 月 20 日（第 2 版）。

❹ 贵州省民族事务委员会编：《贵州民族工作五十年》，贵州民族出版社 1999 年版，第 16 页。

❺ 《贵州省黄平县四屏镇五里桥村阶级初步调查》1950 年 8 月 24 日，重庆市档案馆藏档，档案号：D－65－1（1）。

表1−1　叙永县文化乡兴复村各阶层土地占有情况❶

单位：石

| 项目 \ 阶段 | 地主 | | 富农 | | 中农 | | 贫农 | | 合计 |
民族	苗	汉	苗	汉	苗	汉	苗	汉	—
户数	—	8	—	6	14	22	79	14	143
耕地数量	—	526.3	—	58.8	12.1	101.5	24.9	18.2	751.8
占耕地总面积的%	—	65.77	—	7.12	1.47	20.12	3.09	2.23	99.80

可见土地占有悬殊较大，地主人均占有的土地要几倍甚至几十倍于其他阶层，广大农民的土地被巧取豪夺，所剩无几。地权集中更加剧了人地关系紧张状况。

云南农村中的土地占有极不合理，富裕户占有的多是好地、平地。占人口少数的地主、富农拥有的土地比占人口多数的农民多得多，有的甚至拥有成区成乡的土地。文山县壮族地主龙开甲，占有该县第四区70%的土地，麻栗坡县铁厂区地主刘学德占有该县第三区的半个区的土地。广南县芭蕉乡83%的肥田好地为占人口总数8.7%的地主、富农占有，而占91.3%的穷苦农民却只有17%的贫瘠山地。❷河西第四区的谭家营，全村人口1236人，共有田1397亩，但人数占到1176人的中农、贫雇农，却只有土地765亩。❸

哈喇村位置在昆明南面，属于宜良县第一区南阳乡，它具备着云南省一般农村的许多特点。哈喇村全村共有214户，1046人，计有地主12户，109人，只有全村人口10%的封建地主，占有全村田地78%，而且都是质量较好的田地，占全村户口87%，人口81%的雇农、中农，却只占不到22%的瘠薄的田地。❹旧中国土地分配的极不合理性不但表现在数量上，而且还表现在质量上。地主和富农所占有的土地以上等

---

❶ 四川省编辑组、《中国少数民族社会历史调查资料丛刊》修订编辑委员会编：《四川省苗族傈僳族傣族白族满族社会历史调查》，民族出版社2009年版，第23页。

❷ 《文山壮族苗族自治州概况》，云南民族出版社1986年版，第35页。

❸ 《谭家营地主的剥削》，《云南日报》1951年2月20日（第2版）。

❹ 《哈喇村——一个封建土地制度重压下的云南农村》1950年10月3日，重庆市档案馆藏档，档案号：D−65−1（1）。

地、水田居多，广大贫苦农民所占有的土地则以下等地、旱地居多。这就是说，地主富农占有的土地大多是产量高的肥田沃地，而农民占有的土地往往是产量低的贫田瘠地。❶ 土地较肥沃，生活水平较高的地区也是阶级分化、阶级矛盾较突出的地区。地主所占有的又绝大部分是上等好田和肥沃土地，中农、贫农的田地又都是土质较差的山岗、坡地或不便耕种、不易灌溉的田地。

云南个旧市沙甸区土地高度集中。某村 890 户，3794 人，其中：地主 57 户，286 人，占 7.5%，耕地 4132 亩，占耕地总数的 82%，平均每人占有 14.4 亩；贫农 615 户，2293 人，占人口的 60.7%，只有耕地 187 亩，占总耕地的 3%，平均每人 8 厘地。最大的王姓地主一家，占有 1000 多亩土地。❷ 地主剥削所得，大多用于挥霍或增置田产，很少转为工商资本。

永胜乡回辉登村解放前全村有地主 64 户，占总户数的 16.4%，却占有本村（因地主在外村的土地就达 500 亩以上，这里只计算占本村土地面积）耕地 1147.7 亩，为全村土地面积的 48.9%；富农 20 户，占全村总户数的 5.1%，占有土地 289.06 亩，为全村土地面积的 12.4%。地主富农共占全村户数的 24.9%，总共占有的耕地面积为全村总耕地面积的 64.7%。❸

土地分散地区，地主、富农占地一般在 30% 左右。丽江县第五区巨甸乡解放前土地关系初步调查：占总户数 8.4%、总人口 12.1% 的地主，占有全乡耕地面积的 31.6%，地主平均每户占有耕地 21 亩。占总户数 62.2%、总人口 52.7% 的贫雇农，仅占有耕地面积的 29.7%，贫农平均每户占有耕地约 3 亩，雇农约 0.3 亩。地主平均每户占有的为贫农的 7 倍，为雇农的 70 倍。地主平均每人占有产量，则为贫农的 7 倍，为雇农的 45 倍。❹ 从解放前法帕寨生产资料占有的情况来看，阶级分化

---

❶　陈吉元、陈家骥、杨勋：《中国农村社会经济变迁（1949~1989）》，山西经济出版社 1993 年版，第 7 页。

❷　云南省编辑组：《云南回族社会历史调查》（三），云南人民出版社 1986 年版，第 74 页。

❸　云南省编辑组：《云南回族社会历史调查》（一），云南人民出版社 1985 年版，第 21 页。

❹　中国科学院民族研究所云南民族调查组、云南省民族研究所编：《云南纳西族社会历史调查》（纳西族调查材料之一），1963 年印刷，第 4 页。

的情况已经十分明显：占全寨人口 38.5% 的贫雇农仅占有耕地的 5.9%，占总产量的 10.2%，占全寨人口 10.7% 的地主、富农却占有土地的 34.3%，占总产量的 32.4%，富农经济的发展极为突出，中农还保持着相当的比重，占有耕地的 59.8%，占总产量的 57.4%。❶ 总体上看，坝区土地集中程度高于山区。

地权分配不合理，是封建土地制度的基本特征。1949 年，贵州省占农村人口 10.71% 的地主、富农占有 48.1% 的土地，而占农村人口 51.63% 的雇农、贫农和佃中农只占有 13.45% 的土地。❷ 贵州的阶级关系与土地关系：根据一个土地不太集中的乡（清镇县巢凤乡）看来：地主阶级占人口的 4.02%，土地占有比例为 50.07%；富农占人口的 1.6%，土地占有比例为 4.4%；中农占人口的 38.32%，土地占有比例为 27%；贫农雇农共计人口的 49%，土地占有比例为 7.7%。❸ 从各阶层土地占有的比例看，悬殊是很大的。地主、富农占有大量土地，贫、雇农民不但占有土地少，而且土质差。解放前，贵州省台江县巫脚反排土地集中的程度不大。地主阶级占全寨总人口的 1.8%，占有土地的 7.4%，贫农占总人口的 45.3%，占有土地的 26%。封建剥削的程度也不如其他的苗族地区严重。❹

（二）民族聚居地区的地权分配

西南民族众多，民族间或民族内部的社会发展也不平衡，一些少数民族长期与汉族交错杂居，早已进入封建地主制社会，历史上形成的土地占有状况有浓厚的民族不平等色彩，土地大部分集中在地主及其他剥削阶级手里，封建地主阶级占有大量的土地、山林和其他生产资料，而广大的农民则很少有土地、山林或者完全没有土地、山林和农具，使进入封建社会的少数民族农民遭受着阶级和民族的双重压迫。

---

❶ 《中国少数民族社会历史调查资料丛刊》修订编辑委员会编：《德宏傣族社会历史调查》（二），民族出版社 2009 年版，第 11 页。

❷ 《贵州农村合作经济简史》编写委员会编：《贵州农村合作经济简史（1949～1990）》，贵州人民出版社 1993 年版，第 5 页。

❸ 贵州省档案馆编：《黔地新生——解放初期贵州土地改革档案文献选编》，贵州人民出版社 2011 年版，第 27～28 页。

❹ 贵州省民族研究所编：《贵州省台江县巫脚公社反排寨社会历史调查资料》，1965 年印刷，第 2 页。

在西南各地，无论是土地集中地区还是土地分散地区，农民要维持最低的生存条件，就只能承受着沉重的租佃剥削、雇佣剥削以及名目繁多的超额盘剥。地主户均和人均占有的土地远远超过农民尤其是贫雇农户均和人均占有的土地。

解放前，一些少数民族聚居地区虽已进入地主经济时代，已出现地主、富农，但为数不多，有的地区甚至连一户地主、富农都没有，全部是中农和贫农、雇农，剥削他们的主要是其他民族的地主、富农。

新中国成立前，高平村已进入封建地主经济时期，农民过着自给自足的小农经济生活。村中水源缺乏，土地十分贫瘠。正因为土地的贫瘠，连外村的地主也不想占有太多。生产方式刀耕火种，广种薄收，轮歇地较多，一年一熟，生产水平极低。全村除几户人家的粮食够吃外，其余的农户则有半年以上的时间以野菜山茅充饥，以蓑衣兽皮保暖，生活极为贫困，没有一户地主，也没有一户富农。❶据潞西县遮放区户弄乡土地情况调查：该乡是土司制度保持比较完整的地方，土地都属土司所有，土司把所有的田分成份田让农民领去使用，凡领有份田的农民必须向土司交纳官租、杂派和负担劳役。土地改革前该乡的土地没有发生买卖、典当和抵押的现象。❷

根据土改时的阶级划分，云南省阿昌族地区芒展村全寨 31 户中，有富农 3 户，中农 16 户，贫农 12 户。占全寨总户数 9.66% 的富农，占有全寨水田总数的 16.28%；占总户数 51.69% 的中农，占有水田总数的 58.29%；占总户数 38.65% 的贫农，占有水田总数的 25.27%。耕畜牛马的占有情况也差不多。芒展村土地集中不大，富农平均每户只有 2.93 箩，中农每户占有 1.97 箩，贫农只有 1.18 箩。❸潞西县三台山德昂族，从其社会内部来看，水田、耕牛、农具等生产资料私有，只有旱地、森林仍属村寨公有。但是德昂族内部生产资料的占有差昂不大，这

　　❶ 高发元主编：《云南民族村寨调查：彝族——峨山双江镇高平村》，云南大学出版社 2001 年版，第 68 页。
　　❷ 全国人民代表大会民族委员会办公室编印：《云南省德宏傣族景颇族自治区（州）傣族地区和平协商土地改革文件汇编》，1956 年印刷，第 61 页。
　　❸ 中国科学院民族研究所云南民族调查组、云南省历史研究所民族研究室编：《云南省阿昌族社会历史调查材料》，1963 年印刷，第 9 页。

里可以说没有出现德昂族地主，就是相当于富农生活水平的也不多。❶ 从生产资料占有的情况来看，该地阶级分化的情况不明显。

民主改革前，奴隶制生产关系在凉山彝族社会中占据主导地位，奴隶主阶级不仅占有土地等大量的生产资料，而且还占有生产劳动者的人身。据统计，占彝族总人口 5% 的奴隶主，占有彝区耕地的 60%～70%，牲畜的 40%～60%。每个奴隶主平均占有奴隶 16 人（奴隶 11 人，劳动者 5 人），最多的达 1000 余人。奴隶主对土地等生产资料和生产劳动者人身的占有，是他们对广大劳动群众进行剥削和压迫的基础。❷

由于社会发展的不同，社会经济形态也存在着很大的差异。当时整个西南民族地区存在几种不同的经济形态：一种是已形成比较完整的地主经济；一种是封建领主经济正向地主经济过渡；一种是奴隶制经济；再一种就是处于原始社会末期并开始向奴隶制过渡的阶段，即阶级分化不明显，原始的半自给的自然经济。

中华人民共和国成立初期，旧有的土司制度在西康和云南少数民族地区仍在发挥作用。在土司辖区内，土司与居民的关系，以土地关系表现得最为显著。居民没有私有土地，一切土地名义上是公有的，实际上是土司掌握土地的最高所有权。居民耕地都是从土司处领来，领得耕地后，便做了土司的属民。凡境内属民，对土司须负担各种租役。❸ 如西双版纳傣族聚居区，保持着一套完整的封建土司制度，从土地占有类型上来看，根据景洪戞东、夏洒两村 17 个寨子的调查，主要有下述四种土地。

"寨公田"："寨公田"是属于全寨公有的田地。这种田地并不是各寨都有，而是"傣勐"（意即"早来的人"）寨才有。因此，据说在有"寨公田"的寨子内，也不是所有的人家都可以分到这份田种，而是属于"傣勐"户才有权分种，此种田不收官租，由本寨头人管理分配。

"波郎田"："波郎"即官府的头人，"波郎田"就是他们的"薪俸

❶ 中国科学院民族研究所云南民族调查组、云南省民族研究所编：《云南省崩龙族社会历史调查报告》，1963 年印刷，第 3 页。

❷ 《凉山彝族自治州概况》编写组：《凉山彝族自治州概况》，四川民族出版社 1985 年版，第 63 页。

❸ 转引自赵永忠：《当代中国西南民族发展史论》，云南大学出版社 2012 年版，第 49 页。

田"，这种田实质上是宣慰、土司所有，分赐给官员收租以作"薪俸"，不能世袭。此种田由"波郎"以寨为单位，分配给各寨耕种，每年定额收租（一般租额占产量的 10% 左右），"波郎"除收租外，其他不管，田地支配使用权完全属于种田的寨子，由村寨头人管理，"波郎"实质上"只认租，不认田"。

"头人田"："头人田"是指村寨中头人的"薪俸田"。这种田很多寨都有，仅是多少不同而已。它和"波郎田"不同的地方，则是同等职的头人不一定有同样薪水，因为"头人田"是在村寨占有土地（包括"波郎田""寨公田"在内）分配后留下的一部分田地，因此，富寨子就留得多，穷寨子就留得少，而且不固定。如村寨中户数增加，田地不够分配时，还可减少此种田的面积（当然不是年年变动）。就其管理的性质来看，还带有一定的群众性。就每个头人占有数看，一般的都不超过群众占有数的一倍。

"私人田"："私人田"是群众自己开的田。本来照土司的法律，土地不能私有，开荒只能享有 3 年不交官租的"优待"。但有的人在开荒之后，没有向司署报告，土司也无法知道。故此种田不交官租，不纳税，也不调整变更。群众自称为"私田"。❶ 可见，从土地分配形式和使用上看，这里还存在着村社残余。

贵州少数民族地区保留有原始公社所有制残余的范围比较狭小，仅局限于荔波县瑶族聚居的瑶山乡。解放前，瑶族群众很少有固定的耕地。他们以刀耕火种农业为主，兼营狩猎，到处游动，迁徙无常，生产活动还未经历第二次社会分工，人们保持着原始的生产关系，以血缘关系结合成家族，以婚姻把各个家族联系在一起，内部无阶级分化，人与人之间保持着平等互助的关系，共同为生存与自然搏斗。❷

云南边疆民族地区土地公有制虽还占有优势，但私有制却有了一定的发展。在德宏州景颇族地区，保留着生产资料所有制的二重性，即土地公有和私人占有，但水田的买卖已经发生；贫富分化已趋悬殊，个别富有的山官已经开始由民主管理的村寨头人蜕化为统治阶层。在西盟佤

---

❶ 《民族问题五种丛书》云南省编辑委员会编：《傣族社会历史调查》（西双版纳之一），云南民族出版社 1983 年版，第 78 页。

❷ 贵州省民族事务委员会编：《贵州民族工作五十年》，贵州民族出版社 1999 年版，第 16 页。

族中，实行未开垦的土地等自然资源公有，生产中还保留着互助合作的传统和维系人与人之间平等的原始习惯法，但社会已经分化为富有者、贫困者和家庭奴隶等阶层。❶ 这些地方内部阶级分化不明显，还保持着原始公社和家长奴隶制的残余，土地尚未形成高度集中，中农占优势，其他生产资料占有也不甚悬殊。

瑞丽县一区姐洞乡共有 11 个傣族寨子，456 户，2358 人。该乡是土司制度保持得比较完整的地方，土地都属土司所有，农民只有使用权，未发生土地买卖现象，抵押也是个别的。有 6 户地主、富农，都是农村头人或与土司有关系的。由于受土司的苛捐杂税的剥削而失去份田的农户有 128 户，占全乡总户数的 28.1%；537 人，占总人口的 22.8%。❷

分布于四川省南部和云南省北部的大小凉山地区的彝族，在 20 世纪中叶仍处于奴隶制社会发展阶段。在这一地区，奴隶主占有大量土地和奴隶，利用奴隶劳动、高利贷、地租及其他一些掠夺性的剥削手段来榨取财富，过着腐朽的寄生生活。据 1956 年民主改革时的调查资料，在整个凉山地区，占总户数 5% 的奴隶主（绝大多数为黑彝）占有总耕地的 70%，占有大部分其他生产资料，平均每户占有奴隶 11 人，劳动者 5 人。❸ 民主改革前，奴隶制生产关系在凉山彝族社会中占着主导的地位，奴隶主阶级不仅占有土地等大量的生产资料，而且还占有生产劳动者的人身。

新中国成立前，西双版纳傣族地区保持着比较完整的封建领主制经济，其特点是建立在农村公社基础之上，政治统治权和土地所有权合为一体，实行劳役地租，并逐渐向实物地租转化，阶级关系表现为严格的等级结构。地处云南省德宏及孟连、耿马、沧源、金平等地的傣族，则由封建领主经济向地主经济过渡，基本上仍是封建领主经济。封建领主以辖区最高土地所有者的身份，仍保留着分配和夺取土地之权，村社界限仍然存在，农民不能自由抵押、典当和买卖土地。❹ 依靠封建领主的

---

❶ 赵永忠：《当代中国西南民族发展史论》，第 53 页。

❷ 《中国少数民族社会历史调查资料丛刊》修订编辑委员会编：《德宏傣族社会历史调查》（二），第 94 页。

❸ 赵永忠：《当代中国西南民族发展史论》，第 54 页。

❹ 赵永忠：《当代中国西南民族发展史论》，第 55 页。

政治特权，大量霸占绝户地，役使农奴和奴隶，把一切封建劳役和苛捐杂税转嫁到农奴身上，使自己成为二道农奴主。少数民族地区土地由村社公有向个人私有化的过程，直至1949年，仍是迟缓的。地主、富农集中占有的土地数量和剥削的绝对数量都不大。农村公社制度的残余还或多或少地保留着，私有自耕常常同共同劳动、平均分配的伙有共耕并存。❶

综上所述，西南民族地区的地权分配，存在土地分配严重不均的总体状况。西南各地情况不同，以上社会经济形态，反映了西南少数民族在其发展过程中有一定的特殊性，土地分配不均情况并不严重，甚至基本并不存在土地分配不均的问题，这就要求民主改革不能完全以地主经济为主地区同样对待，而要实行有一定差别的政策。

农民问题的实质就是土地问题。土地是农业生产的基本要素，也是人们生活居住不可离开的物质基础。地主阶级通过地租、高利贷和雇工等形式的剥削，逐渐剥夺了农民最基本的生产资料——土地，要防止农民破产，改善农民生活，就必须发展农村生产力；而要发展生产力，就必须调整人地关系，改革不合理的土地分配制度。

二、租佃剥削

土地改革前，西南民族地区租佃经营是土地资源和人力资源相互配置的结果，它某种程度上适应了社会经济的发展和农民生产生活的需要，但与完全耕种自己的土地相比，租佃土地仍非农民所愿，毕竟收获不能全部属于自己所有，而是要拿出相当一部分交给土地所有人。租佃剥削关系在很大程度上束缚了生产力的发展，使西南地区农业生产长期停滞不前。

（一）租佃形式

土地改革前，西南民族地区土地集中和阶级分化，租佃关系比较普遍。多田户出租土地，佃耕土地者多系中农以下成分。以云南白族地区下沐邑村为例，无论村内或与村外都有租佃关系。全村从外村租入的土

---

❶ 杜润生主编：《中国的土地改革》，当代中国出版社1996年版，第502～503页。

地共 42.7 亩，租给外村的共 45.2 亩。租入土地者全系贫农和中农，其中贫农占租入土地总户数的 60% 以上，出租者主要是地主、富农，但也有个别中农和贫农。在村内发生的租佃关系中，地主、富农出租的土地共 30.15 亩，中农出租的 0.5 亩，贫农租入的土地共 34.55 亩，中农租入的共 26.34 亩。❶ 根据潞西县芒市南算寨调查，全村佃耕土地的有 24 户，占总户数的 52%，佃耕 179.7 箩种，占耕种面积的 58%，亦即半数以上的户和半数以上的耕种土地都发生租佃关系。其中地主、富农出租的即占出租总面积的 59%，而佃耕者主要为中、贫农。中农 8 户，占该阶层户数的 53%，佃耕土地占佃耕总面积的 48%；贫农 100% 佃耕，佃耕了 49% 的出租土地，亦即半数以上的中农及全部贫农，佃耕了 97% 的出租土地。❷ 由于土地集中，大部分农民均缺乏土地，因此，租佃关系是普遍存在的。土地改革前云南民族聚居地区社会的租佃关系是复杂的。在云南省傣族地区法帕寨，产生租佃关系的情况有两种，一种是无地少地的农民租入土地，一种是原有土地因负债或其他原因将土地抵押给地主、富农，但仍在自己的土地上耕种成为佃户。❸

土地改革前，西南民族地区租佃关系在生产关系中占有相当的比重。租佃的形式主要有：定租，即死租，租佃土地时双方议定年纳租额，不论丰收或歉收，俱应依额交纳，这是预先确定租额不问收成好坏皆按规定缴租。因此，有"荒地不荒租"的说法；活租，俗称分庄或分租，佃户佃耕地主的土地，一般都是以粮食交纳地租。活租之中又分对分租、四六分租、三七分租等不同形式，田赋则由地主缴纳。一些地方 80% 以上的出租土地是按此计算的。分租的剥削数量虽然随着年岁的不同而有所增减，但它在农民生产水平很低、生活极端困苦的情况下，不问任何情况都要占去农民种地所得正副产物的一半或更多，这就是高额的剥削。❹

　　❶　中国科学院民族研究所云南民族调查组、云南民族研究所编：《云南省白族社会历史调查报告》（白族调查资料之二），1963 年印刷，第 51 页。
　　❷　《中国少数民族社会历史调查资料丛刊》修订编辑委员会编：《德宏傣族社会历史调查》（一），民族出版社 2009 年版，第 216 页。
　　❸　中国科学院民族研究所云南民族调查组、云南省民族研究所民族研究室编：《云南省傣族社会历史调查材料》（德宏地区八），1963 年印刷，第 11 页。
　　❹　中国科学院民族研究所、四川少数民族社会历史调查组编：《汶川县雁门羌族乡社会调查报告》（羌族调查材料之一），1963 年印刷，第 9 页。

定租，四川、西康农民称它做"铁板租""死租""呆租"，贵州农民叫它为"认花"。四川和西康雅安专区定租较普遍。贵州除安顺县城周围及兴义县城关东平村等地外，用这种形式较少。租约上写明"天旱水涝，不少升合"，就是不管年成好坏，天灾人祸，必须按约交够租额，不能短少。❶ 活租又称"普通租""花租"，贵州称为"分花"，是比较普遍的一种租佃形式。一般按田面计算，分租有三七分、二八分、四六分，也有平半分的。❷

古蔺县麻城乡租佃形式有以下几种：

定租：佃户佃耕地主的土地，不管年成的丰歉如何，都按约定的地租数额交租。地租的数额不受生产的丰歉影响，俗称"铁板租"。佃户佃耕地主的土地，一般都有佃约，俗称"放约"。

对分租：佃户在佃耕土地上生产出来的东西，均与地主均分。对分租在佃约上都作"见种均分"的规定。

四六分租：佃户佃耕地主的土地，土地上产的粮，佃户分四成，地主分得六成。

三七分租：佃户佃耕地主的土地，在佃耕土地上产的粮食，按三七分成，即佃户得土地总产量的十分之三，地主得佃耕土地总产量的十分之七。❸

云南省傣族地区还产生了季节性的租佃关系。在秋收以后贫苦农民为了弥补收入不足，往往向地主富农租佃小块土地种植鸦片，也有部分有地的农民，因为自己的土地不好不能种植鸦片而租入土地的，租额约占产量的50%。❹ 在四川省一些民族地区，地租均以粮食缴纳，有定租、活租两种。定租一般多通行于离出租户较远的土地，租率约为土地常年产量的1/3左右，无论年成丰歉，必须按放约规定的租额如数缴纳。活租多通行于离出租户较近易于监督收租的地方。后由于鸦片的种植，在一定程度上刺激了商品经济的发展，许多过去实行定租的地区亦

❶ 《西南土地问题的若干情况》，《人民日报》1951 年 5 月 20 日（第 2 版）。

❷ 《西南土地问题的若干情况》，《人民日报》1951 年 5 月 20 日（第 2 版）。

❸ 四川省编辑组、《中国少数民族社会历史调查资料丛刊》修订编辑委员会编：《四川省苗族傈僳族傣族白族满族社会历史调查》，2009 年版，第 64～65 页。

❹ 中国科学院民族研究所云南民族调查组、云南省民族研究所民族研究室编：《云南省傣族社会历史调查材料》（德宏地区八），第 11 页。

先后改为活租。活租又有对分租、四六分租、三七分租等数种，以对分租较为普遍。对分的范围多限于"大粮"（苞谷、水稻），但也有不少是见种均分。在实际生活中，地主是任意加租。❶ 在租佃方面，川西农村一般有下面几种形式：定租即定额租，不论天灾水旱歉收或不收，都要照约定租额交纳，租约上写明"无论天灾水旱，不得短少颗粒"；活租：即按每年田亩上实际收入多少，由主佃双方议定，按成数分摊，所谓"天灾水旱，量田纳租"，但此形式仅在少数山地采用；预租：即租田时未种田先交租，以后每年预缴次年的租，在川西的北部少数地区采用。❷

在黔南，地主将私有的土地出租给少地的农民耕种，租期有一年的，有多年的，一般为多年，但地主都有随时抽佃的权利。租额有活租死租之别，活租较多，一般为对半，少数有四六、三七分租的，收割时按实际收成向地主交纳（俗称站垭分花）。所谓死租，不论佃户收成好坏，按既定之租额向地主交纳。❸ 租佃关系的产生，一方面是因为地主、富农占有土地过多而出租；另一方面是农民因缺乏劳动力、耕畜、农具而出租。

土地改革前，西南民族地区租佃双方在租佃时，采用口头租约和书面租约，但书面租约不多，多是口头租约。一般是租一、二、三年不等，稍不如意，地主随时退佃。这就在一定程度上破坏了佃农的耕种权利，他们不能把租佃的土地看成是自己的土地，不利于稳定租佃关系，因而对提高农作物的产量，提升土地的生产效率，有极大的影响。

（二）地租剥削率

地租是研究封建社会租佃关系不可或缺的因素。如上所述，土地改革前，西南地区租佃面大，佃耕面积广，因而地租剥削率较高。思茅玉溪红河傣族地主的地租剥削率一般在 25% 左右，有的是 50% 甚至更多。

---

❶ 四川省编辑组、《中国少数民族社会历史调查资料丛刊》修订编辑委员会编：《四川省苗族傈僳族傣族白族满族社会历史调查》，2009 年版，第 7 页。

❷ 《川西农村的封建统治》1950 年 11 月 21 日，重庆市档案馆藏档，档案号：D－65－1（1）。

❸ 中共贵州省黔南州委党史研究室：《中国共产党黔南布依族苗族自治州历史》第一卷（1930～1978），中共党史出版社 2006 年版，第 183 页。

如龙河乡驼竞寨的白小四，解放前半份田，收谷 7～10 石，租谷竟高达
5 石。地主还经常加租，方式很多，一种是加斗，如民国二十年
（1931），有的一斗加一升，有的以收军粮为名，一份田要加 40～60 元。
1941～1942 年，地主加农民白卡岩的租，每石加租 2.5 斗。另一种是逼
佃，地主利用夺佃来威胁农民加租，有的一份田就要多交 40～50 元。❶

据统计，四川金阳县马日脚乡，全乡的出租地共 1142.5 亩，占全
乡耕地面积总数 2386 亩的 48% 左右（耕食地未计算在出租地内）。地
租形式以"有押对分"和"无押对分"两种为主，"三七""四六"制
的分配仅在个别户中出现。❷ 四川南部有平分租，在收获时，地主都亲
自或派人督收。凡以这种租佃形式出租的田，一般都较贫瘠（多为山坡
田），须付出更多的人工和肥料，所以实际税额都在 50% 以上，甚至有
达 70%～80% 的。❸ 江北县鸳鸯乡六保租佃形式全为定租制，租额绝大
多数是 80% 以上，甚至有些是 100%，如三甲佃户李荣辉佃地主邓明生
的田 20 石，租额 10 石，每年实产量 11 石，地主不管年成丰歉均收 10
石，有一年年成稍好竟无理收地租 12 石，超过了租约的规定。❹ 租佃关
系较为普遍，主要的租佃形式是带有包租性的定租制。

丽江县第一区黄山乡地租剥削是各种剥削方式中最主要的一种，都
是实物地租，分定租和活租（分苗）。定租平均为收获量的 45%，活租
约为 50%，但定租中，也有个别高达收获量的 70%～85% 的。除了进
行规定租额的剥削外，地主阶级常用加租办法对农民进行更残酷的剥
削。地主占有的土地，最初租给农民时，租额还低，后来农民把土地盘
好了，产量增加了，地主也就加租了。如士满一家地主租给一户农民
3.21 亩耕地，产量 3 石，第一年租子为 7 斗，第三年增加到 1 石，又过
三年增加到 1 石 3 斗，到 1946 年就增加到 1 石 7 斗。像这样的例子是

---

❶ 云南省编辑组编：《思茅玉溪红河傣族社会历史调查》，云南人民出版社 1985 年版，第 88 页。

❷ 《中国少数民族社会历史调查资料丛刊》四川省编辑组、修订编辑委员会编：《四川彝族历史调查资料档案资料选编》，民族出版社 2009 年版，第 32 页。

❸ 中国社会科学院、中央档案馆：《（1949～1952）中华人民共和国经济档案资料选：农村经济体制卷》，第 18 页。

❹ 张培田、陈翠玉主编：《江北土改档案（1949～1953）》，2010 年印刷，第 155 页。

— 27 —

举不胜举的。❶ 云南省傣族地区法帕寨，地租租额一般是主、佃对两季正产物对分，也有四六分的（主六佃四）。在规定租额时有两种不同情况，一种是每年根据产量对分，即所谓见箩分箩，一种是议定租额（以某一年的产量为标准平分），不论天灾歉收都要按原租额交纳，二者以前一种情况较多，官租由田主负担。❷ 保山三区小汉庄佃户 35 家，佃田 135.22 亩，佃田常年正产量稻谷 55156 市斤，原租额稻谷 45704 斤，租率占常年正产量的 82.6% 。田心村佃户傅维达，在 1948 年租傅学伦（地主）田四亩，常年正产量稻谷 1880 市斤，原租额米 195 斛，折稻谷 1619 市斤，租率占常年正产量的 86.1% 。❸

贵州纳租方式通常是认租和分租，前者是租佃双方议定租额，于秋收后由佃方的租粮送交租方。后者则是在收成时，等候双方都到农场上当场分花（由佃户出力送到租方家里），纳租额往往因土质好坏及剥削程度等关系的不同而有轻重，最重的三七分，其次四六与对成分。主佃关系的成立多数是佃方主动请求，或央人介绍立约讨地，一般的情形，佃户除缴纳田租外，并有供给地主的婚、丧、嫁、娶或其他事情的劳役义务。❹

地租量和地租率是不断增加的，封建地主绝不放弃任何向农民勒索榨取的机会。抗战期间，地主剥削农民的地租率逐年提高，如以西南各省平地的租额为例，1937～1941 年，计四川省增加 8.4% ，西康省增加 47.2% 。❺

（三）押金剥削

土地等生产资料的缺乏，是少数民族人民受压迫剥削的根源，广大无地或少地的各族农民，为寻找安身落脚之地，不得不向地主租入土地。租地时必须写佃约，俗称"放约"，承担高额地租，缴纳高额

❶ 中国科学院民族研究所云南民族调查组、云南省民族研究所：《云南纳西族社会历史调查》（纳西族调查材料之一），1963 年印刷，第 12 页。

❷ 中国科学院民族研究所云南民族调查组、云南省民族研究所民族研究室编：《云南省傣族社会历史调查材料》（德宏地区八），第 11 页。

❸ 《保山三区的高租重押》，《云南日报》1951 年 2 月 26 日（第 2 版）。

❹ 中共贵州省委党史研究室、贵州省档案局（馆）编：《建国后贵州省重要文献选编（1949～1950）》（内部资料），2007 年印刷，第 64 页。

❺ 石礎：《中国土地改革的伟大成就》，中华书局 1953 年版，第 12 页。

押金。

定租一般都要有押金。农民租田时，必须向地主交出一定的押金，所谓"无押不成佃"，就是说不交押金，佃不成地。❶ 押金要佃地农民预先付给一笔款项或实物，以备在灾民不能缴付租额时，按规定扣除。但押金是不付利息的，这无异于地主白白使用农民无偿的贷款和实物。

在四川省一些民族地区，押金俗称"顶首"，其数量多寡不等。一般情况下，定租的顶首较多，活租的顶首较少。有的地区如枧槽乡活租还没有顶首，在地主任意加租的同时也任意加顶。如麻城乡东园村苗族贫农马德兴佃耕汉族地主周炳湖13亩土地，最初交顶首10两银子又1500吊铜元，在1941年以前的几年间曾先后4次加顶，第一次加200吊，第二次加800吊，第三次加大烟30两，第四次加黄谷1.5石，前后四次交顶首可折合粮食100石。❷

云南省押金多分布在土地集中、封建势力雄厚的平坝地区，山区较少。据调查：押金地区占全县60%以上的有昭通、永善、彝良等8县；占30%～60%的有大理、祥云、弥渡等12县；占30%以下的有宣威、沾益等28县；广南等县则只个别地区使用押金。押金形式有实物和现金两种，名目很多，计有红押、黑押、白押、人押、黑白押、倒利押、倒租押、烤火银子押、典债变押等。押金最高的占租额200%～500%，在昭通地区还有高到占租额300%的；一般占租额100%～250%，最低占租额40%～60%。❸

在保山三区，押金剥削比较厉害。佃户杨有康在1937年租地主刘体尧6.9亩田，原租额米340斛（每斛米重5.5市斤），押金新滇票100元，折合米250斛（每斛米价4角），为原田租的73.52%。至1939年，加新滇票100元，折合米120斛（每斛价8角3分）。1940年加租20斛米。1943年又加押金新滇票1万元，折合米90斛（每斛价新滇票110元）。至1947年，再加伪法币95000元，折合米80斛。1947年11月，刘体尧便将1943年新滇票1万元折成伪法币5000元，并与1947年的

❶ 《西南土地问题的若干情况》，《人民日报》1951年5月20日（第2版）。

❷ 四川省编辑组、《中国少数民族社会历史调查资料丛刊》修订编辑委员会编：《四川省苗族傈僳族傣族白族满族社会历史调查》，2009年版，第7页。

❸ 中共云南省委会政策研究室：《云南省土地调查报告》，《云南日报》1951年11月11日（第2版）。

押金伪法币 95000 元合并为伪法币 10 万元的单据。杨有康历次所交押金都以高利借债应付，1947 年所交押金，是寡嫂改嫁得了些钱才付出押金，总计原押和加押共合米 540 斛，占原租的 158.8%。❶

在贵州三都，除交租谷外，地主还要向佃户索取沉重的押金（地主怕佃户不交租谷，从押金中扣抵），以挑计算，押金最低 3 毫，一般 5 毫，最高 1 元（均系白银）。三合镇第七村佃户张玉和一家三口，佃地主胡羽高田 30 挑，押金 10 元，按当时稻谷价格，可买谷 250 公斤，维持全家生活 3 个月。三都县境内佃户租田的押金、一般是钱押、谷押、劳押三种（劳押即给地主作无偿劳动，把佃户当作牛马使唤），是地主对农民的一种额外剥削。❷

（四）额外剥削

佃户除向地主缴纳苛重的地租外，还要负担无偿劳动和其他封建的额外剥削。

西南地区地主对农民除上述几种租佃形式剥削外，还有种种的额外剥削，如无偿劳役，在租约上规定佃户每年须给地主做工若干个，或规定代耕田地、代种菜圃、代养牲畜、挑水、碾米等，还有所谓"献新""送礼"，每年新谷登场，地主选一"吉日"令佃户分别送新谷若干。每逢年关节日，婚丧大事，都得叫佃户送礼。❸

在贵州民族地区，佃户为种自己所耕的土地时，劳役地租是常有的地租形式。每年服役天数，则视劳力多寡而定；雇佣关系，有长、短工之分，长工叫"当长年"，一般在一年以上、三年以下，若是当"兵工"，则日期更长；短工叫"帮忙"，即遇有红白事和农忙时为地主服无偿劳役。❹

黔西北在逢年过节时，佃户要给土目（土司手下的头目名为土目）家送礼。过年时，每个佃户一般要送母鸡一只，或送腊肉及猪腿等。在

---

❶ 《保山三区的高租重押》，《云南日报》1951 年 2 月 26 日（第 2 版）。

❷ 中共三都水族自治县党史研究室：《中共三都水族自治县历史》第一卷（1949 ～ 1978），中共党史出版社 2006 年版，第 33 页。

❸ 《西南土地问题的若干情况》，《人民日报》1951 年 5 月 20 日（第 2 版）。

❹ 贵州省地方志编纂委员会：《贵州省志·民族志》（下），贵州民族出版社 2002 年版，第 697 页。

端午节，一般每个佃户要送一升糯米的粽子。土目家中有娶嫁之事，佃户一定要去送钱贺喜，一般每户要送小板两块，多的要送十几块。每年粮食成熟的时候，土目附近所有的佃户必须把新收下来的粮食先送土目一部分，谓之"送新"，如送新苞谷、新毛豆、新茄子、新辣子，送新的东西每户共约 50 斤以上。除了"送礼""送新"以外，土目在婚、丧、嫁、娶或因其他事情需要用钱时，还要公开向佃户派款，数目不定。❶ 佃户除交地租外，每年还要服一定时间的无偿劳役，土目随喊随到，叫做什么活路就做什么活路。据不完全统计，每年每个佃户为土目无偿劳役的时间最多达 100 天，一般也有 70 天，最低也有 50 天。❷ 黔南地区，佃户除按租约交纳议定之租额外，有的地主还要规定佃户每年无偿帮地主做多少天的活，帮地主缴多少斤的田赋粮。农民称之为"帮工帮粮"。❸

贵州各地，正租之外分别有辣椒租、烟叶租、豆租、瓜租、果子租以及鸡租、猪租，等等。春节之际，佃户需向地主拜年送礼，如送鸡、糖、面、猪肉、鱼、蚕等。有的地主因所收的鸡很多，吃不完，自养又不值，便命佃农带回去养，等到其需要时再送来。❹ 地主对佃农的榨取真可谓"机关算尽"。

在贵州省罗甸县平亭村，佃户在负担地租以外，还要按照这里的习惯，每到春耕或秋收农忙季节，地主要通知佃户去帮工三四天，只供饭吃，不给工钱。地主起房盖屋或遇有婚丧大事，也要叫佃户去帮抬木头、盖修房子、挑水、煮饭、招待客人等。这是由正项的劳役地租派生出来的各种徭役。因此，租佃的实物剥削表面上是 50%，但加上各种徭役，剥削率甚高，佃农的租佃负担是非常沉重的。❺ 贵州省威宁县一些地主还强迫农民作无偿劳役或进行其他剥削，如把留作自耕的土地强

❶　贵州省编辑组编：《黔西北苗族彝族社会历史综合调查》，贵州民族出版社 1986 年版，第 23 页。

❷　贵州省编辑组编：《黔西北苗族彝族社会历史综合调查》，第 23 页。

❸　中共贵州省黔南州委党史研究室：《中国共产党黔南布依族苗族自治州历史》第一卷（1930～1978），中共党史出版社 2006 年版，第 183 页。

❹　成汉昌：《中国土地制度与土地改革——20 世纪前半期》，中国档案出版社 1994 年版，第 117 页。

❺　中国科学院民族研究所贵州少数民族社会历史调查组、中国科学院贵州分院民族研究所编：《贵州省罗甸县平亭村布依族解放前的社会经济情况和解放后的发展变化》，1963 年印刷，第 10 页。

派给农民代耕；或代地主背煤、砍柴、放牛割草等。据仡佬族佃农李玉清计算，他每年约有 200 天为雇主干活。逢年过节，地主还给农民规定送礼项目：如鸡一对、肘子一对、白糖两封（2 斤）等。其他如种菜、打猎等也要向地主送新、送礼。❶

四川省甘孜州藏族地区佃户还要交纳地粮和承担乌拉差役。在每年过年时，佃户要向地主送礼物；菜蔬、瓜果成熟时，要送新。如大河村的 3 户佃户，每年过年时要送酒 3 瓶、肉 3 腿、酥油包子一笼等礼物。❷ 云南一些地主在土地上除了地租、押金的剥削，还有很多额外的剥削，如大斗进小斗出、大田变小田、加租、交租提成、劳役、年节送礼、代地主上粮纳税等。各地都有，其剥削之重，有超过原租额几倍的。❸ 新平县百关傣族地区地主对农民的剥削压迫，除地租外，特别惨重的是巧立名目的超经济剥削。天空飞的鸟要上租（火雀租），江中的鱼、田中的螺蛳都要上租，山上的柴，农民也要上山租才能砍。除地主的剥削外，国民党地方政府的苛捐杂税也很苛重。❹ 地主一般都要佃户帮差，不给报酬。每到逢年过节，佃户一般要向东家送礼物，保持佃租关系。

楚雄山区除正额租外，还有山租、水租、银钱租、斑鸠租、山药租等，名目繁多。押的名目更多，有人押（将人押在地主家做活）、力押（地主租田给佃户，规定每年给地主做工若干天）、银押、粮押、倒利租押（佃户交不起押金、事先议定，每年除交租外，另交一定数量的"无本息"）等，租押之外，在山区，特别是在金沙江沿岸有领主制残余的地区，还有各种摊派。农民或庄户要承受抬滑竿、扛抢、打杂等苛派。逢年过节或土司家婚丧嫁娶，农民必须送礼。❺

除了封建地主的残酷剥削外，还有国民党政府的苛捐杂税。云南彝族地区，以糯衣下寨为例，每年全寨要向保甲长交钱 1470.5 元，交米

---

❶ 中国科学院民族研究所贵州少数民族社会历史调查组：《贵州省仡佬族社会历史调查资料》，1963 年印刷，第 17 页。

❷ 四川省编辑组：《四川省甘孜州藏族社会历史调查》，四川省社会科学院出版社 1985 年版，第 181 页。

❸ 中共云南省委会政策研究室：《云南省土地调查报告》，《云南日报》1951 年 11 月 11 日（第 2 版）。

❹ 云南省编辑组编：《思茅玉溪红河傣族社会历史调查》，第 88 页。

❺ 《楚雄彝族自治州概况》编写组：《楚雄彝族自治州概况》，云南民族出版社 1986 年版，第 60～61 页。

4654斤，有些农民从地里生产的东西交不起这些杂派，只好把副业收入也交上，有的实在交不起，只得当卖土地，全寨卖出的土地15.5亩，当出的土地21.5亩。地主和国民党政府的剥削，使一些贫苦农民倾家荡产。❶ 耿马县孟定区傣族人民还有宗教负担。据统计，罕允寨有占户数1.76%的宗教职业者，他们的生活和一切宗教开支都由农民负担，每天得给缅寺送两次饭，合一老斤米（早饭10两米，晚饭6两米），全年送缅寺共计400斤米左右。关门节、开门节、堆沙节的费用也很高。据统计，宗教负担约占每户总收入的27%。❷

重庆解放前，地主有权有势，可以少负担甚至不负担。特别是一些地方苛捐杂税，大部分或全部转派到贫苦农民的身上。以原十六区九保小地主罗氏与贫农王炳林负担比例来看，罗氏负担占收入的约17.4%，而王炳林负担达70%左右。❸

"地租是封建社会地主与佃农之间关系相维系的纽带，通过地租，农民获得了对土地的使用权，而地主则由此使其对土地的所有权以实物的形式得以实现。"❹ 租佃关系表现出特别鲜明的阶级性，佃田租率普遍在产量的50%以上，佃户必须以产量半数以上的收成支付地租，地主对农民的地租剥削非常严重，高额地租妨碍着"保佃政策"的实施，打击了农民生产的积极性。"地主出租土地只管收取地租，对于改善农业经营条件缺乏兴趣。而农业生产的大多数收益都转化为地租，被地主收走，农民所得的份额很小，只能勉强维持生活，甚至连温饱也很难达到，也没有能力对农业进行投资。"❺ 租佃关系束缚着生产力的发展，农民辛勤劳动一年所得的生产成果，交租后所得无几。佃权无保障，地主可以随时加租夺佃，加重对农民的剥削，这些都束缚着佃户的生产积极性。"在不合理的地主阶级封建剥削的土地所有制的基础上，产生了以地租为主体的各种苛重的封建剥削，而由于这种苛重无比的超经济的

❶ 云南省编辑组编：《云南彝族社会历史调查》，云南人民出版社1986年版，第295页。
❷ 云南省编辑组编：《临沧地区傣族社会历史调查》，云南人民出版社1986年版，第64页。
❸ 中国社会科学院、中央档案馆：《（1949~1952）中华人民共和国经济档案资料选编：农村经济体制卷》，第32页。
❹ 张静：《建国初期长江中下游地区乡村地权市场探微》，中国社会科学出版社2011年版，第35页。
❺ 陈吉元、陈家骥、杨勋：《中国农村社会经济变迁（1949~1989）》，第11页。

剥削，使中国农业生产停滞不前，受到严重的束缚、摧残与破坏。"❶
西南民族地区也不例外。

三、高利贷剥削

土地、资本和劳力是传统农业经济的三大要素。中国是小农经济的
汪洋大海，由于小农经营方式、生产工具原始、耕作技术落后，导致生
产力低下，近代以来农民入不敷出，生活贫困。为了维持正常的生产生
活，农民必须向富裕户借债。西南民族地区地主不仅利用占有大量土
地，对广大的汉、苗、侗等各族人民进行剥削，且还大放高利贷，通过
借贷关系，残酷地剥削各族人民。

（一）借贷原因

西南民族地区农民借高利贷的原因，主要有缺口粮、应付婚丧费
用、缴纳苛捐杂税、借新债还旧债等方面。遇到生育、疾病等情况，也
往往被迫负债。借债一般以借粮食较多，以应付婚丧等费用而借入的高
利贷数额较大。

解放前德宏傣族地区法帕寨买卖婚姻的情况很突出，婚前男女青年
虽可自由来往，但在结婚时却受很大限制。结婚费用大约需 700～1000
个半开（合谷子 700～1000 箩，折人民币 600～900 元），贫苦农民为结
婚而负债的很多，有的甚至为了结婚将耕牛卖掉，将土地抵出，结果婚
后负债累累。也有因礼金太重而不能成婚的，有的则男女双方相约逃至
缅甸。❷

婚礼对农民来说也是一项很大的开支。德宏傣族地区轩蚌寨第二居
民小组 20 户中，有 11 户借债，其中因婚姻而借债的就有 5 户；等播寨
26 户中有 7 户因婚姻而借债，计借半开 2882 个，占全寨总欠债数的
31.7%，如万象因结婚而借债半开 700 个，共欠 6 个债主。❸ 婚姻债务

---

❶ 石礎：《中国土地改革的伟大成就》，第 22 页。

❷ 《中国少数民族社会历史调查资料丛刊》修订编辑委员会编：《德宏傣族社会历史调查》（二），第 20 页。

❸ 《中国少数民族社会历史调查资料丛刊》修订编辑委员会编：《德宏傣族社会历史调查》（一），第 187 页。

有长到三代未还的。有的农民因付不起债利和债款，不得不把土地抵押、典当出去。花费高昂的结婚陋习，加剧了农民的负担。

云南佤族地区，娶妻须偿付女方两头黄牛作为聘礼，结婚时尚需宰杀猪牛、泡酒和煮饭宴请客人。因此，多有因举办婚事而告贷者。此外佤族逢死亡、疾病必做鬼，如疾病多时不愈，做鬼常达十数日，讲排场的人，在做鬼期间甚至宾客满屋，水酒如流。支出这笔不算少的宗教活动费用，也往往会迫使甚至是中等家庭的农户借贷。❶

违反各种社会习惯法而借贷。佤族地区触犯习惯法特别是因偷盗或"串"有夫之妇而触犯习惯法，往往会受到严厉的制裁。这种制裁常表现为对犯罪者财产的剥夺，或经济上的处罚。违反习惯法的人往往因被罚而借贷，或者由罚款直接演成债务关系。❷

贵州省罗甸县平亭村借贷的原因主要有以下几种：生活困难，欠缺口粮或种子；为应付政府的抓兵派款；结婚聘礼或丧葬费用不敷；患病求医，需花钱敬鬼神；遇火灾，损失很大，需钱重建房屋；为打官司、赌博、吸食大烟等用。❸可见，借债的原因很多，贫苦农民多半是由于收入不足，在青黄不接时就往往要借债。

（二）借贷形式及利息

土地改革前，云南借贷方式有货币借贷和实物借贷两种，以实物借贷为多。货币借贷主要是半开，解放后人民币也应用到借贷上，但为数很少。实物借贷名目繁多，通常有大烟、谷子、牛、牛肉、盐巴及其他农产品如小红米、荞子等，其中以大烟、谷子和牛占多数。就各地区来说，在平坝地区，一般以谷子、半开为主，在山区以苞谷、麦子、砂糖较多，在边远地区以鸦片、盐巴为主。❹

云南佤族地区一些地方利率有单利、复利两种。复利即到期不还本利加息或本加息而利不加息，单利即逾期不再加息。单利为年利50%。

---

❶ 云南省编辑组编：《佤族社会历史调查》（四），云南人民出版社1987年版，第10~11页。

❷ 云南省编辑组编：《佤族社会历史调查》（四），第11页。

❸ 中国科学院民族研究所贵州少数民族社会历史调查组、中国科学院贵州分院民族研究所编：《贵州省罗甸县平亭村布依族解放前的社会经济情况和解放后的发展变化》，第11页。

❹ 中共云南省委政策研究室：《云南省土地调查报告》，《云南日报》1951年11月11日（第2版）。

复利则有两种，一种是隔一年本利均加 50%，一种是隔一年本利成几何级数增长，即所谓"马打滚"。借水牛一般无利，借牛肉和盐巴等则视情况而定。一般借少量食用无利，如借出者旨在牟利，则将借贷物折成他种实物或货币日后归还，利率高达 30%，但只计一次。前述几种有利借贷，利率皆以一年为基数，借贷期不满一年以一年计，超过一年以两年计，无短期借贷。❶ 丽江县第五区巨甸乡借贷关系中，除了亲戚、邻居互相间小额借贷不计利息外，一般是高利货。当地流行着一句话，说"八年翻成三十石"，可以想见这里高利贷的苛重。巨甸村 58 户贫雇农，在解放前一年，有 11 户借钱，有 14 户借粮，共 25 户有借贷关系，占贫雇农总数的 43%。11 户贫雇农共借半开银币 620 元，共付利息 352 元，计平均年息约为本金的 56.4%。14 户贫雇农共借粮食 13 石 6 斗，共付利息 8%，计平均年息约为本金的 61.5%。可见这里的高利盘剥是苛重的。❷

在云南六库地区，白族领主普遍放债，但放钱者少，主要是出借粮食、食盐、鸦片，他们甚至强迫农奴借债。领主规定农奴夏借秋还，或者今年借明年还，有的两、三年偿还。这里利率普遍很高，夏借秋还，使用几个月，利息高达七八倍，不仅利率高而且领主收债时，还采取实物折钱，或钱折实物，或以粮折盐、折鸦片，用各种手段勒索农民。❸ 布朗山曼兴冠寨借贷利率的高低，因借贷种类不同而有差异。剥削最沉重的是谷物借贷，一般为 200%，最低的 100%，最高则达 300%，乃至400%；大烟借贷最低为 50%，最高为 300%；货币借贷利率较轻，最高 50%，最低为 10%。利率均为单利，不计复利，而且以一年为计算基准，超过一年或不满一年均不予追加减免。❹ 新平县百关傣族农民在苛重的地租及超经济剥削下，不得不借债。债利一般在 50%~100% 左右。高利贷者在青黄不接时放青苗，三月放出秋收还，仅 4 个月时间，有的 3 元还谷 1 石，有的甚至 2 元半即还谷 1 石或 1 斗米还谷 1 石，年利率高达 900%。无法清偿的则更要遭受利滚利的残酷盘剥，从此永远

❶ 云南省编辑组编：《佤族社会历史调查》（二），云南人民出版社 1983 年版，第 52 页。
❷ 云南省编辑组编：《纳西族社会历史调查》（一），云南民族出版社 1983 年版，第 10 页。
❸ 乌廷玉：《中国租佃关系通史》，吉林文史出版社 1992 年版，第 574 页。
❹ 中国科学院民族研究所云南民族调查组、云南省民族研究所编：《云南省布朗族社会历史调查材料》（布朗族调查资料之一），内部资料，1963 年印刷，第 47 页。

套上了债利的绞索。❶ 解放前，西双版纳地区债利剥削极为严重，曼燕等寨的债利，有的高达 500%。解放后，情况尚未根本改变，全勐借贷面仍占总户数的 40% 以上；少数工作基础薄弱的村寨，借贷数目甚至还有增加。如曼扫解放前全寨借出数为谷子 500 挑，解放后增为 641.5 挑；解放前借入谷子 190 挑，解放后增为 342 挑。❷

澜沧县糯福区糯福寨拉祜族富裕户不乐意将粮食借给农民，因为实物借贷所提供的利息较低，而只借给农民货币，来年要农民用谷子偿还，即所谓"买青"。这种"买青"的利息高达 500% 以上，如今年借 2 元半开（只能买到 1 斗），明年就得还 6 斗，甚至比这更高。"买青"的实质是对农民的一种掠夺性的剥削。❸ 云南一些地方粮食的利息春借秋还最高为 100%～200%，一般为 50%～60%，在彝良、会泽等县有无利借贷和有利借贷两种，无利借贷名义上没有利，实际利重，如放青苗。在蒙自地区地主、富农放谷照涨不照跌。卖青苗是荒月放，秋收还，利息最高为 200%～300%，个别地区如缅宁何家村有高到 900% 的，一般为 100%～150%。❹

解放前贵州地区农村放债收取高额利率的情况也非常普遍，地主、富农是主要放债户，有放银钱的，有放粮食的。黔西北民族地区高利贷放出多是小板（云南银币）和粮食，也有放小板用粮食作息，也有放粮食用小板作息，年利最低 36%，也有高到 60% 的，甚至 72%。粮食一般一块小板年息包谷一升，高的达二升。按 1948 年包谷一斗折小板五元计算，年利率一般是 50%，高的达 100%。放粮食以小板作息的，如别色园子黑彝中农王鸿义 1946 年向沙场黑彝地主聂官林借了包谷 350 斤（5 斗），到 1947 年还债时，共还了小板 43 元，如按包谷折价 25 元计算，则利息达 18 元之多，年利率达 72%。放小板以粮食作息的，如东关上寨苗族贫农米文成 1946 年向东关下寨黑彝地主王少刚借小板 10

❶ 云南省编辑组编：《思茅玉溪红河傣族社会历史调查》，第 92 页。

❷ 中国科学院民族研究所云南民族调查组、云南省历史研究所民族研究室编：《云南省傣族社会历史调查材料》（西双版纳地区九），1964 年印刷，第 28 页。

❸ 《民族问题五种丛书》云南省编辑委员会编：《拉祜族社会历史调查》（一），云南人民出版社 1982 年版，第 27 页。

❹ 中共云南省委政策研究室：《云南省土地调查报告》，《云南日报》1951 年 11 月 11 日（第 2 版）。

元，1948 年归还时，仅利息就还了包谷 6 斗，折小板约 30 元。❶

贵州一些地方高利贷利息一般是"银利加三，谷利加五"，"遇青黄不接之际，借谷一石，一月之内，还至二三石不等，苗族群众称为'断头谷'。甚至一酒一肉，积至多时，有变抵田产数十百金者"。有的利息更高，"借谷一石，一月之内，偿一至三五石不等"。❷ 有不少是"借一还三"，即在二、三月借谷 1 斗，至五、六月还谷 3 斗，4 个月借期的利率为 200%。还有"场场利"，现金借贷，每场（7 天）利率是50% ～100%，按复利计算。❸ 贵州省罗甸县平亭村布依族借贷利息，一般都以一年起算，借贷期不满一年者亦以一年计算。年利率为 50%，如到期不能偿还，第二年起则将第一年应收的利息加在本金内按复利办法计算。1938 年起，稻谷借贷利率由 50% 增加到 100%，甚至有的按几何级数逐年累计。青苗买卖和其他实物借贷很少，其利率由双方临时协商确定，没有一定的标准。❹ 地主对农民进行高利贷剥削，利息之高，达到了惊人的程度。

四川省甘孜州藏族放债人是地主、富农和寺庙，借债的是劳动人民。劳动人民间，也有少数的债务关系。借贷以粮食和藏洋为主，借藏洋 1 秤（160 元藏洋），月利 3 ～4 元，高的有 7 ～8 元藏洋，按年利计算约为 25% ～50%；借粮利率为 20%。而实际的利息是大大超过这些惯例的。借贷时，不写借据，亦不需保人，本利多少，只凭债主的一本账簿，劳动人民受到十分残酷的剥削。❺

四川省甘孜州藏族地区地主放贷时，多用小斗小秤，说是 1 斗，实际只有 9 升，说是 100 斤，也只有 80 斤。而收贷时则用大斗大秤，送去 1.2 斗才算一斗，送去 100 斤，也只称 80 斤，农民借的是陈粮，还时要还新的。借贷的利息，一般是借 1 斗，到秋还 2 斗、2 斗半，高的

---

❶ 贵州省编辑组编：《黔西北苗族彝族社会历史综合调查》，第 91 页。

❷ 贵州省地方志编纂委员会：《贵州省志·民族志》（上），贵州民族出版社 2002 年版，第 40 页。

❸ 中国科学院民族研究所贵州少数民族社会历史调查组：《贵州省仡佬族社会历史调查资料》，第 16 页。

❹ 中国科学院民族研究所贵州少数民族社会历史调查组、中国科学院贵州分院民族研究所编：《贵州省罗甸县平亭村布依族解放前的社会经济情况和解放后的发展变化》，第 11 ～12 页。

❺ 四川省编辑组编：《四川省甘孜州藏族社会历史调查》，第 181 页。

有 3 斗之多。换言之，高利贷的利率达 100% ~ 200%。❶ 四川彝族地区除了土地或重大财产在借贷时有契约外，一般都只凭信用或人证，利息一般是 50%（年利）。较大的债务以土地或娃子作抵押品。如以娃子为押，则娃子归债主使用，不再计取利息；如以土地为押，债务上就把押地上种出的粮食每年平分给债主，也不再另外计取利息。借债时，债务人要先杀羊或猪招待债主和中间人，在还债时，则要债主招待一次。❷

重庆市郊农村借贷利钱是极高的。解放前货币贬值极速，通常以粮食借贷，利息一般是 40% ~ 100%。如十七区十七保江特超借黄明全黄谷 1000 斤，秋收还 1500 斤；严树法借叶树云黄谷 3 石，秋收还 5 石。此外，农民往往在青黄不接的时候因急需钱用而被逼"卖空仓""卖青苗"，这更是农民的惨痛事情。卖空仓通常是以当时市价之半价拿钱。卖青苗也叫"卖预货"，即农民把收获前的青苗估量卖出，收获时产物即全归买主。青苗价格一般低于当时价格的 40% 以上。❸

（三）债务关系

西南民族地区放债的主要是地主、富农和部分富裕中农，借贷者多为贫农，其次是中农和雇农。

云南佤族地区债务关系极为普遍，几乎 60% ~ 80% 的农户（包括借出与借入）都有债务关系。❹ 布朗山曼兴冠寨解放前，高利贷已相当发展。根据 1955 年的统计，该年全寨发生借贷关系，占全寨总农户数的 89.4%，其中贷出户 32 户，占总农户的 37.6%，借入户 42 户，占总农户的 49.4%。贷出户绝大部分是地主、富农及宗教上层，也有少数中农和贫农。借入户则多为贫雇农。❺ 债务表现着鲜明的阶级剥削性质，放债户多属中农以上，欠债户多系中农以下的阶层。

在古蔺县麻城乡苗族地区，高利贷是地主剥削农民的重要手段。解放前 1948 年上下寨共有苗族 46 户，其中有贫农 39 户，中农 7 户。在

❶　四川省编辑组、《中国少数民族社会历史调查资料丛刊》修订编辑委员会编：《四川省苗族傈僳族傣族白族满族社会历史调查》，2009 年版，第 67 页。

❷　四川省编辑组编：《四川彝族历史调查资料、档案资料选编》，第 32 页。

❸　《重庆市郊区农民遭受残酷地地租剥削》1950 年 6 月 30 日，重庆市档案馆藏档，档案号：D - 65 - 1（1）。

❹　云南省编辑组编：《佤族社会历史调查》（四），第 81 页。

❺　《云南省布朗族社会历史调查材料》（布朗族调查资料之一），内部资料，第 46 页。

贫农中有 31 户向汉族地主借了 37.6 石粮，这就是说贫农中有 67.4% 的苗族农户要受高利贷的剥削，平均每户每年要付出 1.21 石的利息。7 户中农之中有 2 户向汉族地主共贷 3.6 石，即有 28% 的中农户要受汉族地主的高利贷剥削，总计上下寨共有 33 户和汉族地主发生了借贷关系，71.7% 的苗族农户落入高利贷的魔网。❶

甘孜州藏族地区土司、头人、寺庙将高利贷作为剥削差巴、科巴的重要手段之一。也有个别富裕差巴放高利贷的，但数目不多。贷物主要有粮食（青稞、豌豆）、货币（藏洋、大洋）、布匹、茶叶等。据更庆乡欧普龙村调查，借贷中青稞占 34%，货币占 62%，其他占 4%。各乡、村的欠债户几乎占总人口的 70% ~80%。高利贷很普遍，据更庆、汪布顶、柯鹿洞、卡松渡等 5 个乡的统计，共有欠债户 1419 户，所欠高利贷债款达 121090 元。其中欠土司、头人债务的 547 户，债款 45731 元，占债务总数的 37.7%；欠寺庙债务的 872 户，债款 75359 元，占债务总数的 62.3%。❷

根据理塘县中木拉乡诉苦材料的统计，这个乡在民主改革前，农民欠地主富农的债务平均每户约为粮食 267 斤、大洋 65 元、藏洋 453 元，寺庙的债务还未计算在内。具体情况如下：欠地主债务的户数是 198 户，其中雇农 42 户、贫农 85 户、中农 71 户。欠债户数占该乡贫、雇、中农总户数 228 户的 86%。共欠粮食 54934 斤，大洋 14124 元，藏洋 110679 元，其中雇农共欠粮食 7108 斤，大洋 2640 元，藏洋 18550 元；贫农共欠粮食 38042 斤，大洋 7479 元，藏洋 36400 元；中农共欠粮食 9784 斤，大洋 4005 元，藏洋 55729 元。欠富农债务的户数是 40 户，其中雇农 4 户、贫农 20 户、中农 16 户，欠债户数占该乡雇、贫、中农总户数 228 户的 13.14%。共欠粮食 6540 斤，大洋 851 元，藏洋 2614 元，其中雇农共欠粮食 300 斤，大洋 16 元，藏洋 25 元；贫农共欠粮食 4804 斤，大洋 395 元，藏洋 2381 元；中农共欠粮食 1436 斤，大洋 440 元，藏洋 208 元。❸

在甘孜州藏族地区，据若干地点调查，农民有半数以上是负债的。

---

❶ 四川省编辑组、《中国少数民族社会历史调查资料丛刊》修订编辑委员会编：《四川省苗族傈僳族傣族白族满族社会历史调查》，2009 年版，第 66 页。

❷ 四川省编辑组编：《四川省甘孜州藏族社会历史调查》，第 82 ~83 页。

❸ 四川省编辑组编：《四川省甘孜州藏族社会历史调查》，第 141 页。

如炉霍县尼木乡，共有 291 户，其中负债的 194 户，债务总额折合粮食 118340 斤，平均每户 610 斤。再如雅江县八角楼，共有 172 户，其中负债的 77 户，债务总额折合粮食 61750 斤，平均每户 802 斤。又如康定县东俄洛保，共有 95 户，负债的竟达 79 户，债务总额折合粮食 153213.6 斤，相当于全保粮食年产量的 77.3%，平均每户达 1939 斤之多。以上都是民主改革以前的统计。❶ 四川一些民族杂居地区苗族人民遭受高利贷剥削的情况十分普遍而突出。在生产水平不高、地租等剥削又特别繁重的情况下，广大苗族人民不得不陷入高利贷剥削的罗网。据统计，1948 年麻城乡寨和村 46 户苗族中有 33 户（占总数的 71.73%）共向地主富农借了 41.2 石黄谷，平均每年每户要付出 1.21 石黄谷的高利贷债息。枧槽乡南坳村 127 户苗族中，亦有 43.3%（55 户）的户数负担着数额不等的高利贷债务。❷

贵州省罗甸县平亭村借贷剥削也很普遍，剥削率很高。据调查，1930～1948 年，平亭村发生借贷关系，大宗的共有 48 件。其中借入的有 20 户，计贫农 11 户，约占其总户数的 46%；雇农 3 户，约占其总户数的 43%，中农 6 户，约占其总户数的 29%。贷出的有 31 户，计本村地主 3 户、富裕农民 4 户外，外村地主 20 户、富裕农民 4 户。从借贷双方的关系来看，本村人向外村人借债的比重很大，债务发生于本村内的较少。❸ 黄平县四屏镇营上自然村调查借贷的一般情况：全村共 34 户（中农 4 户，贫农 30 户），1949 年借谷借钱者 29 户，借贷关系 72 起（内常年累欠 4 起），共谷 1329 市石，银圆 1424 块，其中与地主借贷关系 37 起（常年累欠 1 起），谷 64 市石，银圆 124 块，与富农借贷关系 12 起（常年累欠 1 起），谷 25.6 市石，银圆 12 块，与中农、贫农借贷关系 33 起（常年累欠 2 起），谷 43.3 石，银圆 118 块。❹

总之，中国乡村是一个背负沉重债务的社会。正如经济学家吴承禧所言："占中国人口百分之八十以上的农民的大多数，原来都是在

❶ 四川省编辑组编：《四川省甘孜州藏族社会历史调查》，第 32 页。

❷ 四川省编辑组、《中国少数民族社会历史调查资料丛刊》修订编辑委员会编：《四川省苗族傈僳族傣族白族满族社会历史调查》，2009 年版，第 8 页。

❸ 中国科学院民族研究所贵州少数民族社会历史调查组、中国科学院贵州分院民族研究所编：《贵州省罗甸县平亭村布依族解放前的社会经济情况和解放后的发展变化》，第 11 页。

❹ 《贵州省黄平县四屏镇五里桥村阶级初步调查》1950 年 8 月 24 日，重庆市档案馆藏档，档案号：D－65－1（1）。

'债'的深渊中挣扎。"❶

（四）借贷后果

在云南，借贷如此频繁，债务的触角深入到每个农户家里，特别当债利又突破了血缘纽带的时候，借贷关系所造成的后果是严重的。许多贫苦农户，当他们一旦堕入债务的泥坑，如过一相当时期不能摆脱困境，那么，他们的命运便几乎是完全掌握在债权人手中。债权人可以根据自身利益和按照自己的意愿来随意摆布债务人。按照习惯法，负债日久不能偿付，债权人可以视所欠多寡，拉走对方的牲畜，抄对方的家，或拉对方的子女，甚至将对方全家作抵出卖。因欠债使许多人破了产，以致全家老幼沦为奴隶，这种境遇，虽系同姓亦难幸免。许多贫困户每年必须将仅有的生活资料付债权人，以致生活陷于绝境时又不得不去告贷。这种恶性循环使广大群众置于债主的经济奴役下而无法挣脱。❷ 借贷需书立契约，写明各种规定。有的借贷，在借时就从本中扣去一月或数月的利息，这种剥削更重。有的地主放债，当债务人到期不能偿还时，即将息作本，这样就利上滚利，称为"驴打滚"。"驴打滚"是算不清、还不清的。❸ 丽江县第五区巨甸乡借贷一般要有抵押。如以土地作抵，负债到相当数目，抵押的土地即被债权人夺去。有以碾子作抵而被债权人夺去的。牛、马虽不必作为抵押品，但有牛马的贫苦农民，迟早都是地主富农和高利贷者的盘剥对象，只要一经发生借贷关系，牛马和猪也就保不住了。在不能偿还本息的情况下，债务人就沦为债权人的长工，直到长工工钱能够偿还本息为止。也有把自己的女儿抵给债主家去做工的。❹ 潞西县法帕乡高利贷很普遍，农民大部分负债。利息一般是每百元半开出谷利 20 箩。许多农民因赔还不上，利上起利，因而被迫抵出了自己的土地。富农主要是通过高利贷大量抵入了土地。从抵押的时期来看：抗日战争以后至 1950 年这一时期，农民丧失土地最多，计 81 户抵出 475 箩种。抗日战争以前仅有 5 户抵出 7 箩种。1950 年以后有 8 户抵出 44 箩种。从抵押的形式来看：极少数的是"期到田归"

---

❶ 李金铮：《民国乡村借贷关系研究》，第 33 页。

❷ 云南省编辑组编：《佤族社会历史调查》（二），第 52 页。

❸ 云南省编辑组编：《纳西族社会历史调查》（一），第 10 页。

❹ 云南省编辑组编：《纳西族社会历史调查》（一），第 10 页。

（这一类抵押时期较长，一般在十年以上）；多数是"银到田归"，农民在重重剥削下，是很难归得上银的。这种抵押田，大多数又转为租佃关系，债务人转为长期受地租制削。❶

阿坝藏族地区，放高利贷的情况是很普遍的，蒲西共有 7 个寨首，其中有 4 个寨首放高利贷，而且年利息的收入均在 40～100 元以上。又据土改时的统计，中寨区划为债利生活者的有 10 户，占总户数的 0.9%，这 10 户中有头人、寨首，也有百姓，他们的土地并不多，主要依靠放高利贷谋生。喇嘛寺、土司、大头人、大管家把高利贷强迫借给百姓，使得许多百姓子子孙孙都还不清老账。❷ 四川一些民族地区，借贷时要打借条，用牲畜等作抵押，还需有中间人见证，到期不能归还，抵押物归债主所有。如寨和村陶向云于 1945 年向汉族地主周巨昌借了 5 斗包谷，用一牛一猪作抵押，过年时没有按期归还，周巨昌便将猪扣下抵了债（250 余斤），还撵他搬家。❸

在黔西北民族地区，凡向地主借钱或借粮，一般要用一定的实物作抵押，如到期不能偿还债务，抵押品就归债主所有。如无抵押品，到期又不能偿还者，也有用劳役抵债的。如东关上寨苗族贫农朱明华 1945 年向小官寨黑获地主芦扬杰借包谷 1 斗，到期无力偿还，就被迫到芦扬杰家作了一年长工抵债。❹ 在黔南地区，不论借钱借粮，到期不还即计算复利，称之利加利，老百姓称之为"马打滚""滚雪球"。凡借债者，必须先将自己的不动产如房屋、田地、山林、山塘等不动产经中人立字作价抵押。如本利积累超过抵押之价时，高利贷者就会逼借债户将抵押字约换为卖契，所抵押之财产即为高利贷者所有，俗称为抵房要房，抵田要田，抵山要山，甚至卖儿卖女。贫苦农民一旦落入高利贷的罗网，就很少能再跳出来，许多贫苦农民因此倾家荡产。❺

❶　《云南省德宏傣族景颇族自治区（州）傣族地区和平协商土地改革文件汇编》，第 75～76 页。

❷　四川省编辑组编：《四川省阿坝州藏族社会历史调查》，四川省社会科学院出版社 1985 年版，第 346 页。

❸　四川省编辑组、《中国少数民族社会历史调查资料丛刊》修订编辑委员会编：《四川省苗族傈僳族傣族白族满族社会历史调查》，2009 年版，第 67 页。

❹　贵州省编辑组编：《黔西北苗族彝族社会历史综合调查》，第 91～92 页。

❺　中共贵州省黔南州委党史研究室：《中国共产党黔南布依族苗族自治州历史》第一卷（1930～1978），第 184～184 页。

高利贷对社会经济有恶劣影响的一面，债务人借债后，必须按期偿还借债本息。有的在写契约时父子均要按手印，父亲未还清，儿子要继续偿还，如到期不能偿还者，或以抵押品作抵，或又重新写约，利上加利，使负债者遭受沉重的负担剥削，但在整个社会经济落后和现代金融迟滞的条件下，没有高利贷，农民的生产生活就很难运转。

"中国的农民决不肯为了要取得投机或经商的资本，或者因为想变动一下处境而出售他们祖传下来的土地。虽然对于这个问题也有许多变动，可是大多数土地的转让都是由农民占有者被债务逼迫才发生的。"❶"贫困是旧中国农村的根本特征，是农民负债之源，而导致贫困之诸种因素则反映了借贷背后复杂的社会经济关系。"❷高利贷作为一个源远流长的经济制度，是地主对农民的一种残酷剥削方式，使负债者遭受沉重的负担剥削，其残酷程度不亚于地租，高利贷的剥削给生产生活造成极大的困难。总之，西南民族地区农民在地主富农的地租、高利贷等的剥削下，往往一蹶不振，变为赤贫，过着吃不饱、穿不暖的颠沛流离的贫困生活，这一切归根结底是封建的剥削制度造成了劳动人民的贫困。

四、雇工剥削

除了地租和高利贷剥削外，土地改革前西南民族地区土地和其他生产资料已经有一定程度的集中，雇工剥削是十分普遍的。雇佣剥削主要有以下几种形式：长工、季工、日工、包工、集体工等。

（一）雇工形式

西南各地情况不同，雇工形式各异。景颇族、阿昌族地区雇佣关系非常盛行，解放前很多人都到附近傣族区及汉族区卖工，有长工、童工，也有临时工、季工。每到栽秧、薅秧、割谷、挖大烟地时，景颇族都有上百的人到邦木、卡子一带卖工。❸由于出卖劳动力的农民一般均未脱离自身的农业经营，还必须有一定时间料理自己的庄稼，而对于雇

❶ ［美］珀金斯：《中国农业的发展（1368～1968）》，宋海文等译，上海译文出版社1984年版，第114页。

❷ 李金铮：《民国乡村借贷关系研究》，第396页。

❸ 《景颇族阿昌族社会历史调查文集》，第145页。

主来说，雇工劳动都用于农忙时节，一般而言，雇临工的较多。

在四川苗族居住区，据调查，约有 60% 左右的中、贫农户，都在不同程度上依赖出卖劳动力为生。苗族农民出卖劳动力的形式与汉族一样，有帮长年（长工），做月活（月工），打临工（日工）等数种，以打临工为最普遍。❶ 雇工的来源，在坝区有的人是为逃避负担不要份地，只种有一部分旱地和私田，甘愿卖工度日，山区农民生活更苦，也是季节工和短工的来源。长工的工资一季得谷子约 680 斤，短工一天得谷子 22 斤。❷

潞西县遮放区遮冒寨的雇工多数是季节工，从开始春耕到栽完秧，约三四个月的时间，雇长工的较少，雇工除了从事田间主要劳动外，还要为雇主找柴火，一天起早摸黑，工作繁重。❸ 土改前法帕寨有雇农 33 户，在 38 户贫农中只有 15 户有土地，因此贫雇农大部分依靠卖工为生。雇工的形式有长工、季工、日工三种，此外还有未成年的童工。❹

除了长工、季工、日工等，还有变相的雇工形式，如派白工、上门女婿等。

在勐往曼依坎寨，地主、富农都是当权头人，他们的雇工数多和封建特权紧密结合，其主要手段就是征派白工为他们代耕或服家内杂役。如叭岩真在 1953 年去普洱开会时，就征派寨上 14 家无田户每天轮流男女各两人到他家内舂米、砍柴等，给吃饭之外，有时也给少许谷子，不给分文工资。这类征派白工情况难以统计，群众还认为自己应该"服役"，头人家给一点谷子，视为"恩赐""心善"。❺ 在西双版纳勐景糯傣族地区，富农的主要剥削手段是雇工剥削。从各寨情况看，富农多为头人，其剥削方式与政治特权密切结合着，凭借特权占有较多的土地，

❶ 四川省编辑组、《中国少数民族社会历史调查资料丛刊》修订编辑委员会编：《四川省苗族傈僳族傣族白族满族社会历史调查》，2009 年版，第 9 页。

❷ 云南省编辑组编：《傣族社会历史调查》（西双版纳之七），云南民族出版社 1985 年版，第 18 页。

❸ 《中国少数民族社会历史调查资料丛刊》修订编辑委员会等编：《德宏傣族社会历史调查》（一），第 175 页。

❹ 《中国少数民族社会历史调查资料丛刊》修订编辑委员会等编：《德宏傣族社会历史调查》（二），第 13 页。

❺ 《民族问题五种丛书》云南省编辑委员会编：《傣族社会历史调查》（西双版纳之六），云南民族出版社 1984 年版，第 189 页。

又靠特权派白工，剥削劳力，或以"认儿子""认亲戚"为名进行剥削。❶

　　农村地主有招进女婿的，有的实际等于雇工，在家里毫无地位，如弥渡县一区七乡有一个雇工帮地主 30 多年，后来又被撵了出来，即是用招女婿名义雇用的。❷潞西县遮放区遮冒寨也有一种变相的雇佣剥削形式。傣族青壮年"上门"（入赘）者很多，他们多数是贫雇农青壮年，招婿入赘者则多属富裕中农以上阶层。本寨有 22 个青壮年"上门"，其中贫农 4 人，雇农 13 人，余为中农。"上门"后名义上虽为女婿，实际上是当雇工，在家庭中地位卑下，不得继承财产，因此只要夫妻感情不和，即被驱出。❸

　　（二）雇工待遇

　　雇用长工和月工的多为地主、富农，雇工的工资待遇一般都很低。长工由雇主供食，每年工资为 1～2 石黄谷，有 1～2 件小布不等；长工除春节有三天休息外（但仍需挑水、放牛、割草），其余时间必须无休止的劳动。缺工要补工或扣工资，被雇佣期间不得做自己的活。为地主帮长年的有的甚至被地主打骂，因此，长工犹如卖身投靠一样，往往失去了人身自由，成为地主的家奴。做月活多在农忙季节，工作特别繁重，工资最高的也不过 4 斗黄谷左右。在做月工期间，就不得不放下自己的活。因此不论有形的（工资低）或无形的（庄稼失去农时的影响）剥削都十分沉重。❹

　　潞西县遮放区遮冒寨工资全部以实物支付，工价视劳动力强弱而定，长工的工资一般是 100 箩谷子左右，衣服两套，鞋子 2 双，包头巾 1 条，帽 1 顶，口袋 1 个。季节工（3～4 个月）工资 60～80 箩谷子。零工一天工资是 8 斛谷子（合 16 市斤）。每个长工被剥削的剩余生产物

　　❶　云南省编辑组编：《傣族社会历史调查》（西双版纳之七），第 18 页。
　　❷　中共云南省委政策研究室：《云南省土地调查报告》，《云南日报》1951 年 11 月 11 日（第 2 版）。
　　❸　《中国少数民族社会历史调查资料丛刊》修订编辑委员会等编：《德宏傣族社会历史调查》（一），第 175 页。
　　❹　四川省编辑组、《中国少数民族社会历史调查资料丛刊》修订编辑委员会编：《四川省苗族傈僳族傣族白族满族社会历史调查》，2009 年版，第 9 页。

约 170 箩谷子（合 3400 市斤）。❶

在傣族农民中原来有不取报酬的换工，但这种形式除了修建房屋之外，在农业生产中已逐渐被零工的形式所代替。零工不分男女，工资都是一天一箩，由主人供给伙食、衣服一二套、鞋一双，也有劳动力特别强，每年可得到 100～200 箩，但这是极其个别的现象。童工一般每年只有 20～30 箩，由主人供给伙食和一套衣服，年幼一些的则还不到 20 箩。❷ 沧源县勐角区勐角乡长工一般是地主、富农雇人，莲花塘个别中农亦雇有长工。雇工来源，一为富户收养的孤儿，或为生活困难由山区下坝帮工的佤族，雇本寨或本族的较少。对长工的待遇有两种：一为供吃，供两套衣服、一顶帽子，无工资，剥削率达 68%～70%；一为不管吃穿，给其田地耕种，但种田时须先种好雇主的才能种自己的，土锅寨即多采用此种形式，剥削更重。短工较普遍，多雇佤族，本寨内多互相换工。短工的工资除供饭外，给谷 3 筒（约 5 斤），收获季节则为 5 筒，坝尾有给 0.5 担（25 斤）谷者，多半是亲戚关系。❸ 民族地区雇工极普遍，出外帮工的人很多，不论长工，季工或零工都有。汉人结婚时，有的去帮抬轿子，工资一般只五六角；汉人雇工挖烟地，大烟价好的年成工资可达 1 元，但这是少数；做长工工资一般一年二三十箩谷子和 1～2 套衣服。每年每月都有不少人下山到汉族村寨去卖工，特别挖烟地的时节，有的户关着门全家出外卖工。❹ 根据武定县贺铭乡及姚安县蜻蛉乡的调查，长工工资每年最高 600～675 斤谷，一般为 450 斤，最低为 225～240 斤。除工资外，每年两套衣服，一顶帽子，一双鞋子。有的先付工钱后做工，地主富农利用谷价上涨来克扣工资。还有白帮工的，如姚安县蜻蛉乡有一个雇工帮地主 30 多年不得工资。❺

云南陇川县景颇族由于社会历史条件发展不同，在富裕户较多的地方，雇工关系就比较发展。长工的待遇一般是除供伙食外，年工资

❶ 《中国少数民族社会历史调查资料丛刊》修订编辑委员会等编：《德宏傣族社会历史调查》（一），第 175 页。

❷ 《中国少数民族社会历史调查资料丛刊》修订编辑委员会等编：《德宏傣族社会历史调查》（二），第 13 页。

❸ 云南省编辑组编：《临沧地区傣族社会历史调查》，第 186 页。

❹ 《景颇族阿昌族社会历史调查文集》，第 249 页。

❺ 中共云南省委政策研究室：《云南省土地调查报告》，《云南日报》1951 年 11 月 11 日（第 2 版）。

30～40箩谷，衣服2套。季工的待遇一般是按工作量计算，即种一箩种面积年工资10多箩谷。童工都是牧牛，待遇2～3年1头黄牛。零工3～4年1头水牛。零工在两类地区都普遍存在，特别在水田少、生活较差的地区，景颇族给汉、傣族卖零工的现象很多。如邦瓦寨解放前有21%的农户依靠卖工为生。零工待遇，一般是供一天吃，工资谷2斛；在接近汉族的地区，一般是1文钱做3天工。❶陇川县邦瓦寨雇工关系特别是卖零工的现象很普遍。解放前，50%的农户经常出外帮工谋生，农忙季节下坝给傣族帮工的很多，也有给傣族帮长工的。解放前本寨雇长工的4户，雇长工10人。长工的待遇除伙食外，每年还得谷10箩、衣2套。帮长工一般是因生活困难，也有因婚丧急用，借钱后无法还债，以帮工抵息的。季工只是在农忙季节帮雇主干活，做完雇主的一段农活后，可以回家做自己的活。季工的待遇一般是按耕种的面积来计算：耕种1箩种水田，给谷10箩，干活期间的伙食由雇主供给。解放前全寨雇季工的25户，雇季工35人。零工饮食由雇主供给，每天工资0.25箩谷子。解放前雇零工的15户。童工都是放牛娃娃，待遇是给伙食外，每年给衣2套。有的雇主每年还给几箩谷子，帮满3年给1头小黄牛，帮满4年给1头水牛。也有年幼时帮工，长大后雇主为之娶妻的。各种雇工关系（童工除外，因为童工难计算）所提供的剥削量，约合谷子845.54箩。❷

雷山县桥港乡掌披寨苗族地区，地主、富农的雇工劳动有长工、月工、日工三种。长工的期限是一年或三五年，也有时间更长的。每年的工资，一般是大洋12元，另有两套衣服。月工和日工都是在农忙期间雇用。月工工资每月大洋2～3元。日工工资，较早的年代每天大米约5斤（以升、合折算，下同），后来逐渐减少为4斤、3斤，到1947年更减为1斤。不论长工短工，都吃雇主的饭。❸在耿马县勐撒区勐撒城子，该寨雇工分长工、季节月工、白工、童工、短工等五种。一般待遇

---

❶ 云南省编辑组编：《景颇族社会历史调查》（三），云南人民出版社1986年版，第75页。

❷ 云南省编辑组编：《景颇族社会历史调查》（二），云南人民出版社1986年版，第37页。

❸ 贵州省民族研究所编印：《贵州省雷山县桥港乡掌披寨苗族社会历史调查资料》（内部资料），1965年印刷，第21页。

是：长工，每年供给新旧衣服 3 套、半开 150～200 元，视劳动力强弱而定。季节月工，每月除供饭外，付工资合人民币 20 元，视劳动力强弱和男女有所区别。白工，基层头人每到生产季节，都向该寨或外寨的农民群众派白工。童工，一般是失去父母的孤儿或贫困家庭的子女，除供给饭外，没有工资。短工，每日供食一至三餐，工资 1～2 升稻谷（合 4～8 斤），视男女劳动力的强弱或劳动紧缺状况而定。❶ 一些民族地区除雇佣劳动的剥削关系之外，还普遍地存在着农民间的换工形式，换工进行农业劳动或互助盖房子等。这种换工形式除因劳动力的强弱而有差别外并不包含任何剥削关系，它还较朴素地保留着原始协作的习惯。❷

综上所述，雇工关系，西南民族地区都比较普遍。但由于民族地区贫富分化程度不同，因而雇工关系的发展程度也有所不同。总体而言，西南民族地区，雇佣剥削也是比较残酷的，如潞西县遮放区遮冒寨雇农占农村人口的 18.2%，富农雇工剥削收入占其主粮收入的 25% 左右，占富农全部剥削量的 66.8%。❸ 各族农民由于缺少土地以及耕作的粗放，许多人不得不离家出卖劳动力，忍受着繁重的劳动以换取微薄的工资收入。

小　结

在土地等生产资料占有的不平衡和贫富分化的基础上，土地改革前，西南各地都已在不同程度上出现了租佃、雇工、高利贷等剥削关系，有的还发生了土地抵押、典当、买卖等关系。"中国的农村行政，为地主的广大的势力所渗透，税收、警务、司法、教育，统统建筑在地主权力之上。贫穷遇有租税不能交纳时，辄受监禁及严刑拷打。"❹ 各族人民生活极端贫困，特别是生活在农村的无地或少地的贫苦农民，虽然终年辛勤劳功，但生存条件日趋恶化，过的是半年糠菜半年粮的悲惨

---

❶ 云南省编辑组编：《临沧地区傣族社会历史调查》，第 84 页。

❷ 《民族问题五种丛书》云南省编辑委员会编：《拉祜族社会历史调查》（一），第 26 页。

❸ 《中国少数民族社会历史调查资料丛刊》修订编辑委员会等编：《德宏傣族社会历史调查》（一），第 174～175 页。

❹ 《陈翰笙文集》，复旦大学出版社 1985 年版，第 61 页。

生活。

据调查，1949 年小金县结思乡木龙村 7 户藏民的粮食收入情况：7 户藏民共计 43 人，共收粮食 7740 斤，平均每人有粮 180 斤（包括种子和饲料在内）。其中贫农慈巴阿蕊、时括尔甲两户，共 7 人，收获粮食 1200 斤，每人平均 171 斤；下中农格罗斯曼、马提、格罗罗特、巴桑等 4 户，共 29 人，收获粮食 4740 斤，每人平均 163 斤；上中农阿让 1 户，共有 7 人，收获粮食 1800 斤，每人平均有粮 257 斤。这样少的粮食当然不够吃，农民缺粮的时候只好向喇嘛寺、富裕户借贷。❶ 农民在这种残酷的剥削下，生产和生活都是不稳定的。

成都平原有 1 户佃农人家，共计 5 口，从 1939 年至 1940 年 7 月这段时间，因农产涨价的确比上年多收入 630.3 元。但在这段时间，肥料、油、盐等也涨价了，他家比往年多花 460 元（大人还未添衣），再加上加租、加税及战时各种负担共计 280.35 元，收支相抵尚不敷 100 余元。❷ 据原麻栗坡县金厂乡的调查，解放前全乡 164 户人家中，住茅屋者 95 户，住地主牛厩者 3 户，住山洞的 1 户，还有 17 户长年住在窝棚里，全乡 864 人中，穿棕衣的 650 人，赤身露体的 21 人，大多数农民都缺粮，靠野菜充饥。群众描述这种悲惨生活的情景是："白日风扫地，夜晚月照床，盖的棕丝被，垫的响铃铛，煮饭不见米，添水不添粮。"❸ 很多农民经年食不果腹，靠"半年糠菜半年粮"度日。

一些缺粮地区（如台江反排苗寨）解放前三年人均稻谷只有 125 公斤左右，不足以维持半年生活，缺粮时只有靠野菜、米糠充饥。黔西北少数民族地区（威宁等地），"吃饭可分四等，食米为特等，食包谷为一等，食青稞、荞麦为二等，普通人民所食，则为'三吹三打'（烧洋芋）"。❹ 地主凭借占有的土地，对农民进行残酷的剥削。农民在高租重押、高利及种种额外剥削的层层盘剥下，过着悲惨的生活，有的农民活了四五十岁，只穿过一双鞋，一辈子没盖过棉被，没穿过新衣服是普遍

❶ 四川省编辑组编：《四川省阿坝州藏族社会历史调查》，第 346 页。
❷ 薛暮桥、冯和法编：《〈中国农村〉论文选》（下），人民出版社 1983 年版，第 868 页。
❸ 《文山壮族苗族自治州概况》，第 37 页。
❹ 《贵州农村合作经济简史（1949~1990）》，第 19 页。

的情形，如黔江农民何锡珍，一家子数年没盖过棉絮，以致冬天烤火取暖。❶ 平亭村的农民，每年缺少口粮的很多。据统计1948年全村51户的农民中，有20户缺粮，其中雇农8户，贫农11户，中农1户。贫困户缺粮达六七个月，一般缺粮户也得缺少粮食两三个月之久。甚至有5个单身雇农因年老丧失劳动力，以致全年无粮，过着讨饭度日的悲惨生活。❷

新中国成立前，西南民族地区租佃、雇佣、债利等剥削关系在民族内部和民族之间发生。一些地方的农民备受高额地租剥削，生产兴趣普遍下降，过去水车一二斗米一架也有人买，后来一架水车只要六升米，也没有人过问；上田的肥料数量以十年前的产量作标准，至少减少20%；过去锄田一般都在三遍，后来最多则只锄两次，有的甚至一次都不锄。❸

土地制度历来是中国农村的一个复杂而敏感的话题。李景汉指出："我们不能不承认土地问题是农村问题的重心，而土地制度即生产关系，又是土地问题的重心，其次才是生产技术及其他种种的问题。若不在土地私有制度上想解决的办法，则一切其他的努力终归无效；即或有效，也是很微的一时的治标的。"❹ 农民作为农业生产者，只有拥有足够的土地，才能生产出足够的农产品，以供其本身和社会各个群体的需求。在封建土地所有制条件下，土地占有悬殊，西南民族地区的农民在解放前所受的封建剥削是极其苛重的，农民既受封建土司的剥削，又受封建地主和富农的剥削，阶级矛盾往往与民族矛盾交织在一起，少数民族杂居地区或聚居地区，地租、押金、无偿劳役等负担之沉重，过多地榨取了农民所得，使农民陷于贫困之中，严重地影响了农业生产的资金投入，阻碍着生产力的发展。因此中华人民共和国成立初期的"土地改革必然是一场强制性的土地制度变革，是国家依靠其掌握的强大政治势力

---

❶ 《西南土地改革工作团第二团川东分团补充材料》，重庆市档案馆藏档，档案号：D-65-11。

❷ 贵州省编辑组编：《布依族社会历史调查》，贵州民族出版社1986年版，第23页。

❸ 《哈喇村——一个封建土地制度重压下的云南农村》1950年10月3日，重庆市档案馆藏档，档案号：D-65-1（1）。

❹ 转引自李金铮：《传统与变迁：近代华北乡村的经济与社会》，第174页。

所进行的一场解放生产力、改善生产关系、变革生产方式的社会改革运动"。❶ 对土地改革殷切的希望与要求，云南各处都是这样。宜良赵家庄一位农民说："要问我们最大的心愿是什么？就是改革土地制度，我们全村老百姓都这样想，希望政府快公布法令，我们好一步一步来做，把我们的生产整好。"❷ 封建土地所有制是生产停滞、经济落后、人民贫困的根源，早已成为西南民族地区社会进步和农业生产力发展的桎梏，必须对这种封建的土地制度进行改革。

---

❶ 王瑞芳：《土地制度变动与中国乡村社会变革——以新中国成立初期土改运动为中心的考察》，第 164 页。

❷ 《哈喇村——一个封建土地制度重压下的云南农村》1950 年 10 月 3 日，重庆市档案馆藏档，档案号：D - 65 - 1（1）。

第二章 耕者有其田——西南民族地区的土地改革

  土地是农业资源中最重要的部分，是农村社会经济的基础，土地与农民的关系构成了农村的基本关系。因而土地制度在很大程度上决定着农业的性质和农村发展道路。20世纪上半叶国家对乡村所实施的改造始终是肤浅和皮相的，并未对西南民族地区传统的经济与社会格局发生根本性的影响。中华人民共和国成立初期西南民族地区的土地改革以无偿的方式满足了农民"耕者有其田"的要求，根本改变了农村的生产关系，获得了农民的信任和对新生国家政权的认同，形成了广泛的组织网络并全面有效地整合了民族社会，使得新中国政府的号召力和行政命令以从未有过的力度深入民族地区乡村。

一、中央与西南关于土改的方针政策

  土地改革是新中国成立后西南地区经历的第一次大规模社会改造，激活了乡村社会的阶级意识，是20世纪西南民族地区经济和社会秩序变迁的开端。中华人民共和国成立初期，中央、西南、各省先后发布了一系列土地改革的法令政策，以指导土地改革运动的顺利开展。

（一）中央关于新区土改的方针

  1949年9月，中国人民政治协商会议第一届全体会议通过的《中国人民政治协商会议共同纲领》，规定了新中国的经济政策、民族政策等，是中华人民共和国成立初期团结全国人民共同前进的政治基础和战斗纲领，起了临时宪法的作用。在土地改革方面，它规定："土地改革为发展生产力和国家工业化的必要条件。凡已实行土地改革的地区，必须保护农民已得土地的所有权。凡尚未实行土地改革的地区，必须发动农民群众，建立农民团体，经过清除土匪恶霸、减租减息和分配土地等项步骤，实现耕者有其田。"❶ 中华人民共和国成立初期，为了指导土地改革，1950 年 6 月 30 日，中央人民政府颁布了《中华人民共和国土地改革法》，土地改革法是在部分地区土改试验取得经验的基础上起草制定的，以作为在全国新解放区开展土地改革运动的法律依据，它增加了照顾少数民族的政策，强调"本法不适用于少数民族地区。但在汉人占多数地区零散居住的少数民族住户，在当地土地改革时，应依本法与汉人同等待遇"。❷ 少数民族地区的土地改革，需根据中共中央"坚持民族团结，慎重稳进"的方针，放在条件成熟时再进行。

正确划分阶级是土改重新分配土地等生产资料的前提，关系到土改目标能否正确得以实现。为了指导各地正确划分阶级，顺利开展土改，1950 年 8 月 14 日，政务院通过和公布了《关于划分农村阶级成分的决定》，但后来在实践中发生了若干新的问题，需要对这一决定加以补充或加以解释，1951 年 3 月 7 日，政务院又颁布了《关于划分农村阶级成分的补充规定（草案）》。在此前后，政务院还发出若干指示，指导阶级成分的划分，如 1950 年 10 月 26 日，政务院发布《中央关于中农与富农划分问题的指示》；1951 年 1 月 31 日，政务院又发出《中央转发华东局和浙江省委关于划分阶级的指示》，这些指示和决定对各地顺利完成划分阶级成分的任务，起了积极的作用。

为了保证土地改革运动顺利开展，必须把分散的个体农民转换为有组织的整体团队，1950 年 7 月 15 日，政务院公布了《农民协会组织通则》，农民协会的任务是团结雇农、贫农、中农及农村中一切反封建的分子，遵照人民政府的政策法令，有步骤地实行反封建的社会改革，保护农民利益。农民协会在中华人民共和国成立初期土改运动中被打造成了土改的执行机关，在运动中发挥着重要作用。1950 年 7 月 14 日政务院第四十一次政务会议通过《人民法庭组织通则》，报请中央人民政府主席批准后，于 1950 年 7 月 20 日公布。通则明确规定：人民法庭的任务是运用司法程序，惩治危害人民与国家利益、阴谋暴乱、破坏社会治安的恶霸、土匪、特务、反革命分子及违抗土地改革法令的罪犯，以巩

---

❶ 中共中央文献研究室：《建国以来重要文献选编》（第一册），中央文献出版社 1992 年版，第 7 页。

❷ 中共中央文献研究室：《建国以来重要文献选编》（第一册），第 344 页。

固人民民主专政，顺利地完成土地改革。

关于少数民族地区的土地改革和民主改革，中央多次发出指示，1950 年 6 月，中共中央发出《关于处理少数民族问题的指示》，强调关于各地少数民族内部的社会改革，特别是有关少数民族的宗教信仰、风俗习惯及土地制度、租息制度、婚姻制度的改革等，必须从缓提出。在少数民族中进行工作，必须首先了解少数民族中的具体情况，并从各少数民族中的具体情况出发来决定当地的工作方针和具体的工作步骤。必须严格防止机械搬用内地的经验和口号，必须严格禁止以命令主义的方式在少数民族中去推行内地所实行的各种政策。❶ 1950 年 7 月 21 日，邓小平指出："民族工作的中心任务是搞好团结，消除隔阂。只要不出乱子，能够开始消除隔阂，搞好团结，就是工作做得好，就是成绩。"❷

为了正确地阐明党在过渡时期民族问题方面的任务和政策，1954 年 10 月，中共中央批发全国统战工作会议《关于过去几年内党在少数民族中进行工作的主要经验总结》，经验主要有：第一，先做好与人民有联系的上层人物和宗教人物的统战工作，尽量争取他们赞助土改，至少保持中立。先搞好这一层，然后去发动群众，不要把这两个步骤颠倒过来实行。第二，尽量缩小打击面，照顾与人民有联系的上层人物和宗教人物，给他们以出路。凡我们已经团结的人，在土改时必须保护。第三，分配土地时，必须由党的领导严格控制，采用温和的稳妥的方法去进行，禁止打人、限制捕人，尽可能不杀一个人。第四，依靠当地少数民族的干部去做工作，不应由汉族干部及其他外来干部包办代替。第五，对于少数民族宗教寺院的土地、房屋及其他有关宗教信仰和风俗习惯的公共的土地、房屋，原则上基本不动，如群众要求，上层人物和宗教人物同意，可以酌情予以处理。第六，在民族杂居地区，应特别注意民族关系。在斗争本民族的地主时，应以本民族的农民为主，并由本民族的干部领导去做。在分配土地、房屋及其他果实时，要注意民族间的公平合理。❸ 这个文件系统地总结了新中国成立以来党在土地改革中处理民族问题的主要经验，对加强民族团结和民族地区的经济社会发展发

❶ 中国社会科学院、中央档案馆：《（1949～1952）中华人民共和国经济档案资料选编：农村经济体制卷》，第 274～275 页。

❷ 《邓小平西南工作文集》，中央文献出版社、重庆出版社 2006 年版，第 197 页。

❸ 贵州省档案馆编：《黔地新生——解放初期贵州土地改革档案文献选编》，第 9 页。

挥了积极的作用。

（二）西南地区关于土改的方针政策

西南军政委员会和各级政府根据中央的指示精神，结合西南地区的实际，制定颁布了减租退押和土地改革的政策法令，如《西南区减租暂行条例》《西南区土地改革中山林处理办法》《西南军政委员会土地改革中对华侨土地财产的处理办法》《西南局关于坚决不动中农果实的指示》《西南局关于划分农村阶级成分的几点意见》等。

1951 年 1 月 25 日，邓小平指出："在民族杂居地区，对少数民族人民已经提出同样实行减租退押和分配土地的要求，不考虑是不对的，但完全与汉族区域一样实行也是不妥当的。在这些地区，如果已经实行了区域自治或联合政府，如果少数民族人民绝大多数真正赞成，是可以实行的。但在实行当中应该允许例外，即少数民族自己不赞成在那一地区实行，甚至不赞成对那一家实行时，就不应在那一地区或那一家实行。总之，有关各少数民族的改革事宜，必须通过各族人民代表会议，依据少数民族自己绝大多数的意愿并经过他们的同意才能进行。"❶

土地改革法颁布以后，西南地区根据民族地区实际情况，各省在西南军政委员会的指导下，制定了土地改革实施办法或补充规定。

表 2 - 1　西南各地土地改革实施办法或补充规定一览表❷

序号	颁行机关	颁行日期	文件名称
1	川东区党委	1951 年 3 月 17 日	《川东区土地改革实施办法》
2	川西区党委	1951 年 5 月 26 日	《川西区土地改革实施办法》
3	川南区党委	1951 年 4 月 14 日	《川南区对实施土地改革法的若干具体问题处理办法》
4	川北区党委	1951 年 3 月 10 日	《川北区土地改革实施办法》
5	云南省委	1951 年 3 月 26 日	《云南省土地改革实施办法》
6	贵州省委	1951 年 6 月 16 日	《贵州省实施土地改革补充办法》
7	西康省委	1951 年 6 月 16 日	《西康省关于实施〈中华人民共和国土地改革法〉的若干补充规定》

---

❶ 《邓小平西南工作文集》，第 333～334 页。
❷ 陈翠玉：《西南地区实施〈土地改革法〉研究》，法律出版社 2010 年版，第 60 页。

西南各地土改实施办法或补充规定主要是在依据土地改革法的基本精神和原则的基础上，结合民族地区实际情况，对土地改革法进行了大量补充性规定。

为了指导西南地区的土地改革，西南军政委员会先后批准了各省的土地改革实施办法，如西南军政委员会 1951 年 3 月 31 日第三十次行政会议批准了《云南省土地改革实施办法》，其中规定：地主所有的土地，包括田、地、山及与此相连的塘、井、堤、坝等水利，和各种在农村的林木、茶山、果园、菜园、竹园、花园及其相连的庄房厕所等，均予没收分配。个别地主家庭中有当年参加主要农业劳动者，其自己耕种部分土地，可于适当抽补后，基本上予以保留。没收土地时，须随带没收地主所有的肥料；土地改革期间，一切措施均应从有利于生产着眼，土地改革果实须投入生产，不得浪费、损坏或贪污。严禁地主破坏生产资料。凡土地改革业已完成之地区，即应全力组织生产，达到发展农业生产的目的；为保护土地改革的正确实施，各级政府应加强土地改革工作的领导；一切派往农村参加土地改革工作的干部与人民政府工作人员，均应参加当地农民协会，提倡民主作风，切实保障人民的民主权利，并严格遵守纪律。❶ 在少数民族地区进行土改更应注意搞好生产工作，结合进行土产交流、贸易、文教、卫生等工作，而不应孤立地进行阶级斗争和单打一的工作方式。结合土改很好组织这些工作的进行，因为这些工作是少数民族群众当前最迫切需要解决的，也是有利于民族团结的重要环节。❷

西南军政委员会批准了贵州省实施土地改革的补充办法，对少数民族地区的土改作出了新的规定。1951 年 6 月 16 日，西南军政委员会第 40 次行政会议批准《贵州省实施土地改革补充办法》，对在少数民族中进行土地改革的几个问题作了明确的规定，强调在少数民族中进行土地改革时，遇有特殊问题需作特别规定时，得经少数民族人民充分讨论，并经省人民政府批准后执行。❸

中华人民共和国成立初期，西南民族地区进行土地改革最重要的是注意民族特点。"因为土地改革是群众运动，由初步的反封建到最后消

---

❶ 《云南省土地改革实施办法》，《云南日报》1951 年 11 月 12 日（第 2 版）。
❷ 贵州省档案馆编：《黔地新生——解放初期贵州土地改革档案文献选编》，第 272 页。
❸ 贵州省档案馆编：《黔地新生——解放初期贵州土地改革档案文献选编》，第 35 页。

灭封建，组织形式及斗争方式等一系列的问题在汉人地区已经有了经验，但就少数民族看来则是新问题，而干部一般的存在着机械的搬运和忽视民族特点。"❶ 1951 年 7 月 10 日，中共贵州省委副书记徐运北在贵州省第一届各族各界人民代表会议上指出："关于少数民族地区的土地改革，根据现有工作条件和群众觉悟情况，在杂居地区可一同进行土地改革，但必须有少数民族干部领导和取决于少数民族同胞的觉悟程度，不准任何强迫命令。应及时召开少数民族代表会议，商讨有关土地改革有关事宜，一切有关土地改革问题，如民族风俗之尊重，特殊问题之解决，均取决于少数民族自己。同时还应及时建立民族民主联合政府，以领导土地改革事宜的进行。"❷ 因此，少数民族地区进行土地改革决定的问题，在于是否能充分发动群众。一切要从少数民族现有的认识水平和觉悟程度出发，一切要从提高少数民族的思想觉悟出发，严防干部的强迫命令和简单草率、粗枝大叶的作风。❸ 必须认真贯彻中央民族政策，注意民族特点，尊重少数民族的风俗习惯，严禁强迫少数民族说汉话，大力培养少数民族干部，由各族干部领导进行土改和善于等待少数民族觉悟，严禁干部忽视民族问题制造阶级斗争。❹

　　1951 年，西南军政委员会对《中华人民共和国土地改革法》第 36 条的补充规定，强调："凡少数民族聚居地区，一律不实行土地改革，本规定亦不适用于少数民族地区。至何时实行，由各该少数民族人民自行决定；与汉人杂居一地之少数民族人民，如其中多数要求实行土地改革时，经专署以上人民政府批准后，亦得酌量情况，加以实施。其土地办法另定之。"❺ 为保证有秩序的减租退押和土地改革，保护人民财富，严禁不法地主一切破坏减租退押及土地改革的行为，1951 年 1 月 8 日，西南军政委员会根据《中华人民共和国土地改革法》《政务院关于新区土地改革及征收公粮指示》及《新区农村债务纠纷处理办法》之规定，颁布了《西南区惩治不法地主暂行条例》，以彻底打垮地主阶级之气

---

❶ 贵州省档案馆编：《黔地新生——解放初期贵州土地改革档案文献选编》，第 70 页。

❷ 贵州省档案馆编：《黔地新生——解放初期贵州土地改革档案文献选编》，第 43 页。

❸ 贵州省档案馆编：《黔地新生——解放初期贵州土地改革档案文献选编》，第 74 页。

❹ 贵州省档案馆编：《黔地新生——解放初期贵州土地改革档案文献选编》，第 272 页。

❺ 张培田、张华主编：《中国西南档案：土地改革资料（1949～1953）》（内部资料），2009 年印刷，第 61 页。

焰，保障农民利益，确保土地改革法的执行。

为了保证土地改革政策的正确实施，1951 年 2 月 19 日，贵州省人民政府颁行《关于干部在土地改革时期的八项纪律》，规定：一、严格执行人民政府法令，认真掌握土地改革的方针路线，依靠贫农雇农，团结中农，不得违犯；二、明确敌我界限，坚决站稳立场，保护农民利益，不得包庇地主和附和地主的叫嚣；三、一切按政策办事，领导群众进行合法斗争，打击地主阶级的违法、破坏，坚决镇压反革命分子的阴谋活动，同时防止乱打乱杀等违反政策的现象；四、保持革命干部的优良作风，廉洁奉公，艰苦朴素；绝对禁止贪污浪费和受贿等恶劣作风；五、服从农民协会决议，倾听群众的意见和批评，凡事和群众商量，不得强迫命令；六、不得侵占群众斗争果实，不得假公济私，不得制造、利用与参加乡村宗派斗争；七、坚决服从上级指示，不得阳奉阴违；八、严格执行请示报告制度，不得虚报情况，不得各自为政。❶

为了合理地处理农村债务和土地抵押、典当纠纷，根据云南省德宏傣族景颇族自治州傣族地区和平协商土地改革办法的规定制定了《云南省德宏傣族景颇族自治区（州）傣族地区农村债务和土地抵押、典当纠纷处理办法》，办法明确规定：农民和其他劳动人民所欠领主、地主的债务一律废除；农民和其他劳动人民所欠富农的债务依下列规定处理：所付利息达到本的三倍者（例如借本 100 元已付利 300 元者）本利停付。付利达到本之三倍以上者，其超过部分亦不再追回。付利达到本的一倍半以上不足三倍者，停利还本，付利不足一倍半者继续有效。❷

1955 年 8 月 17 日，《云南省德宏傣族景颇族自治区（州）傣族地区划分农村阶级成分的补充办法》规定：划分阶级成分时，只划地主、富农、小土地出租者、小土地经营者及债利剥削者，不划雇工、贫农、中农等其他成分；划分阶级成分的实践，从 1951 年以后至改革以前在连续三年内其家庭成分不变者，即确定其阶级成分；凡出租或雇工经营小量土地有劳动力不劳动，但生活状况不超过中农水平者，均以小土地出租者或小土地经营者待遇，不以地主论；计算富农之剥削分量时，其

❶ 中共贵州省委党史研究室、贵州省档案局（馆）编：《建国后贵州省重要文献选编（1951～1952）》（内部资料），2008 年印刷，第 11 页。

❷ 《中国的土地改革》编辑部：《中国土地改革史料选编》，国防大学出版社 1988 年版，第 852 页。

包括官租在内的被剥削部分，应与剥削部分相抵除。但为了计算方便起见，确定：凡经常雇三个长工或有其他剥削（地租、高利贷等），其剥削分量的总和相当于雇请三个长工者，即为富农。剥削分量达到两个长工以上，但不到三个长工者，不上官租或抵消官租后，其剥削收入仍然越过其总收入 25% 者，仍为富农。❶

邓小平指出：土改的关键是政策问题，政策的关键是富农问题。❷为了指导和平协商土地改革，云南省颁布了一些法令政策，妥善解决富农问题，如《云南省德宏傣族景颇族自治州关于傣族地区和平协商土地改革办法的规定》对富农作出规定：保护富农所有自耕和雇人耕种的土地及其他财产，不得侵犯。富农所有出租的小量土地亦予保留不动。但在某些特殊地区经自治区人民政府批准，得征收其出租土地的一部或全部。征收后富农占有土地，不得低于当地中农水平。富农租入的土地应与其出租土地相抵计算。富农的高利贷、抵押土地和典当土地的处理办法另定之。❸

西南民族地区进行土地改革首先是贯彻民族政策和从少数民族的实际情况出发，严防机械搬运汉人地区的一套，对少数民族的思想发动要善于等待和引导，尊重他们的民族特点和民族情感，要慎重、防止性急。邓小平强调："少数民族内部的改革，都要由少数民族内部的力量来进行。改革是需要的，不搞改革，少数民族的贫困就不能消灭，不消灭贫困，就不能消灭落后，但是这个改革必须等到少数民族内部的条件具备了以后才能进行。"❹ 根据中华人民共和国宪法的精神和凉山的具体情况，为了发展生产，巩固民族团结，进一步发展彝族地区的政治、经济、文化，改善人民生活，使凉山彝族得以跻于先进民族行列，逐步过渡到社会主义社会，1956 年 1 月 16 日，《四川省凉山彝族自治州民主改革实施办法》颁布，在该办法的指导下，凉山彝族地区在党和人民政府的领导下，废除了奴隶主阶级的土地所有制，实行劳动人民的土地

❶ 全国人民代表大会民族事务委员会办公室：《云南省德宏傣族景颇族自治区（州）傣族地区和平协商土地改革文件汇编》，1956 年内部印行，第 15～16 页。
❷ 中央文献研究室编：《邓小平年谱（一九〇四～一九七四）》（中），中央文献出版社 2009 年版，第 909 页。
❸ 《中国的土地改革》编辑部：《中国土地改革史料选编》，第 850 页。
❹ 《邓小平西南工作文集》，第 197 页。

所有制，完成了民主改革的历史任务。

中华人民共和国成立初期，西南民族地区按照中央人民政府和各级人民政府所颁布的土地改革法令及其所决定的方针、政策和步骤，有领导地、有计划地、有秩序地去进行土地改革。

二、内地汉区、民族杂居区的土地改革

中华人民共和国成立初期的西南行政区，管辖四川、云南、贵州、西康四省及重庆市，西藏未计算在内。四川省部分地区，贵州、云南绝大多数地区，都是少数民族与汉族杂居。中华人民共和国成立初期，在党和人民政府的领导下，内地汉区、民族杂居区基本按照宣传动员、划分阶级、没收分配土地、土改复查等几个步骤完成了土地改革。

（一）土地改革的前奏与准备

由于西南解放较晚，封建势力特别强大，群众尚未普遍发动与组织起来，实行土地改革的条件尚未准备成熟，在党和人民政府的领导下，西南民族地区开展了清匪反霸、减租退押运动。清匪反霸、减租退押运动被称为西南的"淮海战役"。"这个斗争的目的是要达到改变现存的封建势力仍占优势的阶级力量对比的阵势，获取农民的优势和革命的巩固阵地。"❶"这个步骤不但可以初步解除农民的痛苦，为恢复与发展工农商业创造初步的条件，而且也是为明冬后春开始的土地改革运动打下坚实的基础。"❷西南民族地区通过清匪反霸，组织农民群众，摧毁了旧的保甲制度，确立了新政权的政治权威，为土地改革和其他各项民主改革的开展奠定了坚实的基础。

1. 清匪反霸

在党和人民政府的领导下，西南民族地区坚持从具体情况出发，贯彻民族自觉自愿的原则和慎重稳进的方针，组织农村阶级队伍，向地主阶级进行政治和经济斗争，开展清匪反霸，稳妥地推进土地改革和各项社会改革事业。

---

❶ 张培田、张华主编：《中国西南档案：土地改革资料（1949～1953）》，第183页。

❷ 四川省档案馆编：《西南军政委员会纪事》（内部资料），2001年印刷，第271页。

土地改革前，西南地区地主阶级不仅掌握着乡村的经济资源，同时也垄断了乡村社会的政治权力。因其地理和历史的原因，1950 年初，西南地区的许多农村和偏远地区，普遍发生了规模不等的武装暴动和土匪暴乱。据时任中共贵州省政府主席杨勇的估计，贵州有"百分之八十以上的乡保长、保安团队和乡保武装"参加了暴乱。❶ 恶霸一般都是地主阶级当权派，土匪暴乱的策划组织者。正如邓小平说："西南恶霸不当土匪，不搞武装斗争的很少。"❷ 恶霸势力极力阻挠共产党和新生人民政权的政治领导，他们勾结匪特，造谣破坏，危害治安；威胁农民，不实行减租、退押，阻碍和破坏群众运动；组织假农会，挑拨宗派斗争，贿赂收买工作干部；非法抽佃，逼催欠租，迫使佃农无法生活。❸因此，开展清匪反霸运动，打倒地主阶级的政治统治，摧毁旧的封建性的保甲制度，是土地改革运动的前提。反匪首与反霸运动，实际上是要摧毁地主阶级当权派。匪首以地主作后台，地主依靠匪首继续维持其在农村的政治统治和经济剥削。股匪被消灭以后，被打散的顽匪和恶霸地主不甘心其失败，变换策略，采取隐蔽的方式，或是伪装积极混入农会，或是组织发展会道门，或是收买威胁干部，或是利用其他的方式，甚至用暗杀的手段，继续进行反革命活动。❹ "西南土匪的特点，从开始就带着明显的政治性质。"❺ 他们的活动严重威胁着新生的人民政权的巩固。1950 年 2 月，邓小平强调："剿匪已成为西南全面的中心任务，不剿灭土匪，一切无从着手。""反霸的口号，我们考虑以暂时不提为好，因为在策略上目前不宜普遍地去反霸，而应集中力量打击现在反抗我们的人，这样实际上也会打到主要的恶霸身上。西南的斗争，内容最复杂的还是对付封建阶级。"❻ 反霸斗争的主要目的，是消灭农村

---

　　❶ 杨勇：《在西南军政委员会第一次会议的大会发言》（1950 年 7 月 30 日）。转引自王海光：《贵州接管初期征收一九四九年公粮问题初探》，《中共党史研究》2009 年第 3 期，第 56 页。

　　❷ 《邓小平西南工作文集》，第 345 页。

　　❸ 张培田、张华主编：《中国西南档案：土地改革资料（1949～1953）》，第 139 页。

　　❹ 中共贵州省黔南州委党史研究室：《中国共产党黔南布依族苗族自治州历史》第一卷（1930～1978），第 180～181 页。

　　❺ 杨胜群主编：《邓小平传（1904～1974）》（下），中央文献出版社 2014 年版，第 863 页。

　　❻ 中央文献研究室编：《邓小平年谱（一九〇四～一九七四）》（中），第 899 页。

的保甲组织，摧毁豪绅、族长在农村的统治。❶ 1950 年 7 月 20～31 日，云南省委在昆明召开第一次党代表会议。会议根据中共七届三中全会精神，结合云南实际，为争取国家财政经济状况的基本好转，确定了必须以剿匪、反霸、减租为全省工作中心，以求得减轻广大农民的痛苦，维持和恢复农村生产，并在此基础上为土地改革准备条件。❷ 反霸斗争，打倒地主阶级当权派的统治，改造农村基层政权，是一场深刻的农村社会变革。

西南局和各级政府根据少数民族实际情况，开展清匪反霸时强调打击面要窄，不进行反恶霸斗争。"在少数民族地区不反霸不退押，但清匪仍要进行，匪首仍要处办。惟比汉人区更要慎重，对匪首处办尺度上亦较宽。即凡直接拿起武器为匪之匪首（非窃匪等情况）罪大恶极为少数民族痛恨，经过少数民族群众讨论主张处办者，经省级批准可处办，（徒刑至死）可追回其本人为匪时所得赃物，不改变其家属原业经济状况。"❸

1950 年 6 月，邓小平对反霸斗争作出指示：反霸打击面要小，方法是说理斗争，组织人民法庭，反对乱打乱杀，利用统一战线、代表会等形式进行。少数民族地区不实行反霸。❹ 反霸斗争的打击对象，主要的是那些破坏减租运动的恶霸地主，对于那些过去作恶虽多但愿意悔过守法并愿酌量赔偿群众损失的分子，可以依法从宽处理，不必人人皆斗。反霸斗争容易犯打击面太宽的错误，必须预为防止。❺ 反霸的目的，在于打垮农村的封建政治统治，故应采取说道理、依据法律的斗争方法。对于愿意依法赔偿群众损失，改悔错误的恶霸分子，应给以自新和生活之路，不必人人皆斩。❻ 清匪反霸镇压反革命一定要掌握政策，乱打与逼死人命肯定是错误的，坚决制止。对斗争对象是赔偿处罚。不

---

❶ 徐扬杰：《中国家族制度史》，人民出版社 1992 年版，第 430 页。

❷ 云南省民族事务委员会编：《云南民族工作大事记（1949～2007）》，云南民族出版社 2008 版，第 4 页。

❸ 中共贵州省委党史研究室、贵州省档案局（馆）编：《建国后贵州省重要文献选编（1949～1950）》（内部资料），2007 年，第 338 页。

❹ 中央文献研究室编：《邓小平年谱（一九〇四～一九七四）》（中），第 923 页。

❺ 《张际春文选》，解放军出版社 1990 年版，第 198 页。

❻ 四川省档案馆编：《西南军政委员会纪事》（内部资料），第 272 页。

提要浮财底财，不准乱抢底财。❶ 云南省委书记宋任穷指出：在少数民族地区，一般不实行反霸，确为民族内部绝大多数群众要求和真正自己起来行动者，就由其民族自己进行。匪首和重大反革命分子应当处死刑时，必须以少数民族的代表会、群众大会等方式，经过少数民族内部的讨论，做出决定，经专署报省府批准，才能执行。❷ 西康省在反霸斗争时也提出：联合各兄弟民族斗争少数民族恶霸，也需要征得该犯所在地本民族群众的同意，如不同意，其他兄弟民族可提出审讯意见交给该犯所在地作为本民族斗争时的参考。如同意联合斗争时，须由本民族举行诉苦斗争，并事前须再三耐心教育其他民族尊重本民族风俗习惯。❸ 1950 年 9 月 18 日，中共云南省委发出《关于民族杂居地区反霸问题的指示》，指示说，凡民族杂居的地区，如各族都有恶霸，应团结各族被压迫群众，首先反汉族恶霸，原则上不应先反少数民族的恶霸；在边疆地区，民族隔阂深，受帝国主义与国民党匪帮的挑拨离间，且少数民族多跨国而居，国内外土司头人均有同族或亲戚关系，情况复杂。这类地区一律采取不反霸的方针，主张采取适当的而不是过急的方法，争取上层，团结整个少数民族，达到团结互助、友爱、合作的目的。在边疆民族杂居地区，如果反汉族恶霸而容易引起少数民族的土司头人发生疑惧者，也一概以不反霸为好。❹

在少数民族地区进行反封建运动，对于摧毁地主阶级当权派的斗争丝毫也不能动摇。但通过的形式是要经过反匪首运动而不经过反霸运动，事实上不少地主当匪首或组织土匪、通匪，经过反匪首运动即可基本上摧毁了地主阶级当权派。反匪首目标明显，更易于孤立敌人、团结多数，反霸则不易掌握。❺ 反霸先从民族杂居区汉族较多的地方开展。通过这些地区的反霸斗争，发动少数民族，提高其觉悟，并在少数民族

❶ 中共贵州省委党史研究室、贵州省档案局（馆）编：《建国后贵州省重要文献选编》(1951～1952)，2008 年，第 9 页。

❷ 云南省党史研究室编：《宋任穷云南工作文集》，中央文献出版社 2006 年版，第 322 页。

❸ 《西南司法部、西康高级人民法院关于检查镇反工作的通报》（1952 年），四川省档案馆藏档，全宗号：建康，目录号：11，案卷号：184。

❹ 中共云南省委党史研究室编：《云南土地改革》，云南大学出版社 2011 年版，第 186 页。

❺ 贵州省档案馆编：《黔地新生——解放初期贵州土地改革档案文献选编》，第 72 页。

代表会上，他们有了反霸要求，在条件成熟时，才稳步进行反霸。❶

清匪反霸是彻底实现减租退押、充分发动群众的关键。土匪恶霸不彻底打倒，就不能使一般地主低头就范。在大规模的清匪斗争中，在各级党组织的领导下，西南地区广泛宣传党和人民政府制定的关于清匪、反霸的政策法令，掀起群众性的清匪斗争，平定"匪乱"，全民动员，人人动手，山山搜捕，路路设岗，组织农协会、妇女会、青年团和民兵等各类群众组织，开展站岗放哨、盘查行人、清查户口，揭发检举等助查活动，布下天罗地网，"剿""抚"并举，一些逃匪不得不投案自首。少数顽固的匪首也在群众搜捕中纷纷落网。

1950 年底，西南广大地区股匪全部肃清，重要匪首大都被捕获或击毙。从 2 月至年底，全区共歼匪 558863 人，匪众投降自新者达329311 人。❷ 黔南地区于 1951 年 12 月完成了肃清残匪的任务。在近一年的清匪斗争中，共清剿残匪 4300 余名，其中中队长以上匪首 1162名，缴获长短枪 4072 支，子弹 120410 发。个别漏网的残匪亦在 1952年后陆续被抓获。长顺县名噪全省的布依族女匪首陈莲贞（俗称陈大嫂），1953 年 2 月也被抓获。❸ 清匪使农民群众体验到团结起来的力量，提高了斗争信心和勇气，土匪肃清后，社会秩序基本安定。

西南的恶霸与土匪、地主多为几位一体。贵州的地主中 40% 是恶霸，而这些恶霸中只有个别的没有当土匪。❹ 只有消除地主、恶霸的政治统治，才能巩固新生的人民政权，迎来一个革命意义上的乡村社会。在反霸中，各地发动群众对恶霸进行认真甄别，剥夺他们在基层社会的种种特权和地位，举行控诉说理斗争，剪除他们所掌控的武装，召开大会揭发、控诉他们的罪行，并依法进行了惩处。❺ 反霸斗争中一般应采取的方法与步骤：第一，运用合理合法斗争形式，着重斗理斗法，这样农民群众既处于有理有利地位，名正言顺，理直气壮，又能取得社会舆论的同情，促成地主阶级的分化；第二，通过农民群众，进行调查，明

---

❶ 中共三都水族自治县党史研究室：《中共三都水族自治县历史》第一卷（1949～1978），第 30 页。

❷ 杨胜群主编：《邓小平传（1904～1974）》（下），第 866 页。

❸ 中共贵州省黔南州委党史研究室编：《中国共产党黔南布依族苗族自治州历史》第一卷（1930～1978），第 180 页。

❹ 杨胜群主编：《邓小平传（1904～1974）》（下），第 870 页。

❺ 杨胜群主编：《邓小平传（1904～1974）》（下），第 871 页。

确斗争对象；发起控诉，视情节要扣留者，经县以上人民政府批准，予以扣押；支持群众，组织斗争，发动农民群众诉苦、说理，并有充分人证物证，斗争后，须交人民法庭者，即交人民法庭依法审判，即时分配果实，庆祝胜利；第三，属于一保之恶霸，可由保农民大会斗争；属于一乡之恶霸，应由所在保为主，其他保配合进行斗争；属于一区之恶霸，应由所在乡为主，其他乡派代表参加斗争，果实分配应以所在乡保为主，照顾到参加斗争的乡保。❶

对农民有封建剥削的罪恶，并在政治方面利用其特权和暴力，肆意妄为，损害人民生命财产安全的地主恶霸，各地都发动群众进行斗争，摧毁地主阶级对农村的统治。重庆郊区普遍开展了反霸斗争，仅据二、四、六、七四个区的统计，被斗争了的恶霸地主为118人（内有个别反动富农），处决了为群众切齿痛恨的恶霸地主28个。❷ 龙里县龙山镇斗争恶霸地主黄祝其，广大贫雇农愤怒地揭发他解放前曾与国民党军政人员合谋杀害当地群众23人，亲手打死农民禹道高以及多次强奸妇女的残暴罪行，要求政府对黄祝其处以极刑。❸ 云南省结合减租退押进行清匪反霸，到1951年9月共捕押反革命分子10万余人，处决罪大恶极的反革命分子2.7万多人，其中恶霸7021人，不法地主963人。❹ 在斗争地主恶霸时，各地认真甄别，区别对待，如云南对地主阶级的代理人，如属于农民成分者，只从政治上处理，不作经济上的清算。❺

在清匪反霸运动过程中，西南各地有计划的废除保甲制度，建立乡村人民政权。川东区党委对于旧乡保人员的处理，规定如下：第一，只提反霸，不提清算旧乡保人员，避免牵连过大，分散反霸力量；第二，对无严重罪恶并于解放后在我利用期间，一般进行工作，并有一定成绩表现者，一概不予打击；第三，过去系地主恶霸者，但于解放后在我利用期间，工作较好，确有成绩者，应从轻处理，不予斗争；第四，过去

---

❶ 张培田、张华主编：《中国西南档案：土地改革资料（1949～1953）》，第39页。

❷ 《关于郊区减租退押的初步总结及提前实行土改的报告》1951年1月16日，重庆市档案馆藏档，档案号：D-65-16。

❸ 中共贵州省黔南州委党史研究室编：《中国共产党黔南布依族苗族自治州历史》第一卷（1930～1978），第182页。

❹ 《当代云南简史》编委会：《当代云南简史》，当代中国出版社2004年版，第132页。

❺ 于一川：《关于减租退押运动中几个问题的意见》，《云南日报》1951年4月29日（第1版）。

系地主恶霸，于解放后仍为非作歹者，按恶霸斗争；第五，非地主成分，而有严重恶霸行为或其他罪恶者，按犯罪分子处理。❶ 通过反霸斗争，大大拉近了普通民众与革命之间的距离，打倒地主阶级当权派，巩固扩大了统一战线，初步改造农村基层政权，为以后大规模土地改革运动的展开创造了条件。

美国学者胡素珊认为，"无论哪个地区要想彻底地贯彻执行党的土地政策，都必须首先在军事上赶跑敌人，粉碎它的政治统治，并创建一个新政权核心"。❷ 西南地区的清匪反霸运动从 1950 年 10 月全面展开，到 1951 年春基本结束。清匪反霸是在群众已有相当发动的基础上逐步展开的。党和政府根据群众的要求，依靠群众，由点到面，稳步前进，经过人民法庭公审，镇压了为数不少的匪首、恶霸分子，粉碎了反革命应变计划，这些反动人物的政治身份主要有伪保甲长、反动党团骨干分子、农村反动会道门头子、土豪乡绅、反动族长等，他们罪大恶极、血债累累。但在一部分少数民族地区没有进行反霸，只反匪首，汉人地区是实行清匪、反霸。少数民族中，只能在民族团结的大原则下实行清匪，不实行反霸。解放前虽有较大罪行，但解放后没有组织土匪叛乱的地主，只要其按照土地改革法交出土地财产，在政治上就没有进行打击，禁止乱打乱捕乱杀现象的发生，巩固了民族统一战线，使运动有秩序地进行。❸ 开展清匪反霸运动，稳准狠地打击了封建土匪和恶霸势力，有力地打击了地主阶级的反动气焰。"清匪斗争有力地遏止了匪患，使社会治安状况一新；反霸斗争，集中打击了最有代表性的封建势力，使农民群众扬眉吐气。"❹ 农民协会在斗争中健全组织，贫雇农掌握了领导权，从而巩固了新生的人民政权，为下一步开展土地改革创造了条件。

2. 减租退押

押金与地租之间的关系是土地农业经营与商业投资之间的关系。土

❶ 张培田、张华主编：《中国西南档案：土地改革资料（1949～1953）》，第 40 页。

❷ ［美］胡素珊：《中国的内战——1945～1949 年的政治斗争》，王海良等译、金光耀校，中国青年出版社 1997 年版，第 377～378 页。

❸ 贵州省政协文史与学习委员会编：《贵州文史资料选粹：经济社会篇》，贵州人民出版社 2009 年版，第 351 页。

❹ 杨胜群主编：《邓小平传（1904～1974）》（下），第 877～878 页。

地改革前西南地区封建地租和押金，对于农民的压迫剥削是很重的。地租形态并不是决定土地生产力高低的重要因素，而地租率的比例高低才对土地生产力有直接影响。高租、重押是旧中国地主阶级剥削贫苦农民的基本手段。在西南地区，高租、重押更为突出。四川地租额高的占到土地收获量的 80% 左右，灾年歉年全部收获物还不够缴租，押金数量一般相当于地租额。❶ 川南泸县石洞乡二保统计，该保地主有田 2141 石，1949 年按九成收入计算实收谷 1926 石 9 斗，共收租 1401 石，则正租额平均至少为 73%，又如川东巴县人和乡三十一保三个甲（二、七、八）26 户正产量 241 石，实交地租数 176 石，正租额为 73%，如加上额外剥削的 10%～20%，则租额达到 80%～90% 左右。❷ 农民租田时，必须要向地主交出一定的押金，所谓"无押不成佃"，即是说不交押金，佃不成地，租约注明"先交后种""交不清押佃扣除"，但在租约满期退佃时地主须将押金退回佃户，押金数目一般的与租额相等，少至50%，多至 200%。这是地主的一种极其残酷的剥削方式。由于云南各地土地分布及占有情况不同，租佃形式关系又是多样的，因此押金高低也并不一致。据了解不但在开始租田时有押金，最厉害的是地主对农民的逐年加押（不是普遍的），造成很多农民倾家荡产，无法生活。押金最高者占租额的 200%～500%，如马龙县有的押金即占 300%。在昭通等区还有特别高的，押金竟达租额的 800%。❸ 武定少数民族农民说："地主一年要拉我们做百多个工，自己的田没有办法种好。种好了，地主又要加租了。"在内地已进行减租运动的各族农民，普遍希望："做好减租，快点办土地改革。"❹ 1950 年 7 月 31 日，邓小平在西南军政委员会第一次全体会议第五次大会上的讲话中，从巩固人民政权基础的高度，指出退押的必要性，他说："人民政府应该从减租、反霸、退押一直到土改，坚决地支持农民的合理要求。我们对于这一点不能有任何动

---

❶ 杨胜群主编：《邓小平传（1904～1974）》（下），第 872 页。

❷ 西南局政策研究室整理：《四川省长江沿岸地区的租佃形式与剥削情况》，重庆市档案馆藏档，档案号：D-65-1（1）。

❸ 《云南省各地的押金概况》1950 年 9 月 20 日，重庆市档案馆藏档，档案号：D-65-1（1）。

❹ 中国社会科学院、中央档案馆：《（1949～1952）中华人民共和国经济档案资料选编：农村经济体制卷》，第 273 页。

摇和犹豫。因为这是我们的依靠问题，基础问题，能不能存在的问题。"❶ 因此，地租率畸高和押金剥削畸重是西南地区租佃制度的基本缺陷，这也是催新制度变迁的基本诱因。

1950 年 2 月 28 日，中央人民政府政务院明确指示，贵州、云南等新解放的省份，1951 年秋前不实行土地改革，只实行减租。为了削弱封建经济，减轻地主阶级对贫苦农民的经济剥削，改善农民生活，恢复发展生产，1950 年 3 月 10 日，西南军政委员会公布《西南区减租暂行条例》，共 4 章 18 条。条例对于西南各省实行减租退押的范围、对象作了明确规定："凡地主、旧式富农及一切机关、学校、祠堂、庙宇、教会所出租之土地，其租额一律按照原租额减低 25%"，"减租后租额不得超过土地正产物的 35% 。超出者应再减低至 35% 。""凡出租土地者，均不得预收地租或地租以外的任何变相剥削。"❷ 各省、市、行政区在实施上述条例中作了补充规定。

1950 年 9 月，《贵州省减租实施细则》规定："凡地主、富农及一切机关、学校、祠堂、庙宇、教会的出租之土地，其租额一律按照原租额减低百分之二十五，不论典租制、活租制、定租制均适用之。减租后租额最高不得超过土地正产物的百分之三十五；不足百分之三十五者，按减租后实际数交租，超过者应再减至百分之三十五。"❸ 川东区对于实施"西南区减租暂行条例"的补充规定，也强调："凡依法应减租之土地，不论属于何种租佃形式，其原租额均依解放前实际租额或业佃实际分益成效为准，一切为应付减租而加租者，均属无效，亦不得以原定虚租额为计算减租之标准。"❹

押金的普遍性与严重性以及在轻重程度上各地有所不同，因此各地在退押中也根据实际情况，政策规定有所不同。1950 年 9 月，《贵州省退押实施办法》规定："凡退押中所退押金，均不得计利息。但应依照原约或议定数目，按保本保值的原则计算，不论所交押金系硬币、货

❶ 《邓小平西南工作文集》，第 218 页。

❷ 《中共中央西南局关于宣传与执行减租条例的指示》，云南省档案馆，档案号：2 - 1 - 45。

❸ 中共贵州省委党史研究室、贵州省档案局（馆）编：《建国后贵州省重要文献选编 (1949~1950)》（内部资料），第 246 页。

❹ 《川东区关于实施"西南区减租暂行条例"的补充规定》，重庆市档案馆藏档，全宗号：D，目录号：65，案卷号：20。

币、粮食及其他实物，必须本此原则计算。凡地主、富农在解放前后，利用货币贬值及其他胁迫办法另立新约或其他方式，致佃户押金遭受损失者，新约一律无效。押金计算范围，以原押及一九三七年七月七日以后的历次加押之总和为限。"❶ 少数民族地区减租、退押切实依据政策，并应结合少数民族实际情况，如清真寺土地不进行减租，彝族的"私房""手粮""小催粮""仙山铺"的山林问题等，以及土司的超经济剥削，凡涉及少数民族特殊问题者不应作押金退。❷ 1950 年 10 月 5 日，云南省人民政府颁布《关于减租退押的五项禁令的报告》，规定：禁止地主在减租前强收地租；解放前农民对于地主的欠租，一律免交，其因欠租转变为债务关系者，亦概予废除；解放后，凡地主非法夺佃，或以出典、出租、赠送、假分家方式转移分散隐匿土地、房屋、粮食等非法行为，一律禁止。❸ 1950 年 11 月 20 日，中共云南省委下达《关于少数民族中反恶霸、减租、退押问题的指示》，12 月 15 日，云南省人民政府又公布了《云南省实施西南区减租暂行条例的补充规定》，对边疆民族地区、内地少数民族聚居地区以及边疆民族地区中杂居一小块汉族的地方的减租退押作了具体的规定、要求，特别强调要坚决贯彻团结少数民族群众及其上层，先反汉族地主，让少数民族自己起来行动和十分谨慎稳重地进行的原则。因此，在少数民族中实行减租，方法上也应与内地不同，应该实行自上而下与自下而上相结合的方法。少数民族地区的工作方法和斗争策略均有别于汉族地区，执行政策适当放宽。减租是必须具备条件才能实行。一般而言，减租是在成立民族联合政府及少数民族同胞大多数人自觉自愿的地区方可进行。

在减租运动中，农村中的债务问题必然会同时提出，西南局提出的总的原则是：农民所欠地主的旧债，根据具体情况应予减免或废除，其他债务关系不变；解放以后，则应实行借贷自由，不加限制。过去农民向地主所借债务，采取以下办法处理：属于高利贷性质者，凡过去已付利息超过原本一倍者，一律停利还本；过去已付利息超过原本二倍以上

---

❶ 中共贵州省委党史研究室、贵州省档案局（馆）编：《建国后贵州省重要文献选编》（1949～1950），内部资料，第 249 页。

❷ 中共贵州省委党史研究室编：《贵州城市的接管与社会改造》（内部资料），2000 年印刷，第 382 页。

❸ 中共云南省委党史研究室编：《云南土地改革》，第 189 页。

者，本利停付；属于低息债务者，仍照常还本付息。❶

1950 年，西南局书记邓小平主持制定了《退押实施办法》和《关于执行退押实施办法的指示》，对退押的方针、原则和办法作了全面明确的规定。邓小平特别强调在退押问题上应主动的、适当的照顾富农、起义军人、民主人士、小土地出租者和确实困难的中小地主，以利于分化敌人，集中打击主要敌人，且有利于容易解决问题，对于这些人要多用"缓""少""不"三个办法。❷ 1950 年 7 月 21 日，邓小平在参加西南少数民族访问团的欢迎会上强调："减租、土改在少数民族地区不是完全不提，有些地区还应该进行，但必须有一个条件，就是他们有这个要求，而且不是少数人要求，而是大多数人要求，不是我们从外边给他们做决定，而是由他们自己做决定。"❸ 在少数民族地区实行减租退押，必须具备两个基本条件：一是先做好民族团结，成立了民族联合政府或区域自治政府，各民族有自己的人在政府中办事。二是少数民族内部90% 以上的群众（不是少数干部和积极分子）真正要求和自己敢于行动起来，即少数民族自己起来解放自己的原则。❹ 1950 年 9 月 5 日，邓小平又强调民族杂居地区不要急于搞减租退押运动，他认为：在少数民族中不实行减租反霸退押，因为少数民族的改革，只能由少数民族自己去决定，同时也应说明在民族杂居地区，只在汉人部分实行，凡涉及少数民族人民的部分则一般不应实行，只有在少数民族人民要求实行时，才可以在经过专署以上政府批准的条件下酌量情形加以实行。❺

由于少数民族地区基层政权不巩固，民族矛盾较深，土匪活动还较严重。针对西南少数民族的特点，对这类地区从实际出发，强调民族团结，消除民族隔阂，"原则上确定对少数民族地主只减租、不退押"。❻ 根据云南的实际情况，省委决定减租退押只在内地农村进行，边疆民族地区和内地少数民族聚居地区，一律不实行减租退押。即使是内地民族杂居区，也坚持"慎重稳进"的原则，不急于进行清匪反霸和减租退

❶ 中国社会科学院、中央档案馆：《（1949～1952）中华人民共和国经济档案资料选编：农村经济体制卷》，第 177 页。

❷ 张培田、张华主编：《中国西南档案：土地改革资料（1949～1953）》，第 183 页。

❸ 《邓小平文选》（第一卷），人民出版社 1994 年版，第 169 页。

❹ 《宋任穷云南工作文集》，第 320～321 页。

❺ 《邓小平西南工作文集》，第 228 页。

❻ 《邓小平西南工作文集》，第 270 页。

押运动。❶ 各地可以先进行以整理组织、教育农民为中心的全面准备工作，做好运动前的思想与组织准备。

在减租退押运动中，1950 年 2 月，西南局发出指示，强调必须坚决保护中农利益，这是因为农民的穷困问题，不仅减租退押中不能全部解决，土改也不能全部解决。因之，企图一次解决问题的想法是错误的。在减租退押中，佃中农多得些果实，不论从政治上、经济上来看，都是有好处的；因为中农是独立劳动者的经济地位，佃中农则不仅不剥削人，而且受地主富农的剥削，他在租入地主的土地时，拿出的押金是自己劳动所得的血汗，在退押中收回这种劳动所得的血汗是合情合理的，这不能说是意外之财，而认为是应得的果实。❷

土地所有权与经营权分离是旧中国的农地制度最基本的特征。减租退押，是一场反封建的政治斗争，不能单纯依靠行政命令，必须放手发动群众，组织群众。在减租退押过程中，由于少数基层领导组织严重不纯，贫雇农领导骨干没有真正的树立起来，群众思想和组织发动较差，因而政策执行有偏差或偏差很大，运动的发展是不平衡的。如璧山青杠乡向地主进行了七次说理斗争，事前都培养苦主诉苦，可是都放不下情面，而互相推诿。因此开会时除了少数村干部作了应景式的斗争而外，群众很少向地主展开面对面的斗争，以至地主还威胁造谣说："你们莫把我们狠了，对你们没啥好处的，政策规定不准大吃大喝，你们拿去做啥，政府就要提出去办合作社的。"❸ 南充县减退清反运动开始后，有些乡村曾经发生变相肉刑，如罚跪板凳、摸鱼、淋水、扇风、打花脸、剪头发，甚至吊打现象，有些干部袖手旁观，未认真的积极教育群众，及时纠正，因此个别乡村发展到罐尿、喂粪，影响极坏。❹ 普洱全区438 个乡中，除地委、县委直接掌握的 114 个乡群运减退较彻底外，其余 70% 左右的减退均不彻底，有些乡基本上未进行过减退。❺ 减租退押反恶霸是土地改革的必经阶段，做好了这一阶段的工作实际上就在群众

❶ 中共云南省委党史研究室编：《云南土地改革》，第 187 页。

❷ 《西南局关于在减租退押运动中必须坚决保护中农利益的意见》1950 年 2 月 28 日，重庆市档案馆藏档，档案号：D－699－25。

❸ 张培田、张华主编：《中国西南档案：土地改革资料（1949～1953）》，第 114 页。

❹ 张培田、张华主编：《中国西南档案：土地改革资料（1949～1953）》，第 259 页。

❺ 《云南省普洱地委四月份群运简报》1952 年 5 月 13 日，云南省档案馆藏档，全宗号：2，目录号：8，案卷号：146。

条件与干部条件方面为土改打下可靠的基础。有人以为"现在要实行土地改革了，减租退押可以马虎过去了"。❶这种想法是非常错误的。玉溪地区在强调以减租退押为运动主流后，则滋长了"左"倾情绪，不结合反霸，单纯算账，采取协商、动员地主"开明"的办法，取消斗争，造成了"和平减租退押"的偏向。这都说明了干部阶级观点和政策、策略观点的模糊。❷重庆郊区农民当中已经有一种"左"的情绪，滋长着一种纯经济的观点，未能从政治上去区别对待地主，而单纯地看是否退押痛快，只要退押痛快即称其为"开明地主"。❸

西南地区减租退押运动，到 1951 年 4 月中旬胜利结束。减租、退押和惩治不法地主的斗争，减去了大量地租，退收了大量押金，缴获了大量罚款，贫雇农获得了部分实际利益。据统计，截至 1951 年 6 月，西南区农民从减租、退押和惩治不法地主中，获得果实共计 73 亿斤大米，其中减租部分约占 40% ~ 50%，其余为退押和赔罚所得。农民群众高兴地说："往年我们给地主交租又加押，今年减租又退押。"❹对反霸、减租、退押果实的分配，各地都作了明确规定：第一，凡是反霸斗争清出的财富，应以全体农民的需要与贫困程度为分配标准，特别要照顾无租可减无押可退的雇农和贫农。第二，凡减租的果实，谁减谁得，一概归原佃农所有。第三，退出押金，一般归原佃农所有；对应退佃富农的押金，可根据情况，从其退押中抽出 80% 照顾农村的雇农和贫农；对应退佃富裕中农的押金，可从其退押中抽出 20%，但必须取得佃富中农的自愿；对佃中农、佃贫农的押金，一概如数退还。❺

据贵州省财经委 1951 年 1 月对贵筑县孟关乡减租退押后 603 户佃户的经济情况的调查，佃农减租比上年多得稻谷 53.7 万斤，占往年收入的 7.62%，除去上交公粮数后，每户平均比往年多 530 斤。❻据独山

---

❶ 贵州省档案馆编：《黔地新生——解放初期贵州土地改革档案文献选编》，第 86 页。

❷ 《玉溪专区十个月来减租退押运动的初步总结》，《云南日报》1951 年 9 月 1 日（第 2 版）。

❸ 中国社会科学院、中央档案馆：《（1949～1952）中华人民共和国经济档案资料选编：农村经济体制卷》，第 169 页。

❹ 杨胜群主编：《邓小平传（1904～1974）》（下），第 877 页。

❺ 四川省地方志编纂委员会：《四川省志·农业志》（上册），第 65 页。

❻ 中央农业部计划司编：《两年来的中国农村经济调查汇编》，中华书局 1952 年版，第 311 页。

专区 1951 年 3 月对四县一乡和 32 个村的调查材料统计，这些地方有 38900 多农户，通过减租获得的稻谷有 11000000 多斤，平均每户得 304 斤。另据都匀等三县的统计，农民通过迫使地主退帮工帮粮等得稻谷 500 多万斤。❶ 川东涪陵兴隆乡的材料告诉我们：小土地出租者和农民已退押金数已达应退押金之 90%，如再除去少退与免退户，则已有 100% 退出。川东万县押金已退出 70%～80%；川北 6 个县 63 个乡的统计，已退押金占应退数 64.7%；川西押金全区已退数占应退数的 30%，成都押金已退 63%，川西好几个县已退数占应退数三分之一以上；川南区之资中、容县、宜宾等县的押金数已退数占应退数之 70%～80%，一些县份已完成 50% 以上。❷ 川西在组织上普遍建立县市人民法庭，组织了各阶层代表参加，人数约 5000 人以上的催劝小组，自 1950 年 11 月至 1952 年 1 月 21 日止，共退出了 266889134 斤米（其中包括黄金 12000 多两，白洋 250 万元），共约占川西地富押金总数约 7 亿斤米的三分之一强。❸ 在云南巍山彝族回族自治县，全县有 943 户农民减租，收入稻谷 156.8 万斤；分配了减租折款，合计 21114 户，29.6 万多元；全县退押黄金 51.87 两，白银 22879.21 两，银元 16883 元，半开 12878.95 元，折合人民币 312873.47 元，分配给 1693 户农民，减租退押的主要受益人为雇农、贫农。❹ 1951 年 5 月 9 日，邓小平在给中共中央和毛泽东的综合报告中写到："总起来看，农民是真正翻身了，农村出现了崭新的气象，下乡的民主人士一致认为这是历史奇迹，异口同声地说城市落后了。"❺

减租退押使农民开始摆脱封建生产关系的束缚，有条件改善自己的生活和从事生产建设。据西南区各地统计，减租退押运动以后，大约有 50%～70% 的农户增加了经济收入。❻ 农民得到了实际的翻身利益后，政治觉悟程度和生产积极性都迅速得到提高。农民非常兴奋，他们说：

---

❶ 《黔南布依族苗族自治州概况》，贵州民族出版社 1985 年版，第 52 页。

❷ 西南人民出版社编辑部编：《西南区土地改革文件》，西南人民出版社 1951 年版，第 8～9 页。

❸ 《李井泉委员在西南军政委员会第二次全体委员会议上的发言》，重庆市档案馆藏档，全宗号：D，目录号：65，案卷号：10。

❹ 高发元主编：《云南回族 50 年》，云南大学出版社 2003 年版，第 32～33 页。

❺ 《邓小平文选》（第一卷），第 190 页。

❻ 赵永忠：《当代中国西南民族发展史论》，第 127 页。

"几辈子也没有见过这样的利益。""这才真是太阳从东方出来了！"❶ 据三都县不完全统计，农民退得减租谷 237484 公斤，帮工帮粮折合稻谷 441380 公斤，各种赔款、罚款 6848 元。退得最多的每人得 100 元，最少的每人得 6 元（包括实物折价）。分得的胜利果实大都投入了农业生产。据大河区不完全统计，群众购买耕牛 67 头，添置各种农具 2027 件，积极购买肥料和种子等。群众欢天喜地地说："千好万好不如共产党好，爹亲娘亲不如毛主席亲。"❷ 群众觉悟普遍提高，无地少地农民迫切要求土地以发展生产。如减租退押后有的农民说："如果现在不实行土改，生产还是要受到限制，公粮也不能更多的缴纳。"❸ "经过减租后的西南农村，农民购买力已有显著提高，各地市场亦极为活跃。如重庆的糖、盐、土布、铁作、工具等农村所需要的行业均极兴旺。土布 1951 年 1 月份成交量比去年 12 月份增加 471%。许多商品市场已感供不应求。各地工商业已进一步好转。"❹

减租退押是土地改革的必要准备和重要先行步骤，也是西南民族地区土地改革前不可逾越的阶段。事实证明：进行这些反封建斗争彻底的地区，土地改革即容易进行，土地改革亦较彻底；土地改革前未进行反封建斗争或不彻底的地区，土地改革即较难进行或不易彻底。❺

中华人民共和国成立初期西南民族地区的减租退押具有产权清理和经济退赔的性质，运动使西南地区多数农民获得了减租退押的经济利益，经济要求得到不同程度的满足，提高和鼓舞了他们的士气和斗争热情，提高了他们的觉悟程度和组织程度，培养了他们对共产党和人民政府深厚的阶级感情。整顿农会是减租退押运动的重要内容，西南各地农村进一步整顿农民协会和改造基层政权，锻炼出一批勇于开展阶级斗争的骨干和积极分子，进一步提高了党和政府在广大农民群众中的威信和地位，农村人民力量和封建地主阶级的力量对比发生了根本的变化，为下一步开展土地改革创造了条件。

---

❶　西南人民出版社编辑部编：《西南区土地改革文件》，第 8 页。

❷　中共三都水族自治县党史研究室：《中共三都水族自治县历史》第一卷（1949～1978），第 35 页。

❸　贵州省档案馆编：《黔地新生——解放初期贵州土地改革档案文献选编》，第 86 页。

❹　中国社会科学院、中央档案馆：《（1949～1952）中华人民共和国经济档案资料选编：农村经济体制卷》，第 185～186 页。

❺　贵州省档案馆编：《黔地新生——解放初期贵州土地改革档案文献选编》，第 72 页。

3. 土地改革组织机构

（1）成立土地改革委员会

1951 年 9 月，中央人民政府委员会第 12 次会议批准任命张际春为西南军政委员会土地改革委员会主任，批准任命王新亭、王墨林、白小松、李辛夫、李侠公等 27 人为西南军政委员会土地改革委员会委员。土地改革委员会的任务是制定和提出土地改革中的各种法令和办法并处理土地改革中的各种问题。具体而言，主要有：订立土改细则；提出与审查土改计划；主持一般土改干部训练；解释各界对土改法的疑问，并进行扩大宣传；检查土改法执行情况及执行中的问题；表扬良好经验，纠正某些错误；组织与领导各方面参加土改的人员下乡等。❶

在西南局的领导下，为指导和处理有关土地改革的各项事宜，各地都成立了以党委为核心、吸收各族各界人士参加的土地改革委员会。这些委员会就是人民政府具体领导土改的专门机构，要经过其去满足农民的要求，充分地利用其公开合法地位，去领导农民运动。争取多数，孤立与打击反抗破坏的分子，保障土改的顺利实施；同时防止与克服无政府状态。❷ 1951 年 7 月 10 日，镇远专区土改委员会成立，委员中各族各界人士的代表占 40% 以上，副主任委员由苗族进步人士吴通明担任，吴少峰、龙和甫等人为委员。❸ 在党委的领导下，各族各界人士共商土改大计，使各族各界群众的意愿得到充分反映，保证了土改工作既按照党的方针政策，又符合各族各界的民意顺利进行。

（2）整顿农民协会

为了动员、组织与指导农民群众去实行土地改革，西南区应组织各级农民协会即农民代表大会及其所选举的委员会作为土地改革中农民群众的直接指挥机关。在尚未进行土地改革的地区，在一个时期内，农民协会即农民代表大会及其所选出的委员会，应该成为乡村中一切组织的中心，乡村中的重要事务均应由农民协会即农民代表大会及其所选出的

---

❶ 中国社会科学院、中央档案馆：《（1949～1952）中华人民共和国经济档案资料选编：农村经济体制卷》，第 190～191 页。

❷ 中国社会科学院、中央档案馆：《（1949～1952）中华人民共和国经济档案资料选编：农村经济体制卷》，第 190 页。

❸ 中共黔东南州委党史研究室：《黔东南的土地改革》（内部资料），1992 年印刷，第 15 页。

委员会来处理，这也是彻底改革乡村政权的关键。❶ 1950 年 7 月，政务院通过并公布了《农民协会组织通则》，为了摧毁旧的封建性的保甲制度，初步改造旧的农村基层政权，推动土地改革，西南各地必须发动农民，调动起广大农民的积极性，把他们组织起来，成立农民协会。其宗旨是：团结全体劳动人民，保护农民利益，逐步消灭封建剥削制度，有领导、有计划、有秩序地完成土地改革，发展农业生产，改善农民生活，提高农民政治觉悟和文化水平。凡雇农、贫农、中农（包括佃贫农、佃中农）、农村中手工业工人及忠心为劳动农民服务的农村革命知识分子，不分民族、性别、籍贯、宗教、信仰，赞成本会章程自愿入会者，均得为本会会员。❷

把土地改革仅仅看作简单的分配土地，看作单纯的技术工作，这就要在原则上犯重大的政治错误，这就是各地产生和平土改的思想根源。❸ 为了根本改变过去地主与农民之间的统治与被统治的关系，西南局书记邓小平指出：农村工作在一个阶段内，应以剿匪反霸为中心，同时在屯粮和剿匪反霸的斗争中，组织强有力的农民协会。各地应尽速地准备成立农协筹委会，党委指定负责干部担任农会主席，党对农运的指导完全经由农会去做。由农会开办大量的训练班，培养农民干部，挑选其中最好的当农会组织员，派他们下乡去担任乡村农会的组织工作，首先扎正农村基层的根子。县区乡的农民代表会议亦应有计划地召开，并且要使农民代表会议实际起到乡村政权的作用。❹ 为保证土改政策贯彻执行，在土改期间，西双版纳地区各版纳组织人民法庭，用巡回审判方法，对破坏土改的反革命分子及一切违抗土改的现行犯，依法予以惩处，严禁乱捕、乱打、乱杀以及各种肉刑或变相肉刑。❺

土改中，农村普遍组织建立有雇农、贫农和中农参加的农民协会，确立以贫雇农为核心的农民协会，这些农会组织在剿匪、征粮、生产等

---

❶ 中国社会科学院、中央档案馆：《（1949～1952）中华人民共和国经济档案资料选编：农村经济体制卷》，第 189～190 页。

❷ 《川北区农民协会组织章程》（草案）1950 年 7 月 2 日，重庆市档案馆藏档，全宗号：D 类《各地农民协会组织章程汇集》，目录号：422，案卷号：1。

❸ 《邓子恢文集》，人民出版社 1996 年版，第 281 页。

❹ 《邓小平西南工作文集》，第 94 页。

❺ 《民族问题五种丛书》云南省编辑委员会编：《傣族社会历史调查》（西双版纳之二），云南民族出版社 1983 年版，第 84 页。

工作中，起了很大的作用。具体执行土改的各项任务，宣传贯彻党的土改政策法令，提高农民阶级觉悟，划清界限，提高警惕，学习划分阶级政策和查田评产的方法、批评"和平土改"的偏向等。

农民协会成立发展的过程中，出现了不少问题，必须加以整顿。贵州一些地方由于经验不足，在强调克服小手小脚、放手发动组织群众的口号下，又缺乏点滴深入的工作作风，甚至走保甲长路线，单纯追求数字的发展，出现放任的现象，以致农会的发展数量虽不够多，但问题却不少，如农会组织不纯，有的是地主、富农、伪军官或伪乡保长或恶霸和土匪混入农会当干部直接掌握领导权；有的是地主阶级派遣的流氓、狗腿、亲朋等投机分子混进农会，间接的窃取操纵了领导。❶ 由于群众的思想和组织上发动不够，贫雇农优势没有树立，农会领导不纯现象十分严重。如奉节县五马乡农会主任是个"算命子"，副主任是个富农。该乡大湾村 8 个委员中有 4 个"暴动犯"。青莲乡金田村的农会，是被恶霸地主周召康等掌握的，8 个委员中只有 3 个贫雇农（有职无权），其他是不劳动的袍哥、流氓，农会主任周祖武被地主掌握。❷ 干部对土改的目的性认识不明确，存在单纯的经济观点，群众没有充分发动，农会领导成分严重不纯，干部包庇地主，斗争软弱无力且无策略。❸

有的干部思想上对"依靠贫雇农"的观念不明确，甚至有些干部看不起或讨厌贫雇农，如有许多新参加工作的干部喜爱中农，因中农在减退中得果实多，表现积极，而认为贫雇农没文化、不会说，经济上的要求是落后。川东大竹六区 90 多个工作干部一般都认为贫雇农"减不到租、退不到押，怎么能积极"，另外有的干部竟说："穿的都那么烂，还能工作？"川北、川东均有少数地区减退运动中只开佃户大会，把无租可减无押可退的贫雇农撇在一边。❹ 某些地方由于农协中没有贫雇农参加的工作骨干，农协就表现了软弱，领导不健全，运动不能深入地开展，如各地农协中大吃大喝或工作不积极，大都是农协不纯或贫雇农未

---

❶ 中共贵州省委党史研究室、贵州省档案局（馆）编：《建国后贵州省重要文献选编（1949～1950）》（内部资料），第 282 页。

❷ 张培田、张华主编：《中国西南档案：土地改革资料（1949～1953）》，第 142 页。

❸ 张培田、张华主编：《中国西南档案：土地改革资料（1949～1953）》，第 303 页。

❹ 西南局秘书处二科整理：《西南农村群运中关于依靠贫雇农团结中农的材料》1951 年3 月 1 日，重庆市档案馆藏档，档案号：D－700－33。

形成领导的缘故。川南资中水南乡几个保农协大都为中农掌握，以致发生集体贪污及浪费果实。川东巴县界石乡9个农协委员中6个中农，主任包庇亲属，副主任不敢与地主斗争，十二保也有同样情形。❶ 农协领导不纯和中农占比重太大的现象仍很普遍。据龙里县民安乡的统计，小组长以上干部163人中，中农占61.3%，贫农仅占38.7%，几乎形成反比例，其中小组长80人，中农占63.7%，贫农仅占36.3%。越在下层中农领导占的比重越大，"和平土改"的危险性也就越大，该乡在建政后统计，42个村干部中，中农仍占60%，仍未树立起贫雇农领导骨干。❷ 经验证明：凡不是以贫雇农为领导核心与领导骨干的农民协会，而是以中农为主要领导成分的农民协会，"和平土改"的危险就更大。

农民协会为执行减租的合法组织，应加强本身组织与工作的建立和健全，吸收广大雇农、贫农、中农到农协组织中来，并吸收贫苦的革命的知识分子加入农协。❸ 邓子恢指出：农会领导机关中，必须保证雇贫农成分占三分之二，中农只占三分之一。在已有农会组织的地方，应单独召开雇贫农大会或雇贫农代表会议，凡事先由他们提议，然后再提到农会讨论与通过，以树立雇贫农核心领导作用。❹

各地采取措施大力整顿农民协会组织，川东区整顿农协组织，强调首先要使领导骨干真正掌握在贫苦农民的积极分子手中，然后逐步整顿。如果首先不调整领导成分，而单纯清洗会员，则不但不能达到整顿农协组织的目的，反而可能被地富坏分子利用，将好的会员清洗掉。❺

在如何整理农会问题上，各地在土改中特别强调依靠雇贫农。璧山土地改革中发动贫雇农有以下经验：第一，农会为乡保人员、地主恶霸或其代理人所掌握的，则可公开宣布解散，发动贫雇农另行组织。第二，农会领导全部或一部分为勇敢分子、地痞流氓所掌握的，这些人在减租退押运动中，无论对敌斗争，还是在处理果实上，群众都有意见。可发动群众通过检查工作，进行个别撤换或重选。第三，农会为中农

---

❶ 西南局秘书处二科整理：《西南农村群运中关于依靠贫雇农团结中农的材料》1951年3月1日，重庆市档案馆藏档，档案号：D-700-33。

❷ 贵州省档案馆编：《黔地新生——解放初期贵州土地改革档案文献选编》，第196页。

❸ 《张际春文选》，第199页。

❹ 《邓子恢文集》，第285~286页。

❺ 张培田、张华主编：《中国西南档案：土地改革资料（1949~1953）》，第107页。

（主要是佃中农）掌握的，应充分发动贫雇农，培养骨干，通过查封建的斗争，树立贫雇农的优势。在斗争中原来的中农领导，必然逐渐暴露其对敌斗争的动摇性、不彻底性、自私和工作消极等。再通过群众检查工作，以个别调整的方式，将领导权转入贫雇农手中。❶

通过大规模的清匪、反霸、减租、退押运动，西南各地农民已有进一步发动，农协组织也进一步的整顿与扩大。根据统计，1951 年 3 月初，全区会员人数已达 1480 余万人，约占全区农业人口数四分之一。在整顿与发展中一般注意到依靠贫雇农与团结中农，如川南宜宾思波三村改选农协领导后，选出 7 个贫雇农 2 个中农作委员。川东永川小南乡六个保整顿后 60 个委员中中农 27 人，贫雇农 33 人。❷ 1951 年 7 月，西南全区农协会员已近 22600000 人，会员成分据川北、川东的材料，贫雇农均占三分之二以上，人民武装共有 249 万人。❸ 1951 年 4 月 26～28日召开了炉山县农民代表大会，出席代表 218 人，代表全县 12 万各族人民讨论彻底翻身做主人的大事，选举产生了以县委书记孙紫芳为主席，有 35 人组成的县农协委员会。这样从下到上都有了农民自己的组织，形成了土地改革的骨干力量。❹ 农民协会必须有核心骨干作为主要领导成分，农民协会中的主要领导成分应该从贫雇农中挑选，但这不是说可以抛开中农，相反应当同时吸收中农积极分子参加农民协会的领导，规定各级农民协会领导成分中有三分之一的数目从中农中挑选是完全必要的。❺

中华人民共和国成立初期，西南地区农民协会作为团结与组织广大农民进行斗争的群众组织，其成立与整顿，使农民的阶级觉悟普遍提高，进一步认识并靠拢了共产党和人民政府，调动起广大农民群众的积极性，农协组织及人民武装的进一步整顿与扩大为土地改革的顺利进行创造了条件，因此作为土地改革的主要组织形式和执行机关，农民协会实际上起到了基层政权的作用。

---

❶ 张培田、张华主编：《中国西南档案：土地改革资料（1949～1953）》，第 345～346 页。

❷ 西南局秘书处二科整理：《西南农村群运中关于依靠贫雇农团结中农的材料》1951 年 3 月 1 日，重庆市档案馆藏档，档案号：D－700－33。

❸ 中国社会科学院、中央档案馆：《（1949～1952）中华人民共和国经济档案资料选编：农村经济体制卷》，第 179 页。

❹ 中共黔东南州委党史研究室：《黔东南的土地改革》（内部资料），第 54 页。

❺ 张培田、陈翠玉主编：《江北土改档案（1949～1953）》，第 15～16 页。

（3）设立人民法庭

为了保障和推动土地改革运动的顺利进行，西南各地根据政务院发布的《人民法庭组织通则》，成立了人民法庭。1950年8月24日，为保障革命秩序与人民政府反霸、减租、退押、土地改革政策、法令之实施，惩治破坏社会治安之土匪、特务等反革命分子及镇压反抗或破坏反霸、减租、退押、土地改革政策和法令之恶霸地主等罪犯，川东区根据中央人民政府政务院公布的《人民法庭组织通则》制定了《川东区人民法庭组织条例》，规定了人民法庭的性质、职责等，条例规定：以县（市）为单位成立人民法庭，必要时得以区为单位或联合两个区以上设立分庭。人民法庭是县（市）人民法庭之民事庭、刑事庭以外之特别法庭，普通民事、刑事案件仍由民事、刑事庭受理，特别复杂需要较长期调查案件之土匪，特务等案件仍由人民公安机关办理，人民法庭应集中全力审判反抗或破坏反霸、减租、退押、土地改革政策法令之恶霸地主等罪犯。❶

1950年11月18日，西南军政委员会第十四次行政会议通过《西南区惩治不法地主暂行条例（草案)》，12月13日公布施行。《暂行条例》共15条，适用于减租退押及土地改革全过程。规定：凡地主违抗和破坏减租退押条例及土改法令、危害农民利益及破坏生产，查有实据者，视其情节轻重，处以当众悔过、劳役或有期徒刑和死刑；对地主的犯罪行为，任何人均有向人民政府及人民法院（庭）揭发检举密告之权；县人民法院及其分庭为本条例执行机关。❷

在斗争地主过程中，各地正确贯彻分别对待的政策，分清守法与违法、低头认罪与坚决顽抗分子，分清罪恶轻重，以集中力量斗争顽抗大地主。一般的对守法地主不予斗争；对低头认罪自认赔罚的地主，只要交清赔罚款，服从农会管制，不再斗争；违法应赔罚而抵抗不交的地主则坚决斗争；斗争后还不低头的顽抗分子交人民法庭依法惩办。根据川北蓬安统计：全县有20%的守法地主没有斗争，有50%的地主在斗争中结合谈判解决了，只有30%的地主展开了激烈的斗争。川北江油斗争顽抗地主张某某，群众控诉后仍不低头，人民法

❶《川东区人民法庭组织条例》1950年8月24日，重庆市档案馆藏档，全宗号：D，目录号：65，案卷号：20。

❷ 四川省档案馆编：《西南军政委员会纪事》（内部资料），第87页。

庭当即开审，张看到势不可当，立即拿出一箱银圆、38 件布、1400 万元。营山附西乡召开斗争结合公审大会，当场枪决了不法地主郑某某后，就有 3 户不认罚的地主当时了案，会后又有 10 多个地主了案，交出 5000 余万元。❶

在性质上，人民法庭是一种专门为土改保驾护航的特别法庭，其设立和活动基本上打倒了封建地主阶级的威风，建立起人民自己的政权，在政治上、组织上使农民的优势巩固起来。

新中国成立后，党和政府在充分认识群众组织对于动员民众以辅助与支持党和政府工作作用的基础上，领导西南地区建立健全各级农民协会，普遍召开了县各界人民代表和区乡农民代表会议，先后废除了农村保甲制度，设立土地改革委员会，成立人民法庭，这些组织机构的建立健全，打垮了地主阶级的政治威风，提高了农民的觉悟和斗争水平，推动了土地改革运动的顺利开展。

（二）土地改革的历程

中华人民共和国成立初期，在党和人民政府的领导下，西南民族地区有计划有步骤地进行了土地改革运动。一般说来，西南民族地区的土地改革一般经历了宣传动员、阶级划分、没收分配、土改复查等阶段。

1. 宣传动员

"土地改革不仅是土地占有制度和乡村经济结构的变革，更是中共动员广大农民参加和支持革命的重要途径。"❷ 因此，解决土地问题成为动员民众、解决社会诸问题的关键。土地改革中，地主阶级及其代理人，采取各种手段，竭力阻挠和破坏土地改革。"土地改革第一步工作就是发动群众，借整顿乡村干部来建立群众对于乡村政权的信任，借说理诉苦来提高群众的阶级觉悟，借扩大农会来团结群众的力量。到群众真正发动起来了，就信赖群众的力量，去打倒恶霸地主的封建势力，进

---

❶ 中国社会科学院、中央档案馆：《（1949～1952）中华人民共和国经济档案资料选编：农村经济体制卷》，第 245～246 页。

❷ 李里峰：《"翻身"：华北土改中的资源再分配》，《南京社会科学》2015 年第 6 期，第 154 页。

行征收没收和分配，加强乡村政权，推行生产计划。"❶ 土地改革为国家力量向乡村社会渗透提供了条件。因此土地改革的宣传动员要使群众认识土地改革的政策、党和人民政府的一切政策都是群众最大利益的集中体现，宣传教育和动员是决定土地改革政策能否正确顺利贯彻的重要基础。

政治动员是指一定的政治主体，如政党、国家或其他政治集团，运用通俗化、生动化的形式、方法、途径自上而下地激起本阶级、集团及其他社会成员的积极性和创造性，引导他们自下而上地参与政治活动，以实现特定政治目标的行为和过程。❷ 土改准备时期宣传动员的主要对象是各级干部、知识分子、农民代表，而土改开始后，宣传教育的对象则是每一个乡、村的每一个农民及其他阶层的人民。❸ 土地改革前，西南地区许多地主逃跑或分散财产到少数民族地区，并造谣破坏，挑拨民族团结，图谋暴乱。土地改革是一场在政治上、经济上都有着深刻意义的革命，因此对少数民族杂居区或聚居区的土地改革，"必须要以民族团结为基础，以当地民族大多数群众的自觉为前提，要有当地民族干部参加工作，要以少数民族群众为主去向本民族的地主进行斗争"。❹ 这就要求认真学习党的民族政策，做好土改的宣传动员工作，务使家喻户晓。

中华人民共和国成立初期，西南民族地区根据土地改革总路线的精神，从城乡抽调大批机关干部、教师、学生和农民积极分子组成土改工作队，大力宣传土地改革运动的政治意义，反复交代政策，算地主阶级的发家账，发动各族群众，驻村开展工作，对广大农民进行广泛的政策宣传和时事宣传，采取分别扎根、相互串联、访苦问苦、共同诉苦、共同提高的办法进行阶级教育、翻身教育和爱国主义教育，培训土改积极分子，整顿农会，坚强队伍，使广大农民掌握斗理斗法的武器，粉碎了敌对阶级的破坏和复辟活动，为土地改革的顺利进行提供了条件。

1952 年 5 月 15 日，胡耀邦（当时任中共川北区委书记、川北行政

---

❶ 朱光潜：《从参观西北土地改革认识新中国的伟大》，《人民日报》1951 年 3 月 27 日（第 3 版）。

❷ 关海庭：《20 世纪中国政治发展史论》，北京大学出版社 2002 年版，第 251 页。

❸ 莫宏伟、张成洁：《新区农村的土地改革》，江苏大学出版社 2009 年版，第 137 页。

❹ 《习仲勋传》（下卷），中央文献出版社 2013 年版，第 81 页。

公署主任、川北军区政治委员）在川北区土改工作团干部会上的讲话指出："一切通过群众的自觉自愿，反对强迫命令。一切要从群众的实际需要出发，而不是从自己的个人愿望出发。一切工作中命令主义是错误的，谁要强迫命令，谁就要失败。"❶ 贵州省境内各少数民族基本上是杂居，党和人民政府运用各种组织广泛宣传政策。除一般的各族各界代表会、农民代表会和贫雇农会议外，还应在少数民族聚居区把各族各界代表会贯彻到区、村或乡。在民族杂居区，必须认真开好民族代表会议，协商通过有关各民族的土地改革事宜；建立民族民主联合政府的地区，要切实本着各族平等的原则产生代表名额，并使之有职有权，以在土地改革中充分发挥联合政府的作用。❷

云南曲靖宣传动员时，强调要坚持放手发动群众的方针，但必须认清目的，看清对象，正确的放手："要放贫雇农之手，而不能放流氓之手；放广大群众之手，而不能只放少数积极分子与干部之手；放干部去发动群众之手，而不能放强迫命令包办代替之手；放合法斗争之手，而不能放非法斗争之手；放反封建之手，而不能放反资本之手。这些界限必须弄清，不能含糊。"❸ 云南各地组织了由广大机关干部、知识分子和各民主党派成员组成的土地改革工作队深入农村，加强农民的政策教育、组织教育，宣传政策，发动群众。如巍山彝族回族自治县的土地改革运动不但有省委、地委派来的土地改革工作队帮助和指导工作，县委还派出了700多人的土地改革工作队深入农村。寻甸全县分两批进行土地改革，为广泛发动群众，在每个小乡（相当于一个村）都派有3～5人的土地改革工作组。深入回族农村的土地改革工作队大张旗鼓地向群众宣传共产党关于土地改革和镇压反革命的方针政策。工作队在各回族乡村不断召开群众大会，宣讲旧土地租佃制的不合理性，发动和鼓励群众向地主、富农作斗争。❹ 宣传动员中，各地都注意在诉苦找苦根以及群众运动每一环节中启发群众的阶级觉悟，反对单纯的经济观点，由思想上的觉悟变为和地主阶级斗争的具体行动。

川东地区土地改革法尚未深入宣传前，各阶层思想上存在顾虑。种

<hr />

❶ 《胡耀邦文选》，人民出版社2015年版，第3页。

❷ 贵州省档案馆编：《黔地新生——解放初期贵州土地改革档案文献选编》，第69页。

❸ 张培田、张华主编：《中国西南档案：土地改革资料（1949～1953）》，第302页。

❹ 高发元主编：《云南回族50年》，第37页。

地的贫雇农则要求打乱大平分，要搬下山和种田的换一换，反对照顾原耕基础。中农怕搬家，富农怕平分，怕分他们的农具。地主一般不相信给他们分田，工人、店员、自由职业者则纷纷下乡要求分田。也有些农民受地主的破坏宣传，对分田无信心。根据这种情况，川东地区在宣传土地改革时，采用大会报告和小组座谈会的方式，宣传的主要对象是贫雇农，中心是讲"土地还老家"，并提出了"租田换自由，一石抵三石"的算账教育；对地主则着重指出前途，强调老实守法。总之，针对各阶层思想情况分别召开会议，进行不同教育，对稳定社会各阶层的情绪起了很大的作用。经过这样反复深入的进行宣传之后，各阶层的反映一致均好，雇农认为：过去过穷日子主要是地主剥削，今后消灭了地主阶级，日子就会好过了。佃中农认为：还是土地改革好，分了田，人工省一半，收入多一倍。❶

　　"中国革命既是'发生'的，更是'发动'的。而要动员广大底层民众起来革命更非易事。"❷ "用强大的武力摧毁气数已尽的旧政权体制简单而短暂，但是要粉碎已存在几千年的生产和生活模式，建立新的社会秩序则非易事，尤其要让世代深居幽山而又缺乏现代革命洗礼的农民知道什么是社会主义，进而割断与传统的亲缘网络，产生阶级意识并用阶级斗争的武器自发地进行土地改革，更是阻力重重。"❸ 在土地改革的宣传动员中，由于主客观方面的原因，西南民族杂居和聚居地区一些地方宣传动员工作在一个时期内成效不大，阻力重重，出现了一系列问题和困难，主要表现如下。

　　一是没有认真学习土改政策方针。对土地改革的各项具体政策，一些地方没有在干部中进行很好的学习和讨论。德江县由于县委指导思想的错误，在工作中产生一系列的问题：不是发动群众而是整群众，叫老帮工自带干粮，集中到村开会，不报出东西，不准回去；对老帮工，干部思想上认为他们落后，研究工作时也怕他们知道。老帮工对所谓"车轮式"的发动不满，说："你们一个接一个来，天旱了，我吃饭怎么办？"老帮工把发动他们当成负担，出现了很多老帮工见到工作同志来

　　❶ 张培田、张华主编：《中国西南档案：土地改革资料（1949～1953）》，第124～125页。
　　❷ 王奇生：《革命与反革命：社会文化视野下的民国政治》，社会科学文献出版社2010年版，第4页。
　　❸ 徐勇：《中国农村研究》（2002年卷），中国社会科学出版社2003年版，第359页。

就跑的情况。❶ 可见，对于发动依靠贫雇农阶层的思想问题和具体方法，一些地方还未彻底解决。不能只注意贫雇农形式上的入会，对贫雇农中的老帮工、老佃户要进行深入艰苦的工作。由于干部的政策与策略思想模糊，对农民的教育效果较差。要充分发动群众，还要努力等待群众觉悟，反对干部的急性病，同时也反对干部的消极等待。❷

二是政策宣传交代不够。如贵州在土地改革政策宣传方面，一般都存在着两个主要偏差：一是不先宣传应该没收什么，应该征收什么，没有注意对群众进行思想发动，没有教育农民严密监视地主的各种破坏活动；只是宣传"不该这样做""不该那样做"，结果束缚了群众的手脚，约束了群众的行动。一是只宣传没收什么，征收什么，忽视了保护中农利益、保护工商业、保存富农经济、对小土地出租者妥善处理等政策的宣传，或者是单纯强调了对地主阶级必须斗争的一面，忽视了对地主大中小及守法与违法应该区别的一面。❸ 一些地方宣传动员工作没有做好，"结果群众未充分发动起来，封建势力未打垮，不仅增加了工作上的困难，而最严重的是各阶层对共产党和人民政府的政策发生怀疑，降低我党及政府威信。"如大足县封建势力未打垮，使地主更顽抗，有的地主说："要沙罐有的是，黄金白银没得。"一般小地主、富农、工商业者、开明人士普遍惶恐不安，基本群众也怀疑政策变了，反映"共产党的政策是不是这样？"有的说："这样共产党不会久。"❹ 这就妨碍了群众政治觉悟的提高，土地改革方针路线的正确执行受到很大的影响。

不少地方在运动中如何培养贫雇农领导骨干的问题不仅在工作中没有解决，在思想上也没有完全解决。有的公然说依靠贫雇农在原则上是没有问题的，但在实际工作中是有问题的。理由是所谓贫雇农落后，不会说话、不会写字、不会办事，等等。所以一些地方出现所谓中农和贫雇农不能一齐发动，先中农后贫雇农的说法，还有什么天下农民是一家，不应有中农与贫雇农之分的错误说法。因此在斗争中就不是依靠贫

---

❶ 《德江县第三期土地改革工作情况检查报告》1952 年 8 月 15 日，贵州省档案馆藏档，全宗号：9，目录号：1，案卷号：117。

❷ 宫钧民：《大竹县第六区减租退押中存在的问题》，《云南日报》1951 年 2 月 18 日（第 2 版）。

❸ 贵州省档案馆编：《黔地新生——解放初期贵州土地改革档案文献选编》，第 101 页。

❹ 张培田、张华主编：《中国西南档案：土地改革资料（1949～1953）》，第 146 页。

雇农团结中农，而是依靠中农；或者错误地把依靠地痞流氓当作是依靠贫雇农；或者不敢向中农公开宣传依靠贫雇农，怕刺激了中农。有的人甚至觉得得罪了贫雇农没有什么，刺激了中农就会影响到政策的贯彻。❶普安盘水镇王家岩村绝大部分贫雇农顾虑大，一提到地主大多数说："我们隔得远，没受过剥削，地主的事，我们不晓得。"老年人一般不来开会，说："老了不会讲话，不懂新道理，让青年人去吧。"在发动群众方面，干部工作不够细致深入，以利用、任务、经济等观点去发动贫雇农。有的看到贫雇农难于发动，便动摇了发动贫雇农的决心，索性不去发动，而住到中农家里。❷由于宣传教育工作做得不够，江北县第八区群众对土改的认识是不足的，单纯分田的思想非常严重，尤其是土改开始较迟的乡，他们都是急于要求分田，忘掉了对地主阶级斗争。茨竹的群众认为整理组织划阶级都不是土改，评产量才是土改，群众这种不正确的认识，我们应作充分的估计，进行政治教育，提高群众的认识，向地主阶级进攻。❸

三是存在严重的形式主义和强迫命令的作风，如兴义泥×乡五村每天召集群众学习政策，并组织检查政策小组，表面上轰轰烈烈，实则强迫命令。该村一个农协小组长提出："开会不到要批评，批评再不听就开除出农会。"群众为了分田，虽然不敢不去开会，但有的到会不发言。有的地区发动群众仍存在单纯经济观点和利用观点，甚至威胁群众。如关岭三区歌林村工作干部罗××去发动地主罗××的老帮工郑××时，威胁他说："你晓得罗××的财产赶快说出来，否则划你为二地主、管家地主。"结果吓得郑一见干部就跑开，地主罗××家则趁机威胁利诱，致使斗争局面打不开。❹在少数民族地区，充分发动群众，主要是少数民族自觉自愿起来行动，而不是外来干部制造斗争。

四是宣传政策断章取义。由于参加土改工作的人员复杂，而且有很多是没有受过政策训练，他们工作的方法与作风上均存在一些问题，断

---

❶ 贵州省档案馆编：《黔地新生——解放初期贵州土地改革档案文献选编》，第94～95页。

❷ 贵州省档案馆编：《黔地新生——解放初期贵州土地改革档案文献选编》，第247～249页。

❸ 张培田、陈翠玉主编：《江北土改档案（1949～1953）》，第78页。

❹ 贵州省档案馆编：《黔地新生——解放初期贵州土地改革档案文献选编》，第232～233页。

章取义的信口宣传，引起不必要的混乱。如有些人向富农说："你们自耕的部分不动太宽大了，如果再不老实说就和地主一样斗争。"还有些人动员乡场的商人下乡分田，人家表现不积极就批评说："你太落后了，没有土地要求。"对于依靠贫雇农、团结中农，解释成为"贫雇农翻身，中农帮助"。有的更进而解释成"减租退押是中农的事，土地改革是雇贫农的事"。这样便造成了中农严重的离心现象。❶ 干部一般对"加速农村社会改革"的精神领会不够，不是以主观的努力、正确的运用与克服客观存在着有利与困难条件，坚决发动群众，依靠群众，共同来争取缩短社会改革的时间，以适应客观形势变化的要求，而是单纯地早动手，怕行动晚了落在别人的后面。群众因缺乏斗争经验，也怕搞晚了"果实叫别乡别保拿去，自己没得分了"。❷ 这主要是因为对土地改革政策的宣传不够、交代政策不够，贫雇农只知道要土改，而不知如何改，基层干部形成了包办代替、强迫命令的工作作风，限制了群众的积极性与主动性。

五是产生松劲换班思想。由于部分干部对发动群众存有救济观点，对农民的教育只搞分田划土，而没有注意其思想教育和长远利益与前途教育，因此农民的政治觉悟很低，直到土改后期尚有不少农民存在着严重的松劲换班思想，表现在村干部不愿继续负责，要求轮流，开会不到，民兵缴枪。根据奉节县四区公平乡的检查，全乡共有村干部提出不干的30人，平均每村有2～3人，三区寂静乡有的村，民兵把发给的枪往村公所送，不愿再当民兵。❸

六是没有把土改和生产结合起来。由于领导上没有重视生产，就造成了在土地改革中及土地改革之后一连串的具体问题没有得到很好地解决。如某些群众的"等待思想"没有很好克服；谣言未及时揭破；某些缺乏劳动力的人因改变成分，说是剥削而不敢出租田土或雇人耕种，形成丢荒了一部分田土；在土地改革中对劳动力照顾不够，一些烟鬼、游民在分到土地之后没有认真组织他们进行劳动改造，或者有的根本不愿或不能从事生产的也分了一份土地，以致丢荒；对群众在生产中单纯

---

❶ 张培田、张华主编：《中国西南档案：土地改革资料（1949～1953）》，第151页。

❷ 宫钧民：《大竹县第六区减租退押中存在的问题》，《云南日报》1951年2月18日（第2版）。

❸ 张培田、张华主编：《中国西南档案：土地改革资料（1949～1953）》，第252页。

依赖政府的观点没有及时克服，如某些人认为种子、下脚粮政府都要发，便产生了消极等待的思想。❶有的区乡负责同志忙于土改而对生产不管不问；但也有的干部借口"生产压倒一切"而放松了土改，甚至有的县里的负责同志也只知道生产情况，而不知道土改搞得怎样了。一般干部"单打一"思想很严重，如晴隆莲城镇菜子村一干部说："一人做两件事做不成，搞生产就不搞土改，搞土改就不搞生产。"❷因此，土改与生产的结合问题未很好解决。

在党和人民政府的领导下，西南各地对宣传动员中出现的困难和问题，进行认真的分析和研究，采取应对措施，基本解决上述问题，完成土地改革的宣传动员工作，有的地方还取得了成功的经验。

贵州省桐梓县在土地改革典型试验时期采取了如下的宣传步骤和方法：第一，通过大会及座谈会，搞清剥削和被剥削的情形，说明土地改革的合理性；第二，运用社会力量，做好黑板报工作；第三，揭破和追究谣言；第四，反复宣传谁种谁收、谁养活谁的问题。❸该地广泛深入地宣传了土地改革政策，对农民群众进一步地进行阶级教育和民族团结教育，团结各民族农民共同向地主阶级展开斗争。

璧山土地改革中发动贫雇农的经验有：第一，在干部思想上纠正轻视贫雇农的观点，深入进行访贫问苦。从思想、感情到生活和贫雇农打成一片，具体了解他们的思想情况和要求，在发现与培养积极分子时，要注意其是否常年劳动，不能单着眼于"穷困"。第二，召开贫雇农会议，进行教育，把土地改革画册大胆交给贫雇农，树立贫雇农当家做主的思想。必须在贫雇农掌握领导权的基础上才能团结中农，中农也才会主动地靠拢贫雇农。第三，坚决镇压恶霸反革命分子，为广大群众特别为贫雇农撑腰。第四，在经济上适当地满足贫雇农的要求，最基本的办法是把在封建反霸斗争的果实及土改中没收的农具、家具、粮食等绝大部分分给贫雇农。❹可见只强调政治忽视群众经济要求的观点是错误的，如果不能适当地满足贫雇农的经济要求，同样不能达到充分发动群众的目的。

---

❶　贵州省档案馆编：《黔地新生——解放初期贵州土地改革档案文献选编》，第 151 页。
❷　贵州省档案馆编：《黔地新生——解放初期贵州土地改革档案文献选编》，第 234~235 页。
❸　莫宏伟、张成洁：《新区农村的土地改革》，第 138 页。
❹　张培田、张华主编：《中国西南档案：土地改革资料（1949~1953）》，第 345 页。

川东地区发现不法地主用宗族观念或威胁利诱的手段，把财产隐蔽在尚未觉悟的农民家里。因此在土改开始后，农民迫切要求进行反不法地主、分散财产的地主，多数地方抓住农民这一要求，从思想上发动广大人民群众。首先发动依靠了贫雇农，通过诉苦、算剥削账，算地主发家史，向不法地主展开说理斗争，在广大农民群众的威力下，人证物证充分，不法地主理屈词穷，不得不认识分散财产破坏土改的罪恶，交出分散的财产。❶ 诉苦"这种被纳入阶级话语体系的特定'诉说'行为，有效地激发起广大农民对国民党的恨和对共产党的爱，使之在不知不觉间融入党和国家的意识形态框架与乡村治理轨道"。❷

贵州民族杂居地区运用诉苦及民族团结会的方法消除了民族矛盾，提高了阶级觉悟。如紫云三区大营乡三村民族矛盾很深，开代表会各坐一边，不在一块吃饭睡觉，汉族诉苦时，少数民族吸烟打瞌睡；少数民族诉苦时，汉族亦如此。两个受民族地主压迫的苦主诉苦后，大家认识到共同敌人是地主阶级。汉族主动表示："过去有的到少数民族那里拉兵派款，是受地主的指使。"少数民族表示："今后只说对哪个人有意见，不能说哪个族。"❸

重庆市郊区宣传教育时，分别召开贫雇农座谈会、中农座谈会，使他们了解政策，举行富农座谈会，消除他们的顾虑，使之远离地主；同时也告诉地主，人民政府对他们的政策是什么，并警告地主要遵守人民政府的政策法令，这样做，既能迅速动员农民进行土地改革工作，又能迅速安定一般人心及地主的恐惧心理。❹ 发动群众首先是在政策上发动群众，加强政策教育，使他们了解政策，对土地改革有正确的认识。

改变既存的土地关系，是改变乡村旧的秩序关系，用新的秩序关系取而代之的必要前提。土地改革宣传动员是一个艰难而复杂的过程，是

---

❶ 《发动群众依法讲理 斗争恶霸不法地主》，重庆档案馆藏档，全宗号：D 类《川东资料》，目录号：708，案卷号：15。

❷ 李里峰：《土改中的诉苦：一种民众动员技术的微观分析》，《南京大学学报》2007 年第 5 期，第 97 页。

❸ 贵州省档案馆编：《黔地新生——解放初期贵州土地改革档案文献选编》，第 316 页。

❹ 《重庆市郊区土改参观团第三组工作报告》，重庆市档案馆藏档，档案号：D - 65 - 19。

革命政党与乡村社会不断互动、相互适应的结果。❶ 因此，可以说中华人民共和国成立初期土地改革的推行过程，也是新生的国家政权和基层社会的真正交锋。"事实上，当土改政策或措施在一个地区开始推行时，大多数农民往往是胆小怯懦，顾虑重重，不敢响应和执行的。"❷ 诉苦在中国土地改革背景下具有特定的内涵，在发动群众诉苦进行宣传动员时，"苦"的感知本身虽然不是"阶级话语"的权力效果，但是"苦"的公开的集体表述就构成了"阶级话语"权力的支点。❸ 在土地改革宣传动员过程中，西南各地尊重少数民族风俗习惯，在发动群众的基础上改造农民协会的领导成分，培训骨干，整顿组织，组成以贫雇农为主的或占优势的，并吸收一定数量的中农积极分子参加领导的阶级队伍，打破命运观点与变天思想，重视政治上、思想上的发动，使土改与生产结合起来。各地还要求不准采取简单粗暴的方法，反对单纯任务观点与包办代替，严格批判干部不重视少数民族工作的思想，大力培养少数民族干部，严禁干部忽视民族问题制造阶级斗争，不断提高干部的政策思想水平，在提高群众觉悟的基础上具体贯彻民族政策，从而有效地实现了西南民族地区乡村民众动员的目标，完成了土地改革这一历史性的任务。

2. 阶级划分

土地改革是当代中国最重要的社会变革之一。秦晖先生认为土地改革的本质不是一场平均地权的运动，而是一场摧毁农村传统小共同体的运动，就是要把农村中的地缘共同体意识、血缘共同体意识、传统的乡土凝聚力给打碎，重新建立一个由国家直接管理的体制。❹ 这就需要划分农村居民阶级成分。"划分农村阶级成分是进行土地改革的重要步骤，关系着土改运动中的全部方针和政策问题，分谁的田、谁分田、依靠

---

❶ 李里峰：《"翻身"：华北土改中的资源再分配》，《南京社会科学》2015 年第 6 期，第 154 页。

❷ 李金铮：《传统与变迁：近代华北乡村的经济与社会》，第 294 页。

❸ 纪程：《话语政治：中国乡村社会变迁中的符号权力运作》，中国社会科学出版社 2011 年版，第 38 页。

❹ 转引自朱新山：《乡村社会结构变动与组织重构》，上海大学出版社 2004 年版，第 70 页。

谁、团结谁、打击谁，都取决于正确的划分阶级。"❶

土地改革中，各地在土地改革工作队的领导下，根据中央、西南划分阶级成分的政策及规定发动群众，遵照"自报公议，民主评定，三榜定案"的程序，划分阶级成分，分清敌我，征收、没收地主财产，开展赔罚斗争，摧毁地主阶级的经济基础。西南民族地区划分阶级成分的依据是中央人民政府政务院《关于划分农村阶级成分的决定》《关于划分农村阶级成分的补充规定》及西南局和各省的有关补充规定。划分阶级成分的时候，主要是靠所谓"三把尺子"来衡量地主、富农的，这三把尺子即：土地占有情况、劳动情况、是否剥削。民族地区划分阶级成分应注意以下问题：第一，必须防止不是按生产关系，而是按政治条件、超经济剥削等不正确的标准来划分阶级，以免提升阶级。如恶霸本人是恶霸就划为恶霸，不因其家庭成分不同而改变，亦不因其系恶霸而改变其家庭成分。第二，山区群众多系依靠出卖劳动力为其生活主要来源，如靠卖柴、烧炭等维持生活者，应划为贫农。第三，"娃子""丫头"等人，即划为"娃子""丫头"，照雇工待遇。必须解放他们，恢复人身自由，帮助安家立业。第四，土司、兼蓄奴隶的地主，应划为地主。❷

划阶级时，有些地主百般抵赖。西南各地先由土地改革工作队调查掌握阶级情况，对阶级成分分析排队，再通过贫雇农代表讨论，揭发地富发家史和现行活动，首先划定地主成分；其次是划定富农、小土地出租成分；最后农民内部的成分，采取自报公议、民主评定的方式进行划分成分，即雇农、贫农、中农等成分。❸云南省德宏傣族景颇族自治区（州）傣族地区在划分农村阶级成分时具体规定了划分富农的标准、界线：计算富农之剥削分量时，其包括官租在内的被剥削部分，应与剥削部分相抵除。但为了计算方便起见，确定：凡经常雇三个长工或有其他剥削（地租、高利贷等），其剥削分量的总和相当于雇请三个长工者，即为富农。剥削分量达到两个长工以上，但不到三个长工者，不上官租

❶ 中共贵州省委办公厅等编：《贵州现代经济文献选编（1949～1965）》，1988年印刷，第86页。

❷ 《中国的土地改革》编辑部：《中国土地改革史料选编》，第820页。

❸ 高发元主编：《云南回族50年》，第38页。

或抵消官租后，其剥削收入仍然越过其总收入 25% 者，仍为富农。❶ 划阶级时，严格掌握各成分的标准和各成分之间的界限，特别是地主与富农、富农与富裕中农之间的界限。一般是先划地主，后划小土地出租者及富农，再划中农、贫雇农和其他成分。

下面举例说明划分阶级的步骤和方法。

在步骤上：永安乡各村均通过村干扩大会、贫雇农会、群众会、小组会、青年会进行宣传划阶级和讲阶级，并分别诉无田少地的苦，反复耐心交代政策，充分讨论，使群众在思想上明确谁养活谁，分谁的田，分给谁，划阶级靠什么人划好阶级，深刻地认识到地主是穷人养活的，土地还家是合理合法的。在政策上明白阶级界限。通过各种会议，经过宣传划阶级和讲阶级，群众对为什么划阶级和在敌我界限上都有了充分的认识，于是就正式进入到划阶级阶段。在方法上：（1）先典型然后由点到面，取得经验后再加以推广。（2）先划地富，后划内部，容易先划，困难后划。❷ 川东划分阶级的过程，首先用两三天的时间讲解怎样划阶级和根据什么划阶级的道理，随即在村干积极分子中进行试划，边学边划，到大体可以掌握时，即召开大会（有的地方是小组会），先划出地主和一切明显好划的阶层，然后细划其他不明显的人，最后再以自报公议办法划农民，全部划好，即张榜公布，召开大会讨论，随即复评定案，送区批准。划分阶级必须将政策办法给群众交代清楚，由群众自己来进行，防止干部包办代替。❸

各地在划分阶级时，明确了划分依据。雷山县桥港乡掌披寨土地改革时划分阶级的标准，据农民回忆（不完全可靠）是：剥削收入占全家总收入 25% 以上的，为地主；占有较多土地，有一定的剥削，但剥削收入不达 25% 的为富农；占有一定土地，自己劳动，自产自用，或有的有小量雇工，但剥削不大，或有的出卖部分劳动力的划为中农；只有少量土地，需要靠出卖部分劳动力才能维持生活的划为贫农；基本上没有土地，主要靠出卖劳动力来维持生活的划为雇农。❹

❶ 《中国的土地改革》编辑部：《中国土地改革史料选编》，第 849 页。

❷ 张培田、张华主编：《中国西南档案：土地改革资料（1949~1953）》，第 104 页。

❸ 张培田、张华主编：《中国西南档案：土地改革资料（1949~1953）》，第 125 页。

❹ 贵州省民族研究所编印：《贵州省雷山县桥港乡掌披寨苗族社会历史调查资料》（内部资料），第 23 页。

土改中，三都县农村普遍组织建立有雇农、贫农和中农参加的农民协会，具体执行土改的各项任务，宣传贯彻党的土改政策法令，学习划分阶级政策和查田评产的方法等。划分阶级成分，采取各户自报，会议"三榜定案"的办法。划分结果，在全县 16 个乡（镇），19146 户，98675 人中，有地主 1112 户，6220 人；半地主式富农 77 户，500 人；富农 566 户，3329 人；佃富农 5 户，27 人；小土地出租者 287 户，720 人；富裕中农 1176 户，6332 人；中农 5271 户，24773 人；佃中农 883 户，4273 人；贫农 3677 户，30381 人；佃贫农 1772 户，8044 人；雇农 2625 户，8000 人；小手工业者 99 户，390 人；小商贩 298 户，1140 人；贫民 401 户，1244 人；自由职业者 42 户，159 人；手工业工人 163 户，532 人，宗教职业者 28 户，59 人。其他阶级成分 664 户，2562 人。划分评定阶级成分以后，分清了敌、我、友，确保了土改的顺利进行。❶

　　阶级划分是平分土地和财产的基本依据。划分的依据是村民的土地数量、参加劳动的时间以及他们的经济收入中出租土地、雇工、高利贷等剥削性收入所占的比例。由于成分的划分不仅要根据占有土地的数量，而且也要考虑一个人是否参加劳动、劳动的天数及收入的来源，这使得划分成分变得十分复杂。❷ 各地由于种种原因，在划阶级过程中出现了一系列问题：（1）群众发动极不充分。在划阶级中进一步考验了村干及群众，过去只看到群众形式上开会、斗地主、呼口号，轰轰烈烈认为群众发动了，实际并没有真正从思想上发动起来。划阶级中充分暴露了群众运动不平衡，有的与本组、本姓地主分不开家，出现包庇本组地主的现象。（2）政策交代不够普遍深入。虽然经过一系列会议交代政策，但从各阶层划时的思想动态来看，政策宣传是不够普遍深入的，特别对各阶层的区别，传达交代不够，致富农产生恐惧，顽固隐瞒剥削量。佃中农不愿带"中"字，忽略了进行报实产量的教育，因此不但地主隐瞒产量，农民中三分之二也隐瞒了产量。（3）干部群众都存在急于求成思想。在划阶级中发现干部群众的急于求成思想很浓厚，村干

---

　　❶ 三都水族自治县志编纂委员会编：《三都水族自治县志》，贵州人民出版社 1992 年版，第 389～390 页。

　　❷ 周晓虹：《传统与变迁：江浙农民的社会心理及其近代以来的嬗变》，三联书店 1998 年版，第 151 页。

群众所以急于求成，一方面是怕耽误生产，急于搞好；一方面是要求赶快划完阶级好分田。干部则是在任务观点支持下，急于求成。因此在工作中包办代替，不发动村干部群众。❶

　　除了上述三点之外，还有错划阶级成分的问题，各地都较普遍存在。如德江第三期土地改革中错划阶级很多，把不少农民划成了地主，而部分地主都没划出来，问题是严重的。据初步检查结果，全县 5 个土改乡，52 个村，错划地主成分 212 户。最严重的是大兴乡，11 个村，333 户，划出地主 271 户，其中错划了 150 户，漏网地主 41 户。根据该乡 9 个村的统计，错划为地主成分的 110 户中，有富农 48 户，小土地出租者及小土地经营者 10 户，富裕中农 6 户，中农 42 户，贫农 4 户。❷根据三穗长吉乡及余庆县白泥、龙溪、小腮 4 个乡的统计，将小土地出租者提高为地主的 16 户，把中农划错为富农的 7 户，富裕中农错划为地主的 2 户，把富农错划为地主的 7 户，把地主错划为小土地出租者的 3 户，把地主错划为贫农的 3 户，把富裕中农错划为贫农的 1 户，把小土地出租者错划为半地主式富农的 3 户，把贫农错划为中农的 2 户，把富农错划为富裕中农的 4 户。❸贵州一些地方划阶级时，贫雇农普遍只占农村人口的少数，据一般了解占 30% 多，最多者占 40%，有的竟少至 20%。而中农数一般都超过贫雇，实际形成中农在农村中占多数。❹部分干部对贯彻执行政策有偏差，表现在错划阶级成分，特别是提高成分，致使地主、富农多而农民少，中农多而贫雇农少。整顿农民队伍时清洗得多发展得少，对有毛病的打击或歧视的多而耐心教育的（特别是经常的教育）少。开阳白崇乡一村划阶级，地主占总户数的 11.2%，富农占 4.8%，共占 16%；七区统计中农占总户数的 50%，贫雇农占 40%；禾丰乡贫雇农只占 20%；其他区亦发现中农阶层大于贫雇农阶层的情况。❺兴义县崇仁乡第六村是一个民族杂居的村子，一二大组为水族聚居，三大组为汉族聚居。全村人口 748 人，水族 488 人。在划阶

❶ 《划阶级中的几个问题》1952 年 5 月 10 日，贵州省档案馆藏档，档案号：6 - 1 - 20。

❷ 《关于德江县三期土改中错划阶级成分的通报》1952 年 5 月 10 日，贵州省档案馆藏档，档案号：6 - 1 - 20。

❸ 贵州省档案馆编：《黔地新生——解放初期贵州土地改革档案文献选编》，第 136 ~ 137 页。

❹ 贵州省档案馆编：《黔地新生——解放初期贵州土地改革档案文献选编》，第 183 页。

❺ 贵州省档案馆编：《黔地新生——解放初期贵州土地改革档案文献选编》，第 168 页。

级中，划出地主 7 户全在一二大组，汉族一家也没有。这引起水族极大的不满，提出阶级成分划得不正确。❶

贵州平越县，全县共划错 608 户，三江乡 1234 户中，就划错了 139 户，占 11.3%，其中以贫农划成中农占 82 户最多，雇农划成贫农的有 23 户。贵州全省总的说来，一般是提高了成分。川北遂宁七个村的调查，贫雇农之间错划不计外，共划错 18 户，地主、小土地出租者多划成中农富农，也有富农划成地主和中农划成富农等抬高降低的现象。川南犍为调查，也发现有把地主划成贫农和把农民划成地主的，中农与富农之间界限不清，错划的则较为普遍。川东也发现抬高降低成分的现象，甚至有个别农民被误划成地主。❷ 从第三期土改情况来看，黔东南民族地区干部思想上普遍地存在着对少数民族问题注意不够，不注意民族特点，机械搬用内地的一套，不等待少数民族觉悟，强迫命令，绑捆吊打，违反政策，并有划错阶级的情形，如天柱县第三期土改中多划了 180 多户地主。❸

划错阶级的原因是多方面的，主要有以下原因。

（1）曲解政策。华阳县中兴乡错划原因主要是把"劳动是区别地主和富农的标准"理解为"唯一标准"，因而对于土地、房屋、耕畜、农具等生产资料的占有与否，占有多少则不重视，以致把一些富农及小土地出租者错划为地主。其次对雇工及出租土地的具体情况不加分析，以致把不少贫农因丧失劳动力，不得不出租自己仅有的少量土地或毫无土地不得不租入少量土地雇人耕种者，也都划为小土地出租者和小土地经营者。❹ 贵州省第一期土地改革有的地方发动较差，少数民族农民没有和地主分开界限，在土改中一般是斗外族地主积极，斗到本族地主就有的包庇。如划阶级时就有的说："少数民族的地主是劳动地主。"这是很大的问题。❺

---

❶ 《关于兴义县崇仁乡第六村划错阶级成分引起民族纠纷》，贵州省档案馆藏档，全宗号：6，目录号：1，案卷号：20。

❷ 中国社会科学院、中央档案馆：《（1949～1952）中华人民共和国经济档案资料选编：农村经济体制卷》，第 377～378 页。

❸ 贵州省档案馆编：《黔地新生——解放初期贵州土地改革档案文献选编》，第 271 页。

❹ 川西区党委政策研究室：《华阳县中兴乡划错阶级成分的原因》，四川省档案馆藏档，全宗号：D 类《土地改革参考资料》第三辑，目录号：65，案卷号：22。

❺ 贵州省档案馆编：《黔地新生——解放初期贵州土地改革档案文献选编》，第 134 页。

（2）单纯的经济观点。在单纯的经济观点支持下，看到中农果实较多而红眼，侵犯了中农利益，提高成分，硬性调剂。如奉节县冯坪乡普遍提出拿 10% 的中农果实调剂，东溪乡也将中农果实 10% 调剂。龙门乡九、十村将 14 户中农、2 户贫农，楠杨乡 5 户中农，1 户贫农都提升为富农。❶

（3）干部工作作风存在问题，有包办现象。德江县第三期土地改革划阶级中，执行政策最乱，从纠正划阶级结果来看，全县两个区，共划错地主 212 户。划错的原因，有干部包办，走少数人路线，群众不敢反映真实情况等。如大兴乡七村三组、十一组，划阶级时群众不敢说话，干部问群众："是地主不是？"群众不懂政策，随声答应说："是。"就确定了。又如二村纠正成分后农民说："在划阶级时，大家说他家没有劳动，我说他家有劳动，群众骂我包庇地主，工作同志说我思想落后，谁再敢提意见？"❷ 毕节县二区第十八村土改中执行政策时，干部包办现象严重。划阶级时，小组讨论通过，没有让本人申诉和进行辩论，对地主没有斗争，群众本身未很好得诉苦，以致划阶级后不是本人理服而是被压服的。如划徐××为地主时，群众不同意，干部说："你们如愿意翻身就要划徐××（富农）为地主！"这说明干部本身划好一个圈子，让群众通过。分土地时有些是分派的方式，如群众不愿意分得某一块土地时，村干就说："毛主席领导大家翻身，分给你土地还不要？"群众也就只好接受了。原评产委员杨××就瞒产量 1000 余斤，他评别人时就提高，评自己就少报，其他群众一说话，干部就压制，就说是"包庇"（该村群众最怕说"包庇"）。由于干部包办和强迫命令，有些贫雇农不敢轻易说话。❸ 划阶级中有提高成分的现象，少数的有把富农、小土地出租划为地主与把富裕中农划为富农的。其原因，除界限不明显，复杂不易分清外，主要的原因：一是干部没有具体掌握材料，没有细致地分析情况，简单草率；二是思想存在有过"左"的情绪，占有田土较多并有些罪恶的，即想找条件把成分提高，想没收征收更多的

---

❶ 张培田、张华主编：《中国西南档案：土地改革资料（1949～1953）》，第 143 页。

❷ 《德江县第三期土地改革工作情况检查报告》1952 年 8 月 15 日，贵州省档案馆藏档，全宗号：9，目录号：1，案卷号：117。

❸ 贵州省档案馆编：《黔地新生——解放初期贵州土地改革档案文献选编》，第 189 页。

田满足贫雇农，忽视了正确的执行政策。❶ 划阶级中一些干部存在着单纯任务观点，出现了走过场、赶时间的形式主义，放松了对地主阶级的斗争，有和平划阶级的倾向。如晴隆协厂乡五村，划阶级时对原划出的地主不斗争，新划出来的也斗争不够。有的事前不掌握材料就划，如晴隆三宝乡划地主李××时，最初只晓得他有 6000 多斤产量，后来才查出是 2 万多斤。有的村划阶级不按政策，划多了或划少了地主。❷

（4）地主干扰破坏。核查土地面积定产是划分阶级的重要环节和手段。"地主与农民长期生活在一起所形成的租佃纽带复杂关系，以及困难时候地主对农民所尽的传统义务，以及特别的家族纽带。所有这些联系都能被地主利用去破坏农会，隐瞒土地及财产，并通过秘密会社及其他手段去保持原来的权力结构。"❸ 郎岱地主有计划有准备地大量分散财产：一等的分散在贵阳，如彭××、龙××等；二等的分散在安顺，如傅××、张××等；三等的则多分散在本村本区。黎平划阶级中发现分散土地的现象相当严重，如四区茅贡乡分散了田地产量 103000 多斤，分散与接受者几达各阶层。地主、富农分散较多，分散的方式有收买、赠送，以田抵偿，暗自退回霸占。❹ 少数民族的地主，将土地出租给本族和其他民族（包括少数汉族农民在内），在少数民族经济发展的地区，这种情况还不少，如昭通专区，大理专区之永平的彝族、回族都有类似情况，这些地主善于利用和制造民族间矛盾，以维持其统治。❺ 核查土地面积的推行进程是一个国家权力和国家意志向乡村社会渗透的过程。

据南隆乡五个村不完全的统计，划错成分的共 172 户。其中把农民划成地主、富农的有 48 户，占五个村农民总户数的 3.5%；把地主、富农划为农民的 6 户，占五个村地富总户数的 9.5%。另外，在农民内部错划成分很多，如把中农错划成贫农的 63 户，占五个村中农总户数的

---

❶ 贵州省档案馆编：《黔地新生——解放初期贵州土地改革档案文献选编》，第 107 页。

❷ 贵州省档案馆编：《黔地新生——解放初期贵州土地改革档案文献选编》，第 234 页。

❸ 转引自史海泉：《土地改革与乡村变迁——以西北边疆为视角》，中国政法大学出版社 2014 年版，第 153 页。

❹ 贵州省档案馆编：《黔地新生——解放初期贵州土地改革档案文献选编》，第 242～243 页。

❺ 中国社会科学院、中央档案馆：《（1949～1952）中华人民共和国经济档案资料选编：农村经济体制卷》，第 284 页。

14.97%。由于中农、贫农之间没有及时划清，使中农掌握了农会领导权。错划原因是多方面的，主要有：（1）凡是出租土地的即是地主，因此把小土地出租者划成地主的有 27 户，其中把铁匠工人错划为地主的 2 户，没有劳动力而出租小量土地的寡妇划成地主的 5 户，城市贫农划成地主的 2 户；（2）因政治态度而错划成分，如把三个当过保长的中农都划成地主；（3）因看铺摊大、生活好，中农错划成富农的 12 户；（4）因当干部，群众惜情而降低成分，把中农划成贫农的 12 户；（5）因隐瞒田地而降低了成分，中农错划成贫农的 21 户；（6）因看自耕田地少，把佃中农降低为贫农的 29 户；（7）机械地了解中农一般不出卖劳动力，贫农一般要出卖劳动力，忽略了被剥削程度、生产资料的占有、生活程度等，而将贫农错划为中农的 15 户；（8）没有掌握劳动与不劳动是区别地主的主要标准，只看出租土地不多，自己经营土地而不参加劳动，因而将地主错划为富农的 5 户；（9）不详细算剥削账，只看到佃入别人的田地受剥削，而忽视了对别人的剥削，因而将富农错划成中农者 3 户；（10）只注意本村土地占有情况，忽略了在外村的情况，因而错划富农为中农。❶

土地改革是使农村社会结构发生天翻地覆变化的革命。通过土地改革，提升了农民阶级的政治地位，翻身农民成为乡村社会的治理者。农村土地改革时划定的阶级成分可以揭示土改前农民的谋生方式和生存条件。它一定程度上反映了家庭财富占有状况，但也不能否认，阶级成分对家庭经济水平的反映是粗线条的。❷ 一旦开始阶级划分工作，就不可避免地伴随着阶级斗争。因为"土地改革的目的不仅是经济上剥夺地主阶级，而且要在农民面前灭他们的威风，在政治上打击他们"。这就决定了"土地改革主要是通过激烈的阶级斗争的方式进行的"。农民饱受地主的折磨，不通过阶级斗争形式就不能发动农民，使农民事实上得到解放。❸

---

❶ 《第一工作团土改首次报告——南隆乡土改试验情况摘要》，重庆市档案馆藏档，全宗号：D 类《川东资料》，目录号：708，案卷号：15。

❷ 王跃生：《华北农村家庭结构变动研究——立足于冀南地区的分析》，《中国社会科学》2003 年第 4 期，第 100 页。

❸ 叶国文：《土地政策的政治逻辑：农民、政权与中国现代化》，天津人民出版社 2008 年版，第 80 页。

土地改革的方针、政策能否得到正确贯彻执行，取决于是否能正确划分阶级。西南各地非常重视阶级的划分，土地改革前先把划阶级的政策交给群众，召开各种会议，使群众充分酝酿讨论，反复宣传划分阶级的政策，使划分阶级的标准家喻户晓，把政策原原本本地交给广大群众，在干部、群众掌握划分阶级成分的政策、标准和界限的基础上，同地主展开说理斗争，揭发清算地主阶级压榨、剥削农民和破坏清匪反霸、破坏土地改革的罪行，从而使政策和每一个人的具体情况相结合而划定每个人的阶级成分，避免出现由少数干部包办代替，主观决定阶级成分的错误做法。划分阶级时，一般采取自报公议、三榜定案的办法划分阶级成分，根据土地占有多少的不同将人们划分为不同的阶级，而不是由少数干部和个别人来划定群众的阶级成分。划分阶级实质上是要用阶级组织替代西南民族地区传统社会的家族血缘组织及地缘组织，在民族地区建构新的社会关系和经济关系。

3. 没收分配

土地是农民最重要的生产资料和衣食住行的源泉，是农民赖以维系生存与繁衍的命根子。"土地改革的基本内容，就是没收地主阶级的土地，分配给无地少地的农民。"[1] 分配没收征收的生产生活资料，满足贫雇农的正当要求，从政治上和经济上彻底打倒封建地主阶级，废除封建土地制度，是土地改革的一个关键阶段。

（1）没收土地

中共中央西南局强调：土地改革应一切从少数民族实际出发，严禁搬用汉族地区的工作经验和强迫推行汉族地区的政策；应充分发动少数民族群众，尊重少数民族的宗教信仰、风俗习惯，依靠少数民族自觉自愿进行土改。同时要求各地在土改中必须加强领导，时刻掌握运动进程，发现问题，及时解决。对少数民族地主，在政策上比汉族地主宽些、在斗争方式上一般采取协商、调解和法院起诉等方式；尊重少数民族的宗教信仰、风格习惯，对少数民族的学田、公田、族田和寺田是否保留，保留多少，由本族群众自己讨论处理；对于少数民族下山分田问题，实事求是地予以解决。[2] 鉴于在云南大多数地区，汉族地主恶霸居

---

❶ 刘少奇：《关于土地改革问题的报告》，《人民日报》1950年6月30日（第1版）。

❷ 莫宏伟、张成洁：《新区农村的土地改革》，第133页。

于统治地位这一基本情况，在实施土地改革时，除发动各族农民共同参加斗争依法没收汉族地主之土地财产外，在分配时应特别照顾少数民族的困难，适当满足他们的要求；对于各少数民族内部之地主，可稍宽一些对待，在斗争方式上，可采取协商、调处、法院起诉等方式，对于两个少数民族之间的土地关系，更应采取协议方式解决；由于各民族和宗教信仰相连之公田、寺田、学田等应加以照顾，可采取保留一步办法处理。在本族人民不同意没收的情况下，应全部保留，即使没收时，也要全部分给其本族农民；对于少数民族中之小量出租土地或集体出租土地者，应加以额外照顾，对这些土地以基本不动为宜；对于少数民族中的富农，不论自耕、雇人经营或出租部分，应全部保留。❶《川西区实施土地改革补充办法》第3条规定：半地主式富农出租的土地，按照土地改革法的规定应予征收。但半地主式富农自耕和雇人耕种的土地及其他的财产应保留不动。在征收半地主式富农的出租土地时，如其自耕或雇人耕种的土地在当地中农水平以下者，应留给其相当于当地一般中农平均数的土地。某些地区经川西行署批准征收富农出租土地时，亦应按照这一规定处理。❷川北区对小土地出租者，强调应按土地改革规定分别下列情况办理：第一，革命军人及烈士家属出租少量土地，稍多于当地每人平均土地百分之二百者，应予以照顾，以奖有功；第二，工人、贫苦职员、收入较少的自由职业者等，出租的少量土地略超过当地每人平均土地百分之二百，在当地土地足够分配条件下，其超过部分可不予征收。如当地土地不足分配或其超过部分较多，则应采取协商办法，酌量征收其超过部分；第三，依靠出租少量土地维持生活的鳏寡孤独、残废等，其生活确属困难者，在当地土地情况允许的条件下，其稍多于当地每人平均土地数百分之二百的土地亦得酌以保留；第四，职业收入甚丰，足以经常维持其家庭生活之小土地出租者，其出租土地数量虽未超过当地每人平均土地数的百分之二百，在本人同意下，亦可征收其土地

---

❶ 中国社会科学院、中央档案馆：《（1949～1952）中华人民共和国经济档案资料选编：农村经济体制卷》，第287～288页。

❷《川西区实施土地改革补充办法》，重庆市档案馆藏档，全宗号：D类《土地改革文件汇编》，目录号：65，案卷号：13。

之一部或全部。❶ 对于少数民族宗教寺院的土地、房屋及其他有关宗教信仰和风俗习惯的公共的土地、房屋，原则上基本不动，如群众要求，上层人物和宗教人物同意，可以酌情予以处理。❷ 因此，在没收土地时，西南民族地区尊重少数民族的风俗习惯，对少数民族地主、富农，实行了较宽的政策。富农和小土地出租者的土地保留不动。对于少数民族的特殊用地、用树、用林、用畜、公共娱乐场所等不予征收分配，这些特殊政策的执行，保证了民族地区土地改革的顺利完成。

没收征收问题上，云南民族地区规定：第一，封建领主（土司）土地全部没收。农民有永佃权者，分配时适当照顾原耕及原佃农民。第二，地主之不属于工商业之牛群、羊群应予没收分配，但羊群不能分散，仍应雇人集中放牧。属于工商业的地主的马帮、驼牛不予没收。第三，坚持对少数民族地主、富农执行较宽的政策。❸ 根据党和人民政府的政策，没收地主的土地、山林、耕牛和农具，征收富农出租的土地，在划定阶级成分、斗垮地富分子的基础上，云南回族农村没收地主、征收富农的土地及牲畜、农具、粮食、钱财作为"胜利果实"，分配发放给贫雇农等农民。以寻甸回族彝族自治县为例，该地没收征收、分配发放土地财产的具体政策和措施是：没收全部地主及工商业资本家在农村出租的土地，征收了富农、小土地出租及公、学、寺、庙出租的土地，经过"查田定产"后，以乡为单位，在原耕种的基础上，以定产数抽多补少，抽肥补瘦。同时对没收地主的牲畜、房屋、农具、"浮财"，按先无后缺分配。在土地改革中，寻甸回族彝族自治县全县共没收征收土地37.3万亩；瓦房19840多间，草房2450多间，以及耕牛、马匹、家具、粮食、烟土、白银、枪支等财产。分配给各民族农民的胜利果实，折合人民币约630多万元。❹ 一般而言，各地在查田评产后，没收地主土地，征收富农多余土地。对地主的耕牛、农具、粮食、房屋、家具及其他财产均按政策没收，分给贫、雇农及部分少地和困难的小农。

---

❶ 《川北区土地改革实施办法》1951年3月，重庆市档案馆藏档，全宗号：D类《西南政报》，目录号：642，案卷号：6。

❷ 《中国的土地改革》编辑部等编：《中国土地改革史料选编》，第848页。

❸ 《中国的土地改革》编辑部等编：《中国土地改革史料选编》，第820页。

❹ 高发元主编：《云南回族50年》，第40页。

三都县土改过程中，党委和政府按照政策，对地主和富农采取分别对待的办法。对于封建地主的土地、耕牛、农具和多余的房屋、粮食进行了没收。对富农出租的土地则进行征收。据大河、普安、水龙、都江4个区的统计，共没收地主阶级的土地31846亩，没收耕牛3364头，马、骡101匹，房屋4698间，农具5889件，粮食428176公斤，人民币17129元。❶ 一些地方分别召开地主、富农会议，对地主讲明没收政策法令，号召老实守法，对富农讲明征收政策。

　　在没收征收过程中，由于政策掌握不准和干部工作方法失误，一些地方出现了损害中农和小土地出租者利益等问题。据余庆县白泥、龙溪、小腮3个乡的材料，征收富农的田，没留够中农平均数者共5户；小土地出租者，超过最高标准数而征收者大理白族共14户，产量192挑；在没收财产中，侵犯地主与富农工商业的共7户（龙溪不在内）。没收错的东西有弹花机、织布机、水碾等。❷ 德江县第三期土地改革地区，县委强调没收征收，忽视查田评产，对掀起群众性的报实产量运动，奠定合理分配的基础这一环节抓得不紧。群众有思想顾虑，村干部和查田评产小组是一团和气，产量普遍降低，一般的中农产量报的最不实，富农出租部分也不实，贫农也有少报一挑两挑的，煎茶乡一村查了126挑田，少报的产量就占12%。领导上错误地规定三等九级，各等级的标准产量，机械执行，及填表册的麻烦，也是造成产量报不实的原因之一。❸

　　没收征收过程中，西南各地一般采取自报公议，如地主瞒报，开展斗争。各地广大农民团结起来，向地主开展合理合法的斗争，粉碎了不法地主的一切抵抗和破坏，完成了土地没收征收任务。

　　（2）分配土地

　　分配果实的原则和基本目的，是要求自地主阶级手中转入农民手中之财富投入农业生产、副业合作，达到提高农业生产水平、促进城乡交流、改善农民生活之目的。根据这一原则和要求，必须防止分配果实上的两种偏向：防止平均分配形成单纯救济现象，造成大量财富

---

❶　三都水族自治县志编纂委员会编：《三都水族自治县志》，第390页。

❷　贵州省档案馆编：《黔地新生——解放初期贵州土地改革档案文献选编》，第136页。

❸　《德江县第三期土地改革工作情况检查报告》1952年8月15日，贵州省档案馆藏档，全宗号：9，目录号：1，案卷号：117。

的分散和浪费；防止乡保农会干部和农会积极分子得果实过多，贪污浪费，或只限于参加农会或参加斗争者分得果实，引起广大农民群众不满。❶

邓小平指出："在民族杂居地区，对少数民族人民已经提出同样实行减租退押和分配土地的要求，不考虑是不对的，但完全与汉族区域一样实行也是不妥当的。"❷ 在贵州民族杂居地区进行土改应注意到少数民族的特殊情形，如苗族的"马郎坡"和"斗牛坡"都不必分掉，在召开农代会同时，一般都召开少数民族代表会，通过了少数民族与汉人同时土改，苗族一般劳动力较强，租入土地较多，分配时应很好照顾，并通过少数民族自己的会议解决。省委意见：今后分配土地，着重在当地许可的情况下，劳动力强的少数民族佃中农分给相当于当地自耕中农每人平均土地数的土地。❸ 分配土地时，必须由党的领导上严格控制，采用温和的和稳妥的方法去进行，禁止打人，限制捕人，尽可能不杀一个人。❹ 川北区分配土地及其他生产资料时，应首先分给雇农、贫农，并照顾无地、少地之中农，其他非农业人口，如手工业人口、自由职业及从事其他职业者，应按下列原则处理：第一，其职业收入足以经常维持生活者，不得分给土地；第二，一贯从事其他职业，虽其职业收入尚不足以维持其家庭生活，在土地不足分配的条件下，亦得不分或少分土地，另由其他方面逐渐解决其职业问题；第三，原系农民因穷困无法从事耕作，暂时转业，其职业收入又不足维持家庭生活者，应酌情分给一份土地；第四，自耕部分土地而又兼营其他职业，如其农业及职业收入不足维持家庭生活者，得酌情分给部分土地。❺

1950 年秋末冬初，玉溪县首先在郭井乡进行土地改革试点。1952年，县内大规模地展开了以"占有""劳动""剥削"等三把尺子进行阶级划分、重新丈量土地面积、核实产量的土地改革运动。全县以郭井乡的试点经验为基础，采取了订产的具体办法，一等田亩产 510 公斤，

❶ 《川东区关于反霸减租退押中果实分配的规定》，重庆市档案馆藏档，全宗号：D，目录号：65，案卷号：20。

❷ 《邓小平西南工作文集》，第 333 页。

❸ 贵州省档案馆编：《黔地新生——解放初期贵州土地改革档案文献选编》，第 105 页。

❹ 《中国的土地改革》编辑部等编：《中国土地改革史料选编》，第 848 页。

❺ 《川北区土地改革实施办法》1951 年 3 月，重庆市档案馆藏档，全宗号：D 类《西南政报》，目录号：642，案卷号：6。

二等田亩产 425 公斤，三等田亩产 340 公斤，四等田亩产 255 公斤，五等田亩产 170 公斤，六等田亩产 127.5 公斤，七等田亩产 85 公斤，八等田亩产 42.5 公斤，然后分类型按人口套等级及亩产分配土地到人到户。其他乡镇的定产标准虽略有不同，但是，大体上的分配办法都是参照进行。❶

三都县由农民协会公平合理地进行分配，使占农村 50% 以上的贫苦农民都分得了土地，基本满足了人们对土地的要求。对少数的中农也适当分给了一部分土地，对地主也同样分给每人应分的一份土地。分配土地时，适当照顾了原耕农民，避免土地过多的变动，同时贯彻了"谁种谁收"的政策。为照顾少数民族的风俗习惯，对水族的"端坡"，苗族的"斗牛塘、跳月塘"等公用土地和"兰靛地"，都予保留，不作分配。❷ 可见，民族地区在"照顾原佃、方便生产"的前提下，以行政村为土地分配单位。

在回族乡村的土地分配中，云南贯彻了上级确定的贫雇农政治优势和经济优先原则；土地先分给贫雇农，后分给中农，坚决照顾贫雇农；在"浮财"分配中实行"填坑补缺"，多分给贫雇农，具体方法是"自报公议，民主评定，直接由乡分配"，使贫雇农得到了真正的实惠。亲身感受到共产党给他们带来的政治解放和经济利益，坚定了跟着共产党闹革命的信念和决心。如回族聚居的沙甸，全乡在土改中共计没收地富的土地 4408 亩，牛 104 头，瓦房 112 间，牛马厩 28 个，犁 40 张，锄头 187 把，家具 1000 多件，黄金 28 斤，白银 56.5 斤，大烟 293 斤，银圆 4425 个，半开 19314 个，浮财 46000 多元。这些土地、牲畜、房产、农具、家具、黄金、白银、钱财等优先照顾贫雇农。❸

四川土地改革从 1950 年 11 月开始试点，经过 1951 年的全面展开，到 1952 年 5 月基本结束，通过三期土改，除川西北高原、川西南山地的一些少数民族聚居地区外，共有 130 个县、7 个市以及 7496 个乡（占四川地区总乡数的 94.12%）和 5403 万人（占总人口的 98.6%）的地区完成了土地制度的改革。通过土改，使 3600 多万无地少地的农民，

---

❶ 马翀炜、孙信茹等：《云南第一村：红塔区大营街的人类学考察》，民族出版社 2009 年版，第 58 页。

❷ 三都水族自治县志编纂委员会编：《三都水族自治县志》，第 390 页。

❸ 高发元主编：《云南回族 50 年》，第 41 页。

总共分得了4700多万亩土地和8800多万件农具、25万头耕牛、1200多万间房屋、1.5亿多公斤粮食，从而使得四川农村广大无地少地的农民实现了"耕者有其田"的理想。❶

从土地占有情况看，安顺十二个行政村各阶层土改前后土地占有比例是：地主72户，412人，土改前占有土地190.019万斤（折粮，下同），人均4540斤，土改后占有土地18.5472万斤，人均450斤；富农84户，474人，土改前占有72.665万斤，人均1535斤，土改后占有34.3184万斤，人均724斤；小土地出租者50户，121人，土改前占有17.7213万斤，人均1464.5斤，土改后占有11.299万斤，人均986斤；中农804户，3954人，土改前占有233.6172万斤，人均591.8斤，土改后占有267.3927斤，人均686斤；贫雇农1247户，5086人，土改前占有76.0628万斤，人均149斤，土改后有234.6024万斤，人均561斤。这些数字还说明对富农除征收其出租部分外，仍保留较中农平均数为多的土地，基本上执行了保存富农经济的政策。对小土地出租者，除征收其超过200%的土地外，仍占有较其他阶层为多的土地。整个中农阶层较土改前每人的平均数多，不仅保护了中农财产，对少数不足平均数的中农都分进了部分土地。在满足贫雇农的基础上，对农村小手工业者、小商贩和贫民皆分给了土地。对地主亦分给比贫雇农较少的一份土地，使其从事劳动改造。❷

贵州土改运动中曾经发生了某些偏向，但迅速纠正。分田的结果，据比较富庶地区的典型统计（不能完全代表一般），各阶层每人平均数：贫雇699斤，占总土地数的41.6%；中农863斤，占总土地数的41.6%；富农1018斤，占总土地数的5.9%；地主567斤，占总土地数的4.94%；小土地出租者1008斤，占总土地数的1.3%，其他314斤，占总土地数的4.39%。❸云南内地各族群众在土地改革中，最低分到200斤产量的土地，一般分到400～500斤产量的土地，每乡分得1000

❶ 段志洪、徐学初主编：《四川农村60年经济结构之变迁》，第45页。
❷ 中共安顺地委党史资料征集办公室编：《解放初期的安顺（1949～1956）》，1988年印刷，第154～155页。
❸ 贵州省档案馆编：《黔地新生——解放初期贵州土地改革档案文献选编》，第206页。

万或 1 亿元的斗争果实。❶ 农村耕地占有状况得到合理调整。据沿河县统计，土地改革前，地主人均占耕地 0.66 公顷，中农、贫农、雇农人均占耕地 0.11 公顷。土地改革后地主人均占有耕地 0.12 公顷，富裕中农、中农、贫农、雇农人均占有耕地 0.17 公顷。❷

表 2-2　四川省土地改革运动前后各阶层占有土地变化情况❸

项目	农村户数		农村人口		土地改革前的土地占有			没收征收土地	
	户数	%	人数	%	亩数	各阶层占有土地占土地总数的%	每人平均土地数（亩）	亩数	占土地总数的%
总计	11830931	100.00	54878288	100.00	99131753	100.00	1.81	54663604	54.14
雇农	655994	5.55	1923123	3.50	379731	0.38	0.20	—	—
贫农	5893745	49.81	25967844	47.32	13075539	13.19	0.50	—	—
中农	2305073	19.48	11761532	21.44	20299832	20.48	1.77	—	—
佃中农	1237007	10.45	6924568	12.62	2004316	2.02	0.29	—	—
佃富农	51229	0.43	356121	0.65	376306	0.38	1.06	—	—
富农	284893	2.41	1681933	3.06	6973870	7.04	4.15	2527609	2.55
小土地出租者	306519	2.59	1090811	1.99	4280453	4.32	3.92	1438897	1.45
地主	558869	4.73	3260330	5.94	47581018	48.00	14.59	47581018	48.00
其他成分	537602	4.55	1912026	3.48	1044608	1.05	0.55	—	—
公田	—	—	—	—	3116080	3.14	—	3116080	3.14

---

❶ 《云南省委关于内地民族地区进行土改的情况向中央及西南局的报告》1953 年 4 月 3 日，云南省档案馆档案，档案号：11-1-104。

❷ 贵州省地方志编纂委员会：《贵州省志·民族志》（上），第 367 页。

❸ 《四川省农业合作经济史料》编辑组：《四川省农业合作经济史料》，第 699~700 页。

项目	土改中农民分得土地				土改后的土地占有		
	得地人数	占总人数的%	分得土地（亩）	占本阶层原有土地%	亩数	各阶层占有土地占土地总数的%	每人平均土地数（亩）
总计	36030980	65.65	48029931		99131753	100.00	1.81
雇农	1900119	3.46	4172363	1098.76	4552094	4.59	2.37
贫农	23332249	42.52	28428826	217.41	41504365	41.87	1.60
中农	3067507	5.59	3378033	16.65	23677865	23.88	2.01
佃中农	6378792	11.62	10621295	529.92	12625611	12.74	1.82
佃富农	269502	0.49	354112	94.10	730418	0.74	2.05
富农	—	—	—	—	4446261	4.48	2.64
小土地出租者	—	—	—	—	2841556	2.82	2.60
地主	—	—	—	—	4790171	4.83	1.47
其他成分	1082811	1.97	1075302	102.93	2119910	2.14	1.11
公田	—	—	—	—	1843502	1.86	—

分配土地的改革，只能在减租、退押、反恶霸运动的基础上，即在群众的觉悟程度和组织程度业已提高的基础上去进行，不能急于分配土地，必须充分发动群众，发扬民主精神，克服干部包办代替的现象。

分配过程中存在的问题：

（1）果实平均分配。土地果实分配不当影响生产，奉节县八区龙门乡在分配土地中强调平均，把较好的土地搭配均分，有的离住的地方四十余里，分配后群众不去耕种。九区竹园乡在分配果实中，不根据需要，采取分类抓阄的办法，结果有1户分得十多把锄头和二十多条板凳的，有很多需要户却没有分到。❶

---

❶ 张培田、张华主编：《中国西南档案：土地改革资料（1949～1953）》，第253页。

（2）分配单位太小。有的地方土地分配是以自然村为单位，这样机动范围小，不易调剂适当，分得不一致，纠纷也就多。如毕节县二区第十八村第一、二组佃中农和贫雇农是一样分的，其他组则是佃中农每人加15斤。由于未有统一掌握数字，分配结果土地剩余太多，后来每人又补45斤。如此补的结果，就产生五六户或十几户共分一丘田的现象。❶

土地改革是在阶级分化和阶级对立的基础上，以暴力斗争的方式完成的。西南区大地主多，土地非常集中，各地农民对土地的要求非常迫切。在土改的整个过程中，基本上贯彻了民族自觉自愿的原则，土地等生产资料被没收和征收，彻底消灭了封建剥削制度，使地主阶级失去了占优势的经济基础和积累财富的手段。各族农民在政治上得到了彻底翻身。"运动中间虽然一度发生过某些违反政策现象，但迅速得到纠正。后期有些地区发生的走过场、赶任务，也基本上得到克服。分田的结果，一般的都能适当满足了贫雇农的土地要求，团结了中农，执行了保存富农经济的政策而中立了富农。"❷ 土地改革消灭了封建生产关系，各族农民无偿地得到土地等生产资料，土地所有权和经营权高度地统一于农民，农民既是土地的所有者，又是土地的自由经营者，这就彻底改变了他们的经济地位，从根本上极大地提高了他们的经济实力，经济上废除了封建地主阶级的土地所有制，贫雇农也因此实现了经济和阶级地位的根本性变化，其土地产权可以自由流动，允许买卖、出租、典当、赠予等交易行为。正如学者所言："土地改革打倒了宗法权贵，因而势必导致对权贵财产实行平民化，即导致财产的重新分配。从这个意义上说，土地改革的最根本的意义与其说是打倒了'大私有制'，实现了地产平均化，毋宁说是摧毁了宗法权力的物化体现，摧毁了特权即例外权的类存在，实现了地产的自由化。"❸ 西南民族地区土地改革一面使地主土地财产被没收，政治权力被夺，社会地位被削弱，另一方面注意团结少数民族中的最大多数，把打击面缩小到最低程度，各民族间平等、团结、互助新型民族关系开始形成，建立了人民民主专政的各级政权，

---

❶ 贵州省档案馆编：《黔地新生——解放初期贵州土地改革档案文献选编》，第191页。

❷ 贵州省档案馆编：《黔地新生——解放初期贵州土地改革档案文献选编》，第208页。

❸ 秦晖、苏文：《田园诗与狂想曲——关中模式与前近代社会的再认识》，中央编译出版社1996年版，第188页。

这种变化在历史上是空前的、翻天覆地的。

4. 土改复查

土改复查工作是彻底完成农村反封建斗争任务，迅即转入生产建设的一个重要步骤和关键环节。西南地区约 8500 多万农业人口，分四期进行了土改。第一期土改于 1951 年 4 月结束，涉及 1316 万多人口，占总人口的 14%；第二期土改于 1951 年 10 月结束，涉及人口 2476 万多人，占总人口的 27%；第三期土改于 1952 年 4～5 月结束，涉及人口 3599 万人，占总人口的 40.35%；第四期土改于 1953 年春结束，涉及人口 900 万人，占总人口的 11.29%。至此，除暂不进行土地改革的一些少数民族地区外，西南地区的土地改革任务胜利完成。❶ 土改基本结束后，西南地区还进行了复查工作，以生产为中心，查阶级、查翻身、查不法地主的违法破坏活动。

土改复查涉及的工作主要有如下几方面。

一是解决土改遗留问题，再次分配农村中劳动果实。据大足县统计：全县地主 6050 户，在土改时没有结清赔罚者即达 4402 户，经调查，已经有 1345 户全部交清，2506 户经群众同意予以减免，只有 98 户顽固狡猾，确定永欠永追。复查运动中同时结合处理了土改时遗留的问题，其中主要是清理了遗留的果实。江北、大足两个县统计，共清出果实折人民币 319455000 元，并全部进行了分配，解决了一部分贫苦农民在生活和生产上的困难。这样，不但进一步从经济上打垮了封建势力，满足了贫雇农经济要求，而且土改遗留的问题基本上得到了解决。❷ 经一段时间的土改复查和整顿，农村中的三类村或夹生村数量大为减少，西南局川北行政区 1013 个村复查前一类村 192 个，二类村 476 个，三类村 345 个。复查后，一类村 375 个，二类村 560 个，三类村 78 个。夹生与半夹生的现象已基本消灭。❸

二是重划农村中的阶级成分，纠正了土改中颠倒错划成分的现象。土改复查工作，坚持依靠贫雇农，发动群众查土改政策执行情况，其中主要查划分阶级成分中，有没有漏划或错划阶级成分的情况。据江北、

❶ 张永泉、赵泉钧：《中国土地改革史》，武汉大学出版社 1985 年版，第 314 页。

❷ 张培田、张华主编：《中国西南档案：土地改革资料（1949～1953）》，第 267 页。

❸ 中国社会科学院、中央档案馆编：《（1949～1952）中华人民共和国经济档案资料选编：农村经济体制卷》，第 393 页。

荣昌、大足三个县统计，原应为其他阶层划为地主者 151 户，原应为地主而错划为其他阶层者 129 户，这些在复查中均作了纠正，这样进一步划清了敌我阵营，对生产是有利的。❶ 关于土地改革中侵犯中农利益问题：土地改革中阶级成分，就中农划成富农或地主，征收或没收了其房子土地，已分给贫雇农者，应改变其成分，并从农村其他斗争中补偿中农的损失，但不要叫贫雇农交出土地房屋来退还中农，以免影响贫雇农生产情绪；如果中农之土地房屋还未分配者，应即退还中农，并改变其成分。❷ 但土改中对于地主的剥夺，对富农、中农利益的侵犯，打击了他们发家致富的信心，他们观望徘徊，其消极影响是长远的。

三是土改复查进一步打击农村封建势力。根据各地不完全的材料，地主破坏土地改革活动的主要方式是：第一，分散土地及其应被没收的财产；第二，破坏生产；第三，以金钱美色收买干部和农民积极分子，派手下和代理人混入农民协会进行破坏；第四，散布谣言，蛊惑农民，以至阴谋杀害乡村干部和农民积极分子，组织武装暴乱等。❸ 曲靖普遍开展查漏网、逃亡地主，查地主违法行为，查反动会道门等各种反革命破坏活动，并组织斗争，对有现行破坏活动的予以打击。据土改复查统计，在整个土改过程中，共镇压土匪 2073 人，恶霸 1344 人，国民党特务 221 人，反动党团骨干 14 人，反动会道门首恶分子 148 人，其他罪犯 42 人，对上述类型的其他人员批捕 7225 人，管制 2793 人。❹ 土改复查后，农村土地占有出现了阶级间的倒置现象，原来占有大量土地的地主占有少量土地，而本来很少占有土地的雇贫农则占有比地主多的土地。土改复查后，土地的零碎化程度达到了前所未有的程度。❺

四是进一步发动群众，加强干部教育。根据批评教育方针，处理了村干部的贪污案件。据荣昌县五个区统计即处理了 19 件，计贪污谷子 9 石，人民币 2900 万元以及家具衣物一部，其中除极个别情节严重被

❶ 张培田、张华主编：《中国西南档案：土地改革资料（1949～1953）》，第 267 页。
❷ 张培田、陈翠玉主编：《江北土改档案（1949～1953）》，第 12 页。
❸ 中国社会科学院、中央档案馆：《（1949～1952）中华人民共和国经济档案资料选编：农村经济体制卷》，第 243 页。
❹ 中共云南省委党史研究室编：《云南土地改革》，第 70 页。
❺ 王友明：《解放区土地改革研究（1941～1948）：以山东省莒南县为个案》，上海社会科学院出版社 2006 年版，第 82 页。

— 111 —

撤职的外，大部分受到批评教育，解决了思想问题。❶ 由于时间紧，任务重，大多数干部缺乏土改经验，领导上又抓得不够，加上在运动后期，由于急于求成，曾在一些地区一度发生地主不分大中小，不分恶霸、非恶霸，不分守法、违法，采取一律硬斗的盲目蛮干的办法，吊打现象在这时较普遍发生。❷ 在复查中由于进行了深入细致的思想发动，通过对农民的思想政治教育，进一步提高了农民的阶级觉悟和政治认识，推动了农业生产。过去群众发动差的地区，通过复查已经把群众发动起来了，荣昌部分乡村贫雇农的发动达到 85% ~90%，落后层则由 50% 降至 15%；大足县复查后，群众发动好的村有 24% 增至 33%，一般村由 47% 增至 50%，落后村即大大地减少了。同时在复查中进一步纯洁了农民内部，克服了农民松劲换班思想，生产情绪提高。❸ 为克服土改后农民普遍产生"松劲""换班"思想，各地利用各种会议，举办乡村干部轮训班，加强爱国主义与共产主义的思想政治教育。川北剑阁专区普遍地采用了地主破坏违法的展览会、反革命证件展览会、穷富对比展览会等方式进行思想教育，收效甚好。川西在运动中，有的地方在不影响运动开展的情况下，分期短期的轮训干部。❹ "共产党的政策为乡村中贫苦农民提供了实质性的报偿。比较合理的赋税制度、削减了的租金，以及分得的土地（此外，最活跃的积极分子还能获得领导职务），所有这些都使农民大众深深信服共产党所从事的事业的正义性"，并且"从贫农和中农中涌现出村干部这一新的权力阶层"。❺ 各地通过广泛开展新旧社会对比，进行爱国主义、共产主义的前途教育，克服干部包办代替、强迫命令、形式主义、盲目性、急性病、工作中简单粗糙草率现象，解决了乡村干部不愿当干部的思想和密切干群关系的问题。

　　五是土改复查着重检查民族政策推行情况。"民族地区的土改就是要在民族团结的基础上进行。一定要争取民族地区的上层，争取宗教方面的上层人物的协助，建立统一战线。联合一部分封建势力来反对一部

---

❶ 张培田、张华主编：《中国西南档案：土地改革资料（1949～1953）》，第 267 页。

❷ 杜润生主编：《中国的土地改革》，第 375 页。

❸ 张培田、张华主编：《中国西南档案：土地改革资料（1949～1953）》，第 267～268 页。

❹ 贵州省档案馆编：《黔地新生——解放初期贵州土地改革档案文献选编》，第 212 页。

❺ ［美］费正清、麦克法夸尔主编：《剑桥中华人民共和国史（1949～1965）》，王建朗等译，上海人民出版社 1990 年版，第 92 页。

分封建势力可以说是民族地区土改的矛盾的特殊性。"❶ 土改复查中，西南民族地区重点检查各地是否做到了从少数民族实际出发、严禁机械搬用汉族地区工作经验和口号、有没有用强迫命令方式推行汉族地区政策的方针；是否始终注意和突出民族特点，加强民族团结；是否充分发动少数民族群众、尊重少数民族群众宗教信仰和风俗习惯，依靠少数民族自觉自愿进行土改等。民族政策的检查和推行不仅有助于民族团结，也有助于建立广泛的反封建的民族统一战线。

土地改革废除了封建剥削的土地所有制，真正改变了农村生产关系，土改复查工作主要围绕进一步打击农村中封建势力、加强农村干部教育、重划农村中的阶级成分、再次分配农村中劳动果实等问题展开。❷ 土地改革完成以后，贵州省及时开展了群众性的复查工作。复查工作的主要内容是：对土地改革不彻底的"三类村"进行补课，处理好土地改革中的遗留问题加强农民内部的团结，引导农民组织起来，走互助合作的道路开展爱国增产节约运动，大力发展农业生产。复查的结果表明，贵州农村的土地改革做得是好的。❸ 土改中切实尊重各少数民族的风俗习惯，照顾少数民族农民的困难，适当满足他们的要求，谨慎对待和处理各少数民族间的租佃关系，不硬性进行少数民族间的土地调整。土改复查中合理负担、生产政策宣传教育，解除群众生产上的各种顾虑，新一轮的利益整合使农业资源在各个不同的阶级阶层之间进行了重新分配，这些都为农村生产力的发展创造了根本性的条件。

土地改革后，"就政权与村庄的关系而言，土地改革和税率提高使国家政权空前地深入自然村。旧日的国家政权、士绅或地主、农民的三角关系被新的国家政权与农民的双边关系取代了"。❹ 土地改革使阶级对立观念被注入农民中间，吸收了一批经过锻炼的农民积极分子，充实县、区、乡各级政权组织和人民团体。各地党的基层组织逐步建立、发展壮大，从政治上巩固了新生的人民政权。

---

❶ 《习仲勋文选》，中央文献出版社1995年版，第209页。
❷ 李飞龙：《土改后改造落后乡政策的历史演变》，《东岳论丛》2013年第10期，第106页。
❸ 《当代中国》丛书编辑委员会：《当代中国的贵州》（上册），当代中国出版社1989年版，第31页。
❹ ［美］黄宗智：《长江三角洲小农家庭与乡村发展》，中华书局1992年版，第173页。

西
南
民
族
地
区
土
地
制
度
变
革
与
乡
村
社
会
重
构
研
究
（
1949
~
1957
）

三、少数民族聚居地区的土地改革

中华人民共和国成立初期，根据少数民族所处的社会发展阶段及其他不同特点，西南民族地区主要有四种社会经济发展形态：第一种是社会经济形态与汉族相同或基本相同，即封建地主经济已占统治地位的少数民族地区。第二种是封建农奴制和奴隶制地区，如四川省的藏族、彝族地区。第三种是云南省地处边疆的傣族、哈尼族地区，是用和平协商的方式废除封建领主制度，实现民主改革。第四种是云南一些尚处在原始公社制末期、民族内部的阶级分化尚不明显的少数民族地区。❶ 根据各民族经济社会发展极不平衡的客观实际，在社会经济结构和汉族相同的少数民族地区，改革的方法步骤大体和汉族地区相同，但也采取了一些区别于一般汉族地区的特殊政策和措施。那些民族隔阂较深、宗教问题严重、社会经济发展更为落后，特别是上层人士在群众中影响较大的少数民族地区的社会改革，采取不同的方针、政策和方法，"慎重稳进"，用和缓的方式进行，稳步地进行和平协商土地改革。

（一）和平协商土地改革背景

少数民族地区的社会改革，必须在党和人民政府的领导下，在各民族的自愿原则下，按照各民族不同的社会发展阶段，根据各民族不同的民族特点和实际情况去进行。民族的土司头人等上层人士，既有剥削、压迫群众的一面，又有联系群众并在群众中具有较大影响的一面，其举足轻重的地位往往可以左右一个民族对党和政府的向背。所谓"和平协商"土地改革，就是在消灭封建制度并适当满足农民土地要求的前提下，通过和当地民族上层分子反复协商，对各民族的领主（土司）、地主在政治上和经济上适当照顾，实行更宽的政策，采取和平的、协商的办法进行土地改革。❷ 少数民族地区民主改革的根本目的，是团结民族上层爱国人士，用和平协商的方式，废除阶级剥削制度，解放社会生产

---

❶ 《当代中国》丛书编辑委员会：《当代中国的民族工作》（上），当代中国出版社1993年版，第94~96页。
❷ 中共云南省委党史研究室编：《云南土地改革回忆录》，云南民族出版社2008年版，第5页。

— 114 —

力，为少数民族的发展进步和逐步过渡到社会主义创造条件。❶

中共中央在 1954 年 10 月批发的《关于过去几年内党在少数民族中进行工作的主要经验总结》指出：从这些地区的情况看来，"可考虑不再采取其他民族地区已经采取过的激烈的阶级斗争方法去进行社会改革，而采用比较和平的方法即经过曲折迂回的步骤和更为温和的办法去进行社会改革，以便十分稳妥地推动这些地区向前发展"。坚持和民族上层人物长期团结、合作、协商办事，通过疏通民族关系，加强民族团结，采取自上而下的同民族上层人士和平协商与自下而上的发动群众相结合，以及"背靠背诉苦"和"面对面协商"相结合的方法。和平协商的改革方式是由云南省结合当地的实际情况最早提出的。

西南民族杂居和聚居地区，阶级压迫和民族之间的矛盾关系、民族内部宗派之间的矛盾交织在一起，矛盾是复杂的。对民族问题的复杂性与特殊性认识不够，稍一不慎，就会影响民族团结和社会稳定。因此在边疆民族地区进行社会改革必须具备五个基本的先决条件：边疆社会秩序基本安定；民族之间和民族内部基本团结；有各族人民的区域自治政权；有相当数量和质量的当地少数民族出身的干部；各民族上层人物基本靠近共产党和人民政府，并赞成和拥护民族地区的社会改革。❷

中华人民共和国成立初期，在党和人民政府的领导下，西南民族地区肃清匪特，社会安定；加强了与各民族上层的统一战线工作；艰苦细致地发动组织群众，总结土改经验，建立民族区域自治，等等。民族聚居地区的社会改革条件日益成熟，在党的"团结、教育、改造"政策的感召下，民族上层和宗教人士的争取工作已经做好，各族群众开始提出了废除封建剥削制度的要求，民主改革组织领导机构吸收当地民族干部参加，和平协商土地改革的时机逐步成熟。

（二）和平协商土地改革政策

1951 年 10 月，周恩来在全国人民政治协商会议所做的政治报告中指出："各民族内部的适当改革，是各民族发展进步、逐渐跻于先进民族水平所必须经历的过程。但这种改革必须适合其本民族当前发展阶段

❶ 《当代中国》丛书编辑委员会：《当代中国的民族工作》（上），第 380 页。

❷ 《当代中国》丛书编辑委员会：《当代中国的云南》（上），当代中国出版社 1991 版，第 107 页。

的特点，必须根据本民族大多数人民的意志，并采取重要步骤，依靠其本民族干部去进行。"西南民族地区土地关系、阶级关系、民族关系都异常复杂。"傣族地区土地改革的基本任务是废除封建土地所有制，实行农民土地所有制，废除各级领主的劳役、官租、各种特权剥削以及农民所欠领主的债务。"❶ 为了有利于民族团结和巩固国防，和平协商土地改革必须有当地本民族干部参加，先做好争取民族上层和宗教人士的统一战线工作，根据土地改革基本原则和边疆民族基本特点，德宏傣族景颇族自治区（州）首届人民代表大会第三次会议，制定并通过了和平协商土地改革法的规定及单行条例，如《傣族地区和平协商土地改革办法》《傣族地区农村债务和土地抵押、典当纠纷处理办法》《傣族地区划分农村阶级成分的补充办法》，等等。这三个办法是傣族地区和平协商土地改革的纲领性文件。在保证消灭封建剥削、满足农民土地要求的前提下，土地改革采取自上而下的和平协商方式进行。由于这些补充规定符合傣族地区实际，在 1955 年半年多的时间内，傣族地区团结和发动各民族各阶层人民组成反封建的统一战线，团结教育与群众有联系的民族领袖人物，打击各级领主和农村当权头人的政治威风，胜利完成了土地改革任务，废除了封建领主制度，摧毁了封建领主的基层政权，解放了生产力。

1954 年，中共云南省委决定在民族工作基础好、土改条件基本成熟的地区进行以土改为中心的民主改革，云南省委宣传部发布了《关于和平协商土地改革宣传提纲》。同年 10 月的边疆工作会议上，省委明确提出："边疆民主改革应坚决抛开斗争地主和主要从下而上发动群众的方法，而采取自上而下的解决土地问题的改革办法"，会议讨论制定了和平协商土改的政策原则，主要有六个方面：（1）划分阶级标准较内地宽，边境沿线农民不公开划阶级；（2）土地先留后分，即没收时先留给领主、地主与农民同样多的一份土地，然后再进行分配；（3）只没收领主、地主的土地和官租、地租、杂派、高利贷剥削，不没收房屋、粮食、农具、耕畜等浮财和底财；（4）改革中采取"背靠背"的斗争方式，不打不杀，除现行反革命分子破坏外不逮捕，一般不剥夺领

---

❶ 《民族问题五种丛书》云南省编辑委员会编：《傣族社会历史调查》（西双版纳之二），第 80 页。

主、地主的政治权利；（5）对各少数民族的公众领袖，在政治上作适当安排，有些还在生活上给予补助；（6）坚决保护宗教信仰自由，寺观、教会的土地和债务一律不动。❶ 这些政策和原则，既不急躁冒进，也不消极等待，提高了群众的思想觉悟和组织程度，既保证了和平协商土地改革能够从根本上消灭封建领主制度，也体现了党对民族上层人士长期团结的精神，有利于有计划有意识地培养民族干部。

土地改革前各地召开人民代表会议，通过改革决议，定出具体实施办法，对民族上层人物作出安排。德宏傣族景颇族地区和平协商土地改革的基本政策，主要内容为：（1）依靠各族劳动人民，团结各阶层人民，团结各族上层人士，采取自上而下的和平协商的方法，废除领主、地主阶级封建剥削的土地所有制，实行农民的土地所有制，以解放农村生产力，发展农业生产；（2）没收领主、地主的土地归农民所有，并废除领主、地主的官租、地租、杂派、高利贷，领主、地主的土地以外的其他财产一律不动，分配土地时先留给其与农民同等的一份土地；（3）领主自己经营的果园、菜园、咖啡园、藕池和小块林园，予以保留；（4）新中国成立后领主、地主自己劳动开垦的荒地，保留不动，并不计入其应分土地数目内；（5）佛堂、教堂占有的土地和其他财产一律不动；（6）领主、地主的公民权利一般不予剥夺；（7）划分阶级成分时，只划地主、富农、小土地出租者、小土地经营者及债利剥削者，不划雇农、贫农、中农等其他成分。❷ 在和平协商土地改革中，没收领主、地主的土地，废除官租、地租、劳役、高利贷等剥削，废除封建领主土地所有制、奴隶主土地所有制，解放农奴和奴隶，实行农民土地所有制。条例还明确规定，自治州、版纳、乡人民代表会是土地改革的法定执行机关，下设和平协商土地改革委员会，作为农民与领主、地主的协商机关。

1955 年，中共思茅地委制定了《关于西双版纳傣族自治州傣族地区采取和平协商方式进行土地改革的意见》，分析了西双版纳傣族自治州土地占有关系和农民负担的现状，提出了土地改革的基本任务、策略口号和基本做法，明确规定了土地改革的 13 条具体政策：对领主、地

❶ 《当代云南简史》，第 144 页。
❷ 全国人民代表大会民族事务委员会办公室：《云南省德宏傣族景颇族自治区（州）傣族地区和平协商土地改革文件汇编》，第 9~16 页。

主的政策；对富农的政策；对宗教土地和宗教负担的政策；对小土地出租者土地的政策；分配土地的原则和方式；对农民内部典当、税佃、债务关系的政策；寺奴、农村手工业者、小贩、自由职业者及其家属、烈属、军属、政府公职人员及其家属、老弱孤寡分配土地的政策；傣族农民与不进行土改的山区民族间的经济关系继续有效的政策；涉及国外的经济关系的政策；划分阶级的年限；整顿农村基层组织的政策；组织人民法庭巡回审判破坏土改的反革命分子的政策；领主、地主、富农上缴武器的政策等。❶ 该文件强调应特别注意民族关系，宣传采取较宽的土改政策和和平协商的改革方式进行土地改革的客观依据和意义，做好与人民有联系的上层人物和宗教人物的统战工作，尽量争取他们赞助土改，至少保持中立。这是和平协商土地改革运动开展的前提。

1956 年初，红河哈尼族自治区召开第一届各族各界人民代表会第四次会议，一致作出了实行和平协商土地改革的决议，并根据中共红河边工委的建议，制定了《红河哈尼族自治区和平协商土地改革条例（草案）》（简称《条例》），报经全国人民代表大会常务委员会批准施行，按条例规定进行土地改革。《条例》共计 24 条，对改革的方针、政策和方法步骤等都作了明确规定。

和平协商土改中，各地采取多种方式方法教育、团结、争取各民族上层人物和进行艰苦的发动、组织群众的工作，尤其强调要正确地全面地贯彻和平协商改革政策，认真做好民族上层统战工作。改革中每一工作步骤，甚至每一会议会前会后以至会中，都要向他们打招呼、作交代；始终贯彻协商方法，在协商中对于他们的抵触和反抗，进行教育批评和适当的斗争，也是必要的；但这种斗争要合理合法，有理有节，真正做到以理服人。此外，对民族上层工作，应指定专人负责，了解情况，弄清他们的底细。❷ 因此，土改中必须加强统一战线工作，除了把影响较大的民族上层安排在省、地、县一级的政权机关或协商机关外，对其他民族上层也要吸收他们参加和平协商土改委员会，加强沟通和交流，推动和平协商土地改革的进程。

基于边疆民族地区的内外复杂情况，傣族地区的土改采取了和平协

---

❶ 《傣族简史》，民族出版社 2009 年版，第 214 页。
❷ 全国人民代表大会民族事务委员会办公室：《云南省德宏傣族景颇族自治区（州）傣族地区和平协商土地改革文件汇编》，第 7 页。

商方式改革的政策，主要要求和作法：没收领主的一切土地，废除一切封建剥削和高利贷；除没收领主地主的土地外不动其他财产，故一般不剥夺其政治权利；采取背靠背地诉苦教育的方式发动群众，不进行面对面的斗争；县、区组织土改协商会；乡组织农民代表大会；县组织巡回人民法庭；准备条件成熟后召开自治机关代表大会（并请相当数量的农民代表列席），作出土改决议，制定土改法规；整训干部；进行试点；结合土改彻底改造乡政权，进行建党建团。❶ 这些要求和做法既保证了采取适合民族特点的方式进行改革，废除了封建土地制度，又保持了边疆稳定，解决民族内部的阶级矛盾，增强了民族团结。

边疆少数民族地区的和平协商的土地改革，于 1954 年 12 月开始在河口、江城、双江、镇康、澜沧五县和永德县的大雪山地区进行试点。在党和政府的领导下，试点区建立两个平行机构作为改革的组织形式，一是县、乡土地改革协商委员会，二是农民代表会议。这些地方实践各项政策，采用从上而下的与民族上层协商，自下而上的发动群众，圆满完成了试点任务。1955 年 2 月 22 日，中共云南省委原则同意并批转了省委边委和省委农村工作部提出的《关于边沿六县区执行和平协商土地改革中若干问题的规定》（简称《规定》）。《规定》强调两点：一是必须坚决执行和平协商的改革方针。对地主阶级只没收其土地和废除高利贷，其他财产一律不动，并采取不打、不斗、不杀，除现行犯外不逮捕的政策。在政府领导下，通过农民群众与地主阶级协商并取得同意的方法，达到土地改革的目的。土改中既要团结教育各民族上层和地主，又要根据工作程度，逐步发动群众；二是坚决贯彻执行省委的基本政策。改革中对地主、富农、农民之间的土地纠纷、落后民族的工作、划分农村阶级、教育改造自新土匪和宗教、外侨等问题，提出了具体的政策措施。❷ 1955 年 9 月，云南省委将有关情况整理成书面报告上报中央，同年 12 月 10 日，中央转发云南省委《关于边疆六个县区第一批采取和平协商方式进行土地改革地区的初步工作总结》。六县区采取和平协商土地改革积累了四点主要经验：第一，进行长期艰苦的准备工作，创造改革条件；第二，通过民族自治机关或县人民委员会，召开人民代表会

---

❶ 全国人民代表大会民族事务委员会办公室：《云南省德宏傣族景颇族自治区（州）傣族地区和平协商土地改革文件汇编》，第 54 页。

❷ 云南省民族事务委员会编：《云南民族工作大事记（1949～2007）》，第 38 页。

议，交代土改政策，充分反复酝酿协商，作出土改决议，依照法规进行土改；第三，认真整训干部，并在土改过程中不断提高干部的政策思想水平；第四，六县区在采取和平协商土地改革的方法步骤上创造了若干具体经验。中央认为云南根据这六个县区的特点，采取和平协商方式进行土地改革的效果是好的，所取得的经验也值得重视，特转发四川、青海、甘肃省委参考。❶ 1956 年 2 月 23 日，《云南日报》刊登民族上层拥护和平协商土地改革政策的文章，主要有德宏傣族景颇族自治区政府主席刀京版的《完成土地改革沿着合作化道路前进》、副主席雷春国的《傣族地区土地改革后的新气象》、副主席龚绶的《和平协商土地改革我很满意》、红河哈尼族自治区政府副主席李呈祥的《大家都拥护和平协商土地改革政策》等。民族上层充分肯定党在边疆进行和平协商土地改革的正确性和土地改革后边疆地区发生的巨大变化，认为土改适合边疆特殊情况，符合各族劳动人民根本利益和长远利益，并表达了坚定拥护党的领导的决心。

（三）和平协商土地改革的开展

和平协商土改虽然采取和缓的方式，但毕竟是一场革命。实施和平协商土地改革时一定要针对不同的民族特点、民族地区经济社会关系采取不同的策略，和当地民族上层人士反复协商，废除官租、土司武装，夺取农村基层政权，说服民族上层人士放弃对劳动人民的压迫和剥削，在孤立和打垮封建领主的同时，又照顾领主、地主的具体利益，并教育劳动人民在改革中对上层作某些必要的让步。

在云南进行和平协商土地改革的地区，当地党委和自治机关一般都事先召开了各族各界人民代表会议，经过充分的协商、酝酿，制订改革办法的草案，并报请上级政府批准。各地训练了大批能够掌握政策的本地民族干部，依靠农村积极分子，深入发动群众，又通过会议的形式，向领主、地主反复交代政策，然后，有领导地进行改革试点。❷ 试点取得成功后，再加以推广。

云南傣族地区和一些山区的和平协商土地改革，不搞"一刀切"，

---

❶ 云南省民族事务委员会编：《云南民族工作大事记（1949～2007）》，第 44 页。
❷ 《我省边疆将近 120 万少数民族人口的地区用和平协商方式完成土地改革》，《云南日报》1956 年 10 月 5 日（第 1 版）。

按照慎重稳进的方针，主要是废除封建领主土地所有制，没收其土地，实行农民土地所有制；废除领主、地主的官租、地租、劳役杂派、高利贷剥削和封建特权。对于领主、地主，一般不剥夺他们的政治权利，不没收他们的粮食、农具、房屋和其他财产。在没收、分配土地时，先分给领主、地主与农民同样的一份土地。对富农自耕和靠人耕种的"私田""份地"保留不动。❶ 傣族地区的和平协商土地改革工作一般分以下步骤进行：第一步，宣传教育与揭发控诉。即广泛宣传和平协商土地改革的必要性和政策，揭发控诉封建领主制度，提高农民的阶级觉悟。第二步，用协商的方法划分阶级成分。第三步，没收、征收和分配土地。分配土地时，都是在原耕基础上进行。❷

德宏和平协商土地改革是有计划有步骤地进行的。在扎扎实实抓团结生产工作过程中，德宏认真开展了民族上层工作，与民族上层充分酝酿和协商有关和平协商土地改革的政策等工作。首先加强对民族上层的政治思想教育工作。经常组织政治学习，帮助他们了解全国形势，当地农民情况和动态，帮助他们提高认识，正确对待和平协商土地改革。组织到内地参观学习也是一个提高思想的好形式。瑞丽县长、原勐卯土司衎景泰，在全县人民代表大会上，传达省人民代表大会精神时，结合瑞丽县实际，说："我们傣族地区，必须进行土地改革，废除封建领主所有制，才能过渡到社会主义。"在进行政治思想工作中，还注意民族上层各自的个性，针对性的个别做工作，注意做有代表性人物的工作。另外还注意做民族上层的家属和子女的工作，扩大教育面，有的上层子女是政府工作人员或者民族工作队员，在工作中一视同仁地信任他们；有的还担任一定领导职务，通过他们的提高，反过来又促进了民族上层的进步。从1954年秋开始，州、县着手逐人逐户、全面的研究民族上层和部分基层头人的政治安排和生活上的经济补助问题。同时，诚心诚意地与民族上层进行协商。对和平协商土地改革的主要政策，都逐条酝酿协商，充分听取他们的意见和要求。❸ 和平协商土地改革一般分五步进行，第一步是广泛宣传和平协商土改的方针政策，深入扎根串连，初步

❶ 《当代中国》丛书编辑委员会：《当代中国的民族工作》（上），第399页。
❷ 《傣族简史》，民族出版社2009年版，第215页。
❸ 《德宏傣族景颇族自治州概况》编写组：《德宏傣族景颇族自治州概况》，德宏民族出版社1986年版，第104页。

组织农民队伍，教育与稳定民族上层和地主。第二步是分清敌我，扩大队伍，有领导有控制地展开阶级斗争。第三步是进一步发动群众，没收征收土地，废除债务，从经济上消灭地主阶级。第四步是以团结分配为中心，团结互让，搞好分配，增强农民内部和民族之间的团结。第五步是建立健全各种组织，发展党团员，做好各种组织的建设工作。一个乡从工作队入村开始到土改结束，大约90天左右。❶

为了各民族的进步与发展，1955年4月，在德宏六个县的傣族地区和与傣族基本相同的其他民族地区，采取和平协商方式进行了土地改革。到1955年底，在18.6万人口地区内胜利地完成了这一伟大的民主改革任务，共废除了官租3320万余斤粮食，清除了高利贷2250万余斤粮食。仅在87个傣族乡16万多人口地区就没收领主、地主占有的土地14万余亩，使64000多无田少田农民每人平均分得800斤产量的土地，基本上满足了贫苦农民的土地要求。❷ 在勐腊县，其前身版纳勐腊、版纳勐捧和版纳易武3个行政区、28个乡于1956年9月成立和平协商土改委员会，组织150人的土改工作队，分赴各乡村寨开展和平协商土改工作。经过4个月的努力，完成了土改工作任务。在划分阶级成分方面，政策界限掌握严格。三个版纳共划出地主177户，占农户总数的3.3%；富农94户，占农户总数的1.8%。没收稻田30366亩，征收稻田（含庙田、学田）2215亩。❸

"和平协商"土地改革于1955年初首先在条件较好、原为缓冲区的河口、江城、双江、镇康等县和凤庆县大雪山区展开试点，到1958年9月，滇西北的中甸、德钦、维西、宁蒗等藏族、彝族地区，以和平协商方式完成土地改革。❹ 云南以和平协商方式进行土地改革的边疆民族地区，共有160万人口，分属河口、金平、元阳等29个县市，除红河、镇康、畹町、中甸、德钦、宁蒗6个县市全部实行和平协商土改外，其余23个县市都只在部分区乡实行和平协商土地改革。整个思茅地区

---

❶ 中国人民政治协商会议云南省委员会文史资料委员会编：《云南民族工作回忆录》（三），《云南文史资料选辑》（第48辑），云南人民出版社1996年版，第209页。

❷ 刀京版：《德宏自治区三年来的成就》，《云南日报》1956年5月10日（第3版）。

❸ 云南省勐腊县地方志编纂委员会；《勐腊县志》，云南民族出版社1997年版，第150～151页。

❹ 《当代云南简史》，第144～145页。

（含西双版纳州）"和改"区，划出地主占总户的 4.7%，富农占总户的 3%，中农占总户的 33.5%，贫农占总户的 33.4%，雇农占总户的 13.4%，其他占总户的 11%，共没收地主 5915.14 万市斤的产量面积的土地，农村 41% 的农户分到了 200 ~ 1000 市斤产量的土地。❶ 党和政府根据群众的要求和本地区的实际情况，于 1956 年在泸水县六库土司区白族地区进行了和平协商土地调整。由于六库地区地处边疆，民族关系比较复杂，因而在调整土地的过程中，采取了比较和缓的方式。调整时，只调整白族地主、汉族地主和富农的土地，一律不公开划分阶级，不进行斗争，调整面也控制在 10% 左右。调整的办法是：工作组召开各种会议，与地主、富农反复协商，除留给他们与农民同样的一份份地外，其余雇人耕种和出租的土地，无偿调整给无地和少地的农民，他们多余的耕牛，由政府出钱征购，分给农民。在调整土地的同时，还废除了解放前后地主、富农与农民的债务关系。经过调整，六库地区 28.8% 的农户分到了土地，每人平均分得三亩半至四亩半左右，29.5% 的农户分得了耕牛。❷

在四川民族地区，和平协商土地改革主要在甘孜、阿坝和凉山三个自治州进行。1955 年 12 月，四川省第一届人民代表大会第二次会议通过了在甘孜、阿坝、凉山三州实行民主改革的决议。民主改革中，从民族地区实际出发，制定出行之有效的土改政策，不搞面对面斗争、不挖底财和不算旧账，消除了各族历史上所遗留的"事实上的不平等"，团结了上层民族人士，顺利完成了民主改革。

贵州极少数地区通过和平协商的方式进行土改，既照顾到民族特点，又尊重了少数民族的风俗习惯。如雷山县的方祥乡，这些地方阶级分化不明显，不开展阶级斗争，土改中的有关事宜均由农会与地主协商解决。❸ 在土改中，民族自治机关召开各种代表会议，制定具体实施办法，充分酝酿协商，并对当地的民族上层作好安排，本民族的事由本民族解决，两个以上民族的事共同协商解决。

中华人民共和国成立初期，西南民族地区通过和平协商土地改革，

---

❶　中共云南省委党史研究室编：《云南土地改革》，第 113 页。

❷　中国科学院民族研究所云南民族调查组、云南民族研究所编：《云南省白族社会历史调查报告》（白族调查资料之二），第 41 ~ 42 页。

❸　中共黔东南州委党史研究室编：《黔东南的土地改革》（内部资料），第 34 页。

团结了少数民族上层，避免了民族隔阂和宗教纠纷，废除了封建领主、地主的土地所有制和官租、地租、劳役、杂派、高利贷等剥削，维护了民族地区和边疆的稳定，促进各民族和谐发展。"广大的无田少田的贫雇农、中农每人分得了500～900斤粮食产量的土地，并在政府和内地汉族人民大力帮助下适当的解决了耕牛、农具等需要，基本上满足农业的土地要求和生产要求，农村基层政权树立了农民的政治优势，各民族公众领袖在政治上也获得了不同程度的进步和改造。"❶ 这种自上而下和平协商的改革方式使广大农民摆脱了封建领主、地主的统治和压迫，在适当满足农民的土地要求的前提下，充分照顾到各个方面，树立了党和人民政府的威信，加强了各民族的团结，较好地保护了生产力，促进了民族地区生产、贸易和文化事业的发展。

（四）和平协商土地改革的意义

和平协商土地改革是中国共产党土地改革的有关理论与民族地区具体实际相结合的产物。西南少数民族地区的土改因少数民族地区不同的社会形态区别而采取了不同的策略，没有采取内地土地改革的一套政策和办法，而是根据中央提出的"慎重、稳进"的方针，各级人民政府根据当地的民族特点和经济社会状况，坚持党的民族政策，尊重民族风俗习惯，提出民族团结的原则。西南民族地区和平协商土地改革任务的完成，永远结束了封建领主制度对各族人民的统治和压迫剥削，废除了封建领主土地所有制，建立了农民土地所有制，使广大农民从过去"人身依附"的地位，成为国家政权和土地的主人。和平协商土地改革分批分期、有计划、有步骤地逐步展开，使民族关系发生了巨大的变化。各民族之间在生活上互相照顾，在生产上互相学习，农村中呈现出动人的民族团结互助的景象。和平协商土地改革使广大农民分到了他们梦寐以求的土地等生产、生活资料，广大少数民族群众的生产生活得到了改善，调动了他们的生产积极性，解放了生产力，从而加快了民族地区社会的进步。

和平协商土地改革在动员地方权威和社会组织的基础上，始终注意

---

❶ 《德宏等地区采取和平协商方式进行土地改革的几点基本经验》，《云南日报》1956年2月29日（第3版）。

和突出各民族特点，尊重各民族风俗习惯，谨慎对待各民族的宗教信仰，采用自上而下的方式来进行土地改革，避免了民族隔阂和宗教纠纷，对上层人士只采取"背靠背"的斗争，以团结、教育、改造和心平气和的方式，说服民族上层和村寨的当权头人，民族上层在运动中受到了教育、改造，使他们放弃了封建特权，交出了土地，不降低民族上层代表人物的生活待遇，并在政治上予以妥当安排，巩固了统一战线，认真做好了民族上层的统战工作，团结了各族上层人士。随着民族内部与民族之间的阶级关系的根本改造，民族团结得到进一步增强，和平协商土地改革维护了民族地区和边疆的稳定，树立了党和人民政府在民族地区的威信。

和平协商土地改革锻炼和培养了大量少数民族干部，使他们成为乡村基层政权的骨干，充实了民族区域自治机关，不仅证明中国共产党的统战政策、民族政策是正确的，完全符合西南民族地区的实际情况和各族人民的意愿，而且证明采取与内地不同的和平协商方式进行土地改革是必要的和成功的。

小　结

"土地是人类不能出让的生存条件和再生产条件。"[1] 土地是农民繁衍生息的第一要素，是乡村社会经济的基础。在传统的农业社会，土地制度以及相应的土地政策对政权的巩固有着决定性的作用。"在中国共产党的统治下，生活的任何方面，国家的任何地区都不能不受到中央政府使中国革命化的坚定努力的影响。要考察中国社会的任何方面而不考察共产党变革它的努力的来龙去脉，则是毫无意义的。"[2] 新中国成立前西南民族地区封建剥削形式主要有地租、高利贷和雇工剥削等，在封建剥削制度下，"小生产者始终是在动摇不定的状态中找生活，每一次偶然的事变或偶然的损失，都可以使他陷入贫穷"。[3] 各族农民为了维

---

❶ 《马克思恩格斯全集》（第25卷），人民出版社1974年版，第916页。

❷ ［美］费正清、麦克法夸尔编：《剑桥中华人民共和国史（1949～1965）》，王建朗译，上海人民出版社1990年版，第4页。

❸ 王寅生：《高利贷资本论》，《中国农村》1934年10月创刊号，转引自李金铮：《民国乡村借贷关系研究》，人民出版社2003年版，第84页。

— 125 —

第二章　耕者有其田——西南民族地区的土地改革

持生活和简单再生产，也不得靠借贷度日。处于破产边缘的贫困农民对于政府的疏离和隔膜，极大地削弱了政府在乡村中的动员和号召能力。

中华人民共和国成立初期，西南民族地区的土地改革是一个颠覆乡村秩序的革命。通过土地改革，西南地区建立了一种阶级制度，土地改革过程中的阶级划分、成分评定导致传统社会血缘、地缘结构的解体，它为土改后农村的政治、经济与社会生活提供了一个基本框架，形成了以阶级结构为核心的新的社会结构，正如黄树民曾经指出的那样："解放使人们从前的社会地位完全颠倒过来。地主失去了他们的土地和地位，而以前的佃户和雇农则被宣布成为新中国光荣的公民。"❶ 胡素珊也认为，土改中发动的各种形式的斗争，"它的主要目的并不仅仅是'耕者有其田'，而是要在政治和经济上摧毁现存的农村精英阶层，并发动农民创造一个新的精英阶层"。❷

民族民主建政和社会改革是民族问题的两个基本内容，而社会改革则是更为根本的问题。西南是一个多民族的杂居区，土地问题的解决，不只牵涉到各民族内部的地主与农民之间的问题，而且牵涉各民族中间的地主与农民之间的问题，甚至是各族农民与农民之间的问题。如果处理不好与这些少数民族的关系，也会影响这些地区的土地改革。由于历史上大民族主义的统治以及各民族内部反动势力挑拨离间，造成了民族间的隔阂。因此少数民族地区的土改，要始终坚持从民族团结出发，尊重少数民族的风俗习惯，不伤害民族感情，强调各民族的共同利益，消除历史遗留下来的民族隔阂，以达到民族团结的目的。实施土地改革，其目的是达到真正的民族团结，而不是制造民族纠纷，因此在少数民族区域检查土地改革是否成功的一条主要标准，就是看是否从根本上解决了民族团结问题。为了实现民族间的经济平等，为民族团结奠定基础，党和人民政府结合民族地区实际制订了土地改革和与其相应的具体政策和实施办法。在土地改革进行前，各地根据民族居住情况，建立民族民主联合政府和区域自治政府，认真召开民族代表会议，研究讨论通过一切有关少数民族土地改革事宜，在少数民族中进行土地改革，尊重少数

---

❶ 韩敏：《回应革命与改革：皖北李村的社会变迁与延续》，江苏人民出版社2007年版，第94页。

❷ ［美］胡素珊：《中国的内战——1945～1949年的政治斗争》，王海良等译、金光耀校，第321页。

民族风俗习惯。缓冲区的土地改革，采用更宽松、更缓和的政策及更策略、更灵活的方式，对外震动小，稳定了民族上层，和平协商民主改革的进行，增进了民族团结，为实行民族区域自治和建立民族民主联合政府创造了有利的条件，铲除了使少数民族人民长期处于贫困落后的根源，促进了少数民族地区社会生产力的发展。

土地所有制是农村社会经济的重要支柱。中华人民共和国成立初期党和政府没有采取单纯依靠行政命令、恩赐农民土地的办法，而是明确宣布党的各项政策，用自下而上发动群众的方法，坚决摒弃那些不利于协商和教育民族上层人士的做法。实践证明，党和政府对西南民族地区采取的土地改革的一系列政策，是符合民族地区的实际情况的。"集体行动的象征符号可以通过两种主要方法来确定：从长远看，它们将通过舆论形成和动员的毛细作用进入人们的意识；从短期看，它们将通过由集体行动本身产生的转变，让人们铭记它们。"❶ 土地改革满足了农民在政治上、经济上的要求，不仅彻底摧毁了封建剥削制度，而且在上层建筑的思想意识形态方面，也发生了历史性的变化。

土地改革对西南民族地区产生了广泛而深刻的影响，地权分配是土地问题的核心，决定着农村生产关系、利益关系以及社会关系的基本面貌。"土地作为农村中最重要的生产资料，它不仅关系到广大贫苦农民的切身利益，更关系到作为传统乡村社会统治者的地主士绅的既得利益；不仅关系到生产关系的变革，而且关系到整个农村社会秩序的重构。"❷ 土地改革中，新政权对乡村社会进行了一系列的整合，不仅实现了农民"耕者有其田"的愿望，变革了农村的社会结构。在土地改革运动中，通过土地、财产等重新分配动员了乡村社会的民众，为中国共产党和人民政府培植了坚定的支持者和追随者，重组了农村的阶级关系，土地改革对乡村社会的经济和政治利益的调整，引发了农村社会的种种变迁。土地改革改变了人们的生产方式、生活方式，强化了国家对农民的控制能力，农村基层政权的建设和党的基层组织的建立，进一步巩固了乡村政权，巩固了人民民主专政。但土地改革并"没有消除以土

---

❶ ［美］西德尼·塔罗：《运动中的力量：社会运动与斗争政治》，吴庆宏译，译林出版社2005年版，第151页。

❷ 王友明：《解放区土地改革研究（1941～1948）——以山东省莒南县为个案》，第87页。

地私有制为基础的传统的家际竞争，只不过为这场竞争划出了一条新的起跑线，从而使竞争在新的基础上重新开始"。❶ "土地改革在经济上的短期目标是在产权制度上形成农民的土地私有制，但这种私有制不是产权市场长期自发交易的产物，而是取决于由市场机制之外的，由国家意志所决定的无偿没收、无偿分配的土地政策，这就消弭了原本存在的财产界限，这种产权形成方式，已失去了产权能帮助一个人形成与其他人进行交易时的合理预期的作用。"❷ 土地与农民的关系构成了乡村社会的一对基本关系。地权则是全部社会关系的高度浓缩，土地改革成为集体化时代乡村社会改造工程的逻辑起点，土地改革运动的意义，不仅在于变地主土地所有制为农民土地所有制，而且形成了新的国家与农民的关系，很大程度上影响了集体化时代的整体运作实践。

---

❶ 张乐天：《告别理想——人民公社制度研究》，东方出版中心 1998 年版，第 58 页。
❷ 参见［美］H. 登姆塞茨：《关于产权的理论》，转引自王友明：《解放区土地改革研究（1941～1948）——以山东莒南县为个案》，第 170 页。

第三章　农业合作化——西南民族地区农村土地公有制的建立

　　土地改革后，西南民族地区农村发展生产需要土地、劳力、技术、资金等生产要素，需要实现人地资源的有效配置。土地改革后的小农经济并没有实现劳动力与有限生产资料的合理配置，个体农民在分得土地以后，虽然在发展生产上表现出了极大的积极性，但又程度不同地存在缺乏耕畜、农具等生产资料的困难。土地改革并未解决农民所有的生产问题，一些新分到土地的贫雇农不仅无力扩大再生产，连简单再生产也难以为继，并且有的地方还出现了土地买卖和两极分化的现象。这些主要是因为个体经济作为一种经济形态，具有落后与脆弱性，其内部关系是不稳定的，农民的土地私有制是制度性根源。为了用制度化的乡村社会组织取代小农经济的生产方式和生活方式，在党和人民政府的领导下，西南民族地区进行了农业的社会主义改造，废除了土地私有制，消灭了私有制和私有观念。西南民族地区农村的社会主义改造，大致和汉族地区相同，大多经历了从互助组、初级社到高级社的发展过程。"在新的生产关系的基础上发展农业生产，而且在个体经济的基础上把农业劳动力组织起来，实行生产的互助合作，使农业生产经过合作社朝着社会主义的方向前进，而不是朝着资本主义的方向发展，这是农村中的第二个革命，第一个组织起来。"❶ 在西南多民族杂居地区，除建立单一民族的合作社以外，还组织有两个或两个以上民族的农民参加的联合社。从互助组到合作化是一个逐步消灭私有制的过程，合作化运动把农民个体所有制引向社会主义的集体所有制。

---

❶　云南农业合作化史编辑室、中共云南省委农村工作部、云南省档案馆编：《云南农业合作制史料》第一卷《重要文件汇编（1952～1962）》（内部发行），1989 年印刷，第 1～2 页。

一、合作化的内在需求与外在强制

走互助合作道路，变农民个体经济为公有制经济是广大农村地区发展的必然选择。在 20 世纪上半叶，中国社会不同的阶层以及不同的社会政治力量普遍倡导农村和农民的合作。民国时期在保护私有财产，也保护私有土地产权的同时，一些地方政府动员了劳动力和组织农民参加换工组，这是一种农业合作社的形式。换工组共有四种：一是人力和畜力的普遍联合，主要由富农和贫农按股合伙；二是由中农自愿组成合作社，他们共同投入土地、劳力和田间牲畜进行合作经营，集体干农活；三是有农业贷款的中农和贫农组成合作社以便购买田间牲畜，并集体同干农活；四是大多数由中农组成，以集体使用农具为基础而组成的合作社。❶ 事实证明，集体劳动是战胜小块和分散农业所出现困难的最好武器。土地改革虽然改变了乡村社会的土地关系，却并没有提升小农社会的生产力水平。在土改后的农村中，占绝对优势的仍然是分散、落后的小农经济。土地改革后，小农经济极不稳定，分得土地的各族农民，发展生产的积极性十分高涨，但无法使广大农民从根本上摆脱贫困，在一些地区和民族中也遇到了困难，农村资本主义自发势力发展的结果，不可避免地出现两极分化。早在 1894 年，恩格斯就在《法德农民问题》一文中指出："对于小农，我们将竭力设法使他们的命运较为过得去一些，就使他们易于过渡到合作社，如果他们还不能下这个决心，那就甚至给他们一些时间，让他们在自己的小块土地上考虑考虑这个问题"。❷ 要改变两极分化的状况，根据当时历史条件和认识水平，"唯一办法，就是逐渐地集体化"。而达到集体化的唯一道路"就是经过合作社"。❸ "农民这种在生产上逐步联合起来的具体道路，就是经过简单的共同劳动的临时互助组和在共同劳动的基础上实行某些分工分业而有某些少量公共财产的常年互助组，到实行土地入股、统一经营而有较多公共财产的农业合作社，到实行完全的社会主义的集体农民公有制的更高级的农

❶ 《陈翰笙文集》，第 152 页。
❷ 《马克思恩格斯选集》（第四卷），人民出版社 1995 年版，第 500 页。
❸ 《毛泽东选集》（第三卷），人民出版社 1991 版，第 931 页。

业生产合作社（也就是集体农庄）。"❶ 针对这种情况，根据中央关于互助合作的决议，在党和人民政府的领导下，西南民族地区因势利导，在少数民族地区土地改革结束以后，"趁热打铁"，及时地引导农民走上了互助合作的道路。

（一）合作化的内在需求

一是建立平等团结互助民族关系的需要。土地改革后，西南地区农地经营以农民自耕自作、自主经营为基本特征，农村社会的横向联系纽带更少了，个体分散性更强了。不进行生产资料的社会主义改造，影响民族平等团结的根源就不会消除。因为生产资料的私有制是民族不平等不团结的社会经济基础，也是产生民族纠纷的根源。要使各民族真正团结起来，他们就必须有共同的利益。而要使他们的利益能一致，就必须消灭现存的所有制关系。❷ 分散的个体农业经济使广大少数民族之间缺少共同利益，使民族平等团结缺乏共同的经济基础，因此党和人民政府必须适时地领导西南地区各族农民走上合作化的道路。

二是进行工业化建设的需要。农业合作化是国家工业化的基础和动力。小农经济的分散性，同国家有计划的经济建设首先是工业建设是不相适应的。"小农是指在以生产资料私有制为基础，在小块土地上，主要使用手工工具，以家庭为单位进行个体生产经营的农民。它是小农经济的主体。"❸ 长期维持小农经济这种分散落后的生产关系，势必阻碍农业生产力的发展。土地改革无法从根本上消除家族观念对乡村社会的影响。土地改革以后，土地和其他生产资料是由各个农户分散使用的，农村一家一户的生产方式沿袭了下来，生产经营规模小，农户无力采取新技术，不能实行劳动过程的协作分工，抵御自然灾害能力弱，不能在土地上进行需要较多人力物力的基本建设，劳动生产率明显不高，分散的小农经济既没有解决农民的生存压力，也无法满足国家工业化建设需求。"由于农业停滞和坏年成对工业扩张立即具有直接的影响，合作化

❶ 中华人民共和国国家农业委员会办公厅编：《农业集体化重要文件汇编》（上），中共中央党校出版社 1981 年版，第 215 页。
❷ 国家民族事务委员会编：《中国共产党关于民族问题的基本观点和政策》（干部读本），民族出版社 2002 年版，第 89~90 页。
❸ 苑书义、董丛林：《近代中国小农经济的变迁》，人民出版社 2001 年版，第 1 页。

被认为是一种能促进农业和工业同时发展的战略。"❶ 由上可知，避免两极分化并非农业合作化的主要任务。农业合作化加速的原因不在于地权分配之"不均"，而在于其在经济、政治、军事、意识形态塑造等方面的推动意义。❷ 土改虽然消灭了传统的精英阶层，但土改又在新的基础上重造了小农经济（土地均分），不可能彻底消除乡村的阶级分化，而这与新政权的革命理想相左。土改也没有结束贫困，使农村资源总量增加，而这与国家要求从乡村提取资源加速工业化进程相矛盾，这一切决定了革命仍需进行下去。❸ 合作化就是一场消灭资本主义私有制的革命，"这样组织起来的意义主要是提高农民的生产力。组织起来二人可抵三人，以便有节余的劳动力来进行土地加工，逐渐到精耕细作，真正做到提高单位面积产量，在农闲时还可结合积肥、造林以及搞农村副业，才能使国家建设获得商品粮食和工业原料"。❹ 互助合作是农民由贫困到富裕的必经之路。

贵州农业合作化以前，小农经济的农业已明显制约了工业的发展。从粮食产量看，1950～1952 年，由于粮食生产不多，农民很少有余粮卖出。1953 年，全省粮食产量达 379.4 万吨（人均 252 公斤），征购粮食也只有 62.5 万吨。从工业原料的生产看，全省烤烟年产量解放前最高曾达到 1.87 万吨，1950 年只有 5970 吨，1951 年上升到 9025 万吨，1952 年又降为 7330 吨。从工业品的销售市场看，个体农民的购买力很低，1952 年全省人均购买棉布 4.77 米，其中城市人均 11.7 米，农村人均 4.2 米。1954 年全省农业生产资料销售量（包括对国营农场的销售）为：化肥 50 吨，化学农药 48 吨，农药器械 1589 件，各种小农具 654 万件，无一户购买动力机械。❺ "土地改革所确立的农民个体土地所有制及个体经济与共产党人所追求的公有制及其社会主义和工业化目标存在着相当的距离，而个体经济的散漫、分化等倾向不仅给新生的政权及

❶ 林毅夫：《制度、技术与中国农业发展》，上海三联书店、上海人民出版社 1994 年版，第 18 页。

❷ 张晓玲：《从基尼系数看土地改革后农村地权分配》，《中国经济史研究》2014 年第 1 期，第 141 页。

❸ 朱新山：《乡村社会结构变动与组织重构》，第 75 页。

❹ 贵州农业合作化史料编写委员会编：《贵州农村合作经济史料》（第一辑），贵州人民出版社 1987 年版，第 8 页。

❺ 《贵州农村合作经济简史（1949～1990）》，第 36 页。

社会带来经济上、政治上及管理上的难题，也与快速的工业化和现代化的目标相矛盾，这一切最终促成了建国后乡村全面的合作化和集体化运动。"❶孤立、分散、守旧和落后的小农经济无法为工业的起步提供更多的原始积累，这说明个体农民只有组织起来发展生产，才能适应社会主义经济建设发展的需要。因此合作化是中国社会发展和现代化的重要途径。

三是民族地区具有原始的互助合作的传统。合作化之前，西南民族地区原始互助形式普遍存在。为了克服不能通过商品化手段来解决劳动力、耕畜和大农具缺乏的困难，民族地区一些农民不得不组织起来进行劳动互助。据调查，西双版纳傣族地区在犁田、插秧、收获、盖房等需要大量劳动力的劳作上，都有互助习惯。其方式大致可分为以下两类。一是亲友邻居的互助，特点是：建立在互助体贴的基础上，不严格计工，也不计劳动力强弱；人数少，分散自由，不受形式和规约的束缚；一般都不开工钱，工数悬殊，若对方生活较困难，也付部分工资。这种互助形式比较普遍。二是以村寨为单位较大型的互助，特点是：以传统习惯作基础，为头人操纵掌握，参加互助的人并不完全自愿，带有一定的强制性；虽无一定的组织形式和章程，但有着由于历史习惯形成的规矩；一般要计工，年终结账，不分劳动强度和季节，一般平均计算；互助的劳动项目，只限于插秧、犁田和部分的收获。❷贵州苗族地区广泛流行着换活路的习惯，每当挖田、插秧、挑粪、摘禾时男劳动力互相换工，薅秧时女劳动力互相换工。换工时每人自带饭食和工具。如在插秧季节换工规模较大，3～4户共同换工。换工时主要注意的是劳动力要对等。男换男工、女换女工、老人对老人、青年对青年。妇女互相换工时，如一方妇女劳动力弱，家中男子亦可代替还工。❸傈僳族生产、盖房子，都可以通过"瓦刷"（请白工）来进行，互相帮助，婚丧嫁娶甚至复仇，亲戚邻居都有互相帮助的义务。对老弱孤寡及穷困者，都有进

❶ 项继权：《集体经济背景下的乡村治理：南街、向高和方家泉村村治实证研究》，华中师范大学出版社2002年版，第96页。

❷ 《民族问题五种丛书》云南省编辑委员会编：《傣族社会历史调查》（西双版纳之一），第83～84页。

❸ 费孝通等：《贵州苗族调查资料》，贵州大学出版社2009年版，第81～82页。

行扶助的义务。缺乏劳动力的人，村里的人可以替他代耕。❶ 在台江反排家族中盛行的是季节性的、临时性的换工习惯。在旧历二三月间犁田、耙田的时候，由于缺乏耕牛或农具，自己往往是不能及时做好这些活路的。几户比较接近的家族就会自动地联合起来，先后共同地把各户的田都犁好耙好，做到"不违农时"，栽秧也是需要抢时间的，而且比较紧张，换工栽秧也就比较普遍。这种家族内的换工虽然可以解决一些生产上的困难，但它并不是一种经常性的固定组织。❷ 三都县境内水、布依、苗、汉各族农民，历来就有"亲帮亲，邻帮邻"的习惯。据1951年对103个村的调查，在18717户中，进行换工互助的就有10276户，占56%。这种习惯在个体生产情况下起着一定的作用，农忙时解决了农民生产上人力、农具和耕牛不足等困难，但多系临时性的，没有固定的组织形式。❸ 有的地方在农忙季节相互换工很盛行。人工换人工是不计性别而计强弱，多发生在亲友之间。这种换工不存在任何剥削因素，而是一种原始的互助的关系。这是民族地区劳动互助习惯的主要形式。虽然有"亲帮亲，邻帮邻"的换工习惯，由于没有固定的领导核心，没有固定的组织形式，缺乏具体的计划安排，换工多是"兵对兵，将对将"，不能完全做到等量换工，而且在季节紧张时，往往出现争夺劳动力的矛盾，无法从根本上解决在生产过程中经常出现的困难。只有组织起来，才是发展生产的出路。合作化运动是对农业的社会主义改造，这种具有理想性的社会目标，从某种程度上讲是西南民族地区乡村社会自身生成的逻辑。

（二）农村两极分化的趋势

土改后，一小部分经济上升较快的农户开始买地、雇工，扩大经营，而另一小部分因种种原因变得生活困难的农户则开始卖地、借债和受雇于他人，农村中的贫富差距正在悄悄地、逐步地拉开，这一现象在

---

❶ 《民族问题五种丛书》云南省编辑委员会编：《傈僳族社会历史调查》，云南人民出版社1981年版，第14页。

❷ 全国人民代表大会民族委员会办公室编：《贵州省台江县苗族的家族》，1958年印刷，第13页。

❸ 三都水族自治县志编纂委员会编：《三都水族自治县志》，第391页。

当时被称之为"两极分化"。❶ 分散的个体生产必然导致贫富分化和土地的重新兼并。土地改革后一部分富裕农民和富农，依仗自己比较优越的经济条件，企图发家致富，一些地方出现了放高利贷和买青苗的现象。

土地改革以后，西南民族地区虽然农业经济有了一定的恢复和发展，但从发展农业生产力的基础条件看，现实状况是生产条件薄弱，劳动生产率很低，农业自身积累极少。土地改革后，一些农户因缺少生产资料或劳动力，被迫卖房卖地，出卖劳力，借高利贷，据1953年在贵筑县调查，全县买卖田土886户，买卖青苗307户，放高利贷131户。榕江县5个区土改后仅一年多时间，有275户卖田地，91户雇工，11户放高利贷。❷ 贵筑县卖田土的原因，主要有：一是因婚、丧事需要用钱；二是小商贩土改分了田不会种，主要靠做生意维持生活；三是部分烟民、游民生产搞不好，消费又大，因而出卖田土；四是少数地主和小土地出租者土改后迁居贵阳而出卖田土。买田土的是搞副业有余钱或劳力强，田土不够种。❸ 黔南地区雇工、放高利贷、买卖土地等趋利现象已经十分普遍。❹ 可见，土改后一些贫雇农，因为原来家底薄，生产资金缺乏，农业投资有困难，加上农具不齐全，生产上不去，仍然摆脱不了贫困。

土地改革完成后，富农和富裕中农仍然占有较多的土地，农民之间还存在着生产资料的多少和劳动力强弱的差别。由于这种差别的存在和农村资本主义自发势力的影响，如任其自由发展下去就会形成少数人发财致富，多数人陷于贫困破产的境地。据三都县都江区的坝街和普安区交梨等乡1300户的调查，土改后因生活困难卖青苗的有192户，卖田的47户，出卖劳动力的12户，负债的78户，在同一时期内，中农变富的有12户，变贫的48户，该县其他地区也有类似情况出现。依据上

❶　陈吉元、陈家骥、杨勋：《中国农村社会经济变迁（1949～1989）》，第88页。

❷　贵州省地方志编纂委员会编：《贵州省志·农业志》，贵州人民出版社2001年版，第43页。

❸　贵州农业合作化史料编写委员会编：《贵州农村合作经济史料》（第四辑），贵州人民出版社1989年版，第26页。

❹　李飞龙：《社会人、经济人与政治人：合作化运动中的乡村政治精英》，《现代哲学》2013年第6期，第56页。

述情况可以看出，农村阶级已开始有了新的分化。❶ 镇远县有些农村的部分农民就被迫出卖田地、房屋，走向贫困、破产的道路。盛宁一村 6 户贫雇农，在土改中分得了 67 挑半田土，在进行耕作中，各人都深深感到耕牛缺乏，农具不齐，资金不足，而且人力有限，个别农户在春耕播种期间，甚至发生了缺口粮少种子的困难。因而，他们迫切地要求在互助互利的基础上，组织起来，以达到互相帮助、共同富裕的目的。❷ 在生产力如此低下的条件下，不少贫苦农民面临着缺口粮、缺畜力、缺农具、缺资金的困境。在土地私有化的条件下自然出现了买卖和租赁土地的现象。这不单纯是革命的政治动员所能解决的，必须按照社会主义的原则对农业实行社会主义改造，以解决农民生产生活上的困难。

　　土地改革后的农民，生产热情高涨，但大多数家底薄，困难多。据绵阳县塘汛乡调查，有 20% 的农户劳力不足，50% 的农户没有大农具，70% 的农户没有耕牛，还有一些农户缺乏口粮、技术和资金。在这种条件下，农村不可避免地将出现两极分化。❸ 土地改革后，川东地区在耕牛问题上，出现了剩余和缺乏的矛盾，占人口 34% 的中农和富农（主要是指占人口 22% 的佃中农、佃富农），因土地改革将所租土地在原耕基础上抽补分配后，由大量租种变为小量土地的自耕农民，形成土地减少而牛力剩余；占人口 50% 以上的新得地户的贫雇农，虽分得了土地，但绝大部分缺乏牛力。❹ 恩迪克特在他的四川考察中这样描述道："一户家庭已经将自己的土地典当出去了，还有六或七户以很大的折扣把他们的粮食提前卖给了富农，因为他们在收获前缺粮，而又没有钱购买。"如果事态继续发展下去的话，两极分化的问题将无疑日益加剧。❺

　　1955 年 7 月，和平协商土改胜利结束，法帕寨原来无田少地的农民部分分得了土地。然而由于和平协商土改仅仅解决了土地问题，对封建领主、地主以及部分富农的剥削浮财一概未动，因此贫苦农民虽然分得了土地，但是缺乏耕牛、农具、籽种，在生产上不仅仍然有困难，在

❶ 三都水族自治县志编纂委员会编：《三都水族自治县志》，第 391 页。
❷ 中国共产党镇远委员会编写：《镇远十年》，贵州人民出版社 1960 年版，第 15 页。
❸ 四川省地方志编撰委员会编：《四川省志·农业志》（上册），第 69 页。
❹ 中国社会科学院、中央档案馆：《（1949～1952）中华人民共和国经济档案资料选编：农村经济体制卷》，第 481 页。
❺ 转引自韩敏：《回应革命与改革：皖北李村的社会变迁与延续》，第 95～96 页。

生活上也有困难。以耕牛来说，占人口 38.44% 的贫雇农仅占有全寨耕牛的 17.21%，平均每户仅 0.32 头，即 3 户贫雇农才能占有 1 头耕牛，而富农则平均每户占有耕牛 3.2 头，中农平均每户也可以达到 1.2 头。从口粮来说，1955 年贫雇农的收入平均每人仅 21 箩，尚不能维持最低的生活水平。但是富农及部分中农则由于官租苛捐杂税的彻底取消而增加了收入。在这种情况之下，贫雇农对组织起来搞生产的要求是迫切的，一方面是由于经过了土改思想觉悟提高，看到了集体的力量；另一方面是接受了社会主义思想，相信党所指示的合作化道路是正确的。❶ 在西双版纳傣族地区也有同样情况，劳动人手较多较强的农户，迅速上升为中农和上中农；其中占 15% ~20% 的老上中农劳动力强，耕牛农具齐全，经济上升更快。农村中也有 10% 左右的老弱和一些新立户，家中缺少劳动力，有的把分到的土地出租，或去当雇工，他们迫切要求国家给予特殊帮助，解决困难，有组织起来的要求。❷ 少数民族群众普遍认为小农经济是"三月桃花一片红，风吹雨打一场空"，面对两极分化的苗头，他们积极要求组织起来，走农业合作化的道路，解决生产生活上的困难，发展生产，摆脱贫困，将小农经济逐步改造成为社会主义的集体经济，走向共同富裕。

　　中华人民共和国成立初期，通过土地改革实现的"耕者有其田"本质上是个体经济，从形式到本质都没有公有制经济的属性。"土地改革虽然满足了农民对土地的要求，其初步结果是平均分配土地，使耕者有其田，实现了土地农民所有制。但是，土地改革并没有创造一套防止乡村社会因土地紧张以及土地趋向集中等情况下所带来的乡村社会再度两极分化的机制。"❸ 土地改革后，西南民族地区地权的平均化并不能阻止土地在农户之间的自发转移导致土地重新集中于少数农户的趋向，由于农户在生产资料、劳动力多寡和经营能力高低等方面的差异，一些地方出现了土地买卖及两极分化，这就打破了农村社会的均衡，给新生

　　❶ 中国科学院民族研究所云南民族调查组、云南省民族研究所民族研究室编：《云南省傣族社会历史调查材料》（德宏地区八），第 29~30 页。

　　❷ 《云南民族工作四十年》编写组：《云南民族工作四十年》（上册），云南民族出版社 1994 年版，第 172 页。

　　❸ 于建嵘：《岳村政治——转型期中国乡村政治结构的变迁》，商务印书馆 2001 年版，第 233 页。

国家秩序带来压力。如果对此放任自流，势必将带来严重后果。"农业合作化运动的兴起，就是要破除乡村社会原有的互助网络，以国家的姿态介入到乡村社会的生产组织中，从而真正扭转小农因生产能力差异所产生的两极分化。"❶ 土改后农民拥有的生产工具严重不足，生产资料十分缺乏。互助合作是土改以后，农民发展生产和保护土地所有权的客观要求，更是他们摆脱困境的唯一出路。这种互助合作也明显地反映了中国共产党人的宗旨和目标。

中华人民共和国成立初期，中国共产党通过阶级化方式组织农民，实现对乡村社会的重组。乡村社会在土改结束后出现了新的变动，阶级同化和阶级分化的趋势同时并存。土地买卖、雇工、租佃、借贷等"自发资本主义倾向"和以富为荣的价值观重新抬头。❷ 土地改革就是一个公平化的社会经济政策，西南民族地区通过土地改革虽然平均了地权，农民得到了梦寐以求的土地，但并没有消灭农民各阶层在经济地位上的差别，土改后农民的个体经济从农业生产的组织和经营管理方面来看，本质上仍然是处于分散落后状态的小农经济，没有改变小农经济的基本状况，整个农业生产力水平无根本改变的情况，现实距离小农发家致富的理想依旧遥远。土改后农村的生产要素流动，给一些农户生活带来了压力。两极分化的出现，地权分配的变动，阶级分化是不可避免的，这却引起了人们的普遍关注和一部分人的担忧，这使当时领导人判断农村出现了"两极分化"，害怕农村会走向资本主义，党决心发动合作化，消灭农民的个体私有制，建立起农业生产资料的公有制，避免两极分化，提高农业生产，为工业化提供条件和基础。西南少数民族农村的社会主义改造，基本上和汉族地区一样，把以农民土地所有制为基础的小农经济有步骤地改造成社会主义集体所有制经济，逐步实现农业合作化。

---

❶ 满永、葛玲：《"亲不亲阶级分"：1950 年代初社会关系变革研究——以乡村社会为背景的分析》，《科学社会主义》2008 年第 2 期，第 97～98 页。

❷ 李里峰：《土改结束后的乡村社会变动：兼论从土地改革到集体化的转化机制》，《江海学刊》2009 年第 2 期，第 159 页。

二、农业合作化的历程

合作化运动是农村生产关系的一次伟大革命。从 1951 年起，为了帮助贫苦农民摆脱分得土地后发展生产的困难，引导农民走"组织起来"共同富裕的道路，西南民族地区就在已经完成土改的地区提出了"组织起来、爱国增产"的口号，开始贯彻中共中央发布的《关于农业生产互助合作决议（草案）》，引导各族农民逐步改变分散的个体所有制及落后的生产方式，走农业合作化的道路。合作化时期农业生产资料所有制从农户所有向合作社集体所有的转变，一般经过了互助组、初级社、高级社三个阶段，即从具有社会主义萌芽的互助组到半社会主义性质的初级社，再到社会主义性质的高级社这样一个逐步而渐变的过程。

（一）互助组的成立与发展

对分散的个体经济进行社会主义改造，组织互助组十分关键。"农业生产互助组，是个体农业向社会主义过渡的初级的形式。参加互助组的农户，仍然各自占有土地和其他生产资料，进行独立经营，他们只是在个体经营的基础上，实行集体劳动和对某些牲畜农具的共同使用。"❶因此，互助组是建立在农民个体经济基础上的互助合作经济组织，它不改变农民家庭经济的个体与私有性质，仍然坚持土地和其他生产资料归互助组成员私有并实行家庭分散经营。

1. 互助组的成立

为了合理利用土地，提高耕作水平，改进生产技术，改良生产条件，提高劳动生产率，西南民族地区农村在党和人民政府的领导下积极探索互助合作的道路，组织起来，成立互助组。互助组经由农民中的骨干、积极分子来发动领导，互助是基于农民自己的需要和意愿，而政府则通过树立、表扬典型的方法，用超越个体生产组织形式来推动农业生产互助组的发展和提高。

中共贵州省委根据中央关于互助合作的决议，决定"趁热打铁"，在土地改革试点结束的地区建立互助组，通过互助合作，解决农民生产

---

❶ 薛暮桥等：《中国国民经济的社会主义改造》，人民出版社 1978 年版，第 69 页。

生活上的困难。1951 年初，在少数民族地区完成土地改革的基础上，率先在贵筑县白云区（今贵阳市白云区）尖山村搞试点，于当年 3 月 2 日建立贵州第一个互助组——赵树华互助组。到 1951 年底，全省共建立互助组 2809 个，参加农户 1.75 万个，平均每组 6.2 户。❶ 互助组的成立不仅解决了生产中的劳动畜力的缺乏，而且组织了剩余劳力从事各种副业生产，发展了农村经济。加入互助组的农户认为不组织起来无法战胜自然灾害，消除两极分化，走共同富裕的道路，农户互助合作除了切身利益驱动外，不能排除政权引导力量与政策宣传的影响。

农业生产互助组以社会主义的共同富裕为目标，其社会基础是传统的换工互助，但它与传统的换工互助又有显著的区别。传统的换工互助以亲缘关系和寨邻友情为纽带，而党和政府对民族地区原有的换工互助，进行了积极的领导，并把它加以整顿和提高，成为农业合作化的初级形式。互助组分为临时性、季节性的互助组和常年互助组。临时性、季节性的互助组规模一般都很小，组内的共同劳动也只限于农忙季节的一些最重要的农事活动。常年互助组的规模一般稍大，参加常年互助组的农户在全年的主要农事活动上都从事共同劳动，而且根据需要和农民的觉悟程度，可以在组内逐步设置一些公有的农具和耕畜，积累小量的公共财产。❷ 互助组的特点就是生产资料私有制的基础不变，还只是具有社会主义萌芽的互助合作组织，生产的成果归各个体农户所有，主要是生产形式的改变，以解决生产经营困难的方式，即通过劳动协作，互相调剂劳动力、耕畜和农具，因此，互助组只是在生产经营环节上实行互助，以适应生产发展的需要。

临时互助组多数是在原有换工习惯的基础上，按生产或抗灾的需要临时组合若干户形成的，成员不固定，一般规模较小，互助组内部各户土地、劳动力、耕畜以及农具拥有量相差不多。这类互助组占大多数。农忙时，农活大家合起来一块干，耕畜农具合用，计酬办法是多数是只在栽秧、薅秧、收割上需要人工较多的工序上大换工，户与户按换工天数找补平，一次农活补偿不了的，下次再补，一般不记工分。临时性互助组的特点是"说干就干，说不干就散""夏天互冬天散，到了明年又

---

❶ 贵州省地方志编纂委员会编：《贵州省志·农业志》，第 43 页。
❷ 薛暮桥等：《中国国民经济的社会主义改造》，第 69 页。

重干"。只是在农忙季节临时合作，农闲时各干各的，需要时再重新组织。这种"以工换工"的互助，群众又叫作"变工互助组"。

季节性互助组，成员基本固定，民主选举组长。由于农业生产的季节性特点，一家一户的个体农民在生产中遇到了难以克服的困难，不得不依靠换工互助解决上述困难。农忙时组织起来统一安排全组农活、牲畜、劳力，农活完成后解散。季节性互助组是农忙季节坚持互助生产，农闲各户自己安排。一季农活结算一次工日，欠工户在农闲时以工偿还，或者折价用现金或实物偿还。多数是死分死记或以工换工。

四川大力组织新区农民成立最容易接受的季节性变工互助组，解决耕牛和劳力的调剂问题。组织变工互助紧紧掌握自愿互利的原则，互助组以几户组成最好，每组大不可超过 10 户，小可到二三户，耕牛使用一般可采用两个办法：一是两个人换一个牛工；二是实行耕牛包田制（即根据牛力，将几户农民的田包给有牛户，耕作一年田给养牛户以应有报酬），但必须掌握不准强迫，不准使养牛户吃亏的原则。❶ 贵州省安顺县第二区华严乡胶泥村杨明钢互助组，是 1952 年春耕生产中组织和发展起来的季节性的互助组。全组四家人都是苗族，其中贫农 3 户，佃中农 1 户。他们几个月来所走的道路，说明在目前组织季节性互助组，是解决农民生产困难，保证爱国增产的主要环节；而季节性互助组，又只能根据群众觉悟程度和生产要求，在原来换活路的基础上组织和发展起来。正如组员们所说："我们互助组是在过去'换气'的基础上发展起来的，大家都心投意合，做起庄稼很展劲。"❷

常年互助组内部合作是固定常年性质的，规模一般比临时互助组大，他们制订了共同劳动互助计划，按照各个组员的特长实行某些技术上的分工，生产内容丰富，有的还做到把劳动互助从农业扩展到副业，农业和副业相结合，并定期记工算账。贵州省规定常年固定互助组一般须具备以下条件：（1）有一定的领导骨干（党、团员、村干积极分子），成员固定，常年互助；（2）贯彻三大原则较好，有比较合理的评工计分制度，初步实行了民主管理，并有初步切实可行的生产计划；（3）耕作技术有所提高，确实达到了农业增产；（4）能够团结群众，

❶ 张培田、张华主编：《中国西南档案：土地改革资料（1949～1953）》，第 238 页。
❷ 中国社会科学院、中央档案馆：《（1949～1952）中华人民共和国经济档案资料选编：农村经济体制卷》，第 541 页。

并起一定带头和推动作用。❶

常年互助组多数是县、区、乡领导直接帮助指导的，管理基础较好、领导骨干较强、互助时间较长的组。常年互助组有初步的生产计划和内部分工，以一定程度的联合劳动取代完全分散的个体劳动，有了较合理、公平的评工记工算账制度，互助组实行必要的集体劳动和分工协作，有的常年互助组在自愿的基础上逐步购置了一些生产资料，积累了少量的公共财产。但农业互助组仍然具有私有制性质，是逐步引导农民走向社会主义道路的过渡形式。

互助组是建立在私有财产基础上的集体劳动组织，互助组产生的原因是农民的贫困和农业生产力低下。西南民族地区历来就有"亲帮亲、邻帮邻"互换活路的习惯，土地改革后，党和政府因势利导，采取"典型示范，逐步推广，重点带动一般"的方法，帮助各族农民组织带有社会主义萌芽性质的互助组。西南地区的农业生产互助合作运动，是1951年春秋两季在完成第一、第二期土地改革的部分地区开始的。据不完全统计：截至1952年8月，全区已有互助组859735个，其中临时性、季节性的互助组806392个，占互助组总数的93.8%；常年互助组53343个，占互助组总数的6.2%；另有绝大部分是自发组织起来的农业生产合作社约40个，合计组织起来的劳动力占全区农村劳动力的22%，占全区农户的24%。发展速度，随各地区土地改革的先后而有所不同。第一期土地改革地区，发展就比较快，其他各期土地改革地区则进行较慢。例如，资中县是第一期土地改革地区，1951年仅有互助组3000个，到1952年3、4月则已发展到13429个，增加了三倍多。璧山县1951年有互助组1028个，到1952年秋就增加到了7938个，其中常年互助组为1069个，仅此一项，即超过了去年互助组的总数，总共发展了7倍多。❷1952年11月13日，云南省农委根据玉溪、楚雄、武定、曲靖、蒙自、文山、大理、昭通、保山、丽江10个地区调查统计，有互助组68483个，参加人口132.1万人，占农业总人口的17.3%。其中农副业结合的常年互助组1395个，人口2.9万人，占农业总人口的0.38%；季节性互助组40658个，人口75.6万人，占农业

---

❶ 叶扬兵：《中国农业合作化运动研究》，知识产权出版社2006年版，第261页。

❷ 中国社会科学院、中央档案馆：《〈1949～1952〉中华人民共和国经济档案资料选编：农村经济体制卷》，第591页。

总人口的 9.75% ；临时变工性质的互助组有 26430 个，人口 53.6 万人，占农业总人口的 6.9% 。❶

土地改革结束不久，雷山县桥港乡掌披寨互助合作就开始了，先是四个党员带头组成了一个互助组。土改结束四个月后，全寨就组织了互助组 6 个，每组七八户到十来户。寨内的 2 户汉族贫农，也参加了互助组。但这时的互助组，主要还是以工换工，并大都在农忙时进行。到 1953 年 2～3 月，有的实行评工记分，就发展成为常年性互助组了。党员带头组成的第一个互助组，生产搞得很出色，1953 年超额完成了生产任务，辖和英当上了模范，得到奖金 100 元和水牛 1 头，都留在组里共同使用。这给了群众很好的教育，知道组织起来好处多，因而在 1953 年全寨就办了 11 个常年性互助组，参加的农户达 114 户，占全村总农户的 81.4% 。到 1954 年，全寨农户全部参加互助组。❷ 土改完成以后，党号召组织互助组以发展生产，苗族人民积极响应，纷纷参加到互助组里来。筠连县联合乡共组织了 26 个常年性的民族联合组。至 1955 年春，全乡苗族 99% 的农户都参加了常年性的民族联合互助组，担任组长的有 27 人。苗族马福堂组有苗汉组员 25 户，当时是全乡搞得最好的一个组，实行了评工计工法，并组织了托儿组。❸

互助合作把农民从分散的劳动组织起来参加集体劳动，这一时期相继成立的互助组，以农民个体经济及土地等财产个体所有制为基础，大多是为了解决单个农民在发展生产中的困难，既符合农民私有者的心理特点，又适应当时的生产力发展水平，使农民养成集体劳动的习惯和树立集体观念，农民自愿组织的色彩较浓，行政强制还不是十分明显。

2. 互助组的整顿

中华人民共和国成立初期西南民族地区互助组的发展基本上是健康的，体现了"积极稳步""自愿互利"的原则。但在互助组发展的过程中，一些地方发展计划订得高、干部思想准备不足，没有正确执行党的

❶ 云南农业合作化史编辑室、中共云南省委农村工作部：《云南农业合作制史料：简史·大事记》（内部发行），1989 年印刷，第 251～252 页。

❷ 贵州省民族研究所编印：《贵州省雷山县桥港乡掌披寨苗族社会历史调查资料》（内部资料），第 23～24 页。

❸ 四川省编辑组、《中国少数民族社会历史调查资料丛刊》修订编辑委员会编：《四川省苗族傈僳族傣族白族满族社会历史调查》，2009 年版，第 105 页。

互助合作政策，出现了违背自愿互利原则、强迫命令、形式主义等问题，影响了互助合作运动的发展。互助组发展过程中存在的主要问题和不足有如下几点。

一是强迫农民入组，违背自愿互利原则。在互助组发展过程中，首先暴露出来的就是强迫命令和形式主义的现象。在西南地区，"自愿、互利和民主管理的原则，在许多互助合作组织中没有充分实现，强迫命令形式主义的现象很严重"，因此"组织起来的数字虽然不少，但质量不高基础很不巩固，还有不少的（据计算一般达30%左右）互助组不起作用或很少起作用"。❶ 楚雄一些地方表面上互助合作形成了高潮，但实际上有的户入组的目的是"怕不入组贷不着款""得不到救济粮"，甚至有的富裕户怕不入组被说成是"走富农路线""不靠拢共产党"。就是生产条件困难需要互帮互助的户中，也有的人怕"刚分到手的田将来又归了公"，怕"公房漏、公牛瘦"，搞不好生产。有的农村干部不顾生产发展的客观需要，不顾农民是否真正自愿，急于求成，或者"挨墙角"编成互助组，或者把农民协会会员小组原封不动地"编"为"互助组"上报，也还有个别的强迫命令发展互助组。另外，当时还有些调查材料反映了有"兵对兵、将对将"排斥困难户的组，有的在管理上偏离互利原则，侵犯中农利益。❷ 互助合作中，贵州普遍发生和发展着严重的违反政策的错误和偏向，是"强迫互助"或"不等价互助"。有的是搬用老解放区曾是错误的"老一套"，如遵义地区曾经组织了千余人的互助"小组"，其他地区也有200或300人的所谓互助"小组"，甚至有的集体喂牛、集体积肥、吹哨子起床、打钟上工，出现了形式主义、强迫命令的现象，违背了群众自愿结合的原则；有的则表现了单纯"贫雇"观点，贫雇农吃中农的饭，中农则无代价帮贫雇农做工，帮贫雇农不要工资，帮中农则计算工资，甚至强借耕牛农具，违背了等价交换的原则。❸ 这种方式，由于没有事先细致解决群众的思想问题，强迫命令大大地侵害了中农利益，但贫雇农参加互助组，确实

❶ 《当代中国农业合作化》编辑室编：《建国以来农业合作化史料汇编》，中共党史出版社1992年版，第66页。

❷ 中共楚雄州委政策研究室、中共楚雄州委党史征研室主编：《楚雄州农村改革与发展（1950~1990）》，德宏民族出版社1997年版，第52~53页。

❸ 贵州省档案馆编：《黔地新生——解放初期贵州土地改革档案文献选编》，第99页。

能解决困难，增加生产。另外很多干部重互助组、扶助互助组，轻单干户，把它看作响应政府政策，表达自己政治积极性的途径，农民是否加入互助组也是一个考察农民是否具有社会主义积极性的指标。部分互助组质量很低，问题较多。因而互助合作往往流于形式主义。

贵州互助合作运动的缺点，主要是以强迫命令与歧视打击单干户为特点的急躁冒进倾向。如有的依靠行政命令按农协小组或自然村编组，一哄而起，大进大出，有的是"不编组，不给贷款"，有的"不参加互助组，不给开路条"，等等。对单干户的打击与歧视也是严重的，安顺县李云先因借不到掼斗而大哭，互助组的人反而说："管你哭不哭，谁叫你单干！"❶ 从各地反映的情况，在生产工作中，贵州普遍存在严重违反政策的错误。其中，最主要的是强迫命令，侵犯中农利益，表现在："强迫互助"或"不等价互利"；组织二三百人至千余人的所谓互助"小组"，集体喂牛、集体积肥；有的吹哨子起床、打钟上工，要中农无代价帮助贫雇农做工，帮中农做工则要吃饭，要计工资，强迫借耕牛、农具等，违背了自愿结合和等价交换原则。❷ 贵州农业生产互助组，发展的数量虽不算小，但真正能起到作用的还是极少数。临时互助组，少数是在大会号召及附近较好互助组的带动下自愿组织起来，多数则是在干部包办命令或村干"接受任务"的情况下组织的，存在着严重的形式主义。如有的村干部认为不互助就是"不团结"或是"觉悟不高"，关岭县关索村农民说："上级叫组织就组织，分给我们几个人，我们几个人就互助"；三穗县有一自然村共28户，分组成立四个互助组，每组7户，结果干农活时仍是各干各的。❸ 安顺县第二区华严乡胶泥村1951年3月完成土地改革后，农民生产热情大大提高，领导上号召农民"组织起来，发展生产"，但由于该村干部对"组织起来"认识不足，而强迫命令的把全村七十几户人，按照农民协会小组次序编了起来。杨明刚互助组的组员们，当时被编在二、三两个"互助组"，由于互助组是强迫"编"起来的，群众情绪就不很高；生产中也没有很好地组织分工，不管谁家田土多少，全组二三十个劳动力总是"一窝蜂"拥上去干，这家做完做那家，既不评分也不计工，田少而劳力、畜力多

---

❶ 贵州农业合作化史料编写委员会编：《贵州农村合作经济史料》（第四辑），第16页。

❷ 《大力宣传土地改革政策，搞好生产》，《新黔日报》1951年6月9日（第1版）。

❸ 中共贵州省委办公厅等编：《贵州现代经济文献选编（1949～1965）》，第103～104页。

的农民就吃了"大亏"，因此，不等到栽秧时，"互助组"都垮了。❶ 法帕中农一般的劳动力较多，耕牛也较多，农具比较齐全，搞生产比较容易，所以许多农民反映入组要入这样的组。但也正是由于中农多了，难以贯彻政策，他们怕吃亏的思想极严重，甚至拒绝贫雇农入组，他们说："贫农进组来就等于给贫农盖铺盖，我们就要吃亏。"❷ 贵州土地改革后，农民虽然分得了土地，但由于家底薄、困难多，进行生产互助很有必要，有的农民过去也有换工的习惯。但务实的农民对搞互助组又存在许多疑虑：有的怕搞在一起自己会吃亏；有的认为"人多踩不死草，不如自己干合算"；有的说："揉了一辈子泥巴团团还不会种田？政府何必操这个心！"❸ 互助组的实践证明：越是贫困的农户对互助组的积极性越高，在互助组中，贫苦农民由于自己耕牛少，工具少，劳动力又少，需要依靠中农，不愿加入或者勉强加入的大多是比较富裕、能够独立完成生产过程的农户，他们生产条件较好，认为入组会吃亏。

二是歪曲互助合作政策。一些地方没有结合生产去发展互助组，不懂得发展巩固互助组的核心问题是要贯彻"自愿、互利、民主管理"三大原则，从而歪曲互助合作政策。有的地方把互助组当成突击队。四川有的县个别地区（如广安）把互助组当成突击队，如秋收秋耕时互助组就增加多了，农忙一过去，互助组又少了，仅仅是临时的变工。❹ 云南一些傣族地区以"互助"为招牌，实际是新的外衣下旧制度仍然没有变。村寨头人说："今年要组织起来互助种田，一定要把它组织好，家家都来，不来的都是些懒人，要好好教育他们。"村寨头人歪曲党的互助合作政策，以旧制度来迎合新制度，借以威胁群众。❺

互助组是农业生产合作社的重要基础。在建立合作社的过程中，云南有些互助组直接转为合作社，有些组员陆续地参加了合作社。这种发展变化是必然的、正常的，不可能设想有永不变动的互助组。有些农村

---

❶ 中国社会科学院、中央档案馆：《（1949～1952）中华人民共和国经济档案资料选编：农村经济体制卷》，第541～542页。

❷ 中国科学院民族研究所云南民族调查组、云南省民族研究所民族研究室编：《云南省傣族社会历史调查材料》（德宏地区八），第30页。

❸ 《贵州农村合作经济简史（1949～1990）》，第42页。

❹ 张培田、张华主编：《中国西南档案：土地改革资料（1949～1953）》，第224～225页。

❺ 《民族问题五种丛书》云南省编辑委员会编：《傣族社会历史调查》（西双版纳之六），第170页。

工作人员对互助合作运动缺乏全面观点，不能正确理解互助组、合作社的相互关系，认为互助组是互助合作组织的低级形式，现在有了合作社，它就成为"过时之物"了。因此，他们就用"抽筋拔骨"的办法，集中几个互助组的骨干办一个合作社，于是"建起合作社，扯垮互助组，增加单干户"的现象就发生了。❶ 盲目追求高级形式，冒进做法和急躁思想是错误的。

在互助组中中农排斥、歧视贫雇农，甚至任意把贫雇农开除出互助组，互助组的贷款贫雇农不敢借，怕还不起，多半落在中农手里；在互助组内不能解决贫雇农的当前困难，而是盲目地搞"积累资金""公共财产"，实际上使贫雇农吃亏。呈贡高家庄在土地改革中有许多贫雇农困难户的问题未能很好解决，愈是困难户问题解决愈少，土地改革后的各种贷款、贷积谷、分果实存在平均主义的倾向。❷ 互助合作的方向不明确，一般农民没有认识到"组织起来"是由穷变富的关键，也是由新民主主义社会过渡到社会主义社会必经之路。所以他们对"组织起来"思想上认识还很模糊。如天柱县中山镇瑞连村杨宗发说："何必组织起来，我们搞了几十年，还不是过日子。"❸

三是部分互助组松懈和垮台。土改以后一年多来，陆良县马军堡乡马军堡村的政治工作、经济工作都显得薄弱。互助合作运动，在1952年土改复查结束以后，也曾以行政命令、"按墙角编组""指定组长"等方式大办互助组，1953年春又限于自流状态，多属群众固有的临时换工习惯，1953年12月调查时，还找不到一个常年的互助组，甚至有的名为互助，实则成为富农与富裕中农借以进行雇佣剥削的工具。组织起来的优越性在该村尚未显示出来，群众对互助组一般仍不大了解。县区对该乡缺乏直接领导，基层组织有些涣散，群众生产情绪虽然很高，但在相当程度上存在着"不问政治"的倾向。❹ 四川双流有些村秋后调查，组织起来的户数只有15%了。有的比原组织起来的垮了三分之一。蓬溪大石乡蒲常福等互助组上半年必须互助的活路也停止或延迟了。春

❶ 《不能忽视对互助组的领导》，《云南日报》1955年5月8日（第1版）。
❷ 云南农业合作化史编辑室、中共云南省委农村工作部：《云南农业合作制史料：历史资料选编》（第二卷），内部发行，1989年印刷，第12页。
❸ 中共贵州省委办公厅等编：《贵州现代经济文献选编（1949～1965）》，第120页。
❹ 史敬棠等编：《中国农业合作化运动史料》（下册），三联书店1962年版，第270页。

耕后很多互助组取消了评工分的制度，回到了原有的换工形式。有些农民说："不互助还是能把生产搞好。"❶ 由此看来，所谓生产积极性的提高，主要还是个体积极性的高涨。

云南合作化运动发展初期，有些互助组没有贯彻等价互利政策，评工计价不合理，有些组长期不清工结账，影响了组员的劳动情绪，有的就慢慢垮台了。有些地区在大规模发展合作社以后，剩下的中农、贫农分别组成互助组，许多生产有困难的农民被排斥在互助组之外。❷ 从某种意义上说，拒绝贫农加入互助组的原因一方面是由于没有很好地贯彻互利政策，另一方面主要是贫农经济上的弱势地位和政府奖励模范互助组的激励机制交织作用而产生的。❸ 在1955年春耕生产中，广通县第三区的互助组普遍出现了涣散现象。全区187个互助组只有半数能够活动，但活动还不够正常，很多组都是"早上互助，晚上单干"，以致影响着春耕生产的顺利进行。❹ 1952年底，贵州省有名无实的互助组全省约在40%，其中贵定、安顺两个专区约占20%，遵义、镇远两个专区约占40%，铜仁、兴义等专区则高达70%左右。❺ 1951年土改结束后，安顺地区开展互助合作运动一哄而起，干部对农村工作方向不明确，采取村干提名编组，变农协小组为互助组等强迫命令的方法组织互助组。由于没有做到自愿互利，形成组织得多垮得多，组织得快垮得快的现象。如安顺县二区夏季组织174个互助组，秋季垮掉172个。❻ 贵州有的农户只是为了解决人力、畜力、农具等生产困难而参加互助组的，如说："共产党讲十样办十样，现在叫参加不参加，将来想参加也不成，过去农协会还不是这样。"其中一部分村干、积极分子对于劳动互助是很积极的而当多数群众还在观望犹豫的时候，他们采取强迫命令的办法，强迫编组，因而有的地方产生了明互助暗单干、瞒上不瞒下的假互

❶《关于目前农村工作中的若干新情况》1953年1月，四川省档案馆藏档，档案号：省委农村工作部–1–12号。

❷《不能忽视对互助组的领导》，《云南日报》1955年5月8日（第1版）。

❸ 叶扬兵：《中国农业合作化运动研究》，第221页。

❹《中共广通县第三区区委克服"重社轻组"思想　加强对互助组生产的领导》，《云南日报》1955年5月9日（第1版）。

❺ 贵州农业合作化史料编写委员会编：《贵州农村合作经济史料》（第一辑），第17页。

❻ 贵州农业合作化史料编写委员会编：《贵州农村合作经济史料》（第四辑），第13页。

助组。❶ 思茅部分干部不坚持互助合作的政策，主观主义的强迫编组，或是简单省事把农协小组变成互助组，80% 以上的农民都成了组员，但他们并不知道自己是组员。不少的互助组根本谈不上贯彻"自愿、互利"的原则。虽然那时在普洱、墨江、景谷、镇沅等县发展很快，组织了不少的"互助组"，如墨江一县就组织了1200 多个，结果这些互助组不久就陆续的垮台和散伙。❷

互助组在建立与发展过程中存在的问题，违背自愿两利原则，挫伤了农民生产积极性的发挥，影响了互助合作运动的发展。在党和人民政府领导下，西南地区针对上述比较普遍与严重的问题大力整顿互助组。各级政府对当时农业互助组织的情况作了分析，批判了急躁冒进、强迫命令、打击单干、大轰大干、追求数字的做法，要求坚决执行"自愿两利、等价交换、民主管理"的原则，强调不能存在"重社轻组"、打击单干的思想和做法。在党和政府的领导下，各地采取措施，作出示范，开始全面整顿互助组。

一是强调自愿互利的原则。在互助组的具体运行过程中，能否贯彻自愿互利政策，直接影响到互助组的发展与巩固。西南地区党和政府充分认识少数民族地区的特殊情况，一方面对互助组进行整顿，坚决贯彻"慎重稳进"的方针，解散了一批强迫命令组织起来的互助组，反对任何冒进情绪和消极情绪；另一方面，从有利于民族团结和有利于生产的原则出发，强调自愿互利，反对强迫命令。"让民众看到互助合作的优越性，才能彻底打破千百年来受土地意识束缚的一家一户的狭隘观念，农民最善务实的实利精神注定了不是单靠未来的乌托邦的美好许诺就能心服口服地接受合作化运动的。"❸ 1952 年，中共中央西南局农村工作委员会强调农民是注重实际利益的，如果不从亲身的体会中感到组织起来的好处，他是不会积极参加的，如果你强迫他参加，必然会"事与愿违"招致恶果。劳动互助是建立在个体经济的基础上（私有财产的基础上），因而农民是否愿意参加，是要从本身的利益来考虑，同时，每个农民的生产条件不同，认识不同，如果强迫"组织起来"只会有害

❶ 贵州农业合作化史料编写委员会编：《贵州农村合作经济史料》（第一辑），第16 页。
❷ 《云南农业合作制史料》第二卷《历史资料选编》，第77 页。
❸ 曹金合：《十七年合作化小说的叙事伦理研究》，中国社会科学出版社 2014 年版，第153 页。

无益，只有农民群众自愿地"组织起来"，才能是巩固的。❶ 各地强调在互利基础上自愿结合，并宣布"自愿结合、自由退出"，以克服命令主义。

自愿的原则，是引导农民实行"组织起来"的一项基本原则，必须绝对遵守，不然就会发生命令主义与形式主义的错误，给"组织起来"增加很多困难。❷ "土改是农民和地主的关系问题，是阶级斗争。互助合作是克服小农经济之自发的资本主义趋势的斗争，是对农民的教育问题。"❸ 中共贵州省委在整顿互助组的过程中强调：在工作方法上，要求广泛深入宣传政策；坚持自愿、互利和民主管理的原则；发展互助组要紧密结合生产进行；注意培养典型等，并确定各地、县都要开办积极分子训练班，从中培养一批专门领导互助组的干部。❹ 贵州省人民政府在 1952 年 5 月 28 日发布的《贵州省人民政府关于农村生产政策的报告》指出，"组织农业生产互助组是克服生产困难，发展农业生产的有效办法，必须坚决贯彻自愿互利、等价交换、民主管理的原则，既可自愿加入，又可自由退出"。❺ 1953 年 1 月 1 日，《云南日报》发表了题为《进一步团结起来，迎接祖国新任务》的社论。"在发展农业互助合作运动中，必须坚持积极而稳步的方针，坚持贯彻自愿、互利、民主管理三大原则，坚持由小到大，由低级到高级的发展规律，坚持一般号召与典型示范相结合的领导方法，领导农民组织起来，经过互助组合作社，逐步走向集体化的道路。切实防止急躁冒进与强迫命令的思想、做法，也要反对放任自流、尾巴主义。"❻ 1953 年 2 月 28 日，四川省人民政府强调，继续对农民按照自愿互利原则组织起来的各种形式的互助合作组织，给予各种奖励和优待（如享受国家贷款、技术指导、使用优良品种、病虫药械和新式农具的优先权），继续扶助贫苦农民帮助其解决生产和生活上的困难，同时必须保护与奖励个体农民的生产积极性，不能

---

❶ 中国社会科学院、中央档案馆：《（1949～1952）中华人民共和国经济档案资料选编：农村经济体制卷》，第 647 页。

❷ 中国社会科学院、中央档案馆：《（1949～1952）中华人民共和国经济档案资料选编：农村经济体制卷》，第 647 页。

❸ 《邓子恢文集》，第 326 页。

❹ 《贵州农村合作经济简史（1949～1990）》，第 44 页。

❺ 《贵州农村合作经济简史（1949～1990）》，第 44～45 页。

❻ 《云南农业合作制史料》第四卷《简史·大事记》，第 253 页。

忽视与粗暴地打击个体农民，应允许其独立经营或互相间雇工或换工。❶

农民对互助合作有各种各样的顾虑，尤其是部分劳力强、生活富裕的农民，认为与劳力弱的一起搞互助合作会吃亏，因此必须从群众的现有水平和自愿的基础上，防止强迫命令，加强对农民的教育，认真贯彻执行自愿、互利、民主管理三大原则，互助组才能巩固发展。

二是推行评工记分算账制度。互助组要贯彻互助两利原则，需要对劳力、耕畜、农具的互助共用进行评工计分。评工记分算账是互助组贯彻等价两利等基本原则的方法。西南各地的互助组大部均制定了评工记分算账制度，考虑到劳力强弱技术高低和做活多少好坏的计算及耕畜农具的使用与报酬问题。这种方法，对于发挥组员的劳动积极性、改变劳动态度、提高劳动效率均有很大作用。经验证明：凡是建立了合理的评工记分算账制度的互助组，就迅速得到巩固和发展。❷ 互助组劳动力评工记分的办法，就西南区来看是多种多样的，但就根本上分析起来，不外下列两种。（1）十分制：即规定一个全劳动力劳动一整天得十分（有的叫标准工）。以此为标准，劳动效率超过标准工的酌情增分，半劳动力、附带劳动力、劳动效率低的减低工分。这是西南各地互助组中评工记分的主要形式。十分制的评分有四种办法：按劳动力评分；分时分段评分法；按劳动效率评分；按件计工法。（2）土地评分结合劳动评分：其办法是先按田土大小、工作种类评定田土总分数，再经讨论后派出所需劳动力，工作完成后按劳动情况进行劳力评分，分配田土总分数。这样就打破了十分的限制，劳力强、工作努力、有显著成绩的就得分多，多的有高达 20 分的，大大发挥了组员的劳动积极性。❸ 一般而言，互助组有比较坚强的领导骨干，有爱国增产计划和民主制度，就能认真评工记分。但"互助组的内部关系也不能机械地解决，如人畜换工、评工记分，等等，都要按照组员的觉悟水平，按照彼此互利的原

---

❶ 《四川省农业合作经济史料》编辑组编：《四川省农业合作经济史料》，四川科学技术出版社 1989 年版，第 651～652 页。

❷ 中国社会科学院、中央档案馆：《（1949～1952）中华人民共和国经济档案资料选编：农村经济体制卷》，第 658 页。

❸ 中国社会科学院、中央档案馆：《（1949～1952）中华人民共和国经济档案资料选编：农村经济体制卷》，第 659～660 页。

则，采取各种过渡办法来解决，使之由不合理到比较合理，到完全合理，不能机械化、公式化。在互助组里头要贯彻互利精神，但互利并不等于完全等价，有些还多少带点剥削"。❶ 因此，评工记分的形式是多种多样的，当某种低级的形式与发挥劳动积极性发生矛盾时，必须随着互助组的发展而逐渐改进提高，因此评工记分也是逐步发展的，一定要符合互利原则。

三是克服"重社轻组"、轻视单干户思想。互助合作运动开始后，1951 年 10 月，毛泽东强调："一切已经完成了土地改革任务的地区的党委都应研究这个问题，领导农民群众逐步地组成和发展各种以私有财产为基础的农业生产互助合作组织，同时不要轻视和排斥不愿参加这个运动的个体农民。"❷ 不少地区的互助组处于涣散自流状态。主要是由于干部中较为普遍的存在着"重社轻组"的错误思想，误认为办好合作社就可"自然"的带动互助组的大发展，因而放松了对互助组的领导，必须向群众大力和深入宣传组织起来的好处和党的方针政策，这样才能巩固和发展互助组。中共广通县第三区区委深入到东营乡去，发现该乡干部由于只重视领导合作社，放松了对互助组的领导，以致在 15 个互助组中，过去"小包工"搞得很好的，1955 年春有 9 个不但不干小包工，连评工计分都不干了。1954 年全乡只有 12 户单干的，现在却有 19 户人家单干了。区委根据上述情况，当即从提高互助组对顺利推进春耕保证全面增产，为今后办社打下基础等方面向乡村干部进行了教育，从而使乡村干部认识到：只有加强对互助组的领导，才能提高互助组，才能顺利推进春耕工作，保证全面增产，为今后办社打下基础，使社会主义成分在农村中不断增长。❸ 因此，西南各地必须将组织起来的伟大意义，在干部和群众中，反复地进行宣传和教育，强调自愿结合、等价交换，实行记工评分、民主管理等原则，必须使干部认识到：组织起来是农民由穷变富的道路，开展互助合作运动，是土地改革后农村工作的全部方针和路线问题，要使农民由分散的个体经济逐渐走向集体化道路，必须建立在农民一定的觉悟程度和组织程度基础上，必须有一个

---

❶ 《邓子恢文集》，第 347 页。

❷ 《毛泽东文集》（第六卷），人民出版社 1999 年版，第 180 页。

❸ 《中共广通县第三区区委克服"重社轻组"思想　加强对互助组生产的领导》，《云南日报》1955 年 5 月 9 日（第 1 版）。

过程。

西南各地在整顿互助组的过程中，坚持自愿、互利和民主管理的原则，及时对农业生产互助组的工作进行总结，成立农村工作部；在工作方法上，要求广泛深入宣传政策，推广办得好的互助组的经验，注意培养典型，发展互助组紧密结合生产进行，纠正一些干部简单草率、急躁冒进的做法，基本保证了及时纠正偏差和"积极发展、稳步前进"这一方针的贯彻，互助合作运动取得了进一步的发展。1953 年 4 月 21 日，中共贵州省委农村工作部成立，中央批复同意吴肃任农村工作部部长。1953 年 3 月 23 日，中共云南省委农村工作部成立。中央批复于一川兼任省委农村工作部部长。省委农村工作部是省委在领导农村工作方面的助手，其任务是：帮助省委掌握农村各项工作的方针政策，而中心任务是组织领导广大农民的互助合作运动，以便配合国家工业化的发展，逐步引导农民走向集体化的道路。农村工作部成立后，1953 年冬，楚雄互助组已发展到 30311 个，入组农户约占总农户的 80% 左右，常年互助组占入组农户总数的 20% 。❶ 四川各地在开展互助合作运动中，个别地方没有坚持自愿、互利原则，盲目提倡搞农具归公、耕牛入组，使许多农民误认为互助组是"归大堆""小共产"，不安心生产，甚至发生卖掉耕牛、毁坏农具等情况。省委指示各地及时开展整顿工作，到 1953 年 5 月底结束整顿，纠正了强迫编组、盲目追求数字和高级形式的错误做法，处理了组内拖欠工资，以及将社员的耕牛、农具折价归公等问题、稳定了生产情绪。互助组由 1952 年底的 80 万个，减到 60 万个。对盲目建立的 133 个农业生产合作社，一般转成互助组，只把其中 29 个巩固下来。❷ 到 1954 年，四川全省互助组已发展到 93 万多个，入组农户 892 万多户，占总农户的 67.9% 。❸ 中共广通县第三区区委帮助各互助组解决 1954 年秋收以来一直没有清工结账的问题，这才使互助组重新活动起来。如钱文鑫互助组经过结账后，11 户人家每天都出动 25 人干活；原来要垮台的白春明互助组，在结账后也全部投入挖豆田、犁田等活动中，投入生产。在白羊乡的 21 个互助组中，有 19 个组经清工结账后，每天都出动 300 多人进行修水利、挑粪、挑水浇小秧等各种春

❶ 《楚雄彝族自治州概况》编写组：《楚雄彝族自治州概况》，第 66 页。
❷ 四川省地方志编撰委员会编：《四川省志·农业志》（上册），第 70 页。
❸ 四川省地方志编撰委员会编：《四川省志·农业志》（上册），第 70 页。

耕生产活动。❶ 这就保证了耕作及时，促进了农业生产的发展。

1953 年 5 月 6 日，中共贵州省委批转《遵义地委对目前互助合作运动基本情况的认识和今后整理意见》，认为遵义地区目前的互助合作运动总的是"数量大，有成绩，问题严重，组织混乱"。全区已组织起来的农民占农业户数的 80% 以上，其中形式主义的互助组占 60% 左右。意见提出，整理互助组首先是转变领导作风，教育和提高干部的领导水平；其次，要结合生产进行政策教育；再次，整理的重点应放在基本符合条件的临时季节性的互助组；最后，要严防干部不顾群众觉悟，而采取强迫命令和包办代替的做法。❷

贵州兴仁地区互助组的整顿工作到 1953 年 10 月底基本结束，经过整顿，虽然有些互助组由大变小，也有些互助组经过工作，组员不愿再进行组织，恢复单干。但是经过整顿巩固下来的互助组则较为巩固，不再是"有名无实"的了。全区除册亨、望谟两县外（少数民族聚居县，土改较晚，互助组发展较晚），原有常年互助组 577 个，整顿后只剩 242 个，比原来少了 57.80%；临时季节性互助组原有 26472 个，整顿后为 16229 个，比原来少了 38.73%；原共有互助组 27049 个，整顿后为 16471 个，减少了 39.10%，到当年 12 月底，互助组又有所发展，达到 18312 个，参加农户 18536 户，占农民总数的 37.17%；其中常年组为 252 个，临时组 18066 个（包括册亨、望谟两县）。❸

1953 年 10 月 19 日，中共贵州省委农村工作部向西南局农村工作部呈送《一年来互助合作运动的报告》，汇报了自西南局农村会议后，根据中央互助合作决议精神，对互助组进行整理的情况，总结了经验教训，提出了今后领导互助合作的具体意见。报告认为，从整理的情况来看，互助组是由"大"变小，由"多"变少，由"高"变低，由"复杂"到简单，回到现实、正轨道上来了，因而促进了农业生产。❹ 1953 年春，鉴于在发展互助合作过程中，四川部分地方违反了自愿原则，出

❶ 《中共广通县第三区区委克服"重社轻组"思想　加强对互助组生产的领导》，《云南日报》1955 年 5 月 9 日（第 1 版）。

❷ 贵州农业合作化史料编写委员会编：《贵州农村合作经济史料》（第四辑），第 20 页。

❸ 中共贵州省委党史研究室编：《纪念贵州解放四十周年》，《贵州党史资料》（第七辑），1990 年印刷，第 206 页。

❹ 贵州农业合作化史料编写委员会编：《贵州农村合作经济史料》（第四辑），第 23～24 页。

现强迫编组、盲目追求发展数量的现象，便对互助组进行了整顿和收缩，并将133个盲目建立起来的初级社转为互助组。11月底至12月初，省委召开了全省互助合作会议，确定这个冬春新建460余个初级社，并于秋后以区为单位建社。到1953年底互助组由上年的80多万个减为61.7万个，参加的户数有435.6万户，占总农户的33.5%；初级社增加到50个，入社农户702户。❶

劳动互助合作是由个体经济走向集体经济的道路，对一些办得不够好的互助组进行整顿，纠正违背互助合作政策、大轰大嗡的错误做法，并使一些条件尚不具备的常年性互助组转为临时性互助组，同时停止了一批组织得不好的互助组。

互助组是在生产资料私有制基础上产生和发展起来的，分散经营、集体劳动，它以自愿互利为原则，对于打算走合作化道路而又不能立即下定决心的农民，乃是一种比较容易接受的集体性质的劳动组织形式。在互助组成立及发展过程中，国家的政治意图通过政策引导、典范效应、干部宣传、农民政治经济权衡而得以贯彻到乡村基层社会。❷ 农业生产互助组与个体农户相比，在生产技术上没有什么变化。在组织内部，由于采取了灵活多样的劳动互助形式，解决了许多农户在生产中的困难，发展了农业生产，提高了生活水平。如峨山县彝族自治区（县）高平乡，解放前全乡311家人只有8家够吃饱，其余的人有半年时间要用山茅、野菜充饥。1953年初土地改革后不久，高平乡的农民响应党和政府的号召，组织起了37个互助组。这一年全乡得到了增产五成的大丰收，粮食自足农户由原来的8户增加到了一半，20%的农户还卖了余粮。而人民的生活也变了样，高平乡的人常说怕"三通"：裤子通、锅底通、房顶通，这年"三通"都补起来了。人们做了新衣裳，也不消再睡在火塘边。❸ 大多数农民感受到了互助合作的好处，增加了农作物单位面积产量，给参加者的生产与生活带来了实际的帮助，在一定程度上改善和解决了各地农民生产生活中的困难，各个农户的经济地位一般的都可以得到一定程度的改善，同时也积累了集体协作劳动的经验。

---

❶　《四川省农业合作经济史料》编辑组：《四川省农业合作经济史料》，第4页。

❷　刘方玲、李龙海：《村落空间与国家权力》，东北大学出版社2014年版，第90页。

❸　成章：《一个彝族山区乡的过去和现在——在互助合作道路上前进的高平乡》，《云南日报》1955年9月28日（第3版）。

合作化运动是继土改以后我国农村社会经济又一次重大而深刻的变革。互助组中的集体劳动，可以引导农民顺利地进一步接受集体经营。作为一种小规模合作的有效形式，劳动互助组的普遍建立，极大地剥离了监督成本和信息成本，在一定程度上发挥了协作的优势，产生了一定的协作力，农业生产互助组在一定程度上限制农村中雇佣劳动、土地租佃和牲畜、农具租借等关系的发展，已经带有某些社会主义的萌芽，为后来兴起的初级农业合作社锻炼培养了一批领导骨干，提供了一定的物质基础，更提供了认识上的路径依赖，也积累了经营管理集体事业的经验，对土改后农业生产的恢复和发展起了重要的推动作用，为农业合作化的进一步发展创造了有利的条件。互助组的成立，互助合作运动的开展对中华人民共和国成立初期农村社会经济结构及其变迁，产生了重大的影响。

互助组是在旧有换工习惯的基础上建立起来的，没有触及农民的土地所有权，互助组内部不具有严格意义上的收益分配制度。在互助组的发展过程中，个体经营和集体劳动之间的矛盾开始逐渐显露出来，要求有一种新的、比较高级的互助合作形式来代替互助组。在个体经营的基础上，集体劳动是受到限制的，毕竟它只是在私有产权的框架中加入了互助劳动的楔子，如耕作顺序、等价交换、工种互换、耕牛折算等，都成了产生矛盾的焦点。劳动互助组只能限于低水平的合作，在个体经营的条件下，互助组仍然不能完全克服农民分化的趋势。互助组发展在一定程度上克服了小农经济的缺陷，毕竟是建立在分户私有、各自经营基础上的一种互助关系，不能完全满足广大农民进一步发展生产的要求。在党的合作化政策的指导下，必然要被新的组织形式所取代。这种新的、比较高级的互助合作形式就是初级的农业生产合作社。

（二）初级社的成立与整顿

农业生产合作社是一种超越个体经济的经济组织。"农业合作化就是逐步地改变农村的生产关系，把农民个体所有制逐步地改造成为集体所有制。"❶ 农业生产合作社统一耕种土地，能有计划地按照土地的性

---

❶ 《向广大农民正确宣传农业合作化的具体政策》，《云南日报》1955 年 3 月 15 日（第 1 版）。

能、肥瘠、位置等条件种植适宜的作物，因地施用肥料，并可采用较合理的轮作制度，初步打破了个体农民自给自足、分散落后的小农经营方式，能够较合理地利用土地提高生产力。❶ 实行土地入股、统一经营的初级社是引导农民走向社会主义的中间环节和过渡形式，它对于干部和农民来说都是前所未有的历史性转变。

1. 初级社的试办与成立

初级社一般是在互助组的基础上发展起来的，其特点是农民在自愿互利的原则下将自有土地、耕畜、大型农具等主要生产资料统一经营和使用，按照土地的质量和数量给予适当的土地分红，其他入社的生产资料也付给一定的报酬。❷ 土地入股分红是农民经济上实现其土地所有权的基本形式。初级农业社土地所有权和经营权的分离，虽然没有改变生产资料的私有制，推行劳动与生产互助、生产资料和土地合作，只是集体经营，在全社范围内统一计划调配、使用劳动力，但是从理性分析与实践证明来看，一定程度上克服了集体劳动和分散经营的矛盾，实行统一经营、集体劳动、统一分配，初级社比互助组具有更大的优越性。"在承认农民对土地私人占有的基础上采取了逐步动摇私有制的步骤，这既保证了政治目标不发生偏离，也照顾到了小农的私有情结，为不久后收回农民土地证时将民众的抵抗情绪降低到可控范围内奠定了社会心理基础。"❸ 初级社一方面对私有公用的土地、耕畜、大农具等生产资料给予一定的报酬；另一方面已具有现代合作经济的一些特征，能够比较好地适应当时农民个体经济和走社会主义道路两种积极性的要求，这就照顾了农民作为小私有者的特点和他们的私有观念，与当时的生产力水平是相适应的。

初级农业生产合作社改变了家庭经营的方式，按照"入社自愿，退社自由"的原则和"积极领导，稳步前进"的办社方针，西南民族地区有领导、有计划、有重点地试办了一批农业生产合作社。1952 年，

---

❶ 中国社会科学院、中央档案馆：《（1949～1952）中华人民共和国经济档案资料选编：农村经济体制卷》，第 719 页。

❷ 徐勇：《阶级、集体、社区：国家对乡村的社会整合》，《社会科学战线》2012 年第 2 期，第 174 页。

❸ 张勇：《长沙县农业合作化运动研究（1951～1956）——以经济变革为中心》，湖南师范大学博士学位论文，2012 年，第 115 页。

四川省试办初级农业生产合作社 19 个，入社农户 209 户，入社人口 961 人，经营耕地 1432 亩。南充县郑国友农业社、射洪县前锋农业社和新繁县（现属新都县）新民农业社就是四川建立最早的一批初级农业生产合作社。● 1953 年 11 月，四川省委召开全省互助合作会议，到会的有地、县委负责同志、农业社社长及准备办社的互助组长共 724 人。会议认为，全省农业生产合作社的试办工作已取得成绩，初步树立了旗帜，明确了方向，显示了农业集体化的优越性。全省试办的 46 个农业生产合作社，当年普遍比当地互助组和个体农民获得更大的丰收，各社总收入 1953 年比 1952 年增加了 30.5%；各社水稻亩产达 271.5 公斤，比当地互助组多增产 11.5%；其他作物也都大幅度增产。●

按照先坝区后山区、由汉族地区到少数民族地区、由初级到高级稳妥发展的原则，云南试办了一批农业生产合作社。1953 年春在内地第一批结束土改地区，办了 9 个初级农业生产合作社。1953 年冬到 1954 年春，又试办了 334 个社，其中有 30 个民族杂居的山区半山区合作社。● 根据云南省农村的自然地理和经济、文化、干部状况，在开始阶段比较注意控制合作社的规模，以办中、小型合作社为主，不盲目求大。全省 1953 年试办的 9 个合作社都是小社，平均每社 16 户，最多社 22 户，最小的李能社 12 户。1954 年 7 月，云南省在典型试验的基础上做出规定，农业生产合作社一般是 20 户左右的小社，少数有条件的可试办 50～80 户的中社，个别地委的试点县可试办 100 户以上的大社。云南全省最初三年办的合作社都较好地执行了这一规定。到 1954 年 10 月，云南全省共办社 5234 个，其中 100 户以上大社仅 10 个，占 0.2%；50～100 户的中社 73 个，占 1.4%；50 户以下的小社 5160 个，占 98.4%。根据当时的生产力水平和管理水平，这个规模基本上是适宜的。●

1953 年 6 月，中共贵州省委根据中央指示精神和贵州实际情况，确定年内先以省委和遵义、安顺两地委土改试点村的三个互助组——贵

● 四川省地方志编撰委员会编：《四川省志·农业志》（上册），第 71 页。

● 四川省地方志编撰委员会编：《四川省志·农业志》（上册），第 72 页。

● 《云南民族工作四十年》编写组：《云南民族工作四十年》（上册），云南民族出版社 1994 年版，第 168 页。

● 《当代中国的云南》（上），第 119～120 页。

筑县赵树华互助组、安顺县熊开明互助组、遵义县钟承亮互助组为基础，试办 3 个农业生产合作社。同年 11 月，贵州第一个初级社——尖山农业生产合作社成立，全组 22 户全部入社，共有 100 人，52 个劳动力，5 个党员，4 个团员。随即由全体社员民主选举出合作社管理委员会，管理委员会由 7 人组成。❶ 根据中央《关于发展农业生产合作社的决议》的精神和省委的指示精神，1953 年冬，黔南地区开始试办初级农业生产合作社。都匀地委根据中央"逐级领导试办，树立样板，逐步巩固，逐步推广"的方针，在都匀市的薛家堡试办建立了全专区第一个初级农业生产合作社。从 1953 年 12 月 20 日至次年 1 月 20 日，各县共试办了初级社 17 个，其规模：40 户的 1 个，30～39 户的 6 个，20～29 户的 6 个，10～19 户的 4 个。❷ 1954 年 1 月，贵筑县又试建了摆龙、程关、莲花塘 3 个农业生产合作社，到 1954 年 2 月中旬，贵州全省建成了 206 个农业生产合作社，这批农业生产合作社的建社工作是比较成功的。

在党和政府的领导下，西南民族地区试办合作社的工作，一般分为四个步骤进行：一是宣传教育，思想发动；二是处理土地、耕畜、农具等种种具体问题；三是选举合作社的领导班子，成立社务管理委员会；四是制订生产计划，组织生产高潮。如贵州农业生产合作社的试办和建立，一般都经过以下四个步骤：第一，反复宣传总路线的精神和组织起来的优越性，揭小农经济之短，诉小农经济之苦，启发群众的办社要求；同时注意宣传办社政策，解除群众的思想疑虑，坚定群众办社的信心；第二，在多数群众表示愿意加入合作社的基础上，严格按照自愿、民主、协商的原则，组织干部、群众讨论恰当处理生产资料入社具体问题的办法和收益分配方案；第三，发动群众报名入社，建立社管会、生产队（组）、党团组织和群众组织；第四，组织社员反复酝酿、讨论，制定当年的生产建设计划，掀起农业生产高潮。❸ 在云南德宏直接过渡地区，建社的具体步骤上，有五个环节：一是训练干部，认识直接过渡地区的社会基础和工作基础，明确直接过渡的道路和方针政策，充分估

---

❶ 《贵州农村合作经济简史（1949～1990）》，第 64 页。

❷ 中共贵州省黔南州委党史研究室编：《中国共产党黔南布依族苗族自治州历史》第一卷（1930～1978），第 228 页。

❸ 《贵州农村合作经济简史（1949～1990）》，第 67～68 页。

计有利和不利条件，统一和提高干部思想；二是从总结互助组的优越性入手，并组织参观，宣传合作社的好处，使群众从实际体验，从道理上认识合作社的好处，懂得只有走合作化的道路才能迅速摆脱贫困；三是建立筹委会，分户串联，进一步交代合作社的自愿原则和具体政策，深入思想发动，具体地消除各种顾虑和误解，报名申请；四是具体贯彻互利原则，民主讨论和处理具体政策，使大家满意；五是正式建立社，选举社干，订出制度，迅速安排和转入生产活动。❶

1956 年 3 月，中共云南省委发布《关于在边疆已土改地区开展农业合作化运动的指示》，提出边疆已土改地区农业合作化的方针是大量发展互助组，重点试办合作社，大力发展生产。合作化的方法步骤上实行由小到大，由少到多，由低级到高级，反对跳过互助组而直接重点试办合作社的做法。❷

由于没有经验，西南民族地区在试办合作社的过程中，在具体政策上也出现了一些偏差，如在土地入股分红、劳力报酬和耕牛、农具的使用代价等问题上，有偏高偏低的不合理现象，违反了等价互利的原则，损坏了部分农民利益，另外自留地政策也未认真落实，有的社员没有自留地，这些都一定程度上影响了合作社的巩固和发展。

2. 初级社的整顿

根据中央要求，初级农业生产合作社的建立要采取渐进和自愿的方式，"这种改造，不是采取剥夺的办法，而是自愿采取联合的办法，采取合理地处理农民的主要生产资料，并努力发展公共经济的办法"。❸初级社能够更好地发挥土地的生产潜力，组织较细致分工的大规模的劳动协作，避免因所有制的突然变动而可能造成的变迁成本过高。

"集体行动理论是政治科学的中心议题，是国家正当性问题的关键。"❹ 由于农民所处经济地位和政治地位的限制，他们普遍缺乏对合作化运动政策方针的了解，对合作社持消极和怀疑态度；一些地方缺乏

---

❶ 《云南农业合作制史料》第二卷《历史资料选编》，第 193 页。

❷ 《傣族简史》，民族出版社 2009 年版，第 219 页。

❸ 《向广大农民正确宣传农业合作化的具体政策》，《云南日报》1955 年 3 月 15 日（第 1 版）。

❹ ［美］埃莉诺·奥斯特罗姆：《集体行动如何可能?》，石美静、熊万胜译，《华东理工大学学报（社会科学版）》2010 年第 2 期，第 2 页。

统一的计划和安排，硬赶合作化进度，贪多、贪大、图快；部分地区坚持自愿互利原则不够，有强迫命令现象；另外初级社的经营管理存在问题和不足，个别地区建社后期甚至忽视建社原则，合作社建立和发展过程中出现的问题与不足主要有以下几点。

一是缺乏统一的计划和安排。宜良县黄堡乡由于缺乏统一的计划和安排，因此建社中就产生了一些问题。首先是新老社的骨干不知道社要办多大，还要扩几户进来，抱着来得多就多办，来得少就少办，太多了就去掉几户的态度。其次是贯彻阶级路线不够明确，对先吸收贫农、土改后上升的新中农中的中下中农、老中农中的下中农不够明确，怕中农参加多了难领导，强调多吸收贫农。中黄堡村老社长杨桂英（党员）说："十五户老社员有七户中农，现要再扩二十五户，中农要少吸收几户。"另外，怕困难户、贫农或劳力少的农民入多了，就会"负担大、背包袱"，怕社难领导。有的干部则说："困难户都进社，还成什么社，就叫困难社了。"❶

二是持消极和怀疑态度。农业合作社初办时，农民思想上有各种想法，有积极的，也有消极和持怀疑态度的，西双版纳地区党团员、积极分子、贫农、下中农入社最积极，最活跃；中农比较动摇，特别是富裕中农，由于他们耕牛多，农具齐全，土地又好，怕入社后吃亏，不入社又怕被划到地富一边去，思想动摇不定；青年男女虽然入社的积极性很高，但他们也有顾虑，男的怕入社后不得串姑娘，女的怕不得纺线，妇女怕孩子拖累，怕怀孕出不了工，怕工分比别人少，当佛爷的怕办了合作社后没有人拜佛，没有人当和尚。❷ 在开始建立合作社时，傣族地区许多群众都有顾虑，如怕土地归公，有人说："土改还不到一年，土地到手还未热乎，又要拿出去了"；有人怕合作社生产搞不好收入减少，有人怕评产低土地分红少，特别是怕新开荒的田不评产，或者精耕细作的田评产低，有人怕入社后不自由，有人怕自己缺乏劳动力受人排

---

❶　李元坤：《宜良县黄堡乡合作化规划的情况和体会》，《云南日报》1955年9月9日（第2版）。

❷　《西双版纳傣族自治州概况》编写组：《西双版纳傣族自治州概况》，云南民族出版社1986年版，第92~93页。

斥。❶雷山县桥港乡掌披寨合作化的过程中，一些人也存在着多种多样的思想顾虑，中农和某些缺乏劳动力的人在考虑到切身利益时，就徘徊观望或背着思想包袱勉强入社。中农一般都是田多、田好，怕入社后"吃亏"。中农白略选的老婆就是抱着这种想法而不愿参加转社的各种会议。有的还说：等一等再参加社。缺乏劳动力的人，有的怕抢不到工分，减少收入，不愿入社。❷耿马傣族地区一部分人思想有顾虑，特别是老中农，怕入了社吃亏。如南昭村中农反映："风不吹，树不摇，雨不下，地不潮，龙头不动龙尾不摇，别处还不办，我们办作什么？要入就一寨入。"一部分人有四"不放心"的心理，即土地入股不放心，耕牛入社不放心，小孩给别人领不放心，按劳取酬不放心。❸生产资料较多的人，怕生产资料归公，减少收入，认为自己土地较多，质量较好，与贫苦户并起来，要吃亏。民族、宗教上层，消极顾虑，甚至抵触，经济上也怕"归公"，认为合作社是变相"土改"；怕村里办了社自己不能"瓦刷"（请白工）。宗教上层怕教徒抢工分不做礼拜，怕教徒慢慢反教，教会慢慢垮台。❹

三是存在强迫命令。西南地区在初级社的发展过程中，一些地方没有很好地贯彻自愿原则，产生了急躁情绪和强迫命令的作风。在干部中开始滋长着盲目贪多、贪大、图快、图高的急躁情绪。如遵义县一区高坪乡办了 7 个社，其中 4 个社是在 4 天内组织起来的。部分社办得较大，据统计在 206 个社中有 32 个社都在 40 户以上，占 15%。而最突出的是贵阳市郊区在互助基础甚为薄弱的三类村，组织了 86 户的大社。❺少数民族地区基本上与汉族地区一样掀起了合作化高潮，连荔波、从江、榕江、黎平、雷山、台江、剑河、册亨、望谟 9 个少数民族聚居县，也拼命硬赶合作化进度。许多少数民族农民没有经过临时互助组、

---

❶ 中国科学院民族研究所云南民族调查组、云南省民族研究所民族研究室编：《云南省傣族社会历史调查材料》（德宏地区八），第 30 页。

❷ 贵州省民族研究所编印：《贵州省雷山县桥港乡掌披寨苗族社会历史调查资料》，第 24 页。

❸ 中国科学院民族研究所云南民族调查组、云南省民族研究所编：《云南省傣族社会历史调查材料》（耿马地区七），1963 年印刷，第 80～81 页。

❹ 《云南农业合作制史料》第一卷《重要文件汇编（1952～1962）》，第 279 页。

❺ 贵州农业合作化史料编写委员会编：《贵州农村合作经济史料》（第一辑），第 71 页。

常年互助组的阶段，就一下子入了初级合作社。❶ 有些地方在建社中存在强迫命令或变相强迫命令的做法，违反了群众自愿的原则。如贵阳市郊区办社的干部带着办大社的框子去套群众，认为"土地是公家的，不入也得入"，因此对少数积极分子和群众说："单干就是资本主义，资本主义就是死路一条。"各地对一些变相强迫的做法不加以制止，有些群众认为："合作社是公家的政策，何必去碰呢""不入社是发展资本主义。"因而，他们迫于压力而勉强入了社。遵义县一区高坪乡干部错误地把一些较差的互助组比做"台湾组"，组员感到压力大，于是勉强入了社。❷ 1954 年 2 月 18 日，中共贵州省委批转省委农村工作部《关于贵州省试办农业生产合作社工作的初步总结》，指出：建社过程中，部分干部开始滋长着盲目贪多、贪大、图快、图高的急躁情绪。有的脱离互助组、脱离生产去孤立办社，有的用强迫命令去办社，违反了自愿原则，因而出现一些社员要求退社的现象。❸ 因此各地要通过检查工作提高干部的思想和作风，坚持群众自愿的原则，做好思想发动工作，充分发扬民主，认真批判克服主观主义、一般化、命令主义等，以保证党的政策的正确贯彻。

四是重社轻组，脱离生产。合作社的发展过程中，西南民族地区有的地方孤立办社，脱离互助组、脱离生产。不少干部对办社很积极但对领导互助组不感兴趣，产生了"重办社轻互助"的情绪。如安顺二区大井寨竟把全村 4 个党员，3 个党员对象集中起来办社，结果"不但未带动互助组反而带垮了"。❹ 许多地方对于如何发展生产和领导互助组、单干户还没有作认真的研究，因而不了解土改后必须采取各种各样的形式即原来已有的和群众乐于接受的形式把农民组织起来，加强领导，使其适合于当地民族的习惯，逐步加以提高，这样就能使农民便于解决当前生产生活的困难，大力发展生产，并可为办社在思想上组织上作准备。❺

由此可见，互助合作运动中西南一些地方因为盲目追求数字和高级

❶ 《贵州农村合作经济简史（1949~1990）》，第 86 页。

❷ 贵州农业合作化史料编写委员会编：《贵州农村合作经济史料》（第一辑），第 71 页。

❸ 贵州农业合作化史料编写委员会编：《贵州农村合作经济史料》（第四辑），第 31 页。

❹ 贵州农业合作化史料编写委员会编：《贵州农村合作经济史料》（第一辑），第 71 页。

❺ 《云南农业合作制史料》第二卷《历史资料选编》，第 228 页。

形式，贪大喜多而发生了农具归公、耕牛入社、兴办"自发社"以及侵犯中农利益、歧视单干户等错误倾向。这些问题如不予以适时适当的解决，就会影响着合作社的巩固和发展。1955年1月，中共中央根据当时全国农业社迅速发展的情况和问题，发出了《关于整顿和巩固农业生产合作社的通知》，针对上述问题，西南局、各省根据中央的指示，发布政策措施，整顿和发展初级社，如中共四川省委于1955年初先后发出《关于处理目前建社中几个具体问题的指示》和《关于巩固农业生产合作社的紧急指示》，1955年5月4日，中共贵州省委发出《关于继续加强巩固现有农业生产合作社的紧急指示》，决定暂缓发展初级社，压缩原定计划，组织力量整顿合作社。在党和政府的领导下，西南民族地区采取如下措施整顿和巩固合作社。

一是加强初级社的管理，实行包工包产。在农业合作化运动中，妥善地对待农民的经济利益，主要表现在正确地规定和执行处理生产资料、收益分配和生产投资的具体政策。❶ 认真推行包工包产制，是克服生产混乱，搞好生产的重要环节。包工包产过程中要建立经济核算、财务开支、集体领导、活路验收、财务保管、奖惩等制度。贵州实行的包工包产一般分大小两季包。先根据各类田土的土质、常年产量和潜力，评出田土的当季产量，再根据不同田土的耕作条件和技术要求，按各种作业种类，参照包工定额，计算出从犁田、播种、中耕、施肥直到收获的全部用工量，包给生产队完成，超产加奖，减产扣分。这种办法不但能使生产队和社员发挥积极性和注意工作质量，同时也能加强合作社生产管理的计划性。❷ 贵定县定南乡火把农业生产合作社，大季作物（水稻、苞谷）推行了包工包产，使社员生产积极性进一步得到发挥。社员陆永安的祖父和陆永章的母亲都是六七十岁的老人，已经有多年不做活路了，包工包产后也自动的参加了合作社的集体劳动生产。全社劳动效率比去年提高了25%，社员在生产中的责任心也大大地加强了。如春季生产中，第一生产队的出少清、邱云禄等8人，冒着狂风暴雨淌着河水去抢救社里的烟苗。因而，全社的总收入比去年增加11.63%，包产

---

❶ 《向广大农民正确宣传农业合作化的具体政策》，《云南日报》1955年3月15日（第1版）。

❷ 《贵州农村合作经济简史（1949～1990）》，第93页。

的苞谷和水稻比全乡增产水平高出 6.3% 。❶ 推行包工包产是合作社在生产管理上的一个重要举措，调动了社员的生产积极性。

二是加强政策宣传教育。当农村社会主义改造和办社劲头鼓起来后，晋宁县有的群众在思想上仍有顾虑，主要集中在政策问题上。所以各乡都具体地在宣传组织教育工作中，采取了组织参观、自由访问的办法，进行宣传教育。全县组织了社长参观访问上蒜农业社，提出问题，由老社解答，总共提了 30 多条具体政策问题。有的回来说："这回放心了。"另外分片组织参观老社，老社里将同类型的人找出，让他谈亲身体会，进行解答，如安乐乡、新街乡、小海乡等，均有领导根据各种不同人的思想顾虑，组织不同的老社员进行解答，效果很好。❷ 江川县一般的乡都有五六百名农民参加学习，党支部也组织农村知识分子、农村艺人等采取唱花灯、出黑板报等各种各样的方式进行宣传。一区左卫乡新涌现的积极分子李竹兰仅一天工夫就动员了 8 户农民入社，该区四个办社乡已有 90% 以上的农民要求入社。❸ 荔波县板考乡党支部调整了由各族党员、团员和自然领袖组成的宣传队伍，并在较早建立的板光农业生产合作社中，挑选出覃云星、覃利芬、蔡锡珍等 4 个少数民族党员社干，组成了一个建社报告组，针对少数民族"眼见为实"的特点，深入第一、第二批建社对象组中，采取大会报告、组织群众讨论、田间寨坝摆谈、家庭访问等多种多样的方式，紧密结合生产，用本民族语言讲述板光农业生产合作社最初建社的步骤、处理具体问题的经验、收益分配及目前生产情况，使群众进一步明确社的优越性，激发起他们的建社热情。原来对入社还有顾虑或思想半通不通的群众，在听了老社情况的介绍以后，也都坚定了入社信心。❹

三是反对强迫命令，坚持自愿互利原则。中华人民共和国成立初期，对于国家来说，借助"政治权力推行集体化，却是掌握国家权力者有意识的施为，显示出依靠政权力量和意识形态动员组织乡土社会的强

❶ 贵州农业合作化史料编写委员会编：《贵州农村合作经济史料》（第二辑），贵州人民出版社 1988 年版，第 121 页。

❷ 中共晋宁县委员会：《晋宁县今秋建社试点初步总结》，《云南日报》1955 年 8 月 15 日（第 1 版）。

❸ 《全省建社运动已全面铺开》，《云南日报》1955 年 8 月 19 日（第 1 版）。

❹ 贵州农业合作化史料编写委员会编：《贵州农村合作经济史料》（第二辑），第 89～90 页。

烈冲动"。❶ 但"农业合作化是使劳动农民永远摆脱贫穷和剥削的唯一的光明道路，因此，农业生产合作社应该逐步地吸收全体劳动农民入社，使社会主义在农村中得到完全的胜利。农业生产合作社要达到这个目的，决不能用强迫的方法，应该用劝说的方法，并且做出榜样，使没有入社的农民认识到入社只有好处，不会吃亏，因而自愿地入社"❷。中央农村工作部部长邓子恢也强调："互助合作必须根据群众的觉悟。用群众的切身体验教育群众，这是群众运动的基本规律。"❸ 因此，互助合作必须根据生产发展的需要和人民群众的觉悟程度而逐步实现，必须切实从山区特点、民族特点出发，坚持自愿原则，合作化的速度，应当采取比内地更为谨慎的和较缓的步骤，使办社成为群众自己的自觉行动。

四是结合生产整顿初级社。整顿巩固合作社必须从安排生产入手，抓增产措施，搞好生产。不少社员之所以生产情绪不高，思想动荡不安，其主要原因就是看到社的生产搞不好，怕不能增产，减少收入，减弱了办好社的信心。因此，在巩固当中，必须从组织社员投入生产入手，抓增产措施，找窍门，挖潜力，订增产计划，使社员心中有底，感到有奔头，从而提高生产积极性，树立办好社的信心。❹ 弥勒县彝族自治区农民，自1955年3月即开展了以春播为主的春耕生产运动。两个月以来，在中共弥勒县委的领导下，由于各乡较好地贯彻了各项生产政策，在74个农业生产合作社的整顿中，山区的各个农业社着重解决了坡地未评产入社、肥料分等论价的不合理、耕牛租金偏低、缺乏草料等政策问题。坝区的各个农业社着重解决了对牛限制过死，减少了养牛户的合理收入，影响养牛户生产积极性，以及大农具给予合理租金等政策问题，种植经济作物的合作社，着重解决了股份基金及自由投资等政策问题。❺ 可见，农业生产合作社的整顿均结合生产进行，取得了一定的成效。1955年4月初，楚雄县召开了县委扩大会，学习了上级党委关

❶ 转引自曹金合：《十七年合作化小说的叙事伦理研究》，第57页。

❷ 史敬棠等编：《中国农业合作化运动史料》（下册），第112页。

❸ 《邓子恢文集》，第327页。

❹ 贵州农业合作化史料编写委员会编：《贵州农村合作经济史料》（第二辑），第109页。

❺ 《中共弥勒县委全面领导生产　对不同地区各种作物及社与组加强具体领导》，《云南日报》1955年5月9日（第1版）。

于巩固、提高合作社的指示及政策，具体分析了全县 100 个农业生产合作社的情况，结合春耕生产，研究巩固、提高农业生产合作社的办法，制订了计划，县委并不断通过互助合作代表会、支书、支委扩大会，传播点上的经验，使合作社普遍得到巩固提高。由于结合生产整顿合作社，原来生产搞不起来的三类型社的生产搞起来了，一、二类型社的经营管理有了进一步的提高。在三区的 40 个农业生产合作社中，有 25 个社制订或修订了常年生产计划，有 36 个社在春耕生产中实行了小包工制，原先闹着要退社的 48 户社员，有 40 户已坚定了入社信心，不但不想卖耕牛，还买进 18 头耕牛来积极准备春耕。❶ 因此，合作社要订立生产计划，密切与社员的关系，推进春耕生产，并在生产中取得相当成绩，以合作社的优越性鼓舞社员。

五是举办社干部训练班。邓子恢曾强调："办合作社，要看干部条件，要看干部的能力。干部没有这样多，干部能力弱，不能胜任就办不好，这是很自然的。"❷ 在少数民族地区，如果没有一定数量的党组织和党员起堡垒作用，如果没有大批拥护共产党和农业合作化政策的各族农民积极分子，合作社是办不好的。❸ 1954 年春天，云南省试办 334 个合作社，有 1000 名左右的干部受到了训练和锻炼。1954 年秋季办社前，省委决定训练 5 万名干部。省委训练区委以上领导合作化的主要干部，着重解决县区领导的思想、作风和合作化的主要政策问题；地委主要训练乡党支部书记和区干部，提高基层干部的社会主义觉悟和解决办社中的实际问题的能力；县委主要训练乡的积极分子，从解剖典型中提高他们办社要求和培养联系群众的作风等。由于各地重视，全省实际训练干部和积极分子 15 万人，使新发展的合作社平均每社有 10 多个受训干部和积极分子，保证了社的质量。❹ 1955 年 7 月以来，云南省各地、县委便分别举办了办社干部、党支部书记、乡长、小社骨干和枳极分子等办社干部训练班和农业社会计训练班。参加训练的办社干部仅曲靖、

---

❶ 《楚雄全县农业社普遍有了提高　密切结合生产解决政策思想问题》，《云南日报》1955 年 5 月 9 日（第 1 版）。
❷ 《邓子恢文集》，第 327 页。
❸ 林钢：《开展少数民族地区的农业合作化运动》，《云南日报》1955 年 11 月 9 日（第 3 版）。
❹ 《当代中国的云南》（上），第 120 页。

楚雄、大理、保山、丽江、思茅、文山、澜沧等 8 个专区就有 96250 多人，其中仅曲靖专区各县就有 3 万多名。农业社会计人员仅楚雄专区 17 个县在 7 月就分别训练了 4000 多人。❶

四川省各县一般都是采用老社骨干与新建社骨干在一起训练的办法，使许多新建社干部学会了办社的具体办法。该省还培养了大批的妇女骨干，其中温江、内江等 17 个县就培养出 4600 多名，她们中的绝大多数都能够担任社长、社务委员、生产队长等职务。在少数民族聚居的云南，仅楚雄、玉溪、昭通等县就训练了彝、回等十多个民族的七千多名会计员，他们已陆续参加了建社活动。❷

六是注意民族问题，加强民族团结。在办社的同时，西南地区还比较注意和照顾民族地区的特点、生产特点和传统习俗，加强民族上层统战工作，妥善安排其生活和政治待遇，对苗族、彝族、瑶族、壮族等民族的特需用地，以及宗教活动，都给予必要的照顾，并通过民族上层去加强对地主、富农分子的教育改造。由于各民族生产习惯、耕作技术、风俗习惯、宗教信仰及语言文字的不同，在民族地区建社就必须充分照顾到民族特点。要做好民族、宗教上层人物的统一战线工作，在建社过程中要加强民族团结的教育，社内各民族一律平等，各族农民互相尊重、互相帮助。在由几个民族联合组成的农业合作社里，既要保证贫农在领导成员中占多数，又要照顾到各族在社内干部中保持适当的比例。规定社内制度，编队编组，分工分业，必须照顾到不同民族的不同风俗习惯和劳动生产习惯。❸ 从办社试点开始，楚雄地委就注意从一些地区民族聚居的特点出发，研究并采取了若干在民族地区办社的特殊政策。经过实践和探索，1955 年 6 月 28 日，地委制定了《关于发展山区合作社的意见》，对于合作化速度，规定在 1956 年秋收前，边远山区、高寒山区应以巩固提高互助组为主，不办社或只重点试办。一般山区在 1955 年底如元谋、罗次仍不办，其他县共计只办 30 个试点社。1956 年前只办 20 户左右的小社，不办大、中型社。❹ 峨山县彝族自治区棚租乡

---

❶《全省建社运动已全面铺开》，《云南日报》1955 年 8 月 19 日（第 1 版）。

❷ 史敬棠等编：《中国农业合作化运动史料》（下册），第 751 页。

❸ 林钢：《开展少数民族地区的农业合作化运动》，《云南日报》1955 年 11 月 9 日（第 3 版）。

❹《楚雄州农村改革与发展（1950～1990）》，第 66 页。

是一个山区乡，彝族农户占总农户的 90% 以上。在办社中，从大规模的深入发动到评产入社，由于支部在坚持贯彻办社原则和各项具体政策的同时，注意了山区民族特点，针对这种特点解决建社中的问题，因而使建社工作得以顺利进行。❶ 红河州，在农业合作化开始时，对少数民族入社农民除按政策留给一定比例的自留地外，又分别留给一定的特殊用地或牲畜——苗族的"麻塘地"、哈尼族和瑶族的"蓝靛地"、傣族的"水芋头田"和"养鱼塘"、壮族的"席草田"、苗族的"风俗牛"、彝族的"开路羊"、壮族的"私房羊"等；对回族清真寺的土地，保留土地分红。❷

培养各民族干部和各民族积极分子，是决定合作化运动发展进程的关键。根据当时民族社的经验，1955 年 3 月，中共云南省委农村工作部强调：社的管理委员会必须吸收各民族的领袖人物参加，必要时社长、副社长都应当有各族的干部；对各民族的干部和积极分子，除经常进行具体的一般政策教育，来提高其社会主义觉悟之外，必须经常联系实际，进行民族团结的教育，而且经常通过批评和自我批评，保证各民族干部和积极分子的团结，使他们成为各民族团结的榜样和核心。❸

从贯彻民族政策的角度出发，贵州在建社中一般都注意了这样几个问题：第一，有计划有步骤地发展党员，大力培养和放手提拔少数民族干部，依靠本民族的党员和干部，去团结那些公认的民族首领人物，如房族长辈、寨老、歌手、歌师、罗汉头、姑娘头等，先建立有党员、干部、民族首领人物、互助组骨干参加的建社筹委会，通过筹委会去发动群众；第二，做好示范，组织参观试办的农业社，用事实解除群众的顾虑；第三，根据民族特点贯彻自愿原则，注意耐心启发少数民族农民提意见，注意民主协商；第四，充分注意各民族之间和民族内部的团结，不同民族的群众不愿组织到一块时，绝不勉强；第五，处理入社具体问题时，照顾少数民族的特殊问题和风俗习惯。如妇女自种棉花供自纺、自织、自穿的少量棉花土，母亲送给女儿继承的姑娘田、姑娘土，祖宗遗留下来房族轮种轮收的共田、和气田等，都充分尊重少数民族意愿，

❶ 王正中：《一个山区民族乡的建社工作》，《云南日报》1955 年 9 月 9 日（第 2 版）。
❷ 红河哈尼族彝族自治州民族志编写办公室：《云南省红河哈尼族彝族自治州民族志》，云南大学出版社 1989 年版，第 295～296 页。
❸ 《云南农业合作制史料》第二卷《历史资料选编》，第 163 页。

不勉强入社。❶

在办初级农业合作社中，根据水、布依、苗等族的愿望，三都县共建立了 33 个民族联合社。1955 年，周覃区板考乡（今周覃镇），总结民族杂居区建立初级农业合作社的经验，被收录入毛泽东主持编写的《中国农村的社会主义高潮》一书中，民族联合社在处理生产资料的入社问题上，依据各民族的传统习惯，对部分生产资料如"姑娘田""棉花田""兰靛田"等少数民族特殊用地，以及"养老牛""养老马"等均给予应有的照顾。有的问题是由社员自己协商解决，不愿入社的生产资料，可以暂时保留。❷ 在杂居区牵涉到社内或社外的民族关系时，本着先进照顾落后、少数照顾多数、互相尊重风俗习惯的原则加以解决，必须进一步加强各民族之间的团结，这是在杂居地区进行农业社会主义改造的基础。❸ 由于各民族的经济生活和风俗习惯上的不同，不论单一民族社或联合社，在处理自留地、山林、畜牧、公私活计的安排、生产队或生产组的大小，以及组织劳动上都必须充分照顾各民族的特点。尤其联合办社的，必须保证社管会中有各民族的骨干，而且尽可能地使"掌握实权"的（即社主任和会计）人员不要都是一个民族。❹ 民族居住状况过于混杂、分散的地区需要建立民族联合社，则应注意：社干的配备要与社员的民族成分相适应；先进民族要照顾落后民族，人数多的民族要照顾人数少的民族；互相尊重风俗习惯，充分发挥各个民族的长处。❺ 对于各民族的风俗习惯，联合社中各民族基本上都互相尊重，贯彻了党的民族政策，合作社领导班子中都选拔、配备了各民族干部，所以，在本民族群众自觉自愿之下，合作社的巩固发展过程中，西南民族地区逐步改变各族中不利于生产的某些落后的习惯，充分发挥各民族的特长，取长补短，促进了民族团结和生产发展。

在党和政府的领导支持下，西南民族地区比较落后的地方采取直接过渡的形式，不经过土地改革，直接过渡到社会主义。乌兰夫曾指出：

---

❶ 《贵州农村合作经济简史（1949～1990）》，第 84～85 页。

❷ 中共三都水族自治县党史研究室：《中共三都水族自治县历史》第一卷（1949～1978），第 76 页。

❸ 《云南农业合作制史料》第一卷《重要文件汇编（1952～1962）》，第 139 页。

❹ 《云南农业合作制史料》第一卷《重要文件汇编（1952～1962）》，第 273～274 页。

❺ 《云南农业合作制史料》第二卷《历史资料选编》，第 224 页。

"对于个别尚未进入阶级社会或者阶级分化不明显的少数民族，应该大力扶持他们发展生产，在当地人民的经济、文化水平逐步提高的过程中，采取说服教育办法，通过合作化的道路，帮助他们逐步地改变不利于民族发展的条件，改变旧的生产关系，完成社会主义改造。"❶ 1954年6月，德宏傣族景颇族自治区在"直接过渡"地区的景颇族、德昂族村寨试办了4个农业生产合作社，开始了直接办社的摸索实践。这4个社是：潞西县西山营盘乡赵老三合作社；陇川县瓦勒勤生产合作社，盈江县普仑曼散合作社，盈江县旧城小新寨合作社。❷ 这些地方土地占有不集中，阶级分化不明显，还保留有大量的原始公有制因素。通过互助合作，党和政府普遍地宣传爱国生产运动和不搞土改、直接过渡的方针政策，把少数民族农民组织起来，发展生产和经济文化，逐步克服各种原始落后因素，直接过渡到社会主义。

3. 初级社的发展

初级社是在互助组基础上，在承认土地私有和财产个体所有制的前提下，由个体农民自愿组织的半社会主义性质的集体经济组织。农户家庭的分散经营变为合作社的统一经营，实现了土地所有权和经营使用权的分离。在党和政府的领导下，根据中央和省委指示精神，西南民族地区对初级农业生产合作社进行了整顿，合作化事业取得了进一步的发展，到1956年春，西南地区已基本完成半社会主义合作化。

随着农业生产互助合作运动的发展，云南省已经土改的内地民族杂居区已建立了一些各少数民族单一的或几个民族合办的农业生产合作社。1954年春试办的334个社中，包括了汉族、彝族、苗族、回族等29个民族，其中汉族社257个，单一少数民族组成的社38个，几个民族合办的社39个，后两者共占总数的23.3%。据1954年年底全省5399个社中4628个社的初步统计，单一少数民族组织的社479个，几个民族合办的社770个，共有1249个，约占总社数的1/4左右。文山、思茅、丽江等地区，民族社占农业社总数的半数以上。❸ 1954年春，楚雄全区试办了29个"土地入股、统一经营"的初级农业生产合作社。1954年秋后，掀起了办社的第一个高潮。在原有29个社的基础上，新

---

❶ 《乌兰夫文选》（上册），中央文献出版社1999年版，第415页。

❷ 云南省民族事务委员会编：《云南民族工作大事记（1949~2007）》，第34页。

❸ 《云南农业合作制史料》第二卷《历史资料选编》，第157页。

建了 477 个，入社农户达总农户的 18.1%。❶ 截至 1956 年 3 月上旬，云南已基本完成半社会主义合作化。各少数民族都分别参加了农业生产合作社，在现有的民族社中，有一个少数民族自己办的，有两个以上少数民族合办的，有汉族和少数民族合办的。思茅专区有的社内有 9 个民族。山区的农民普遍反映："毛主席的指示传来，山区也出现社会主义了。"❷

1956 年 1 月，四川基本实现了半社会主义性质的农业合作化，有 240 多万户农民加入了农业生产合作社。至此，入社农户已占农户总数的 70%。201000 多个农业社已经像繁星似的分布在全省的乡村中。无论是富饶的川西平原或者是高寒的川陕边革命老根据地，农业合作社都成为生产的基本形式。一两个月前还抱怨"高山挡住了农业社"的山区农民，现在都欣喜地说：合作社上山啦！"摇钱树"栽到高山上来啦！许多在去年秋冬想要在社外再等一两年的上中农，现在也成批地要求入社，全省有半数以上的上中农已经入了社。❸

1956 年 2 月 2 日，贵州省比预定计划提前 6 个月基本上实现了半社会主义性质的初级农业生产合作化。自中共贵州省第六次党代表会议以后，至 1956 年 1 月 31 日，全省共新建了 21622 个初级社（缺丹寨县），加上原有的 35000 多个社，入社农户共有 2435386 户，已占全省农户的 77.7%，比去年 11 月增加了一倍多。不管是在中心地区或边远高寒山区，汉族聚居区或各民族杂居、聚居区，也不管是在平原河流地带或是在苗岭山脉上的大小山村里，处处都出现了整寨、整村、整乡集体申请办社的新气象。如地处边远的兴义专区，只在半月内，就有 164408 户农民新建了 2326 个初级社。又如高寒山区的毕节专区，也建立了初级社 4352 个，连同原有社，入社农户达到了全区总农户的 80%。就是在苗岭丛山中的台江苗族自治县，入社农户也已发展到 78% 以上。❹ 自 1955 年 12 月中旬至 1956 年 1 月 16 日止，镇远专区共建立了 2392 个农业生产合作社，入社农户共 109183 户，加上原有的入社农户共达 20 万

❶　《楚雄彝族自治州概况》编写组：《楚雄彝族自治州概况》，第 66 页。

❷　《我省在 3 月上旬基本完成初级形式农业合作化》，《云南日报》1956 年 3 月 21 日（第 1 版）。

❸　史敬棠等编：《中国农业合作化运动史料》（下册），第 888 页。

❹　史敬棠等编：《中国农业合作化运动史料》（下册），第 892～893 页。

户以上，占全专区总农户的 76.6%。至此，全专区已基本上实现了初级农业合作化。其中合作化运动进展较快的镇远、施秉、三穗等县，入社户已达到全县总农户的 83% 以上；炉山和台江两个苗族自治县，也有 78% 以上的苗族农民参加了农业生产合作社。这些新社都是由一些基础较好的互助联组建立起来的。❶

从 1955 年 7 月至 8 月中旬，贵州省各族农民新建了 1.09 万多个农业生产合作社。这些社是在常年互助组基础上建成的，质量都比较好。全省共有 1.7 万个农业生产合作社，基本上达到乡乡有社，并出现了一些合作化了的村庄。建社中，各地都注意了贵州是多民族杂居的特点，加强了民族团结教育和尊重少数民族的风俗习惯。在处理有关入社的具体问题时，坚持自愿互利原则，依靠当地干部和积极分子妥善地与民族上层领袖人物进行协商。这样做的结果，各方面都感到满意。❷ 贵州建社过程中，由于采取通过本民族的干部和积极分子进行工作，适当照顾了民族特点，少数民族地区的建社工作发展很迅速，1956 年 2 月，已和汉族地区一道，基本上完成了初级农业合作化。❸

农业合作化运动是党继土地改革后发动的又一场导致农村社会发生变革的运动，"互助组显示了农民初步组织起来克服困难的作用，初级农业生产合作社发挥了土地入社统一经营的优越性，对于农业生产的迅速恢复和发展，起了明显的积极作用"。❹ 根据中央的指示和广大少数民族群众的要求，西南民族地区在党和政府的领导下，拟订了在少数民族地区发展合作社的规划，在群众既有比较丰富的互助经验又有比较坚强的领导骨干的地区，试办小型的初级农业生产合作社。在初级社的建立、整顿和发展的过程中，西南民族地区尽管曾出现过一些急躁冒进的做法，但总的说来，其发展还是健康的。

初级农业生产合作社把主要生产资料作股入社，承认社员的私有权，生产资料所有制已不是完全的私有制了，已经变成了一种半私有制和部分公有制。分配上，初级社既有按劳分配，又有土地按股分红，使

---

❶ 《镇远地区已实现初级农业合作化》，《新黔日报》1956 年 1 月 17 日（第 1 版）。
❷ 贵州农业合作化史料编写委员会编：《贵州农村合作经济史料》（第四辑），第 50 页。
❸ 中共贵州省委办公厅等编：《贵州现代经济文献选编（1949～1965）》，第 294 页。
❹ 《当代中国》丛书编委会：《当代中国的农业合作制》（上），当代中国出版社 2002 版，第 320 页。

社员之间的经济利益得到合理调整和满足。初级农业合作社的建立，推广了先进生产技术和经验，增强了抵抗自然灾害的能力，克服了以自有土地、自我经营为主要特征的个体小农经济所不可避免的缺陷，进一步显示了组织起来的优越性，表现出鲜明的优势。

在初级合作社中同时存在着社会主义的因素和私有经济的因素，便不可避免地存在这两种因素之间的矛盾。如果考虑到初级社建立后都曾普遍地开展了农田水利基本建设和当时舆论宣传已经造成"不入社就是资本主义""单干就是违法"的政治形势，入社的农户即使或有退社之心，恐怕也很难有退社的行动。初级社这种农户既拥有土地、耕畜、大农具所有权但却无法实际控制，享有入社、退社的自由却又难以实行的状态，或能从一个方面说明初级社所具有的半社会主义性质。❶ 初级社只是部分地改变了个体私有制，是集体经济的初级形式。"在合作化推行的过程中，农民逐渐失去了土改后获得的土地所有权。但是，农民和土地具有天然的联系，集体必须在农民、土地、集体之间寻求到新的利益结合点和平衡点。"❷ 为了更充分地发挥土地和劳动力的潜力，改进和提高生产技术，就必须解决统一经营、集体劳动同土地和其他某些生产资料的私有之间的矛盾。组织起来的西南民族地区各族农民深深地体会了这一点，他们迫切要求成立高级农业生产合作社，更进一步的组织起来，发展农业生产。

（三）高级社的建立与发展

高级农业生产合作社是以生产资料集体所有制为基础的，其建立与初级社有着显著的不同。单一的集体共有产权结构成为高级社最明显的特征，高级社成立后土地的产权制度发生重大变化，农民的土地个体所有转为集体所有，耕畜、农具已经不归社员私有，变成了合作社的公有财产，土地由集体统一经营使用，入社的土地不能出租和买卖，实行"按劳分配"原则，因而高级社从根本上克服了初级合作社所不能克服的统一经营、集体劳动同土地和其他生产资料私有之间的矛盾，是完全社会主义性质的集体经济组织。合作化是真正意义的社会大变革。

---

❶ 段志洪、徐学初主编：《四川农村 60 年经济结构之变迁》，第 94 页。
❷ 黄荣华：《农村地权研究（1949～1983）：以湖北省新洲县为个案》，上海社会科学院出版社 2006 年版，第 95 页。

1. 高级社的建立

1955 年 3 月，中共中央发出了《关于在少数民族地区进行社会主义改造问题的指示》，要求充分注意民族特点，采取慎重稳进方针，把少数民族地区广大农民的生产积极性及时引导到社会主义建设上来，逐步地把少数民族地区的互助合作运动健康地推向前进。1955 年秋，党中央《关于农业合作化问题的决议》和毛泽东《关于农业合作化问题》的文章发表后，加快了农业合作化的速度。

四川省在大办初级社的同时，简阳县解放社、璧山县青杠社和新繁县新民社等，率先在 1955 年冬建成第一批高级农业生产合作社。1955 年 11 月 23 日，贵州省第一个高级农业生产合作社——铜仁县幸福桥高级农业生产合作社成立。这个社是以一个初级社为基础，联合附近两个初级社、吸收 44 户互助组组员和单干农民办起来的，共 181 户，745 人。❶ 中共都匀地委以 1955 年 10 月自己办的试点初级社（都匀先锋农业生产合作社）为主，进行筹备，联合附近 3 个初级社和一部分农户，于 1956 年 3 月 19 日建成了先锋高级农业生产合作社，地点在风麓乡小围寨，有 210 户，这是黔南地区的第一个高级农业生产合作社。❷

在初级社升级并社过程中，西南各地都发布政策方针指示，指导合作化运动的发展。如 1956 年 8 月 28 日，中共贵州省委批转省委农村工作部《关于今冬明春做好初级社升级并社工作的意见》，提出在升级并社中应该注意的事项：第一，必须切实地充分地做好准备工作。第二，社的规模，一个高级社一般应该以 100 户左右为宜，在交通方便、居住集中的地方，可以到 200 户，太分散的地方几十户也可以。初级社在 50 户以上的，一般可以在此基础上转为高级社，过小的，可以根据自然条件和群众自愿，合并一个或几个社建立高级社。第三，必须认真、严肃、合理地解决入社具体问题，坚决按政策办事，防止草率。第四，必须特别注意贯彻执行民族政策。第五，建社工作的步骤和方法，一般仍分成四步为好，但不要机械划分阶段。❸

---

❶ 《贵州农村合作经济简史（1949～1990）》，第 105 页。

❷ 中共贵州省黔南州委党史研究室编：《中国共产党黔南布依族苗族自治州历史》第一卷（1930～1978），第 232 页。

❸ 贵州农业合作化史料编写委员会编：《贵州农村合作经济史料》（第四辑），第 64～65 页。

高级社是在初级农业生产合作社的基础上发展起来的。一般一村一社，居住分散的地方数村一社。高级社是完全社会主义性质的集体经济组织，它的基本特点是：第一，组织规模较大，四川每社平均68户。第二，取消生产资料的私人占有，土地、耕畜、大中型农具、水利设施、成片林木等均归社所有。第三，社员入社一般均要交纳股份基金，除退社者外，社员不得抽回，也不参加分红。第四，统一安排生产计划，统一调配和使用劳动力。社内还划分生产队和作业组，建立生产责任制。第五，实行统一核算，统一分配。在当年总收入中，扣除费用、国家税金和集体提留后，全部按劳分配，取消土地分红。❶

　　在合作化过程中，西南各地注意了民族团结，照顾了民族风俗习惯。在处理生产资料的入社问题上，对部分生产资料如"姑娘田""棉花地""蓝靛田"和少数的特殊用地如"养老牛""养老马"等均给予应有的照顾。1956年10月3日，中共黔东南州委工作组总结了本地少数民族地区的办社经验，提出《关于少数民族地区初级社转高级社具体问题的处理意见（草案）》：社员私有土地（含耕地、荒地、荒山、牧场）归合作社所有，取消土地报酬；自留地，按每人平均土地的5%划给。一户一口人的，可算两口人；一户两口人的，可算三口人划给；社员屋基、坟山、阴地一律不入社；马郎坡、姊妹坡、芦笙场、斗牛场、跑马场等土地，一律不入社；龙船田不入社，但合作社可以租种；少数民族的棉花土、土烟土、兰靛地，可按实际需要，按户留给社员经营，其余部分可以入社；少数民族社员过去有养鱼习惯，合作社应划出一部分稻田给社员私人养鱼。每户划多少，应民主协商确定；少数民族的祭祀牛、斗牛、姑娘牛、保家牛等，一般不作价入社。在社干活时，付给合理报酬。如本人要求入社的，合作社应合理作价收买；社员私有的马和羊群，可以入社，也可以仍归社员私有，自己经营；社员私有的猪、家禽，不作价入社；少数民族需要稻草染布、作酸水、包粽粑、打草鞋，应留出来把稻草分给社员使用。❷1957年5月10日，黔东南州人大二次会议通过《关于高级农业生产合作社具体问题处理的补充规定》，这个补充规定是在1956年10月3日中共黔东南州委工作组《关

---

❶　四川省地方志编撰委员会编：《四川省志·农业志》（上册），第74页。
❷　贵州农业合作化史料编写委员会编：《贵州农村合作经济史料》（第四辑），第66页。

于少数民族地区初级社转高级社具体问题的处理意见（草案）》经过半年的实践后，修改制订的。补充规定进一步明确：社员新开的荒田荒土未受益或受益不足以抵偿开荒投资的，入社后由社合理补偿，少数民族的社堂、采歌堂、跳花坡等一律不入社，已开荒的要恢复过来；少数民族的养老牛、养老马、牯脏牛等，一般不入社，已入社的，本人愿意退回的应当允许，如果斗牛、跑马已经入社，合作社应有计划地养起来，以便用于这种娱乐活动；农副业机具、社员的晒席、箩筐不折价入社，但合作社租用时应付给报酬，社员私有的运输工具、水碾、油榨、纸坊、船只等，合作社可按合理价格收买，转为合作社公有；坟林、风景林和古树等，均不入社，必须保护，不准乱砍滥伐，社员私有的柴山，一般不入社，自然村的公有林，如群众同意，可合理折价归社公有。此外，补充规定对股份基金、生产管理和各民族的风俗习惯等问题也作了规定。❶

在少数民族地区建社工作中，应注意正确认识少数民族在政治、经济、文化上比较落后的特点，培养少数民族干部，依靠他们建社。1956年联合乡进一步实现高级农业合作化，共建立高级农业生产合作社17个，均系民族联合社，入社农户769户，占全乡总农户的98.46%，苗族全部加入了高级农业生产合作社。在组织形式方面，与一般高级社相同，设社务管理委员会、监察委员会和生产队。在干部配备方面注意了各民族的比例。❷

合作化过程中，西南各地都认真贯彻"积极稳进"的方针，强调入社必须完全自愿，办民族联合社的，必须经过充分协商，并要有各民族代表参加的领导机构，尊重各民族的风俗习惯，切实执行互助合作政策和民族政策。在联合办社以后，鲁甸县各族农民都能互相关怀，互相帮助。如在回、汉两族合办的社内，回族社员李兴海生了病无钱医治，社长（汉族）及社干部便积极地帮助他筹划借钱，由信用社贷款给他医病；因为回族社员没有吃草烟的习惯，汉族社员也尊重他们的风俗，在吃草烟的时候便离开回族社员去吃；社内把挑猪厩粪和搞施肥的活计分配给汉族社员去做。因为社内照顾和尊重了回族社员的风俗习惯，回

❶　贵州农业合作化史料编写委员会编：《贵州农村合作经济史料》（第四辑），第72页。
❷　四川省编辑组、《中国少数民族社会历史调查资料丛刊》修订编辑委员会编：《四川省苗族傈僳族傣族白族满族社会历史调查》，2009年版，第106页。

族社员也对于一些不必要的和有碍生产的旧习惯，主动提出来加以改进。❶ 1956 年 2 月，澜沧拉祜族自治区东禾区拉巴乡大兴、牙口等 4 寨的 30 户拉祜族和 28 户汉族农民联合办了一个农业生产合作社。他们在处理社内的一些具体问题的时候，都互相尊重照顾。拉祜族农民最爱惜自己的耕牛，而且好多人都喜欢养牛，怕"入了社活计多，把牛累死了"。这时，社里除了合理折价外，仍将耕牛分配给原主饲养，这就使得拉祜族农民非常满意，本来怕耕牛入社的李扎多，也自动地将自己的牛牵到社里折价。在制订生产计划的时候，汉族社管委员李小发主动提出照顾拉祜族的风俗习惯。❷ 民族地区的习惯制度和思想意识领域的文化生活改造和提高，十分缓慢，因此在合作化过程中必须充分考虑民族特点和政治、经济、文化方面的状况，大力加强文教卫生和政治思想教育。各地都采取了一些不同的方针政策和步骤做法，如培养民族干部，先进帮助落后，树立计划、积累和合理消费观念，多数照顾少数，尊重民族风俗习惯和宗教信仰，逐渐改变卦卜看病、杀牲祭鬼和拉事械斗的陈旧习俗，采用"慎重稳进"的方针，在生产力不断发展的基础上，相应地以缓慢的和平方式逐步实现社会主义改造。

2. 高级社的整顿

高级社的建立过程中，西南民族地区在合作化的速度、形式、劳动组织、分配制度等具体问题上，造就了简单划一的模式，形成了高度集中的统一经营的管理制度，一些地方出现了没有认真贯彻自愿互利、"闹退社"、违反民族政策情况。"在合作化运动中过急过快的公有制转换方式并没有带来农民收益的增加，相反，随着贪大求全的激进思潮导致的从初级社向高级社（集体农庄）转换的过程中，只是公有制的成分进一步增大，而管理经验、资金支配、政策扶持等各方面的情况却处于摸石头过河的状态。"❸ 有很多初级社本身就有许多问题亟待解决，建立了规模远远超过初级社的大社后问题更是积重难返，必须对高级社加以整顿，以保证合作化运动的健康发展。

在高级农业生产合作社建立的过程中，西南各地出现的问题主要有

---

❶ 中共鲁甸县委会：《自办社中照顾和尊重民族习惯》，《云南日报》1955 年 12 月 22 日（第 2 版）。

❷ 王先有：《永远团结的两族联合社》，《云南日报》1956 年 5 月 22 日（第 3 版）。

❸ 曹金合：《十七年合作化小说的叙事伦理研究》，第 221 页。

以下几种。

一是采用行政命令，没有认真贯彻自愿互利政策。一些地方在成立高级社时，急于变革生产关系，违背自愿互利原则，采用行政命令的方法，发展过猛过快，工作粗糙，造成一定混乱。在高级合作化运动中，由于办高级合作社要求过急，问题更显突出，不少地方采用支部规划、大会号召、骨干带头、集体报名的办法完成了高级化，不是由低级到高级逐步前进，而是将大批的个体农民直接并入高级社，一些地方提出了"割小农经济尾巴，消灭单干户，百分之百实现高级化"的错误口号，在实行农业高级合作化过程中，对不愿入社农民扣上"资本主义""革命对象"的帽子，这就导致在实际工作中违反了自愿互利的原则。

从贵州省第一个高级农业生产合作社成立到全省基本实现高级农业合作化，仅一年零四个月时间。初级社在转为高级社前只有一年多或不到一年的集体经营实践，有不少互助组和单干农民是"一步登天"跨入高级社的；在建立高级社的过程中，没有认真进行思想发动，具体问题也没有妥善处理。高级社的建立和发展存在着"过急"（发展速度）、"过大"（合作社规模）、"过粗"（工作）的情况。❶

根据1957年2月的统计，云南省17863个高级社中，单一民族办的社有1557个，两个民族以上合办的社有10535个，共12092个，占全省高级社总数的67.69%。内地民族区包括高寒贫瘠山区也同时实现了高级合作化。由于当时办社、转社要求过急、过快，工作粗糙，对少数民族地区特点研究不透，对民族群众利益缺乏照顾，生产关系的变革远远超越了生产力发展水平和民族群众的接受程度，以致挫伤了群众的积极性，甚至对党的政策产生了疑虑，影响生产的发展，造成了不少遗留问题。❷ 在合作社的规模上云南也出现盲目办大社的倾向。1956年6月30日，云南在全省性的初级社转高级社开始时，也曾提出高级社的规模宜控制在一定的范围之内，认为太小了固然困难很多，不便于在一定的规模上去发展生产，但太大了管理不便，也不利于生产的发展。因此，一般的山区和平坝地区，根据居住集中或分散和领导骨干强弱的情况，每个社以一百户、二三百户，最多四五百户为宜，过于分散的高寒

❶ 《贵州农村合作经济简史（1949~1990）》，第107页。
❷ 《云南民族工作四十年》（上册），第171页。

山区还可以根据实际情况再小一点，并规定办 500 户以上的高级社必须经地委批准，办 1000 户以上的高级社必须经省委批准。但在当时已经开始的突击转社的过程中，实际上还是难以控制，存在着盲目求大的倾向。1956 年 11 月检查办社情况，发现有一些县 500 户以上的大社都在 10 个以上。中共云南省委通报全省，要求加强控制，但各地仍越办越大。1956 年底，全省 50 户以下的小社占 54%，50～100 户的中社占 27%，100 户以上的大社占 19%。1957 年扩社并社后，50 户以下的小社下降到 25.6%，100 户以上的大社上升到 49.1%，其中 500 户以上的超大社占 4.3%。❶

1956 年 11 月 11 日，中共贵州省委召开一届二次全体（扩大）会议，会议指出，对农业的社会主义改造，在 1956 年春季就取得了决定性的胜利，经过整顿工作，已基本上巩固下来。但不少地方对办社要求过急，社的规模大了一些，执行自愿互利政策不坚决，并有一般化的现象，在解决集体与个人的关系上，集体照顾得多，社员个人照顾得少；在边沿地区有的不顾民族情况和地区差别，硬向中心区看齐，因而发生骚乱事件。❷ 一些地方在群众思想上毫无准备的情况下，以运动的方式，大力开展初级社转入高级社的工作。1956 年 3 月，高级社达 332 个，入社农户占总农户的 40%，兴仁县一些地方三天就建成了 30 个高级社，群众反映说："昨天还没听说，今天就进入了社会主义。"到 1956 年 4 月，全区所有农户都入了高级社，地委宣布完成了对个体农业的社会主义改造。❸ 兴义地委负责同志，按照苏联和我国星火集体农庄模式，建立了兴义县下午屯集体农庄。农庄由下午屯、双生、坝佑 3 个乡的 70 个初级社、14 个互助组、287 户个体农民组成，共 2982 户，1.27 万人。集体农庄宣布土地公有，取消土地分红，除按各户实有人口每人留给半分菜园地外，全部入社，实行按劳分配，私有牛、马，不论大小老弱全部分等折价转为农庄公有，风车、铁耙等大型农具及粉房、酒房、榨房、辗房、运输等副业工具和设备，全部按现有价值折价入农庄，山林、树木除房前屋后和自留地上的零星树木外，其余一律折

<hr>

❶ 《当代中国的云南》（上），第 123 页。

❷ 贵州农业合作化史料编写委员会编：《贵州农村合作经济史料》（第四辑），第 67 页。

❸ 中共贵州省委党史研究室编：《纪念贵州解放四十周年》，《贵州党史资料》（第七辑），第 210 页。

价入农庄。农庄是在宣传毛泽东《关于农业合作化问题》的讲话，结合重新规划成分，批判富农思想和右倾情绪的情况下，一哄而起，一户不漏地组织起来的，未认真贯彻入社自愿、退社自由的政策，把初级社没有处理的矛盾带进了庄内。❶ 1956 年 12 月 13 日，中共贵州省委印发《关于一年来农业合作化运动的初步总结与今冬明春工作意见》，总结认为：一年来农业合作化运动主要缺点和错误是，有些地方发生急躁情绪，没有认真贯彻自愿互利政策，执行民族政策不好，损害了社员个人利益，等等。❷ "合作化运动过快的步伐必然对各级干部产生巨大的压力，为完成中央所发布的命令，而最终到了利用高压手段迫使不情愿的农民服从命令的程度。"❸ 合作化过程中，多数地区在处理经济政策问题的方法上普遍存在简单粗糙、包办代替和强迫命令的毛病，有的地方在"不入社就是走资本主义道路"的政治压力下，一哄而起实现了合作化，土地、耕畜、农具都较多较好的上中农，认为入高级社吃亏，内心不情愿，但又明白自己无力阻挡，怕不入社受孤立，怕合作化以后农忙时雇不到工，更怕不入社就成了地主富农一伙（当时规定不许地主富农入社）。❹ "各种利益受到忽视的群体之所以不能够有效地组织，在很大程度上并非他们非常贫穷，而是因为他们规模庞大，结构松散，很难将其动员起来。"❺

由于急于变革生产关系，违背自愿互利原则，采用行政命令的方法，西南民族地区一些地方建社工作粗糙，发展过猛过快，初级社的大量问题还来不及解决，就贸然实现高级农业生产合作化。

二是"闹退社"。正当 1956 年加速变革农村生产关系，以运动方式推进合作化，全国农业社会主义改造全面掀起高潮的时候，不少地方都出现了上中农、富裕中农退社和要求退社的情况。"农民并不完全愿意接受国家摆布而是从自身利益出发不断作出理性选择，既要适应国家制度安排大势，又要尽可能维护自身利益，当国家政策触及其根本利益底

---

❶ 贵州农业合作化史料编写委员会编：《贵州农村合作经济史料》（第四辑），第 56 页。

❷ 贵州农业合作化史料编写委员会编：《贵州农村合作经济史料》（第四辑），第 68 页。

❸ 林毅夫：《再论制度、技术与中国农业发展》，北京大学出版社 2000 年版，第 11 页。

❹ 《当代中国》丛书编委会：《当代中国的农业合作制》（上），第 404 页。

❺ 参见高春芽：《奥尔森集体行动理论研究》，武汉大学博士学位论文，2007 年，第 134 页。转引自贾滕：《乡村社会秩序重构与灾害应对——以淮河流域商水县土地改革为例（1947～1954）》，社会科学文献出版社 2013 年版，第 51 页。

线时必然作出闹社抗争。"❶ 一些富裕中农因怕被孤立、受歧视，勉强入了社。入高级社后有的农民收入减少，特别是入社后部分富裕中农收入减少很多，又具备独立生产的能力，他们就认为入社妨碍了自己发家致富，对合作化中损害他们利益的做法，极力反对，于是就想单干，富裕中农态度最为坚决，所占比例最大，他们"往往是闹退社的倡议者和带动者"。❷ 合作化的进程并不是一帆风顺的。"从博弈论的观点来看，退社自由权利的剥夺对合作社的激励结构具有显著影响。当一个合作社是以自愿原则为基础组织的时候，在每个生产周期结束时，一个合作社的成员可以决定他们在下一个周期是否还参加合作社。如果他发现成为合作社的成员境况会更好，他将保留他的成员资格；否则，他将会从合作社中退出。"❸ 1956 年 2 月，广南县黑支果区三棵树村苗族"闹退社"，波及了许多苗族村寨。1957 年 4 月，由于粮食"三定"工作中的一些失误，富宁、广南和广西西林 3 县 38 个乡部分瑶族受个别坏人煽动"闹退社"，造成死伤人的严重后果。❹ "当农民不仅发现他们要在一个新的组织里与那些他们曾不愿与之联系在一起的人在一块儿劳动，而且发现他们辛劳所得的收入也在减少时，他们的不满是自然而然的。"❺ 高级社经营方式不能调动农民个体经营的积极性，远不能满足农民个人的需要。1956 年是建立高级社的第一年，因缺乏领导合作社生产的经验，窝工甚多，稻谷及杂粮作物均减产，再加社内未搞副业，社内收入很少，每一个劳动日只合 0.30 元，结果社员收入比 1955 年大为减少，引起社员的不满。❻ 从退社的情况来看，一方面是存在严重的平均主义，部分社员收入减少，存在着浓厚的单干思想。另一方面引起一些社员要求退社的一个重要原因是，合作化高潮后，相当一部分社、乡干部作风不民主，干部管理水平低，经营管理体制不健全，措施不落实，存

---

❶ 岳谦厚、范艳华：《山西农业生产合作社之闹社风潮》，《中共党史研究》2010 年第 4 期，第 77 页。

❷ 叶扬兵：《1956～1957 年合作化高潮后的农民退社风潮》，《南京大学学报》2003 年第 6 期，第 53 页。

❸ 林毅夫：《制度、技术与中国农业发展》，第 29 页。

❹ 赵永忠：《当代中国西南民族发展史论》，第 241～242 页。

❺ [美] 麦克法夸尔、费正清编：《剑桥中华人民共和国史：中国革命内部的革命（1966～1982 年）》，中国社会科学出版社 1992 年版，第 661 页。

❻ 费孝通等：《贵州苗族调查资料》，第 89 页。

在许多严重问题，脱离群众，甚至打骂群众，造成干群关系相当紧张。

高级社虽然增了产，但也掩盖着一些严重的问题：一是在合作化高潮影响下，有不少人是随大流入社的，如单干户不入社就不能用社里的水，不能贷款，多负担征购等，是逼进高级社的，心里并不情愿。二是原初级社之间自然条件悬殊，公有化资金、生产资金、公共积累有多有少，合并后未承认差别。三是耕牛、农具、果树折价低，社员感到太吃亏。四是高级社的机构多，干部误工多，拿的补贴多，社员负担重，影响了干群关系。五是社的规模大，干部经营管理水平跟不上，许多工作抓不好，不落实。六是取消了土地报酬，劳动力弱户减少收入，他们担心生活无保障。因此，到了1957年春夏，有的社员闹分社，有的想退社，思想混乱，人心涣散。❶

由于过高估计农民的政治觉悟，忽视了当时农民个体经济的积极性，没有正确处理社与社员之间的关系，"自愿互利"原则没有得到正确贯彻，违背"社员有退社的自由"，严重损害了上中农和富裕中农的经济利益。并社过程中，土地、公共积累"一拉平"，富裕社吃亏，新入社农户也因财产折价过低，利益受到损害。"从理论上讲，按劳分配把每个人的劳动量与其所得联系在一起，因而是一种有效的分配制度。然而由于农业生产的特殊性质，这个劳动量是无法计算的，结果按劳取酬不可能实行，最终必然是分配上的平均主义。"❷"合作化运动从一种自愿的运动转变成了一个强制性的运动，合作化的保险阀被解除了。"❸高级社完全取消了农民的私有产权和家庭经营，突破了传统社区血缘地缘关系的土地产权边界，高级社不能增产或增产效果不明显，农民看不见高级社的优越性，从当时的生产力条件看不能很好地使集体经济发挥出自己的制度优势，这必然导致对生产力的破坏和引起农民的反抗。

三是执行民族政策的失误。在建立高级社的过程中，西南民族地区一些地方缩小了民族地区与汉族地区的差别，忽视民族特点，违反了少数民族的风俗习惯和生产上的历史传统，一般化的对待复杂的民族问题，硬搬内地一套经验，以行政命令代替了过去行之有效的民族协商的

❶ 《四川省农业合作经济史料》编辑组：《四川省农业合作经济史料》，第353页。

❷ 郭熙保：《农业发展论》，武汉大学出版社1995年版，第283页。

❸ 林毅夫：《制度、技术与中国农业发展》，上海三联书店、上海人民出版社1994年版，第37页。

方法，强加于民族地区，未能坚持尊重少数民族意愿的原则。一些合作社在制定社内各族劳动定额时，没有很好地照顾到不同特点，而存在着一般对待的情况，甚至有的社干部还歧视少数民族社员。如富民县回、苗、汉三族联合办的赤鹫合作社，有的苗族社员和汉族社员做了同样的活计，付出同等的劳动，却不能得到同等的报酬，汉族社员一个人包养10头牛可得180个劳动日，而苗族社员包养同样数量的牛却只能得到100个劳动日；又如沾益县百里乡河匀村合作社的一般苗族社员擅长盘山地、打猎等，但是在社里没有根据其特长分配活计，却分配他们去栽秧，结果苗族社员一天最高只评得5分，而汉族社员一般都能得到10分左右。❶ 由于改变生产关系过急，又以运动的方式来推进合作化运动，各地出现了强迫命令特别对少数民族政策的执行有偏差，千篇一律、一刀切使农村出现紧张的局面。1956年5月，因合作化运动搬家到外地的达906户，其中少数民族104户。❷

1956年4月30日，云南省委批复《文山地委对富宁县蓝靛（瑶）族闹退社问题的报告》，认为闹退社的原因，一方面是在执行政策上忽略民族特点，因而发生主观主义和命令主义；另一方面群众工作开展不够。对于解决问题的办法，省委提出五点意见：充分民主地对本民族群众说明党的合作化的自愿互利的根本原则；合作化的形式、规模应当充分照顾民族特点；培养其本民族干部去深入联系本民族群众；经济上充分予以支持；必须在县区干部中检查和克服大汉族主义思想，要通过此次事件作一次深入执行民族政策的检查。❸

在党和人民政府的领导下，西南民族地区充分考虑各族农民之间的经济条件、生活风俗习惯、生产技术上的不同以及民族之间的矛盾和隔阂，在建立高级社的过程中针对上述问题，采取措施，进行了合理地解决，整顿和巩固了高级社，从而保证了合作化运动的顺利完成。

一是思想整顿，提高认识。四川各地在建社工作中，一般都重视了思想发动工作，召开各种大小会议，反复宣传，特别是注意了在结合交代方针政策和解决建社的具体问题中，对不同对象，采用分头解释的方

❶ 《注意解决各民族社员间工分悬殊问题》，《云南日报》1956年8月24日（第1版）。

❷ 中共贵州省委党史研究室编：《纪念贵州解放四十周年》，《贵州党史资料》（第七辑），第210页。

❸ 云南省民族事务委员会编：《云南民族工作大事记（1949～2007）》，第50页。

式，充分运用老社具体事例和算账的办法说明入社后收入会增加的道理，进行了深刻的思想发动和具体地解除思想顾虑的工作。❶ 云南一些较富裕的农民，主要是土地分红除去公粮负担剩余较多的上中农，对取消私有制稍有抵触，如舍不得"祖根父业"的土地、牲畜，把集体所有看成是"吃公家穿公家"，因而表现怀疑动摇。❷ 贵州一些地方在酝酿联社时，首先碰到的是：干部怕麻烦，汉族群众思想不通，少数民族有顾虑。有的汉族干部认为少数民族脾气怪、不好惹，不好领导。在汉族群众中，有的认为少数民族太"牯"，不和气，相处不来，不愿和他们联社，还有的看不惯和不尊重少数民族的风俗习惯。少数民族干部和群众也有很多思想顾虑，有的认为本民族的人少，汉族人多，在一起办社不能当家做主。❸ 针对以上情况，召开了联社委员会、社干会、社员会等一系列的会议，着重贯彻民族政策，说明联合办社的好处，强调民族团结、共同建设社会主义的道理，并运用解放几年来少数民族在各个运动中的模范事例教育大家，反复说明要照顾和怎样照顾少数民族风俗习惯的道理。同时还诱导大家认识造成民族隔阂的原因和危害性。另外还召开了汉族和少数民族代表座谈会，互相介绍和了解各民族的风俗习惯，讨论了互相尊重风俗习惯的办法，使之达到互相谅解，彼此尊重，和睦共处，共同办好合作社的目的。经过这些工作之后，干部群众的思想问题得到解决，许多汉族干部和群众都主动的检查了过去歧视少数民族的错误思想。如苟大书说："过去我总认为少数民族落后，思想顽固，现在才知道不是他们落后，而是自己思想有毛病。"苗族刘文清也表示态度说："今后再也不认为汉族整我们苗族啦！"❹

对于高级农业合作化，有不少社员的思想准备不充分。少数民族聚居区的群众因语言障碍对政策常常不够理解，基层干部对政策宣传得不够，再加上具体做法上有偏差，使社员对高级社的认识不一致，甚至在同一家庭中也产生分歧。有的农民抱着"走着瞧"的想法，少数新、老上中农思想动摇，要求退社。一些社员"以社为家"的思想不牢固，做活不讲究质量，对公共财产不爱护，乱砍树木、使狠心牛，耕牛饿

❶　《四川省农业合作经济史料》编辑组：《四川省农业合作经济史料》，第 655 页。
❷　《云南农业合作制史料》第一卷《重要文件汇编（1952~1962）》，第 165 页。
❸　贵州农业合作化史料编写委员会编：《贵州农村合作经济史料》（第二辑），第 180 页。
❹　贵州农业合作化史料编写委员会编：《贵州农村合作经济史料》（第二辑），第 181 页。

死、病死的情况时有发生。针对这些情况，各地各级干部对社员做了大量的思想政治工作，通过宣传政策安定了人心，提高了社员的认识，对高级社的巩固起了很大的促进作用。❶ 在发动少数民族农民进行建社工作中，必须依靠各民族的党员、团员和积极分子，运用民族形式，进行政治思想工作，依靠他们自觉地进行串联。进行思想发动工作要更加耐心细致，在建社整个过程中都应始终贯彻。建社工作的时间一般要比汉族地区长些，更要坚持自愿原则，等到少数民族农民觉悟以后再建社。经过教育以后，少数民族农民如不同意建社，决不能强迫，否则就会出乱子。❷ 一些地方根据农民的思想动态，加强社会主义教育。例如，绥阳县晨光社的副主任陈天才（党员）在他的思想转变以后，他说："原来我认为我们社的社员觉悟高，不会有什么大问题。现在才明白，合作社的巩固和提高真不是一件简单的事。"晨光社性情最急躁的陈德云（党员），经过教育以后也很快地转变了他的急躁作风，在春耕生产当中耐心地发动妇女搞好生产。❸ 各地在建社中对解除思想顾虑和认识问题所采用的办法一般是结合交代具体政策处理问题。有的还采用了先集中训练社干和积极分子再向群众交代的办法。干部和群众广泛深入地宣传贯彻民族政策，解除各族群众对合作化的一些模糊的错误的认识。

二是自愿互利，反对强迫命令。在合作化过程中，西南民族地区根据民族特点，坚持贯彻自愿互利原则，纠正了侵犯中农利益的错误，缓和了农村的紧张局势。

少数民族农民自尊心较强，宗族观念较浓厚，怕人说落后自私，怕戴资本主义自发势力的帽子，怕违反政策，最易产生被迫"自愿"的情形。因此贵州在建社中认真贯彻互利政策，耐心启发少数民族农民提意见。民主讨论，从民族特点着眼来贯彻自愿原则。是否真正自愿要以互利不互利来衡量。由于语言不通，交代政策必须十分细致、耐心，要反复解释，使少数民族农民真正懂得政策，自觉地行动起来，才能真正做到自愿。❹

---

❶ 《贵州农村合作经济简史（1949～1990）》，第 109 页。

❷ 贵州农业合作化史料编写委员会编：《贵州农村合作经济史料》（第二辑），第 96 页。

❸ 中共中央办公厅编：《中国农村的社会主义高潮》（下册），人民出版社 1956 年版，第 1135～1136 页。

❹ 贵州农业合作化史料编写委员会编：《贵州农村合作经济史料》（第二辑），第 95 页。

退社自由，整顿社员队伍。贵州有的地方建社时一村一寨甚至一乡所有农户一起入社，地主、富农分子和坏分子也随着进来，部分农民加入高级社时思想准备不足或有一些顾虑。有少数人，不积极参加劳动甚至不遵守社章或社的有关规定，也有的制造流言蜚语，影响社内团结。根据这种情况，在整顿中认真对社员进行了思想教育，同时妥善解决入社的具体问题，在此基础上，对思想仍不通、坚决要求退社的社员，允许退社；对已入社的地主、富农分子进行考察，表现不好，经教育不改的降为候补社员，由社管制生产，情节严重的开除出社。❶

整顿合作社的中心内容是改善与提高合作社的经营管理。当然，由于自然条件、干部条件、办社时间长短及民族关系等方面的情况不同，解决管理上的许多具体问题的方法，应当从实际出发，灵活地运用，逐步提高，不应当也不可能千篇一律。❷ 1957 年 5 月，大定县坡脚区长冲乡民族农业社有 41 户要求退社（全社共 86 户），原因是去年社里不按劳取酬，而是以户为单位平均分配；收入从未向社员公布，工分也没有给社员结清。区委书记了解这一情况后，去帮助乡社干部总结经验和教训，召开社员代表和少数民族领袖座谈会，干部公开作检查，并向社员表示：今年分配坚决贯彻按劳分配原则，对账目不清等问题也要妥善解决。结果，原来要求退社的有 30 多户表示不再退社。❸ 由此可见，合作社必须坚决贯彻执行民主办社的方针，干部要进行调查研究，才能解决问题。

贯彻自愿互利政策后，农民消除了怕"归公"、怕"扯平"的思想顾虑，不安情绪开始稳定，紧张局势缓和了下来，破坏生产资料的现象得到了遏止，生产积极性也有了明显的提高。

三是认真执行民族政策。西南民族地区合作社内部的经营管理和分配，必须在坚持社会主义的原则下认真执行民族政策，具体照顾民族特点。在建社工作中，必须加强民族团结的教育，作好民族团结工作。建社时必须密切结合进行民族团结的教育，切实开好民族座谈会，向少数民族自然领袖、房族领袖、歌师、歌手、罗汉头、姑娘头等交代建社政策，征求他们的意见，做好协商工作，发挥他们的积极性，推动他们串

---

❶ 《贵州农村合作经济简史（1949～1990）》，第 111 页。

❷ 《云南农业合作制史料》第一卷《重要文件汇编（1952～1962）》，第 312 页。

❸ 贵州农业合作化史料编写委员会编：《贵州农村合作经济史料》（第四辑），第 73 页。

联发动群众建社。如黎平县九区六合乡一个房族领袖姜思九思想通了以后，发动 11 户农民参加了社。❶

认真执行民族政策，必须推选民族干部来领导合作化运动。评选社的领导，除要正确贯彻执行党的阶级政策外，还应该充分注意到各民族之间和民族内部的关系。对于社的领导，应该从有利民族团结出发，全面照顾，妥善安排，根据民族、地区情况决定各民族各占多大比例。特别是民族联合社，对于社干的安排要特别重视，否则，就会影响民族之间和民族内部的团结，建社工作就会走弯路。❷

选配一定数量的少数民族干部。在酝酿干部时，少数民族最怕选不上本族干部，将来有事不好商量。因此必须要物色好对象，选好民族代表参加领导合作社。经过提名协商，充分讨论之后，共选出社干 11 人，其中少数民族 3 人（副主任 1 人、委员 2 人），占 27.27%；社员代表大会代表 25 人，其中少数民族代表 5 人，占 20%。此外还配备了少数民族生产队长 1 人，大队会计 1 人，记分员 2 人。由于配备了少数民族社干，选举了少数民族代表，许多少数民族社员都表示满意。如王亮清（苗族）说："共产党领导真好，苗家不但在经济上翻了身，在政治上也能当家做主了。"❸

富宁等县瑶族群众连续发生的闹退社和"闹皇帝"事件，主要是由于在解决内地一般少数民族的问题时，忽视了若干民族的特殊性，没有认真根据这些民族的特点（从社会经济特点到心理状态）办事，机械搬用一般少数民族的工作方法而产生的。因此，解决问题的方针，应该是和平的和民族团结的方针，不应该是武装镇压和其他违反民族团结的原则。云南省委认为地委组织访问团深入瑶族村寨，从做好事入手，进行调查研究，救济贫苦农户，纠正执行政策上的偏差，加强对瑶族寨老的团结教育工作，平息群众对政府某些措施的不满情绪，逐步引导群众转向冬季生产等做法是正确的。不要急于在瑶族地区建立农业合作社和勉强要求瑶族群众入社。入了社要求退出的应该允许，并退还其已入社的生产资料及股份基金。❹

❶ 贵州农业合作化史料编写委员会编：《贵州农村合作经济史料》（第二辑），第 96 页。
❷ 贵州农业合作化史料编写委员会编：《贵州农村合作经济史料》（第二辑），第 97 页。
❸ 贵州农业合作化史料编写委员会编：《贵州农村合作经济史料》（第二辑），第 182 页。
❹ 《云南农业合作制史料》第一卷《重要文件汇编（1952～1962）》，第 301～302 页。

1956 年 11 月 24 日，《贵州农业合作化通讯》第 45 期刊登了《修文县紫江、后山等 6 个社建立民族联合社的经验》的文章。文章说，他们的主要经验有四条：向干部和群众深入宣传贯彻民族政策，解除各民族对联合社建社的模糊认识；根据民族特点，经过充分协商，正确处理联社中的各项具体问题；选择一定数量的少数民族干部参加领导；编好生产队，划好耕作区。❶

　　1957 年 1 月 29 日，贵州省委农村工作部发出《关于整顿巩固农业生产合作社的意见》，要求在整社中做到：发动社干和社员全面总结一年来生产和办社的经验，提高社干的领导水平，让社员交流生产经验，共同努力，把社办好；发动群众挖掘生产潜力，订好生产、劳动规划和财务计划；解决影响生产的主要问题，主要有：第一是搞好分配决算，解决遗留问题，贯彻按劳取酬的原则；第二是改进包工包产工作，调整农副业劳动定额和计酬标准；第三是加强组织领导，改善劳动管理，正确划分农、副业经营范围；第四是贯彻互利政策，在原有的基础上调整林木、耕畜等生产资料折价不合理的部分，并按照社章的规定留足社员的自留地。此外，文件对整社工作的步骤和若干具体问题的处理也提出了具体的意见。❷ 红河北岸在社会主义改造期间，掀起互助合作的热潮，民族间平等合作，发展生产，紧密地团结在以合作社为单位的民族大家庭周围，不仅使民族经济得到飞跃发展，民族关系也进入了一个新的阶段，逐步形成了平等、团结、互助的社会主义新型民族关系。❸

　　总之，在党和人民政府的领导下，西南民族地区采取措施整顿和巩固合作社，取得了明显的成效。以贵州为例：在合作社内大力开展了整社工作，进一步贯彻执行了民主办社和勤俭办社的方针，肯定了成绩，总结了经验，改善了社的经营管理工作，克服了某些混乱和浪费现象，并用批评与自我批评的方法，检查了工作中的错误和缺点，开始纠正了某些干部的强迫命令作风，绝大多数的社采用了"定工生产、定额补助、年终奖励"的办法，鼓励社干参加生产。据了解，全省 80% ~ 90% 以上的脱产社主任参加了劳动，不仅减少了社内开支，密切了干部

❶　贵州农业合作化史料编写委员会编：《贵州农村合作经济史料》（第四辑），第 68 页。
❷　贵州农业合作化史料编写委员会编：《贵州农村合作经济史料》（第四辑），第 70 页。
❸　金炳镐：《中国民族自治州的民族关系》，中央民族大学出版社 2006 年版，第 685 页。

与群众的关系，并且大大提高了干部的领导水平。❶

3. 合作化的基本完成

在党和人民政府的领导下，经过整顿，合作社的数量虽有所减少，但合作社的质量提高了，从而为合作化的发展和顺利完成奠定了基础。

合作化必须创造一定的前提条件和基础，并随着生产的发展逐步办社，防止孤立办社。到 1956 年秋，楚雄掀起了初级社转高级社、小社并大社、几个民族办联合社的浪潮，许多互助组甚至单干户也被直接纳入了高级社。1956 年底，全区加入高级社的农户达 339824 户，占总农户的 99.88%，组成民族联合社 1069 个，单一民族社 440 个。至此，全区已实现了高级形式的农业合作化。❷ 但合作化必须采取积极慎重的态度，要有互助组的基础，速度不能太快。

1956 年春，凉山州在第一批 150 个民主改革基本结束的乡就试办了 425 个合作社（其中高级社 33 个），入社 12971 户，占彝区总农户数的 7.6%，同时还建了 3024 个互助组。1958 年秋，全州进行了扩、并、联、升和新建合作社的工作，初级社全部转为高级社，合作社的规模扩大，新建社都作为乡联社的分社。全州有 80% 以上的农户，彝区有 80% 左右的农户入了社，基本实现了高级社化。❸ 但一切工作必须围绕发展生产去进行，互助合作是发展生产从而解决各种复杂矛盾的根本道路。

1956 年 1 月 1 日，四川第一个以取消土地入股分红、耕畜和大型农具作价入社为特征的高级农业生产合作社，由全国人民代表大会代表罗仕发领导的新繁县禾登乡高级农业社成立。以此为起点，建立高级社的浪潮一浪高过一浪，十几天以后，成都市宣布郊区实现高级合作化。各地也由重点试办发展为全面铺开，至 7 月达到全省每乡有高级社，然后，采取扩社、升社、并社等办法，迅猛发展高级社。到 1956 年秋后，全省共建起 17.5 万个高级农业生产合作社，入社农户占农户总数的 88.3%，高于全国 87.3% 的水平。至年底，全省基本完成对农业的社

❶ 中共贵州省委党史研究室、贵州省档案局（馆）编：《建国后贵州省重要文献选编（1955～1957）》（内部资料），2010 年印刷，第 486 页。
❷ 《楚雄彝族自治州概况》编写组：《楚雄彝族自治州概况》，第 66 页。
❸ 赵永忠：《当代中国西南民族发展史论》，第 239 页。

会主义改造。❶

表 3-1　四川省农业生产互助合作发展情况

单位：个、户

年度	总农户（万户）	互助组			初级社			高级社		
		个数	户数	占总农户（%）	个数	户数	占总农户（%）	个数	户数	占总农户（%）
1952	1270	817842	5413860	42.6	19	209	—	—	—	—
1953	1300	617051	4356223	33.5	50	702	—	1	168	—
1954	1314	937853	8921113	67.9	9370	301071	2.3	64	1961	0.01
1955	1336	91810	1469000	11.0	173881	7629480	57.1	663	6350	0.05
1956	1351	39900	596400	4.4	60312	3954476	29.3	125476	8796226	65.1
1957	1381	—	—	—	18960	1010800	7.3	175555	12013000	87.0
1958	1382	—	—	—	—	—	—	177259	13064661	94.5

　　1956 年 1 月，云南省委转发农村工作部《关于试办高级农业生产合作社几个问题的报告》，指出随着大办初级社高潮的结束，大办高级社的高潮将很快到来，要求秋后即开始大面积转社。1956 年 6 月召开的中共云南省第一次代表大会，认为由半社会主义性质的初级社转到完全社会主义性质的高级社的条件已经完全具备，全省应当一律在秋后转社。❷1956 年底，全省共有高级社、初级社 25231 个，入社农户 302.5万户，占全省总农户的 85.1%（内地占农户 96.1%），其中高级社13968 个，入社农户 246 万户，占全省总农户的 69.22%（内地占农户78.2%）。全省已有蒙自、思茅、玉溪、曲靖、楚雄、文山、昭通、丽江 8 个专区结束或基本结束转社工作，实现完全社会主义性质的农业高级合作化。边疆民族地区已建农业生产合作社 880 个（不包括已划为内地的永德县等地的合作社数），入社农户 24655 户，占边疆地区总农户353 万户的 6.99%。其中临沧地区占 15.02%；德宏州占 12.1%；怒江州占 6.3%；思茅地区（包括西双版纳）占 5.74%；红河州占 0.9%（河口县占 64.1%）；和平协商土改地区入社农户占 8.19%，直接过渡

　　❶ 杨超等主编：《当代四川简史》，当代中国出版社 1997 年版，第 78 页。
　　❷《当代云南简史》，第 162 页。

地区入社农户占 3.9% 。❶

中国农业合作化是由政府主导的强制性农村社会变革。高级社是农民个体所有制变为农民集体所有制的转变，不再按照自然村建立生产组织，这就打碎了传统的小农经济制度的组织载体，取代了农民个体土地私有制和农民家庭土地经营的主体地位。合作化运动中，西南民族地区在生产、管理、分配、劳动制度上适当照顾民族特点和地方风俗，生产关系基本上适合当时各民族的生产力发展水平。合作化运动克服了初级社生产资料私有和统一经营和集体劳动的矛盾，从根本上改变了生产关系，把长期以来分散的小农经济逐步改造成为社会主义的集体经济。

农业合作化是一次把农户原来个体私有之土地、耕畜和大农具等生产资料逐步转移而归属于合作社集体所有的生产资料所有制的制度变革。❷ 合作化运动也是一场比土改更为尖锐和广泛得多的阶级斗争，它涉及西南民族地区农民内部、上层、宗教、民族关系等各个方面，深刻地改变了农民的传统经济思想和价值观念。高级社取消了初级社承认的农民私有财产权利，在生产资料公有化的实践中，打破了过去农村内部以血缘、地缘为边界的财产关系，农村社会阶层间不可避免地存在经济利益上的矛盾。"在人际交往行为中，互惠起着核心道德准则的作用。生存权利实际上界定了在互惠基础上结成的共同体的所有成员必须得到满足的最低需要。"❸ 建立在这种落后生产力基础上的集体经济是很难巩固的。在生产力低下、干部管理水平落后、农民思想觉悟不高的情况下，采用行政命令，人为地拔高生产关系，改变所有制，大量发展高级社反而打击了群众劳动积极性。到 1957 年底，四川省高级社增至 17.56 万个，入社农户 1201.3 万户，占总农户的 87%。虽然实现了高级合作化，但粮食总产量一项降为 213.05 亿公斤，比上年减产 1.18% 。❹

---

❶ 《云南农业合作制史料》第四卷《简史·大事记》，第 299 页。

❷ 段志洪、徐学初主编：《四川农村 60 年经济结构之变迁》，第 97 页。

❸ ［美］詹姆斯·C. 斯科特：《农民的道义经济学：东南亚的反叛与生存》，程立显、刘建等译，译林出版社 2001 年版，第 215 页。

❹ 《四川省农业合作经济史料》编辑组编：《四川省农业合作经济史料》，第 6 页。

小　结

生产关系的变革特别是所有制的变革，是社会变革的一种较为剧烈的形式。进入 20 世纪以来，"解决农村经济问题，固非一端，而使一盘散沙之农民，纳入于有计划之经济组织，又非采用合作制度不为功"。❶农业合作化运动是传统的个体占有生产资料和个体生产劳动向集体占有生产资料和集体生产劳动的一次伟大转变。在共产党领导的乡村社会变革中，土地改革和合作化是前后相继的两个重要环节。西南民族地区的农业合作化运动，是在完成土地改革的基础上进行的。土地改革的完成，虽然把农民从封建制度下解放出来，一定程度上促进了农村生产力的发展。但是以小土地私有制为基础的小农经济，在生产发展中遇到许多自身难以解决的困难，仍然妨碍着生产力的进一步发展，同时个体经济的小商品生产的分散性，也与国家有计划的建设发生矛盾，不能满足国家社会主义工业化所需的粮食和工业原料。为了解决这些问题，党和政府领导开展了农业合作化运动。合作化运动确实是一场伟大的社会变革，"农民在行政力量和保守心理之间的张力以及各种利益的碰撞中，告别小农经济，走向了社会主义"。❷合作化的过程，从政治上看，确实是中央行政关系在乡村社会渗透、扎根和深化的过程。

合作化运动中，照顾农民的私有心理和个体经营习惯，根据党中央的指示，采取由互助组、初级社向高级社逐步过渡的办法。"我们的政策是在于积极地而又谨慎地经过许多具体的、恰当的、多样的过渡的形式，把农民的个体经济的积极性引到互助合作的积极性的轨道上来，从而克服那种建立在个体经济基础上的资本主义自发势力的倾向，逐步过渡到社会主义。"❸

互助组是合作化运动的第一个阶段，"习惯了散漫的农民尽管不太适应这种形式，但还是很快就接受了它。毕竟，邻里之间在农业生产上

---

❶　转引自魏本权：《20 世纪上半叶的农村合作化——以民国江西农村合作运动为中心的考察》，《中国农史》2005 年第 4 期，第 94 页。

❷　彭正德：《生存政治：国家整合中的农民政治认同》，中国社会科学出版社 2010 年版，第 96 页。

❸　史敬棠等编：《中国农业合作化运动史料》（下册），第 14 页。

的相互帮助在过去就一直存在"。❶ 农民的意愿、利益、传统和习惯是
选择加入互助组的关键。西南民族地区组织互助组用集体的力量去解决
生产上的各种困难，互助组虽然只是实行集体劳动，不触动农民的小私
有制，但已显示了组织起来的优越性，获得了比单干时较高的增产幅
度，劳动生产率有了大大的提高。互助组的组织规模，是比较适度的，
形成了以本民族或本村内部的互助合作为主的局面，跨区域的大范围的
互助合作较少，既适合群众的觉悟水平，也适合干部的管理水平。詹姆
斯·C. 斯科特曾指出："地方自助和互助往往是对生存问题的最初反应
措施，也是当其他办法失效时的持续有效的选择办法。穷人中的劳动强
化和互惠的结合，虽然可以满足短期的迫切需要，但从长期看来，在孤
立的生存组织的范围之外，是靠不住的。"❷ 随着形势的发展，这种地
方自助和互助，必然要被新的组织形式所取代。

初级社是合作化运动的第二个阶段。西南民族地区初级社的建立遵
循了自愿互利原则、典型示范的方法和循序渐进的步骤，入社前各地都
反复向各族农民宣传党的方针、政策，消除他们的疑虑，耐心地等待他
们觉悟，使他们自愿加入合作社。初级社虽然使农民对私有的土地在一
定程度上失去了支配的权利，但仍未从根本上动摇他们对土地的私有
权，加之又正确处理国家、集体和社员的关系，不断改进与提高经营管
理水平，恰当地规定积累和消费的比例，保证在生产发展的基础上，不
断扩大合作社的公共积累。初级农业生产合作社劳动生产率的不断提
高，证明了它比个体经营有巨大优越性，日益众多地吸引农民参加了合
作社。追求利益最大化成为广大农民自觉加入互助组和合作社的主导原
因。总的看来，半社会主义性质的初级农业生产合作社能为农民群众所
接受，互助组和初级农业合作社某种程度上解决了某些个体农户在土地
和劳动力资源配置上的困难，互助组、初级社的发展，是适应当时生产
力水平的。

高级社是合作化运动的最后一个阶段。西南地区按照群众的经济地
位和觉悟程度，分期分批地加以组织起来。1957 年春，西南民族地区
实现了高级农业生产合作化，初级社转为高级社，完成了生产资料由私

---

❶ 卢晖临：《集体制度的形成——一项关于文化观念和制度形成的个案研究》，香港大
学博士学位论文，2004 年，第 97 页。

❷ ［美］詹姆斯·C. 斯科特：《农民的道义经济学：东南亚的反叛与生存》，第 265 页。

人所有制向集体所有制的过渡。"政府对合作化的态度起初是谨慎的和渐进式的，农民被鼓励和被积极地诱导加入各种以自愿为基础的合作社。"❶ 但合作化后期，深受当时全国"赶超"思想的影响，西南民族地区没有根据实际情况，片面追求发展高级社，互助合作快速推进，甚至有时候是当作一种政治任务来完成。许多少数民族地区，速度之快，令人瞠目结舌，一些地方不是由低级到高级逐步前进，而是将大批的个体农民直接并入高级社。"对社会主义的合作化搞比较激进的政治运动来进行生产关系的变革，认为越高级、公有制成分越纯粹就越能推动社会主义改造的全面发展。这样的逻辑思维的误区导致了不顾实际生产的条件，一哄而上都入了社会主义性质的高级社的冒进局面。"❷ 正如李立志所说的"合作化速度越快，入社农民的规模就越大，相应地从众行为率越高，反过来，从众行为又进一步推动合作化更快地发展"。❸ 西南一些地方农民形象地说："互助组犁田，合作社栽秧，收谷子入公社，一年入了三个社，一社更比一社高。"❹ 在当时，无论农民的觉悟程度，还是干部的管理水平，都不可能适应这种快速发展形势。由于在组织形式上和所有制结构上没有实现模式多样化，未能适应生产力不同层次的发展水平，尽管较快地实现了对个体农业的社会主义改造，但在经济上实际是对农民的剥夺，导致农民闹退社。"合作社成员之间由于在时间偏好、能力及其他禀赋方面存在差异，一个合作社中的某些成员可能会利用合作社中的低监督，而试图逃避他们在自我实施合约中所约定的责任，这样，尽管整个运动的总的效果是成功的，但不可避免也有某些合作社会解散。"❺ "合作社社员的异质性，会使合作社目标的确立更显复杂，各个社员都从自身的利益出发，或单独或结成利益集团，力求最大限度地影响合作社的决策，以符合自己目标的实现。这种合作社内部的博弈活动只会增加合作社的内耗，降低合作社的运行效率，甚至导致合

❶　林毅夫：《制度、技术与中国农业发展》，上海三联书店、上海人民出版社1994年版，第19页。

❷　曹金合：《十七年合作化小说的叙事伦理研究》，第223～224页。

❸　李立志：《变迁与重建：1949～1956年的中国社会》，江西人民出版社2002年版，第249页。

❹　《当代云南简史》，第165页。

❺　林毅夫：《制度、技术与中国农业发展》，第37页。

作社的解散。"❶ 过犹不及，事实证明，生产关系落后和超越生产力发展水平都是阻碍生产力发展的。在此情况下，生产力与生产关系势必发生矛盾，农民闹退社，正是这种深层次矛盾的反映。❷ 互助组和初级社比较适合农业生产力的发展水平和农民群众的觉悟程度，高级社生产关系变革的超前，导致诸多深层次的问题没有得到解决，农村中的各种关系难于理顺，对社会生产力的发展产生重大的影响。

合作化运动中，西南地区各民族之间形成了真正的互助合作的民族关系。"民族地区的农业生产合作社形式多样，有单一民族组成的，也有两个或两个以上民族组成的；有单纯经营农业的，也有农牧业结合的。在处理土地和生产资料入社的过程中，充分照顾了当地少数民族的风俗习惯和民族特点。"❸ 在合作化运动中，西南民族地区慎重地对待民族关系，在民族联合社里，各族农民都有自己的干部参加管理，共同决定社里事务。民族问题的解决从有利于民族团结，有利于社会主义改造，有利于生产的原则出发。生产组织根据各民族的特点分别编队编组，分工分业。合作化运动把以家庭为单位的各民族或同一民族内部的不同的家庭紧密地联系在一起，强调各民族互相尊重，发挥各民族的特长，先进帮助落后，多数照顾少数，从而在西南地区出现了互相学习、共同进步、齐心协力的新气象，平等、团结、互助的社会主义民族关系的形成，促进了合作化运动的发展。在合作化实践中，如果不考虑具体环境、条件，忽视地区和民族差异，必然要出现失误。

农业社会主义改造是农村生产关系的一次伟大革命。在生产资料公有化的实践中，不同阶层间不可避免地会存在着经济利益上的矛盾。"集体行动困境的克服既仰赖于制度安排，又有赖于行动个体行为的自主性。组织、权威、意识形态、具有某种偏好的'狂热分子'、有选择性激励及强制等制度与非制度性因素的综合运用，为大型集团的集体行

---

❶ 刘惠、苑鹏：《合作制与股份合作制：制度的分析与比较》，辽宁大学出版社 2003 年版，第 93 页。

❷ 刘贵福：《高级社化后的"退社风波"及农村政策的调整》，《辽宁师范大学学报》2002 年第 1 期，第 107 页。

❸ 当代中国研究所：《中华人民共和国史稿》（第一卷），人民出版社、当代中国出版社 2012 年版，第 196 页。

动之达成所必需。"❶ 建立在生产力较低发展水平上的合作经济组织，不仅集体的积极性是发展生产的一种动力，农民个体的积极性同样也是发展生产的一种动力。只有这两个积极性都同时得到发挥，才能推动生产力较快地发展，真正发挥合作经济的优越性。❷ 生产关系的变革和合作组织规模的确定，一定要与生产力发展水平相适应，才能充分调动各社会阶层在集体经济组织中合作的积极性。西南民族地区合作化的教训之一就是没有循序渐进，从量变到质变的进行社会主义改造，所以绝不可以采取强制或剥夺的办法，只能坚持自愿原则。邓子恢强调："无论如何必须贯彻自愿原则，必须依靠教育说服，采取思想感化政策，来达到自愿。对于不愿入社的农民必须善于等待，等到他们的觉悟提高而自己愿意时，再让他们参加。不仅对多数人应当等待，对少数人也应当等待，决不能以多数来强迫少数。"❸ 就全国范围而言，合作化运动并不是中华人民共和国成立初期农村经济关系的必然产物，如果在初级社的基础上，将生产关系稳定一段时间，待生产力发展到较高水平时，再实行生产关系较大的变革，肯定会避免许多重大的失误。马克思在1859年的《〈政治经济学批判〉序言》中指出："无论哪一个社会形态，在它所能容纳的全部生产力发挥出来以前，是决不会灭亡的；而新的更高的生产关系，在它的物质存在条件在旧社会的胎胞里成熟以前，是决不会出现的。"❹ 生产关系的变革要以一定的生产力水平为前提，不能脱离农民的实际思想觉悟和水平。中国农村商品经济极不发达，又缺乏西方那样的合作传统和民主管理习惯。"如果土改后不急于立即向社会主义过渡，不立即动摇私有制，而是继续实行新民主主义政策，在充分发挥土改带来的农民个体所有制的积极性之后，才去动摇私有制，同时根据我国国情对我国农业社会主义改造道路究竟应当怎样走作广泛深入的探索，那样，不仅对生产力的发展可能更有利些，而且也可能不至于搞成后来那样千篇一律的农业集体化模式。"❺

---

❶ 贾滕：《乡村社会秩序重构及灾害应对——以淮河流域商水县土地改革为例（1947～1954）》，第48页。

❷ 《四川省农业合作经济史料》编辑组：《四川省农业合作经济史料》，第15～16页。

❸ 《邓子恢文集》，第370页。

❹ 《马克思恩格斯选集》（第二卷），人民出版社1995年版，第33页。

❺ 薄一波：《若干重大决策与事件的回顾》（修订本）上卷，人民出版社1997年版，第213页。

第三章　农业合作化——西南民族地区农村土地公有制的建立

第四章　解体与重构——西南民族地区乡村社会的政治

　　传统中国，国家权力并没有实质性地深入乡村底层。中华人民共和国成立初期，共产党"要想建立一个完整的国家政治体系，政府就必须以前所未有的方式渗入社会的各个角落"。❶ 中华人民共和国成立初期的土地改革是共产党实现"国家—乡村社会"重构的第一步，为了实现国家对基层社会的现代化动员与整合，新政权以阶级斗争和政治运动为武器，直接实施对乡村政治秩序的重建。"土改运动的目的不只是分配土地，更重要的是在树立贫雇农领导、兼顾团结中农的基础上，巩固起人民民主、在乡村亦即是农民阶级对地主阶级和反动分子的专政力量。"❷ 土地改革并非只是分配土地这样简单地改变乡村经济结构的过程。

　　在西南民族地区，为巩固新政权，国家在进行土地改革的同时，逐步在县以下建立乡级政权体系，国家权力向下延伸，通过对阶级的动态建构，共产党将其政治意识形态下行并渗透到乡村社会。经过土地改革，党和人民政府构建了自己的乡村基层组织，贫雇农成为新的乡村政治精英并主宰乡村的话语权和行政权。"昔日生活在农村社会最低层、在政治上毫无地位可言的贫、雇农，一夜之间成了农村中的主人，而昔日把持农村社会、政治生活的地主、富农却一夜之间变得威风扫地，落到了在农村社会和政治生活中毫无地位可言的最低层。"❸

　　中华人民共和国成立初期，西南民族地区乡村基层社会的组织机构网络的建构，使在历史上游离于国家政权和国家公共政治活动之外的农

　　❶ ［美］费正清、麦克法夸尔主编：《剑桥中华人民共和国史》（1949～1965），王健朗等译，上海人民出版社1990年版，第72页。
　　❷ 中共中央文献研究室编：《邓小平年谱（一九〇四～一九七四）》（中），第1000页。
　　❸ 陈吉元、陈家骥、杨勋：《中国农村社会经济变迁（1949～1989）》，第86页。

民的阶级觉悟和政治思想觉悟得到了提高，强化了共产党和人民政府的政治动员能力，扩大了共产党在乡村社会和广大农民群众中的政治影响。

一、基层政权建设

基层政权，是国家政权体系的细胞和重要组成部分。"政权建设，指的是执政党为了完成政权建构，而推行的一系列政策、方针和措施。这种建构，既包含政权建立的方式、途径，又关联到这种方式、途径，以及所推行政策、方针，对社会所造成的深刻影响。"❶ 农村基层政权是一个政治范畴的概念，"是指国家设立在农村、其下不存在行政层级、直接面对农村社会进行政治统治和社会管理的政权组织"❷。基层政权作为国家政权体系的最基层政权组织与基层民众联系最为紧密，处于整个政权层级划分的最底层，它承担着贯彻统治阶级意志、进行社会管理的重要功能，是整个国家政权的依托基础，在国家政权与基层社会之间扮演着重要角色。国家政权正是通过基层政权把国家的政策渗透到家庭和个人，进而实现国家政权对基层社会的整合，获得基层民众对国家的认同。❸ 中华人民共和国成立初期，植根于乡村基层社会经济生活中的组织体系，彻底颠覆了西南民族地区农村社会传统的权力结构与社会秩序，党和政府通过阶级身份和阶级意识的建构促使农民自觉融入了党和国家的治理轨道，强化了农民对新政权的政治认同，获得了广泛的合法性基础，构建起新中国农村基层政权的社会基础。

（一）保甲制的摧毁

建政初期，西南民族地区对旧有机构和保甲人员进行全面的、系统的改造，以建立新型的人民民主政权。民国时期保甲制度没有触动传统社会的基础，政府难以真正有效地渗透到乡村社会。"保甲组织建立的

---

❶ 陈益元：《建国初期农村基层政权建设研究（1949~1957）——以湖南省醴陵县为个案》，上海社会科学院出版社 2006 年版，第 1 页。

❷ 解冰：《新农村基层政权权责制衡重构》，中国方正出版社 2010 年版，第 2 页。

❸ 郭明：《国家政权建设视域中基层政权角色的变迁与重构》，《农业经济》2015 年 11 期，第 34 页。

初始动机只是作为一个'防治奸宄'的政治控制工具，其后却很快扩变为国民党政权抽榨基层社会人力物力的政治汲取工具。正是在这一转变过程中，乡保长得到了滥用职权和从中揩油的大好机会。"❶ 为了加强对人民群众的压迫和剥削，国民党政府继承清王朝的"连保连坐法"。据《车江乡志》载："民国十九年（公元1930年）黔局叛变，民枪概被滥军搜索罄尽，当今之计，惟一严密保甲组织，实行联环保结，一家通匪，九家连坐，此即自治之情形也。"❷ 可见保甲组织被土豪劣绅专权，成为欺压农民而非动员农民的工具。

土地改革之前，西南民族地区的广大农村，封建基层政权并没有被完全摧毁。"在封建的原根上生长出的官绅保甲统治等上层建筑，不会不推自倒，需要经过反霸、清算和人民法庭的审判镇压，以及依法于必要时期内剥夺封建地主反动分子的公民权，才能扫灭清净。"❸ 为了重构农村的社会结构、网络和关系，西南地区必须在开展土地改革的同时，废除保甲制，建立农村基层政权机构，打击乡村旧有权威。

在党和人民政府的领导下，西南民族地区的土地改革运动重组了乡村社会结构，国家权力不断下移，重塑了新的社会关系。"中国共产党政权建设的基础、路径和方式，全然不同于国民党，摆脱了近代以来国家政权建设失败的命运。"❹ 土地改革更重要的功能，在于重塑"国家—乡村社会"关系，乡村社会发展逐步失去自己的独立性，国家有效地控制和治理乡村社会，党和政府最终实现资源再分配以及乡村社会治理和变革的目标。

在各地揭露旧保甲制度的反动性和控诉伪保甲人员罪行的基础上，党和政府开始着手废除保甲制度，批斗地主恶霸、清算地主剥削账，对旧有机构和保甲人员进行全面系统的改造，以重建新型的人民民主政权。1950年12月8日，政务院第六十二次政务会议通过了《乡（行政村）人民代表会议组织通则》和《乡（行政村）人民政府组织通则》，规定："乡与行政村并存，同为农村基层行政区划，其规模由一村或数

---

❶ 王奇生：《革命与反革命：社会文化视野下的民国政治》，第408页。

❷ 贵州省地方志编纂委员会：《贵州省志·民族志》（上），第309页。

❸ 谢觉哉：《关于人民民主建政工作报告》，《人民日报》1950年9月12日（第1版）。

❹ 陈益元：《建国初期中共政权建设与农村社会变迁——以1949～1952年湖南省醴陵县为个案》，《史学集刊》2005年第1期，第51页。

村构成，户数在 100～500 户，人口在 500～3000 人不等。"对乡、村人民代表会议与人民政府的代表名额、资格、区域划定、任期及职权作了明确规定，规范了乡、村级政权的制度建设。两个通则还规定了乡村干部选举、组织、职权等方面的内容，即"乡、行政村政府是本行政区域行使政府职权的机构，它由同级人民代表会议选举的正、副乡（村）长和若干名委员组成，任期一年，可连选连任。选举产生的正、副乡长须经县政府批准，乡长主持每十天或半个月召开的一次乡政府委员会会议，领导全乡工作。乡政府的政权主要有：执行上级政府的决议和命令，实施乡人民政府会议通过的决议，领导和检查乡政府各部门的工作。"❶

西南各地废除保甲制时，将区公所改为区人民政府，乡人民政府为基层政权单位。1950 年 10 月，川北人民行政公署发出《关于彻底废除旧乡保政权建立乡村人民政权的指示》，明确指出："保甲制度，是封建专制主义和国民党反动统治最基层的政治基础，它直接而残酷地压迫着束缚着乡村中的广大人民，向为人民所深恶痛绝"，要求随减租退押运动的开展，着手彻底废除旧的乡保政权，取消保甲制度，使人民民主专政在乡村中扎下根基。❷ 在揭露旧保甲制度的反动性的同时，西南各地对旧保甲人员按各人不同情况分别处理。1950 年 12 月 13 日，川南行署向各专署、市、县人民政府发出《关于彻底废除保甲制度，改造乡村政权的指示》，指出："解放已一年多了，过去因农民未发动起来，情况不熟悉，不得不沿用旧有乡、镇保甲组织。现减租退押、清匪反霸运动已全面展开，农民要求废除保甲制度，把印把子拿到自己手里来。因此，凡是减租退押大体结束的地区，乡村政权改造工作亦应告一段落，要建立乡、村及居民小组。乡称乡人民政府，村称村公所。"❸

到减租退押、清匪反霸运动全面展开时，四川各地就开始采取措施废除保甲制度，在农村建立乡、村及村民小组。从 1950 年下半年开始，四川各级人民政府陆续宣布废除保甲制度，分别集训和处理旧乡保甲人

---

❶ 王雅馨：《新中国成立初期农业合作化运动的影响》，《社会科学家》2013 年第 7 期，第 140 页。

❷ 转引自冉绵惠：《新中国建立初期中共重构四川乡村权力结构的努力与成效》，《四川师范大学学报（社会科学版）》2013 年第 6 期，第 47 页。

❸ 《四川省农业合作经济史料》编辑组：《四川省农业合作经济史料》，第 36 页。

员，如双流县于 1950 年 8 月 18 日至 1951 年 3 月 10 日分上下两期举办乡保人员管训班，管训旧乡保人员 342 名，管训后的处理是扣押 103 名、释放 236 名、逃跑 2 名、吊死 1 名。江津县原有 13 个区、68 个乡镇、903 个保，在乡村政权未经改造前，一般都直接或间接地操纵在地主、恶霸、土匪、特务及这些封建统治者的代理人手里，经过一年时间启发群众，又通过各种中心运动结合建政工作，彻底地废除了保甲制度，村级政权由原来的封建统治阶级手里转移到贫雇农为领导的农民手里。❶ 昔日农村中的劣绅、恶霸受到了坚决打击和镇压，上层人物和乡村社会原有的权威被打倒，保甲制度被废除。

据不完全统计，1950 年底，贵州省建立农协废除保甲的乡村，已有 80%。农协在乡村中，实际已成为行使政权的权力机关。❷ 黄平县四屏镇五里桥村，推翻保甲制度，地主封建统治已被群众打垮，农民建立了自己的政权，破天荒第一次当了家，成了新社会的主人，在一次座谈会上积极分子都有共同感觉："过去政府不把苗子当人，现在政府叫我们当了家。"❸

重庆一些地方村政权和农协会经过减租退押反霸运动之后，威信已大大提高，农民翻身成为主人。农民参加农协会的一般在 80% 以上，如北碚金刚乡团结村共 800 多人，就有 600 多人参加了农协会，农村妇女也大多参加了农村的政治活动，如团结村 13 名干部中就有 4 个是妇女；多数村已建立了青年团组织，成立了团支部，由农民自己担任支书。❹ 万县地区对保甲人员的处理办法是：地富出身贪污有据、罪恶很大、群众痛恨者，按恶霸处理，发动群众斗争清算；罪恶很大群众痛恨而非地富出身者，当犯罪分子处理，同时要分别其罪恶性质、犯罪原因和解放以后的表现，如过去罪恶很大，解放后在立功赎罪的号召下积极工作有成绩者，应说服群众从宽处理；非地富出身或虽属地富出身但无

❶ 冉绵惠：《新中国建立初期中共重构四川乡村权力结构的努力与成效》，《四川师范大学学报（社会科学版）》2013 年第 6 期，第 51 页。

❷ 中共贵州省委党史研究室、贵州省档案局（馆）编：《建国后贵州省重要文献选编（1949～1950）》（内部资料），第 315 页。

❸ 《贵州省黄平县四屏镇五里桥村阶级初步调查》1950 年 8 月 24 日，重庆市档案馆藏档，档案号：D-65-1（1）。

❹ 《重庆市各民主党派同志参加减租退押反霸工作总结报告》1951 年 2 月 27 日，重庆市档案馆藏档，档案号：D-65-19。

大罪恶者，一般采取改造的方针；农民成分过去无大罪恶，解放后又积极工作有成绩者，经群众讨论同意，可留在村政委员会内工作。❶

南充县彻底废除了封建统治的保甲制度，初步建立了人民政权，完成了县区地方武装的发展。由乡村农协代行政权，运动中大部分乡村通过农代会，正式选举建立了乡村人民政权，对旧乡保甲人员，集训了500 人。❷ 万县周溪区复查工作和回忆教育进行到一定程度，农民有了当家做主的要求以后，就及时整理扩大农协和巩固整理民兵组织，进而废除保甲制度，建立村政权。这样做的结果，群众反映说："真翻身了，把压迫人的保甲都取消了。"对村政改造，主要用两种方式进行：一是召开村民大会，实行普选；二是以农会委员会为基础，适当加以调整。❸

建政初期，西南民族地区全面接管了旧政权机构，暂时依靠旧有机构和保甲人员，掀起了摧毁传统乡村政治秩序的革命，昔日乡村的上层人物和乡村社会原有的权威被打倒，横行乡里的惯匪、村霸被拘押，在土地改革过程中，"土改工作队的派驻、农民协会权力的行使、思想分家、诉苦、阶级划分等活动的展开，都使国家权力、阶级意识、党的政治文化有形地楔入到乡村社会"❹。土地改革在乡村进行国家意识建构、新社会政治结构的形塑，极大地造成了农村巨大的社会变迁。土地改革所要完成的政治任务就是充分改造旧的乡村政权，取消保甲制度，建立共产党领导下的乡村基层政权。"土地改革用强有力的事实表明了超出个人常规性生活手段的一种逻辑：在无须个人做出实质性努力的情况下，一种来自外部的力量，用人们原来从未见过的方式，改变了无数人的命运。"❺ 新的乡村权力结构对旧有的权力以及伦理秩序的剧烈冲击，使土地改革在改变着农村经济秩序的同时，也在建立着一种新的社会政治秩序。保甲制废除后，取而代之的是乡人民政府和乡村农民协会组织。

❶　张培田、张华主编：《中国西南档案：土地改革资料（1949～1953）》，第 243 页。

❷　张培田、张华主编：《中国西南档案：土地改革资料（1949～1953）》，第 257 页。

❸　张培田、张华主编：《中国西南档案：土地改革资料（1949～1953）》，第 242 页。

❹　陈益元：《建国初期中共政权建设与农村社会变迁：以 1949～1952 年湖南省醴陵县为个案》，《史学集刊》2005 年第 1 期，第 51 页。

❺　杨懋春：《一个中国村庄：山东台头》，江苏人民出版社 2001 年版，第 518 页。

（二）民主建政的推行

农村民主政权的建设，实际上是土地改革运动的一项重要内容。1950 年 7 月 17 日，内务部部长谢觉哉在第一届全国民政会议上作了《关于人民民主建设工作报告》，指出："我们不要把土地改革与建政打成两极，那样将走弯路、费力多，而应该是土地改革过程即建政过程。"❶ 西南军政委员会土地改革委员会主任张际春认为："农村中加强民主建政的工作亦是保障农业生产互助合作运动顺利发展的重要条件。……进一步加强农村中人民民主的社会秩序，并适当地调整农村中区乡的行政区划，以便于加强生产中行政管理工作。"❷ "土地改革的本身，就是一个伟大的民主运动，它摧毁了封建主义的经济基础，同时也摧毁了封建主义的政治残余势力，而建立了农村中的人民民主政权。在土地改革的斗争中，应该广泛地发动群众，召开乡农民代表会议或乡农民代表大会，并在这一基础上建立乡人民代表会议，以便扩大反封建的统一战线，因此，土地改革的过程，就是民主建政的过程，在土改地区土改与建政，是一个问题的两面，不可加以割裂或只强调一面。"❸ 因此，必须使政权组织、机构和人员真正进入到乡村社会，才能改变西南地区乡村基层政权虚位和管理薄弱的状况。

西南各省在解放初期仍保留着国民党统治时期的大乡制。针对解放之初农村普遍采用的大乡建制管辖范围过大的问题，为了便于进行土地改革和各项社会改革，必须将大乡划小。"土改后，增划区乡，缩小区乡行政范围。"❹

1951 年 4 月，政务院发出《关于人民民主政权建设工作的指示》，要求"已完成土地改革的地区，应酌量调整区、乡（行政村）行政区划，缩小区、乡行政范围"。❺ "必须使行政区划便利人民管理政权，发

---

❶ 《新华月报》1951 年第 6 期（总第 12 期）。

❷ 《张际春文选》，第 204 页。

❸ 西南军政委员会民政部辑：《人民民主政权建设文件汇集》，西南人民出版社 1951 年重庆版，第 245 页。

❹ 《毛泽东文集》（第六卷），第 144 页。

❺ 中共中央文献研究室编：《建国以来重要文献选编》（第二册），中央文献出版社 1992 年版，第 232 页。

挥人民政权基层组织的作用。"❶ 关于建政的政策原则，1951 年 11 月，邓小平在西南局委员会第七次会议上指出：为了便于建立乡人民代表会议制度，便于培养提拔干部和便于深入工作，必须划小区乡。兹规定乡（以乡人民政府所在地为基点）的半径一般不超过 30 华里，乡的人口不得少于 500 人，多不得多于 1 万人，一般以 3000 人左右为宜。❷ 张际春也强调：在人民民主建政方面首先要把旧有的行政区划小，主要是乡一级的行政区要划小，以利于乡人民代表会议制度的建立和干部的培养提拔及工作的深入，因为这是政权的基层组织，乡一级不健全将影响政权的巩固。❸

　　土地改革时期，云南省乡的区划按照人口、面积、自然情况、民族情况等条件设定标准。规定：凡山区交通不便、居住分散地区，每乡以 1000～1500 人为标准；在交通便利、人口集中的平坝地区，每乡 1500～3000 人为标准；在人口过于稀少的特殊地区，以及内地民族聚居区需要建立乡的区域自治政府者，必要时可以少于 1000 人。在这个标准的指导下，各地按照实际情况，结合土地改革，普遍调整了行政乡的区划，为建立基层政权体系奠定了基础。❹

　　在县人民政府与乡人民政府之间，根据中央人民政府的规定，四川各县有区的设置。1950 年 12 月 30 日，中央人民政府公布《区人民政府及区公所组织通则》，规定："凡需作为一级政权的区，得由县人民政府呈请省人民政府批准，设区人民政府"，"凡不需作为一级政权的区，设区公所，为县人民政府的派出机关。"四川建立区人民政府较早的为武隆县，时间在 1949 年 12 月。继武隆县后，川东行政区所辖各县，1950 年县乡之间区的设置有较大的发展，截至 1951 年，共建区 293 个，1952 年上升为 405 个。川南行政区，主要按人口划区，在人口密集的地区，按 4 万～6 万人；地广人稀地区，按 2 万～4 万人划区。每个区大致辖 8～12 个乡，仅荣县有一个区辖 13 个乡。截至 1951 年底，川南共建区 287 个。川西行政区设置的区，据 1951 年民政部门统

　　❶ 谢觉哉：《坚决执行政务院关于人民民主专政建设工作的指示》，《人民日报》1951 年 5 月 30 日。

　　❷ 贵州省档案馆编：《黔地新生——解放初期贵州土地改革档案文献选编》，第 20 页。

　　❸ 《中国的土地改革》编辑部：《中国土地改革史料选编》，第 783 页。

　　❹ 中共云南省委党史研究室编：《云南土地改革》，第 207 页。

计：温江专区有 83 个，眉山专区有 71 个，绵阳专区有 67 个，茂县专区有 17 个，共 238 个区。川北行政区，1951 年共建区 333 个，其中南充专区建立了 71 个区人民政府。❶ 为有利于人民代表会议制度的建立和干部的培养提拔及工作的深入，四川普遍把乡的行政区划小，乡的面积以乡人民政府所在地为基点，半径不超过 30 华里，人口一般 3000 人左右，少的不少于 500 人，多的不超过 1 万人。乡的区域划小以后，乡的单位增加。按中央规定，区可作为一级政权，召开各界人民代表会议，区也适当划小。1952 年冬和 1953 年春，各县贯彻政务院颁布的乡（行政村）人民代表会议组织通则和乡（行政村）人民政府组织通则，经县人民政府批准乡人民代表会议选举了乡人民政府，到 1954 年，全省共有 11373 个乡、404 个镇。乡人民政权的建立与健全，巩固了人民民主专政的基础。❷

中华人民共和国成立初期，云南废除了保甲制，按照各县自然地理和交通情况，把县划分为若干个区，成立区人民政府，区的干部由中共县委委派。据 1951 年 6 月统计，全省共设立了 708 个区，以后又进行了局部调整，到 1953 年，调整为 770 个区。这一时期的区人民政府，实际上行使基层政权的职能。❸

1952 年 11 月 12 日，中共中央就农村基层政权的设置指出：乡是人民民主政权的基层组织，其区划大小所依据的原则，除须考虑各地自然条件外，更重要的是为了便于领导群众，进行生产和行政管理。❹ 1952 年 11 月 27 日，西南军政委员会发布《关于加强民主建政工作的指示》，要求各地以建乡为重点，开好各界人民代表会议，促其代行人民代表大会职权，使人民民主制度更加完备，政府一切重大工作都应交人民代表会议讨论，并作出决定。指示强调："目前应把乡政权建设工作作为政权建设的重点，使其紧密结合土改复查和冬季中心工作，争取于今冬明春基本完成建乡任务。"❺ 西南区第一次民政工作会议充分讨论和研究

---

❶ 四川省地方志编纂委员会编：《四川省志·民政志》，四川人民出版社 1996 年版，第 111～112 页。

❷ 《当代四川简史》，第 51～52 页。

❸ 云南省民政厅编：《云南民政志》（内部发行），1991 年印刷，第 104 页。

❹ 解冰：《新农村基层政权权责制衡重构》，第 57 页。

❺ 西南军政委员会：《关于加强民主建政工作的指示》1952 年 11 月，云南省档案馆，全宗号：11，目录号：1，案卷号：9。

了民主建政工作，对乡的区划作出具体规定：一个乡的人口，一般四川为 4000～6000 人，贵州为 2500～3000 人，云南为 2000 人左右，平坝地区，最多不得多于 10000 人。乡的范围，其直径一般不超过 60 华里。根据以上标准进行划乡，但不宜使旧的区划变更太大，一般应以各相连的村划为一乡，如需打破乡，更需征得群众同意。土改复查已经完成地区，乡的区划已划者，一般不动。非农业人口在 1500 人以下，而工商业又不发达的小场镇，应划入乡内。

　　1950 年 12 月，中央人民政府政务院公布《乡（行政村）人民代表会议组织通则》和《乡（行政村）人民政府组织通则》。云南省根据两个"通则"的基本精神，于 1951 年 1 月 27 日制定《云南省建立乡村政权试行方案》，对乡的组织原则进行了规范，按照省委的部署和要求，各地在土地改革复查的过程中，普遍进行了民主建政工作，1953 年 1 月初至 4 月 15 日，全部完成这一阶段的划乡建镇工作。截至 1953 年底，全省共设立 10067 个乡，全省核定乡干部编制 28400 名。❶ 1951 年，玉溪地区开始建立乡人民政府，经试点后逐步推广，其中设立民族自治乡政府 22 个，民族联合乡政府 12 个。1952 年结合土改建政，缩小乡镇规模。山区乡 1500 人以下者居多，坝区乡一般在 2000 人左右，于年底全部建立了乡政府。1953 年，遵照中央关于"便于领导生产，区、乡区划宜大不宜小"的指示和西南局及省民政会议精神，对全区行政区划进行了调整。重点扩大坝区设乡规模。一般每乡 3000～5000 人，最多不超过 1 万人；山区乡 1000～1500 人。❷ 1951 年底，西南军政委员会民政部要求各地把乡的行政区域划小，以便人民代表会议制度的建立，干部的培养和提拔，工作的深入和政权的巩固。1952 年，贵州省民政厅把民主建政作为工作重点，划定乡的范围，以 2000～3000 人为基点，最多 1 万人，最少不得低于 500 人，面积不大于半径 30 华里。经过调整，至 1953 年 10 月，遵义全区共有 1308 个乡、27 个镇（含区级镇 11 个）。❸ 独山县划小乡中，一般汉族地区或多民族杂居地区的乡长，由县委派；少数民族聚居地区实行了民主建政。甲邦、墨寨、团

　　❶　中共云南省委党史研究室编：《云南土地改革》，第 207 页。
　　❷　云南省玉溪地区地方志编纂委员会编：《玉溪地区志》（第二卷），中华书局 1994 年版，第 201 页。
　　❸　贵州省遵义市地方志编纂委员会：《遵义地区志・民政志》，第 39 页。

结、甲里等布依族聚居乡，成立布依族自治乡政府，瑶山、瑶麓等瑶族聚居乡，成立瑶族自治乡政府。自治乡政府的乡长、委员等组成人员，由各族内部通过选举产生。原峰阳乡在进行划小乡、开展民主建政、成立布依族自治乡政府的过程中，该乡群众一致要求把乡的名称改为"团结乡"，来纪念这一历史上有重大意义的事件，表达了各少数民族人民和汉族人民团结一致、共同建设社会主义社会的愿望。当选为乡长的布依族农民陆启明在自治乡成立大会上说："过去我们和汉族老大哥不团结，是不对的，那时是受地主阶级的挑唆愚弄，今后我们兄弟民族要亲密合作，搞好生产，共同建设美好的家乡。"❶

1952 年，根据《乡（行政村）人民政府组织法通则》和西南军政委员会《关于加强民主建政工作指示》精神，镇远专区开始调查区划，建立乡（镇）人民政府。11 月，镇远专区召开各县民政科长会议，提出各县建乡（镇）规划，每乡 2500～3000 人，以乡政府所在地为基点，半径不超过 15 公里。在炉山县的虎庄村和镇远县的龙场进行试点，摸索经验。1953 年全面展开，分两批进行，第一批有 152 个乡（镇）；第二批有 431 个乡（镇）。首先抽调干部进行培训，镇远专区及县党群、政法系统抽调干部 187 名，经过 5～7 天培训，分赴各区负责指导。各县以区为单位召开农代会，由区公所出面协商，成立建乡筹备委员会，负责建乡宣传，收集群众意见，召开农代会，决定乡的区划。在此基础上，召开乡民代表大会，提出和讨论候选人。最后选举乡（镇）人民政府委员和乡（镇）长、副乡（镇）长。1953 年建立乡（镇）人民政府 583 个（镇 25 个），其中普选产生 478 个，协商产生 105 个，绝大多数乡（镇）农协主席当选为乡（镇）长。从此，黔东南各乡（镇）始设乡（镇）人民代表大会、乡（镇）人民政府。❷

1951～1952 年，毕节专区结合土地改革，废除保甲制，建立行政村，县以下基层政权组织为区人民政府和村人民政府。1952 年，全专区民政机构按照省民政厅的意见，把民主建政作为工作重点，开展并村建乡工作。1953 年并村建乡，设立乡（镇）人民政府，村改为行政村管理委员会，下辖自然村；区人民政府改为区公所，为县人民政府的派

---

❶ 中共独山县委员会编写：《跃进中的独山》，贵州人民出版社 1960 年版，第 11～12 页。

❷ 黔东南苗族侗族自治州地方志编纂委员会编：《黔东南苗族侗族自治州志·民政志》，贵州人民出版社 2004 年版，第 50 页。

出机构。全专区共建乡（镇）人民政府 1253 个。❶

中华人民共和国成立初期，"划乡建政的成功，打破了农村社会以村落为基本社会单位的组成形式。划乡时，干部看重的，是'便于联系群众'和'便于分配土地'；在工作作风上，不太注重以血缘、地缘为基石的自然村落的特点，而是以数字、人口、面积取而代之，从而实现了村与村、乡与乡、区与区之间的重新划分和调整"。❷ 乡的划分，主要依据便于生产、便于联系群众的原则，适当照顾地形和交通条件。

小乡制的推行，国家行政建制小化的后果和积极影响就是："加强了区域范围内的乡村社会与国家之联系，以确保国家行政权力进一步深入到乡村社会。一方面，在国家政权构架不发生变化的情况下，行政建制的缩小，实际上使同样性质的权力机构在管辖的范围上变小，也就使权力机构更能节制管辖区域的行为和事件；另一方面，社会民众能够更直接接近国家的政治权力，有可能改变社会民众与政权的亲和力，而使权力机构的行为职能更为有效。"❸ 这种划分缩小了乡级政权的辖区范围，方便基层政权管理，有利于国家加强对乡村社会的管控。

少数民族地区建政问题：解放初期对怒江地区的民族工作，主要根据 1950 年中共云南省委召开的少数民族工作会议上提出的"民族工作宜缓不宜急"的方针以及不能动少数民族原有的社会政治制度的原则，采取以稳定为主的"团结一切、保护一切"的政策措施；对民族宗教上层人物，政治上维持现有地位，经济上不能动他们的利益；对农村基层政权，除宣布废除乡镇保甲制度，改称为县、区、村外，村长暂时由原来的民族头人担任；对影响较大的上层人物，到上一级政府机构任职，如裴阿欠任丽江专区副专员兼碧江县副县长。❹

1951 年冬，楚雄各县委、县人民政府，根据云南省委《关于调整乡的区划及建立基层组织的补充规定（草案）》，以乡为重点，开展了民主建政工作。按照这个规定，"划乡以人口、面积、自然情况（山

❶ 贵州省毕节地区地方志编纂委员会编：《毕节地区志·民政志》，方志出版社 2002 年版，第 16 页。

❷ 陈益元：《建国初期农村基层政权建设研究（1949～1957）——以湖南省醴陵县为个案》，第 85 页。

❸ 于建嵘：《岳村政治——转型期中国乡村政治结构的变迁》，第 250 页。

❹ 怒江州民族事务委员会、怒江州地方志编纂委员会办公室编：《怒江傈僳族自治州民族志》，云南民族出版社 1993 年版，第 254 页。

河、交通）、民族情况及历史关系等条件为原则，山区以一千至一千五百人为一乡，坝区一千五百至三千人口为标准。民族聚居的乡可少于一千人口"。两专区共计设区（含区级镇）87个，乡（含乡级镇）964个，居民委员会6个，其中民族自治区3个，自治乡61个，分别成立区、乡民族自主联合政府。非民族自治乡设乡人民政府委员会。当时，按省委规定，在所有的乡建立乡的农民代表会议制度。民主建政工作，从政权组织上确立了贫雇农在工农联盟的社会主义新政权中的地位，保证了政令的畅通，保证了各项重大社会改革的顺利进行。❶

1951年5月23日，云南省委批转省委民族工作党组《关于少数民族建政工作及社会改革诸问题的意见》，对少数民族建政及社会改革的十二个方面工作提出了意见。云南在土改中始终重视基层政权建设，通过广泛发动群众、整顿和扩大农会、改造旧村干等举措，加强了基层组织建设。在土地改革中培养了大批农民干部，以蒙自地区为例，据统计全区在土改结束后，共培养提拔区长62人，其他区干部181人，脱产参加工作队的929人，乡长、乡主席1279人，乡委员及大组长一级干部共9819人，发展农协会员33万余人，约占土改地区总人口的41.25%，群众发动面一般在成年人口的90%左右，发展民兵29094人，小队长以上的民兵干部4086人。在少数民族地区，培养了大批民族干部。全省区级干部除昭通、保山、丽江外，共有10086人，其中少数民族干部9112人，占到90%。乡一级干部脱产与半脱产共28269人，少数民族干部占到40%。杂居区土地改革中建立了党支部156个，发展了1285名党员，建立2229个团支部，发展团员44504个。❷乡村传统的社会秩序随之被颠覆。1950年1月1日，滇中区人民行政专员公署成立，3月，改名玉溪区行政督察专员公署，县、区人民政府相继建立。全区共辖12个县，基层以农协会代行政权职能。1951年，开始建立乡人民政府，经试点后逐步推广，其中设立民族自治乡政府22个，民族联合乡政府12个。1952年结合土改建政，缩小乡镇规模。山区乡1500人以下者居多，坝区乡一般在2000人左右，于年底全部建立了乡政府。❸

❶ 《楚雄州农村改革与发展（1950～1990）》，第5～6页。
❷ 中共云南省委党史研究室编：《云南土地改革》，第21～22页。
❸ 《玉溪地区志》（第二卷），第201页。

西南地区由于土地改革的进行，极大地提高了农民的政治觉悟，广大农民已成为农村中人民政权的支柱，因而巩固了人民民主专政，也巩固了工农联盟。在土地改革以后，广大农民更加热爱毛主席、共产党和人民政府。一般乡村均已树立了农民的真正优势，农民协会在那里有很高的威信，真正掌握了农村政权，解除了地主的武装，武装了自己，管制着那些不安分的不服从劳动改造的地主；农民真正成了农村的主人。❶ 西南土地改革工作团第二团第三分团认为：贫雇农基本上是发动起来了，新的农村政权和农会组织，已由建立而趋于巩固。贫雇农在思想上树立了当家做主的思想，在组织上也树立了在农村中的领导地位，地主阶级在经济上和政治上的封建势力基本上被打垮了。❷

建政之初，本地干部极少，工作干部多为外来，由于语言隔阂，联系群众十分不便，造成若干困难。1950 年底，召开了县、区各族各界人民代表会议，使党中央的民族政策与群众初步见面，并争取了一些旧人员参加工作，建立了县人民政府，团结了各族人民。在党中央和西南局的领导下，西南民族地区建立民族民主联合政府的成绩是显著的，到1952 年底，西南地区在大约 1000 万人口的地区建立 172 个包括州、县、区、乡四个级别的民族自治政府和 358 个包括专区、县、区、乡四个级别的民族民主联合政府。❸ 在土地改革中群众觉悟的提高，农村中人民民主专政力量的加强，使区域自治政权和民族民主联合政府的下层基础更加巩固。❹

中华人民共和国成立初期，西南地区传统小农经济社会下原有土地生产关系发生了质变，同时农村基层政权通过土改运动得到了纯洁和健全。通过土地改革和工作队进村，共产党完成了国民党一直想做却始终未能做到的事情，将基层村庄纳入官治系统，实现了国家权力对村庄的

---

❶ 中国社会科学院、中央档案馆：《（1949～1952）中华人民共和国经济档案资料选编：农村经济体制卷》，第 424 页。

❷ 《西南土地改革工作团第二团第三分团工作报告》，重庆市档案馆藏档，档案号：D－65－11。

❸ 赵永忠：《当代中国西南民族发展史论》，第 67 页。

❹ 中国社会科学院、中央档案馆：《（1949～1952）中华人民共和国经济档案资料选编：农村经济体制卷》，第 289 页。

垂直延伸。❶ 宗族势力以及村政权等社会组织都发生了变化，彻底扭转了旧中国政治中心对乡村社会无法有效管控的局面，实现国家对乡村的有效治理和管控，改变了乡村社会原有的政治生态，在新旧政权的对比中引发了民众的民主参与热情。

西南民族地区的土地改革，将少数民族直接纳入了国家权力体系，通过土地改革的政策，重塑了国家与乡村社会的关系，清代以来横亘于国家与乡村之间的经济体制被消解，使国家权力与政治触角进入乡村，改变了乡村权力结构及其运作方式，形成了广泛的组织网络并全面有效地整合了民族社会，彻底瓦解了当地的地主、士绅对于地方社会的领导权，"政权内卷化"得以克服，大大提升了对乡村社会的控制程度，国家对乡村社会实施控制的效能极大增强，使国家权力真正实现了现代意义上的乡村社会治理。

基层政权建设是土地改革后期以及土地改革复查时期的重点工作，通过自下而上把农民发动、组织起来，根据国家统一政令对乡村政权体系进行全面系统的整顿和重塑，截至1953年底，西南民族地区乡村基层政权基本建立起来，国家权力下行至乡村的任务基本完成。

为了使乡村组织和基层政权建设更加正规，1954年1月，内务部颁发了《关于健全乡政府组织的指示》，要求乡人民政府一般应按生产合作、文教卫生、治安保卫、人民武装、民政、财粮、调解等方面的工作，分设各种经常的工作委员会，目的是加强乡的行政工作。

1954年制定的中华人民共和国成立以来的第一部宪法中规定了农村的基层政权设在乡、民族乡和镇，农村基层政权的组织形式为乡人民代表大会和乡人民政府委员会。在相当于乡的少数民族聚居行政区域建立了民族乡。民族乡是根据宪法的规定，在少数民族聚居的乡建立的一级基层政权。民族乡人民代表大会由各民族代表组成，人民政府委员会以少数民族人员为主。民族乡的成立进一步调动了各族人民的生产积极性与主动性，农村基层政权体制正式确立下来。

1955年9月，中共中央在转发一个文件时指出，为了便于农村合作化运动的发展和今后农村生产的领导，中央认为乡的区划应适当扩

---

❶ 吴毅：《村治变迁中的权威与秩序——20世纪川东双村的表达》，中国社会科学出版社2002年版，第86页。

大。乡的区划宜大不宜小，原来区划过小的，应作必要调整，为适应上述形势，1955 年秋季，全国各地采取并乡等措施扩大乡的范围。因为农村合作化和乡规模的扩大，区公所逐步失去存在的必要，乡政权成为主要的农村基层政权。

1953 年，玉溪地区遵照中央关于"便于领导生产，区、乡区划宜大不宜小"的指示和西南局及省民政会议精神，对全区行政区划进行了调整，重点扩大坝区设乡规模。一般每乡 3000～5000 人，最多不超过 1 万人；山区乡 1000～1500 人。1954 年开始"普选"，实行县、乡（镇）两级政权结构制。区人民政府改为区公所，作为县人民政府的派出机构。乡（镇）建立人民代表大会制度。1955 年，乡（镇）区划有局部调整。1956 年，各乡（镇）均召开了第二届乡（镇）人民代表大会。❶

中华人民共和国成立初期，各族各界人民代表会议的践行是对民主建政的探索，在当时产生了重大的影响，也是西南地区人民当家做主的开始。民族民主建政之初，西南民族地区有些干部对民族民主建政的重要意义认识不足，认为"无此必要""徒添麻烦"，顾虑"民族分裂""闹民族独立"，因而强调条件不够，消极拖延。1951 年 1 月，西南民族事务委员会召开了扩大会议，决定在全区范围内开展民族民主建政工作。西南民族区各级人民政府都先后召开了各族各界人民代表会议或民族代表会议，并积极地在民族聚居地区实行民族区域自治，在民族杂居地区建立民族民主联合政府。❷

各界人民代表会议的普遍召开对于中华人民共和国成立初期西南民族地区政权的稳定、民族的团结、经济的恢复、少数民族人民积极性的发动、社会主义觉悟的提高、少数民族平等权利的保障做出了巨大贡献，发挥了重要作用。在自治区人民政府和民族民主联合政府建立后，各族人民都表现出无比的欢欣。他们感动地说："天下真有这样的事呀！""等了几十代，可有了今天。"贵州苗族人民在选出自己的县长后，兴奋地说："以前反动时期是'包谷不上粮，苗家不当王'，如今包谷能上粮，我们苗家也能当王（按：意指当县长）了。"经过民族民主建政工作，各族人民更积极地要求加强民族团结，更积极地要求外来

❶　《玉溪地区志》（第二卷），第 201 页。

❷　王维舟：《西南民族工作情况——在中央人民政府民族事务委员会第二次（扩大）会议上的发言摘要》，《人民日报》1952 年 2 月 11 日（第 3 版）。

干部的帮助。❶ 各族各界人民代表会议，既具有爱国统一战线的性质，又代行人民代表大会的职能。通过各界人民代表会议，民族地区巩固了工农联盟和人民民主专政。

各族各界人民代表会和农民代表会，是广泛联系各族各界各阶层人民、动员和团结一切社会力量的最好的工作方法和组织形式，可以把党的政策，经过代表会真正贯彻到少数民族中去。在少数民族地区经过代表会集中少数民族的意见，讨论决定有关他们的一切问题，尤其社会改革问题。❷ 据安顺反映，各县在开过代表会议后，"乡间舆论即转变了（对我们有利），城市买卖亦比过去活动（跃）了。由于动员了广大群众与社会力量共同来推进我们的政策与工作，乃增强了工作之力量与办法，加强了干部完成任务之信心。如征粮，在开农代会与各界人民代表会议之前，不少干部感到任务重，会议开了之后，感到有办法、有力量，干部劲头提高了，信心也大了"❸。召开各民族人民代表会议，是团结各民族人民和推进工作最有效的方法之一。毛泽东指出："必须认真地开好足以团结各界人民共同进行工作的各界人民代表会议。人民政府的一切重要工作都应交人民代表会议讨论，并作出决定。"❹ 1950 年 5 月，邓小平强调："要组织和健全农民协会，建立或健全农民代表会及人民代表会议制度，使农民代表会议实际上起政权的作用；县各界人民代表会议，要逐渐起人民代表大会的作用。"❺ 各族各界人民代表会议在巩固统一战线的过程中，干部的政策水平有很大的提高，特别注意处理好同少数民族的关系问题，和各民族人民的关系更加融洽，加强了各民族间和民族内部的团结。"必须认识，在民族杂居区建立民族民主联合政府，在民族聚居区实行民族区域自治，按照少数民族大多数人民的意见，通过他们愿意采取的形式，去管理各民族自己的事务，或各民族共同的事务，是解决民族问题和在政治上实现民族平等最适当最合理

---

❶　王维舟：《西南民族工作情况——在中央人民政府民族事务委员会第二次（扩大）会议上的发言摘要》，《人民日报》1952 年 2 月 11 日（第 3 版）。

❷　中共贵州省委党史研究室、贵州省档案局（馆）编：《建国后贵州省重要文献选编（1949～1950）》（内部资料），第 71 页。

❸　中共贵州省委党史研究室、贵州省档案局（馆）编：《建国后贵州省重要文献选编（1949～1950）》（内部资料），第 141 页。

❹　《毛泽东文集》（第六卷），第 71 页。

❺　中央文献研究室编：《邓小平年谱（一九〇四～一九七四）》（中），第 910 页。

的政策，是实现民族平等团结政策最好的组织形式，是推进民族工作与加强民族团结的基本环节，是废除民族压迫制度与解放少数民族的具体表现，是少数民族在政治上经济上文化上顺利前进的关键，是发挥少数民族积极性与发动少数民族群众的基本工作。"❶ 民族民主联合政府的人民代表会议都是以人口比例为基础，对各民族作适当的分配，并对人口特别少的民族加以适当照顾。政府委员会中都有少数民族参加。贵州省 5 个专区 30 个县的民族民主联合政府中共有少数民族副专员 3 人，县长副县长 16 人，委员 279 人。云南省普洱专区选举联合政府委员时，澜沧和景谷的少数民族代表互相谦让，武定县的彝族代表一再叮咛本族政府委员不仅要和其他民族的委员合作，并要为其他民族人民办事。❷ 乡级政权组织一般都得到了整顿与健全，使各民族人民积极参加到社会主义建设的各项事业上来。正如时任中央人民政府内务部长的谢觉哉所说："人民民主制度必须深入到区乡，生起结实的根来，才能使整个社会建设有力的前进。"❸ 西南民族地区农村基层选举的胜利完成，各民族人民代表会议的召开，大大推动了农村民主建政工作的开展。"凡是人民代表会议组织得好，会议开得较经常，能把每个时期的中心工作和绝大多数人民的要求结合得好的地方，广大人民的政治觉悟、爱国热情、革命警惕性和生产积极性便大大提高了，政权机关的各种工作便获得了很大的成绩，人民对自己政权的爱护也就更加热烈。"❹

为了适应农业合作化和农业生产发展的需要，进一步加强农村基层政权的领导作用，农业合作化运动中，根据中央要求和指示，西南地区农村乡镇的行政区划由小变大。1956 年，为适应农业合作化运动发展的需要，贵州省人民政府根据中央关于乡宜大不宜小的指示精神，对全省各县区、乡行政区划进行调整，到 1956 年 12 月，遵义地区将 1308 个乡调整为 928 个乡，8 个区级镇，29 个乡级镇。❺ 为适应农业合作化运动发展的需要，凤冈县对乡行政区划进行调整，将全县 80 个乡并建

---

❶ 《论少数民族建政问题》，《云南日报》1951 年 5 月 13 日（第 1 版）。

❷ 《全国少数民族地区三年来政权建设工作的巨大成就》，《人民日报》1952 年 10 月 17 日（第 3 版）。

❸ 谢觉哉：《关于人民民主建政工作报告》，《人民日报》1950 年 9 月 12 日（第 1 版）。

❹ 《人民民主政权建设和民政工作的成就》，《人民日报》1952 年 9 月 22 日（第 2 版）。

❺ 贵州省遵义市地方志编纂委员会编：《遵义地区志·民政志》，贵州人民出版社 2003 年版，第 39 页。

成 55 个乡。❶

中华人民共和国成立初期，西南民族地区农村基层政权虽然才初步建立，政权机构和职能还不够健全，但经过不断调整，发挥了其直接联系群众的特有作用，基本适应了当时客观形势的发展需要，一方面成为党和政府各项方针政策和法律的落脚点，另一方面它又是党和政府联系群众的桥梁和纽带，对于建立、巩固和扩大人民民主专政的基础，加强国家对农村的治理，发动群众进行和完成土地改革、合作化运动等各项社会改革，发展农业生产力，发挥了积极作用，在西南地区民主改革和各项工作中做出了应有的贡献。

（三）农民协会的建立

中华人民共和国成立初期，西南民族地区建立各级农民协会，以农会代政。为了规范各级农民协会的建制，1950 年 7 月 14 日政务院第四十一次会议通过了《农民协会组织通则》，明确规定了农民协会的性质、任务。农民协会的兴起，是基于农村土地改革的需要，建立和巩固农村基层政权的需要以及调整农村阶级关系、社会关系的需要，带有鲜明的战争与革命的色彩。❷ 根据中华人民共和国土地改革法，农民协会是农村中改革土地制度的合法执行机关。1950 年 11 月通过的《贵州省农民协会组织章程》规定贵州省农民协会的任务是："团结雇农、贫农、中农及农村中一切反封建的分子，遵照人民政府的政策法令，有步骤地实行反封建的社会改革，保护农民利益。""组织农民生产，举办农民合作社，发展农业和副业，改善农民生活。""保障农民的政治权利，提高农民的政治和文化水平，参加人民民主政权的建设工作。"❸

在土地改革中，党支持成立的农民协会成为改革土地制度的合法执行机关。在制度建构上，农协行使政治、经济和文化等综合职能，通过乡农民代表大会和由其选举出的农民协会委员会行使农民协会的权力，进行土地改革。"各级农民协会行使权利的机关是乡农民大会和各级农

---

❶ 贵州省凤冈县民政志编纂委员会编：《凤冈县民政志》，2006 年印刷，第 64 页。

❷ 张举：《新中国初期农民协会兴起与隐退原因探析》，《湖南农业大学学报（社会科学版）》2002 年第 3 期，第 16～17 页。

❸ 中共贵州省委党史研究室、贵州省档案局（馆）编：《建国后贵州省重要文献选编（1949～1950）》（内部资料），第 303 页。

民代表大会，其职权是根据政府法令和上级农民协会指示及当地农民要求，决定农民运动的方针和计划，审查农民协会委员会的工作报告，选举农民协会委员会。"❶ 中华人民共和国成立初期，在农村主要采取由农民协会、农民代表会行使权利的办法，来组织领导土地改革和农村政权建设。"不管它们自己宣布的宗旨是什么，组织本身就在农村形成了新的权力中心。"❷ "在土地改革运动的实践中，农民协会不仅成为团结与组织广大农民进行斗争的群众组织，而且成为土地改革队伍的主要组织形式和执行机关，实际上起到了基层政权的作用。"❸

　　土地改革的过程亦即"国家—乡村社会"的重构过程。由于土地改革与农村建政的结合，要保证土改顺利开展，必须把分散的个体农民转换为有组织的整体团队。"农民联盟、农民协会、农民合作社都是保证土地改革具有持久活力的必备条件。"❹ 建政前后，正式的政权组织一般只到达区级，基层政权普遍没有得到改造，农民协会成为中华人民共和国成立初期乡村社会权力体制中最重要的政治力量。在党和人民政府的领导下，西南民族地区选举产生农民协会，逐渐将政治权力集中于新建立的乡村政权中。据阆中县的土改工作总结报告，土改后，农民协会领导成分中，贫雇农2402人，中农及贫苦知识分子696人，"农协主席一般均为贫雇农"。"乡村政权一般较为纯洁，皆为贫雇农担任。"❺

　　景军曾在集体化时代社会记忆的研究中指出，"政治运动的地方化必须依靠地方共谋者"。❻ 因而，建立农协并且由中共党政领导人出任农协要职，广大农会骨干及土改中的积极分子被吸收到基层乡村政权中。农民协会执行乡村政权的职能，无疑有助于增强农协权威，既能执行政权职能，尽快完成土地改革，又有利于各项乡村改革政策的贯彻执

　　❶ 中共贵州省委党史研究室、贵州省档案局（馆）编：《建国后贵州省重要文献选编（1949～1950）》（内部资料），第304页。

　　❷ ［美］塞缪尔·P. 亨廷顿：《变化社会中的政治秩序》，王冠华等译，三联书店1989年版，第365页。

　　❸ 熊秋良：《建国初期乡村政治格局的变迁——以土改运动中农民协会为考察对象》，《贵州社会科学》2010年第6期，第126页。

　　❹ ［美］塞缪尔·P. 亨廷顿：《变化社会中的政治秩序》，第365页。

　　❺ 《阆中县土改工作总结报告》，1951年4月5日。转引自段志洪、徐学初主编：《四川农村60年经济结构之变迁》，巴蜀书社2009年版，第60页。

　　❻ 景军：《神堂记忆：一个中国乡村的历史、权力与道德》，吴飞译，福建教育出版社2013年版，第99页。

行，有助于调整农村阶级和社会关系，颠覆乡村既有的权力结构。这套新的组织体系发挥着不可替代的过渡性作用，逐渐成为建政过渡时期这一重构过程中颠覆、解构旧政权和重建乡村社会新秩序的中心，从而进一步地提高了党和政府对乡村的动员能力和号召能力。

随着国家政权的逐步巩固和体系的日益完善，土改运动过程中乡村基层政权普遍建立，农协与政权之间的这种交叉便成为正式的政权组织发挥其应有职能的羁绊，农民协会原来行使的基层政权职能逐渐由乡村政府取代。农会权力随即很自然地转移到乡村基层政权手中。农民协会的群众团体功能很快被农村社会国家化的趋势所淹没。农会完成了其历史使命而逐渐退出中国乡村政治舞台。

在四川乡村民主政权建立的过程中，各级政府都注重农民代表会议的召开和对农民积极分子的发现与教育培养，提高农民的觉悟，树立农协的威信，逐渐地削弱农村中的封建势力，建立农民的优势地位。据档案资料记载：川东璧山区行政专员公署及下属各县于 1950 年都召开了一次农民代表会议，区召开了三次以上，有的乡也召开了一次，有31243 名农民代表参加了各级农民代表会议，专署和各县还办了农民积极分子训练班，训练了 12333 名农民积极分子，经过教育培养的这些农民骨干分子对发动农民群众起了决定性的作用，有的乡村农民已占了优势，农村阶级关系正发生巨大的变化。❶ 1951 年 2 月，昆明县各民族联合政府委员会在县第二届各民族各界人民代表会议上成立。全县成立了517 个农民协会分会，会员已达 5 万多人。因此，这次会议代行了县人民代表大会职权，依照各民族人口比例，选出县长、副县长 4 人和政府委员 25 人。会议讨论了民族团结等问题，决议在该县民族聚居的区或乡成立区、乡的民族区域自治政府，在民族杂居的区或乡成立区、乡各民族人民联合政府。❷

以农民协会为权力中心，按现代政治架构标准彻底改造乡村治理结构作为革命的目标，乡村社会构建了一套新的组织体系，自上而下建立政令畅通的政权体系，彻底改变了乡村旧政权的政治格局，完全替代了国民党统治时期由乡村保甲组织、宗族组织、帮会组织和民间信仰组织

---

❶ 冉绵惠：《新中国建立初期中共重构四川乡村权力结构的努力与成效》，《四川师范大学学报（社会科学版）》2013 年第 6 期，第 51 页。

❷ 《云南省昆明县成立各族联合政府》，《人民日报》1951 年 3 月 11 日（第 2 版）。

等构成的组织体系，建立了新的政治结构和社会组织。随着土改完成、乡村政权组织网络的建立与完善，农协作为构建乡村控制体系的过渡性组织被撤销也就成为必然的结局。

二、封建宗族制度的解体

在中国传统社会，对于乡村的控制，国家主要是通过地主士绅与农民发生关系的，行政权力只抵达县一级，在基层社会，地方权威控制着地方区域的内部事务，县以下基本由地方士绅或宗族大户维持秩序，推行教化。他们并不经由官方授权，也不具有官方身份，这在事实上限制了中央权威进入基层治理。"绅士在官民之间上下沟通，并形成一种良性互动关系，在一定程度上维持了传统国家与社会的整合。这是中国传统基层社会权力结构的基本形态。"❶

在西南民族地区，土地改革前国家权力并没有实质性地深入乡村底层。正如韦伯所说的，在传统中国，"'城市'是没有自治的品官所在地，'乡村'则是没有品官的自治区"❷。因此，"在中国的现代化进程中，国家建构的一个重要任务就是通过社会整合，将高度分散性的乡土社会聚合和组织起来，形成相互联系并对国家具有向心力的社会共同体"❸。近代以来的中国，传统乡村制度网络随同皇权政治的终结而解体。

传统社会的国家政权也正是通过乡绅的领袖和统率能力而控制乡村社会的。在中国传统社会，宗族特有的势力维护着乡村的安定和秩序，自20世纪初开始的国家权力的扩张导致国家权力对乡村社会的渗透，土地改革颠覆了传统乡村的权力格局。正如亨廷顿所说，土地改革"涉及一场根本性的权力和地位的再分配，以及原先存在于地主和农民之间的基本社会关系的重新安排"。❹ 为了实现对社会资源的控制，必须摧毁乡村传统的权力网络。以血缘为纽带的宗法家族制度是传统中国农村

---

❶ 王奇生：《革命与反革命：社会文化视野下的民国政治》，第319页。

❷ ［德］马克斯·韦伯：《经济与社会》（下卷），商务印书馆1997年版，第375页。

❸ 徐勇：《阶级、集体、社区：国家对乡村的社会整合》，《社会科学战线》2012年第2期，第169页。

❹ ［美］塞缪尔·P. 亨廷顿：《变化社会中的政治秩序》，第273页。

在社区组织、社区结构、社会控制和农民社会关系等方面的最重要特征。❶ "家庭是保甲制度生成的基础，宗族组织是保甲组织发挥作用的前提。在中国传统乡村社会中，家庭是基于血缘亲属关系而建立起来的社会单位，同时又是一个完整的生产单位。……家族只不过是扩大的家庭，家族则是制度化的血缘关系。"❷ 血缘关系同土地关系是相互结合的，血缘关系在很大程度上已渗透进了土地关系。国家在很大程度上要依赖乡村精英实现对乡村社会的控制管理，"在国家政权不断向社会基层深入、扩张和渗透的过程中，县不再是传统皇权与绅权的交接点"❸。中国农村的传统权威和秩序格局在 20 世纪 50 年代以后已经发生了根本性变化，土地改革彻底打垮了曾经横行于乡村基层社会、操控乡村基层政治的封建恶霸地主及其反动统治势力，地主豪绅势力、宗族势力让位给中国共产党领导的国家基层政权和农民组织，传统乡村精英不仅在运动中被剥夺了土地和财产，也失去了政治权力、社会地位，士绅连同其他传统的乡村精英被扫进历史，开始全面退出乡村社会生活的中心位置。土地改革是一个对乡村经济、政治、文化等全方位的建构过程。"农村古老的社会权力结构，经过这场变动被全部颠倒了过来，没有人再可以凭借土地财富和对典籍文化的熟悉获得威权。"❹ 家族制度得以存在的外显的和内在的因素受到政治革命的影响冲击，中华人民共和国成立初期，"政权统治逐步向村一级的社会底层渗透，正式组织与制度对以血缘、地缘关系为纽带的乡村社会的扩张力度不断延伸和强化"❺。土地改革过程中宗族活动被禁止，打倒了把持乡村政治权力的族长，家族组织失去了赖以存在的经济条件和控制族人的基础，彻底摧毁了封建宗族制度，使得民族地区乡村以血缘关系为基础的社群结构不可避免地走向了瓦解。在土地改革运动的推动下，家族体制被有计划地打破。土地改革运动的"主要成就是政治上的。旧的社会精英被剥夺了经济财产，其中有的人被杀，作为一个阶级，他们已受到羞辱。决定性的事实

❶ 于建嵘：《岳村政治——转型期中国乡村政治结构的变迁》，第 88 页。

❷ 于建嵘：《岳村政治——转型期中国乡村政治结构的变迁》，第 281 页。

❸ 王奇生：《革命与反革命：社会文化视野下的民国政治》，第 338 页。

❹ 张鸣：《乡村社会权力和文化结构的变迁（1903～1953》，广西人民出版社 2001 年版，第 250 页。

❺ 张静：《建国初期长江中下游地区乡村地权市场探微》，第 212 页。

是，旧秩序已经证明毫无力量，农民现在可以满怀信心地支持新制度"。❶ 土地改革彻底摧垮传统乡村精英的政治与经济统治，实行社会政治改革和革命的政策并对乡村社会实行更有效的治理，从而改变了长期以来农民对政治比较冷漠的心理，阶级意识不断上升，进而建立新的政权基础。它的重要结果是乡村权威与秩序的根本性改造与重建，改变了农村的传统政治结构，极大提高了广大农民参政议政的热情，完成了对旧的乡村基层政权的改造，农村社会组织化程度达到了空前的水平，使国家权力得以更有效地延伸到乡村基层。

土地改革在消灭封建土地所有制的同时，必须摧毁它的上层建筑——农村的封建基层政权和族权。"建立在血缘关系基础上的国家所维持的是一种以礼制为特征的社会秩序，这种社会秩序实际是私人关系的增加与放大，费孝通先生称其为'差序格局'。"❷ 土地改革成功地摧毁了农村中的传统社会分层体制，使阶级意识增强，家族意识被削弱，彻底改变了乡村社会的权力结构、生产关系。"一种新型的以阶级为基础、具有浓厚意识形态色彩的、泛政治化的社会结构形态正在形成，并且这种具有等级差异的阶级结构形态与过去的传统的差序社会结构形态在形式上明显不同。"❸ 新的乡村基层政权的确立，撕破了笼罩乡村宗族社会的温情面纱，使宗族组织及其他介于国家与家庭之间的非法的中级组织彻底丧失了生存繁衍的前提条件。贫雇农通过农民协会，掌握了农村政权，土改中传统的乡村精英遭到了最初的创击，推翻了农村中反动的官绅保甲统治和族长族权统治，乡村社会权威发生历史性的转变，国家已经成为形塑乡村秩序的决定性力量，完成了对乡村社会的重新整合。贫雇农成为乡村社会基层政权的主导者，在农村建立了人民民主专政的基层政权。正如廖鲁言在土改结束时总结的那样："一般乡村均已树立了农民的真正优势，农民协会在那里有很高的威信，真正掌握了农村政权，解除了地主的武装，武装了自己，管制着那些不安分的不服从

---

❶　[美]麦克法夸尔、费正清编：《剑桥中华人民共和国史：革命的中国的兴起（1949～1965 年）》，中国社会科学出版社 1990 年版，第 89 页。

❷　时和兴：《关系、限度、制度：政治发展过程中的国家与社会》，北京大学出版社 1996 年版，第 253 页。

❸　黄亦君：《马克思社会分层理论与新中国成立初期乡村社会结构》，《农业考古》2014 年第 4 期，第 121 页。

劳动改造的地主，农民真正成了农村的主人。"土地改革改变原有的土地关系，彻底颠覆了村庄精英的传统评价标准，对家族意识形成冲击，农会、乡村基层政权组织等超宗族血缘关系的新型组织，从此成为乡村社会中的强势力量。国家政权通过中共领导的农会及新建立的乡村基层政权，使广大乡村社会开始直接纳入国家管理体系，有效地深入最基层的乡村社会，实现了农村政权的民主化。

合作化运动是规划性的制度变迁过程。"在合作化运动中，乡村社会组织总的发展趋势是'政治组织'和'社会组织'的'经济化'，即以各种集体化的'经济组织'在职能和形式上取代或统领乡村社会的各种政权组织和社会组织。随着高级社的建立，村级政权组织的职能被经济合作组织所取代，实现了村社合一。"❶ 在国家权力强势下，地方权威改变了存在的状况和作用方式，家族权威则不断地减弱。这在中国乡村社会的发展历史中是"史无前例"的，可以说，是对中国乡村政治结构一次真正而彻底的改变。"国家通过农业社与地方政府干预每个农民的家庭与私人生活，使得农民在很大程度上从家庭、血缘、亲缘、社区等的权力下被解放了出来。换句话说，国家通过摧毁传统地方权力的方式使家庭现代化的目标部分得以实现。"❷ 在某种意义上，阶级斗争始终贯穿在集体化时代乡村的政治、经济、思想、文化等各个领域。国家通过在村庄建立组织、派驻工作队、宣扬意识形态和国家政策等手段强化阶级斗争。虽然村庄传统社会关系和价值观会对国家强调的阶级斗争意识形态和阶级关系产生排斥抵抗，但国家权力的控制超越了这种抵抗，并且深入到村庄生活的各个方面。❸ 合作化时期，农村社会发生了根本性的变化。农业合作化的统一管理体制，将每个农村社会成员都纳入统一的体制内，进行统一的、具有半军事化色彩的管理，使农村社会的同质化程度大大提高。❹

合作社运动虽然外观上主要具有经济性质，其实也是乡村的政治重

❶ 于建嵘：《岳村政治——转型期中国乡村政治结构的变迁》，第 247 页。

❷ 王俊斌：《20 世纪 50 年代农村婚姻家庭的变迁》，《兰州学刊》2012 年第 10 期，第 78 页。

❸ 邓宏琴：《包夹：集体化时代乡村阶级斗争的运作机制——以山西长治张庄为中心的考察》，《开放时代》2011 年第 6 期，第 44 页。

❹ 解冰：《新农村基层政权权责制衡重构》，第 64 页。

建。"合作化的过程，贯彻了实行统一经营、收获物按土地入股和劳动比例进行分配的原则，同时推行了统购统销体制。这些措施在很大程度上削弱了家庭的生产功能从而也削弱了家族尚存的权威。"❶ 合作化时期，建立和完善了中国共产党基层行政体系，巩固了新生政权，具有统一领导和统一意识形态的群众组织取代传统的宗族、宗教组织，超血缘关系的劳动组织和统一指挥的生产经营活动弱化了家庭的生产职能。合作化把村民组织在跨家族的组织中，社会体制（政府权威）对乡村社区的有力渗透，改造了原有的家族权威，大大加强了乡村民众的组织水平和国家对民众的控制能力，使国家能够更有效地提取农村社会的政治、经济资源。过去行使政权的保甲组织和行使族权的家族组织已被彻底摧毁了，一种新型的超家族的行政权威开始形成。

小 结

在政权建设中县以下的基层政权是国家政权的基础。传统中国的基层治理，有所谓"皇权不下县"之说。现代国家的建构是一个政治权力自下而上集中和自上而下渗透的双向过程。进入 20 世纪以来，中国乡村社会变迁的一条主线，就是国家权力不断下移。国家政权向社会渗透，这一渗透的体制性设计是基层政权。

中华人民共和国成立初期，西南民族地区共产党及其领导下的新生政权进行了乡村政治整合与重构，普遍建立了农会组织，行使农村基层政权的职责，并取代国民党的保甲制度。中国共产党通过民主建政的方针和在农村基层的政权建设，将广大农民群众团结在新政权周围。"总的来看，共产党改造了乡村，实现了外来控制，将之整合成为一个较大的地区体系，并在某种程度上把这种外来控制永久地渗透进去了。"❷通过民主建政，民国时期西南民族地区延续下来的保甲制度被废除，共产党在乡村建起一系列有力的基层政权，传统的乡村社会秩序被颠覆了。"新中国初期完成了民国政权所未完成的国家政权建设的任务，它根治了自明朝以来历届政府无法解决的难题——偷税漏税。"合作化

---

❶ 王沪宁：《当代中国村落家族文化——对中国社会现代化的一项探索》，上海人民出版社 1991 年版，第 54 页。

❷ ［美］吉尔伯特·罗兹曼：《中国的现代化》，江苏人民出版社 1988 年版，第 488 页。

"使征税单位、土地所有和政权结构完全统一起来，合作化从政治和经济上均实现了'政权建设'的目标"，等等。❶

西南民族地区农村基层政权建设主要是在党的领导下废除保甲制，建立各级乡村基层政权，巩固新的人民民主专政的政权，进行以废除保甲制为中心的接管建政。在暂时留用旧保甲人员的同时，西南各地培养农民骨干，瓦解原有的保甲势力。西南各地在废除保甲制度的基础上，着手提拔和训练农民积极分子和革命知识分子，委任他们为乡长和村长，推翻了地主恶霸所掌握的乡保基层政权，逐步建立、整顿和巩固基层乡村人民民主政权，使得原来松散的农村纳入国家政权体系，结束了农村"天高皇帝远"的历史。随着国家权力向乡村社会的扩张，乡村社会传统的权力结构发生了重大变化。

民国时期国家政权的内卷化成为普遍现象，而新中国的建立标志着国家政权"内卷化"扩张的终结。土地改革完成后，形成了以共产党为领导核心的各级基层政权。在西南民族地区不仅政权组织第一次真正地下沉到乡村，中央政府获得巨大组织和动员能力，而且推翻了旧社会的统治体系，摧毁了非正式权力网络的根基。"土改实践表明，尽管国家权力已经成功地下延渗透到基层乡村中，但是也不得不借助村庄的民间力量。"❷

有的学者指出："如果把政权更替看作一个过程，土地改革就是其最后的一个步骤。"❸ 在土地改革的实践中，国家权力越过基层政权与乡村社会实现直接互动，从经济上彻底摧毁了中国的封建制度，改变了农村社会原来的权势结构和阶级力量对比。随着国家力量的深入，农民原有的宗族和村落意识逐渐淡薄，唤醒了农民的民主意识和政治参与意识，阶级意识得到了扩展，农村基层政权也通过土改运动得到了纯洁和健全。

自上而下、自下而上的充分互动以及相互呼应是任何一场伟大的社

---

❶ 杜赞奇：《文化、权力与国家——1900～1942 年的华北农村》，江苏人民出版社 1994 年版，第 240～241 页。

❷ 朱冬亮：《社会变迁中的村级土地制度：闽西北将乐县安仁乡个案研究》，厦门大学出版社 2003 年版，第 107 页。

❸ 转引自江燕：《新中国成立以来农村基层政权建设的历史考察》，河北大学出版社 2009 年版，第 60 页。

会变革获得成功的必要条件。土地改革在彻底摧毁旧的政权的同时，在农村不可能立即构造出全新的正式的权力体系。作为一种动员和组织农民的机制，农民协会实际上行使了基层政权的职能，是群众组织和政权组织的混合体。它将逐渐被正式的政权体系所代替。国家权力渗透到乡村社会，乡村政府因得到大多数农民的支持而建立了稳固的社会基础，建构起国家与农民直接发生关联的新型关系。由此可见，中华人民共和国成立初期农村基层政权建设是伴随着党领导下的农民协会的不断发展和土地改革的不断推进而进行的。在土地改革以后，乡村政权更替也因此而真正完成。

农会和农民政权贯彻的是超家族体制的组织原则，从观念形态上超越了血缘关系。农民协会在新旧村政交替过程中所扮演的角色只是暂时性的，在实践中，农协始终以党和国家各项农村中心工作为组织行动指南，它只是一种既能执行政权职能又便于动员农民的群众性过渡组织。农民协会的政治使命和政治功能在土改运动后基本完成。当新的村庄层级结构建立，农村的政治经济秩序和文化权力结构发生了天翻地覆的变化，尤其是当村庄中形成了以党支部为核心的一元化权力结构以后，农民在农民协会中体验了当家做主的滋味，参政意识和要求不断增强，政权体系日益完善。在农村合作化开始以后，随着乡村基层组织的陆续建立，农村权力逐渐从农会转移到各级新政权手中。农民协会作为一种权力机构的使命即告结束，慢慢地淡出村落的权力体系了，乡以下农会也由村政权取代，发挥了重新整合乡村社会秩序的功能。

以贫雇农为骨干的乡村民主政权的广泛建立，整合了乡村中各种政治力量，调整了各种政治关系，实现了对乡村权力结构的根本改造和重新建构。与民国时期相比，从土改到合作化时期，基层政权呈现了一种全能主义趋势。❶ 有学者研究指出："改造可以用来概括以 1949 年国共两党的政治史替为宏观背景的广大农村社会重构过程。在这一过程中，不仅以革命为动力，而且以革命为表征；不仅以国家权力而且用国家机器来强力改造社会，并通过改造这一渠道顺利实现国家权力的下沉和渗透，确保了新的意识形态合法地位的确立，成功实现农村社会的根本性

---

❶ ［美］邹谠：《二十世纪中国政治：从宏观历史与微观行动的角度看》，牛津大学出版社 1994 年版，第 25 页。

变化。"❶ 1950～1957 年，西南民族地区土地改革和农业合作化运动从政治认同、政治话语、政治意识形态等角度将农村纳入国家对基层社会的一体化整合之中，重组乡村社会权力结构，实现了农村基层政权的调整与发展。它破除了传统乡村社会中的权力结构，乡村社会进入新的治理与发展时期，使乡村的权力结构和政治秩序发生了前所未有的变化，重构了乡村社会的新型政治秩序，逐步形成以乡村基层组织为核心一体化和同质化的乡村社会政治秩序，从而扩大和巩固了共产党和人民政府在乡村基层社会的统治基础。

---

❶ 解冰：《新农村基层政权权责制衡重构》，第 58 页。

第五章　西南民族地区经济制度与经济生活的变迁

　　现代制度经济学认为，社会的发展受制于既定社会制度结构，要追求一种更高效率的经济和政治制度，推动社会发展，则必须要对以往的制度结构进行变革，使之更加符合新的经济社会发展需要。❶ 中华人民共和国成立初期，"国家抽取社会资源能力的增长，加强了国家权利自主性和国家行动的基础；国家控制社会秩序能力的增长，保证了社会稳定和政权稳定；国家规约社会行动能力的增长，促进了产权实施并规范了利益再分配，提高了经济发展水平"❷。中华人民共和国成立初期，西南民族地区在党和人民政府的领导下，实现了土地制度的两次变革。在土地制度变革的过程中，各级人民政府都把土地改革、合作化运动同生产紧密结合起来。1951 年 10 月 23 日，周恩来在中国人民政治协商会议第一届全国委员会第三次会议上的政治报告中强调："在完成土地改革的农村，不论新区和老区，都应大力发展生产。在农村中必须有计划地恢复和发展农业及各种副业生产，并按照自愿互利原则，引导农民组织临时的或常年的劳动互助组，有重点地、有步骤地建立农业生产合作社，以及发展供销合作社，加强物资交流，使广大农民能够不但在政治上而且在经济上组织起来，以利增加生产，发展经济。"❸ 西南民族地区土地制度变革改变了农村生产关系，改革了农业生产方式，"制度对经济绩效的影响是无可非议的。不同时期经济绩效的差异受到制度演进方式的根本影响也是无可争议的"❹。西南民族地区土地制度的变革使

---

　　❶　史海泉：《土地改革与乡村变迁——以西北边疆为视角》，第 32 页。

　　❷　时和兴：《关系、限度、制度：政治发展过程中的国家与社会》，第 180 ~ 181 页。

　　❸　中国社会科学院、中央档案馆：《〈1949 ~ 1952〉中华人民共和国经济档案资料选编：农村经济体制卷》，第 512 页。

　　❹　［美］道格拉斯・C. 诺斯：《制度、制度变迁与经济绩效》，刘守英译，第 3 页。

农业生产得到了发展，农民的生活水平得到了提高，农村面貌为之一新，产生了巨大的经济绩效。但土地制度变革过程中用政治手段解决经济问题，特别是合作化并不是因生产力发展要求所引起的制度变革，从长远来看，这些都产生了一定的消极影响。

一、西南民族地区经济制度的变化

中华人民共和国成立初期，在党和人民政府的领导下，西南民族地区土地制度发生了两次重要的变革，分别发生在土地改革和合作化运动时期，土地制度的变革引发了生产关系的调整，对生产力发展起了积极的作用，但从长远来看，其消极影响也是不可低估的。

（一）土地改革与经济制度的变化

中华人民共和国成立初期，土地改革使封建地主土地所有权转变为农民土地所有权，它是在国家主导下对农村的各种经济资源进行的一次重新分配运动。土改结束后，很快颁发了土地证，真正实现了"耕者有其田"。但土改中实行的按人口平均分配土地的做法，没有考虑到每个家庭劳动力与土地的合理配置问题。土改结束后到集体化高潮前，土地产权属于农民个体所有，农民土地产权具有较强的排他性，农民既是土地的所有者，又是土地的使用者。土地所有权和使用权在不同的经济实体之间的转让和流动以及围绕土地经营而发生的农村劳动力的转移，符合当时生产力发展的自然良性调整。❶租佃制和雇佣制是土地所有者与具体生产者的结合方式。中华人民共和国成立初期的土地改革彻底废除了封建地主土地所有制，土改后土地所有权和经营权都归农民所有，二者高度统一于农民，打破了非经营性土地占有的垄断，允许在农村中实行土地买卖和租佃自由的政策，为土改后土地等生产要素的合理流动创造了一个良好的环境。因此土地经营权的流转以及围绕土地经营而发生的农村劳动力的转移，某种程度上实现了土地和劳动力资源的合理配置。

---

❶　张静：《新中国成立初期乡村地权交易中的农户行为分析》，《中国经济史研究》2012 年第 2 期，第 138 页。

正如张乐天所说："土地改革没有根本改变土地的使用情况，但确实改变了土地的占有情况。"[1] 土地改革前后土地都是私有的，从产权制度上来说并没有变化。但是后一种私有，是建立在靠政府来否定部分人（地主和部分富农）私有基础之上的。换言之，中华人民共和国成立初期土地改革以后的私有制，已经注入国家的政治理念。[2] 但由于受当时客观条件的限制和苏联社会主义模式的影响，把主要发生在普通劳动群众之间的土地流转和雇工现象看作是农村出现资本主义自发趋势和两极分化的主要标志，这种认识上的偏差，使得各阶层农民对土地买卖讳莫如深，尤其是过渡时期总路线提出后，过分强调由此所带来的社会经济条件的不平等，最终取消农村土地买卖、租佃和雇佣关系，而忽视其对劳动力和土地资源优化配置的作用。

（二）合作化与经济制度的变化

合作化运动是继土地改革之后又一次土地制度变革，它改变了中国农村的经济结构和社会面貌，结束了几千年以来农村个体分散的小农经济的历史，确立了社会主义农地公有制。

中华人民共和国成立初期，国家通过土地改革形成的私有权分配，把自己的意志灌输其中。当国家感觉到私有产权制度实际上有大量农业剩余被农民均分而不利于工业化积累时，就可以使用渐进的手段取消农民的私有财产而被视为合法。[3] 此过程主要经历了三个阶段：互助组、初级社、高级社。

互助组是建立在农民个体经济基础上的互助合作经济组织，在某些农业生产的环节中以一定程度的联合劳动取代完全分散的个体劳动，它仍然坚持土地和其他生产资料归互助组成员私有并实行家庭分散经营。初级农业合作化使农民土地所有权、农民土地使用权转变为农民土地所有权、集体土地使用权；初级农业合作社阶段，农村的土地产权制度仍然是在承认土地私有和财产个体所有制的前提下，以土地和其他生产资

[1] 张乐天：《告别理想——人民公社制度研究》，第52页。
[2] 张静：《建国初期长江中下游地区乡村地权市场探微》，第186页。
[3] 周其仁：《国家与土地所有权关系的变化》，《中国社会科学季刊》（香港）1994年夏季卷。转引自冯开文：《从土地改革转入农业合作化的制度变迁机理分析——对有关的几种观点的评析》，《中国农史》1999年第3期，第28页。

料入股，由合作社统一使用，农户家庭的分散经营变为合作社的统一经营，实现了土地所有权和经营使用权的分离。❶ 高级农业合作化则使得农民土地所有权、集体土地使用权进一步转变为集体土地所有权和使用权。高级社阶段，生产资料归高级社集体所有，土地的产权制度发生重大变化，农民的土地个体所有转为集体所有，集所有权与经营权于一身的集体经济取代了农民个体土地私有制和农民家庭经营的主体地位。土地由集体统一经营使用，采取集中生产，按劳分配的方式。

中华人民共和国成立初期，合作化运动"使农业能够由落后的小规模生产的个体经济变为先进的大规模的合作社经济，以便逐步克服工业和农业这两个经济部门的矛盾，并使农民能够逐步完全摆脱贫困的状况而取得共同富裕和普遍繁荣的生活"❷。因此合作化是国家为降低交易成本、最大限度汲取农业剩余以支持国家工业化而确立的农业产权制度安排。

在党和人民政府的领导下，西南各地开展了合作化运动。高级社的成立使个人生产资料的各项资产所有权、使用权、收益权与处置权均归集体，实现了社会主义农地公有制。生产资料归高级社集体所有，采取集中生产、按劳分配的方式，不仅带来了源源不断的农业剩余，在农业生产经营形式上改变了过去农户单干的状况，农村经济形势逐渐好转，而且建立了以社会主义为依归的农村政治制度，使集体主义、社会主义、共产主义深入人心。

二、西南民族地区土地制度变革的经济绩效

土地改革前，西南民族地区农村生产力的基础仍然十分脆弱。农民生产资料匮乏，农民生活水平仍然低下，农业剩余较少。在党和人民政府的领导下，西南民族地区进行了土地改革和合作化运动。土地制度变革推动了农业生产的发展，提高了农民生活水平，农村面貌为之一新，产生了巨大的经济绩效。

---

❶ 张静：《新中国成立初期乡村地权交易中的农户行为分析》，《中国经济史研究》2012 年第 2 期，第 139 页。

❷ 中华人民共和国国家农业委员会办公厅编：《农业集体化重要文件汇编》（上册），第 215 页。

（一）土地改革的经济绩效

土地改革使西南民族地区农村土地制度发生了根本变革，尽管"分配土地本身并不能在中国产生健全的农业经济。它既不能创造出工业化所需的资金，也无法消除过剩的农村人口对土地的压力"❶。但土地改革使农民土地所有制取代了封建地主土地所有制，土改前后各阶层地权占有状况发生了根本性的变化，人民政府把土地改革和农业生产结合起来，采取措施调动农民生产积极性，发展农业生产，提高农业生产力，取得了显著的成效。

1. 土地改革与生产的结合

中华人民共和国成立初期，土地改革是恢复发展农业生产的重要政治保障。在党和人民政府的领导下，西南民族地区把土地改革与生产结合起来，各级政府发布了领导农业生产的一系列政策措施，使生产力要素的配置趋于合理，调动农民生产积极性，活跃农村商品经济，把土地改革分得的果实用于生产，从而使农业生产力有了很大的恢复和切实的提高，农村面貌焕然一新。

（1）生产积极性的高涨

中华人民共和国成立初期，土地改革是通过调整生产关系，使生产力要素的配置趋于合理来调动农民积极性，提高农业生产力，以此达到恢复和发展农业生产的目的。江泽民曾指出："农民的积极性是发展农业和农村经济的根本。建国以来的历史经验证明，什么时候农民有积极性，农业就快速发展；什么时候挫伤了农民的积极性，农业就停滞甚至萎缩。"❷ 中共中央在决定新区土改运动政策时就曾预料，"土地改革使农民从封建剥削和封建压迫下解放出来，自由的农民在自由的土地上耕作，生产热忱一定空前高涨，农业生产将会有显著的增加，农民生活也将有显著的改善"。❸

土改结束后，地权占有分配状况发生了根本性的变化。根据国家统计局调查资料显示，土改后地主的土地减少了 36.06%，贫雇农的土地

---

❶ ［美］杰克·贝尔登：《中国震撼世界》，邱应觉等译，北京出版社 1980 年版，第614 页。

❷ 《江泽民文选》（第二卷），人民出版社 2006 年版，第 209 页。

❸ 《为什么要实行土地改革（宣传提纲）》，《人民日报》1950 年 12 月 12 日（第 2 版）。

则增加了 32.82%，中农在土地改革中也是得益的，即其占有土地由原来的 30.9% 增加为 44.3%。全国平均而言，贫雇农和中农占有耕地达 91.4%，富农和地主仅占有 8.6% 的土地。❶ 从经济上来看，土地改革通过强大的政府力量，采用经济上无偿没收地主土地和财产分给农民、政治上剥夺地主公民权的办法，迅速实现了"耕者有其田"，极大程度上满足了乡村民众的土地需求。在土地资源高度稀缺和经济供给缺乏刚性的条件下，使大部分农民获得了生存权和发展权，从而大大提高了农民的生产积极性。❷ 从当时西南民族地区农村的情况看，这种土地所有权的变更和农民生产积极性的提高也是十分明显的。

有学者研究指出："合理的农业生产方式会促进农业生产力的发展；相反，不合理的农村生产关系及生产方式，会严重束缚生产力的发展，影响着作为生产力最重要的因素——劳动者的生产积极性的发挥。"❸ 土地改革后，贵州农民得到土地，生产情绪空前高涨，纷纷说："我几辈子面朝黄土背朝天，一年倒比一年干，共产党来了分了田，我们得好好搞生产。"各族农民纷纷订立生产计划、买耕牛、购农具、犁田积肥，保证超过去年生产水平，都说："现在是种自己的田，种好不怕地主加租和抽佃。"❹ 中华人民共和国成立初期，贵州在反封建运动中，农民约计获得果实 14 亿斤（谷），分得耕地面积 40 亿斤谷（产量：平均每人 439 斤），有的农民反映："分得土地如老年得幺儿。"农民生产情绪空前高涨，因之战胜了连年的各种自然灾害，争取了丰收，完成了 1952 年增产 5% 的任务。❺

分田后各族反映良好。

苗族农民说："毛主席来了，债也清了，分了田，分了耕牛农具，生活好了，人也不傻了。毛主席不来，卖头发也养不活。今后起劲生产。"

❶ 吴承明、董志凯主编：《中华人民共和国经济史》（第一卷），中国财政经济出版社 2001 年版，第 245 页。

❷ 张静：《新中国成立初期乡村地权交易中的农户行为分析》，《中国经济史研究》2012 年第 2 期，第 139 页。

❸ 王瑞芳：《土地制度变动与中国乡村社会变革——以新中国成立初期土改运动为中心的考察》，第 28 页。

❹ 贵州省档案馆编：《黔地新生——解放初期贵州土地改革档案文献选编》，第 104 页。

❺ 贵州省档案馆编：《黔地新生——解放初期贵州土地改革档案文献选编》，第 335 页。

彝族农民说："五大任务时，他们侗族看不起我们，现在好了。"

水族农民说："过去我们受压迫，无田无地，现在分了地，我们只有感激不尽。"

侗族农民说："过去我们日子似牛马一样，现在我们分了果实，并且有好房住，已经满足了，今后努力生产，才对得起毛主席。"❶

土地改革，废除了落后的封建生产关系，解放了农村生产力，各族农民都欢呼土地改革的伟大胜利。他们兴高采烈地说：有共产党和毛主席的领导，斗垮了地主，现在田地又回老家了。因此，分得了土地的农民群众生产积极性空前高涨，耕种土地由过去的一犁一耙，普遍改为三犁三耙，同时也改变了"上不铲，下不搭，鱼鳅黄鳝把它没得法"（形容做工不细致）的习惯，四川有些苗族贫雇农在分得田后的第一年就当了省或县乡的劳动模范。❷ 叙永县文化乡土地改革中分得了土地的苗汉农民生产积极性空前高涨。在生产技术上做到了精耕细作，田由原来的两犁两耙（个别还有一犁一耙的）改成了三犁三耙，地也由原来的薅一道改为全部薅两道。❸

重庆市郊农民分得土地后，生产情绪也大为提高，纷纷说："我们要好好的生产才对得起毛主席。"如六区贫农分田后高兴得夜里挖田；四区杨家坪已买耕牛 20 头；二区观音乡已买耕牛 39 头。郊区农村普遍开始订生产计划，组织生产互助，购买农具，精耕细作，做到四犁四耙（过去一般是三犁三耙）到五犁五耙，农民自动提出 1951 年要增产十分之一。❹ 万县地委在土改复查时，强调应加强领导农民生产，一切以搞好生产为目的，复查土地改革要做到不误农时。在复查地区，凡灾荒严重者，应以领导生产度荒、贯彻复查为方针，否则难以发动群众。在土地改革地区应深入地宣传谁种谁收，安定群众生产情绪；在已土地改革地区（如万县、开县）应在复查中检查有无灾荒和耕种不良的田地，

---

❶ 贵州省档案馆编：《黔地新生——解放初期贵州土地改革档案文献选编》，第 237～238 页。

❷ 四川省编辑组、《中国少数民族社会历史调查资料丛刊》修订编辑委员会编：《四川省苗族傈僳族傣族白族满族社会历史调查》，2009 年版，第 11 页。

❸ 四川省编辑组、《中国少数民族社会历史调查资料丛刊》修订编辑委员会编：《四川省苗族傈僳族傣族白族满族社会历史调查》，2009 年版，第 39 页。

❹ 中国社会科学院、中央档案馆：《〈1949～1952〉中华人民共和国经济档案资料选编：农村经济体制卷》，第 311 页。

迅速动员，督促；若有果实未分配者，应迅速地合理地分配下去，教育农民将果实投入生产中去，组织他们购买农具、种子、肥料等，防止浪费。另外，将劳动生产、发家致富、奖励生产的各种政策，广泛地展开宣传教育，解除农民的生产顾虑，提倡社会互济、自由借贷，并提倡精耕细作、多犁多耙、选种除灾、防涝防荒、多种早熟作物。❶

西南土地改革工作团第二团在参加大田乡土改后看到农民翻身后的喜悦，他们的生产积极性和爱国热情大大提高，更加衷心拥护毛主席。每家人都在新分得土地上插上红旗，上写"翻身不忘毛主席""翻身不忘共产党""土地回老家"，大田四村让地主插白旗，上写"我的封建打垮了""从此不再剥削人""劳动改造"，五村雇农何焕银不识字，说："老子分了田硬是要自己写"，然后拿起笔在旗上画了几个大圆圈，喜欢得回去插到田里。❷

一些地方还订立爱国生产公约，内容如下：第一，保证旧历八月十五把田犁完，九月底种好小麦；第二，保证多种小麦、菜籽，多加肥料，在五石内增产一石；第三，保证四犁五耙，多加肥料，在 500 挑田内增加产量 30 挑；第四，保证把谷子晒干、风净，准备纳公粮，在限期内完成任务；第五，保证每一小组喂猪 26 头，羊 5 只，捐出一部分用来买飞机大炮；第六，严格管制地主，不许造谣破坏，强迫他们学习劳动；第七，尽量照顾军属烈属，组织代耕队，要做到与自己的田土一样好；第八，积极参加站岗放哨，加强自卫力量，严密防止坏人钻空子；第九，绝对响应政府一切号召，加强宣传抗美援朝工作；第十，七天检查一次爱国公约。❸

云南农民在政府的生产号召和鼓舞下，积极造林、植树、打堤、筑坝、秋耕、秋种、护秋，并在不违反政府政令的原则下开垦荒地。禄丰某乡在十余天中开了四百多亩地，一个老农民说："这块荒地还是光绪年间开垦的。"农民则遵从政府法令不让鸦片烟仔入土，好多从前种大

---

❶ 张培田、张华主编：《中国西南档案：土地改革资料（1949～1953）》（内部资料），第 158～159 页。

❷ 《西南土地改革工作团第二团大田乡土改工作总结》，重庆市档案馆藏档，档案号：D‑65‑11。

❸ 《西南土地改革工作团第二团大田乡土改工作总结》，重庆市档案馆藏档，档案号：D‑65‑11。

烟的田地，都种上了小麦。在耕地下种中个别地方发生过大吃大喝浪费胜利果实、生产资料的现象，也在短时间内得到纠正。❶ 民革党员黄永亮于西南参观土地改革时，在了解农民对于增产的计划与信心时，农民都说："现在土地是我们自己的了，我们不能再用以前耕种地主的田地那种磨洋工的态度去耕种它了，我们保证多下肥料、多除草，使土地的收获量增加五分之一至四分之一。"❷

（2）纠正浪费果实的现象

土地改革过程中，西南一些地方发生了浪费果实的现象，没有用于发展生产。如在建立与整理农会中，川北区发生惊人的大吃大喝现象。如蓬溪隆盛乡于国庆节吃席 600 桌，每一农协委员出 2 万元（合新人民币 2 元），每个农民出 2 千元（合新人民币 0.2 元）；×乡吃席 60 桌；达县磐石乡吃席 30 桌。此种现象，如不加防止，任其发展，则吃风一开，必将引起社会财富之巨大耗费，严重妨碍生产，脱离大多数农民群众，其后果将是十分危险的。❸

中华人民共和国成立初期，邓小平主政西南时特别要求各地注意引导农民将减租、退押得到的果实用于发展农业生产。川西区党委在减租、退押运动结束后，动员与组织农民将减租、退押果实购置耕牛农具等准备春耕生产，全区共买耕牛 31400 头、猪仔 46 万头、农具 100 万件、肥料 24500 万斤。❹

遂宁地委动员农民把减退的果实，大量投资于生产购买肥料、种子、农具、猪、耕牛等。同时注意仅有的果实，不要铺张，要把"钢用在刀刃上，果实用到增产上"。坚决反对浪费果实的二流子作风。对地主一切破坏生产的行为，给予坚决的斗争。❺ 土地改革过程中，西南各地把减退果实，用于投资生产资料，这都有利于农业生产的发展。

（3）发布生产指示

西南区第一期土改完成之后，邓小平及时指出："完成了土改的地

❶ 康峻：《农村在变化中》，《云南日报》1951 年 1 月 1 日（第 5 版）。

❷ 黄永亮：《参观土地改革的感想》，重庆档案馆藏档，档案号：D－65－19。

❸ 张培田、张华主编：《中国西南档案：土地改革资料（1949～1953）》（内部资料），第 27 页。

❹ 杨胜群主编：《邓小平传（1904～1974）》（下），第 892 页。

❺ 《遂宁地委关于春季生产的指示》1951 年 2 月 13 日，重庆市档案馆藏档，全宗号：D 类《川东资料》，目录号：708，案卷号：15。

区，今后的中心任务是生产、教育和建政。""任何时候都不要忽视对于农业生产的领导。"❶ 1952 年春耕时节，川北区党委制订增产八条政策，主要是：增产不增农业税；私人节约保证归私人所有，自行支配，任何人不得侵犯；凡佃种公田的收益，计算农业税时，单独计征，不累计；允许自由借贷，双方自行让息，保证有借有还，禁止强迫借贷和只借不还的行为；公共塘埝必须妥为护养，实行民主管理，合理使用水源，严禁强占和破坏，等等。邓小平肯定"他们所订的增产八条政策是正确的"，批转"各地可参酌办理"。❷

遂宁地区在 1951 年春召开的各种代表会议上，进行深入的广泛性宣传，向广大农民讲清谁种谁收的原则，以及土改中有关政策和实行土改的时间、步骤与办法，以减去其顾虑。❸ 1952 年 3～5 月，川东、川北行政公署，颁布了关于发展农业生产的政策。主要内容是，土改后凡属自己劳动所得，一律归本人所有，自己支配，任何人不得侵犯。允许自由借贷，利息由双方协议。监督地主劳动生产，不准荒废土地；生产技术上确有困难时，允许临时雇工或换工。按照自愿互利原则，开展互助合作。❹ 上述政策，对稳定农村局势，恢复和发展农业生产，发挥了巨大的作用。

1953 年 3 月 16 日，中国共产党中央委员会发布《关于春耕生产给各级党委的指示》，强调当前农村中压倒一切的中心工作是加紧春耕的准备工作和开始进行春耕生产，其他一切工作都必须围绕并结合春耕生产来进行，凡是影响和妨碍春耕生产这一中心任务的任何工作，均应改变、推迟或取消原来的计划。❺

1953 年 4 月，贵州省委依中央、西南局指示，提出坚决贯彻"春耕生产是压倒一切的中心任务"的方针，要求做到：第一，任何工作都必须围绕这一中心进行，可办可不办的事坚决不办，可开可不开的会坚决不开。第二，纠正干部中轻视农业生产的错误观点，号召干部钻进生

---

❶ 杨胜群主编：《邓小平传（1904～1974）》（下），第 892 页。

❷ 杨胜群主编：《邓小平传（1904～1974）》（下），第 892～893 页。

❸ 《遂宁地委关于春季生产的指示》，1951 年 2 月 13 日重庆市档案馆藏档，全宗号 D 类《川东资料》，目录号：708，案卷号：15。

❹ 《四川省农业合作经济史料》编辑组：《四川省农业合作经济史料》，第 39 页。

❺ 中国社会科学院、中央档案馆：《（1953～1957）中华人民共和国经济档案资料选编：农业卷》，中国物价出版社 1998 年版，第 25 页。

产中去，对群众加强"爱国增产"教育。第三，切实地解决生产困难，认真贯彻"生产自救"的方针，如保障自由借贷、清理积谷、分配土改遗留果实、搞正当副业及做好发放农贷工作等。第四，整理互助组贯彻"稳步前进"的方针。第五，加强生产技术指导。❶

土地改革与生产的结合，推动了农业生产的发展。云南土改中，工作队在发动农民进行土改的同时，坚持了土改生产一齐抓，宣传贯彻"谁种谁收""换工找补"的政策，并了解各族农民的生产、生活情况，组织劳动互助，帮助解决群众生产、生活中的实际困难。如元阳县结合土改，发放救济款 57338.96 元，贷款 97050 元；绿春县发放救济款43126 元等。1957 年，红河自治州完成土改后的第一个年头，粮食产量达到 32973.3 万斤，比土改评定产量 26327.8 万斤增加 6645.5 万斤，增长 25.24%，比上年的实际产量也有较大的增长。❷

2. 地权流转与农村经济增长

土地承载着作为农民最基本生产要素的功能。土地改革结束后，随着西南民族地区农村经济的逐年恢复和发展，绝大多数农民收入增加，经济水平普遍上升，购买力提高，生活逐步得到改善。

（1）农民购买力提高

土地改革以后，农民都普遍分得土地和房屋、农具和押金，无地少地农民的生活得到初步改善，获得了一定保障。北京大学马大猷教授对四川土改运动后农民情况调查时指出："土地改革废除了不合理的封建剥削制度，使农民初次享受自己劳动的果实。占收成百分之七十以上的地租不再向地主缴纳了，农村购买力自然要大大地增加。"❸"农业增产的结果，农民的收入增加了，农民普遍而又迅速地富裕起来了。解放以来主要是经过土地改革以后，农民的购买力正在不断提高。"❹

经过减租后的西南农村，农民购买力已有显著提高，各地市场亦极为活跃。如重庆的糖、盐、土布、铁作、工具等农村所需要的行业均极

---

❶　贵州省档案馆编：《黔地新生——解放初期贵州土地改革档案文献选编》，第 337 页。

❷　《云南民族工作回忆录》（三），《云南文史资料选辑》（第 48 辑），第 215 页。

❸　马大猷：《土地改革为新中国的工业化开辟了道路》，《人民日报》1951 年 10 月 38 日（第 2 版）。

❹　石礎：《中国土地改革的伟大成就》，第 85 页。

兴旺。❶ 土地改革已使重庆市郊区农民购买力增加，增加的购买力，农民大都用在生产资料的购置上，以买农具、仔猪、肥料为最多。其他一些日用品，如菜油、桐油、火柴、肥皂等，以及钢笔、胶鞋、电筒、笔记本亦有少量购买。据观音桥街上市民说："土地改革以后生意普遍增加三分之一。以前每月全街营业额只有1200万元，现在增加到每月2000万元；以前赶场人约三四千人，现在多到五六千人。这些事实都说明，农民的购买力已有提高。❷

由于长寿县新市乡农民的生活逐渐上升，农民购买力也在不断增长。根据23户（其中贫农8户、中农12户、富农2户、地主1户）的典型调查，从1953年准备购买的生活资料和生产资料来看，农民全年投入市场的购买力有了很大增长。❸

表5-1　长寿县新市乡农民全年投入市场的购买力典型调查情况

单位：元

阶层	已购买	准备购买	总共购买	每人平均
总计	21085450	11228270	32313720	224400
贫农	5980100	2177600	8151150	209003
中农	12043100	7724350	19767450	235326
富农	2701700	1120800	3822500	224850
地主	367100	205520	572620	143150

资料来源：《长寿县新市乡经济变化及购买力的调查报告》，四川省档案馆藏档，档案号：省委农村工作部-1-12。

重庆市郊区农村的购买力增加了，在参观团访问的农家中，普遍购买的是生产资料。参观团把5家中农、富农的押金支用概括统计一下得到这样一组数据：存储的占41%，生产资料购买占38%，生活资料购买占21%。但必须说明：生活资料中13%是购买粮食，其他生活用品的购买占8%。这个情况是正常的。土地改革初期的农民购买生产资料

❶　中国社会科学院、中央档案馆：《（1949～1952）中华人民共和国经济档案资料选编：农村经济体制卷》，第185页。

❷　《重庆市郊区土改参观团第一组工作报告》，重庆市档案馆藏档，档案号：D-65-19。

❸　《长寿县新市乡经济变化及购买力的调查报告》，四川省档案馆藏档，档案号：省委农村工作部-1-12。

必然多于生活资料，这样才能保证增加生产，发家致富。随着生活水平的提高，生活资料购买的比重就会显著增长。❶

贵州农民生产情绪空前高涨，因之战胜了连年的各种自然灾害，争取了丰收，完成了1952年增产任务。正如有的农民反映："去年有三大，虫灾大、旱灾大、收成大。"农民购买力有所提高，据统计，1952年较1951年提高12%以上。❷

随着生产的发展，怒江傈僳族自治区各族人民的物质、文化生活也发生了变化。1953年大春作物普遍增产28%，个别户增产数倍。1954年虽然自然灾害频繁，但重点乡仍普遍增产。各族人民的购买力逐渐上升，以碧江为例，1954年土布、棉布销售量，比1953年增加34%，茶叶的销售量增加98%。❸

由于收入的增加，叙永县文化乡各族农民生活上得到了不同程度的改善，购买力大大地提高了。1949年全乡苗族购买新衣208件，1953年购买新衣664件，比1949年增加了456件；1949年购买盐巴共4567斤，1953年购买盐巴8454斤，比1949年净增了3887斤。❹

由此可见，中华人民共和国成立初期，在分散的小农经济基础上，西南民族地区土改后各族农民的收入水平有了一定的增长，在此基础上，各族农民的购买力水平也有一定程度的提高。

（2）农民收入增加

在生产力水平极度落后的状态之下，农村经济较弱，农民收入甚少，抵御自然灾害能力较小，积蓄甚微，人口多的家庭常常入不敷出。土改后农民生产积极性大为高涨，随着生产的发展，农民普遍增加了收入。据荣昌（一般丘陵区）典型调查，1952年每个农民的收入比1949年增加了43.5%；资中（经济区）典型调查，1953年每个农民的收入比1948年增加112.5%。但各阶层收入不同，井研1952年调查，富农每人每年平均收入65万元，中农每人51.6万元，小商贩每人41.5万元。不少

❶　张培田、张华主编：《中国西南档案：土地改革资料（1949~1953）》（内部资料），第332页。

❷　贵州省档案馆编：《黔地新生——解放初期贵州土地改革档案文献选编》，第335页。

❸　《怒江傈僳族自治区各族人民生产生活不断提高和改善》，《云南日报》1955年6月21日（第3版）。

❹　四川省编辑组、《中国少数民族社会历史调查资料丛刊》修订编辑委员会编：《四川省苗族傈僳族傣族白族满族社会历史调查》，2009年版，第39页。

农民有了余粮，简阳、郫县两个村余粮户达 30%，其中一个村的 50 户余粮户中余 100 万元左右的 17 户，40 万元左右的 14 户，20 万元左右的 19 户。❶

苗族贫农王子英，1952 年实收了 4.6 石，土改后由于生产积极性的提高和生产技术的改革，1953 年产量就有了显著的增加，由 4.6 石增为 7.1 石，不但够吃还交了余粮 900 斤，买了三床新棉被和两个蚊帐，还盖了瓦房。这说明土改后农民生活水平是不断在提高的。再从原文化小乡来看，亦同样有显著的变化。全乡（原文化小乡）302 户，1473 人，解放前全年收入 1514.51 石，共支出固定租 701.81 石，自用 712.2 石。1953 年全年收入 2344.98 石，公粮 268.3 石，自用 2076.68 石，比解放前收入增加了 1356.98 石，增长了 291% 以上。❷

再如，据西南地区四川、云南 7 个村的调查，1953 年农民人均总收入为 62.09 元，比土改时的 48.89 元增长了 27%，其中 4 个村 1953 年人均粮食收入为 660 市斤，比 1952 年的人均 615 市斤增加 7.32%。❸ 四川省资中县喻家乡长山村购买力明显提高，1951 年每人平均 193364 元，1952 年为 218451 元，1953 年为 295324 元，1953 年比 1951 年增加了 52.85%。生活水平也逐年上升，1951 年每人平均吃粮（以金额折谷）245.5 斤，1952 年为 294 斤，1953 年为 384 斤，1953 年比 1951 年增加 56.41%。❹

据中共云南省陆良县委对该县马军堡全村 161 户调查，土地改革以后，农民收入普遍有所增加，特别是老贫农，收入增长的速度高于平均水平。1953 年，陆良县马军堡村是受灾区，据老年人回忆："这是几十年来未见过的灾情。"但由于人民政府领导抗旱救灾，1953 年粮食总产量 457201 市斤，较 1952 年粮食总产量 413906 市斤增产 10%。农民过去所谓"糠菜半年粮"的情况已逐渐在改变着。❺

❶ 《关于目前农村工作中的若干新情况》1953 年 1 月，四川省档案馆藏档，档案号：省委农村工作部 - 1 - 12 号。
❷ 四川省编辑组、《中国少数民族社会历史调查资料丛刊》修订编辑委员会编：《四川省苗族傈僳族傣族白族满族社会历史调查》，2009 年版，第 39 页。
❸ 常明明：《20 世纪 50 年代前期农户收入研究》，《中国农史》，2014 年第 3 期，第 80 页。
❹ 史敬棠等编：《中国农业合作化运动史料》（下册），第 273 页。
❺ 史敬棠等编：《中国农业合作化运动史料》（下册），第 278 页。

（3）农民生活改善

在西南民族地区农民收入获得较大幅度提高的基础上，农民生活显然有了改善。土改后农民的生活得到改善是不容否认的事实。据简阳、资中材料：一般贫农每个人1948年吃粮387斤，1952年吃粮524斤，1953年吃粮658斤；每个农民1948年吃肉69斤，1952年吃肉109斤，1953年吃肉135斤；每个农民1948年穿布一丈七尺，1952年穿布二丈五尺，1953年穿布三丈五尺。购买力有了提高，1948年资中每人平均消费为20万元，1950年为31万元，1952年为36万元，1953年为52万元。随着经济实力的上升，中层阶级逐渐增加，1953年春，六个村统计情况见表5-2所示。

表5-2　1953年春简阳、资中中农户增加情况

村名	土改时		1953年春天	
	总户	中农户	总户	中农户
简阳明心村			93	50
简阳新民村	103	16	103	31
井研顺河村	58	22	58	29
郫县共和村	271	58	271	126
资中两个村	—	—	208	125
合计	432	96	733	361

中农阶层的增加，是由于贫农的上升。据井研、彭县等三个村1953年春调查，土改时的130户贫农中有55户已上升为中农水平，占42%。❶

从长寿县新市乡调查材料中同时可以看出，当时农民购买生活资料的支出比生产资料支出要大得多，全年生活资料包括：猪油、猪肉、菜油、盐、糖、棉花、土布、肥皂、毛巾、火柴、文具、灯油、家具、酒，及建筑费用、医药费、结婚、丧葬等支出即占了整个购买商品支出的85.2%，而生产资料，包括犁、耙、锄头、水车、除虫药、油饼、骨粉等支出仅占全部购买商品支出的14.8%。根据前述23户的调查，

❶ 《关于目前农村工作中的若干新情况》1953年1月，四川省档案馆藏档，档案号：省委农村工作部-1-12号。

各阶层生产资料与生活资料支出比例如表5－3所示。❶

表5－3　长寿县新市乡各阶层生产资料与生活资料支出情况

单位：元

阶层	生活资料	生产资料	生活资料占整个支出的百分比（%）
总计	27555780	4757850	85.2
贫农	6529500	1625650	80.0
中农	17088900	2680600	86.3
富农	3446900	273600	90.2
地主	490620	82000	85.7

云南省马龙县三区尚家坝村有23户贫雇农和35户中农，解放前，贫雇农全都吃过野菜和观音土。春荒时，中农也要以野菜充饥。土改后的第一年，他们已全部吃上了粮食。除粮食外，其他的食品也发生很大变化。据贵州省贵筑县白云区中坝村的调查：解放前，这个村的贫雇农每人全年只能吃到盐2.6斤，油1.1斤；土改后，每人全年能吃到盐7.5斤，油5.6斤，其增加幅度分别为188%和409%。❷可见，土地改革改善了农民的生活，提高了农村的购买力。

贵州罗都寨的仡佬族贫苦农民，分到了土地后，生产积极性高涨，1952年底，大部分农户的纯收入都比土地改革前增加了将近一倍，因而，生活也就有了初步的改善。当时，罗都寨一带的仡佬族人民，传唱着这样的山歌："月亮出来月亮清，土改大队到我村，团结农民来土改，斗倒地主把田分。""月亮出来月亮清，土改大队到我村，感谢党和毛主席，领导农民翻了身。"这正表达了仡佬族人民对党永世难忘的感情。❸

解放前，苗族人民大多居住在高山上，有的在土改时也下坝分了田，生产和生活状况都得到了普遍改善。如叙永县水尾区苗族贫农陶子贞家有五口人，解放前因受不住地主的压迫而被迫上了高山，一家人没

---

❶　《长寿县新市乡经济变化及购买力的调查报告》，四川省档案馆藏档，档案号：省委农村工作部－1－12。

❷　杜润生主编：《中国的土地改革》，第567页。

❸　中国科学院民族研究所贵州少数民族社会历史调查组、中国科学院贵州分院民族研究所：《贵州省仡佬族社会历史调查资料》，1964年，第9页。

有一床被盖，一年到头全吃包谷，有时连包谷也吃不上，土改时下坝分了田 14 石，房屋四间，当年即买了被盖三床，米也有吃的了，因此，他们激动地说："我们今天的翻身和幸福是共产党毛主席给的。"❶ 土地改革结束后，三都县贫苦农民成了土地的主人，生活有了显著的变化。土地改革前，贫下中农占有土地产量每人平均仅有 91 公斤，土地改革后上升到 316 公斤，增长 2.47 倍；在 9373 户贫农和下中农中只有耕牛 9162 头，平均每户 0.97 头；犁耙等农具 13843 件，平均每户 1.5 件。土地改革后，耕牛增至 12160 头，平均每户 1.3 头；犁耙等农具增到 17428 件，平均每户 1.86 件；住房也有较大的改善，由每户平均仅有 1.9 间增加到 2.9 间。各族农民领得了人民政府颁发的土地证后，无不兴高采烈，他们激动地说：父母没有给我们的，毛主席、共产党给了我们，有了共产党，我们就成了土地的主人。❷

农民生活的改善从一个侧面反映了土改后农业生产力的恢复及农业生产提高的状况。

（4）农业生产的发展

土地改革是对农村土地产权的一次重新配置。产权制度与土地的产出存在一定的正相关性，即合理的产权制度能够保障和支持土地产出高效益，土地产出效益与产权之间构成了一种函数关系。因变量中包括各种客观投入，如土地、劳动力、物资、工具等，还包括劳动的态度、积极性、责任意识、风险排除等主观要素。❸

土地改革促进了农业生产的恢复和发展，农村经济开始上升，阶级关系开始变化。就四川若干典型村调查，农业生产已经超过了解放前的水平，据资中材料：1952 年的农业产量（包括经济作物）比 1948 年提高了 20%～60%，蓬溪大石乡 1953 年单位面积产量比解放前提高了 32%。土改后，川北农民获得了住房、耕牛、农具，并分得违法地主的赔罚果实，生活得到改善，生产积极性高涨。1951 年全区粮食生产比

❶　四川省编辑组、《中国少数民族社会历史调查资料丛刊》修订编辑委员会编：《四川省苗族傈僳族傣族白族满族社会历史调查》，2009 年版，第 11 页。

❷　中共三都水族自治县党史研究室：《中共三都水族自治县历史》第一卷（1949～1978），第 56 页。

❸　史海泉：《土地改革与乡村变迁——以西北边疆为视角》，第 43 页。

上年增加 60%，棉花收获 42 万担，远超原定 29 万担的计划。❶

　　1953 年，楚雄战胜了灾害，农业生产获得了丰收，粮食产量在前三年连续增产的基础上，又比 1952 年的 78276 万斤增加了 2823 万斤，增长 3.61%；1954 年再度猛增 11271 万斤，增长达 13.9%。❷

　　由于土地改革后农业生产的恢复与发展，广大农村到处出现了欣欣向荣的气象。❸ 川东地区凡是开展减租退押运动的地区，90% 以上的人民都卷入了运动，城镇乡场以至穷乡僻壤，股匪绝迹，谣言减少，禁种了鸦片，农村面貌为之一新。❹

　　土地改革的完成，带动了其他工作，给少数民族农村带来了新气象。土地改革过程中，贵州有的"地方组织了土地改革卫生工作队，深入少数民族地区宣传政策、医治疾病、调查研究，办接生训练班，改善农村卫生，建立农村卫生站"，过去落后的农村出现了崭新的气象。各地农村"推进文化教育，建立夜校，宣传政策，学习文化，开展抗美援朝与中苏友好的教育。少数民族的学习情绪普遍高涨，在舞蹈上及少数民族的娱乐活动中更充满了愉快的新气氛。他们所歌唱的再也不是历史上受压迫的悲惨情调，而是他们现在所得到的愉快日子，歌唱'翻身不忘共产党，永远跟着毛主席'"。❺

　　随着土地改革后西南民族地区农业生产的恢复与发展，农民生活得到了显著的改善，农村面貌为之一新，广大的少数民族农村出现了新气象。

（二）农业合作化的经济绩效

　　土改结束后，针对当时农村生产力水平的低下和农民个体经济的普遍贫困，在党和人民政府的领导下，西南民族地区开展了合作化运动，以促进农村经济的恢复和发展。合作化运动，由低级到高级，逐步经过

---

　　❶《川北政报》1951 年第 19 期，第 58 页。转引自王安平、韩亮、朱华：《胡耀邦与川北土地改革》，《中共党史研究》2010 年第 1 期，第 105 页。

　　❷《楚雄州农村改革与发展（1950～1990）》，第 49 页。

　　❸ 石礎：《中国土地改革的伟大成就》，第 85 页。

　　❹《阎红彦委员在西南军政委员会第二次全体委员会议上的发言》重庆市档案馆藏档，全宗号：D，目录号：65，案卷号：10。

　　❺ 中国社会科学院、中央档案馆：《（1949～1952）中华人民共和国经济档案资料选编：农村经济体制卷》，第 288 页。

互助组、初级社、高级社三个阶段，在每一阶段，都基本取得了推动农业生产发展、提高农民生活水平、改变农村面貌的经济绩效。

1. 互助组的经济绩效

互助组超越了单个家庭劳动的范围，由几户农民一起进行劳动生产，虽然互助组只是单个农户之间的一种松散的外部联合，并没有改变农民对农地的私有关系，只是一种简单的劳动协作关系，但毕竟互助组在人力、牲畜、农具等方面进行交换与调剂，从而带有一定程度的集体劳动的特点。互助合作组织显著的成效和作用有如下几点。

（1）战胜生产困难。互助组可以解决单个农户在生产经营中的困难。"组织起来"就解决了土地改革后不少农民在分散经营中的困难，进行了耕牛、农具与人力之间的互相调剂，保证了生产不误农时。特别表现在与自然灾害做斗争的过程中，互助组发挥了尤其重要的作用。❶互助组初步克服了广大贫雇农在土地改革后在农业生产上遇到的若干困难。赵树华互助组建组初期，一户贫农口粮不够，组内相互调剂粮食解决了他家的困难；一户军属病了，互助组调配劳力帮他家种上了庄稼；一位农民种田没有经验，在其他组员的帮助下学会了犁田插秧；互助组还教育改造好了一个懒汉。郎岱县谭玉仙互助组是由4户寡妇、鳏公和1户军属、1户困难户组织起来的。互助组内根据各户劳力特点进行分工，男的打田、犁地，女的种包谷、割秧青、薅地等，使劳力、农具、耕牛等生产要素得以合理组合、调剂，帮助一些困难户克服了困难。❷

互助组的建立，初步集中使用了人力和物力（耕畜和农具），解决了土改后部分农民生产上的一些困难，对提高生产、增加收入起了一定的作用。川北组织的互助组在解决个体农民的劳力、畜力、农具困难和农忙"抢天时"等方面均比单干优越，同时又节省劳力，一般可省工三分之一到二分之一，因此常年定型的互助组已有不少与副业相结合。❸可见，通过组织互助组，体现了集中劳动和分工协作的一些优越性，就可以很好地解决劳动力不足、农具不足的困难，做到不违农时。

---

❶ 中国社会科学院、中央档案馆：《（1949~1952）中华人民共和国经济档案资料选编：农村经济体制卷》，第591页。

❷《贵州农村合作经济简史（1949~1990）》，第57~58页。

❸ 中国社会科学院、中央档案馆：《（1949~1952）中华人民共和国经济档案资料选编：农村经济体制卷》，第724页。

（2）增加作物产量。互助组发挥了组织起来的集体力量，提高了生产积极性和劳动效率，因此互助组比个体劳动的农民，一般省工30%。互助组成员农作物的收获量，一般比单干户为高。[1] 1952年8月，张际春在《关于西南地区的互助合作运动》报告中指出：据现有极不完全的增产数字的统计，水稻产千斤以上的组与户有134个，900斤以上的组与户有140个。四川、西康玉米产800斤以上的有4个组户，700斤以上的有9个组户，600斤以上的有51个组户。而长寿向金全互助组水稻平均亩产860斤，组员向成福丰产田则高达1430多斤，1952年全区总产量较去年增加7.86%，保证了超额完成原定增产5%的计划。[2] 秀山县兴隆乡互助组的单位面积产量也比一般单干户（富裕农民除外）有所提高。如表5-4所示。

表5-4　互助组与单干户单位面积产量比较

单位：亩/斤

年份	单干户		互助组		互助组比单干户增产率		备注
	田	地	田	地	田	地	田为水稻产量，地为红苕产量
1949	250	2100	—	—	—	—	
1952	300	2400	—	—	—	—	
1953	250	2400	300	2400	12%	0	
1955	320	2500	350	2700	10.9%	10.8%	

资料来源：四川省编辑组、《中国少数民族社会历史调查资料丛刊》修订编辑委员会编：《四川省苗族傈僳族傣族白族满族社会历史调查》，第146页。

表5-4所示互助组的单位面积平均产量大都超过了一般单干户的10%左右，从而互助组组员的收入也大有增长。如石邦华（苗族）在1951年收入各种粮食（其中红苕为80%左右，下同）4020斤，到1955年就上升为6295斤，比1951年增加了56.5%，贫农石邦元（苗族）1951年收入各种粮食2205斤，1955年已提高为3340斤，增加了51.9%。比较突出的如苗

---

[1] 中国社会科学院、中央档案馆：《（1949～1952）中华人民共和国经济档案资料选编：农村经济体制卷》，第591页。

[2] 中国社会科学院、中央档案馆：《（1949～1952）中华人民共和国经济档案资料选编：农村经济体制卷》，第592页。

族贫农吴再成，1951 年收入为 2240 斤，1955 年就增为 5565 斤，即增长了 147.7%。至 1954 年全村 64 户苗族中，亦有 46 户出卖余粮，占总户数的 71.8%，在实行"三定"后，有 27 户（占总户数的 42.8%）是余粮户，根本改变了解放前绝大部分农户（73.4%）缺口粮的情况。❶

1953 年春，在平亭村建立了全乡第一个互助组。这个互助组是由 15 户贫雇农组成的。他们贯彻了"自愿、互利、民主"的原则，生产情绪很高，在互助组成立的第一年内粮食就增产了 10% 以上，显示了组织起来的优越性。❷ 为了引导各族农民走上共同富裕的道路，黔西县各地于 1952 年冬，开始农业互助合作运动。到 1953 年冬，沙窝区沙井乡罗都、核桃、铁罗、后槽、至罗、青岩六寨的各族农民，在过渡时期总路线的指引下，根据原先就有的农忙季节互助换工的习惯，本着自愿互利的原则，已建立农业生产互助组 12 个，其中临时互助组 7 个，入组农户 66 户，常年互助组 5 个，入组农户 68 户，共计 134 户，占应参加农户的 72.04%。绝大多数互助组都得到增产，一般比单干农民增产 10% ~ 15%。❸

由于保持了农民私有的农地产权制度，农民的生产积极性得到发挥。互助组与当时的经济发展和生产力水平相适应，提高了劳动效率，实行了精耕细作，增施了肥料，改进了耕作技术，从而大大地促进了农业生产的发展。互助组建立以后，一般都把犁、耙、薅等农田耕作增加了一至二道。互助组土地上施的肥料比单干户增加 20% ~ 50%，有的先进组还推行了科学的耕作方法。由于以上原因，互助组增产幅度一般比单干户大。据贵定县定南乡的调查，全乡 238 个互助组中有 48 个组增产 20%，21 个组增产 30%，4 个组增产 46%，3 个组增产 50%，6 个组各有 3 亩田亩产达到 500 公斤。据贵筑县 9 个区的调查，4726 个互助组平均增产 13.6%，4522 户单干户平均只增产 2.59%。❹

---

❶　四川省编辑组、《中国少数民族社会历史调查资料丛刊》修订编辑委员会编：《四川省苗族傈僳族傣族白族满族社会历史调查》，2009 年版，第 146 页。

❷　贵州省编辑组编：《布依族社会历史调查》，贵州民族出版社 1986 年版，第 37 页。

❸　中国科学院民族研究所贵州少数民族社会历史调查组、中国科学院贵州分院民族研究所：《贵州省仡佬族社会历史调查资料》，第 10 页。

❹　《贵州农村合作经济简史（1949 ~ 1990)》，第 59 页。

（3）提高生产技术。互助组体现了集中劳动和分工协作的一些优越性。由于自上而下的提倡，部分互助组已开始采用先进、科学的生产方法，如深耕细作、选种、稀秧密植、施用化学肥料等，为进一步推广先进技术与先进生产方法提供了初步经验。❶ 组织起来改进了耕作技术，有的先进组创造了科学的耕作方法。如赵树华互助组试种旱谷成功，使同等面积的坡土增产三倍至四倍。杨成国互助组的茭瓜早熟法，能将茭瓜提早到 3 月间成熟。刘汉清互助组的旱秧坐灰法，能使禾苗缩短成熟期，并能增产。有很多的互助组推广了水稻疏株密植法。❷ 互助组克服了生产中缺乏耕畜、农具的困难，促进了人、财、物的合理流动，改善了资源配置效率，提高了耕作水平和技术水平，使农业生产得到了继续发展。

（4）发挥带头作用。互助组提高了生产积极性和劳动效率，发挥了带头作用。互助组在各种生产运动中的带头作用与骨干作用亦很明显：他们不仅自己积极生产，并推动与带领着组外农民一齐前进，特别表现在对于战胜各种自然灾害、抢救小春作物、保证爱国丰产中起了很大的作用。1952 年 7 月，据原四川四个行政区的统计：有 17111 个互助组，70890 个组员带头参加了丰产竞赛。❸ 互助组大大地提高了农民的生产积极性和生产效率，做到精耕细作，如安岳王正良互助组往年田里四犁五耙，薅一次草，组织起来后，已做到五犁七耙，计划薅三次草，同时劳模在互助组中互相交换生产经验，提高生产技术。❹ 经过整顿的互助组不仅获得显著增产，而且能够正确对待单干农民，同单干农民之间的关系改善了。如桐梓县七区有 270 户个体农户在秋收中遇到困难。在互助组的帮助下，他们的困难得到了解决。1953 年遵义专区能够增产 10%，主要是互助组增产较多并对单干农户发挥了带动和帮助作用。❺

---

❶ 中国社会科学院、中央档案馆：《（1949～1952）中华人民共和国经济档案资料选编：农村经济体制卷》，第 592 页。

❷ 贵州农业合作化史料编写委员会编：《贵州农村合作经济史料》（第一辑），第 19 页。

❸ 中国社会科学院、中央档案馆：《（1949～1952）中华人民共和国经济档案资料选编：农村经济体制卷》，第 719 页。

❹ 中国社会科学院、中央档案馆：《（1949～1952）中华人民共和国经济档案资料选编：农村经济体制卷》，第 724 页。

❺《贵州农村合作经济简史（1949～1990）》，第 52 页。

互助组克服了农民个体劳动中诸如劳动力和其他生产资料等方面的一些困难，但是，互助组毕竟只是一种简单的劳动协作关系，并没有改变农民对农地的私有关系，互助合作水平还需要进一步提高。

2. 初级社的经济绩效

初级社是较互助组更为复杂的互助合作组织，完全改变了单个农户的个体经营方式，是各农户从内部实行较为紧密的联合。它与互助组最大的区别是实行土地入股，统一经营。土地收获按照土地与劳力的一定比例进行分配，实行按劳分配和农地分红。初级社的经济绩效主要有如下几种。

（1）推广先进技术

新中国成立前，西南民族地区农村生产方式落后，农民思想保守。正如恩格斯在《英国工人阶级状况》中对农村中的自耕农这样归纳道："他们沿用祖传的不完善的老方法耕作一小块土地，他们以那种一切都成习惯而且世世代代都不知道改变的人们所特有的顽强性来反对任何事物。"❶ 新中国成立初期，党和政府派出大量民族工作队帮助少数民族人民发展生产，把先进的生产技术带进少数民族地区。国家拨给民族经费，从经济上给予扶持，从物质上给予帮助，并派工作队帮助他们使用新式农具、推广先进耕作方法，一切从加强民族团结有利生产出发。农业生产则根据少数民族群众生产习惯，适当改良农具和耕作方法以提高生产效率。西南民族地区根据不同土质、位置来种植不同的作物，推广先进技术，从而大大提高土地的产出量。

初级社为农业新技术的推广和新式农机具的采用提供了有利的条件。在贵州，初级社在当时是推广先进技术的旗帜。在水稻栽培方面，普遍实行了稻田三犁三耙，推广了泥水选种、盐水选种、新式秧田、稀秧密植、栽"坐灰"秧等新技术，改变了粗放的栽培方式。在合作社的带动下，全省农村的耕作技术水平有了很大提高。1955年全省中心地区采用新式秧田的占50%左右，实行泥水、盐水选种的占60%～70%；在一般地区，采用新式秧田的占25%左右，实行泥水、盐水选种的占40%左右。1955年第一季度，全省合作社就推广了山地犁3700

---

❶ 《马克思恩格斯全集》（第2卷），人民出版社1957年版，第285页。

件、七寸步犁 938 件。❶ 初级社内可以进行一些单干农民和互助组办不到的生产技术改进，如犁田、打塘、点包谷、点小麦、防倒伏、盐水选种、包谷去雄授粉等，都必须有一定的劳动力、经济技术等条件。单干农民甚至互助组，因各种条件限制，就很难实行这些技术改进。而生产合作社按个人专长进行分工，生产效率高，有较充足的肥料和工本，就有条件进行技术改进，保证增产。❷ 初级社进行了一些单干农民甚至互助组所办不到的技术改进，促进了农业生产的发展。

初级社发挥了比互助组更大的优越性，特别是统一经营为推广农业技术创造了有利条件。由于统一经营的优越条件，生产技术比互助组和单干农民有了很大提高。炉山县推广的各种新式步犁 19 架，玉米脱粒机 14 架，喷雾器、喷粉器 60 架，打谷机 171 架，90% 是由合作社买的。半数以上的社采用"客土法"（将沙泥与浆巴泥混合），使土壤瘠薄易旱的沙田得到改造，90% 的田实行了合理密植。过去施肥多是只放一次底肥，1955 年一般都是先放一次底肥，中期又追肥一次。营盘农业生产合作社实行上述措施的结果，全社 1092 挑田，1954 年收粮食85000 斤，1955 年收了 124000 多斤，增产 46%，其总收入增加了 115.7%。❸

在云南，合作社的兴办，不同程度地改变了原始的生产方式。凡是办社的村寨，都使用了一些初级的农业技术和铁质农具，开始改变过去刀耕火种的粗放耕作方式。政府无偿送给群众农具、籽种、耕牛，各族群众打破传统习惯，开始锄耕、牛耕、积肥、施肥，耕作质量明显提高。❹

初级社突破了个体经营的限制，推广了先进技术，进一步促进生产要素的优化配置，从而促进了农业生产的发展。

（2）增加收入，提高产量

中央农村工作部部长邓子恢反复强调："发展农业生产，必须依靠

❶ 《贵州农村合作经济简史（1949～1990）》，第 101～102 页。

❷ 《云南农业合作制史料》第二卷《历史资料选编》，第 40 页。

❸ 《合作化是各族农民幸福的道路——炉山县八十一个老社所显示的优越性》，《新黔日报》1955 年 11 月 29 日（第 2 版）。

❹ 《当代云南简史》，第 148～149 页。

互助合作组织，单纯依靠小农经济是不行的。"❶ 初级社打破个体经营方式的限制，增施肥料，修建水利设施，可以购买和添置生产资料，扩大再生产，从而提高产量，增加了收入。

泸锋合作社 1953 年成立，全社共 17 户，88 人，耕地 108 亩。1954 年春，又扩大为 71 户，336 人，耕地 412.06 亩。1954 年冬，再次扩大为 112 户，557 人，耕地 710.8 亩，成为泸州地区较大的农业生产合作社。1953 年比 1952 年增产 166%，比当地互助组高 20%，17 户社员有 16 户增加收入，1954 年比 1953 年增产 12.5%，比当地互助组高 11%，71 户社员有 69 户增加收入。1955 年比 1954 年增产 18%，比当地互助组高 12%，112 户社员有 106 户增加收入。❷ 秀山县兴隆乡初级社的建立，做到了劳动力的集中使用和土地的统一经营，因此，1956 年粮食又在 1955 年的基础上获得了大丰收。1957 年因有天灾以及经营管理上存在一些问题，粮食比 1956 年减了产，但比 1955 年收入为多。

枫香社社员入社后，1956 年第一年收入就比 1955 年大大提高，有个别户甚至增加了 505.3%（即比 1955 年增加 4 倍以上），一般的均增加了 0.5 ~ 1 倍以上，收入减少的仅有苗族中农石维江（因缺乏劳动力，且入社前收入亦较多）1 户。1956 年，随着收入的增加，全村 163 户苗汉农民大都在这一年新建了房屋，解放前破烂低矮的瓦房或草房均被较高大的瓦房所代替了。❸ 在建社的第一个生产年度，尖山农业生产合作社便获得了丰收。1954 年秋，该社水稻产量 3.64 万公斤，包谷产量 8.21 万公斤，副业收入 1800 元，全年农副业收入共 1.53 万元，人均收入 110.9 元，人均分配粮食 290 多公斤；全社家家有余粮，户户杀年猪，人人穿新衣，社员生活较互助组时显著提高，初步显示了农业社的优越性。❹ 1954 年和 1955 年，在以初级社为主导的互助合作运动中，贵州农业生产获得了很大的发展。参加初级社的农户绝大多数增产增收。1955 年大旱，但据遵义等 6 个专区 4896 个社秋收分配的结果统计，增产社有 4473 个，占 91% 以上；保产社 163 个，将近占 3.4%；只有

❶ 《回忆邓子恢》编辑委员会：《回忆邓子恢》，人民出版社 1996 年版，第 322 页。
❷ 《四川省农业合作经济史料》编辑组：《四川省农业合作经济史料》，第 351 页。
❸ 四川省编辑组、《中国少数民族社会历史调查资料丛刊》修订编辑委员会编：《四川省苗族傈僳族傣族白族满族社会历史调查》，2009 年版，第 148 页。
❹ 《贵州农村合作经济简史（1949 ~ 1990）》，第 65 页。

5.3% 的社，即 260 个社，因受灾过重而减产，但仍然胜过互助组。据铜仁、安顺、兴义、毕节 4 个专区的调查，有 402 个社增产 20%～50%，有 147 个社增产 50% 以上。可见初级社的增产幅度是比较大的。❶

炉山苗族自治县 1953 年冬季、1954 年春季试办的 81 个农业生产合作社，1955 年全部获得不同程度的增产。很多农民在老社的示范影响下，积极要求加入。全县已建立了 425 个社，入社农民占总户数的 42.5%。81 个老社最惹人羡慕的是他们普遍地增产。这些社在春、秋两季普遍整顿了两次，抓住了增产关键，采取了有效措施，因此在全县粮食作物普遍遭受严重的自然灾害与去年相比处于保产的情况下，老社粮食作物平均比去年增产 16.5%，总收入平均增加 41.4%。其中水稻每亩平均产量为 524.1 斤，高于较好的互助组 52 斤，高于单干农民 80 斤左右；经济作物折谷比去年增产 104.8%；副业收入也增加了 99.1%。81 个社都增了产，情况如下：计增产 10% 以下的社 5 个，10%～30% 的 22 个，30%～50% 的 29 个，50%～70% 的 12 个，70%～100% 的 12 个，100% 以上的 1 个。❷

随着农业合作化的实现，平亭村农副业生产不断地得到发展，人民生活大有改善。如 1948 年全村仅实收稻谷 172000 市斤，副业收入折合稻谷 104531 市斤，农副业收入折合稻谷 276531 市斤。而 1957 年全村则实收稻谷 397705 市斤，副业收入折合稻谷 136098 市斤，农副业收入折合稻谷 333803 市斤，比 1948 年增产 57272 市斤，增长了 20.6%。根据典型户的调查，1948 年这里的雇农 3 户的总收入为 166 元，平均每人为 20 元；贫农 7 户的总收入为 783 元，平均每人为 26 元；中农 4 户的总收入为 928 元，平均每人为 40 元。而 1955 年雇农 3 户的总收入为 648 元，平均每人为 108 元（这 3 户雇农劳动力多，有的担任乡干部，因此收入较多）；贫农 4 户的总收入为 808 元，平均每人为 40 元；中农 4 户的总收入为 1493 元，平均每人为 71 元。据解放前后对比可见，农副业产量的增加很快，人民生活水平有很大提高，逐渐改变了过去受剥

---

❶ 《贵州农村合作经济简史（1949～1990）》，第 99 页。
❷ 《合作化是各族农民幸福的道路——炉山县八十一个老社所显示的优越性》，《新黔日报》1955 年 11 月 29 日（第 2 版）。

削的贫困状态。❶

1954 年，峨山县彝族自治区高平乡东方红社增产 151%，胜利社增产了 77%，合作社比全乡增产最高的柏应昌互助组还增产 56%，两个社 34 户社员的收入都有了很大的增加。东方红社最高的普正中收入增加了五倍多，最低的也增加了三成。全乡在合作社带动下，掀起了互助合作发展生产的高潮，增产五成，各族农民的生活水平有了提高。❷ 根据中央决议精神，宜良县在省委直接领导下，1953 年春试办了张惠英、段朝培两个农业生产合作社。试办以来，除 1 户社员退社外，到 1955 年秋，张惠英社已发展到 290 多户，段朝培社已发展到 170 多户。两个社在当年严重的旱灾和虫灾的威胁下，仍然以增产 15% 获得大丰收。这都充分显示了合作社比互助组强，能够战胜各种自然灾害的优越性。❸

富源县富村乡山背后村是高寒山区，气候寒冷，土地瘠薄，而且多数是石头地。1954 年秋，在党支部领导下，山背后村的 21 户农民建立了农业生产合作社。由于全体社干和社员的努力，农业合作社 1955 年得到了大丰收。1954 年 21 户农民只收得 48000 多斤粮食，1955 年就收了 90900 多斤粮食，增产了八成多。由于丰收，社员都增加了收入，改善了生活，个个欢喜。❹ 玉林村位于峨山县彝族自治区北面，有 67 户哈尼族农民。1954 年，村里新建了一个有 19 户的农业生产合作社，建社后哈尼族农民的生产积极性大大提高。由于走共同富裕的道路，使得全村户户粮食有余。1951 年每亩田只收稻谷 496 斤，1954 年全村共收入稻谷 223445 斤，每亩平均产 549 斤。1955 年全村又得到丰收，共收入稻谷 252594 斤，每亩平均产 613 斤，比 1954 年平均每亩增产 12%。群众购买力也比过去有了很大提高，以前村里拥有犁耙、锄头等成套农具的只有四五户，现在已增加到 40 来户，锄头平均每户都有两把多。生活日用品也比过去买得多，仅在 1954 年秋后，村里就请人弹了 30 多床

---

❶ 贵州省编辑组：《布依族社会历史调查》，贵州民族出版社 1986 年版，第 37 页。
❷ 成章：《一个彝族山区乡的过去和现在——在互助合作道路上前进的高平乡》，《云南日报》1955 年 9 月 28 日（第 3 版）。
❸ 潘岷山：《宜良县合作化运动的迅速发展》，《云南日报》1955 年 9 月 30 日（第 3 版）。
❹ 王学文：《一个高寒山区的农业合作社》，《云南日报》1955 年 12 月 22 日（第 2 版）。

棉絮。❶

到 1956 年，在少数民族地区，不仅民族间、部落间的械斗已基本停止，杀牛祭鬼等活动也逐渐减少。伴随互助合作组织的逐步建立，农业生产亦有了初步发展，以云南省德宏景颇族地区为例，在试办的 82 个初级合作社中，有 74 个增产，一般增产 30%，最高的达一两倍。互助合作在这类地区已显示了优越性。各民族地区农村的面貌也正在发生变化。❷

云南省边疆地区在 1956 年春耕前后共建立了 1000 个左右农业生产合作社，根据 900 多个社的统计（其他社缺乏材料），普遍获得增产，可保证 90% 的社员增加收入。根据初步试算分配结果，德宏傣族景颇族自治州、西双版纳傣族自治州、红河哈尼族自治州、怒江傈僳族自治区、澜沧拉祜族自治区、江城哈尼族彝族自治县及临沧专区边沿各县的 911 个社，有 882 个社获得增产，占 96% 以上；有 27 个社减产、2 个社保产，共占 3% 强。个别的如沧源县佤族农民组织的壤哈社，由于建社后新开水田较多，增产 5 倍以上。金平县 1956 春试办的 10 个社，社社都增产。在合作社普遍增产的基础上，各地又将收入的 70% 左右分给社员，保证了 90% 的社员增加收入。❸ 在保山地区的腾冲县乌索坝回族村，农民土改后分得了土地，生产积极性提高，1953～1956 年通过互助组、初级社，生产连年发展，家家粮食够吃，口粮达 400 斤，还有余粮卖。如互助组时金家湾每户年可收粮食 150 箩（即 6000 斤），1956 年办初级社时尖咀山、金家湾、葫芦坝粮食大丰收，尖咀山马云芳家两个劳动力分得粮食 6000 斤，金家湾贫农马朝纲家年卖余粮 1000 多斤，葫芦坝马上兴家年卖余粮 2000 余斤。回族农民解放前多做生意不熟悉农业生产，组织互助组、合作社后，汉族农民帮助回族农民学会栽秧、薅秧、施肥等技术，并开展了多种经营。由于民族团结合作，1956 年由互助组时亩产 400 斤发展为亩产 600 斤，从过去缺粮村变成了全村有余粮 2 万多斤，农民生活得到了极大的改善。❹ 1955 年，潞西县遮放区

❶ 《玉林村建社以来的变化》，《云南日报》1956 年 1 月 26 日（第 3 版）。

❷ 杜润生主编：《中国的土地改革》，第 546 页。

❸ 《我省边疆绝大部分农业社普遍增产可保证 90% 的社员增加收入》，《云南日报》1956 年 11 月 1 日（第 1 版）。

❹ 高发元主编：《云南回族 50 年》，第 75 页。

户闷寨旺明农业生产合作社24户农民（原有25户，1户退社）有田147.5箩，共产谷子91402箩，每箩田平均产谷子619.67箩，每户平均收入380.84箩；1956年在同样大小的土地面积上，却收获了谷子125218箩，平均每箩田产谷子848.94箩，比1955年增产36.8%，每户平均收入521.74箩，比1955年增加37%，大大改善了社员的生活。❶

合作社增产增收的原因主要有以下几个方面：第一，土地入股统一经营，可以在较大的范围内适应土地的位置、性能，有计划地种植适当的作物，更多地发挥了土地效益。第二，劳动力统一使用，可以按照体力强弱、经验多少、技术高低合理分工，较好地发挥个人的特长，提高农活的质量，并扩大经营范围。实行记工分红的办法，调动了劳动积极性，并且吸收了更多的妇女及半劳力参加劳动。这样就有余力投入农田基本建设和副业生产。第三，资金增加和统一使用，发挥了更大的效益。第四，便于集思广益，改进和传授技术，打破对新技术因地少钱少不敢担风险而产生的保守思想。❷

3. 高级社的经济绩效

西南民族地区高级社的建立，改变了农村的经济关系和劳动力组合形式，促进了农业生产的发展和农民生活水平的提高。土地制度变革在产生巨大的经济绩效的同时，也增进了民族团结。

（1）农业生产的发展

民族地区农业合作化的实现，促进了农业生产的进一步发展。1957年是高级合作化后的第一年，在1955年的基础上，楚雄增修水利工程11513处；改良土壤31270亩，粮食总产量增长了12.2%。经济作物、畜牧业、副业也有相应的发展。如烤烟增长7倍，棉花增长1.1倍，甘蔗增长98%，生猪增长7.4%，羊增长33%。农业、副业生产的发展，不仅使社员增加了收入，也支援了国家建设事业。❸ 在农业合作化的推动下，楚雄连年增产，到1957年达到102392万斤，比1952年增长30.81%，创造了新中国成立后连续7年增产的历史纪录。这说明只有

---

❶ 中国科学院民族研究所云南民族调查组、云南省民族研究所民族研究室编：《云南省傣族社会历史调查材料》（德宏地区八），第60页。

❷ 《当代中国》丛书编委会：《当代中国的农业合作制》（上），第116～117页。

❸ 《楚雄彝族自治州概况》编写组：《楚雄彝族自治州概况》，第67页。

遵循生产关系必须与生产力水平相适应的客观经济规律进行改革，生产力才有广阔的发展前景。❶ 高级社的经济绩效，集中体现在发展生产、夺取农业增产上。1956 年，贵州开始建立高级社。这一年虽然遭受了较为严重的自然灾害，但农业生产获得全面增产，全省粮食产量达到 486.50 万吨，比 1955 年增长 14% 以上，创造了历史最高水平。❷

（2）农民生活的改善

随着农业合作化运动由低级到高级的发展，农副业生产不断得到增长，人民生活逐步得到改善。农业生产的发展，给全社各族人民的生活面貌带来了极大的变化。家家户户，逐年地添置了衣被，修建了住宅。往昔衣不蔽体、寝难安席的悲惨遭遇，从此绝迹了。1957 年，罗都寨 30 户农民，有棉被 26 床，而解放前夕仅有 1 床；青岩寨 46 户农民，有棉被 46 床，而解放前夕仅有 1 床。绝大部分人此时都穿上了棉布衣，改变了世代穿着破麻衣的窘境。有些富裕农户，每年每人还可添置棉布衣数件。1956 年后，后槽寨仡佬族贫农高吉周，一家 6 人，每年每人可添置棉布衣 3 件；同寨仡佬族贫农舒启佑一家 6 人，每年每人还可添置棉布衣 4 件。从前，贫苦农民大都住的是破烂、矮小的房屋，系用树枝作架，茅草盖顶，一边房檐触地，成三角形状，称为"塌塌房"。只有少数地主富农家庭，才能居住瓦房。农业合作化以来，全社农户修建了许多新房屋，很多户新建了宽大的土石墙、茅草顶的住房。❸

随着生产的发展，长石乡各族人民的生活水平有了迅速提高。社员分配粮食的平均数，逐年增长：1949 年为 227 斤，1952 年为 281 斤，1953 年为 323 斤，1954 年为 440 斤，1955 年为 537 斤，1956 年为 623 斤，1957 年为 542 斤，以最高分配数的 1956 年与 1949 年比较，则增长了 172% 还多。1957 年全乡 1648 户中，增产户占 91.5%，保产户占 4%，减产户占 4.5%。当年全乡总收入 292670 元，每人平均收入 38.67 元。47% 以上的农户，达到了当地富裕中农的生活水平，每人平均收入 45.56 元，不仅粮食够吃了，每人一年还能平均吃到 10 市斤肉，8.5 市斤盐巴，1 市斤菜油，穿上 1 套新衣服。另有 28% 的农户达到当

❶ 《楚雄州农村改革与发展（1950～1990）》，第 49 页。

❷ 《贵州农村合作经济简史（1949～1990）》，第 134 页。

❸ 中国科学院民族研究所贵州少数民族社会历史调查组、中国科学院贵州分院民族研究所：《贵州省仡佬族社会历史调查资料》，第 11 页。

地一般中农的生活水平，每人平均收入 31.5 元，除粮食够吃外，还可吃到 5 市斤肉，7.5 市斤盐巴，1 市斤菜油，穿 1 件新衣。11% 左右的农户每人平均收入 22.09 元，停留在当地下中农的生活水平。只有 7.5% 的农户，每人平均收入 11.5 元，属于困难户和五保户。坪子坝与河山坝的 57 户仡佬族，在 1957 年统计，已有棉被 59 床，棉衣 64 件，绒衣 88 件。第十一村的 63 户仡佬族农民，过去皆无棉被，农业合作化后，每户皆有一床以上的棉被了。❶

在秀山县苗族地区，1956 年合作社的空前丰收推动了高级社的建立。于是在 1957 年三个社均同时转为高级社，尽管 1957 年有灾，89 户中仍有 23 户的社员比 1955 年增加了收入，增加最多的达 277.8%，几乎增加了 3 倍。❷

1956 年 2 月 8 日，富顺县共和高级农业生产合作社宣告成立，为推广农业技术提供了良好环境。县委派去的工作组和农技干部，具体指导共和社采用新技术，进行耕作制度改革，兴修水利，大面积推广双季稻。1956 年全社水稻平均亩产 374.5 公斤，全年粮食亩产在 1955 年 262.5 公斤的基础上，增加到 413.5 公斤，增产 57.5%。年终分配结果，社员收益比上年增加 70%。355 户社员中，增加收入 200 元以上的 41 户，100 元以上的 87 户，60 元以上的 85 户，20 元以上的 91 户，20 元以下的 45 户，减收的仅 6 户，保证了 98% 以上的社员增加了收入。❸

由上可知，合作化时期，西南民族地区高级社的建立，不但改变了农村的经济关系和劳动力组合形式，而且深刻地影响了农民的生产、生活方式，代表了空前未有的生产高潮，一定程度上显示了合作化的制度优越和经济绩效。

土地改革和合作化运动本质上是变革农村经济制度的革命运动。"制度构造了人们在政治、社会或经济方面发生交换的激励结构，制度变迁则决定了社会演进的方式，因此，它是理解历史变迁的关键。"❹

---

❶　中国科学院民族研究所贵州少数民族社会历史调查组、中国科学院贵州分院民族研究所：《贵州省仡佬族社会历史调查资料》，第 21 页。

❷　四川省编辑组、《中国少数民族社会历史调查资料丛刊》修订编辑委员会编：《四川省苗族傈僳族傣族白族满族社会历史调查》，2009 年版，第 148 页。

❸　《四川省农业合作经济史料》编辑组编：《四川省农业合作经济史料》，第 339 页。

❹　[美] 道格拉斯·C. 诺斯：《制度、制度变迁与经济绩效》，刘守英译，第 3 页。

中华人民共和国成立初期，西南民族地区土地制度的变革促进了农业生产的发展，农民的生活水平得到了提高，农村面貌为之一新，产生了巨大的经济绩效。

中华人民共和国成立后，云南回族农民生活水平的提高表现在粮食增产方面，从缺粮到有余粮出卖。农民翻身做了主人，废除了剥削，有了生产资料，生产积极性提高了，又通过互助组、初级社、高级社，把劳动力组织得更好，于是一年一年不断增产。中华人民共和国成立后至土改前，农民把过去典出的田赎回自耕，一般都有半年的粮食。从土改至办社，人人粮食够吃，每人平均口粮400斤，家家有余粮出卖。❶

土地制度变革在产生巨大的经济绩效的同时，也增进了民族团结。炉山县81个老社中，苗族社58个，汉族社7个，民族联合社16个。这些社以生动的事实证明：合作化能够消除民族间的隔阂，促进民族间的政治团结。过去由于封建地主的挑拨，各族之间很少往来，甚至互相仇视。互助组时虽有所改善，但仍是不彻底的，办社后进一步解决了。如万潮乡包脑寨住的是苗族，场壩住的是汉族，过去常因小事闹纠纷，互助组组织起来不久就垮了。后来大家联合起来办社，两族农民团结得很好。他们说："要不组织合作社，我们哪能和好。多亏毛主席的关怀。"大山林农业生产合作社成立后，寨内汉族地主吴士红挑拨民族关系时说："黄牛与水牛怎能关在一个圈里呢？是坐不长的。"社内的苗族、汉族社员共同对他进行了斗争，增强了民族间的团结。在生活中各族语言不通的问题也解决了：各族都相互学会了民族语言，进一步了解了彼此的心理，从而避免了语言不通所引起的问题。❷

中华人民共和国成立初期的土地改革只是为农业的发展和生产力的提升提供了基本的前提条件。土地改革调整了生产关系，解放了农业生产力，农业经济得到恢复和发展。土地改革完成后，农民生产积极性大为高涨，加之农业丰收，使农民收入水平有了一定的提高。但"土地改革的基本目的，不是单纯地为了救济贫苦农民，而是为了要使农村生产力从地主阶级封建土地所有制的束缚之下获得解放，以便发展农业生产，为新中国的工业化开辟道路。只有农业生产能够大发展，新中国的

---

❶ 云南省编辑组：《云南回族社会历史调查》（一），第57页。

❷ 《合作化是各族农民幸福的道路——炉山县八十一个老社所显示的优越性》，《新黔日报》1955年11月29日（第2版）。

工业化能够实现，全国人民的生活水平能够提高，并在最后走上社会主义的发展，农民的贫困问题才能最后解决。仅仅实行土地改革，只能部分地解决农民的穷困问题，而不能解决农民的一切穷困问题"❶。

林毅夫指出："制度与经济发展之间存在着清晰的双向关系：一方面，制度会影响经济发展的水平和进程；另一方面，经济发展可以而且确实经常导致制度变迁。"❷ 农业合作化运动是一次巨大的社会经济变迁，"中国农业合作化运动是以合作方式来实现农业的社会主义改造的变革，兼具合作与革命的双重特征"❸。但合作化并不是因生产力发展要求所引起的制度变革，是国家为降低交易成本、最大限度汲取农业剩余以支持国家工业化而确立的农业产权制度安排。产权的模糊带来分配的不合理和激励的严重不足，加上农民的意识形态、传统习惯等非正式制度并没有发生根本性变迁，因此，合作化初期虽然方针政策基本上是理性的，有利于农业生产的，但大办高级社以后，初级社时期孕育的潜在矛盾在高级社阶段又进一步凸显了。高级社成立后，取消土地分红，耕牛和大型农具作价入社，损害了部分富裕户的利益，社员勉强接受。一些高级社在生产劳动、财务管理上比较混乱、滥伐林木、农具丢失严重、收益分配上又实行平均主义、强调集体利益、忽视个人利益、吃粮标准偏低，从而引发了一系列矛盾和问题。如从江县高坡和平坝，穷队和富队拉平后，有的农户收入比初级社时减少，部分地区出现少数社员拉牛退社现象。❹ 高级社取消土地分红，几乎完全剥夺了农民土地权益，农民的劳动积极性受到了制约，因而导致农业生产低效率，农民的收入水平没有得到根本性的提升。

"土地改革后生产关系的调整所带来的生产力发展的积极因素，在开始搞合作化运动时还远远没有发挥出来。只有等到个体农民因土改运动而释放出来的农业生产力的能量充分发挥出来了，到了不变更农村生产关系就不能再进一步发展农村社会经济的时候，实行农业合作化的时

❶ 《刘少奇选集》（下卷），人民出版社 1985 年版，第 34 页。
❷ 林毅夫：《再论制度、技术与中国农业发展》，第 11 页。
❸ 叶扬兵：《中国农业合作化运动研究》，第 782 页。
❹ 榕江县地方志编纂委员会：《榕江县志》，贵州人民出版社 1999 年版，第 168 页。

机才算真正地成熟了。"❶ 农业合作化运动之所以未能达到经济上预期的效果，其根源在于超越生产力的发展水平，以群众运动的方式推动经济建设，急于变革生产关系来推动生产力的发展，用政治手段解决经济问题，违背了先进的社会制度不可能建立在生产力的低水平层次上这一经济发展的一般规律。经验证明，只有在适应生产力水平的前提下，才能解放和发展生产力，先进的社会制度不可能建立在生产力的低水平层次上，建立在低水平生产力基础上的只能是低水平的集体经济形式，我们不能急于变革生产关系来推动生产力的发展。离开生产力水平拔高公有制层次，不仅不能解放和发展生产力，反而会束缚生产力的发展。

---

❶ 王瑞芳：《土地制度变动与中国乡村社会变革——以新中国成立初期土改运动为中心的考察》，第357页。

第六章　西南民族地区乡村秩序的社会建构

任何社会在运行过程中，社会体系和阶级结构都不可避免地会发生一系列变迁。"社会体系意指由角色组成并受规范制约的社会相互作用的环境。它所具有的环境是由其他社会体系以及另外三个主要体系（文化体系、个体人格体系和行为有机体）构成的。在社会体系之内还包括由价值观、规范、集合体和角色组成的社会结构。"❶ 社会变迁与环境、制度、经济、科技、人口以及社会价值观念、生活方式的变化密切相关。中华人民共和国成立初期，随着土地制度的变革，西南民族地区农村的社会结构和阶级结构也发生了较大的变化。

通过土地制度变革，中国共产党成功地建构了乡村社会的基层组织网络。"土地改革运动的确对中国人民的生活产生了十分深远的影响，这种影响并不仅局限于土地所有制方面，而且使宗教、政府、战争、艺术、妇女的地位以及社会文化的各个领域都发生了巨大的变化。"❷ "昨天压迫人的，今天被打了下去，昨天被人压迫的，今天挺直了身子。在这样的阶级分野上，农村的一切关系、形象、习性都有了重新的塑造。革命的秩序代替了封建的秩序。"❸ 中华人民共和国成立初期，随着土地制度变革，西南民族地区婚姻制度发生变革，烟毒基本禁绝，农村医疗卫生条件初步改善，良好的社会风气开始形成。如大邑县三岔乡土改后呈现一种崭新气象。土改改造了游民小偷，56 个迷信职业者转入到劳动者行列，增加了农村劳动力，杜绝了匪患，农会组织和人民武装也得到初步整理和纯洁，乡保领导成分中清洗了地主和帮凶十余人，农会

---

❶ ［美］安东尼·奥罗姆：《政治社会学》，张华青等译，上海人民出版社 1989 年版，第 101～102 页。

❷ ［美］杰克·贝尔登：《中国震撼世界》，第 244 页。

❸ 张培田、张华主编：《中国西南档案：土地改革资料（1949～1953）》（内部资料），第 321 页。

会员及自卫队员清洗坏分子百余人，使贫雇农在农会领导中占三分之二，中农占三分之一；开始创办农民短期夜学，买卖婚姻亦开始打破。几位士绅到三岔乡参观回来后发出了"哑巴开言，寡妇生儿，和尚还俗，尼姑思凡"的感叹。❶ 杜润生指出："土改当然要分配土地，但又不是单纯地分配土地，还要着眼于根本改变农村社会结构、政治结构，亦即不仅要夺取国家政权，而且还要改造基层政权，要建立起一种有利于国家向现代化发展的新的、民主的、自由的社会关系。"❷ 由此可见，新的社会风尚得到倡导，从土改到合作化，土地制度的变革使西南民族地区乡村发生了翻天覆地的变化。

土地制度变革过程中的阶级划分，把原有的各种乡村社会关系都归结为阶级关系，一种新型的以阶级为基础、具有浓厚意识形态色彩的、泛政治化的社会结构形态开始形成，社会阶层及其关系发生了巨大的变化，使乡村社会发生了实质性重构。中华人民共和国成立初期，西南民族地区土地制度变革不仅改变了乡村的阶级关系、社会结构，而且使各族农民的生活方式、生活习俗和精神风貌也发生重大变化。

一、阶级阶层结构的变化

从土改到合作化，新生的国家政权借助其强大的垂直的行政力量，直接把国家力量延伸到乡村，重构了传统乡村的社会关系，阶级关系成为乡村社会新型等级秩序的根本标准，阶级阶层结构发生了明显的变化。

（一）土地改革时期的阶级划分与变化

中华人民共和国成立初期，以阶级划分对乡村社会关系加以重构，刚性的阶级关系取代血缘、地缘关系，是共产党实施乡村民众动员和社会治理的基本前提。"阶级成分的划分，从身份上对新政权赋予穷人的社会地位进行了确认，这种确认并不是一个简单的记号或符号，而是对

---

❶ 《李井泉委员在西南军政委员会第二次全体委员会议上的发言》，重庆市档案馆藏档，全宗号：D，目录号：65，案卷号：10。

❷ 杜润生主编：《中国的土地改革》，第 4 页。

一个时代利益关系所进行的法理上的认定。"❶ 正如韩丁所说，"划分阶级成分这件事，绝不是什么纸上谈兵，什么统计人数或者人口调查。这是采取经济和社会行动的基础，而这些行动是会从根本上影响到每一个家庭和每一个人的"❷。为了便于乡村治理和资源汲取，将原来笼统混沌的、以血缘为基础的乡村社会以财富占有多寡为基础划分为两大阵营——剥削阶级和被剥削阶级，形成了两极的分裂和对立，通过对乡村社会成员的命名和归类策略，阶级意识的洪流以一种激烈和革命性的方式冲袭着传统制度及其文化，长期以来农村的自然分化状态被推向了无以复加的程度，一种新型的以阶级为基础、具有浓厚意识形态色彩的、泛政治化的社会结构形态正在形成，传统的血缘关系和家族伦理纲常被打破，确立了一种新型的政治等级秩序。

在土改中，以土地占有的多少、劳动时间的长短、政治态度和表现为标准，把农村社会各阶层划分为不同的阶级，阶级划分使乡村人明白了每个人的政治身份。原来比较复杂的社会关系被一元化。当时西南民族地区基本上将乡村社会划分为地主阶级和农民阶级两大阶级。其中地主阶级又分为大地主、小地主、恶霸地主等，农民阶级又划分为中农、贫农、雇农等阶层，另外，还有介于两大阶级之间的富农和手工业者等。划分成分后，在政治上，将贫农、雇农作为依靠的对象，农村基层政权基本上由他们掌握，地主作为专政管制对象，富农和中农则作为团结的对象。西南民族地区划分阶级的标准，除依据《中央人民政府政务院关于划分农村阶级成分的决定》进行划分外，还根据民族地区阶级分化的特点进行划分，如在云南傣族地区由自治州人民委员会制定划分阶级补充办法，报请省人民委员会批准后实行。在制定划分阶级的补充办法时，对于"波郎"以上的农村头人，在领主经济条件下，名义上没有土地权，一般占有和出租土地也不多，因此，根据其利用代理领主掌握全寨土地支配权，本人进行的各种劳役、官租、特权等剥削性质和剥削分量来确定其"地主"成分。虽有少量劳役、特权剥削，但本人参加主要劳动，并以雇工、牛租等为主要剥削手段者，划为富农。虽是富

❶ 牟成文：《中国农民意识形态的变迁：以鄂东A村为个案》，湖北人民出版社2008年版，第77页。

❷ ［美］韩丁：《翻身——中国一个村庄的革命纪实》，韩倞等译，北京出版社1980年版，第314页。

农而霸占和出租土地较多，并代领主征派劳役、官租并进行特权剥削者，划为半地主式富农。不当权的头人或小头人本人参加主要劳动，剥削分量不超过其总收入 25% 者，划为农民，但一般不能使其参加基层组织的领导工作。❶

土改后由于农村社会经济的恢复与发展，农村阶级和阶层格局处在变动之中，基本特点是成分普遍上升或接近上升，许多农户因发家致富，上升为新富农、新中农。只有少部分农民因种种原因生活变得困难，出卖土地，成分下降。农村阶级结构发生了很大变化。

土改后，西南民族地区农村社会各阶层出现了分化，阶级关系开始发生新的变动，主要表现为中农化趋势和一定范围内的贫富差异现象。中农化趋势是指"土改后中农的户数在农村总户数中的比重越来越大，中农成为农村中的最基本力量。中农化趋势是以绝大多数农民的经济地位的提高为前提，经济地位的提高又是建立在农民个体经济发展的基础之上"。❷"农村中农化的趋势，是土地改革的必然结果。中农是农户中的大多数，在绝对数和相对量上都有增长。中农在农户中所占比重的增加，在经过土地改革后的广大农村里，是毫无例外的现象，只是在程度上，主要由于实行土地改革的时间先后不同，因而有所区别。即是完成土地改革愈早的地区，中农化的程度一般也就愈高。"❸ 因此，土改后农村社会阶层分化占主导地位的是中农化趋势。

贫雇农土地改革后经济的上升情况。长寿县新市乡土地改革以后，除了少数缺乏劳动力，或因天灾人祸，或是好吃懒做的人没有显著上升，或者经济还下降外，一般的农民在经济上都有很大上升。土改时自耕中农，虽然没有其他农民上升快，但由于解放以后，负担政策的合理，以及人民政府在各方面领导和扶持，使他们生产积极性大大提高，连年获得了增产。因此，他们在原有的经济基础上也有一定上升。土地改革时分得大量的田地和退到大量押金的佃中农上升得更快。有 70% 左右的贫雇农取得了显著的上升。根据调查，过去的雇农已不再是雇

---

❶ 《民族问题五种丛书》云南省编辑委员会编：《傣族社会历史调查》（西双版纳之二），第 83 页。

❷ 邢乐勤：《论土改后中国农村社会阶层的分化》，《浙江学刊》2003 年第 3 期，第 222 页。

❸ 石碰：《中国土地改革的伟大成就》，第 84 页。

农，而成为贫农或者是中农了，这上升的 70% 的贫农中间，已经有
50% 左右上升为一般的中农水平。他们上升的特点是：够吃或者还有余
粮，主要农具够用，已经分到或买到自己使用的耕畜，副业生产搞得
好，购买商品所需要的开支，不会影响他的粮食。六村贫农李奇云，5
口人，两个劳动力，土改前一无所有，土改时分到田 42 石，土 5 斗。
1952 年收谷子 14 石，包谷 1 石，胡豆 4 斗，除去一年开销外，还余一
石 5 斗。1953 年收谷子 14 石 7 斗，包谷 1 斗 2 升，胡豆 4 斗，出卖肥
猪三头，已经上升为一个较富裕的中农。该村像他这样的贫农已经有
17 户。❶ 1954 年，对四川省其他一些农村的调查，也说明了这一点。
雇农经济地位开始上升，从而使中农的户数逐渐增加，农村社会阶层结
构中农化趋势明显。

西双版纳景洪戛东、戛洒两村 17 个寨子解放后阶级情况基本上是
普遍上升的。其特点是：贫农以下减少，中农以上增加，但还没有上升
为领主头人以外的新兴地主阶级。不论解放前后，农村阶级关系的共同
特点都是"中间大、两头小"，即中农阶层占户数的绝对多数。❷

土改后一年多来，德宏傣族地区生产有相当发展，农民生活有显著
的提高，以芒市坝法帕寨为例：1955 ~ 1956 年两年增产 13% ，农民每
人每年的收入，贫农由 25 元左右增至 40 元左右，下中农由 35 元左右
增至 50 元左右，上中农由 60 元左右增为 80 元左右，地主、富农只略
有下降。与此同时，农村中的阶级有一定的上升。贫农收入由土改时的
54.7% 减为 34.6% ，下中农由 19.5% 增为 32.7% ，上中农由 18.1% 增
为 24.6% （下降的只有 0.7% ）。从数字上看，上升幅度不算小，但上
升原因多数是因土改分地和政府帮助。至于富农土改时占农村人口的
4.5% 增为 9% ，其中除个别的系由上中农上升者外，大部分是土改时
有意识放过的小富农。❸ 根据西双版纳 9 个勐（5 个版纳，17 个寨子）
试划阶级情况的统计，解放前后阶级升降情况是：17 个寨由解放前 655
户增加到解放后 735 户，共增加了 80 户，增长率 8.9% 。解放前，无田

❶ 《长寿县新市乡经济变化及购买力的调查报告》，四川省档案馆藏档，档案号：省委
农村工作部 – 1 – 12。

❷ 《民族问题五种丛书》云南省编辑委员会编：《傣族社会历史调查》（西双版纳之四），
云南民族出版社 1983 年版，第 37 页。

❸ 《云南农业合作制史料》第二卷《历史资料选编》，第 258 ~ 259 页。

户是 72 户，占总户的 11%，解放后是 52 户，减少 20 户，占总户的 7.7%。解放前后阶级变化是：地主、领主 9 户，减为 8 户，富农多是农村头人，由 33 户减为 26 户；富裕中农由 62 户增加到 114 户，增加 44.6%，中农由 346 户增加到 403 户，增加 14.1%，中农合计由 408 户增加到 517 户，增加了 20.7%；贫农由 155 户减少到 127 户；雇农由 33 户减到 32 户；贫民由 17 户增加到 21 户。解放前中农（包括富裕中农）占 72.4%，解放后占 70.1%。应当说明，贫雇农减少不多，贫民反而增加了 4 户，这是因为人口增加，有些新立户、外来户和丧失劳动力的人家，还没有得到土地的缘故。从全局看，阶级上升的趋势是很明显的。❶解放后土地大多数集中在贫雇农和中农等普通劳动群众手中，土地改革后新中农数量的增长，新中农的崛起，改变了土改前的农村社会结构，使得乡村社会结构再次发生变化。

中华人民共和国成立初期，农民个体经济适应于土改后农村生产力水平，农户有了一定的扩大再生产的能力，民族地区绝大多数农民的生产资料有所增加，生活水平有了较大的提高和改善。土改后在农业经济的自然演化过程中，贫雇农也可能因善于经营而地位上升。较之土改前农村社会阶层结构，确实是出现了中农化趋势。在西双版纳一些地区，由于领主直接领有土地比例较大，在领主放弃官租及各种劳役剥削后，领主土地实际上已为农民无偿占用。因之，阶级上升较快，景洪、勐罕两地官租劳役大部分被废除后，如景洪 5 个寨解放前中农占 71%，解放后上升到 76.7%。另据景洪 11 个寨统计，解放前中农占户口的 60.2%，解放后增加为 73.9%，大部分是由贫农上升起来的。勐罕 4 寨解放前中农占 65.2%，解放后升至 73.2%。❷可见，土改后农村的阶级关系出现了明显的变化，贫雇农经济地位开始上升，相当于中农水平的农户越来越多，中农逐渐增多，贫农逐渐减少。因此，土改后，农村阶级关系的特点是普遍出现了中农化趋向，农村社会结构从"下边大、上

❶《民族问题五种丛书》云南省编辑委员会编：《傣族社会历史调查》（西双版纳之二），第 57 页。

❷《民族问题五种丛书》云南省编辑委员会编：《傣族社会历史调查》（西双版纳之二），第 57 页。

边小"的"宝塔式"结构，转为"中间大、两头小"的"纺锤形"结构。❶ 新中农的出现，是土地改革解放农村生产力发展的必然结果。农村的中农化趋势表明，中农已经成为或正在成为农村的主要角色。这种结构的转换，使得农村中的社会关系变得更为平等、互惠。土地改革以后的广大农村，中农化的趋势是主流；阶级分化的苗头已经出现，虽不严重，但不可忽视。❷ "中农化"趋势，成为农村阶级构成的主要特征。

　　土地改革是 20 世纪中期以后开始的经济与社会结构剧变的起点。对于这场变迁，与其从经济学的意义上去理解，不如从政治学的角度去诠释。土地改革的重要性在于："通过土改，农村传统的等级结构被摧毁，昔日村落社会的上等人、发财人如今沦落到了社会的底层，他们不仅在经济上被打垮，而且在道德上被否定，甚至在肉体上被消灭。"❸ 土地改革使社会各阶层的地位发生急剧变化。"在财产的剥夺和再分配过程中尚留了一部分给地主，但在政治权力的剥夺和再分配中，在原先的下层阶级贫雇农成为农村的新的主权阶级的同时，原先乡村社会的权力所有者士绅或地主阶级则变得—无所有。"❹ 土地改革不仅是物质资料的再分配，也是社会关系的再分配。原来处在社会顶层的地主变成最低阶层，而最下层的贫雇农变成乡村的主人，乡村社会的阶级结构发生了根本性的改变。

　　阶级划分和变动重新构建了西南乡村社会与国家的关系，过去处于乡村社会结构底层的贫苦农民进入乡村社会的权力中心，控制基层政权，成为党在农村扶持和依靠的中坚力量，获得了乡村社会中的支配地位，成为乡村和国家的主人。

（二）合作化时期的阶级结构

　　从土地改革向农业合作化的转变，是一个意识形态、政治制度和经济制度多线复杂变动的过程。土地关系是农村社会结构中最基本的关系。划分阶级成分最初的标准基本上是经济的，阶级划分后，阶级成分

---

❶ 王瑞芳：《新中农的崛起：土改后农村社会结构的新变动》，《史学月刊》2003 年第 7 期，第 109 页。

❷ 《当代中国》丛书编委会：《当代中国的农业合作制》（上），第 98 页。

❸ 吴毅：《村治变迁中的权威与秩序——20 世纪川东双村的表达》，第 109 页。

❹ 周晓虹：《传统与变迁：江浙农民的社会心理及其近代以来的嬗变》，第 158 页。

决定了出身的好坏，成为个人获取经济、政治和其他各种资源及其地位评定的出发点。然而在土地改革和社会主义改造完成以后，他们的阶级成分却仍然保持着，根据其表现情况来决定其政治前途。在土地制度变革过程中，在党和人民政府的领导下，通过阶级观念的引入，阶级的划分，西南民族地区打破了传统社会中权力的文化网络和乡村秩序，乡村社会原有的精英和权威被打倒，实现了乡村社会阶级和权力关系的结构性变动。

农业合作化时期，阶级身份在加入合作社的时间顺序和资格条件方面得到了延续与深化，新老下中农从新老中农中分化出来并获与贫农同等的政治地位，在入社方面具有较大的优势，中农和富农成为最重要的不被信任群体，在入社方面受到诸多限制甚至歧视。❶ 民族地区农村在土地改革中普遍形成了以剥削为耻、以劳动为荣的风气。农业合作化开始后，西南民族地区，贫雇农、中农加入合作社，贫雇农成为农业合作化的领导核心或骨干力量。由于实行限制和逐步消灭富农的方针政策，富农被严格地限制而逐渐走向消灭。1956 年以后，地主、富农在已经被改造好了的前提条件下，允许加入合作社。合作化过程中，国家权力强化了对乡村的控制。从互助组经初级社到高级社是一个使农民逐步放弃农业生产资料的过程，也是一个希望使农民脱离乡土社会习性的过程。换言之，到农业的社会主义改造完成时，农业生产资料已基本上脱离私有而成为集体财产，并处于国家权力的支配之下。农村原有的以财富和威望划分社会阶层的基础被彻底地打碎了，由以国家意识形态为基础的身份结构所替代。❷ 贫雇农在社会政治生活中的地位逐渐上升，日益居于主导地位。合作化运动深刻影响了乡村的阶级结构和社会关系。

中华人民共和国成立初期，西南民族地区的阶级划分，不再依据血缘关系中的地位来确定每个人的身份，而是依据人们在社会、经济、政治关系中的地位来划分每个人的身份。土改之后地主、富农，以及与此相应的雇农、贫农和中农，实际上只是历史遗留下来的一种阶级身份符号，"这种政治色彩甚浓的合作运动，势必会给乡村社会原有的以亲情

---

❶ 李海金：《集体化时期农民政治身份及其影响的变迁研究》，《中共党史研究》2011 年第 12 期，第 116 页。

❷ 邱泽奇：《当代中国社会分层状况的变迁》，河北大学出版社 2004 年版，第 44～45 页。

为纽带的互助圈以致命一击，作为一种文化的家族意识也就自然丧失了其存在的基础"❶。中华人民共和国成立初期，社会结构发生了明显的变动，乡村权势发生了重大转移。合作化运动"不只是重新分配了与农民生活有着最根本联系的土地和财产，从而使许多人的社会地位和生活处境有了戏剧性的改变，同时也影响了整个农村的政治和文化进程，影响了几代人的未来和精神成长"❷。

土地改革和合作化运动使得国家的权力下移了，由此带动了乡村社会结构、社会关系等方面的变化。"20 世纪上半叶，中国共产党最成功的就是通过基于冲突的阶级划分，撕破了笼罩在乡村宗族社会的温情面纱，激发了广大农民的阶级意识，并通过自下而上的革命获得了国家政权；最大的失误则是在已获得国家政权以后仍然长期沿用基于冲突的阶级划分法，以至于不断地制造'阶级敌人'，进行'不断革命'。"❸ 合作化时期，西南民族地区划分阶级的标准沿用土地改革时期的定义虽然产生了一些理论和实践上难以自圆其说的矛盾，但党和国家基本上延续土地改革时期的阶级划分，并根据个人的政治态度和政治表现，对社会成员进行评判，有效地实施了对乡村的政治管理和推动了经济社会发展。

二、社会风气的变化

（一）婚姻制度的变革

中华人民共和国成立初期，婚姻法的公布施行是党和政府解除广大妇女遭受封建婚姻制度压迫的重大社会改革，是国家以政治力量改造民间传统的最深入最广泛的尝试。❹ 婚姻法的推行必须逐渐清除人们头脑中遗留下来的根深蒂固的封建思想意识，不能采取粗暴急躁的态度和阶

❶　满永、葛玲：《"亲不亲阶级分"：1950 年代初社会关系变革研究——以乡村社会为背景的分析》，《党史研究与教学》2009 年第 6 期，第 80 页。

❷　贺仲明：《一种文学与一个阶层——中国新文学与农民关系研究》，人民出版社 2008 年版，第 11 页。转引自曹金合：《十七年合作化小说的叙事伦理研究》，第 92 页。

❸　徐勇：《乡村治理与中国政治》，中国社会科学出版社 2003 年版，第 304 页。

❹　徐勇主编：《中国农村研究》2009 年卷（下），中国社会科学出版社 2009 年版，第 35 页。

级斗争的方法，但"问题严重的是我们干部的封建思想还很浓厚，一个革命若干年的干部，往往在思想上对《婚姻法》还认识不够。宣传《婚姻法》在建政工作中应是中心内容之一。农村土改以后，反封建思想（包括婚姻问题）是一个长期教育问题"❶。中华人民共和国成立初期，在党和人民政府的领导下，西南地区宣传贯彻婚姻法的活动划清了新旧婚姻制度的界线，封建的传统习俗与观念受到了冲击，直接带来了整个婚姻制度价值体系的转型和变革，婚姻制度的破旧立新使传统社会出现了巨大变迁，良好的社会风气开始形成。

1. 西南地区婚姻法推行初期概况

中华人民共和国成立初期旧婚姻观念和传统不但严重危害着广大妇女的权益，而且与新社会、新制度格格不入。为了破除封建婚姻制度对中国社会的影响，重塑农民的意识形态，为更大规模的社会变革铺平道路，1950 年 5 月 1 日，《中华人民共和国婚姻法》（简称"婚姻法"）公布施行，西南军政委员会即发出指示和通知，要求各级政府宣传贯彻婚姻法，西南地区婚姻制度革故鼎新开始了。

（1）西南局推行婚姻法的法令指示

1951 年 10 月 30 日，西南军政委员会发出关于执行政务院《关于检查婚姻法执行情况的指示》的通知，要求各级人民政府重视家庭和婚姻案件，及时、公平、恰当地处理，纠正部分干部思想中的封建残余，反对干涉婚姻自由与侵害妇女人权。❷ "各级人民政府必须有步骤地，大力向广大男女群众展开普遍有效的宣传教育，提高群众的政治觉悟，为此必须协调各人民团体和宣传教育部门，有计划地动员和组织力量，运用各种宣传工具，采取各种宣传方式，揭露封建婚姻制度的罪恶，宣传新民主主义婚姻的好处，务必使婚姻法在城市和乡村中，做到家家户户，人人皆知。"❸

在宣传贯彻婚姻法的形式和步骤上，西南各地主要是根据其实际情况采取不同的宣传贯彻方法和步骤。1952 年 8 月 9 日，西南军政委员会发布《关于进一步贯彻执行婚姻法的指示》，指出：西南区婚姻法的贯

❶ 中央文献研究室编：《邓小平年谱（一九〇四～一九七四）》（中），第 1042～1043 页。
❷ 四川省档案馆编：《西南军政委员会纪事》（内部资料），第 144 页。
❸ 张培田主编：《新中国婚姻改革和司法改革史料：西南地区档案选编》，北京大学出版社 2012 年版，第 6 页。

彻执行还很不平衡，包办婚姻、买卖婚姻、虐待妇女、通奸溺婴、强奸幼女、干涉婚姻自由等不合理现象仍不断发生，妇女被杀与自杀现象异常严重。为此指示：认真学习婚姻法，彻底肃清领导干部本身所存在的封建残余意识；注意妇女被虐杀或自杀案件，防止此类事件发生；清查积压的婚姻纠纷案件；严禁乡村干部以"捉奸""斗争"的方式干涉婚姻自由；加强婚姻登记工作；认真贯彻婚姻法应作为一项长期的政治任务来抓。❶

婚姻法的宣传主要是提倡男女平等和婚姻自由，针对旧的封建婚姻制度遗留下来的问题，批判封建婚姻制度对社会、对家庭、对妇女造成的危害，表扬婚姻自由的典型，教育群众，宣传新婚姻制度对社会进步、家庭幸福、妇女解放的好处。因此，干部要认真学习贯彻婚姻法，宣传新、旧婚姻家庭有着本质上的区别，纠正过去处理婚姻事件中的错误做法，揭露封建婚姻关系上的陋习，以启发教育广大人民群众，提高认识，同封建婚姻陋习做斗争。

1952 年 11 月 26 日和 1953 年 2 月 1 日，中共中央和中央人民政府政务院分别发出《关于贯彻婚姻法的指示》。为了贯彻中央指示精神，1952 年 11 月，西南局发布了《关于贯彻执行婚姻法的指示》，1953 年 2 月又发出了《关于贯彻婚姻法运动宣传工作的指示》。这些指示都要求地方各级政府必须认真负责地系统地组织干部学习婚姻法，加强宣传教育工作和司法工作，同时又考虑到西南地区的实际，民族地区暂缓进行宣传，以避免民族矛盾激化。

婚姻法的颁布和实施使婚姻自由的观念在西南地区逐步树立，包办婚姻、买卖婚姻和干涉婚姻自由的旧习俗逐步改变，传统的婚姻制度受到冲击，新民主主义的婚姻制度逐步确立，婚姻法的推行取得了一定的成绩，初步完成了对传统家庭关系的改造，实现对基层社会的改造和重塑。

（2）婚姻法推行遇到的困难和阻力

中华人民共和国成立初期，婚姻法的颁布与实施取得了一定成效，但作为新中国建立后颁布的第一部法律，婚姻法推行初期遇到了许多困难与阻力，西南各地违反婚姻法的情况普遍存在。

---

❶ 四川省档案馆编：《西南军政委员会纪事》（内部资料），第 183 页。

第一，违反婚姻法现象普遍存在。

婚姻法颁布实施以后，西南地区一部分人仍存在着严重的宗法思想和男尊女卑观念，就全区范围来说，婚姻法的贯彻执行还是很不平衡的，封建制度的包办婚姻、买卖婚姻、虐待妇女、通奸溺婴、强奸幼女、干涉婚姻自由等不合理现象，仍然不断发生。尤其妇女被杀与自杀现象异常严重，川北1952年第一季度三个月内妇女被杀或自杀的即达89人，川南65人，以县计：川北达县11人，潼南10人，西康汉源亦达7人。❶据云南盐津等40个县统计，自婚姻法颁布以来，被杀或自杀的已达385人，甚至少数干部中也发生违反婚姻法事件。❷虐待、早婚、童养媳、干涉婚姻自由等违反婚姻法的现象，在重庆仍然普遍存在。据巴县十一区西彭乡13个村不完全统计，就有48个妇女受到虐待，124人早婚，21个童养媳。❸云南元阳县有重婚纳妾习惯的民族，对不能重婚纳妾的抵触很大，不但上层反对，群众也反对，认为："共产党样样都好，只有女人不生孩子也不能讨小女人不好。"❹

西南农村中早婚、堕胎溺女的现象很普遍。土地改革地区农民因想多分田，早婚更为普遍。贵州凤冈县土地改革中有63对早婚，都匀长霸村土地改革中有23对早婚，丹寨县还有七八岁的小姑娘结婚的。堕胎溺婴的现象亦普遍发生。❺总之，由于各地对婚姻法的宣传重视不够，没有认真贯彻，在农村中违反婚姻法事件仍很普遍。强迫包办婚姻、干涉婚姻自由和虐待虐杀妇女的事情层出不穷。

第二，群众对婚姻法存在误解。

由于婚姻法没有进行广泛深入的宣传，群众对婚姻法了解不够，仍然存在着许多不正确的看法，有些人认为婚姻法就是"离婚法"或"妇女法"；巴县十一区西彭乡新民村的群众说："婚姻法提高女的压倒男的，是妇女法"，并认为"妇代会就是压夫会"；还有许多人认为婚姻自由则是"乱交"。❻什邡县二区禾丰乡妇女代表听了婚姻法之后，

❶ 张培田主编：《新中国婚姻改革和司法改革史料：西南地区档案选编》，第7页。
❷ 云南省民政厅编撰：《云南民政志》，第469页。
❸ 张培田主编：《新中国婚姻改革和司法改革史料：西南地区档案选编》，第123页。
❹ 张培田主编：《新中国婚姻改革和司法改革史料：西南地区档案选编》，第422页。
❺ 张培田主编：《新中国婚姻改革和司法改革史料：西南地区档案选编》，第198页。
❻ 张培田主编：《新中国婚姻改革和司法改革史料：西南地区档案选编》，第124页。

对其他的妇女说："现在可以离婚了，大家离吧，离了好耍。"❶ 由于不能正确理解和宣传婚姻法，对婚姻法抱有怀疑和抗拒的态度，因而传统婚姻制度仍然在西南地区社会生活中占主导地位，传统婚姻观念根深蒂固，致使婚姻纠纷日益增多和妇女命案不断发生。

第三，婚姻登记混乱流于形式。

西南婚姻制度改革的一项重要措施是建立婚姻登记制度。中华人民共和国成立初期，影响婚姻法贯彻的一个重要原因是婚姻登记流于形式。据检查，西南地区没有普遍建立婚姻登记机构，许多地区都无专人负责，有的地区登记的干部也大部分不懂得婚姻法。❷ 在南充遂宁两个专区，检查组发现在申请登记的手续上，极其繁杂，区没有乡的介绍信无论如何，均不予登记。若越级申请，回去要受处分。这样不但把群众控制得太严，而且助长了乡村干部干涉婚姻自由的机会，致使群众有"冲不过组、村、乡三关，你就休想讨老婆，或离汉子"的说法。有的群众由于对登记没有认识，或因收费过高，手续太繁，而采取对抗的态度，根本不登记就自行结婚，也有登记不准回去悄悄结婚的，这是比较普遍的现象。更有假报年龄，甚至找人代替结婚的。❸ 一些地方登记工作做得很差，对登记的青年男女不审查是否真正同意，马马虎虎就登记，甚至个别登记人员还帮助封建家长限制他们子女的婚姻自由。

中华人民共和国成立初期，西南地区婚姻法的贯彻执行是很不平衡的，遇到了相当的困难与阻力。在新、旧社会交替的过渡时期，西南一些地方行政权力并没有渗透到乡村中去，传统的宗族势力在地方控制中仍然发挥着不可替代的作用，社会重建与意识形态的塑造不可能一蹴而就。

第四，基层干部在婚姻法推行中的错误思想与行为。

中华人民共和国成立初期，基层干部对婚姻法的推行和新民主主义婚姻形态的塑造扮演着重要角色。但如前所述，婚姻法推行过程中遇到了许多的困难和阻力，甚至在乡村基层干部、上层干部中违背婚姻法的事例也屡见不鲜。婚姻法的贯彻实行之所以问题丛生，"这主要是由于几千年来传统的封建意识和习惯的影响，反映在人们对家庭关系、男女

---

❶ 张培田主编：《新中国婚姻改革和司法改革史料：西南地区档案选编》，第 140 页。
❷ 张培田主编：《新中国婚姻改革和司法改革史料：西南地区档案选编》，第 198 页。
❸ 张培田主编：《新中国婚姻改革和司法改革史料：西南地区档案选编》，第 148 页。

关系等方面，一时尚不可能澄清，我们干部特别是区、村干部也因都是旧社会出身的，很多不自觉地渲染着旧社会的封建意识和习惯的影响，特别在这一问题上，还没有更高的政治觉悟。"❶中华人民共和国成立初期婚姻法宣传贯彻有很强的地域性，由于西南是多民族地区，解放较晚，群众觉悟低，干部基础差，干部特别是基层干部在婚姻法推行过程中存在着一些错误的思想与行为，主要有以下几个方面。

首先，干部本身违反婚姻法。中华人民共和国成立初期，西南地区一些干部有婚姻"改组"思想，以部分老干部、县区级的干部较多，他们进城后，享乐的想法日益增长。云南地专级机关中即有 21 人有"改组"思想，其"改组"理由，普遍的都是嫌老婆是农村妇女，没有文化，无工作能力，思想落后，年纪大，相貌丑，小脚，等等，因此要求离婚。有的则乱搞男女关系。❷这些干部不惜违背良心和道德，单方面与自己农村的妻子提出离婚，离婚后再娶城里女青年，形成了婚姻"改组"。西南一些地方的干部离婚人数之多，成为仅次于农民的第二大离婚群体。中华人民共和国成立初期，干部"在解决婚姻家庭问题时程度不同地掺杂着新、旧两种形式，或者遵守新婚姻法的规定，或者回归到旧婚姻传统或单纯按照个人利益来解决婚姻问题。这就使干部婚姻呈现出合法与非法、合理与不合理并存的复杂状况，既有反抗封建束缚的进步性，也有'痴情女子负心郎'传统悲剧的翻版"❸。但不能否认，西南地区有些干部在对婚姻问题和妇女问题上有封建思想的残余，或者他们本身就有违反婚姻法之处，因此，对婚姻法的宣传就有抵触。

其次，不重视婚姻法的宣传与学习。婚姻法颁布后，西南地区的宣传贯彻工作虽已得到开展，但一些干部又以忙于中心任务为借口，认为婚姻法的贯彻和执行是人民内部问题，清除和改变这些思想需要一个长期过程，因而未能对贯彻婚姻法给予足够重视，与同期其他中心工作相比还显得相当薄弱，系统性、计划性明显不足。

一些干部对婚姻法重视不够，强调中心任务忙，怕宣传婚姻法会影

---

❶ 中央人民政府法制委员会编：《婚姻法及其有关文件》，人民出版社 1953 年版，第 127 页。

❷ 张培田主编：《新中国婚姻改革和司法改革史料：西南地区档案选编》，第 113 页。

❸ 张志永：《建国初期干部群体婚姻问题辨正》，《复旦学报（社会科学版）》2009 年第 6 期，第 132 页。

响中心任务，有的把虐杀妇女看成是封建"习惯"，把妇女被迫自杀看成是"可耻的事情"，认为这都是人民内部的问题，拖一下不要紧，存在着"等待思想"。❶ 雅安二区，男干部认为婚姻法是女同志的事，为了搞中心工作就不敢宣传婚姻法。有的干部上面发下的婚姻法及有关文件，连看都不看，甚至连文件都找不到了。❷

重庆一些干部对婚姻法的认识非常不足，不能深刻认识到婚姻法的政治意义，对婚姻法的宣传采取漠不关心的态度，在工厂或农村中，因为中心工作忙，不布置或不准布置婚姻法的学习。有些干部，主要是区乡村基层干部认为"婚姻法不学习没有事，一学习反而天下大乱"。❸ 因为这些错误思想作祟，婚姻法的宣传远没有深入到广大群众中去。

不少干部认为婚姻问题是"私人生活问题"，因而对婚姻法抱着一种漠不关心的态度，有的干部甚至还尚未看过一次婚姻法。有的干部认为宣传婚姻法不能与中心工作结合，同时进行会妨碍中心工作，认为："宣传婚姻法，只能等民主改革后，党委统一布置再进行。"❹

1952 年 8 月，西南军政委员会发出《关于进一步贯彻执行婚姻法的指示》，指出：若干领导机关和干部，对认真贯彻婚姻法的重视不够，有的干部，特别是区乡干部残留着严重的封建思想，成为执行婚姻法的主要阻力。许多干部认为宣传婚姻法会影响中心工作，因此不敢和不愿宣传婚姻法。❺

产生这些问题的原因，一方面是由于部分干部，把婚姻看成是私人问题，是妇女的事，没有认识到贯彻执行婚姻法在建设新民主主义社会中的重大政治意义。另一方面是干部对婚姻法钻研不够，政策水平不高，加上存在的残余封建意识，因而对婚姻法不是拥护、认真执行，而是采取漠视、误解和阻挠执行的态度。

再次，存在封建思想，干涉婚姻自由。中华人民共和国成立初期，西南部分党员干部特别是农村基层干部本身具有浓厚的封建父权、夫权意识，因此对宣传贯彻婚姻法持消极态度，甚至有少数干部还支持部分

---

❶ 张培田主编：《新中国婚姻改革和司法改革史料：西南地区档案选编》，第 10 页。
❷ 张培田主编：《新中国婚姻改革和司法改革史料：西南地区档案选编》，第 102 页。
❸ 张培田主编：《新中国婚姻改革和司法改革史料：西南地区档案选编》，第 25 页。
❹ 张培田主编：《新中国婚姻改革和司法改革史料：西南地区档案选编》，第 36 页。
❺ 张培田主编：《新中国婚姻改革和司法改革史料：西南地区档案选编》，第 7 页。

第六章 西南民族地区乡村秩序的社会建构

群众的落后思想，粗暴干涉青年男女的自由恋爱，甚至公然违反、破坏婚姻法，在群众中造成极坏的影响。

有些基层干部，他们口口声声喊"中心工作太忙，没有时间去宣传婚姻法"，但是，他们却有时间去干涉婚姻自由、干涉寡妇再嫁、干涉要求离婚的妇女离婚，说是要有三十六条或六十条理由才能离婚。❶ 有的干部对未婚青年男女的自由恋爱，基于"男女授受不亲"的封建思想，大惊小怪，横加拆散。有的乡村干部认为结婚应该取得干部的同意。有的乡干部基于从一而终的封建思想，对要求离婚的妇女，认为是不正经，有伤风化。如广汉北中兴乡六村村长说："十个妇女离婚的，九个都是不正经。"❷

限制或干涉寡妇婚姻自由是普遍的现象，南充、遂宁一些农村干部认为"女人是洗脚水倒了一盆又一盆"，对寡妇再婚则认为"'好马不配双鞍，好女不嫁二夫'，再嫁就是丑口"，"命不好才把丈夫克死了，不能再克另一个"。家长族人或某些干部，对要结婚的寡妇，出面干涉，甚至擅索寡妇的财产。❸ 区乡干部干涉婚姻自由，逼死人命，侵犯人权的事件，仍继续发生。川西一些地方乡村干部中对男女青年的自由恋爱和寡妇的自由结婚，认为是乱搞关系，大惊小怪，有的就用坦白、斗争、吊打等方式横加拆散，当事人有的竟因此自杀。❹

中华人民共和国成立初期，西南地区一些干部受封建思想的影响，不认真或根本不学习婚姻法，对婚姻法的贯彻执行漠不关心，对虐待妇女的犯罪行为熟视无睹，甚至有的对自由恋爱看作"有伤风化"，假借"通奸"罪名，以"捉奸"方式进行斗争，对男女争取婚姻自由的正义斗争，非但不予积极支持，反而直接间接地横加干涉，甚至关押吊打，逼人致死。❺

在婚姻法颁布后的 1950 年和 1951 年，西南在宣传和执行婚姻法中出现一些不良势头，妨碍了婚姻法的贯彻执行，一些基层干部以种种方式和种种理由来干涉婚姻自由，侵犯妇女的合法权益，助长了封建婚姻

❶ 张培田主编：《新中国婚姻改革和司法改革史料：西南地区档案选编》，第 213～214 页。
❷ 张培田主编：《新中国婚姻改革和司法改革史料：西南地区档案选编》，第 201 页。
❸ 张培田主编：《新中国婚姻改革和司法改革史料：西南地区档案选编》，第 149 页。
❹ 张培田主编：《新中国婚姻改革和司法改革史料：西南地区档案选编》，第 70 页。
❺ 张培田主编：《新中国婚姻改革和司法改革史料：西南地区档案选编》，第 7 页。

制度的气焰。

最后，干部误解婚姻法。中华人民共和国成立初期西南一些干部对婚姻法的了解是"抽象的"，因而在宣传时对婚姻法断章取义，只讲一点不及其余，或是忽略婚姻法的普适性，只对青年、妇女宣传，不对壮年、老年宣传。有些地区在宣传婚姻法时，存在着片面的缺点，如有的只注意宣传妇女群众，忽视了对男子的宣传，故一般男子对婚姻法的了解比较差，思想上的顾虑也较多，甚至有的采取对抗的态度。又如有的宣传妇女解放，着重宣传不合理的婚姻应该离婚，而对家庭和睦和夫妻义务等问题宣传较少。❶

西南地区区乡干部大部分不重视婚姻法的学习，本身存在着严重的封建意识。对婚姻法有着很多错误认识，认为婚姻自由败坏风俗，因此不敢宣传。对婚姻法普遍有以下三种错误认识：认为婚姻法是离婚法，害怕执行后要引起"天下大乱"；认为婚姻法是自由法，有的认为结婚、离婚可以不受任何限制，可随便结婚；认为婚姻法是妇女法，只对妇女有好处，对男子不利。❷ 有不少干部对婚姻政策学习不够，因而在具体问题处理上，表现了脱离政策的倾向。

有一部分干部思想上有顾虑，对婚姻法理解不够深刻，传统婚姻观念根深蒂固，担心城市民主改革和农村土改后刚刚稳定的社会秩序，会因贯彻婚姻法导致混乱，不懂得建设新婚姻制度的重大意义，宣传贯彻婚姻法时放不开手脚，有些瞻前顾后。

由于过去对于婚姻法的宣传极为不够，不少干部对于婚姻法的理解过于片面，如说："婚姻法是离婚法""婚姻法只保护妇女利益""婚姻法是奖励私生子""婚姻自由是毫无限制的自由"等。有些干部把婚姻问题、把丈夫虐待妻子的问题，看作是"家庭私事"，说是"清官难断家务事"；很多乡、村干部怕宣传了婚姻法，妇女翻身会"翻到自己头上来"。❸

由于受封建思想和封建婚姻制度残余的影响，重庆不少干部对执行婚姻法存在着顾虑和抵触，如有的单位部分领导干部不让群众学习婚姻法，怕学了婚姻法会"天下大乱"，工厂中工会干部怕检查婚姻法会妨

❶ 张培田主编：《新中国婚姻改革和司法改革史料：西南地区档案选编》，第 126 页。
❷ 张培田主编：《新中国婚姻改革和司法改革史料：西南地区档案选编》，第 198 页。
❸ 张培田主编：《新中国婚姻改革和司法改革史料：西南地区档案选编》，第 214 页。

碍生产。至于下层干部思想上的顾虑抵触更大。❶ 这种不学习不宣传的结果，使婚姻法的贯彻执行，遇到了不少思想上的障碍与行动上的阻碍。

总之，为了使婚姻法的贯彻执行得到切实保障，基层干部应领会婚姻法的精神实质与意义，对有关婚姻法的各种片面的和错误的宣传，及各种不正确的思想与做法，及时予以克服和纠正，有组织地、有领导地进行婚姻法的宣传与贯彻。

2. 婚姻法推行中对基层干部的教育与动员

中华人民共和国成立初期，"正确解决婚姻制度问题的关键有两个，一个是中央人民政府制定并颁布保障婚姻自由的婚姻法，另一个是在农村中特别是农村干部与党员中进行反对封建婚姻制的思想教育。第二项工作更加重要，因为目前已经急需进行这种教育"❷。贯彻婚姻法的首要任务就是要解决干部思想问题。但婚姻法推行初期，西南一些地方各级领导干部"对贯彻执行婚姻法不重视，区乡村干部不了解，甚至有敌对思想，司法干部在政策上、观点上、作风上有不可忽视的毛病，因而使贯彻婚姻法的工作受到了巨大阻碍"❸。为了打通西南地区干部的思想，调动干部宣传婚姻法的积极性，必须对干部进行教育和动员，主要有以下三方面。

（1）重视基层干部教育

中华人民共和国成立初期，基层干部作为新兴的精英力量成为贯彻婚姻法运动依靠的主要动员力量。婚姻法的学习与宣传中，各级领导必须重视起来，有步骤地组织干部学习婚姻法，经常进行政策思想教育，只有干部认真学习婚姻法，对婚姻法有了明确的认识，同时重视了婚姻法的宣传与执行，然后才能正确地掌握婚姻政策。❹

西南各级人民政府非常重视基层干部的动员和教育，先后发布指示和政策，有领导、有组织、有系统地组织所属干部认真学习婚姻法，将宣传、贯彻婚姻法与其他各项工作联系起来。

1951 年 10 月，西南军政委员会发布指示，要求各级人民政府应领

---

❶ 张培田主编：《新中国婚姻改革和司法改革史料：西南地区档案选编》，第 124 页。

❷ 《正确解决婚姻制度问题》，《人民日报》1950 年 3 月 8 日。

❸ 张培田主编：《新中国婚姻改革和司法改革史料：西南地区档案选编》，第 134 页。

❹ 张培田主编：《新中国婚姻改革和司法改革史料：西南地区档案选编》，第 37～38 页。

导全体干部，尤其是县区乡（村）街干部和司法干部，系统地普遍学习婚姻法、政务院的《关于检查婚姻法执行情况的指示》及《人民日报》的《坚决贯彻婚姻法，保障妇女权益》的社论，深刻领会婚姻法的重大政治意义，展开反对封建残余思想的斗争，以达到正确掌握婚姻法的基本精神。❶

婚姻法颁布后，西南各地组织力量开展宣传学习贯彻婚姻法及《西南区婚姻登记暂行办法》，要求广大干部特别是区、乡、村干部认真学习，从思想上提高贯彻执行婚姻法的认识，共同贯彻婚姻法，处理好婚姻问题。对于个别干部破坏婚姻法干涉男女婚姻自由，因而造成了被干涉者受伤害或死亡者，交法院依法惩办。

1952 年 8 月，西南军政委员会发出《关于进一步贯彻执行婚姻法的指示》，强调各级人民政府和人民团体的领导机关，必须有领导、有组织、有计划、有系统地领导所属干部，认真学习婚姻法。特别是区、乡、村级干部的学习，必须由县级领导机关加以切实具体的领导和布置，把彻底肃清干部本身所存在的封建残余意识，整顿干部在婚姻法执行中的思想作风作为思想改造的主要目标之一。❷

1953 年 5 月，西南区贯彻婚姻法运动委员会强调贯彻婚姻法运动必须事先训练好干部，然后逐步开始，除了对干部进行婚姻法的教育外，还要让干部学会用人民内部的方法来解决问题，因此必须反复地教育干部，把斗争的目标限制在中央指示所规定的范围内，纠正企图解决一切问题的错误做法以防造成混乱。❸

废除封建婚姻制度，建立新民主主义的婚姻制度，是一个新旧思想交锋碰撞的长期斗争过程，必须经过艰苦的思想教育，因此必须首先从各级领导上对这项工作重视起来，普遍地、有计划地组织干部学习婚姻法，为贯彻婚姻法运动服务。

（2）培训干部

基层干部是国家政策法令的宣传组织者与具体执行者，为了使他们认识到婚姻制度改革对于国家建设的重要作用，提高其思想水平和政策水平，成为贯彻婚姻法运动的骨干力量，西南地区对基层干部进行了培

❶ 张培田主编：《新中国婚姻改革和司法改革史料：西南地区档案选编》，第 6 页。
❷ 张培田主编：《新中国婚姻改革和司法改革史料：西南地区档案选编》，第 8 页。
❸ 张培田主编：《新中国婚姻改革和司法改革史料：西南地区档案选编》，第 20 页。

训，有计划地、逐级地组织他们学习婚姻法和相关文件及精神，使干部认清婚姻法的实质精神，逐步肃清他们思想上的封建残余。

1951年"三八"节后，万县市妇联组织妇女干部100多人采取上大课、分组讨论及座谈会等方式学习婚姻法。市民政局组织干部学习了婚姻法的有关知识，纠正了以前不重视婚姻法的思想，并抽调部分干部组织街道干部学习和向群众宣传，参加学习的街道干部有1800多人。❶

为了进一步宣传贯彻婚姻法，西南军政委员会决定在1953年2月底以前把干部训练好，训练干部分两批进行。第一批，以地委（大市的区委和相当于区委的市委）为单位，集中训练县、区主要干部。第二批，以县委为单位，由地委负责协同县委，集中训练区乡、工厂和街道的主要干部。❷

西南各省市专区遵照中央和西南指示，抽调、培训干部，召开会议，学习婚姻法，1953年，毕节专区有1900多名机关干部学习婚姻法。各县召开的县、区、乡干部大会上，也把学习、贯彻婚姻法列入会议议程，组织与会人员学习讨论。❸ 这就使干部逐步认清了婚姻法的精神实质，从思想上划清封建婚姻制度和新民主主义婚姻制度的界限。

四川省通过举办训练班和召开各种干部会、代表会、宣传员会等形式，层层集中训练贯彻婚姻法运动宣传骨干。1953年3月前，全省集中培训中共党员、团员、民政、司法、妇联、宣传等部门及县、区、乡、村干部共514614人。西康省培训机关干部5000余人，乡干部10421人。

在基层干部训练上，据不完全统计，1953年3月，重庆各区已训练基层干部4732人，其中工会基层干部330人，乡长20名，所长19人，民政、社教干事共37人，其他基层干部4323人。❹ 从1953年3月下旬至5月初，云南在17个县、3个市、527个乡先后开展了宣传贯彻婚姻法的运动，共培训干部4194人，宣传员2349人。全省各级机关干部也都先后进行了婚姻法的学习，据8个专区和3个市的统计，参加学

---

❶ 张培田主编：《新中国婚姻改革和司法改革史料：西南地区档案选编》，第35页。
❷ 张培田主编：《新中国婚姻改革和司法改革史料：西南地区档案选编》，第16页。
❸ 贵州省毕节地区地方志编纂委员会编：《毕节地区志·民政志》，第208页。
❹ 张培田主编：《新中国婚姻改革和司法改革史料：西南地区档案选编》，第40页。

习的人数有 36060 人。❶

各地在培训干部时，把学习婚姻法和批判封建思想作为重要内容之一，通过一些具体事例，宣传婚姻法，批判旧的封建婚姻制度，宣传新民主主义的婚姻制度，针对干部中许多误解和错误的说法，进行耐心的、正确的说服和解释工作，并对干部予以具体指导，使其主动地和经常地担负起宣传婚姻法的任务，移风易俗，从思想上逐步肃清群众中的封建思想残余。

中华人民共和国成立初期，西南地区舆论传媒还处于相对落后的状态，加上基层干部文化水平较低，缺乏参与意识的特殊性，通过召开会议、学习文件等方式来训练干部，进行教育和动员，是符合当时西南地区实际的。

（3）对婚姻法执行情况进行检查

中华人民共和国成立初期西南地区组织检查组，广泛开展婚姻法宣传和执行情况检查，发现婚姻家庭纠纷和刑事案件给予纠正，及时而准确地处理了许多案件，并选取典型案例教育干部和群众。

1951 年 9 月 16 日，政务院发布了《关于检查婚姻法执行情况的指示》，西南军政委员会随即发出通知，强调婚姻法的执行是一个艰巨的社会改革任务，应随时抓紧指导检查，避免放任自流和脱离实际、强迫命令的现象。并应根据各地实际情况，着手改革封建的婚姻习俗，重点应放在已经土地改革的地区。❷

1951 年 10 月，西南军政委员会责成最高人民法院西南分院会同最高人民检察署西南分署、西南司法部、民政部、人民监察委员会、团工委、妇委等有关机关团体，组成川东、川西、川北三个地区的婚姻法检查组（川西组包括西康省），选择已完成土改的 11 个县，有重点地进行了婚姻法具体情况的检查，川南、贵州、云南、重庆都在当地人民政府的领导卜，由人民法院会同有关机关团体组织检查组，进行检查。❸

1952 年 1 月，云南省派出三个婚姻法检查小组去重点县进行检查，"三八"节前后，开远、路南、呈贡、马龙等很多县市召开群众大会，

❶ 云南省民政厅编：《云南民政志》，第 470 页。
❷ 张培田主编：《新中国婚姻改革和司法改革史料：西南地区档案选编》，第 6 页。
❸ 张培田主编：《新中国婚姻改革和司法改革史料：西南地区档案选编》，第 9 页。

公审严重违反婚姻法的犯罪分子，对婚姻法的宣传工作起了一些推动作用。❶

在各级领导的大力支持下，检查组进行工作时，一般的是结合当时当地的中心工作，如秋征入仓、修订爱国公约、民主建设等，利用一切可能的机会，召开各种大小会议（如干部大会、农民代表会、婆婆会、青年会等），并举行座谈访问，反复说明来意，切实交代政策，初步打通了干部和群众对于婚姻法的抵触思想。再分别组织学习，搜集材料，发现问题，及时地解决婚姻和家庭纠纷。根据具体事例，促使个别基层干部反省了自己的思想和行为。选择各种不同类型的案件，举行公审或公开审判大会，通过当地真人真事、具体生动的事例，全面交代政策，教育干部和群众。❷

从检查婚姻法执行情况来看，一般而言，凡是干部对婚姻法进行了认真的学习和正确的宣传与执行的地区，群众的觉悟就提高，受压迫的妇女大都自觉地起来与封建婚姻制度做斗争。反之，如果干部本身还存在着封建残余思想或对处理婚姻问题不够认真负责，则不能将婚姻法真正贯彻到群众中去。这就有力地说明了婚姻法的贯彻执行关键在于干部的教育和动员。

西南地区通过对婚姻法执行情况的检查，基本上纠正了干部对婚姻法的各种不正确的认识，使婚姻法的基本精神贯彻到群众中去，同时结合司法斗争，采取深入的宣传动员和组织干部学习讨论婚姻法的办法，大力支持了被压迫妇女的合法要求，依法制裁了违反婚姻法的犯罪分子，对基层干部和群众起了很大的教育作用，从而提高了干部觉悟和政策水平，为今后西南地区继续深入贯彻婚姻法工作开创了良好的开端。

3. 对基层干部的教育和动员及婚姻法推行的意义

中华人民共和国成立初期，西南地区在婚姻法的宣传贯彻过程中，对基层干部和群众进行动员和教育，使他们明确了婚姻法反封建的精神和实质，基本上纠正了"宣传了婚姻法会引起天下大乱"的错误思想，提高了干部对婚姻法的认识和政策水平，这在当时具有重大的意义。

---

❶ 张培田主编：《新中国婚姻改革和司法改革史料：西南地区档案选编》，第 81 页。

❷ 张培田主编：《新中国婚姻改革和司法改革史料：西南地区档案选编》，第 12 页。

（1）良好社会风气形成

中华人民共和国成立初期，西南地区宣传贯彻婚姻法的活动使大部分干部划清了新旧婚姻制度的界线，封建的传统习俗与观念受到了冲击，直接带来了整个婚姻制度价值体系的转型和变革，婚姻制度的破旧立新使传统社会出现了巨大变迁，良好的社会风气开始形成。

西南地区婚姻法的正确执行与深入宣传，提高了群众的政治觉悟，妇女逐步摆脱了封建依附关系，走上了婚姻自主的新路，同时宣扬了新社会男女平等观、道德观和正确恋爱观，树立了自尊、自信、自立、自强的观念，使得健康的婚姻关系蓬勃发展。1954 年，通过贯彻婚姻法，黔东南许多家庭改善了关系，仅三穗县就有 4522 对夫妻改善了婚姻关系，家庭和睦。❶

婚姻法的宣传贯彻，提高了青年男女参与生产劳动的积极性，使他们不再以对方的"财产多寡和门第高低"为条件，而是以"能劳动、爱学习和思想进步"为标准去选择自己的伴侣，男女平等、夫妻平等的性别观念开始确立，良好的社会道德和社会风尚逐步形成，为改变西南地区落后的面貌提供了可能。

（2）妇女身份的重塑

婚姻法确立了男女平等的原则，彻底打破了几千年来强加在妇女身上的封建束缚，废除了"男尊女卑"的封建观念，封建思想残余得到逐步清除，把旧式家庭改造成为新式家庭。广大妇女在婚姻家庭中的依附地位得到改变，使她们得到了真正的解放。"在过去，群众对包办买卖婚姻的看法是金多金婆娘，银多银婆娘，无钱便是贱婆娘。而现在则说：金好银好，没有自己选的好"，"过去认为女人不打不成人，黄荆棍下出好人，现在则说：男女平等是正理，有商有量才兴家"。❷ 特别是"完成土地改革的地区，妇女在政治上、经济上、家庭和社会地位上均有很大的改变"。❸ 这就初步重构了农村的婚姻家庭、社会结构，将缺乏政治意识的妇女整合到国家体系中，建构起她们的国家观念和政治

❶ 黔东南苗族侗族自治州地方志编纂委员会编：《黔东南苗族侗族自治州志·民政志》，第 226 页。

❷ 《宣传贯彻婚姻法的工作今后应转向经常化》，《新华日报》（重庆版）1953 年 4 月 10 日。

❸ 张培田主编：《新中国婚姻改革和司法改革史料：西南地区档案选编》，第 3 页。

认同，提高了妇女的政治和社会地位。

（3）婚姻日趋自由

中华人民共和国成立初期虽然有些干部和群众对婚姻法的认识比较粗浅，干涉婚姻自由的现象仍然严重存在，但经过婚姻法的宣传与贯彻，多数地区基本上做到了家喻户晓，深入人心，并且初步起到了移风易俗的作用，婚姻日趋自由。

雅安县沙坪乡某老人说："现在娶媳妇嫁女不费神，又不花钱了。以前的包办婚姻，在结婚后都甚恼火，不是儿吵就是媳妇闹，不然就是公婆吵，时常闹得全家不清静，现在婚姻自主，男心甘，女情愿，就不会吵闹了。"❶ 人们在婚姻自由权利受到侵犯时，敢于用婚姻法维护自己的合法利益。据川北人民法院 1952 年 1～4 月的统计，全区婚姻案件有 5419 件，其中离婚案 4980 件，多半是妇女因父母强迫包办，丈夫和公婆虐待和男小女大等原因提出的。❷ 西南很多地方废除了强迫包办、买卖婚姻，实现了婚姻自由和自主。

（4）婚姻登记制度的确立

婚姻登记不仅是确立婚姻关系的法定程序，也是对合法婚姻关系的有力保障，经过宣传贯彻婚姻法运动，开展婚姻家庭法制宣传教育，西南地区逐步建立了婚姻登记制度。随着土地改革和民主改革的逐步完成，实行婚姻登记工作的地区不断扩大。

由于西南少数民族的经济和文化发展各有不同，风俗习惯和婚姻习俗各有特点。因此，在贯彻执行婚姻法和实行婚姻登记的过程中，始终注意少数民族的特殊性。如黔东南结婚登记始于 1951 年 10 月，由于黔东南是少数民族地区，遵照中央和贵州省人民政府关于少数民族地区执行婚姻法要"慎重稳步"的精神，尊重少数民族的风俗习惯，凡自愿到婚姻登记机关申请结婚登记的，只要符合婚姻法规定的条件都给予登记，发给结婚证明书。1954 年锦屏、施秉县结婚登记 454 对。1955～1957 年施秉结婚登记共 1026 对。❸

1954 年，云南省结婚登记达 41920 对，离婚登记为 4692 对，再婚

---

❶　张培田主编：《新中国婚姻改革和司法改革史料：西南地区档案选编》，第 101 页。

❷　《今年上半年各地执行婚姻法情况》，《人民日报》1952 年 8 月 28 日。

❸　黔东南苗族侗族自治州地方志编纂委员会编：《黔东南苗族侗族自治州志·民政志》，第 227 页。

登记为 226 对。1955～1958 年在广大汉族地区的城乡，已先后贯彻执行婚姻法，并按婚姻登记办法建立了婚姻登记制度。❶ 除未实行土改地区及兄弟民族聚居地区外，1954 年云南省均已普遍建立了婚姻登记制度。❷ 在结婚登记方面，1953 年重庆市登记结婚的有 22419 对，为 1952 年登记结婚 13464 对的 166%，从 1～6 月份 11912 对（23824 人）结婚当事人的分析：其中工人成分最多，有 10293 人，占总数的 43.3%，农民有 4331 人，占总人数的 18.2%，再次是城市贫民、职员等。经过多次重点检查证明，凡登记结婚的，基本上都符合婚姻法规定。❸ 通过婚姻登记工作，保障了群众的婚姻自由，支持了许多男女争取婚姻自由的正义斗争，提高了他们的生产积极性，出现不少民主和睦团结生产的新家庭。

婚姻法推行是一场深刻的反封建的社会变革，在西南产生了广泛而深远的影响，充分体现了时代的发展和社会的进步。广大群众普遍地受到了一次婚姻法的教育，经过教育和动员，西南各级干部带头学习落实新婚姻法。婚姻法运动破除了封建传统和家长制的权威，初步划清了新民主主义婚姻制度与封建主义婚姻制度的思想界限，解决了群众一些急待解决的婚姻纠纷和家庭问题，一时间新女性、新社会、新中国、新民主主义等一系列的政治措辞和术语纷纷涌现出来。"男女平等""婚姻自由"成为当时社会的主流话语之一，各社会团体和组织将婚姻法中男女平等、一夫一妻和婚姻自由的法律思想广泛宣传开来，规训和教化着民众的思想和行为，并且成功地渗入民众的日常生活，促进了西南地区社会风气的转变。

婚姻法是统治者意志化的规范，中华人民共和国成立初期婚姻法的宣传贯彻并非民众自发的渐进过程，而是政府主导下的政治运动。中华人民共和国成立初期以国家话语和意识形态为基调的婚姻法运动在西南地区基本上实现了动员目标，从整体上说应该是成功的，确立了新民主主义婚姻制度。但传统婚姻制度的根本变革必须以经济、习俗、道德等的变迁为依托，西南地区推行婚姻法存在某些偏差和失误，在国家权力未能深入的地区，婚姻法对个人婚姻的影响程度相当有限，婚姻法宣传

---

❶ 云南省民政厅编撰：《云南民政志》，第 470 页。
❷ 张培田主编：《新中国婚姻改革和司法改革史料：西南地区档案选编》，第 107 页。
❸ 张培田主编：《新中国婚姻改革和司法改革史料：西南地区档案选编》，第 105 页。

华而不实，毕竟婚姻法的贯彻实施离不开相应的社会条件支持。这种偏差和失误一方面应该说是与党运动式动员的惯性、婚姻制度变革的主要目的在于实现社会动员、缺乏新的动员机制、有的地方婚姻法未作为中心工作来抓等有密切的联系。另一方面政治力量固然能够催生婚姻制度的变化，但一些地区缺乏深入推行婚姻法的现实条件，地区之间的深层次的经济文化差异在短期内是难以消除的。

（二）鸦片烟毒的禁绝

中华人民共和国成立之前，西南地区鸦片烟毒泛滥，严重影响着人民的健康和社会的安定。当时广为流传的一副对联是对烟毒危害的生动写照："竹枪一支，打得妻离子散，未闻炮声震地；铜灯半盏，烧尽田地房廊，不见烟火冲天！" ❶ 中华人民共和国成立初期，为了迅速恢复国民经济、巩固新政权，党和人民政府把禁烟禁毒作为社会改革的重要内容，发布政策法令，禁止种植和吸食鸦片，坚决荡涤旧社会留下来的污泥浊水，这是中华人民共和国成立初期中共在接管政权后立即付诸实施的一项重要社会政策。在党和人民政府的领导下，西南各级政府结合本地区的实际情况，相继制定和公布了相应的禁烟禁毒实施办法，烟毒泛滥不止的势头得到了有效的遏制，除少数边远地区尚有偷种现象以外，烟毒基本禁绝，禁烟禁毒活动取得了显著的成效。

1. 西南地区烟毒的泛滥

（1）鸦片种植非常普遍

西南少数民族地区尤其是贵州、云南、西康等少数民族聚居区，是种植鸦片最多的地方，以鸦片烟毒为主的毒品泛滥，种植罂粟的面积较大。在一些有种烟传统的地区，烟地面积占有相当比例。例如云南省烟地占耕地面积的 20% ～30%，西康省的烟地占耕地面积的 48%，整个西南地区烟地达到 1545 万多亩。有些烟农世代以种烟为生，习为常业，舍此无以为生。❷ 解放前夕，通海、玉溪、江川、澄江等平坝县，有 30% 的肥田沃土种植罂粟；新平、元江、华宁、峨山等山区县，种植面

---

❶ 叶菊珍：《邓小平与新中国成立之初西南地区经济发展研究》，四川大学出版社 2008 年版，第 52 页。

❷ 蒋和平：《毒品问题研究》，四川大学出版社 2005 年版，第 129 页。

积占耕地面积的 70% 以上，玉溪地区年产鸦片 30 多万两。❶

民国时期，政府对鸦片又禁又放，贵州省执政者一面明令禁烟，一面又征收鸦片税，有的官员派军队保护经销鸦片，从中渔利。解放前夕，贵州省政府策划开放烟禁，致使境内普遍种植罂粟。❷ 新旧军阀把鸦片当成扩军、购买军火、增强军事实力的重要财源。土匪把鸦片作为赖以生存的根基。他们在辖区内依靠武力，强迫农民种植鸦片，征收各种烟税，增加"财政"收入。❸ "此次解放以前，谷匪正伦曾以私函授意各县县长公开种烟，加以有些人误认种烟可以获得厚利，换取棉盐，改善生活，以故各地烟苗很多，贩毒吸食者到处皆有。"❹ 据习水县旧警察局文稿记述，"民国二十四年前，种植罂粟之农户，十有八九，开花时节，山川平地举目可见"。解放前夕全县 8 个区均有种植，被称为烟乡毒地。绥阳县在谷正伦开放烟禁时，全县种植大烟 13090 亩。由于良田沃土、优质肥料用来种烟，造成其他田土荒芜，粮食锐减，农民辛劳所得却是害人的毒品。官商利用烟毒发财，农民都饥寒交迫。❺ 禁种是禁毒工作的先决条件，只有实现了禁种，才能真正断绝毒源。因此，西南民族地区必须开展广泛深入的动员与宣传，禁种大烟，烟毒才能彻底禁绝。

（2）鸦片烟吸食人数众多

西南民族地区种植大烟较多，因此种大烟者往往也沾染了吸大烟的恶习。云南景颇族一些地区所产大烟，部分供自己消费，部分用来交换其他商品。如弄丙寨吸大烟的人数占全寨总人口的 12% ，陇川邦瓦寨占 9.48% ，弄垢寨占 10.9% ，盈江邦瓦寨占 10.67% ，雷弄寨因不种大烟，吸食的较少。❻ 在西南，吸食毒品人口之多，实为全国之首。西南区有烟民 600 余万，占该区总人口的 8% 强。云南一省吸烟者占总人口的 25% 。贵州全省共有 1400 万人，其中吸毒者有 300 多万，占人口总数的 21.42% 。这些吸毒烟民，其中不少人道德沦丧，为吸毒不惜倾家

❶　《玉溪地区志》（第二卷），第 299 页。

❷　贵州省毕节地区地方志编纂委员会编：《毕节地区志·民政志》，第 218 页。

❸　贵州省地方志编纂委员会：《贵州省志·民族志》上，第 368 页。

❹　《贵州省人民政府为禁绝鸦片告全省民众书》1950 年 1 月底，黔东南州档案馆馆藏档案，档案号：45 - 1 - 02。

❺　马维纲：《禁娼禁毒》，警官教育出版社 1993 年版，第 272 ~ 273 页。

❻　云南省编辑组等编：《景颇族社会历史调查》（二），民族出版社 2009 年版，第 104 页。

荡产，进而沦为乞丐、盗贼和娼妓。❶

西南地区鸦片烟吸食人数之多，触目惊心。美国人吉尔门在他写的《四川游记》中这样说："无论城市或乡村之人，凡被余询问者，均称吸烟人数约占全人口的 50%。此等吸烟者之中，70% 为成年人。"❷ 绥阳县解放前夕吸毒者占成年人的 30%，习水县长沙、官渡、东皇、温水 4 镇有吸毒者 2450 人，占镇人口总数 7223 人的 33.9%。平越县（今福泉县）解放前城内吸毒者竟占城关成人的 75%。❸ 盈江县盏达官纯寨吸大烟的情况较突出，解放初仍然存在，据 1954 年统计，吸大烟者占男劳动力 70% 以上，占女劳动力 20% 以上，严重影响生产。❹

在台江县巫脚交，1923 年前后本寨 170 多户中，不吸烟的张姓只有 3 户，万姓只有 10 来户。其余的人家，凡是成年的男子都会吸鸦片烟，吸食鸦片已成为一种社会风气，全寨共有烟枪 435 支，以鸦片烟待客，鸦片烟成为一种招待品。❺ 景颇族一个寨子 39 户中，经常吸大烟的有 17 户 20 人。最多的每人每月需 6 两，最少的 1 两。以烟价每两 3 元计算，最少的一年吸 12 两烟，需 36 元，合 30 箩谷。这笔开支甚至成为个别人家全年支出中最大的一项。这也是造成该寨景颇族贫困的一个突出因素。❻ 种植鸦片以后，四川省凉山彝族地区宜地、阿尔两乡的彝族劳动人民吸食鸦片者日益增多，致使身体衰弱，不能勤劳耕作；有的甚至将耕畜农具都出卖以供抽烟的耗费，使农业生产受到严重的影响。例如最多时地八村有 50%、乃乌村有 30% 的人吸食鸦片。黑彝中不分男女、老幼约有 90% 吸食鸦片。❼ 一些人因吸食鸦片而家破人亡，卖儿鬻女，有的沦为娼妓、沦为乞丐甚至堕落为匪盗。如川东涪陵县敦仁镇

---

❶ 马模贞等编：《中国百年禁毒历程》，经济科学出版社 1997 年版，第 167 页。

❷ 傅建成：《百年瘟疫：烟毒问题与中国社会》，陕西人民教育出版社 2000 年版，第 185 页。

❸ 马维纲：《禁娼禁毒》，第 273 页。

❹ 《中国少数民族社会历史调查资料丛刊》修订编辑委员会编：《德宏傣族社会历史调查》（二），第 74 页。

❺ 全国人民代表大会民族委员会办公室编：《贵州省台江县巫脚交经济发展状况》（内部资料），1958 年印刷，第 111 页。

❻ 云南省编辑组编：《景颇族社会历史调查》（二），云南人民出版社 1985 年版，第 30 页。

❼ 四川省编写组编：《四川省凉山彝族社会调查资料选辑》，四川省社会科学院出版社 1987 年版，第 244 页。

的第五、第八、第十二这三个保中，因父母、家属或本人吸毒沦为娼妓的有21人，因为吸毒而倾家荡产的29户，因吸毒沦为盗匪小偷的30多人。❶ 吸食鸦片，危害社会治安，造成严重的社会问题。

综上所述，在新中国成立前，西南民族地区鸦片的种植、吸食、贩卖盛行，给人民的生命财产和社会的稳定带来了巨大危害。正如邓小平所说："西南鸦片烟种植面积之广，吸毒人数之多，为全国冠；其流毒之大，非语言所能形容。"❷ 为了涤荡旧社会的污泥浊水，巩固新生的人民民主政权，安定社会秩序，发展生产，西南民族地区必须大力开展群众性的禁烟禁毒运动。

2. 禁烟毒运动的措施

中华人民共和国成立初期，在党和人民政府的领导下，西南民族地区发布了一系列禁烟法令政策，成立禁烟毒机构，大力开展禁烟毒运动，禁种、禁运、禁贩、禁吸鸦片，取得了显著的成效。

（1）成立禁烟毒机构

禁烟法令、法规的贯彻落实，禁烟活动的组织和开展，是一项复杂的工程，需要许多政府部门协同进行，为了使禁烟毒运动取得实效，必须成立一个由政府机关、人民团体、工商界和社会人士组成的统一的禁烟毒机构，使各相关部门形成一股合力。中华人民共和国成立初期，烟毒泛滥严重影响生产发展，损害人民健康。中央人民政府禁烟禁毒通令颁布后，西南各地积极响应，西南军政委员会要求"各级人民政府应设立禁烟禁毒委员会。该会由民政部门、公安部门及各人民团体派员组成，民政部门负组织之责，亦得由各界人民代表会议选举组成之"❸。为了加强禁烟工作的领导，1950年12月30日，贵州省人民政府发出《关于开展禁烟工作的指示》，要求各级政府有未成立禁烟禁毒委员会的，应即从速成立。其组织成分以各级首长为主任委员，民政部门负责人为副主任委员，公安、司法、卫生、教育、财政、建设、民族事务委员会，及人代会、群众团体主要负责人和开明士绅为委员。县以下区设分会，乡村设禁烟禁毒小组。❹

---

❶ 王金香：《中国禁毒史》，上海人民出版社2005年版，第292页。

❷ 《邓小平西南工作文集》，第213页。

❸ 中共贵州省委党史研究室编：《贵州城市的接管与社会改造》（内部资料），第306页。

❹ 中共贵州省委党史研究室编：《贵州城市的接管与社会改造》（内部资料），第316页。

为了严禁种植罂粟，严禁制造、贩运和销售毒品，各地先后成立禁烟禁毒委员会，广泛宣传毒品的危害。西南局首先成立了禁毒小组。当时贵阳和遵义被指定为禁毒示范区，各省、市普遍成立了禁烟禁毒委员会，区、县成立了基层禁烟禁毒领导机构，一般乡村则成立了禁毒小组。❶ 到1950年底，重庆各级禁烟禁毒委员会全部成立，云南省人民政府，昆明市人民政府及12个专员公署成立禁烟禁毒委员会，川南行署及各县，川北阆中等21县，川西行署、成都市、华阳县，川东璧山、巴县、涪陵等十余县均成立了禁烟禁毒委员会。❷ 为加强统一组织与领导广大群众坚决贯彻中央和西南军政委员会根绝鸦片烟毒的政策法令，1951年1月11日，贵州省人民政府成立禁烟禁毒委员会，省禁烟禁毒委员会由省、市有关机关及工、农、青等人民团体和工商界与社会人士组成。李侠公任主任委员、吴剑平任副主任委员，徐健生、吴实、王维等17人为委员。❸ 毕节专署及各县人民政府分别成立禁烟禁毒委员会，由政府领导牵头，民政部门配合公安、司法、卫生、教育、财政、民委、群众团体及开明绅士，开展禁烟禁毒运动。❹ 禁烟禁毒工作组，分赴乡镇村寨，协助基层开展工作。1951年3月，茂县成立禁烟禁毒委员会，由民政、公安、卫生、财经、宣传等15个单位组成，在县委统一部署下，组织宣传队下乡宣传禁烟的政策、意义、目的和决心。3月中旬，各区乡禁烟禁毒分会、大会、小组成立。❺ 禁烟禁毒组织深入基层，进行禁烟禁毒宣传，在禁绝种植、贩运、制造及销售、吸食毒品等方面大力开展工作，从组织上保证了禁烟禁毒斗争取得最后的胜利。

　　（2）发布禁烟毒法令政策

　　1950年1月21日，西南军政委员会主席刘伯承签署严格禁种烟苗的命令，强调：西南各省在国民党统治下普种鸦片，解放后必须立即严格禁种。各级政府应按中央要求和实际情况，提出具体禁种办法和意见，未种地区绝对禁种，已种地区鼓励群众自动铲除。❻ 1950年2月

　　❶ 叶菊珍：《邓小平与新中国成立之初西南地区经济发展研究》，第53页。
　　❷ 王金香：《中国禁毒史》，第300页。
　　❸ 马维纲：《禁娼禁毒》，第276页。
　　❹ 贵州省毕节地区地方志编纂委员会编：《毕节地区志·民政志》，第218页。
　　❺ 蒋彬主编：《民主改革与四川羌族地区社会文化变迁研究》，民族出版社2008年版，第123页。
　　❻ 四川省档案馆编：《西南军政委员会纪事》（内部资料），第18页。

6 日，邓小平为中共中央西南局起草关于禁止鸦片问题的指示，要求对
"已种者发动群众改种春粮。特别严禁再种，但对少数民族只作宣传，
不作硬性处置。"2 月 28 日，他就禁烟问题致电西康区党委，又明确提
出"人民政府绝对是要禁烟的"，并指出种烟是没有出路的。❶

　　1950 年 2 月 24 日，中央人民政府政务院发布了《关于严禁鸦片毒
品的通令》，规定："在军事已完全结束地区，从 1950 年春起应禁绝种
烟；在军事尚未完全结束地区，军事一经结束，立即禁绝种烟，尤应注
意在播种之前认真执行。在某些少数民族地区如有种烟者，应斟酌当地
实际情况，采取慎重措施，有步骤地进行禁种。"❷ 这是新中国成立后
颁布的带有全国性的第一个禁烟法规，尽管文字不多，许多规定也只是
原则性的，但它全面阐明了党和政府关于禁绝烟毒的意义、目的、方针
和政策，向贻害中国百年的烟毒开始宣战。

　　政务院发布严禁鸦片毒品的通令后，西南地区各级政府因地制宜，
颁布了一系列禁烟禁毒法规。1950 年 7 月 31 日，西南局发布了《关于
禁绝鸦片烟毒的实施办法》，明确规定："自本办法公布之日起，严禁
种植鸦片。凡已种植之烟苗一律全部铲除，改种农作物。违者从严惩
处。"办法还规定：严禁运销和贩卖毒品、严禁开设鸦片烟馆、严禁制
造毒品。违者查出，将给予相应惩处。❸

　　1950 年 11 月 16 日，西南军政委员会发布《关于开展禁烟禁毒工
作的指示》，要求各级人民政府特别是烟毒散布严重的西康、贵州、云
南等地，必须重视禁烟禁毒这个重大的社会改造工作，依靠群众，发动
群众，进行广泛的宣传教育，使广大群众了解烟毒的危害；严厉制裁为
恶成性的运、制、售等不法分子，以至处以极刑；根据西南烟毒散布情
况，确定禁烟的合理步骤与重点；在少数民族地区，须慎重地、有计划
地进行，一切应经过少数民族代表会议协商同意，逐步达到禁绝烟毒的
目的；公立卫生机关戒烟所及私人制造戒烟药丸时，均不得渗入鸦片及
其他毒品。❹

---

❶　杨胜群主编：《邓小平传（1904~1974）》（下），第 868 页。

❷　中共中央文献研究室编：《建国以来重要文献选编》（第一册），第 128~129 页。

❸　中共贵州省委党史研究室编：《贵州城市的接管与社会改造》（内部资料），第 305~
306 页。

❹　四川省档案馆编：《西南军政委员会纪事》（内部资料），第 85~86 页。

1950 年 12 月 23 日，西南军政委员会根据 1950 年 7 月 31 日颁布的《关于禁绝鸦片烟毒的实施办法》制定了《西南区禁绝鸦片烟毒治罪暂行条例》，条例共 15 条，对烟毒的涵义及对制造、运销、吸食毒品等行为如何定罪量刑作出了明确的规定。重申对种植、贩卖、制造、提供鸦片者予以严惩，罪行严重者可判死刑。❶ 该办法明确了惩治的范围、界限及量刑标准，将禁烟运动置于法治化的基础之上。

由于旧政权统治时期遗留的习惯，大量农民世代以种烟为生。西南局采取切实可行的措施救济种烟以致无粮的灾民，帮助种烟农民恢复生产。1950 年 3 月 1 日，西南军政委员会发布《关于 1950 年春耕及农业生产指示》，在强调严禁种植罂粟、已种的强行铲除的同时，要求各级人民政府为了不误农时，要帮助烟农改种粮食或其他作物，并以贷款、贷种子的方式，及时解决弃烟种粮的烟农所面临的困难。酌情予以特殊的经济补偿，这就避免了简单生硬的做法，使烟农不会因禁种大烟而断绝生计。

西南军政委员会明确通令各省政府机关不得收购鸦片，亦不得用以抵缴公粮税款。对于种烟以致无粮的灾民政府千方百计拨粮给予救济，但灾民必须交出相应数量的烟土，当众焚毁。❷ 1950 年六七月间，西南各地收割的烟土不下六七千万两。如何处置这些烟土？邓小平决定推广采用西康区党委提出的以粮换烟土焚毁的办法。他为西南局及西南财委起草了向中财委并中央的报告。报告中说："如果不由国家用粮食兑换一部，种烟农民将发生生活困难，势必也要救济。我们一面严禁运销，一面大量焚烧，更有利于禁烟运动，这样来解决这个严重的社会问题。"这个办法先在西康实行，随后在西南各地推行，收到了很好的效果。❸可见，只有切实解决一些种烟过多地区实施禁种以后烟农所产生的经济困难，许多烟农才能自动停止种烟，改种粮食作物。

1950 年，依据中央人民政府政务院关于严禁鸦片烟毒的通令及西南军政委员会的指示，结合本省具体情况，云南省人民政府连续三次发出布告，厉行禁毒。政府开始采用严厉办法，禁绝烟毒，从而鼓励了农

❶ 四川省档案馆编：《西南军政委员会纪事》（内部资料），第 95 页。

❷ 蒋和平：《毒品问题研究》，第 137 页。

❸ 杨胜群主编：《邓小平传（1904～1974）》（下），第 868～869 页。

作物的种植，改善了人民的生活状况和健康状况。❶ 1950 年 6 月 27 日，云南省人民政府发布《关于禁绝烟毒的布告》，并向全省发出《关于严禁鸦片烟毒的指示》：各级政府有步骤地实施禁毒，以期坚决彻底消灭烟毒。对少数民族地区特别是边境地区要召开民族代表会议进行协商，实行禁吸禁运禁种的办法，期限缓急，必须视该地区的具体情况和民族代表的意见而定。❷ 1951 年 8 月 10 日，云南省人民政府发出《关于进一步彻底贯彻禁绝烟毒的指示》，要求各级人民政府应结合中心工作，广泛做好宣传教育，布置本年禁种工作；除少数民族聚居的边沿地区以外，一般地区应强行禁止种植罂粟。内地少数民族聚居地区，与一般地区同样要加强禁种工作。对于居住在山区的少数民族，要由农林部门预先指导他们改种粮食或其他作物。❸

在贵州，1950 年 1 月底，省人民政府颁布为禁绝鸦片告全省民众书，掀起全省禁烟运动。公告指出："鸦片不予禁绝，不仅减少粮产，损害人民健康，空耗社会财富，使原已穷困的贵州，更加穷困，使原来生活困苦的贵州人民，更加困苦，而且盗匪会日有增加，社会秩序无法最后安定，凡此在对今后建设工作，是一个极大的障碍。"号召书责令全省民众：所有一切可耕土地，应本增加生产的精神，立即恢复冬耕，一律种植有益农作物，绝对禁止栽种烟苗，违者定依法惩处；已经种植的烟苗，要赶快自动除掉，改种冬季其他谷物；绝对禁止运销鸦片毒品，违者除没收外，并视情节轻重予以严厉惩处。开设烟馆贩卖鸦片者，要立即停止。❹

烟毒要彻底肃清，禁种是关键。1950 年 10 月 27 日，依据禁烟禁毒工作进展的实际情况，贵州省人民政府发出《关于禁种禁吸禁运烟毒的训令》，要求全省继续开展禁烟禁毒工作，特别强调在当年冬要彻底禁绝种植鸦片。❺ 1950 年 12 月 30 日，贵州省人民政府发出《关于开展禁烟工作的指示》，再次强调：彻底禁绝种植鸦片，各级人民政府及农协

---

❶ 《宋任穷云南工作文集》，第 351 页。

❷ 云南省民族事务委员会编：《云南民族工作大事记（1949～2007）》，第 3 页。

❸ 云南省民族事务委员会编：《云南民族工作大事记（1949～2007）》，第 13～14 页。

❹ 《贵州省人民政府为禁绝鸦片告全省民众书》，1950 年 1 月底，黔东南州档案馆馆藏档案，档案号：45－1－02。

❺ 马维纲：《禁娼禁毒》，第 275 页。

会干部，在种植期间，要切实监督并及时地检查，如发现烟苗，即坚决铲除，并依法惩办。各级农林部门应研究烟地改种适宜的农作物，介绍群众采用。如过去种烟严重的地区，农民改种其他农作物确实缺乏种子时，应有计划地调剂种子，解决农民困难。❶ 通过宣传教育种植鸦片的害处和多种粮食的好处，促使烟农靠种鸦片为其部分生活来源逐步改变为依靠发展粮食和副业生产为其主要生活来源。

1952 年 8 月 15 日，贵州省禁烟禁毒委员会发出《关于展开禁毒运动的指示》，强调：必须正确执行严厉惩办与教育改造相结合的宽严政策，主要打击大量制、贩、运烟毒的大犯、惯犯、现行犯，对兼作反革命活动的毒犯，对机关工作人员的烟毒犯，以及拒不坦白者，一律从严惩办；对农村小量贩毒，如农村中小量交易以及一般非惯性的烟毒犯，则采取说服教育，或从轻处分，如登记、悔过等。对少数农民的一般种烟，采取教育说服，不视同毒犯处理。❷

四川省各级人民政府也发布禁烟毒法令，如 1950 年 9 月 3 日，茂县行政督察专员公署向全区发出《关于禁烟问题的指示》，具体规定，在反复宣传烟毒危害教育群众戒除基础上，分区域坚决肃毒。在岷江地带的羌汉区，坚决禁种。在边远山寨，缩小种植面积，让群众渡过经济困难期。在土司管辖的藏区，与当地土司、头人协商，逐步实现禁种。❸

（3）开展禁烟宣传

中华人民共和国成立初期禁烟运动的一个鲜明的特点，就是充分宣传发动群众，使禁烟成为广大人民群众的自觉要求和行动。西南军政委员会要求"各级人民政府应协同人民团体，进行广泛的禁烟禁毒宣传。一切科学文化教育机关，亦应进行广泛的宣传教育工作，以使人民充分切实了解，以达到彻底禁绝烟毒之目的。"❹ 1950 年 12 月 30 日，贵州省人民政府发出《关于开展禁烟工作的指示》，要求各地开展宣传动员工作，除通过代表会进行宣传及专题讨论作出决议外，并通过农协大

---

❶ 中共贵州省委党史研究室编：《贵州城市的接管与社会改造》（内部资料），第 316 页。

❷ 中共贵州省委党史研究室编：《贵州城市的接管与社会改造》（内部资料），第 390 页。

❸ 马维纲：《禁娼禁毒》，第 319 页。

❹ 中共贵州省委党史研究室编：《贵州城市的接管与社会改造》（内部资料），第 306～307 页。

会、小组会及居民大会，或各种集会和赶场，进行禁烟宣传教育，用具体事例，启发群众觉悟，并由群众讨论，订出禁烟公约。各级文教部门应根据政策原则及具体情况，制定宣传大纲，有计划地组织各方面力量，运用各种方法各种形式，如标语、戏剧、漫画、广播等，进行广泛宣传活动，做到妻劝夫、子劝父，以及兄弟亲朋互相劝诫。❶毕节禁烟禁毒运动中，各级政府大力开展禁烟宣传，注意贯彻群众路线，先后召开各种大小会议3417次，10多万人受到宣传教育，群众检举揭发有烟毒犯罪问题的5962人。与此同时，开展对烟民的思想和政策教育，将烟民和情节较轻的烟毒犯集中学习，进行正面教育，选择一批因吸食大烟而搞得倾家荡产、妻离子散的烟民现身说法，对烟毒的危害进行控诉，使烟民深刻认识烟毒的危害，自觉戒烟和交出烟毒烟具，使一批有贩毒问题的人在各种会议上当众作坦白交待。❷1954年8～12月，凉山各县普遍开展禁烟宣传。布拖、金阳、昭觉等县先后召开大小会议600余次，受到宣传教育的彝族上层和彝族群众4万余人。❸

经过宣传禁烟法令和烟毒的危害，西南各地开展了群众性的禁烟禁毒运动，使制贩鸦片有罪、吸食鸦片可耻、有害的观念深入人心。人们逐步认清鸦片之毒害，因而出现子劝父，妻劝夫的戒烟热潮。解放前盛产鸦片的西南地区，到1951年底许多地方鸦片已基本禁绝种植，从而保证了烟毒的彻底肃清。

（4）禁止贩运和吸食

中华人民共和国成立初期，西南地区有些人贩毒目的是筹集反革命经费，以便从事颠覆新政权的活动。为了禁绝烟毒，根据中央和西南的禁毒法令，必须禁止贩运，把打击重点放在运和贩上，严厉打击毒贩。1950年底，查禁活动初见成效，如西南全区缴获毒品94.8万两，烟具22万件，查封烟馆5400家，查获制、贩烟毒罪犯1万余名，其中37名罪大恶极者被处死刑。❹成都市1952年登记毒犯5008人，其中逮捕重大毒犯分子1509人，判处无期徒刑3人，有期徒刑898人，劳动改造34人，管制27人。西南各地在禁毒斗争中，对烟毒首恶分子进行大张

❶ 中共贵州省委党史研究室编：《贵州城市的接管与社会改造》（内部资料），第317页。

❷ 贵州省毕节地区地方志编纂委员会编：《毕节地区志·民政志》，第218页。

❸ 马维纲：《禁娼禁毒》，第207～208页。

❹ 蒋和平：《毒品问题研究》，第132页。

旗鼓公开宣判，在社会上形成"过街老鼠、人人喊打"的声势。❶ 大贩毒犯郭怀安解放前夕从昆明贩往广州等地鸦片有 7 万多两，解放后仍抗拒禁令，继续贩运鸦片到重庆等地，1950 年 12 月 28 日，昆明市大张旗鼓地处决了毒贩郭怀安。❷ 毕节专区以毕节城关为重点，以点带面，在全专区内开展禁毒运动。毕节城关从 6 月中旬着手准备，7 月全面铺开，8 月底结束；境内其他地方于 7 月准备，8 月开始全面开展，10 月 20 日结束，共计逮捕烟毒犯 1310 名，收缴大烟 17.2 万多两、烟具 2040 套以及部分黄金、白银。运动中，全专区共有 6415 人进行登记，向卫生部门领取戒烟药丸 20 多万粒；对一部分毒瘾较大者，隔离强制戒毒。❸ 在禁烟毒运动中，各地毒犯一经查获即予严惩。

在以禁种为重点的方针下，各地彻底清查、打击吸毒分子。在禁吸方面，首先教育烟民自觉戒烟，采取了烟民登记、限期戒断、帮助烟民戒烟等措施。据川西、重庆等地不完全统计，1950 年先后登记的烟民有 3 万多人，当年戒烟的有 1.3 万人。❹ 大理地区人民政府在查清吸食烟毒人数之后，开展耐心细致的宣传教育工作，提高烟民的觉悟。同时，向他们分发戒烟药片，帮助戒瘾，至 1952 年初，大理地区一半以上的烟民戒了瘾。❺ 1951 年 1 月 11 日，呈贡斗南村召开烟民大会，鼓励他们禁烟。对烟民讲解禁烟条例，并鼓励他们立志戒烟，烟民宋宝庆说："过去挨鸦片烟坑了好多年，政府这样关心人民，戒了烟也不消再受这种活罪。"烟民毕有维说："禁烟整好了，戒了烟，就搭跳出了苦海。"并且提出："年青的要积极断，年老的折后断。"最后决定戒烟期限分三种：18～30 岁的，40 天；30～50 岁的，60 天；50～90 岁的，90 天。❻ 1951 年初，彭镇办起了烟民学习班，先后有数百人参加。烟民进入学习班后，互相监督检举，不准再吸食烟毒。每天早晨跑步，增强体质与毅力，每日三餐后休息片刻立即学习，午后开展文娱活动，唱革命歌曲，唱川剧。学习内容是讲解国家禁毒政策，歌颂新中国的伟大与劳

❶ 叶菊珍：《邓小平与新中国成立之初西南地区经济发展研究》，第 54 页。

❷ 马维纲：《禁娼禁毒》，第 299 页。

❸ 贵州省毕节地区地方志编纂委员会编：《毕节地区志·民政志》，第 218 页。

❹ 齐磊、胡金野：《中国禁毒史》，甘肃人民出版社 2004 年版，第 259 页。

❺ 蒋秋明、朱庆葆：《中国禁毒历程》，天津教育出版社 1996 年版，第 561 页。

❻ 张鼎：《呈贡斗南村展开群众性的禁烟运动》，《云南日报》1951 年 1 月 31 日（第 2 版）。

动的光荣，并通过诉苦揭露贩卖毒品的罪恶与吸食毒品的危害，使烟民下定重新做人的决心。经过学习班的学习改造，彭镇烟民大多戒掉了毒瘾，成为自食其力的劳动新人。❶ 1951 年，根据三穗县各区不完全统计，瘾民共计 564 人，已戒的有 550 人左右，尚未戒绝的有 20 余人。❷

在发动群众检查揭发、全面进行摸底的基础上，各地采取集中吸毒人员进行集体戒毒的办法，取缔烟馆、禁止贩运、销售，使瘾民购买困难，使大批吸毒人员戒绝毒瘾，成为自食其力的正常的劳动者。

3. 禁烟禁毒运动开展的意义

中华人民共和国成立初期，在党和人民政府的领导下，西南民族地区大力开展禁烟禁毒运动，取得了显著的成效，鸦片种植基本禁绝，烟馆基本被查封，贩运、制售烟毒基本得到遏制，禁烟禁毒运动取得了重大胜利，这一斗争的开展具有重大的历史意义。

首先，政治上巩固了新生的人民民主政权。西南解放以后，结合开展清匪、反霸、减租退押、土地改革、镇反、三反五反、民主改革、合作化运动，大力开展禁烟毒运动，建立和巩固新生的人民政权，安定社会秩序，镇压国民党残余匪特的破坏，摧垮各种反动势力，彻底打垮封建主义的统治，斩断他们与烟毒的各种联系。如 1952 年贵州禁烟禁毒斗争打击了一大批身兼反革命分子的烟毒犯。贵阳市逮捕的 890 名烟毒犯中，反革命分子占 19%；都匀专区逮捕的 367 名烟毒犯中，反革命分子占 27.5%；安顺逮捕烟毒犯 176 名，其中身兼五方面反革命骨干和旧军官、旧官吏、反动帮会头子占逮捕总数的 58.8%。❸ 禁烟过程中，党和人民政府本着先汉族地区，后民族杂居区、少数民族聚居区，先禁运、禁种，后禁售、禁吸的原则，结合民族地区的实际，有计划、有步骤地开展禁烟工作，由于措施得力，少数民族上层人物靠拢政府，遵守政策法令、主动消除烟毒，既避免引起民族地区的社会动乱，又促进了民族间的团结和进步，从而打击了反革命残余势力，巩固了新生的人民民主政权，维护了社会秩序的稳定。

其次，经济上促进了经济的恢复和发展。解放前，鸦片既是统治者

---

❶ 蒋秋明、朱庆葆：《中国禁毒历程》，第 562 页。

❷ 《三穗县一九五一年度禁烟禁毒工作总结报告》，黔东南州档案馆馆藏档案，档案号：45 - 1 - 49。

❸ 马维纲：《禁娼禁毒》，第 289 页。

维持反动统治的经济命脉，也是他们盘剥人民的重要财源。新中国成立之初，经济上千疮百孔，生产萎缩，百废待兴。为了"恢复正当生产，繁荣经济"，西南民族地区在党和人民政府的领导下，大力开展禁烟毒运动。到 1951 年春，西南地区在禁种方面已取得很大成绩，从新中国成立前原有烟地 1545 万亩减少到 600 万亩。到 1952 年上半年，全区除边疆少数民族地区等一些偏僻地区尚有少量偷种外，其余大部分地区种植大烟业已成为历史。❶凉山少数民族聚居地区鸦片种植大为减少，大批烟苗消失。昔日"烟花遍田垅"的景象已不复见，凉山的面貌焕然一新，邛泸景色更加秀丽。有诗赞曰："泸峰秀拔郁苍苍，二目凌空极四方。渔舟逐水张珠网，水鸟带波飞旭阳。晓烟笼日松柏翠，金风送爽稻菽黄。湖光山色遣人醉，疑入江南鱼米乡。"❷禁烟禁毒运动禁绝了鸦片的种植，把烟地变粮地，将大批烟民从死亡线上解救出来，提高了人民健康水平，粮食播种面积逐年增加，促进了农业生产力的发展和农村社会面貌的改变。

最后，良好的社会风气开始形成。从本质上讲，禁烟禁毒问题是一个反封建的社会改革问题，是一个艰巨的政治任务。旧中国遗留的种种丑恶现象和社会病害严重存在。因此禁烟禁毒是西南民族地区解放初期一项重要的社会改革内容。党和人民政府将禁烟禁毒作为解除人民痛苦的一项迫切任务，决心根除烟毒。在党和人民政府的领导下，西南民族地区大力开展禁烟禁毒运动，使吸大烟这一陋习得以革除，贩卖烟毒与吸食烟毒的现象大为减少。禁烟毒运动的开展，增强了人民的体质，烟毒泛滥不止的势头得到了有效的遏制，涤荡了旧社会遗留下来的污泥浊水，基本上清除了旧社会遗留下来的丑恶现象，良好的社会风气开始形成。

（三）民间信仰的嬗变

在西南传统的乡村社会，封建迷信活动非常流行，传统的民间信仰是相当普遍的。中华人民共和国成立初期，随着土地制度的变革，西南民族地区一方面民间信仰衰微，鬼神迷信开始破除，长期以来被人们祭

---

❶ 叶菊珍：《邓小平与新中国成立之初西南地区经济发展研究》，第 54 页。
❷ 马维纲：《禁娼禁毒》，第 212 页。

祀供奉的神灵，受到怀疑，不再被信仰崇拜，另一方面对革命领袖崇拜开始形成，对中国共产党和革命领袖的崇拜成了农村的新时尚。

1. 民间信仰衰微

西方学者研究指出：当乡村贫民遇到歉收、坏天气以至生病或死亡等各种事情时，他们的最终解释是这样一些话："这是上帝的意愿""上帝的惩罚"。现代社会大多数成员都认为自己可以控制自己的命运，而农村贫民却觉得自己对于生活中的事情无能为力。"彼岸世界严重地阻碍着人们理性地控制社会环境，窒息了理性的发展。"[1] 新中国成立前，西南民族地区也存在此种情形。由于传统的小农生产方式和社会落后，新中国成立前，西南民族地区乡村社会的民间信仰相当普遍，给人们提供了精神寄托。民族地区的民间信仰以落后的小农生产方式和宗法血缘的族群结构为根基，这种信仰体系主要有自然崇拜、神灵崇拜、祖先崇拜、宗教信仰等。

（1）自然崇拜。自然崇拜是把自然物和自然力视作具有生命、意志和伟大能力的对象而加以崇拜。由于生产水平低下，生活贫困，无力战胜自然灾害，西南一些少数民族把森林、巨石、河水等自然物作为他们的膜拜对象。如拉祜族人民通过长期的生产斗争实践，逐渐积累了关于周围环境及自然规律的许多知识和经验，但他们的社会生产力毕竟处于相当落后的状态，因此，对各种自然现象，还不能完全理解，认为其中有神灵主宰，于是产生了恐惧的心理，并进而对这些自然现象和自然力进行盲目地崇拜。[2] 自然崇拜，就是对自然神的崇拜，这是人类由于生产水平低下依赖于自然的一种表现。

（2）神灵崇拜。西南少数民族主要的民间信仰是鬼灵信仰，对一切自然、社会现象不能理解者，均赋之以鬼灵观念。如傈僳族把一切自然灾害归之于鬼灵，认为宇宙山川、风雪雷电等万物都有神鬼主宰，人的吉凶祸福都由诸神主宰，人生了病是鬼神作祟，必须杀牲献祭。主要的鬼灵有天鬼及山神，凡是遭受天灾人祸、过年节、结婚、生孩子、生

❶ ［美］埃弗里特·M. 罗吉斯等：《乡村社会变迁》，王晓毅等译，浙江人民出版社1988 年版，第304 页。

❷ 《民族问题五种丛书》云南省编辑委员会编：《拉祜族社会历史调查》（二），云南人民出版社1982 年版，第75 页。

病、丧葬、出行、械斗等都要请巫师打卦献祭。❶ 从习俗信仰来考察，景颇族对鬼的信仰很深，凡遇婚丧疾病和重要的生产季节，都要请魔头打卦，杀牲祭鬼。在生产和生活中遭遇困难也请魔头祭鬼，祈求解除。由于文化比较落后，无力解决现实生活中的困难，祭鬼活动就长期保留下来。❷ 景颇族信鬼的忌讳非常多，譬如有特为鬼开辟的鬼门，祭鬼的地方不能去。鬼的种类多，有女鬼，有男鬼，山林中有山鬼，树有树鬼，有几种鬼是官家所专有的，只有官家才能祭奉。人病了，要杀牲口如猪、牛之类去祭鬼医病。所祭的鬼，各家不一，但不论祭何种鬼，都要按一定的时间祭献一定的祭品。有的老百姓说："我们还是信耶稣好，免得一年杀猪、杀鸡的，实在是出不起。"景颇族群众多年辛勤买下的耕牛常在祭鬼时杀了。❸ 为了禳灾祈福，西南一些少数民族以牛、猪、鸡等献鬼，生产生活中充满了鬼灵宗教的仪式。

少数民族相信自然界中的万物（包括生物和非生物）都具有鬼魂，举凡日月、山川、鸟兽、虫鱼、巨石、大树等莫不如此。从事狩猎、捕鱼以及农业生产活动时，首先需祭鬼，祈求鬼魂庇荫，生产活动才有保障，否则认为是鬼魂在作祟，是鬼魂祸人。这种比较原始的宗教信仰，与少数民族社会生产力水平较为低下，从而在与自然力做斗争时表现软弱无力是分不开的。❹ 根据社会调查，由于生产的落后、生活的贫困，西南少数民族对自然界的现象不能科学的理解，加上医药卫生常识的缺乏，所以群众的宗教迷信极深，遇事都求神鬼保佑。

（3）宗教崇拜。宗教是一种特殊的文化形式，是人在理性不发达时期对自然和天道的虚幻认识，相信现实世界之外存在着超自然的神秘力量或实体，宗教崇拜是指人们在宗教中寻求生命的终极意义、存在和价值。解放前，西南少数民族地区的外来宗教主要有佛教、道教、基督教、天主教等。西南一些少数民族的宗教意识已非纯属鬼灵观念，社会

---

❶ 全国人民代表大会民族委员会办公室编：《云南省怒江傈僳族自治州社会概况》（傈僳族、独龙族、怒族调查材料之五），1958年印刷，第8～9页。

❷ 云南省编辑组编：《景颇族社会历史调查》（二），云南人民出版社1985年版，第29页。

❸ 云南省编辑组编：《景颇族社会历史调查》（一），云南人民出版社1985年版，第108页。

❹ 云南省编辑组等编：《景颇族社会历史调查》（二），民族出版社2009年版，第183页。

发展和阶级分化的结果也反映在宗教意识中。如景颇族认为人死后的世界与现实世界一样，也有官、司郎、百姓、奴隶等，生前什么身份、职位，死后依然不变，因此死后的世界里，依然有贫富尊卑之别。❶宗教崇拜是一种特殊的、神圣的、神秘的情感，在现代社会，宗教在一定程度上成了科学的对立力量。

（4）祖先崇拜。祖先崇拜在少数民族社会中占有十分重要的位置，少数民族祖先崇拜的目的是相信去世的祖先会继续保佑自己的后代，他们认为祖先虽然死去，其灵魂却永远与子孙同住。吃牯脏是苗族祖先崇拜流传下来的一种久远的祭祖仪式，集中地体现了祖先崇拜的特征，是苗族最大的祭祖仪式。祭祀时大都是以同一家族的若干村寨有共同牛堂的人家为单位举行祭祀祖先活动，一般是每隔七年、十三年或二十五年举行一次，每届的具体时间，由各家族内部根据具体情况和生产生活条件确定。少数民族认为用牯牛皮制成的大鼓，是祖先亡灵所居的地方，为一个血缘家族的纽带和象征，祭鼓就是敲击木鼓召唤祖先的灵魂来享用儿孙的供品。主祭者称为牯脏头，祭品牯脏牛是专门为此饲养的。❷少数民族群众因缺乏科学知识，对日常生活中的睡眠、做梦等许多现象不能理解，便产生了灵魂不灭的观念，认为人死后仅仅是肉体的毁灭，而死者的灵魂却是永久存在的，而且随时都要回来和他们的亲人接触交往，因此，出现了许多祭祀死者灵魂的种种活动，企求得到祖先神灵的庇佑。❸

有学者研究指出："在中国所有的村落哪怕是最为偏远的村落，都有着完整的价值观念、道德规范和行为标准。乡村村落的意识形态是以儒教理论为基础和核心的，通过村落的宗法权力体系传播、巩固和实施，承担着维护村落成员精神世界认同、道德秩序稳定、人际关系和谐的重要职能。"❹在传统的乡村社会中，参加家族或宗教活动是乡民重要的公共活动。西南地区土改前祭祖、求神、拜佛、算卦、烧香等民间

❶ 云南省编辑组等编：《景颇族社会历史调查》（三），民族出版社2009年版，第43页。
❷ 范连生：《建国初期三农问题与乡村社会变迁（1949～1956）——以黔东南地区为个案的考察》，福建师范大学博士论文，2009年，第249页。
❸ 《民族问题五种丛书》云南省编辑委员会编：《拉祜族社会历史调查》（二），第76页。
❹ 谢迪斌：《论新中国成立初期中共对乡村村落的改造与重建》，《中共党史研究》2012年第8期，第43页。

信仰和神灵崇拜活动盛行。

法国学者孟德拉斯指出："如果人们改变了一个地区的经济结构，只需要几年的时间，那儿的精神状态就会随之发生变化。"❶ 中华人民共和国成立初期，在党和人民政府的领导下，随着土地制度的变革，各级政府对农民进行讲求科学、破除迷信的教育。土地改革开始后，传统村庄的一些庆典仪式，因为迷信落后的性质被制止。由于农民在经济上和政治上翻了身，旧社会传染给农民的某些不良习惯和落后迷信思想开始发生变化。❷ 土地改革时期，随着行政力量对乡村干预的增强，乡村社会开始破除封建迷信，农民改掉了陈规陋习。

中华人民共和国成立初期，新的生产关系形成，打破了过去落后的封建生产关系，迷信也部分破除了。农民找到了穷根以后，对以前的宿命论和鬼神说法都不相信了。如北碚澄江镇大田村、石岗村、牛尾村，金刚乡的人民村，群众都自动地起来毁掉了菩萨。团结村周国昌的母亲，原来吃素现在不吃了，张海泉的太太信神，孙女不满 120 天的不抱，现在她已不烧香拜佛也抱初生的孙女了。该村很多人家现在已不安香火，改挂毛主席像。澄江镇贫农陈顺清说："我敬了这多年菩萨，没吃上一顿饱饭，今天毛主席来了，才得到减租退押的好处，不受冻饿了，他老人家才是我们的活菩萨，只有敬爱他才会有办法。"1950 年旧历除夕晚上，农民已不是忙于烧纸钱，而是忙于查夜，糊送军属的光荣灯，给志愿军写慰问信。❸ 土地改革既是一场政治制度的变革，也是一场破除迷信的社会变革。土地改革过程中行政力量对迷信活动的压制和取缔起着重要作用。

"吃牯脏"是苗族祖先崇拜留传下来的一种久远的祭祖仪礼。"吃牯脏"节包含着斗牛、宰牛祭祖、用牛皮制鼓、祭鼓等一系列宗教礼仪，因而花费颇多，造成巨大浪费。1953 年，掌披寨开始"吃牯脏"。因为解放不久，群众的迷信观念还很严重，因此全寨苗族都积极准备

---

❶ ［法］H. 孟德拉斯：《农民的终结》，李培林译，中国社会科学出版社 1991 年版，第 295 页。

❷ 中国社会科学院、中央档案馆：《（1949～1952）中华人民共和国经济档案资料选编：农村经济体制卷》，第 310 页。

❸ 《重庆市各民主党派同志参加减租退押反霸工作总结报告》1951 年 2 月 27 日，重庆市档案馆藏档，档案号：D－65－19。

牛、猪、鸡、鸭来举行这一祭典。当时全村有苗族 140 户，准备杀水牛 86 头（都是好的大牛），每头牛至少还要配杀 3 只鸡、5 只鸭，能斗的牛还要增杀 1 头猪，估计要杀猪 50 头；不杀牛的户（有的因生活困难，有的因前几届杀多了，不再杀），每户至少要杀 1 头猪，同时杀鸡、鸭。此外，还要酿酒、做饭以招待亲友，平均每户需米 200 斤。全部估计如下：按照这个计划进行"吃牯脏"，平均每户要耗费 86.8 元多。在土地改革甫经完毕，生产力刚获得解放的时候，进行这样大规模的耗费活动，对生产是很不利的。因此，党和人民政府进行了一系列的劝导和说服工作。通过寨上的党、团员、积极分子和自然领袖（活路头、牯脏头），共同商讨，摸清底细，然后召开座谈会，让大家讨论，认识这样的浪费，对今后生产所造成的严重后果。后经大家同意，少杀了许多头牲畜，杀牛 49 头，猪 30 头，鸡鸭减少 1/3，但仍消耗 6800 多元，只减少 5000 多元，平均每户仍耗费 48 元。而节省的数目，也就可买大米 87815 斤。❶

农民本来是信命的，认为穷是"五行八字命生成"，"命里只有八合米，走尽天下不满升！"土改中地主被打倒，他们改变了看法："土地改革一实行，每个地主的好八字都勿来事哉！"经过土改，长期以来被人们祭祀供奉的神灵，逐渐走出了人们的心灵世界。❷ 土改运动是一场破除迷信的社会变革，土改后广大农村呈现出一派前所未有的新面貌、新气象。

中华人民共和国成立初期，羌族地区陈规陋习方面也有许多改变。羌族人民由于生产水平低下，宗教迷信盛行。羌族信仰万物有灵的多神教，在雁门乡，受汉族影响也有家神的崇拜。一般堂屋正中神龛上供着三个神：中间是家神，已采用汉族的"天地君亲师"的写法，左侧是灶神，右侧是观音菩萨；火塘上的铁三足架有个铁环，被认为是火神的所在；水旁有水神，门口有门神，门外有土地神，等等。每家的屋顶供有五块白石：第一块是分昼夜的神，第二块是天神，第三块是地神，第四块是本地土主神，第五块是猎神，羌民认为这是最应尊重的神灵。以往每日早晚要向家神烧一次香。每逢节日也要供祀其他的神。得了病请

---

❶ 贵州省民族研究所编印：《贵州省雷山县桥港乡掌披寨苗族社会历史调查资料》，第 46 页。

❷ 李立志：《土地改革与农民社会心理变迁》，《中共党史研究》2002 年第 4 期，第 34 页。

端公驱鬼，遇火灾也请端公作法，天旱大雨都认为是鬼神作祟。解放后，随着农民觉悟的提高，科学知识的逐渐普及以及经济生活的改善，雁门地区的群众已改变了以往的迷信陋习，思想得到解放。❶ 总之，经过土地改革的洗礼，西南民族地区农村社会风气大为改观。

合作化运动开始后，西南民族地区杀牲祭鬼活动逐渐减少。如陇川邦瓦乡7个社（入社农户占全乡总户数的42%），1956年上半年只杀了一头牛（全乡杀57头牛）。邦瓦寨几个社一般种合作社公有田不献鬼，种旱地也不献，有的积极分子也不献鬼，种私有入社田时，只杀个小鸡献鬼，同劳动小组内的几个人出工早，这与他们过去种田种地时，杀猪杀鸡，请魔头念鬼，邀集亲邻吃酒耽误一天也不能出工比较起来，变化是很大的。少数积极分子思想观念也有了变化，说："生产要靠劳动，不能靠鬼。"❷ 随着西南民族地区土地制度的变革，农民逐步转变了崇信鬼神的迷信思想。农民生活水平的提高和文化教育事业的发展，也使迷信活动越来越少。

中华人民共和国成立初期，"随着现代自耕小农制的建立、宗法血缘社群结构的解体、农民阶级地位的提升和马克思主义、毛泽东思想楔入乡村社会，民间信仰不可避免地走向了衰微"❸。土地改革解构了乡村秩序，西南民族地区一些原有的群众性民间信仰活动被作为封建迷信而取缔了，原有的乡村权威被颠覆，越来越频繁的政治运动使人们不敢举行有组织的宗教仪式活动。各族农民将过去对神灵的崇拜转移到使他们获得翻身的共产党和毛主席身上。

2. 革命领袖崇拜

土地改革实现了"耕者有其田"，广大贫苦农民获得了经济上和政治上的翻身。他们从经济、政治地位的今昔对比中，深深地感激党和政府以及领袖毛泽东给他们生活带来的巨大变化，这表明在土改后的农村已经自发地形成了一种民间新习俗——对中共及其领袖毛泽东的崇拜和感激之情，树立了一种社会主义的新价值观念。"传统制度的解体可能会导致社会心理上的涣散和沉沦颓废，而这种涣散和沉沦颓废又反过来

---

❶ 中国科学院民族研究所、四川少数民族社会历史调查组编：《汶川县雁门羌族乡社会调查报告》（羌族调查材料之一），第33页。

❷ 《云南农业合作制史料》第二卷《历史资料选编》，第202页。

❸ 李立志：《变迁与重建：1949～1956年的中国社会》，第240页。

形成对新的认同和忠诚的要求。"❶

中华人民共和国成立初期，土地改革使重庆市郊区农民不单在经济上翻了身，而且在政治上当了家。农民参加农民协会，参加政权。"乾人（方言，指穷人）当家"已由一般的感觉变为具体的实践。农民会当家，懂得政策，懂得原则。他们时刻想到过去的灾难是怎样结束的，今天的幸福是怎样得来的。他们时时不忘毛主席、共产党和人民政府的恩情。农民说："毛主席来，我们才好了。"贫农杨春林说："毛主席来，我们再也不会过挨打挨骂的日子了。"❷

重庆市郊区土改参观团第三组在农村中访问了很多农民家庭，他们看到在农民的堂屋之中，本来是敬祖先和菩萨的地方，现在都换上了毛主席的像。在每一个农民的谈话和诉苦中，几乎没有一个不提到"要不是毛主席和共产党的领导，我们这些乾人哪有今天。"有的说："毛主席和共产党领导我们翻了身，我们再也不怕那些恶霸和地主了。"还有的说："毛主席领导我们分得了田，我们要好好的生产，才对得起毛主席。"❸

中华人民共和国成立初期，随着土地改革和合作化运动的进行，"当长期以来被人们祭祀供奉的神灵逐渐走出了人们心灵世界的时候，随之而来的是人们对革命领袖崇拜意识的日渐增强。他们视共产党和毛主席为大救星，将过去对神灵的崇拜转移到使他们获得解放的共产党和毛主席身上。"❹ 经过阶级教育、政策教育与实际斗争之后，重庆市郊区一般农民的阶级立场、革命意识都普遍的提高，主要表现在对毛主席和共产党的忠诚热爱，不少农民家里悬挂毛主席像，每说一件事情，无不提到毛主席和共产党。❺

江北县第五区沙坪乡减租退押后农民普遍反映：1950 年和去年不一样，今年叫以吃饱饭了，如"往年这时加押佃，今年则退押了"。"往年是地主过年杀猪，今年该农民杀猪过年了。""去年这时间还在躲

❶ ［美］塞缪尔·P. 亨廷顿：《变化社会中的政治秩序》，第 35 页。

❷ 张培田、张华主编：《中国西南档案：土地改革资料（1949~1953）》，第 320 页。

❸ 《重庆市郊区土改参观团第三组工作报告》，重庆市档案馆藏档，档案号：D-65-19。

❹ 于昆：《变迁与重构——新中国成立初期社会心态研究（1949~1956）》，中国社会科学出版社 2014 年版，第 74 页。

❺ 《重庆市郊区土改参观团第一组工作报告》，重庆市档案馆藏档，档案号：D-65-19。

藏，怕国民党抓丁。"十一保一个老太太说："我活了这么大年纪，还没有像今年这么多的粮食。"甚至有的农民说："退了这么多钱，发愁不知怎么用好。"农民欢天喜地要买毛主席像，如十保、十一保好多农民托人到重庆去买毛主席像，并且说："我们不供财神，要供毛主席。"[1]

革命以后的农村，完全换了一副崭新的面目，民间信仰活动趋于衰落，家家户户去掉了灶王爷，挂上了毛主席像。大家围着一边看，一边欢呼。农民们说："我们揖了几辈人的灶神爷，一直还是乾人，只有毛主席才帮助我们向地主减租子、分土地。要不是毛主席，我们连杂粮都吃不上哩！"一个白发苍苍的老农说："从前我吃的米糠，现在已用米糠来喂猪了，而且全家大人小娃还都缝了两件新衣。这都是共产党给我的恩惠呀！"现实生活的对比，使农民们更深刻地体会到共产党毛主席的伟大和人民祖国的可爱。[2] 土地改革过程中，农民对我们有了初步的认识："毛主席、工作队好。"这不仅是群众，就是头人也公开承认了的，特别是受压迫较深、生活较苦的人。许多老大妈在家房供佛时，都集拢到冢房里贴的毛主席像面前，拿着香默默地祷告着："祝您万万年。"[3] 中华人民共和国成立初期，乡村"室内供奉对象的变化和陈设布局反映出革命伦理对传统伦理观念的召唤和改塑，只不过是将过去的看不见的神灵的崇拜转变为对实实在在的领袖的崇拜"[4]。在神灵退出人们的精神世界时，西南民族地区对中国共产党和革命领袖的崇拜成了农村的新时尚。

土地改革的社会动员意义十分明显，农民群众在土地改革中经历了前所未有的反封建斗争锻炼，共产党及其领袖毛主席在翻身农民心目中占有着崇高威望，他们赢得了农民的信任和支持，翻身农民从心灵深处感激共产党、敬仰毛主席，认同宏观的国家目标。中华人民共和国成立初期，西南民族地区原有的民间信仰受到猛烈冲击，农民对共产党和毛

[1] 张培田、陈翠玉主编：《江北土改档案（1949～1953）》，第 179 页。

[2] 张荣熙：《我看到了农村土地改革后的新气象》，《新黔日报》1951 年 7 月 7 日（第 2 版）。

[3] 《中国少数民族社会历史调查资料丛刊》修订编辑委员会等编：《德宏傣族社会历史调查》（一），第 70 页。

[4] 曹金合：《十七年合作化小说的叙事伦理研究》，第 162 页。

泽东充满了诚挚的感激之情，土地制度变革从政治信仰、政治话语、意识形态等角度将民族地区纳入到国家对基层社会的一体化整合之中，农民政治、经济、文化社会地位空前提升，逐步形成了与新的土地制度相适应的新风俗和新观念，民间信仰衰微，封建迷信开始破除，思想政治觉悟空前提高，为党和人民政府随后动员广大农民参加更大规模的社会改造奠定了基础。

三、社会心理的变迁

中华人民共和国成立初期，随着土地改革和合作化运动的进行，社会经济结构的变化使社会阶层结构发生了根本变化，西南民族地区在不断强化灌输的阶级意识熏染下，各阶级阶层的社会心理和思维习性等都发生了一定的嬗变。作为社会心理的一种重要表现形式，社会心态是指人们在社会生活中由经济关系、政治制度以及整个社会环境的发展变化而引起的直接的、在社会群体中较为普遍地存在的、具有一定共同性的社会心理反应或心理态势。❶ 在社会大变革和转型时期，人们总会表现出迷茫、激进、躁动等。下面以土地改革和合作化两个时期为界，对各阶级阶层的社会心理进行剖析。

（一）土地改革时期的心理嬗变

土地改革是中国共产党变革乡村土地关系和社会秩序的一场运动。真正能够给传统社会心理造成巨大冲击的莫过于生产关系上的突然变化。随着土地改革的进行，农村社会结构和阶级关系发生了剧烈变化，从根本上改变了农民常规性的生活。"地权重构对土地资源的重新分配，必会引起乡村社会各不同利益集团激烈的矛盾和冲突，社会成员的社会地位、社会心理和价值观念必然会在利益调整的基础上得到重新整合，进而影响整个社会的面貌乃至发展进程。"❷ 土地改革将中国共产党的政治信仰、准则、认知价值灌输给了广大群众，改变了农民生活世界中的逻辑。思想和意识形态决定了人们用以解释周围世界以及作出选择的

❶　"社会心态研究"课题组：《转型时期的上海市民社会心态调查和对策研究》，《社会学研究》1994 年第 3 期，第 19 页。

❷　刘方玲、李龙海：《村落空间与国家权力》，第 73 页。

主观精神构想。土地改革阶级划分的结果，社会地位、生活习惯等诸方面的根本性变化，使农村各个阶级阶层在面对土地改革这场触及他们灵魂的大变革的时候，表现出极其复杂的心态。民众对乡村旧有权威再也不顶礼崇拜了。各阶级阶层在土地改革时期的心态与行为表现，是随着土地改革的深入发展而变化的。

1. 《土地改革法》颁布后各阶级阶层的反映

《土地改革法》未深入宣传之前，西南民族地区各阶级阶层在思想上存在顾虑、观望，地主特别害怕和恐惧土改运动。土地改革是一场以社会资源再分配为基本内容的大规模政治运动，作为革命对象的地主，其财富、权力、声望都是注定要被剥夺的。由于对党的土改政策不清楚，地主对土改运动特别害怕和恐惧。一般而言，地主都反对土改，使用各种各样的手段进行抵制和反抗，许多地主采取出卖或分散土地、粮食、砍树、饿死耕牛、分散财产、以金钱女色收买干部和农民积极分子等方式进行破坏活动。地主一般不相信给他们分田。所以土改前地主中有对抗的、有等待观望的。

贫雇农一般都热烈衷心拥护《土地改革法》，支持土改，热切盼望进行土地改革，有的贫雇农则要求打乱大平分。平均主义思想浓厚，很容易产生一种绝对平均主义的思想。有的贫雇农不仅要求平分地主阶级的土地和财产，而且要求把一切都平均和划一起来。有的不满意保存富农经济，也反对照顾原耕基础。有的贫雇农由于受"命运观"和传统封建思想的影响，存在"和平土改"的倾向，不愿斗争地主。甚至认为"分地主的土地是不道德的行为"，认为"白拿地主的地不好意思"。

中农内部又分为自中农、佃中农和富裕中农。中农许多都占有土地，生活来源全靠自己的劳动，或主要靠自己劳动，一般不剥削别人。中农怕自己的土地被打乱平分。中农对发家致富有顾虑，生产积极性普遍不高，有的大吃大喝，浪费现象严重。

在土地改革前，几乎所有的富农在思想上都程度不同地存在着恐慌与不安，怕露富，怕平分土地，怕分他们的农具，反对进行土地改革。富农怕土地多要被评为地主，怕政治上受歧视挨整，怕错划成地主，怕土改后地主阶级消灭了，负担会加重。几乎所有的富农都大吃大喝，以求划分阶级成分时降低成分。

中华人民共和国成立初期，西南民族地区地主害怕了解他们底细的贫雇农。在土改的宣传和动员中，贫雇农当中最难发动的是老帮工、老佃户、丫鬟、抱养崽，他们受地主的压迫欺骗最深、顾虑最多，对地主最仇恨，最了解地主的底细，地主也最怕这部分人发动起来。❶中华人民共和国成立初期，传统的平均主义心态不再限于打倒地主阶级的"均贫富"。"以平均主义为核心的小农心理是在数千年的历史进程中，在乡土关系的基础上，通过家族势力和礼俗力量共同造就的。"❷土地改革法未深入宣传之前，西南地区各阶级思想上存在顾虑，贫雇农则要求打乱大平分，要搬下山和种田的换一换，反对照顾原耕基础。中农怕搬家，富农怕平分，怕分他们的农具。地主一般不相信给他们分田。工人、店员、自由职业者则纷纷下乡要求分田，也有些农民受地主破坏宣传的活动影响，对分田无信心。❸

安岳县城东乡在土改政策宣传未深入群众之前，贫雇农的平均主义思想浓厚，不满意保存富农经济，他们说："城东乡地主太少，没收田土不多，如果富农的田土不动，我们便分不到好多田，翻不了身。"中农怕打乱平分，出租少数土地的富裕中农说："我愿意捐出出租的土地，免得说我是剥削。"富农也赞成土改，但怕土改后地主阶级消灭了，自己顶了尖，负担会加重，所以有些富农愿意捐出全部或一部田产，改变其成分，和农民同样分。小土地出租者，怕群众说他们靠剥削生活，怕整了地主后再整他们。少数地主有砍树、饿死耕牛、分散财产的破坏行为。工商业兼地主一般表示农村中的土地愿意放弃，还有少数舍不得，借口生活困难，想安排几个人到乡间分地。❹

楚雄农村从各阶层思想动向看，地主中有对抗、有观望；富农、中农怕升阶级；不是富农、中农而被视为"富农""中农"的户，又有怨气又恐慌。在农民中，有少数积极分子面对地主"要耍刀子"的嚣张气焰，恨得说"将来非把他们一锅煮不可"，存在过激情绪。有的因减租退押不彻底，应退的押金没有退到手，又面临分田分地，滋长着单纯

❶　中国社会科学院、中央档案馆：《（1949~1952）中华人民共和国经济档案资料选编：农村经济体制卷》，第433页。

❷　周晓虹：《传统与变迁：江浙农民的社会心理及其近代以来的嬗变》，第319页。

❸　《阎红彦委员在西南军政委员会第二次全体委员会议上的发言》重庆市档案馆藏档，全宗号：D，目录号：65，案卷：10。

❹　《安岳县城东乡土改实验总结报告》，重庆档案馆藏档，全宗号：D类《川东资料》，目录号：708，案卷号：15。

搞经济的要求。还有一些贫苦农民摆脱不了几千年封建统治造成的精神枷锁。既想翻身不受剥削，又背负着沉重的精神负担。有的老人说："斗人家、拿人家，就不怕背过失？"有的劳累一辈子没有摆脱贫困，尽管哀叹过的是"一夜想的千条路，一到天亮无道路"的日子，但又认为："命中只有九合米，走遍天下不满升"，以为分土地那是"身外之财"，"贴在身上的肉长不住"。❶

云南一些地方由于土改中政策宣传不够广泛深入，各阶层对生产或多或少存在着顾虑。贫雇农有一部分怕负担重，个别存在农业社会主义思想，"明年过社会主义了，忙那样！"中农一般能维持去年生产水平，但有的中农对负担顾虑较大，增产热情不是十分高，如说："当一天和尚撞一天钟，盘盘田、上上粮。""高低苦点吃点就得了。"中农普遍不愿借出钱，一方面怕"漏肥"，一方面怕有去无来（1950年有些地方废债、借豆种，侵犯了中农），他们说："分一样田，那个够吃，那个不够吃？"许多较富裕的中农怕升阶级，生产不积极，跟着人家走。也有个别的想升为新式富农，认为新式富农光荣。宜良桃花村中农缪家顺，土地改革以前生活节俭，现在做新衣穿，常常躲在楼上吃"小灶"。富农怕挨整，普遍不敢雇工，怕说是剥削；有的出租田不敢收租；有的抱着"够吃够上粮就得了"的态度，生产消极。❷

在云南傣族和平协商土地改革地区少数工作基础较好的村寨，骨干和积极分子欣欣鼓舞，情绪很高。贫雇农和大部分中农，都表现了迫切要求改革的心情，说"这下可盼来改革啦"。但他们还不了解政策，斗争目标不明确，盲目性很大。有的想斗争头人出口气，有的想分富农及富裕中农的田，有的想在5～10天之内，就把田分完。少数富裕中农，由于不了解政策，又听了坏人的谣言，顾虑很大，怕分掉自己的田。地主及农村头人更加紧张，大部分害怕土改，多方探底，少数暗中造谣，威胁骨干和积极分子，恐吓群众；在大部分工作基础较差的村寨，少数积极分子和贫雇农暗中欢喜，但疑虑很大，怀疑是否"真的搞"，又怕工作队住不长，以后吃亏遭整。中农表现消沉不安，寡言少语。地主及农村头人，大部分表现满不在乎，甚至担心自己"领导不了""做不

❶ 《楚雄州农村改革与发展（1950～1990）》，第38页。
❷ 《云南农业合作制史料》第二卷《历史资料选编》，第6页。

好"; 少部分十分嚣张, 压制群众, 不让工作队进村, 不让工作队住在农民家里; 在未改革区, 波动也很大, 骨干和积极分子埋怨工作队为什么不去他们那里。农村头人则纷纷到改革区探听虚实。❶

经过艰苦、细致的工作, 特别是经过有关少数民族地区民主改革政策的学习, 少数人认识到民主改革是社会发展的必然趋势, 旧制度不可避免地要被新制度取代, 对民主改革表示赞成和拥护。多数人则因民主改革势在必行, 大势所趋, 难以阻挡, 因而抱着"别人过得去, 我也过得去""一个羊子过河, 十个羊子也过河"的态度, 有时是有抵触, 但仍表示接受民主改革。❷

土改法未深入宣传之前, 国家还没有利用各种行之有效的政策、宣传手段, 将其意志和权力渗透到基层农村社会, 西南民族地区各阶级阶层思想上存在顾虑、观望, 农民根深蒂固的小农意识还没有被打破。

2. 土改进程中社会心理的演变

中华人民共和国成立初期, 中共打破传统乡土观念, 缓解和平衡了农民在土地政策开始实施时的心理差异、矛盾和冲突。在新解放区土地改革的初期, 各阶层农民对土地改革不适应, 进而出现担忧、忐忑、彷徨等心态, 其本质是传统的文化伦理和地权观念对土地改革以及其阶级意识的现代性构建的不适应。❸ 米格代尔认为: 农民之所以"对变革充满怀疑, 因为他们意识到那些所谓进步可能把他们带入比现在还糟糕的地步。对这些挣扎在生存边缘上的农民来讲, 这是种无法承受的风险"❹。

在土地改革政策的影响下, 西南民族地区农村各阶级的社会心理遇到空前的激荡和改造, 各阶级阶层不同程度上存在着既兴奋又压抑的焦虑心态, 土地改革中各阶级阶层的思想动态大致如下。

(1) 地主。一些地主继续进行各种破坏活动来阻止土地改革, 如造谣、挑拨农民团结、收买农会干部、分散粮食和家具。地主怕追底

---

❶ 《云南省德宏傣族景颇族自治区 (州) 傣族地区和平协商土地改革文件汇编》, 第37 页。

❷ 杜润生主编: 《中国的土地改革》, 第 517 ~ 518 页。

❸ 李敏昌、陈巍: 《农民传统地权观再认识——以建国初新区土改为例》, 《江汉论坛》2016 年第 3 期, 第 99 页。

❹ [美] J. 米格代尔: 《农民、政治与革命——第三世界政治与社会变革的压力》, 李玉琪、袁宁译, 中央编译出版社 1996 年版, 第 43 页。

财，怕没收房屋。地主中的守法者，害怕紧张的心情得到缓解，对分给同样一份土地很知足。绝大多数地主分子及其家属害怕、恐慌、忧虑的心情逐趋平静，抵制、反抗和企图破坏土改的活动也日趋减少。土地改革引起的翻天覆地的变化，必然会在地主思想上引起强烈的震动与反思，土改中后期，地主失落心态表现得相当突出和明显。

（2）富农。土改开始后，随着土改政策的不断宣传和贯彻落实，富农恐慌不安的心情逐趋平静。但一些富农怕负担重，怕以后不能雇人耕种，认为保存富农经济是暂时的，怕升为地主，富农失去了过去的那种精耕细作、埋头苦干的生产热情和发家致富的强烈愿望。有的想献出土地加入农会，愿拿出自耕田的一部或多余的房屋、农具、用具分给农民，借保平安；有的想参加土改工作。富农多采取中立态度和立场，政治上有被逐步边缘化的趋势。

（3）中农。土改开始后，中农不安的思想逐趋平静，对在分配土地时工作组能否认真执行政策，仍有顾虑。土地改革后期，中农的思想顾虑和不安已基本消除。打消了怕将来变成富农而被平分的顾虑，生产开始积极起来。但部分富裕中农怕和富农一样，怕被抽田土财产，怕负担加重。佃中农怕抽原佃土地。缺地的中农想分进一些田土，但怕累进负担加重。自耕中农一般表现了消极情绪，生产的积极性虽有所提高，但怕"冒尖"，下中农有分田要求，对土改表现积极。佃中农亦有多分田、分好田的思想。富裕中农中的一些农户，仍怕划分阶级时被错划成富农，恐惧心情亦未消除。中农一般采取一种保守退让、见好就收的姿态。

（4）贫雇农。贫雇农普遍有平分土地的思想和要求。内隐于贫雇农心底深处的平均主义观念借助"阶级剥削""翻身"等新的政治话语浮出表面，有的地方平分土地发展为侵犯中农利益的绝对平均主义行为。土地改革使平均主义的理念付诸实现，贫农、雇农从"地狱"进入"天堂"。大多数贫雇农的心理由原来的保守转化为激进。有的贫雇农怕分地后代地主负担，怕报复、变天。有的等政府给分田。有的不满意中农掌握领导权。有的要求把土地"打乱平分"，而且还要分富农出租和自耕的土地及牲畜。贫、雇农有想"发家"、盼"发家"的心理。广大贫雇农分得土地后的喜悦与感激之情溢于言表，他们把共产党当作是穷人的大救星，把毛主席看作是救命恩人。总之，土地改革使贫雇农从政治舞台的边缘进入了舞台的中心，这一社会变革使贫雇农的社会心理发生了急剧变化。

榕江车江乡不法地主钻政策、法令空子，分散财产，收买干部，拒不赔偿群众损失，这是土改中的打击对象；富农开始对土改政策不甚了解，怕斗地主斗富农，情绪不安，愿拿出自耕田的一部或多余的房屋、农具、用具分给农民，借保平安。乡召开富农会议后问题已基本解决，生产安心了，并表示了自己的政治态度，向农民靠拢，但应防止贫雇农暗中施以压力。富农为了避免斗争仍有暗中拿出东西的可能，这不但违犯了中立富农政策，客观上动摇了团结中农的基础；中农中，自耕中农一般表现了消极情绪，下中农有分田要求，对土改表现积极。佃中农亦有多分田、分好田的思想，积极拥护土改；觉悟较高的贫雇农，认为地主已打倒，急于分田，滋长着一种和平分田情绪。还有一些所谓未觉悟的贫雇农，经宣传动员，已大体得到发动，有积极要求分田情绪，但由于与地主有社会关系，短时间内还不能完全摆脱地主的思想影响，在某些问题上还同情地主。❶ 对于这种同情地主的思想，冯友兰曾尖锐地指出："这本来是地主阶级用以欺骗和麻痹农民的思想，可是沿袭久了，有些农民果然就为这些思想所欺骗、所麻痹，觉得打倒地主阶级似乎不很'合理'，觉得'理不直，气不壮'。"❷ 农民不仅没有革命者眼中的被剥削意识，相反视地主富农为衣食父母，交租还债为天经地义，甚至心怀感激之情。❸

江北县第七区土改中群众的思想动态如下：中农想评为贫农，原因是怕田土房屋不保，贫农可以多分田地，多占便宜；贫民要求评为贫农，一方面认为贫农才能分田分房子，另一方面不知道贫民是啥成分啥人；贫雇农想划高别人的成分，自己多分田，想把平时讨厌的乾人（地方方言，指劣人）划为狗腿子和其他成分；小土地出租者怕被跟地主一样看待，愿划为自由残余。❹

云南省拉祜族地区是和平协商土改地区，民族上层虽然经过政策教

　　❶　《榕江车江乡土改宣传动员及重点村试划阶级情况报告》1952 年 2 月，贵州省档案馆藏档，全宗号：6，目录号：1，案卷号：20。
　　❷　冯友兰：《三松堂全集》（第 1 卷），河南人民出版社 2001 年版，第 118 页。
　　❸　李金铮：《传统与变迁：近代华北乡村的经济与社会》，第 296 页。
　　❹　张培田、陈翠玉主编：《江北土改档案（1949～1953）》，第 60 页。

育后解除了怕斗、怕关、怕杀等顾虑，稳定了思想，但土地改革终究是一场阶级斗争，对和平协商土地改革政策仍然半信半疑，其思想有以下几种：部分上层由于不愿放弃本阶级的利益，不甘心退出历史舞台，以党的和平协商的土地改革政策作为向群众进攻的方法，不关、不杀政策使地主气焰更为嚣张，对农民压力很大，部分上层叫农民不要盼土改，打击农民对土地要求的积极性。如地主夏司森对农民说："你们这种人即使分给土地也不会发展生产"；部分地主有意使农民思想发生错觉，分化农民对土改要求，转移斗争目标。如地主余琼林说："我们这个山头地方，田地少没有什么改头，改也一家分不得多大一点，上允坝子田多，要求政府把上允坝子改给一些。"多数上层因土地改革为边疆形势所迫，不改不行，对和平协商土地改革政策又半信半疑，所以存在严重的"过关思想"，要求政府赶快改，改了好找出路；部分上层由于对土改非常关心，有的常常考虑自己是什么阶级，要说中农又像富农，要说富农又像地主。有的以"左"的面目出现，要求改富农，使农民多分点土地，来试探对改革政策的执行是否坚定；一部分上层对自己是地主阶级不得不承认，对党的和平协商的土地改革政策有初步认识，目前主要考虑的是自己的政治出路问题，一种是怕留给自己的田不好，或者太远了，耕种不够吃，一种是家中无人劳动，分给的田不能耕种。如地主李小老反映"自己家人口又多，没有人劳动，分给田地怕二天保不得吃"；又如地主欧玉连说："怕田从远处分给，不好的分给，二天做不得吃。"❶

云南省拉祜族地区一般群众经过和平协商土改政策的教育后，对党的政策的重大意义已有初步体会，对不土改即不能发展生产的道理已有一定认识，所以农民对土地的要求是迫切的，主要思想动态有下面几种：过去受地主剥削，解放后阶级觉悟有一定提高的农民，迫切要求分得土地，对不土改不能发展生产的道理有一定认识，有的敢当着地主本人之面诉说地主占有大量土地是不合理的，必须分还农民种，这样才能发展生产，才算平等，才能进入社会主义。贫雇农刘小四、石阿玲对地主鲁玉芹说："如像你家占着那么多的土地，管都管不下来，自己又不

❶ 中国科学院民族研究所云南民族调查组、云南省民族研究所编：《云南省拉祜族社会历史调查资料》（拉祜族调查材料之一），内部资料，1963 年印刷，第 110 页。

种，我们想种又不得种，要土改才会发展生产。"部分农民对土地是迫切要求，也对土改才能发展生产有一定的认识，但对自己的力量认识不足，不是抱着自己积极的起来土改的态度，相反的依靠政府，说："政府土改给就好了，田分不得分点地。"部分农民虽然对土地有迫切要求，但迫于地主压力，怕地主的思想依然存在，对政府是否在此地土改认识不足，内心上迫切要求土地，但口头上不敢说，自己尚有小块土地之农民认为此地土地少，改也分不到自己，改不改似乎与自己无关。个别的农民认为地主很好，自己有时有点困难地主还给一些方便，觉悟很低，看不见地主对自己的剥削。❶

　　总体而言，中农对于自己在乡村阶级体系中的地位、在土地改革运动中的处境大多有着比较清晰的认识，在此基础上，其行为选择主要是从维护自己财产和人身安全的角度出发，这促使他们在土改中比较自觉地采取一种保守退让、见好就收的姿态，这种姿态顺应了共产党乡村社会变革的客观形势，在一定程度上改善了中农在群众运动中的处境❷。经过反复深入的宣传之后，西南民族地区各阶级的反映一般均好，雇农认为，过去过穷日子主要是地主剥削，今后废除了封建剥削制度，日子就会好了。佃中农认为，这是土改，分了田，人工省了一半，收入多了一倍。但佃农则认为，减租退押还好，土改没有什么搞场。地主中的守法者，对分给同样一份土地很知足，但还有一些地主进行各种破坏来阻止分田运动。❸ 川东一些地方乡农民代表扩大会后，各村均加紧发动贫雇农，其方式是采取贫雇农大会、贫雇农小组会、个别访问、互相串通等方法。发动贫雇农时，一部分村贫雇农沉闷、观望、情绪不高，虽然经过开会、谈话、发动，他们仍然没有积极行动起来，主要原因是没有与贫雇农的思想感情结合起来去启发他们的阶级觉悟。如有的村召开贫雇农大会，没有抓紧诉苦，只是工作队干部大讲道理。有的说："土改是新民主主义经济，土改是开辟工业化的道路"，这与贫雇农的思想没有关系；有的把贫雇农会当成一般的宣传会，致使贫雇农会刚开到一

　　❶ 《云南省拉祜族社会历史调查资料》（拉祜族调查材料之一），内部资料，第110页。
　　❷ 何军新：《阶级划分与建国初期湖南农村社会心态分析》，《求索》2009年第6期，第222页。
　　❸ 《阎红彦委员在西南军政委员会第二次全体委员会议上的发言》，重庆市档案馆藏档，全宗号：D，目录号：65，案卷号：10。

半就走了；有的村虽然诉了苦，但对群众教育不大，诉苦只是形式，认为工作团来开会，照例总得说一说，因此没有力量。如十七村200多户贫雇农，开贫雇农大会时，到会只有80余人，中农列席的就占30多人，虽然诉了苦，但会后贫雇农反映说："诉了就算啦，诉苦没有用。"❶

总之，土地改革过程中，西南民族地区农村各阶级的社会心理遇到空前的嬗变和改造，农民的心理是从保守到激进，富农多采取中立态度和立场，地主失落心态表现得相当突出和明显，各阶级阶层不同程度地存在着既兴奋又压抑的焦虑心态。

3. 土改后各阶级阶层的思想动态

土地改革后，西南民族地区农村政治和社会结构发生了重大变化，农民的心理经历了从"求富"到"怕富"的变化，发家致富心态转变为既渴望富裕，又惧怕富裕的矛盾心态。农村中普遍存在"以穷为荣""以富为耻"的思想，农民各阶层均极力保持政治身份的平稳，因而社会从众心理压制了农民阶级的分化与发展。

（1）地主。土改后地主作为一个阶级已经被消灭，在土地改革后的农村中的"地主"一词，已经含有"耻辱"的意思。"地主阶级的威风业已完全扫地，"地主剥削阶级"已成为社会上最肮脏的代名词。由于政治、经济和社会地位的降低，地主失落心态表现得相当突出和明显。地主中的守法者，害怕紧张的心情得到缓解，对分给同样一份土地很知足。绝大多数地主分子及其家属害怕、恐慌、忧虑的心情逐趋平静。

（2）富农。土地改革削弱了富农的经济优势，富农在农村中的政治地位较低，其内心则比中农更为忧虑。土改后，保存富农经济，并且对新富农的政策最初是允许其存在和一定程度的发展，富农成为农村最有经济势力的阶层，并日益成为限制和斗争的主要对象。土地改革后富农因怕"露富""冒尖"，存在生产顾虑，不敢雇工，怕升为地主，怕搞"二次土改"，怕提前"实行社会主义"，而不敢出租土地或雇工经营。土地改革后，富农的心态与中农有相似之处。

（3）中农。土改后，中农积极发家致富，部分中农，因积极发展

---

❶ 张培田、张华主编：《中国西南档案：土地改革资料（1949～1953）》，第337页。

生产，努力经营，经济规模扩大，土改后成为新富农。但有的中农怕
"升阶级"、怕"冒尖"；有的中农怕提高成分，搞"二次土改"，认为
私有财产没有保证，社会主义就是"铲平"，因而心存顾虑，怕"割韭
菜"。中农情绪不稳，忐忑不安顾虑重重，不敢积极发展生产，具有用
阶级意识替代家族意识、领袖崇拜替代民间信仰的心理。因此，总体而
言，中农心态还是比较消极的。

（4）贫雇农。贫雇农本是保守的，土改前，保守是常态，土改使
他们激进起来。土改后贫雇农社会心理由"知足常乐"到"发家求
富"、由保守到激进，热烈响应党和政府的号召，广泛开展爱国增产竞
赛运动，积极发家致富。追求富裕是人之本性，但他们又害怕"发家"
后失去了原来优越的政治成分。新的利益推动他们心理转向激进。贫雇
农自我意识缺乏，在个人行为方式上，顺从领袖意志。翻身农民从心灵
深处自然地流露出对中共及其领袖毛泽东的崇拜和感激之情。

土地改革后，西南民族地区的一些贫、雇农虽在土改中分得一部分
耕牛、农具，并得到政府救济和各项贷款的扶持，但仍处在生产资料不
足和生活贫困的为难境地，远不能适应农业生产的需要，因而迫切要求
组织起来，发展生产。这是土改后农村的新形势。❶ 江北县第一区礼嘉
乡第七村分配土地后，群众个个都欢天喜地，大家都说："安逸了，我
们有了土地，再不给地主帮工，卖力气了。"有的说："我们得了土地，
绝对不能忘记毛主席。"❷

土改后富裕中农既怕"冒尖"而又想"冒尖"，思想矛盾重重。怕
的是走上剥削道路要挨斗争，怕"二次土改"；但又羡慕土地改革中保
存下来的富农经济，想往上升，暗地打个人小算盘，以为自己田多土
好，耕牛肥壮，农具齐全。这种经济条件决定他们具有"万事不求人"
的单干思想。❸ 川北土改后，封建地主阶级的政治统治已基本上被打
倒，地主阶级的威风业已完全扫地，"地主剥削阶级"已成为社会上最
肮脏的代名词。反革命、匪特、恶霸已受到应有的惩处。在减租退押结
束时，干部一走地主阶级立即趁机反攻的现象，这次土改结束时，已不
复多见。人民政府和毛主席的威望已深入人心。群众为自己政治上、经

---

❶ 中共独山县委员会编写：《跃进中的独山》，第 46 页。
❷ 张培田、陈翠玉主编：《江北土改档案（1949～1953）》，第 173 页。
❸ 中共独山县委员会编写：《跃进中的独山》，第 46 页。

济上获得解放而额手称庆，说："人民政府硬是给我们把江山安稳了"，"现在硬像是下了阵透雨，满心安逸了。"几千年来迷惑农民的菩萨偶像，农民把它扯下来，挂上了毛主席像。❶ 在土地改革后的农村中的"地主"一词，已经含有耻辱的意思。这就是因为地主不劳动而靠剥削人的生活所致。问一位农民："你们村中的地主可有好的?"他们回答说："地主靠剥削人过生活，那有好东西。"在这里就可以看出他们的劳动观点和阶级立场是非常坚定的。❷

　　土地改革不仅改变了既存的土地关系，导致了阶级关系的剧烈变动，而且使中华人民共和国成立初期乡村社会政治结构发生了根本性转换。社会存在决定社会意识，不同的政治、经济状况决定了西南民族地区各阶级各阶层对土地改革和农业合作化运动拥有不同的心态和社会心理。农民的心理经历了从"求富"到"怕富"的变化，因此在土改以后总是在中农阶层左右徘徊不前。"革命农民固然出于对物质利益的渴求，但传统的价值判断和道义准则仍在考虑之列，革命所面临的风险也常使他们迈不出革命的脚步。只有当革命的口号与农民的个体生存感受产生共振，并且革命的组织能够提供给农民所需要的安全感时，才能吸引他们加入。❸ "在剧烈的大变革中，作为中国社会人数最多的农民阶级，始终徘徊在保守和激进之间，不同的阶层表现出了不同的心理状态：贫雇农是土地改革运动的最大受益者，'土地还家'满足了他们长久以来对土地的渴望，进而加深了他们对中国共产党领导的心理认同；中农的心态是比较复杂的，既有拥护和支持政策的一面，又有怀疑不安的消极心理；富农则在心理上比较谨慎，他们怕'冒尖'、怕'露富'，生活在惴惴不安之中。"❹ 中华人民共和国成立初期，社会心理作为社会存在的反映，具有社会意识的一般性质，但又具有与社会意识形态不同的特点，能够表达出方向各异的社会心理要求，是党的指导思想、路线、方针、政策形成过程中需要考量的重要因素。❺ 中华人民共和国成立初期，西南民族地区的土地改革使乡村社会和政治结构发生了根本性

---

❶ 张培田、张华主编：《中国西南档案：土地改革资料 (1949～1953)》，第 185 页。

❷ 张培田、张华主编：《中国西南档案：土地改革资料 (1949～1953)》，第 324 页。

❸ 李金铮：《传统与变迁：近代华北乡村的经济与社会》，第 356 页。

❹ 于昆：《变迁与重构——新中国成立初期社会心态研究 (1949～1956)》，第 272 页。

❺ 于昆：《变迁与重构——新中国成立初期社会心态研究 (1949～1956)》，第 2 页。

转换。正如杜润生所指出的："土改当然要分配土地，但又不是单纯地分配土地，还要着眼于根本改变农村社会结构、政治结构。"❶ 社会结构和政治结构变革是社会心理变迁的根本动因，中华人民共和国成立初期，西南民族地区民众的阶级意识、激进心理乃至领袖崇拜心理，明显包含了现代政治文化的内容，社会心理为系统化的社会意识即思想理论提供了基础。

（二）合作化时期的社会心理

中华人民共和国成立初期，西南民族地区的农业合作化运动在短暂的时间内获得了农民普遍的、狂热的拥护。"现代社会的骤然巨变对人类心理生活的强烈影响甚至能够使人们在前所未有的社会压力面前张皇失措，无所适从，产生心理上的麻痹与震颤。"❷ "在个体苦难向群体传播、从私域走向公域的过程中，通过凸现一些典型事件而有意淡化另外一些因素，给阶级敌人归罪，目标是获得反对旧秩序的集体共识。这要求每个人的参与和一致表态而不能保持沉默，构成了农民心理集体化的前奏。"❸ "按当时的逻辑，在被要求永久放弃私有制和私有观念的严峻考验面前，农民当中不同生活阅历、不同经济条件、不同思想觉悟的人，必然会产生不同的心态并表现为不同的性格。"❹ 合作化过程中，西南民族地区农民的社会心理是复杂的，除一开始少数人的衷心拥护外，大多数人对参加互助合作存有疑虑，选择的是功利性参与、观望和反对，合作化高潮时期大多数人狂热加入，及狂热之后少部分人开始退社，不管出自何种目的，农民加入合作社并不是出于自主的理性选择，而是利益、政策与环境多重作用和互动的结果。有学者认为，"如果将合作化看作一种对抗顽强的自发分化势力的努力的话，那么，其动力不仅来自共产主义意识形态和政权力量，而且来自乡村社会内部，来自农

❶ 杜润生主编：《中国的土地改革》，第 4 页。

❷ 周晓虹：《现代社会心理学》，上海人民出版社 1997 年版，第 54 页。

❸ 张一平：《新区土改中的村庄动员与社会分层——以建国初期的苏南为中心》，《清华大学学报（哲学社会科学版）》2010 年第 2 期，第 56 页。

❹ 杜国景：《合作化小说中的乡村故事与国家历史》，中国社会科学出版社 2011 年版，第 374 页。

民文化中的平均主义。"❶ 社会转型期，人们总会表现出迷茫、激进、躁动等复杂社会心理和心态。中华人民共和国成立初期，西南民族地区民众的社会心理既反映了国家政策和基层乡村社会之间的历史张力，也从一个微观层面上映射了各阶级阶层之间的各种较量和博弈。

1. 农业合作化运动初期的心态

合作化运动颠覆性地调整了农村社会利益格局。合作化运动初期，西南民族地区农民的社会心理是复杂的，除少数参加者衷心拥护外，大多数人选择的是功利性参与、观望和反对。"在'组织起来'能获得有形利益之前，农民总会表现出犹豫、矛盾、徘徊。这并不是对政权的天然排拒，而是基于对长期来之不易土地的爱惜和保护。"❷ 合作化运动触动着乡村民众内心深处最敏感的神经，各阶级阶层采取何种方式来应对现实，完全取决于新的变化给他们带来的利益得失。

（1）贫雇农。党的农业合作化指示发出后，很快便得到一部分贫雇农的积极响应。一些农户，特别是贫雇农，他们劳动力、资金、农具缺乏，劳动负担人口较重以及遭受天灾人祸的打击，认为走互助合作道路有利于解决困难。因此，由于生产资料的不足以及遭受天灾人祸的袭击，土地经营差的农户能积极响应合作化的主张，积极拥护和服膺党的政策，发自内心地拥护合作化。他们的激情基本上贯穿于农业合作化运动的始终。

（2）中农。互助合作开始后，中农的经济条件较好，一般具备独立生产的条件和能力，一开始是不愿意参加互助组的，但是又看到国家对参与者劳力、农具、资金等方面提供的帮助时，又改变了态度，一些人功利性地参与合作化运动。还有一些中农在农业合作化运动到来时，往往犹豫不决，有的人参加互助合作的时候是抱着"试试看""跟着走"的态度。家庭成分和土地经营情况一般的中农则对参加互助合作持观望态度，以互助合作能否真正促进农业生产而作出决定。一部分中农产生了新的顾虑，对社会主义不摸底，误认为是平均主义，因而生产不积极。中农入社后，一般希望办好社，搞好生产。等到转入生产以后，

---

❶ 卢晖临：《集体化与农民平均主义心态的形成——关于房屋的故事》，《社会学研究》2006 年第 6 期，第 161 页。

❷ 陈益元：《建国初期农村基层政权建设研究（1949～1957）——以湖南省醴陵县为个案》，第 196 页。

社员一般经常考虑的就是收入的增加或减少问题。对社内的管理混乱、分配不公很有意见。中农对参加合作社怀有矛盾心理，抑制了广大农民生产发家致富的热情，这就是农民在经济上不敢进一步发展而保持中农化的重要政治原因。可见，农业合作化运动中，中农思想较为复杂，对合作化政策的心态较为矛盾，他们出于理性的考虑，担心自己的利益受损，对农业合作化一般持怀疑、动摇和不满的态度。

（3）富农。富农在土改结束后新的一轮家际竞争中，虽然在生产资料、家底以及生产技术和经验等方面优于中农和贫雇农，但由于政治地位的低下造成了这一阶层社会经济地位在财富和权力两个维度上的背离。❶ 富农处在政治上和经济上的不确定地位，地位较尴尬，在合作化运动中心态是复杂的。互助合作运动一开始就带上浓厚的政治色彩，排斥富农加入互助合作组织，富农不得不格外小心谨慎。富农在合作化运动中采取各种讨好或抵抗手段。一般而言，富农不满意合作化运动，不满意实行个体小农经济改造与限制消灭富农经济，对合作化持有反对态度。一些富农为了追求政治待遇，想方设法进入互助组或合作社，但富农参加互助合作后不能掌握互助组和合作社的领导权，不允许在组内和社内雇工剥削。一些富农生产不积极，出现怠于经营、土地抛荒的现象。富农怕"冒尖""露富""再来一次土地改革"，怕提前"实行社会主义"。

由于加入互助合作组织意味着要失去原有的经济优势，部分富裕中农对互助合作运动持反对态度。在土改后刚刚分地到手的农民中，"真正具有互助合作积极性的人为数当时并不很多，而相当多的农民都愿意先把自己的一份地种好"。❷ 土地经营好的农户（如老中农）对加入合作社有抵触情绪，怕入社吃亏，怕减少收入，怕降低生活水平，他们当中的很多人在看到合作化不可避免时，便宰杀、变卖牲畜和其他一些大农具。有些群众对生产合作社性质不了解，怕将来参加生产合作社"牛马归公"，而卖了耕牛，或产生"大吃大喝"的现象。如往年过年几家杀一头猪，听见办合作社归公就每家杀了一头猪，还说："想通了"

---

❶ 卢晖临：《集体化与农民平均主义心态的形成——关于房屋的故事》，《社会学研究》2006 年 6 期，第 157~158 页。

❷ 薄一波：《若干重大决策与事件的回顾》（上卷），中共中央党校出版社 1991 年版，第 365 页。

"看透了"。这就影响了社员情绪。❶

在合作化过程中，很多乡村新精英也表现出了较为消极的态度，主要体现在不愿意参加合作社、想退社单干，因而重视自由经营和个体副业。据平塘县1178名党员检查统计，对互助合作运动消极，违反互助合作政策的就有177人；平塘县二区98名党员，其中对参加合作社消极的、要求退社的、不愿意干社主任的就有31人。乡村新精英一般都是田土肥沃、耕牛农具齐全，参加合作社无疑是一件吃亏的事情，麻江县甲村乡支部书记被动员多次，都不参加合作社；都匀二区谷蒙乡一名党员三迁其家，为的就是躲避入社。❷由于合作化时对富农斗争的影响，他们对合作社的不满往往只是憋在心里，不敢明目张胆地提出反对。

德宏地区开展互助合作以来，上层和地富分子是有抵触的，他们怕出租的田被带入社，收不到田租，怕雇不到工，因此极力攻击合作社，并收买积极分子，要他们不要参加合作社，威胁干部说："你们怎么给老百姓说，他们还是不会参加的。"相当于富农的寨头则威胁贫农说："你们参加合作社，寨子上的人都不和你们在一起，以后汉人走了，你们会更苦的。"有的富农则表示："我的田死也不入。"富裕中农主要是怕吃亏，有的认为水田入股是别人占了他便宜，说："田是阿公阿祖留下的，白白的给他们吃了。"有的则说："土地入合作社，分着吃了，和土改一样。"因此他们欺骗群众说："我们先搞互助组，搞好了再入社。"或者："我们有田的组织一个好了。"贫农与下中农对社会主义道路是积极的，有的表示"有三家五家我都要参加。"但亦有少数落后群众存在顾虑，说："田少人多怕不够吃。""和有田的组织在一起分着吃些。"❸

泸水县傈僳族地区合作化运动中贫农入社很积极，但是关于生产资料入社的问题不清楚，以为合作化"就是把所有的东西都拼在一起"。例如称戛的农民把84只羊都牵入合作社里，有的农民问干部："房子、

❶ 《云南农业合作制史料》第二卷《历史资料选编》，第55～56页。

❷ 中共都匀地委：《关于各县开展批评富农思想所揭发检查的富农思想情况汇集》1955年11月27日，黔南州档案馆藏档，档案号：1－1－366。

❸ 全国人民代表大会民族委员会办公室编：《云南省德宏傣族景颇族自治州社会概况》（景颇族调查材料之六），1958年印刷，第57页。

柜子、铁三角要不要拿到社里来。"四排拉底建立合作社之后，由于对合作社及社会主义的性质不了解，曾经发生吃大锅饭，准备盖大房子的事情。建社后，社长果马黑拉对社员说："现在我们是合作社了，要大家在一起吃饭才是社会主义，要盖一间大房子，大家住在一起。"中农在入社问题中表现得比较动摇，既想加入合作社，但又怕好田好地入社后会吃亏，希望多留一点自留地。有的在耕种自留地时，将包谷栽得很稀，以扩大自留地面积。最突出的是耕牛问题，中农蓄养的耕牛较多，三个社42户，中农占有耕牛合计59头，最初合作社对耕牛实行私有、公放、借耕，但中农不愿耕牛多劳动，怕把牛累瘦了。中农的自私心理和个体单干思想在土地及耕牛问题上便突现出来了，有几户中农甚至不愿意把耕牛交给合作社使用。六初罗转高级社时，中农的思想顾虑很大，有的怕入不了社，有的怕入高级社后，土地耕牛报酬都取消了，舍不得放弃，但又不敢提出来。中农伏三姐说："我们好像锄头柄上的木楔子，夹在中间，左右为难！"这个比喻正道出了中农的矛盾心情。在生产大跃进的高潮中，称夏的中农动摇叫苦，并说："入社后自留地也无时间整，苦得连油盐也吃不上。"这种心态也触及一些贫农的心理，结果有七八户农民自动把已入了社的羊牵回家中杀了吃掉，先后共宰杀13只羊。富农对于合作社的阻力和破坏是很明显的。六初罗社的反动富农分子在社内造谣挑拨干部与群众之间的关系，使社内党员之间及干群之间的团结大受影响。大兴地富农李祥寿煽动贫农说："你们不要参加合作社，入社后怕你们挨不住饿！"❶ 农村社会各阶层不管愿不愿意都被裹挟其中，不能置身于合作化运动之外。农民的传统社会心理经过合作化运动的洗礼发生了显著的变化。

耿马地区当时各阶层反映出来的思想动态是：基层干部、党团员积极分子，在土改中受到一定锻炼，通过宣传教育，积极带头要求建社，如贺国锦（傣族）说："有几家办几家，群众不干，我们干部几家也要办。"说明他们是农村工作的先进分子，有了他们事情总是好办，但有些过急，需要进行耐心的艰苦的教育。一般群众，尤其贫农下中农，虽然经过土改，生活仍有困难，所以迫切要求组织起来，如贺派寨的傣族

❶ 全国人民代表大会民族委员会办公室编：《云南省怒江傈僳族自治州社会概况》（傈僳族、独龙族、怒族调查材料之五），第12页。

农民反映："要求县委区委一定批准我们建社，如果不批准我们暗中也要将土地入股，明叫互助组。"这说明他们愿意跟着党走，是可以依靠的对象，又是农村中大多数。但一般说来，他们对合作社的了解还是抽象的，思想认识水平不高，所以还必须在思想认识上加以提高；一部分人思想有顾虑，特别是老中农，他们田多牛少，怕入了社吃亏，表现为观望等待。如南昭村中农反映："风不吹，树不摇，雨不下，地不潮，龙头不动龙尾不摇，别处还不办，我们办作什么？要入就一寨人。"同时由于历史上大民族统治的结果，个别傣族中农有民族依赖的心理，甚至还有些变天思想，对这一部分人，特别需要慎重和耐心等待。那召社要选派一个傣族青年去学会计，他反映说，"要把小菩少串好了，再来办社会主义"。总之是怕麻烦，怕不自由。民族上层和地主富农表面上赞成建社，但实际上顾虑很大，一般是怕农民组织起来后自己孤立，所以反映土改后土地分给了农民，地主帽子也要脱了，要求和农民一道参加。有的也反映了民族情绪，县政协委员中有人说，"我们傣族不比汉人，古里古代就同吃同做，土改后不需要阶级了。"他们中间的少数人还被发现有拉拢、收买、软化干部的事实；宗教上层也和其他上层一样，表面上说好，其实，心里是怀疑的，怕群众组织起来不再拜佛做"好事"而减少了收入，他们反映说："合作社是好的，但我们傣族古老古代就是各家做各家吃，要办社就有困难，还是各家做各家的好嘛！"❶

云南合作化初期，一般群众的顾虑主要有四怕：一怕田地、耕畜、农具"归公"；二怕大家在一起"伙着盘田你靠我靠盘不好田"；三怕参加了生产合作社"吃亏"，劳动力多而强的顾虑拿不到工钱或每个工得的钱太少，"不如到外面帮工好"，劳动力少田地多的生产资料俱全的户和缺乏劳动力的户顾虑土地分红少"不够吃"，耕畜农具白使不给钱"划不来"；四是也有不少的户怕参加社有了"管头针""不自由"。但比较落后的群众，特别是妇女、老人顾虑更多，除了上述一般的顾虑外，还有如怕不够吃"饿着"，怕在一起盘田"吵架"，怕"吃不着青豆、青包谷"，甚至有的妇女怕转娘家不自由等，这些人的思想工作做不好，就会拉积极分子的后腿，家里闹不团结，如有的说："你入你的

---

❶ 《云南省傣族社会历史调查材料》（耿马地区七），第 80～81 页。

社，把我们的田留下来""我们当花子，你过你的社会主义"等。❶

在四川省资中县喻家乡长山村，新中农勤劳积极，发家致富，整日盘算小家务，唯恐自己再垮下去，他们当中积极搞互助合作的是多数，少数仍趋向个体发展。老中农尚无剥削情况，他们对互助组不是很积极，只是应付敷衍，想政府扶持。如叶茂贵组 7 户中农就有 6 户不愿搞，其中一个说："全村都搞起来了，我们也要搞才对。"叶少林家中有劳动力，他说："你找互助组打谷子总扯不圆范，我打谷子就不将就人。"有三分之一的户有余资，但都装穷叫苦。富裕中农对社会主义改造，虽不敢公开抗拒，但总是想办法找出路，有的开始逐渐向富农发展，他们对统购统销不满，要米叫得凶，批判后，表面上沉默，但经常流露出不满情绪。❷

赵树华互助组讨论试办农业生产合作社时，获得了一些贫雇农的支持，但也有人表示疑虑。他们或者认为办好互助组就行了，还办什么合作社？或者怕入了社，自己吃亏，别人占便宜；或者怕成立合作社后"人多嘴杂心不齐"，不能获得增产，个别劳动力较弱的农民担心土地入社后对劳力强的有利，对自己不利。❸贵州某乡办高级社的问题在群众中提出后，绝大多数农民，特别是贫农和下中农是愉快的、欢迎的、兴奋的、积极的。他们一致反映："社会主义来了。"有的说："这一下消灭了小农经济，为后辈子孙彻底挖掉了穷根。"摆陇的农民王树清说："我们办了高级社，就像矮子爬楼梯，步步登高了。"当时党支部对全乡群众逐户作了分析，热烈欢迎、积极拥护办高级社的占农民总户数的63.9%，见人家走也跟着来的占 23.3%，留恋老路、思想抵触的占 12.8%。❹

在贵州某地合作化运动发动过程中，谁发动谁应研究好，选择的"钥匙"一定要恰当。如陈守白是个老上中农，他觉悟后去发动他的姑爹梁焕之就十分恰当。一则两户都是上中农，二则有亲情。但深入发动不要搞成轮番发动，形成变相的强迫命令。根据社成立后的检查，全乡有 33 户是勉强入社的。如李××在入社后修水利的那天，他说："上班

❶ 《云南农业合作制史料》第二卷《历史资料选编》，第 47 页。
❷ 史敬棠等编：《中国农业合作化运动史料》（下册），第 275 页。
❸ 《贵州农村合作经济简史（1949～1990）》，第 63 页。
❹ 贵州农业合作化史料编写委员会编：《贵州农村合作经济史料》（第二辑），第 173 页。

了，劳改队就劳改了。"老上中农梁焕之是经过陈守白发动了十几次才报名入社的，他入社时说："高级社是铁门坎，早晚脱不了爬，晚爬不如早爬。"尖山的老下中农徐××，他说入社"漏了一泡硬头屎"。这说明这些人内心并没有真正想通，一些户是勉强加入合作社，有些户固然是因为农民固有的习惯势力束缚着他们，一时还不可能完全相信合作社的优越，有些户也可能是被发动得不耐烦勉强报了名。❶

合作化初期，雷山县桥港乡掌披寨存在着多种多样的思想顾虑，中农和某些缺乏劳动力的人在考虑到切身利益时，就徘徊观望或背着思想包袱勉强入社。中农一般都是田多、田好，怕入社后"吃亏"。中农白略迭的老婆就是抱着这种想法而不愿参加转社的各种会议。有的还说：等一等再参加社。缺乏劳动力的人，有的怕抢不到工分，减少收入，不愿入社。高级社成立时，一些人对这一变革仍有顾虑，主要有以下几种情况：第一，怕交不起股金；第二，劳动力差的，怕得不到吃的；第三，富裕中农想保留土地股或把土地折价入社；第四，老年人，特别是没有劳动力的怕合作社不要，等等。❷

综上所述，合作化初期，党和政府凭借强大的政权力量介入到乡村日常生活中，带着各种对社会主义的不同认识，西南民族地区农村各阶级阶层的社会心理是复杂的，有衷心拥护合作化的，有功利性参与、观望和反对合作化运动的，这其中有着深刻的社会心理动因。在传统心理的支配下，各阶级阶层在运动中呈现出各种复杂心态面相，所表现出来的行为与党的期望相脱节，很大程度上影响了合作化运动的进程。

2. 农业合作化高潮时的心态

合作化高潮时期，随着社会结构的剧烈变化，农村社会很快形成了以合作社统一集中管理为特征的集中型社会结构，多样化的社会心理与心态是理性与激情在乡村社会各阶级阶层内心较量的真实反映。从总体上来说，农民加入合作社并不是出于自主的理性选择，而是利益、政策与环境多重作用和互动的结果。

合作化高潮时期，许多人随大流，顺应时势，加入合作社，迅速掀

---

❶ 贵州农业合作化史料编写委员会编：《贵州农村合作经济史料》（第二辑），第 174～175 页。

❷ 贵州省民族研究所编印：《贵州省雷山县桥港乡掌披寨苗族社会历史调查资料》，第24 页。

起农业合作化的狂热高潮。西南民族地区有的地方土改后的农村已经自发地形成了一种崇敬共产党、敬仰毛主席的民间新习俗。在合作化宣传中，反复讲加入合作社就是走社会主义道路，让农民确信"社会主义是天堂，合作社是天梯"，有些农民是以响应党和毛主席的号召或随大流的心态加入合作社的。基层的宣传无疑使农民对不加入合作社的后果充满担忧和恐惧。许多农民虽然内心极不情愿，但必须在行动上与党和政府的号召保持一致，所以随大流，顺应时势无可奈何地加入合作社。"随大流的从众心态是中国农民在日常生活中的一个重要表现。这种心理导致多数上中农在合作化高潮中，掩饰了原有的怀疑与不满，逐渐倒向合作化那一边。"❶ 在泛政治化的社会氛围下，参加互助合作被视为"光荣"，反之则是"落后"。到 1956 年底，绝大多数的上中农、富裕中农带着矛盾的心理被卷入了合作社，从而迅速掀起农业合作化的狂热高潮，大大加快了合作化的步伐，合作化迅速发展并在短时间内完成。社会地位、政治结构等诸方面的变革对农民心理造成的影响也是极其深刻的。徘徊于保守与激进之间，是中华人民共和国成立初期农民心理变迁最大的特征。他们本是保守的，土改使他们激进起来；分到土地之后，他们似乎又回归到传统，但农业合作化运动再次使他们激进起来。总的来看，这一时期农民的心理是激进的，反映了这一时期狂飙激进的时代特征。❷

合作化高潮时期，部分农民反对入社，开始退社。小农具有崇富、实利、保守、节俭等特点。许多农民在形势所迫下勉强加入了高级社。合作化过程中对农民的压制和掠夺严重违背了自愿互利的原则，自然遭到了群众的消极反抗。正因为绝大部分农民不是经过自己的理性选择，而是带着疑虑和担心，抱着试试看的态度，或被挤、逼，或被经过着力渲染的宣传内容所诱惑，或随大流而进入合作社的，或是迫于合作化高潮的形势入的社，所以当他们看到高级社生产经营管理上的混乱，生活水平没有提高，干部作风不民主，分配不公等，就普遍对高级社失去了信心，对昔日的单干怀有强烈的留恋，纷纷要求退社，甚至以暴力方式表达自己的不满。由于合作化发展过快，超越了农民的觉悟及当时的客

❶ 张晓玲：《新中农在农业合作化运动中的心态探析（1952～1956）》，《历史教学》2010 年第 8 期，第 45 页。

❷ 李立志：《变迁与重建：1949～1956 年的中国社会》，第 251 页。

观条件，造成一些问题。"不少地方，农民大量杀猪、宰牛，不热心积肥，不积极准备春耕，生产情绪不高。"❶ 这种情况普遍存在，在不断强化灌输的阶级意识熏染下，1956 年秋季以后，某些农业社的社员"闹社""退社"的风潮蔚然成风。正如研究农民日常反抗行为的学者斯科特所说，大量的农民反抗与不合作行为造就了他们特有的政治和经济的暗礁。无论国家会以什么方式作出反应，我们不能忽视这样一个事实，即农民的行动改变或缩小了国家对政策的选择范围。❷ 退社现象的出现暴露了部分农民对合作化的怀疑和不满，促使政府作出调适与应对，以指导合作化运动的顺利进行。

德宏地区由于富裕农民自发势力的诱惑破坏，加上有一部分社员目光短小，只看到眼前的利益，不习惯于集体生产，因而从 1957 年春天开始，形成一个退社高潮，原来有 64 户的法帕合作社还剩了 38 户。当时上中农的态度是"政府领导虽好，但要允许做生意自由生产"，1957 年春天跑缅甸做生意的就有 60 多人。还有些中农看到合作社的增产是由于组织起来的好处，而用迷信来解释说：1956 年增产是因为迎来了佛牙，这种说法也在相当程度上迷惑了群众。还有一些中农认为自己有地有牛，参不参加合作社关系不大，不入社自由些，一样可以搞生产，入社反而吃亏，是为贫农盖被子。以下情况都具体印证了贫农、中农在合作化运动中的犹疑和动摇。如贫农郊二团家有四口人，在土改前家里原有十二笼田，但因父亲去世，母亲摔伤等意外遭遇将田全部抵出，到土改时，既没有田，也没有牛，每年给人当长工，维持母子二人生活，虽然结识了一个小菩少，因为家穷无法结婚。土改后分得了一些水田，还特别受到照顾，分得一头水牛，生活逐渐好起来，个人表现也积极。但是不久，偷偷把牛交了，想去做生意，认为合作化的道路阻碍了他的发展，在退社"高潮"中表现为动摇不定，几次想搞单干。又如新中农波岩恩果，原来是贫农，土改前由于家里人口多，没有土地，生活非常贫困，全靠自己及子女卖工为生。土改后分得了土地，特别是加入合作社后，生活日益改善，再加上儿子都长大成人，劳动力多，收

❶ 中共中央文献研究室编：《建国以来重要文献选编》（第六册），中央文献出版社 1993 年版，第 76 页。

❷ ［美］詹姆斯·C. 斯科特：《弱者的武器》，郑广怀等译，译林出版社 2007 年版，第 479 页。

入也就逐渐增加。起初他对自己在解放后生活的改善非常满意，常常表示感谢毛主席和共产党，认为合作社好，因此表现非常积极，在社里种咖啡的时候自动跑去照顾树苗。但在退社"高潮"中他也动摇起来，在上中农岳家几兄弟策动下，制定了一个要提前赶上富裕中农的计划。他的计划是自己去打鱼（此人是法帕寨捕鱼能手），一个儿子去当长工，一个儿子去缅甸做生意，还有一个儿子则留在合作社准备留一条后路。后来在干部和群众的教育下，他才取消了计划而稳定下来。另外还有如下中农波月相果蛮棒，在退社高潮中曾经五进四出之多。在这段时期，开展互助合作工作是极其困难的，有些群众拒绝和干部接触，在干部找上门时假装不在家，甚至有放狗出来咬人的。❶

中华人民共和国成立初期，西南民族地区乡村平均主义心态产生的效应是强烈的，合作化运动中左右着农民的思维。"表面上看，土地革命和合作化是两个截然相反的过程。土改是分配土地予农民，创造出无数单家独户的小农；合作化则是终结单家独户状态，创造出一个集体。但是，正是在土改中'浮出表面'并支配整个土改过程的农民平均主义，在后来的岁月中继续成为接纳和推动合作化的力量。"❷ 农业合作化就是这样一种典型的"关系的关系"，它在要求中国农民放弃世代因袭的私有制和私有观念的同时，还要求农民以"想象的形式"去体验和再现自身存在与客观现实的关系，并为这种"想象"作出了终极承诺。正是这种"想象"和终极承诺，引导着农民一步一步走出放弃私有制和私有观念带给他们的巨大的精神痛苦，引导他们产生一种"向前看"的心理预设。❸ 具体而言，有的农民是当地政府用实际利益"挤""逼"进合作社的，有的是被各种关于合作化的美妙前景的宣传诱惑入合作社的，也有的是以随大流或坚决跟着毛泽东走的心态加入合作社的。农民这些非理性的心态为其后农业合作社的发展坤下了不稳定因素。❹ 由于人们政治心理、政治行为的保守和盲从，导致出现大量的非

---

❶ 中国科学院民族研究所云南民族组、云南省民族研究所民族研究室编：《云南省傣族社会历史调查材料》（德宏地区八），第 31～32 页。

❷ 卢晖临：《集体化与农民平均主义心态的形成——关于房屋的故事》，《社会学研究》2006 年第 6 期，第 160 页。

❸ 杜国景：《合作化小说中的乡村故事与国家历史》，中国社会科学出版社 2011 年版，第 63 页。

❹ 李巧宁：《农业合作社与农民心态》，《浙江学刊》2005 年第 1 期，第 155 页。

制度参与破坏社会政治的稳定。

农业合作化运动是一项被赋予了明确目标取向和价值色彩的宏大的社会改造工程。中华人民共和国成立初期，是一个剧烈的社会变革转型时期，"社会心理结构是极其复杂的，受社会环境、个人境遇及自身素质等诸多因素的影响，即使在同一个群体中，也经常表现出相互矛盾的心态特征。"❶农民在合作化浪潮中对加入合作社顾虑重重，不同的阶层表现出了不同的心理状态，表现出种种矛盾消极心理，这是基于落后的小农生产方式，以及对土地改革中实现"耕者有其田"的眷恋。社会转型期，任何群众运动都需要理性和激情的维持。合作化时期，理性被压制、淹没，激情占了上风。合作化运动中出现了一种扭曲的狂热与顺从。❷合作化过程中一些地方强迫命令、空许愿，高级合作化后，取消土地分红，实行按劳分配，社内管理混乱、分配不公，特别是未能把资本、技术、知识等对生产有特定贡献的要素带入分配领域，引起部分中农或富裕中农的抵触与不满。在合作化过程中，乡村的再组织化、政治经济一体化使乡村社会组织方式和组织结构发生了根本性的变化。由于合作化最终要动摇的是私有制与私有观念，个体农民的犹疑、反复乃至抵制是在所难免的。中华人民共和国成立初期，特别是合作化时期，民众的社会心态是极其复杂的，这是乡村权力结构剧烈变化情况下的一种策略性选择，然而无论农村社会各阶层的心态如何复杂，最终中国共产党却在没有发生社会震荡的情况下，领导广大农民怀着对社会主义美好生活的憧憬，完成了历史上最伟大的社会变革，走上了社会主义道路。

四、卫生事业的进步

土地改革和合作化运动，推动了西南民族地区农村医疗卫生事业的发展。在党和人民政府的领导下，西南民族地区贯彻执行了"面向工农兵，预防为主，团结中西医，卫生工作与群众运动相结合"的方针，大

---

❶ 转引自高冬梅：《新中国成立初期中国共产党社会救助思想与实践研究（1949～1956）》，人民出版社2009年版，第13页。

❷ 张晓玲：《新中农在农业合作化运动中的心态探析（1952～1956）》，《历史教学》2010年第8期，第46页。

力发展卫生事业，提高各族人民健康水平，从土改到合作化，西南民族地区农民收入普遍增加，农民生活质量提高，在此基础上，农村医疗卫生条件初步改善，生育率提高而死亡率大为降低，改变了以前疫病丛生、缺医少药的严重局面，卫生事业取得了巨大的进步，为以后民族地区开展卫生医疗、防治传染病流行工作打下了良好基础。

（一）中华人民共和国成立前卫生事业的落后

中华人民共和国成立前，西南民族地区特别是边远的少数民族地区，医疗卫生条件差，缺医少药，传染病流行，人口死亡率高，各族人民无力抵御疾病的侵袭，挣扎在贫病交加的痛苦深渊。

1. 医疗卫生条件差

在医药卫生方面，西南民族地区农村过去医疗卫生条件很差，没有专门的卫生医疗机构，缺医少药，生病时仅靠传统的医疗方法或请巫师念经消灾。若是重大病症，除了打卦、念经、祭鬼、求神，毫无办法。因此常至倾家荡产。

解放前，凉山彝族地区基本无医无药。当时的西昌，只有旧政府和外国人办的两所医院，60 张病床，42 名卫生人员，只有两台显微镜，一台十五毫安 X 光机，外科器械残缺，治疗药品稀少，设备简陋，质量低劣。❶ 甘孜地区解放前设立过一些医疗机构，但数量少，设备差，医药奇缺，收费高。1949 年只有一所西康省立医院和五所县卫生所，15 张病床，从业人员 35 人。打一针盘尼西林收费 400 藏洋（合人民币125 元），包医一个病人收费上千个银圆。❷ 医疗卫生条件极差，缺医少药，昔日德钦设治局卫生院只有一名医生，盘尼西林针水藏民称之为"色曲"（金子般的针水）。❸

新中国成立前，西南民族地区医疗卫生条件很差，卫生医疗机构少，医务人员缺乏，缺医少药，严重影响了各族人民的健康和生命安全。

2. 传染病流行

解放前西南民族地区被称为"蛮烟之地""瘴疠之区"，疟疾、天

❶ 《凉山彝族自治州概况》编写组：《凉山彝族自治州概况》，第299页。

❷ 《甘孜藏族自治州概况》编写组：《甘孜藏族自治州概况》，四川民族出版社1986年版，第232页。

❸ 中共云南省委党史研究室编：《云南土地改革》，第221页。

花、霍乱等烈性传染病流行，严重地威胁着各族人民的生命。

西南少数民族生活艰苦，疾病很多，特别是藏区流行的性病，云南、西康一带的麻风和云南边境的毒瘴气（恶性疟疾），为害最大。此外，沙眼、胃病、肠寄生虫、甲状腺肿、风湿性疾病等，各地都很普遍，婴儿死亡率一般很高，云南、贵州有的地区竟达 80%。❶ 云南少数民族地区各种传染病十分猖獗。云南边疆经常发生恶性疟疾、鼠疫等恶性传染病，对群众生命造成严重威胁。如盈江县仅有 50 多户的丙午傣族寨，曾因鼠疫流行，全寨一次即死亡 154 人，形成"家家断炊烟，死尸无人抬"的惨象。❷

1939 年，美姑县牛牛坝发生天花，患病 42 人，死亡 22 人。同年，伤寒病流行，又夺走了 200 余人的生命。1950 年初，喜德县红莫区里鸠村发生伤寒病 33 人，死亡 17 人，该村阿里木一家 9 口，死去 8 人。据 1953～1955 年对昭觉、美姑、布拖等 6 县的不完全调查统计，共发生传染病 24588 人，其中疟疾就有 16372 人，占 66.59%。❸

解放前，安顺地区霍乱有三次较为严重的流行，流行面极广。1945～1949 年全区发病 2994 例，其中 1945 年就发病 2836 例，死亡 670 例，死亡率为 23.6%。天花遍及各县市。1949 年前，安顺、平坝等县回归热流行最为严重，1951 年发病分别在 1000 例以上。❹ 红河地区各种疾病终年流行，霍乱、天花、疟疾、性病、伤寒、麻疹等恶性传染病不断蔓延，被称为"瘴疠之地"。有的地方发病率高达 80% 以上，死亡率高达 90%，每年因传染病死亡者陈尸沟壑，有些地方绝村灭户。清嘉庆年间鼠疫大流行，延续 91 年，许多村寨人口全部死绝，蒙自新安所因死亡惨重出现万人坑。弥勒县史书记载童自禹的七言诗云："死鼠无人不胆寒，大家寝馈实难安，灾情蓦地从天降，闾里城墟骨若山"，可见当时惨状。❺

---

❶ 《中央民族访问团访问西南各民族的总结报告》，《云南日报》1951 年 7 月 24 日（第 4 版）。

❷ 中共云南省委党史研究室编：《云南土地改革》，第 221 页。

❸ 《凉山彝族自治州概况》编写组：《凉山彝族自治州概况》，第 299～300 页。

❹ 《解放初期的安顺（1949～1956）》，第 238 页。

❺ 《红河哈尼族彝族自治州概况》编写组：《红河哈尼族彝族自治州概况》，云南民族出版社 1986 年版，第 167 页。

3. 人口死亡率高

由于疫病不断流行，又缺少医药，民族地区人口死亡率高，造成少数民族人口大量下降。

由于经济落后生活水平低，生疮害病得不到治疗，彝族群众寿命较短。仅据 1951 年 4 月对昭觉县 70 户 297 人的调查，55 岁以上的仅 18 人，占 6%。由于迷信和不卫生，彝族妇女分娩方式和产婴处理极端落后，婴儿死亡率很高。仅据 1954 年 4 月对 92 名彝族妇女 463 胎次调查，其中不足月死产 32 胎次，占 7%，产后一年内死亡 132 人，死亡率高达 31%。婴儿死亡原因，主要是由于抽风、腹泻等疾病。昭觉县彝族妇女呷九，共生过 9 个孩子，其中出生后 5 天内死亡了 1 个，3 个月内死亡 2 个，9 个月内又死亡 1 个，2 岁和 3 岁的各死亡 1 个，存活的仅 1 个。妇女分娩也极不卫生，1953 年 1 月在昭觉县约火脚村，对 148 名产妇调查显示，有 135 名在屋内或牛圈门口坐生，13 名站生或蹲生；这 148 个婴儿出生后都不结扎脐带，有 83 个用不消毒的剪刀剪断，有 62 名用镰刀切断，有 3 个用指甲掐断。❶ 解放以前，古蔺县麻城乡经常流行伤寒、回归热、痢疾等传染病，痢疾给苗族带来了深重的灾难。例如 1933 年寨和村流行一次伤寒，上寨 25 户苗族当中无一幸免。由于医药缺乏，也未能及时抢救，在一个月内，全寨就死去了 30 多人。最后杨兴武用医治牲畜的药来进行医治，才医好了 20 人。❷

妇女接生方法也极不讲究，多半自生自接。据中央民族卫生工作队调查，中阿坝 97 例生产中，自生自接者占 44.3%，邻居或家人助产的 55.7%，脐带多用割肉食的小刀割断，或牙咬，或用木片石块切断。落后的接生方法自然也是婴儿死亡率高的原因。除死胎和早产外，婴儿死亡多在出生后 1~9 月，1~5 岁死亡较少。❸

根据调查，潞西县一些地方妇女由于社会家庭地位很低，受苦更深。月经时照常从事劳动，经期不正常及腹痛的很多；妊娠时亦照常劳动，不得休息，即使在生产前一天，亦如此，所以把小孩生在赶街路上，生在田地里的事很常见。生产时，父母丈夫均不管，疼痛时不许喊

❶ 《凉山彝族自治州概况》编写组：《凉山彝族自治州概况》，第 300 页。

❷ 四川省编辑组、《中国少数民族社会历史调查资料丛刊》修订编辑委员会编：《四川省苗族傈僳族傣族白族满族社会历史调查》，2009 年版，第 69 页。

❸ 四川省编辑组编：《四川省阿坝州藏族社会历史调查》，第 51 页。

叫。在本民族中，无接生婆，全系产妇自己接生，用竹片断脐，旧纱包扎脐带。产时，多系蹲着，仅有少数是躺着生的。婴儿的死亡率很高，常死于脐风、难产。由于妊娠期照样劳动，所以流产的也多。根据调查统计，三年来，21 户新生婴儿共 26 人，死亡 8 人，生存 18 人，死亡占出生的 30.8%。段三家共生 10 个小孩，仅存活 4 人。❶

解放前，甘孜藏族地区每逢疫病流行，各族群众往往得不到救治而大量死亡。据史料记载，1936 年巴塘县境内一次麻疹流行，即死亡 4000 余人。由于医疗卫生条件差，有的地方甚至用烧死、困死、饿死等惨无人道的办法，防止烈性传染病如麻风病的蔓延流行。婴儿死亡率很高。据解放初期康定、道孚、乾宁等县调查，1685 名妇女共生育6308 次，除因流产、早产死亡外，足产婴儿在婴儿期死亡的即达 2376人，实际活下来的婴儿仅占生育总数的 54.6%。人口增长较缓慢，人烟稀少，每平方公里只有 3~5 人。❷

云南省宜良和贵州省威宁、织金、水城等县 95 户、468 人于 1947 年迁到紫云县白云乡新池大队的干平寨、马坡、烂木冲开荒定居，1949 年疟疾流行就死去 170 人，死亡率达 36.8%，剩下的移民不敢再住下去，全部返回老家。新池大队 1947~1948 年两年疟疾发病率达 95%，烂木冲一个寨子病死率达 50%。王学强一家 7 口人死去 3 人，当时王学强只有 1岁，父母尸体无人料理，在家放了 5 天，生了蛆，尸体的眼睛也被老鼠啃吃了。❸ 这真实地反映了解放前疟疾流行带来的悲惨景象。

解放前，罗甸县平亭村布依族地区疟疾非常盛行，每年征秋收前后，约有 70% 以上人感染疟疾；痢疾的传染也很严重，1938 年曾发生过一次痢疾流行病，平亭村受传染的有 30 多人，死亡的有 7 人。天花也很流行，据调查，解放前这里的 38 对夫妇，共生小孩 260 人，因天花和各种疾病而死亡的有 121 人，死亡率高达 46%。❹

❶ 中国科学院民族研究所云南民族调查组、云南省民族研究所编：《云南省崩龙族社会历史调查报告》，第 17 页。

❷ 《甘孜藏族自治州概况》，第 232~233 页。

❸ 《解放初期的安顺（1949~1956）》，第 238~239 页。

❹ 中国科学院民族研究所贵州少数民族社会历史调查组、中国科学院贵州分院民族研究所编：《贵州省罗甸县平亭村布依族解放前的社会经济情况和解放后的发展变化》，第 21~22 页。

（二）卫生事业的发展与进步

新中国成立后，在党和人民政府的领导下，西南民族地区大力发展卫生事业，开展爱国卫生运动，农村医疗卫生条件大为改善，传染病得到大力防治。采用新法接生，人口死亡率大为降低，在一定程度上改变了农村卫生事业的落后面貌，使农村出现了生机勃勃的新气象。

1. 医疗卫生条件的改善

新中国成立初期，为了宣传党的民族政策，疏通民族关系，增进民族团结，中央及有关地区人民政府关心各族人民的健康，派卫生工作队或巡回医疗队，给各族人民诊病送药，到少数民族地区防治疾病，深入少数民族地区进行免费治疗，帮助训练初级卫生人员，设立卫生机构，使少数民族地区农村医疗卫生条件大为改善。

土地改革推动了西南民族地区农村医疗卫生事业的发展进步，各地组建了土改卫生工作队，县卫生院和区卫生所数量大为增加。1951年，西南组织了9200名卫生人员参加土改卫生工作队，深入农村，一面协助土改，一面进行卫生宣传教育，防治疾病，训练初级卫生人员，受到广大人民的拥护与赞扬，说："毛主席不但帮助我们挖穷根，还帮助我们挖病根。"● 在西南区，已有89%以上的县有了县卫生院，全区15.8%的县属区有了卫生所，联合诊所达1000多个。土改后的广大翻身农民，有了病一般都能得到医治。据四川省彭县卫生院的统计，1952年1~6月，门诊的病人中农民占50%以上。●

从1950年起，安顺全区各县在短短的几年中，相继成立了卫生院、卫生所、接生站、疟疾防治站、妇幼保健站、医疗队等，巡回于民族地区开展预防和治疗工作，训练保健员、接生员、种痘员等。国家还拨给经费给予民族地区免费治疗。● 中华人民共和国成立初期，由于卫生技术人员十分缺乏，黔南各县卫生行政部门积极组织培训农村"三大员"，即卫生员、接生员、保育员，共培训7654人，并采取措施逐步恢复、整顿、发展医疗卫生机构，集中力量控制和消灭危害严重的传染

● 中国社会科学院、中央档案馆：《（1949~1952）中华人民共和国经济档案资料选编：农村经济体制卷》，第429页。

● 杜润生主编：《中国的土地改革》，第577~578页。

● 《解放初期的安顺（1949~1956）》，第236页。

病、寄生虫病。到 1955 年底，黔南有县以上卫生院（医院）15 个，区卫生所 84 个，防疫站 3 个。至 1956 年建立自治州时，州、县、区三级均建立起了医院（卫生院）。全州卫生医疗机构发展到 99 个，卫生床位数 368 床，卫生工作人员达 1065 人，其中卫生技术人员 900 人。❶ 1953 年春天，土改卫生队来黎平协助工作，配合县卫生人员，深入广大农村，不辞劳苦地终日来回在苗村侗寨进行全部免费治疗和开展卫生宣传工作，凡所到之处，群众十分感动，都称赞说："这是毛主席派来的好医生，只有毛主席才这样关心我们少数民族，我们坚决跟共产党走。"各族人民群众第一次与西药见了面。在这一年中，训练了大批的保健员、接生员，并由人民政府资助，在德凤、中黄、中潮、茅贡、九潮等地，建立了 44 个卫生站和接生站。❷

中央、西南局和云南省组织防疫队、医疗队到边疆农村巡回医疗。西南军区刘伯承、邓小平亲派西南军区后勤部长余秋里率 200 余名医学院学生和 5 名专家，赴德宏进行研究治疗和预防热带疾病流行工作达 3 个月之久。1951 年，云南省人民政府派出 12 个巡回医疗队到边疆工作，培养少数民族卫生干部，团结教育少数民族中的原有医务人员，提高他们的医疗水平。仅 1952 年，德宏民族群众享受国家免费医疗就达 17 万人次。1957 年，西双版纳免费给群众看病 21.5 万人次。❸ 解放两年来，云南人民政府在少数民族地区的丽江、保山、普洱、文山、蒙自、宜良等 6 个专区共设立了 6 个中心卫生院和 36 个县的卫生院，开展以"预防为主"的医药卫生工作。从 1950 年起，省府卫生处又派十个巡回医疗队深入各少数民族地区，为少数民族免费进行预防、治疗疾病工作，并训练初级卫生干部，据其中初步统计，已治疗少数民族群众 21000 多人。❹

1951～1954 年，在全国医务人员还很缺乏的情况下，中央、西南局、省都抽调了大批卫生干部和医疗人员，深入少数民族地区帮助工

---

❶ 中共贵州省黔南州委党史研究室编：《中国共产党黔南布依族苗族自治州历史》第一卷（1930～1978），第 291～292 页。

❷ 中国共产党黎平县委员会编：《黎平各族在跃进》，贵州人民出版社 1960 年版，第 127 页。

❸ 中共云南省委党史研究室编：《云南土地改革》，第 21 页。

❹ 古进：《云南各族人民空前大团结》，《云南日报》1951 年 9 月 30 日（第 2 版）。

作。1954 年初西南防疫队又组成大小不等的工作队分驻德宏、缅宁、西双版纳、文山、蒙自、昭通、丽江，云南省组织的 13 个巡回医疗队分赴各民族地区工作，还有一个妇幼卫生工作队，一个凉山医疗队和六个防疫站。全省民族地区有 31 个卫生院、25 个卫生所、6 个防疫站、5 个疟疾鼠疫防疫站和 33 个妇幼保健站，在潞西、盈江、蒙自、砚山重点建立了四所民族医院。❶

党和政府在解放初期积极防治传染病，1951 年 9 月，原川南行署派出医疗队到古蔺的七、八、九区，叙永的一、六、七区，以及古宋的四区等民族杂居区进行治疗，并成立叙水、古蔺两个巡回组。1951～1955 年，民族卫生工作队（即 1951 年 9 月川南行署派出的医疗队）即先后到古蔺的黄泥、摩尼、吉星及叙永的文化、枧槽、后山、飞龙，古宋的高举等乡进行了重点医疗或巡回医疗，对少数民族全部免费。1952～1955 年共免费 6851 元。据不完全统计，三年内共诊疗了 37518 人次，群众反映很好。❷

中华人民共和国成立初期，甘孜地区派出医务人员前往理塘、巴塘、甘孜、道孚等县，接收、充实原有的卫生院（所），并于 1952 年在义敦、邓柯、德格、乡城、稻城、得荣等 16 个县新建了一批卫生院（所）。与此同时，各医疗卫生部门与中央民族卫生工作大队紧密配合，派出大量巡回防疫医疗工作队，深入农村牧场开展防病治病和流行疫病调查，训练初级卫生人员，推广新法接生，开展妇幼保健工作。❸ 除了派医疗队深入民族地区进行工作外，1952 年人民政府分别在叙永、古蔺、古宋三县成立了 10 个民族卫生所和 7 个民族接生站，就地给少数民族进行治疗。叙永县的三个民族卫生所和四个民族接生站，仅 1953 年就免费治疗了 9564 人，共免费 9152 元。据不完全统计，叙永、古蔺、古宋三县从 1953 至 1958 年共免去少数民族医药费 31000 元以上。❹ 从 1952 年下半年起，怒江区先后设置四个县卫生院（其中一个是民族医院），医

❶ 《云南民族工作四十年》（上册），第 676～677 页。
❷ 四川省编辑组、《中国少数民族社会历史调查资料丛刊》修订编辑委员会编：《四川省苗族傈僳族傣族白族满族社会历史调查》，2009 年版，第 14 页。
❸ 《甘孜藏族自治州概况》，第 232 页。
❹ 四川省编辑组、《中国少数民族社会历史调查资料丛刊》修订编辑委员会编：《四川省苗族傈僳族傣族白族满族社会历史调查》，2009 年版，第 14 页。

务工作人员 25 人。截至 1954 年，约免费治疗 18 万人次，政府已支出医药费 52 万元，人均 4.3 元，但卫生工作还是远赶不上实际需要。❶

中华人民共和国成立初期，西南民族地区各级医疗卫生机构的建立，医疗、防疫队的组建，训练班的开办，免费医疗的推行，卫生人员的培养，为卫生事业的进步和发展奠定了基础。广大少数民族农村地区初步改变了缺医少药的状况，人民群众的健康和生命安全得到了一定的保障。

2. 防治传染病

为了提高健康水平和维护各族人民的生命安全，在党和人民政府的领导下，西南民族地区各级人民政府大力开展传染病的防治工作，取得了显著的成绩。

1950 年，云南省人民政府整顿、恢复、建立了省内的卫生机构，夏季防疫期间，分发各地伤寒、霍乱疫苗 681600CC，仅昆明市区实施预防注射的即有 3 万余人。三四月间，滇西地区发生鼠疫，为防止疫病蔓延，派遣了医疗队，赴疫区医治，各地鼠疫预防注射人数达 30 万人以上。为开展少数民族地区的医药、卫生工作，曾先后向滇南、滇西的少数民族地区，派遣了医药卫生人员，进行疫病防治的调查研究。❷ 1952 年 6 月底，西南军政委员会卫生部派出郑玲才等共 280 人的西南防疫队，到潞西、瑞丽、陇川、盈江、梁河等县，同民族工作队和省、地医疗队结合开展工作，取得显著成绩。

松潘卫生院三年来为各族人民治病 26244 人次，免费的就有 10663人。1951 年南坪冷水山藏族发生瘟疫，经区卫生工作人员及时防治，使瘟疫停止，病者痊愈。该地藏族群众反映说："过去死了也没有人管，医生花钱也请不来。人民政府的医生，不要请，不要钱就来山上给我们看病。"❸ 双江县锦庄拉祜族寨子，经部队进行抗疟工作，使该寨群众发病率比防治前降低了 93%，发病率仅为 1.01%。❹ 由于防治兼施，传染病疫情普遍得到控制。如耿马县 1953 年 8～12 月，疟疾发病率比

❶ 云南省编辑组等编：《傈僳族怒族勒墨人（白族支系）社会历史调查》，民族出版社2009 年版，第 9 页。

❷ 《宋任穷云南工作文集》，第 350 页。

❸ 四川省编辑组编：《四川省阿坝州藏族社会历史调查》，第 51 页。

❹ 中共云南省委党史研究室编：《云南土地改革》，第 222 页。

1952 年同期减少 50% 以上。芒市 1952 年 8 ~ 12 月，疟疾发病率为 14.4%，1953 年同期降为 3.09%。威胁各族人民生命的鼠疫也基本扑灭了。❶

1953 年贵州省民族卫生工作以防治疟疾为中心任务，并动员人员和组织机构，在 7 ~ 9 月中，开展大规模医防工作。如 1953 年以紫云县猴场苗族自治区为重点，省里派出了民族防疟疾医疗巡回工作队连续工作达 7 个月之久，共防治疟疾病人 8252 人，占该区总人口 28273 人的 29.2%，从而使全县的疟疾发病率迅速下降，至 1953 年底，由 1950 年的 30% 降到 0.3%，疟疾基本扑灭。❷ 解放后，党和人民政府对罗甸县平亭村布依族人民的卫生工作极为重视，采取了各种措施，罗甸县疟疾防治站经常派有巡回小组到这里防治疟疾，在罗暮设有卫生所，随时派遣卫生员到平亭一带给布依族人民医病和预防注射，几年来都实行了免费治疗。据 1957 年的调查，疟疾的发病率由过去的 70% 下降到 30%。痢疾、天花也大大减少。婴儿的死亡率由过去的 46% 下降到 18%。❸

经过防治，天花和回归热等疾病，已成为仁怀历史上的陈迹。瓮坪乡农民编了这样一首诗，描绘了两个不同时代，两个不同社会制度的情景：❹

> 仁怀两个瘟神王，年年猖獗把人伤，
> 儿死卧病没人问，世代难算这笔账；
> 自从来了共产党，爱民胜过亲爹娘，
> 两个瘟神入坟墓，男女老少永安康。

1952 年峨山县组织土地改革卫生工作队、卫生所等机构进驻高平村，推广西医。1956 年，县人民医院开展疟疾系统诊治业务；1957 年，县卫生防疫站展开对传染病的防治工作：村民生病有人管，看病有人

---

❶　《云南民族工作四十年》（上册），第 677 页。
❷　《解放初期的安顺（1949 ~ 1956）》，第 236 页。
❸　中国科学院民族研究所贵州少数民族社会历史调查组、中国科学院贵州分院民族研究所编：《贵州省罗甸县平亭村布依族解放前的社会经济情况和解放后的发展变化》，第 22 页。
❹　中国共产党仁怀县委员会编：《仁怀在跃进》，贵州人民出版社 1960 年版，第 86 页。

治。出于各种条件的改善，1950～1957 年，人口出现了高出生、低死亡、高增长，1953～1957 年经历了高平第一次生育高峰。❶ 解放后耿马地区传染病发病率逐年下降，以耿马城为例，1950 年患虐疾病的为 100，1953 年下降为 60.15，1954 年下降为 26.4，1955 年上半年降为 4.99，死亡率亦随之下降。据耿马城大街及发弄寨的调查，各种发病人数的死亡率 1951 年为 5.19%，1952 年为 3.89%，1953 年为 3.03%，1954 年为 0.87%。又如者别，解放前一年生 13 个孩子，死了 12 个，解放后 1954 年生 12 个孩子养大了 11 个，改变了过去所谓"只见娘怀胎，不见儿赶街"的情况。为了让卫生工作在各族人民群众中生根，先后训练了包括 11 个民族的乡村卫生人员 220 人，他们边生产边帮助群众作一些简易治疗，受到群众的欢迎。❷

从 1950 年开始，人民政府接连派几个防疫队到德宏各地进行卫生防疫工作，并相继在这里建立了疟疾、鼠疫等卫生防疫机构共 22 个。到 1956 年，德宏地区疟疾基本上被控制住了，疟疾发病率 1955 年较 1953 年降低 24.5%，芒市近 4000 人中，1955 年仅有 31 人害疟疾，而且没有发生因疟疾死亡的现象。解放前，为了躲避疟疾不敢下坝生产的景颇、傈僳等族农民，现在也下坝来生产了，而且还组织了农业生产合作社。鼠疫已基本消灭，1955 年，整个德宏仅有 7 个人发病，其中只有 1 人死亡。"要到芒市坝，先把老婆嫁"等谚语描绘的惨痛时代，已经一去不复返了。❸

在西南，疟疾及其他传染病的流行也基本上得到了控制，原来被人视为畏途的"瘴疬之区"真正成为景色秀丽的富饶之乡。对这一变化，云南沧源的佤族作了鲜明生动的对比，他们唱道："在那黑暗笼罩的年代，病魔、痛苦和佤家在一处，好像紫藤缠榕树；死亡和佤家在一处，好像土地和坟墓；在阳光普照的今天，健康欢乐和佤家在一处，好像春风吹绿谷。"❹

❶ 高发元主编：《云南民族村寨调查：彝族—峨山双江镇高平》，云南大学出版社 2001 年版，第 15 页。

❷ 《云南省傣族社会历史调查材料》（耿马地区七），第 59 页。

❸ 李本孝：《烟瘴之地的今昔》，《云南日报》1956 年 10 月 1 日（第 3 版）。

❹ 《当代中国》丛书编辑委员会：《当代中国的民族工作》（上），第 77 页。

3. 妇幼保健

新中国成立之前，西南民族地区历来重男轻女，妇女身心健康无保障。由于农村缺乏卫生知识，旧习俗根深蒂固，妇女采用原始方法接生，不注重卫生和妇女身体健康，因而产妇和新生儿死亡率较高。

中华人民共和国成立初期，西南民族地区大力重视妇幼保健工作。1950 年 12 月，省委书记宋任穷在全省民族工作会议的报告中指出："医疗卫生是少数民族最普遍和迫切的要求。我们必须重视这一问题，用各种方法去减少各族人民疾病和死亡的痛苦。"❶ 各地重视妇幼保健工作，开办训练班，学习使用新法接生，以减少妇女疾病和死亡的痛苦。

在黄平县谷陇乡，土地改革卫生队到达该地区后即开办训练班，并宣传疾病、死亡的原因及国民党政府根本不管大家生死的可恶。在该县山凯乡接生员训练班，苗族妇女石翠云诉苦说："国民党反动派成天催粮要款逼死人，家里又穷。生了孩子就自己用一把锈剪刀剪脐带，包裹孩子的布又都是些破烂的脏布。生了 7 个，有 6 个都扎风死了。现在毛主席关照我们的健康，叫我们来学接生，我一定要好好学习，以后好替别人安全接生，免得苗家再受苦了。"❷

解放以后，大理地区人民政府重视妇女病的治疗和妇幼保健工作，积极宣传和实行新法接生，组织医疗工作队在各地培训接生人员，建立了 33 个接生站，632 个接生组，大力推广新法接生。❸ 德宏傣族景颇族妇幼保健工作特别受到党和人民政府的重视。到 1956 年 10 月，这里已先后建立了 6 个妇幼保健站和 116 个接生站。由于推广了新法接生，妇婴死亡率较以前大大降低了。❹

筠连县联合乡苗族地区妇幼卫生保健工作的开展，保证了妇女和儿童的健康，婴儿死亡率大大降低。据了解，五村从 1952 年土改以来，七年中只死亡 3 个婴儿。全乡苗族人口从 1951 年到 1958 年净增 236

---

❶ 《云南民族工作四十年》（上册），第 676 页。

❷ 本报编辑部农村组：《在开展来的农村卫生工作——土地改革卫生队在农村续报》，《新黔日报》1951 年 10 月 19 日（第 2 版）。

❸ 《大理白族自治州概况》编写组：《大理白族自治州概况》，云南民族出版社 1986 年版，第 183 页。

❹ 李本孝：《烟瘴之地的今昔》，《云南日报》1956 年 10 月 1 日（第 3 版）。

人，平均每年净增率为 3.1%，筠连县为 3.5%。❶

西双版纳傣族自治区各族人民的妇幼卫生条件日益改善，生活水平日益提高，婴儿死亡率大大降低，仅版纳勐遮，解放五年来就增添了儿童 9000 多人。解放以前，人民生活贫困，谈不到什么医药卫生，婴儿死亡的现象，十分严重。解放后，人民政府扶助发展了生产，并在自治区先后设立了 4 个卫生院、5 个卫生所、2 个妇幼保健站、2 个接生站，免费给各族人民治病，预防注射，种痘，给妇女接生。1955 年 3 月还在允景洪举办了训练班，训练了 18 个傣族接生员。版纳景洪芒壩过寨，过去在 1947～1949 年新生婴儿存活了 10 人，死了 30 人；解放以来，存活了 30 人，只死了 11 人。❷

解放后，黔东南从 1950 年开始宣传新法接生，集中旧接生婆进行新法接生训练。到 1956 年 7 月，黔东南各县共训练了 2970 名接生员，并改造了部分旧接生婆，同时开展了新法接生和新育儿法的宣传。台江县、区机关所在地，采用新法接生的产妇达到了 95% 以上。1951 年，炉山凯哨乡的婴儿因破伤风死亡的达 50% 以上，1956 年婴儿因破伤风死亡的现象已经没有了。❸

4. 开展爱国卫生运动

解放前，西南民族地区由于生产力落后，各族人民处于贫困状态，卫生条件极差，传染病流行，严重威胁着人民的健康和生命安全。如雷山县少数民族地区长期处于贫困落后状态，卫生条件极差。在生活上，人们除吃饭用手抓外，且不经常洗脸、洗澡；多数人家都无厕所，大小便就在畜圈或灰堆里，村寨里满积污秽。因此，连年疾病流行。❹ 一些民族地区农村的住房，都是木柱、竹椽、草顶的方形竹楼，下面关牛，上面住人，光线很暗。每家都有晒台，与住房相连，并在台上往下便溺，因而，卫生情况极差。❺

为了改变民族地区农村不卫生状况和传染病严重流行的现实，在党

❶ 四川省编辑组、《中国少数民族社会历史调查资料丛刊》修订编辑委员会编：《四川省苗族傈僳族傣族白族满族社会历史调查》，2009 年版，第 105 页。

❷《西双版纳婴儿死亡率已显著降低》，《云南日报》1955 年 6 月 2 日（第 3 版）。

❸《黔东南卫生医疗事业获得很大发展》，《新黔日报》1956 年 7 月 7 日（第 3 版）。

❹ 贵州省民族研究所编：《贵州省台江县巫脚公社反排寨社会历史调查资料》，第 38 页。

❺ 中国科学院民族研究所云南民族调查组、云南省民族研究所编：《云南省崩龙族社会历史调查报告》，第 17 页。

和人民政府的领导下，西南民族地区大力开展爱国卫生运动。这是贯彻中央"预防为主和卫生工作与群众运动相结合"方针的一项重要措施。为了改善个人和环境卫生，提高群众的健康水平，爱国卫生运动中，西南民族地区广大卫生防疫人员长期深入农村，采取多种形式，向各族人民宣传卫生知识，通过开展除"四害"（蚊子、老鼠、苍蝇、跳蚤）活动，开展卫生大扫除，医务人员还定期巡回到农村，帮助喷洒药物消灭蚊蝇，积极开展防病灭病工作，改变了环境卫生面貌，改变了过去"人无厕所畜无厩"的状况，逐步地革除了旧社会遗留下来的各种不卫生的恶习，形成了讲卫生、爱清洁的良好习惯，控制了各种疾病的传播，提升了各族人民的卫生知识水平，降低了死亡率，提高了人民的身体健康水平。

1952 年，大理专区和下关市成立了爱国卫生运动委员会，充分发动群众开展了广泛的爱国卫生运动，采取标语、传单、挂图、歌咏、话剧、卫生展览等宣传形式，受宣传人数达百万余人次。从城镇到农村，清除了陈年垃圾，疏通填平了污水沟、塘，新建和改良水井，提高饮用水质量，开展卫生大扫除，初步改变了城乡卫生面貌。❶ 1956 年 6 月，贵州省爱国卫生运动委员会发出《关于开展以灭除蚊蝇为中心的夏秋季爱国卫生运动的通知》，号召各地在插秧结束后，结合生产积肥，广泛地开展一次群众性的突击的爱国卫生运动，大力改善环境卫生，疏通沟渠，填平积水沟，铲除房屋周围的杂草，清除粪便、垃圾，打扫住室、畜圈，以消灭蚊蝇滋生场所。注意保护水源，做到不吃生水。❷ 西南民族地区在开展爱国卫生运动过程中，到农村宣传卫生知识、防病治病，改善了农村卫生环境，有效地清除了病毒媒介，防止了病菌的传播及对人民的危害，改变了过去人畜同居、不用厕所等不良的卫生习惯，减少和控制了各种疫病的流行，大大地提高了人民的健康水平，取得了显著的效果。

为了起到移风易俗的作用，开展爱国卫生运动过程中，西南民族地区还大力破除迷信鬼神，发动各族群众用医药科学战胜巫医迷信。解放前后，西南民族地区农村很多人迷信鬼神，有病不就医。如潞西县一些

---

❶ 《大理白族自治州概况》编写组：《大理白族自治州概况》，第 183 页。

❷ 《省爱国卫生运动委员会关于开展以灭除蚊蝇为中心的夏秋季爱国卫生运动的通知》1956 年 6 月，黔东南州档案馆馆藏档案，档案号：29－2－74。

地区群众没有卫生知识，迷信鬼神，有病时送鬼，或请佛爷看病，佛爷则随便给些草药吃，连佛爷自己也说："多数医不好。"群众认为人的生死由命，不该死的病了也不会死，该死的吃药也不会好，所谓"好药难医真病"，所以，往往是"听天安命"，不就医药。解放几年来，虽然对这里进行过一些免费治疗，但也只是偶尔来一二次而已，未进行过系统的卫生宣传教育及防治工作。当卫生人员来时，多数群众会来要药吃，但是有的群众，有病也不来医。[1] 20 世纪 50 年代初期由于西双版纳地区各族群众迷信鬼神的思想较严重，有了病不愿找医生治疗，而是去找佛爷念经，请巫师祭神弄鬼，有的傣族地区一有人发疟疾，就要撵"琵琶鬼"，请阿占（宗教职业者）叫魂，哈尼族地区有杀害双胞胎和有生理缺陷的婴儿（如六指、缺嘴等）的习惯。一旦有人生了双胞胎和六指、缺嘴的孩子，山寨头人和迷信职业者龙巴头就要用火灰把婴儿活活捂死，把婴儿的母亲赶出龙巴门，以为如果不这样做，大难就会临头，牛马猪鸡就会遭瘟。其他少数民族均信仰多神教，"万物皆有灵""万物皆有神"，有了病就敬神送鬼，不找医生治病，有的得了病后，先祭神送鬼，实在好不了才来找医生！有的是一边找医生看病，一边请巫师祭神送鬼。[2] 因此，西南民族地区必须大力宣传"家家讲卫生，有病请医生"，逐步用医药科学战胜巫医迷信，使医药卫生在民族地区农村扎根发展。

在进行医疗的同时，民族卫生工作队进行了广泛的宣传。据粗略统计，在四川苗族居住区，从 1952 年到 1955 年共开了各种宣传会 269 次，听众 14083 人，其他宣传（如访问、门诊教育等）共 1052 次，听众 12870 人。还在古蔺和古宋训练了防疫员 190 人。通过宣传，该地破除了群众对鬼神的迷信。[3]

经过开展爱国卫生运动，少数民族人民已渐渐不相信迷信了。从前，布依族人民得了病，多数是依靠"魔公"、巫婆来"解邦"送鬼。解放后，由于党和政府的重视，医务人员的积极努力，进行各种治疗和

❶ 中国科学院民族研究所云南民族调查组、云南省民族研究所编：《云南省崩龙族社会历史调查报告》，第 17 页。

❷ 《西双版纳傣族自治州概况》，云南民族出版社 1986 年版，第 168 页。

❸ 四川省编辑组、《中国少数民族社会历史调查资料丛刊》修订编辑委员会编：《四川省苗族傈僳族傣族白族满族社会历史调查》，2009 年版，第 14 页。

预防，经常开展卫生常识宣传教育，医药治病在这里终于树立了威信，迷信鬼种，请巫师来"解邦"治病的人家，越来越少了。❶

1951年谷子黄熟的时候，勐海坝曼那闷寨疟疾流行，短期内就死了十几个人。全寨人几乎都病倒了，有的人说，县长的大印可以镇住鬼，使病人脱险，寨里便派了几个人当代表，到县里找县长讨印。县人民政府了解情况后，派出李灿东医生赶到曼那闷治病。当时病人都不肯吃药打针，不相信吃药打针会治好病。李医生好不容易才说服了几位病情十分严重的病人，他们同意吃药打针"试试看"。经过治疗，这几位病人很快就恢复了健康。寨里的人们看见医生能"驱鬼"，把病治好，也纷纷找医生治病了，六七天后，全寨的病人都恢复了健康。❷

解放初期，传染病极为流行，罗马坝的痢疾传染最为严重。由于病人较多，又死了人，群众非常恐惧，认为村里有了恶鬼，外村的人不敢进去，村里的人闹着要搬出来。医疗队医生得知后，立即进入该村，逐户检查，逐人医治，并结合医药卫生的科学教育，宣传发动群众改造环境卫生，很快就扑灭了痢疾，使罗马坝变成一个讲卫生的村寨。群众非常感激地说："共产党是救苦救难的活神仙，连鬼都不怕。""过去害病无人管，有钱也请不到医生，现在有工作队关心，送药上门不要钱，毛主席太好了。"❸

中华人民共和国成立初期，医疗卫生事业不仅成为当时各项建设之中的重要内容，更是开展民族工作的重要策略和政治手段。在开展土地改革和合作化运动的过程中，中央及地方各级人民政府从人民群众的生命健康等根本利益出发，派卫生工作队或巡回医疗队，到少数民族地区防病治病，这是疏通民族关系的一条重要渠道。由于党和人民政府在西南少数民族地区大力开展卫生宣传，建立卫生机构，培训基层卫生人员，整顿卫生组织，进行防疫和治疗，危害人民健康和生命安全的传染病基本绝迹，少数民族的卫生状况大为改善，改变了以前疫病丛生、缺医少药的严重局面。人民政府为各族人民减轻了疾病的痛苦和减少了生命的死亡，为以后民族地区开展卫生医疗、防治传染病流行工作奠定了

❶　贵州省编辑组编：《布依族社会历史调查》，贵州民族出版社1986年版，第38页。

❷　《西双版纳傣族自治州概况》，云南民族出版社1986年版，第168页。

❸　中国人民政治协商会议云南省委员会文史资料委员会编：《云南民族工作回忆录》（一），《云南文史资料选辑》（第44辑），云南人民出版社1993年版，第190页。

良好基础，从而使少数民族人民进一步感受到党和人民政府对他们的深切关怀，进一步体会到祖国大家庭的温暖，增强了西南民族地区各族人民对党和人民政府的信赖，促进了少数民族地区的文明与进步，对新中国各项建设事业的发展也产生了积极而重要的影响。

第七章　社会主义教育：西南民族地区乡村思想文化的重构

中华人民共和国成立初期，在党和人民政府的领导下，西南民族地区加强对农民的思想教育与改造，批评"李四喜思想"，加强农村基层党建，大力开展农村扫盲运动，农民实现了文化翻身，精神生活发生了重大变化，"'革命'话语及其意识形态开始渗入社会大众层面并影响社会大众的观念和心态"。❶西南地区各族人民思想政治觉悟大大提高，马克思主义的主流意识形态得以确立，从而实现了乡村思想文化的重构。

一、对农民的思想教育与改造

中华人民共和国成立初期，国家倡导和强调社会主义理念的意识形态建构及其在社会运作中的积极实践。"话语是催生观念变革的重要因素，也是体现观念变迁的重要特征。"❷在党和人民政府的领导下，西南民族地区农村一方面在土地改革时期开展批评"李四喜思想"运动，另一方面在合作化时期开展农村基层党建，以加强对农民的思想教育与改造，取得了显著的成效。

（一）批评"李四喜思想"

土地改革后，新区农村不少干部和农民出现了松劲、换班的"李四喜思想"。1951 年 7 月 18 日，《新湖南报》发起了"关于李四喜思想讨论"，持续达半年之久，在湖南乃至全国农村产生了巨大影响。所谓李

---

❶　王奇生：《革命与反革命：社会文化视野下的民国政治》，第 67 页。
❷　靳道亮：《抗美援朝运动与乡村社会国家意识的塑造》，《史学月刊》2009 年第 10 期，第 63 页。

四喜思想，是指土改以后出现的农民和乡村基层干部的松气思想。它是农民在长期小生产方式下所形成的狭隘、自私和落后思想的反映。❶"李四喜思想"的特征是：埋头生产，不问政治，只顾自己的局部利益，不顾国家的集体利益，对阶级敌人丧失了警惕性，对革命的远大前途迷失方向。❷中华人民共和国成立初期，西南民族地区农村在党和人民政府的领导下，批评"李四喜思想"，加强对农民的思想教育与改造。

1. 西南地区出现"李四喜思想"

土改后西南农村普遍出现了农民和乡村干部松气换班思想，"只顾生产不问政事"。农民和乡村干部的高涨政治热情迅速减退，政治参与意识也日益淡薄。在土地改革完成的地方，在一部分干部和农民积极分子中，正开始萌芽着一种"换班""松劲"的思想，因而不法地主得以乘机反攻和阴谋破坏。❸随着农村中农化趋势的发展，农民经济实力的增强以及生产生活条件的改善，人们的思想观念也开始发生了改变。特别是一些农村党员干部因忙于自家的生产劳动致富而不愿意再担任基层领导职务，参加政治和社会活动。例如，四川省南充县斑竹乡乡长酆斯云，土改中分得了土地、粮食和牲畜以后，认为革命成功了，不愿意继续当乡长和参加乡村工作，只顾埋头生产，满足现状。❹酆斯云是土改时的骨干分子，土改后存在"革命到头"的思想，在当时的农村干部中具有一定的代表性。

璧山青杠乡土地改革后出现了"李四喜思想"，表现在中农减租、退押时显得积极，在土改时，佃中农和贫雇农表现也积极，土改后他们就不积极了。如开会，群众认为是包袱，尤其贫雇农不愿意去，农协委员不积极，妇女也不愿意参加，干部再三请不到。青明村村长说："土改完了，没有啥子大事了。"群众都认为土地改革翻身是毛主席和工作同志所"恩赐"的，对自己的力量认识不足。❺

❶ 王瑞芳：《"李四喜思想"讨论：建国初期中共教育农民的尝试》，《史学月刊》2006年第9期，第50页。

❷ 王瑞芳：《土地制度变动与中国乡村社会变革——以新中国成立初期土改运动为中心的考察》，第220页。

❸《邓小平西南工作文集》，第453页。

❹ 段志洪、徐学初主编：《四川农村60年经济结构之变迁》，第64页。

❺ 张培田、张华主编：《中国西南档案：土地改革资料（1949～1953）》，第114页。

江北县第一区礼嘉乡一般村干，认为土改完了就万事大吉，想歇歇，换班不想干了。❶ 江北县第七区土地改革运动结束后，脱产干部普遍存在松一口气的想法，认为在土改中，发动群众开展斗争等工作确实有些老火（老火是云、贵、川、湘、桂一带方言，意思是指很困难、辛苦、麻烦，或问题很严重等），这回土改结束了，可以轻松了。也有的说，不管怎么样，是再也没有土改那样忙了，有这种思想的干部占90% 以上，尤其乡一级干部较严重，关于村干部换班松劲思想更是普遍，认为土改后应该换别人来干，当干部光荣，大家都得光荣光荣，也有的说，我不干，开会我也不去。八区茨竹乡十二村副村长李树林土改后就没参加过开会，并说现在要生产了，开会不解决问题。六村农协主任说："不干对不起毛主席，但我实在无法干下去了。"❷

江北县各阶层在土改后思想情况有以下几种：第一，结束思想。在这三个村子中群众对工作不起劲了，开了庆功大会就结束了，没有别的工作，自己就好好搞生产，所以一般都希望早开庆功大会。第二，换班思想。部分村干部想搞换班，认为一个干几天，轮流当干部，如二村村长吴达成、三村村长白树全等都是典型代表，尤其是白树全说："刀放我头上我都不干了。"第三，只想搞生产不愿干其他工作。部分干部同农会会员思想麻痹，只想把生产搞好，对其他工作持漠不关心的态度。第四，分果实后群众认为没有分什么东西，不愿干了，这种思想在中农中表现得最厉害，如三村中农陈国平说："我没有分到啥子，还要把我的房子划四间给他们座，我从此不来开会了。"二村中农郑树全说："说缺啥子登记啥子，结果样都没有分到，我还干怎么？"❸

土改后，一些地方农村干部普遍存在着松懈、换班思想。由于土改复查后土地证的颁发而宣告胜利结束，农村中居民组长以上干部工作"三头受气"，普遍要求能换一口气，松一下肩，如蔡龙乡坪石村村主任李仕春说："搞革命为穷人翻身，我不反对，但我希望另一个人来当村主任，好让我把庄稼搞一搞。"农民对开会表示厌倦，民兵放下了武器，因为农村中对开会没有统一布置和领导，各部门都认为非要到村内开大会，才叫走群众路线，不顾及群众的精力和情绪，而且，还往往单

---

❶ 张培田、陈翠玉主编：《江北土改档案（1949～1953）》，第 169 页。

❷ 张培田、陈翠玉主编：《江北土改档案（1949～1953）》，第 87 页。

❸ 张培田、陈翠玉主编：《江北土改档案（1949～1953）》，第 191 页。

方面地强调完成自己本单位的任务，致使农村中开会太多，且流于形式。于是农民由轮流缺席逐渐发展成为"开会负担"。同时因精力分散，对管制的反革命分子也不能认真进行管制。各乡的人民自卫武装队员更认为："土改完毕，万事大吉。"如蔡龙乡民兵小队长胥绍云说："土改啰，你把枪背起来做啥，人家不晓得的还说你装得神气活现的，所以我们把枪都放在家里。"❶

土改后，贵州农村一些农民政治情绪低落，表现在对地主控制松懈，不愿参加开会，村干积极分子怕误生产要求换班，有的说任务完成了该休息了。惠水和平镇四个村、瓮安有三个村的村干要求不干，此外个别干部不干活消极怠工，企图达到不当干部的目的。惠水和平镇一街会员二百多人，开会到场者不过百人，三个组60个会员，开会召集到半夜才到了14人；十二村两个月没有开会。很多农民和村干认为"分田了还开啥会"，革命胜利了"该换班了"，出现了松气的思想，不了解胜利还需要巩固，不明确前进的方向。由于对地主控制松懈，地主抬头了。贵筑龙山村恶霸地主吴××闯进一苗族农民家中，硬拿走5升麦子；地主杨××到农民分得的山坡上砍树，并反抗农民的制止，说："工作组在这里是你们的，工作组走了谁敢不叫我砍？"另一地主见一妇女分得他的被子非要回不可，并说："斗争时你最积极！"龙伯山地主见了青年说："你们斗争积极，二天工作组走了，你们死不了也得退（蜕）层皮。"镇山村地主暗中组织二三十个农民告工作组。❷铜仁地区土改后农民也出现了松气思想的萌芽。思南天山四村土地刚分完，上至主席下至小组长全部提出辞职不干；德江黄金乡土改队刚离村，乡里同志去开会就召集不起来，只到了15个人，有的说："土改队走了，可该休息了。"有的说："地主打垮了，土改结束了，再开会就影响生产了。"对地主管制上也放松了，产生了麻痹思想，说："坏的都扣了，在家的都守法，没问题。"❸乡村干部是党和政府政策法令的传达者和直接执行者，许多乡村干部不愿继续工作，出现了只埋头生产、不过问政治的严重偏向，松劲换班思想直接影响着土改后乡村基层政权的

❶ 《西康公安厅、检察署、汉源、宁南等四个县院、庭镇反工作总结》1951年，四川省档案馆藏档案，全宗号：建康，目录号：11，案卷号：116。

❷ 贵州省档案馆编：《黔地新生——解放初期贵州土地改革档案文献选编》，第169页。

❸ 贵州省档案馆编：《黔地新生——解放初期贵州土地改革档案文献选编》，第327页。

稳定。

造成"李四喜思想"的原因很多，最主要的原因是乡村干部分了田，满足了，要回家生产，认为革命完成了，当干部没有好处，耽搁生产。很多人都反映希望把生产搞好，把生活过得富裕些。因此，当工作和这些美好希望有了冲突，就不愿工作了。有的乡村干部感到任务繁重，群众不容易发动，干不下去，或者是怕受批评，不想干。区干部平日对乡村干部压任务的时候多，进行思想教育、具体帮助少；批评多，表扬少。❶ 江北县第七区土地改革后产生松气、换班思想的主要原因，除了是在土改运动中有单纯使用观点，干部感觉缺乏政治前途外，还有以下三点：第一，上级交代任务急，搞不好，脱产干部受到批评多，教育少；第二，在工作中稍有点不好，群众就埋怨，说村干不好；第三，耽误生产，果实和群众一样分，回家挨堂客骂。❷ 从上可知，产生原因主要是农民落后自私思想，政治觉悟不高，工作能力不强，上级部门工作上的强迫命令、单纯任务观点及"压任务"；另外，还有一个重要原因是对农民群众的思想教育和政治教育做得非常不够。

中华人民共和国成立初期，大批翻身农民成为新生乡村基层政权的骨干，但土地改革后的农村阶级斗争并没有停止，农民仍然处于分散化的状态。因此乡村干部松劲、换班思想是非常错误的，1951年9月19日，中共中央发出《关于〈新湖南报〉批判李四喜思想的通报》，指出："在战争结束、土地改革完成时，如果在农村党员和农民积极分子中不加强政治教育，就会滋长一种斗志松弛的现象。在新近完成土地改革的地区，及时注意纠正这种现象，是必要的。"❸ 因此，各地必须弄清"李四喜思想"产生的原因、危害，重视对农民及乡村干部的思想教育，大力开展批评"李四喜思想"运动，纠正松劲、换班思想，不能有"天下太平，万事大吉"的想法。

2. 纠正"李四喜思想"

对"李四喜思想"我们要有一个正确的认识，"它反映了土地改革

---

❶　中国社会科学院、中央档案馆：《（1949～1952）中华人民共和国经济档案资料选编：农村经济体制卷》，第386页。

❷　张培田、陈翠玉主编：《江北土改档案（1949～1953）》，第87页。

❸　当代中国研究所编：《中华人民共和国史编年》（1951年卷），当代中国出版社2007年版，第619页。

达到分田目的后，一批出身社会底层贫雇农积极分子在把握政治上升与实现自身利益两者中的两难困境。"❶中华人民共和国成立初期，"事实上，新生活所带来的政治激情也更多是激励了农民去从事生产，而不是去继续参与村庄的革命。……农民逐渐清楚'翻身'并不能让其摆脱贫困，只有辛勤劳作才能改变生活，这样，诉苦就显得再也不那么具有吸引力了。因此，即使农民真的接受了关于苦难的阶级化解释，也不等于说他们会把摆脱困苦的希望押到诉苦上，从激愤的斗争回复到平静的日子其实是迟早的事情。"❷"李四喜思想"本质上是小私有生产者狭隘、自私落后思想的反映。土地改革后在农民和乡村干部中，普遍出现了这种松劲、换班思想，必须加以纠正，对农民和乡村干部进行社会主义教育，以推进互助合作运动的发展。"要纠正少数干部的'松劲与换班'思想，就不能用任何简单粗暴的方法，而应该耐心说服教育，提高他们的政治觉悟，使他们看到美丽的远景，树立终身为人民服务的思想；与此同时也要深入了解他们工作、生产、生活上的具体困难，适当地给予解决，使他们能够无顾虑地为人民办好事。"❸中华人民共和国成立初期，西南民族地区针对不少农村干部认为"分到土地，革命成功"而有松劲退坡情绪的情况，党和人民政府采取措施纠正"李四喜思想"，号召在农村广泛进行社会主义前途教育。

首先，加强干部理论和政策学习，遵守乡村干部守则。为了提高干部理论和政策水平，西南民族地区在党和人民政府的领导下，大力加强党性建设，加强干部理论和政策学习，以确立马克思主义在意识形态的主导地位。以川北地区为例，1951年，川北行政公署主任胡耀邦致信川北区党委赵林、李登瀛等，提出要对干部进行思想作风方面的"深刻的教育。"他认为，干部作风方面存在下列问题：第一，不严格遵守政策，乱撞乱碰，把事情弄糟弄烂。第二，不调查，不研究，主观主义，粗枝大叶，是非良莠不分。第三，强迫命令，急躁从事，脱离群众。第

❶ 陈益元：《建国初期农村基层政权建设研究（1949～1957）——以湖南省醴陵县为个案》，第163页。

❷ 吴毅、陈颀：《"说话"的可能性——对土改"诉苦"的再反思》，《社会学研究》2012年第6期，第164页。

❸ 《进一步提高乡村干部政治觉悟，树立终生为人民服务的思想》，《川北日报》1951年11月6日。

四，到处惩办，不以教育为主来解决绝大多数干部的缺点、毛病、错误问题。第五，闹宗派，互相报复，不求进步，不努力学习。第六，说假话，把缺点与问题掩饰起来。因此"必须下定决心，用极大的力量准备一个大的学习运动，学一些理论，学一些政策，学一些思想方法，大大宣传一番正确的作风问题，以便使这么广泛的新干部，树立正确的思想作风从而得到一次深刻的教育"❶。1951年10月24日，在胡耀邦的主持下，川北人民行政公署制定《乡村干部十大守则（草案）》，其内容是：热心爱护祖国，加强抗美援朝工作；反对不关心国家大事的思想；为人民办好事，带头完成各项工作任务；反对松劲"换班"思想；坚决站稳立场，管制地主，严防阴谋破坏；反对松懈、妥协现象，时时提高警惕，长期和反革命分子做斗争；反对自满、麻痹现象；学习各种政策，处处按照政策法令办事情；反对违法乱纪的行为；养成正派作风，办事公正老实；反对贪污腐化和徇私舞弊的行为；对群众态度好，有事和群众商量；反对独裁包办和一切脱离群众的作风；实行自我批评，改正缺点错误，内部团结紧；反对骄傲自大和宗派斗争；建立工作制度，实行分工负责，办事有计划；反对乱抓盲干和不负责任；坚决革命到底，跟着毛主席共产党走向幸福的社会主义和共产主义社会。❷乡村干部十大守则不仅为教育乡村干部和农民提供了丰富而具体的内容，而且在思想文化领域开展马克思主义意识形态建设，为中华人民共和国成立初期乡村党建奠定了基础。干部学习和培训既表现了由上至下的政治教育塑造要求，也体现了乡村民众对政治教育的复杂态度。

其次，加强思想教育，打击松劲、换班思想。"李四喜思想"是农民和乡村干部作为小私有生产者狭隘、自私落后思想的集中暴露，党和人民政府必须采取措施，加以纠正，打击松劲、换班思想。传统的政治意识是保守而讲究亲情的。中华人民共和国成立初期，传统的思想观念和政治意识在乡村社会并未完全绝迹。土地改革中，"党和新政权通过动用政治力量来完成基层社会政治层级序列的调整，从本质上来说是一

❶　张景扬等编：《胡耀邦年谱长编（1915～1989）》，世界科学教育出版社2005年版，第47～48页。

❷　中国社会科学院、中央档案馆：《（1949～1952）中华人民共和国经济档案资料选编：农村经济体制卷》，第387～388页。

种国家视角下的政治翻身运动。"❶ 以贫雇农"翻身"为目的的土地改革通过征收和没收土地，加强农民的阶级意识，在地主和富农失去大部分或一部分土地所有权，农民实现了"耕者有其田"的基础上，逐步确立起阶级、集体和法制等新的社会意识，从而以阶级概念建立了新式的社会关系、权力结构和制度模式，实现了农民政治认同形成和中共执政地位巩固的目标。在土地改革的财富重分与权力重组中，农村的血缘和宗法观念开始动摇，阶级关系替代血缘关系在乡村社会开始占主导地位。土地改革确立了一种新的国家政治伦理观，农民的行为、思想都将由"阶级""爱国"等"国家话语"来作出评判，必须加强对农民的思想政治教育，培养其国家意识，从思想意识上激发乡村社会参与国家政治事务的积极性，也就是说，不能仅仅停留在制度性参与上，而且还要上升为道德性参与。❷ 新政权代表着乡村社会的利益，西南地区农村必须对农民的政治道德伦理进行彻底的改造，将动员宣传工作延伸到基层社会和农民的心理深层，通过"诉苦"，启发农民的感恩观念。"就党的动员目标而言，通过土地再分配使农民'翻身'并不是最终目的，更重要的是启发群众'翻心'，即让他们认识到自己贫穷的根源在于受剥削，进而激发其对地主的复仇心理。"❸ "土地改革有如一场捉妖：那妖便是压迫了中国人民几千年的封建势力。在土地改革中，我们首先看见妖精现露原形。农民在斗争会上的诉苦，有如一面面照妖镜，把封建地主阶级那些'风雅''慈善'的外衣剥个光光净净，使它显出残酷、贪婪、卑污的原形。"❹ 1951 年 11 月 6 日，《川北日报》针对土改后乡村干部中普遍存在的"换班松劲"思想，不愿当干部的现象，刊登南充县班竹乡乡长鄢斯云擅自回家的消息，并加了编者按。同时发表了题为《进一步提高乡村干部政治觉悟，树立终生为人民服务的思想》的社论。《川北日报》的消息、编者按和社论发表后，川北区掀起了"鄢斯云思想"讨论热潮，各级干部、农民、工人、中小学教师，联系实

❶ 朱斌：《马克思主义意识形态嵌入乡村日常生活探析——以新中国成立初期的土地改革为考察对象》，《学术论坛》2013 年第 12 期，第 22 页。

❷ 李立志：《变迁与重建：1949～1956 年的中国社会》，第 250 页。

❸ 李里峰：《土改中的诉苦：一种民众动员技术的微观分析》，《南京大学学报（哲学·人文科学·社会科学版）》2007 年第 5 期，第 99 页。

❹ 萧乾：《在土地改革中学习》，《人民日报》1951 年 3 月 1 日。

际，积极参加讨论。《川北日报》上开展的"鄢斯云思想"讨论，扩大到全国，历时三个月，出专栏 64 期。1952 年 2 月初，《人民日报》以《共产党教育农民的一大胜利》为题，结束了"鄢斯云思想"在全国范围内的讨论。❶ 通过教育，农民在不知不觉间融入党和国家的意识形态框架，知悉土改后的幸福生活是在中国共产党和新政权的领导下争取来的，乡村社会的道德权威不能再是"三十亩地一头牛、老婆孩子热炕头"的小农意识，纠正乡村干部和农民的松气思想，从文化与心理上强化乡村社会对新生人民政权的认同与归属，改变农民的乡土地方意识和家族意识，巩固了新生的人民民主政权。

最后，运用多种方式教育农民和乡村干部。乡村社会拥有一套完整的地方性知识体系。土地改革前，农民群众在思想意识上具有狭隘性。确立起中共意识形态的主流地位是中华人民共和国成立初期党的意识形态工作的中心内容之一。中华人民共和国成立初期，西南民族地区接受并运用新的政治话语体系与技术手段，农村运用多种方式，如各种会议、训练班、群众组织、农村剧团、冬学等，把农民组织起来进行思想政治教育，从思想意识上对农民进行培养与训练。1951 年 11 月，西南军政委员会土地改革委员会主任张际春强调："开办农村积极分子的训练班，使其普遍认识土地改革后自己的政治责任，如何团结广大农民群众进行爱国主义生产，如何管制地主反革命分子巩固农村人民民主的秩序，保卫自己胜利果实和人民祖国的安全，克服普遍滋长和存在着的在政治上厌倦松劲的'邓（应为鄢）斯云思想'，使广大农民积极分子在政治上思想上提高一步，来团结广大农民迎接土地改革后农村生产教育建政等新的伟大的任务。"❷ 西南民族地区通过多种形式的教育，一方面强化乡村干部和农民的主体和参与意识，让其深深理解新政权保护与发展人民的利益，是为绝大多数人民群众服务的。另一方面加强对乡村社会的国家意识培养，特别是在与实际工作结合的各种运动中，积极参与国家事务，更突出自愿与自觉原则。但"宣传动员都应摒弃过于付诸策略而缺乏客观性的思维导向，要以培养民众客观自觉的理性精神为旨

---

❶ 川北区志编纂委员会：《川北区志》，方志出版社 2015 年版，第 30 页。
❷ 《中国的土地改革》编辑部：《中国土地改革史料选编》，第 783 页。

归。"❶ 通过从物质利益延伸到政治心理的关系建构，淡化小农意识，养成集体意识和团结意识等社会主义意识形态，国家实现了对乡村社会的政治分化以及政治分化基础上的政治整合。"在'宣传下乡'的过程中，形成了由宣传组织、宣传形式和宣传活动构成的机制，将党和国家意志输入到乡土社会，成功地实现了党和国家上层与乡土社会基层在精神意识形态上的联通，使得在生产方式并未发生根本性变化的前提条件下农民意识却发生了重大变化。"❷ 这种思想教育与培养，配合当时中心工作，产生了预期的效果。

3. 思想政治教育成效

批评"李四喜思想"，对农民和乡村干部进行思想政治教育，使国家的形象和权威渗入了西南民族地区乡村农民的日常生活，农民保守和自私观念大大改变，强化了农民和乡村干部的主体和政治参与意识，集体观念逐步成为广大农民新的社会价值观念。

中华人民共和国成立初期，"在农村阶级斗争中，以阶级划分的社会，打破了传统社会中的家族血缘关系的纽带，使国家的形象和权威渗入了乡村农民的日常生活，改变了村社传统伦理，个人、家庭与国家的关系紧密起来。"❸ 社会主义、集体主义等新的社会价值观念开始嵌入农民的头脑。

农民保守和自私的观念大为改变。"一般人都认为农民比较保守和自私，现在也不然了。在评田的时候，干部们都自动报出正确的产量，起了带头作用；在分田的时候，一般也能使本身的利益服从全体。至于'协商'解决问题，更是普遍地实行了。"❹ 1951 年 11 月 6 日，《川北日报》从本日起开辟讨论"酆斯云思想"的专栏，批评教育乡村基层干部的"换班""松气"思想。该年 11 月至次年初，四川各地都对基层干部进行了类似的教育。中共重庆市委还于本月 22 日发出《关于加强农民教育的指示》，指出"农民教育的重点，是在

---

❶ 张海荣：《"苏联老大哥"形象的乡村建构（1949～1956）——以河北省若干县域为中心的考察》，《中共党史研究》2014 年第 5 期，第 105 页。

❷ 徐勇：《"宣传下乡"：中国共产党对乡土社会的动员与整合》，《中共党史研究》2010 年第 10 期，第 15 页。

❸ 靳道亮：《抗美援朝运动与乡村社会国家意识的塑造》，《史学月刊》2009 年第 10 期，第 64 页。

❹ 《重庆市郊区土改参观团第三组工作报告》，重庆市档案馆藏档，档案号：D－65－19。

于明确革命前途"。❶ 鄞斯云本人经过批评教育，思想认识有了新的提高。后来当了长乐区副区长，又到省委党校学习，追求进步，加入了共产党，认真学习文化，工作能力、思想觉悟和文化知识水平都有了很大提高。

农民内部表现并发扬阶级友爱和合作互助。在分农具家具中，重庆市郊区贫雇农和中农互相照顾，分田推多居少，变工互耕，普遍发动。谈到添购耕牛、种子、肥料等，都采取合作方式，或自动互助借助。一句话，翻身农民内部事务，都重以合作互助自行解决。农民的自私本性，在土地改革胜利过程中，已起着重大的变化。农村的妇女，多已变成积极分子。在划分阶级、评产量、分土地、分家具、斗争会、农民自卫队以及各种会议和学习会中，都涌现了许多坚决而勇敢的妇女。有一家庭妇女表示穿上解放装为最光荣。这表明农村妇女已经意识到农民翻了一个身，妇女却是翻了两个身的情形。❷

农民觉悟有了很大提高。重庆市郊区土改参观团第二组对农村有了新的了解："以前我们对农民弟兄姐妹们觉得他们落后愚昧无知，但是此次参观后，我们体会到他们一经教育是突飞猛进的，比如他们提到'打通思想''思想斗争''资料整理'，这些新名词，并不是口头上的表现，而的确是明白了。关于评产评田他们简直是'农业专家'。"❸ 雷海宗指出："土改中关于农民的新道德与新人格，可讲的实在太多。先讲一件最小的事。村政府所在地（农民普遍称它为村公所），现在村民可以完全自由地出入，其中的公物，大至家具，小至杯碟，他们可以随意动用，无人看管，无人干涉，但男女老幼的村民对此公物无不爱惜，与过去一般所认为'当然'的只爱惜私物而不爱惜公物的情形大不相同。"❹

中华人民共和国成立初期，西南民族地区土地改革并非乡村社会阶级矛盾激化的自然产物，而是外力嵌入和政治动员的结果。土地改革所要实现的目标，绝不只是土地的重新分配和新的土地制度的确立。在土地

❶ 《当代四川》编写组：《当代四川大事辑要》，四川人民出版社 1991 年版，第 39 页。
❷ 《重庆市郊区土改参观团第四组工作报告》，重庆市档案馆藏档，档案号：D-65-19。
❸ 《重庆市郊区土改参观团第二组工作报告》，重庆市档案馆藏档，档案号：D-65-19。
❹ 雷海宗：《土改中认识到的新农民》，李健民编：《土改的经验与心得》，实用出版社 1950 年版，第 33 页。

改革运动中，共产党成功地将阶级话语嵌入乡村社区，贫下中农则成为新的乡村政治精英并主宰乡村的话语权和行政权，彻底颠覆了传统乡村权力结构。针对西南地区农村部分农民和乡村干部松劲、换班思想，党和人民政府开展批评"李四喜思想"运动，按照中国共产党的政治意识形态，对乡村干部和农民进行思想政治教育，以灌输和宣传、鼓动、动员的方式加强意识形态在农民思维中的固化凝结，掌握了民间的话语权，纠正了"李四喜思想"，马克思主义意识形态开始嵌入农民的头脑，取得了显著的成效。

（二）加强农村基层党建

土地改革后，农业合作化的重要任务就是将农民组织起来。党的基层组织在中共组织体系中发挥着至关重要的作用，成为乡村治理的权力主体，"党组织对党员的有效管理、各项工作的顺利开展、上级决议的贯彻实施，都须通过基层党支部来进行。"❶ 农村基层党组织建设的状况如何，直接关系到党的执政基础和群众基础是否巩固。正如亨廷顿所说："共产党国家在建立政治秩序方面的相对成功，在很大程度上就是由于它们自觉地把建立政治组织一事摆在优先地位。在苏联，新经济政策的作用之一就是要赶在三十年代大力推行工业化和农业集体化之前，首先重建党的组织，加强党的力量，整训党的干部。"❷ 党组织是对传统乡村社会精英治理体制的现代替代物。在社会主义改造的特定条件下，以社会主义和爱国主义教育为主要内容的政治教育始终是基层党组织实施农民教育的主题。

中华人民共和国成立初期的农业合作化运动既是一场经济改革，也是一场政治革命。合作化过程中，乡村干部队伍急剧扩大，党员人数激增。土改后，乡村基层党组织涣散，乡村干部土改后存在急躁冒进、强迫命令和"揩油"等现象。土改后，"有的干部选择退出职位回家生产，有的则利用国家赋予他们的权力，在继续工作时不忘从中

---

❶ 李里峰：《抗战时期中国共产党的农村支部研究——以山东抗日根据地为例》，《中共党史研究》2010 年第 8 期，第 54 页。

❷ ［美］塞缪尔·P.亨廷顿：《变化社会中的政治秩序》，第 369 页。

渔利。"❶ 但是"与土地改革不同，合作化运动所涉及的正是'重组基层'，不仅要变革延续了数千年的私有制，而且要摒弃世代因袭的私有观念。而革命的对象，是农民自身。如此一来，运动的性质和目的就要从组织、依靠农民变转为'教育农民'，由于运动的目的、对象、方式已发生一系列变化，于是关注的视角和重点也就必然要从农民的觉醒过程转为觉悟过程"。❷ 西南民族地区合作化运动中加强农村党建原因有以下几点。

基层党组织涣散。以贵州为例，1955 年，据贵州各地反映，一般的新党员不够标准的数字比去年较多，个别县份有百分之十几的新党员不够标准。据遵义地委组织部报告：湄潭县委组织部检查第一季度发展的党员有 12% 不够标准，其中三区发展了 38 名新党员，不够标准的 11 名，占 29%。这些不够标准的党员绝大多数是觉悟低，对党的认识很差。❸ 贵州在发展新党员工作中是有缺点和错误的。一是盲目追求数量而降低质量，发展党员分布不平衡而不能适应工作发展的需要。盲目追求数量，降低党员质量的现象，据各地检查，个别地主、富农、反革命分子混入党内，这就削弱了党的战斗力，损害了党的纯洁性。二是对落后乡的建党工作重视不够，总是强调这些地区边沿、落后、复杂而不去做深入的艰苦工作，因而有的地区发展的党员过分集中，有的地区发展的党员则很少或没有党员。❹

干群关系恶化，脱离群众。江津转龙乡黄埉村二十几个村干、积极分子，为争要一个地主女子，闹不团结，工作停顿。江北一个村农会主任被地主掌握，曾吊打 9 个农民。干部与群众关系恶劣，大多数村干均有贪污、浪费、多分果实的现象，自以为领导土改有功而"刮群众的胡子"，致成上下脱离，组织涣散。❺ 一般村干脱离群众的原因有：贪污浪费斗争果实，分配斗争果实自私自利分好的或多分；作风不民主，态

❶ 张一平：《地权变动与社会重构：苏南土地改革研究（1949～1952）》，上海人民出版社 2009 年版，第 221 页。

❷ 杜国景：《合作化小说中的乡村故事与国家历史》，第 279 页。

❸ 中共贵州省委党史研究室、贵州省档案局（馆）编：《建国后贵州省重要文献选编（1955～1957）》（内部资料），第 100 页。

❹ 中共贵州省委党史研究室、贵州省档案局（馆）编：《建国后贵州省重要文献选编（1955～1957）》（内部资料），第 202 页。

❺ 《中国的土地改革》编辑部：《中国土地改革史料选编》，第 811 页。

度不好；松劲思想，不给群众解决问题；乱搞男女关系，失掉立场与地主女子勾搭。❶

主观主义、急躁冒进现象严重。合作化开始，一些乡村由松劲退坡的消极倾向转而出现对互助合作的命令主义、急躁冒进倾向。这就引起了农民群众的不安。在合作化运动中，贵州有些地方干部发生急躁情绪。自愿互利政策贯彻不够，执行民族政策不够；在组织集体生产中不全面，过分强调集体利益，忽视社员的个人利益，等等。这些缺点和错误的产生，从主观上检查，则是由于领导和干部中存在着主观主义、官僚主义和强迫命令所致。❷ 云南在发展互助合作过程中，也曾经因为干部作风上的主观主义发生过一些急躁倾向，部分地区一度产生贪多、图大、求快，有的地方甚至孤立办社，放弃对互助组和广大个体农民生产的领导，盲目搬用内地办社经验，忽视边疆实际状况和各民族的特点，在个别合作社中外来干部还有包办代替脱离群众的现象等。❸ 由于指导思想脱离实际，农业社发生了铺张浪费，过分强调集体利益忽视个人利益的偏向没有及时纠正，副业生产特别是家庭副业生产普遍下降的现象，挫伤了某些群众的积极性，影响了党与群众的联系。

健全有力的基层党组织是农村各项建设事业发展的组织保证，为了保证合作化运动的推行和提高乡村干部对国家政策的认同度，巩固党执政的重要基础，必须加强农村基层党建工作，对积极分子与候补党员进行思想规训，加强对农村党支部的管理。毛泽东指出："政治工作是一切经济工作的生命线。在社会经济制度发生根本变革的时期，尤其是这样。农业合作化运动，从一开始，就是一种严重的思想和政治的斗争。"❹ 农村建党与合作化是一个相互促进的过程。"农村建党的过程，实际上就是推动农村互助合作乃至集体化的过程。"❺ 合作化时期，西南民族地区采取措施，加强农村党建活动，使中共组织权力扎根乡村，颠覆了乡村社会政治结构。

---

❶ 《中国的土地改革》编辑部：《中国土地改革史料选编》，第813页。

❷ 中共贵州省委党史研究室、贵州省档案局（馆）编：《建国后贵州省重要文献选编（1955～1957）》（内部资料），第328页。

❸ 《云南农业合作制史料》第四卷《简史·大事记》，第303页。

❹ 《毛泽东文集》（第六卷），第449～450页。

❺ 何志明：《地权变动中的新区农村党建工作研究（1952～1954）——以川北达县为个案》，第264页。

首先，加强支部建设。党支部的主要任务是经常向农民进行政治思想教育，推动农村中各种组织去保证党的方针政策的贯彻执行和生产计划的完成。"村看村，户看户，群众看的是党支部。"党在乡村中的支部是执行党的方针政策的基层组织。党要通过农村支部去了解情况，使党的方针和政策同实际结合起来，指导群众的革命行动；要依靠农村支部去直接动员和组织农民群众，并且领导党员站在斗争的最前列，以模范行动带动群众前进；也要依靠农村支部去统一领导农村中任何繁重的工作任务，统一安排农村中各方面的工作，发挥各种组织的力量，有中心地有计划地进行工作。❶ 1955 年贵州新建支部 712 个，加上原建支部，全省农村支部有 6292 个。随着农业合作化及各项政治工作的迅速发展，支部工作能力有显著的提高，全省有 50% 左右的支部学会了建社与巩固社，据铜仁地委报告，"在一批办社中支部办的占 36.16%，二批办的社占 44.42%，三批办的社比重就更大了"。有的支部反映："去年说依靠支部是形式的，今年是真的，干部不包办了，我们也提高了，也用思想了，也有办法了。"同时也教育了县区干部。各地反映："支部不仅会办社，而且有的比脱产干部办的还好。"❷ 根据陆良县1955 年 5 月底检查，支部领导骨干强，党员思想上、组织上较一致，在各项工作中能发挥战斗堡垒作用的支部有 36 个，占 43.9%；落后支部 10 个，只占 12.2%。陆良县党支部能够成为农村中的战斗堡垒，首要的关键在于加强支部建设，不断提高党员思想觉悟，保证全党思想上的一致；加强支部的集体领导，健全支部组织生活和各项制度，经常加强和改进支部委员会、党员大会和党小组的生活和工作。❸ 因此，合作化运动中，西南各地加强农村基层党建，必须加强党的统一领导，加强对支部的具体领导，进行群众路线的教育，反对强迫命令作风，发挥党支部的战斗堡垒作用，提高支部的领导水平。

其次，召开互助合作会议，教育农民和乡村干部。1955 年，贵州

---

❶ 《依靠党的农村支部　办好农业生产合作社》，《云南日报》1955 年 11 月 3 日（第 1 版）。

❷ 中共贵州省委党史研究室、贵州省档案局（馆）编：《建国后贵州省重要文献选编（1955～1957）》（内部资料），第 204 页。

❸ 中共陆良县委员会：《加强农村支部建设工作》，《云南日报》1955 年 8 月 18 日（第 2 版）。

各地召开互助合作青年积极分子会议，通过先进人物的事迹介绍、表扬与奖励优秀团员和青年，反复对照讨论，对到会青年积极分子进行热爱社、关心社的利益、热爱劳动的教育。各地一般都选择了一些不同的先进人物和典型经验做了介绍。由于给青年们树立了热爱劳动、遵守社的纪律、爱护公共财物的先进的活榜样，因而提高了到会青年积极分子的社会主义觉悟。湄潭桥岭山农业生产合作社会计任永寿（团员），平常不好好劳动，犁田时光犁好犁的，铲坎坎时，光铲容易的。参加会议后，提高了认识，他说："不要说我今天是个团员，又当会计，就是个社员那样做也不要得啊！照这样下去，不但对社不得好处，我自家也没有什么益头。以后，我一定要改转来。"❶ 因此，只有召开互助合作会议，教育农民和乡村干部，提高支部的领导能力，才能保证合作化事业的胜利进行。

最后，交流工作经验。贵州通过总结工作、典型介绍，并经过充分讨论，交流了合作社团组织的工作经验，特别是怎样对青年进行政治思想教育工作的经验，解决了部分新社团员认为"建社后，团的工作也就完了"的思想。炉山和贵筑两县总结了在合作社中对青年进行思想教育的经验：第一，组织团员和青年参加讨论制订合作社生产计划，发动他们提合理化建议和学习生产经验，并通过这一工作对他们进行爱国主义教育和热爱社的教育；并在计划执行过程中，有意识地运用好人好事，随时通过各种方式，对青年进行热爱劳动、热爱集体的教育，发挥他们的积极性、创造性；第二，组织团员、青年参加社的生产总结，并结合总结团的工作，表扬优秀团员，提高他们对合作社的认识，坚定他们走合作化道路的信心。❷

合作化时期，西南民族地区加强农村基层党组织建设，对全体党员比较系统地、深入地进行了社会主义教育，提高了党员的社会主义觉悟与支部的战斗力，加强了党对农业合作化运动的领导。依据中央指示与贵州省农村党的基层组织情况，在各级党委统一布置下，紧紧结合中心工作，以粮食"三定"、互助合作为中心，结合整社对农村党的基层组

❶ 中共贵州省委党史研究室、贵州省档案局（馆）编：《建国后贵州省重要文献选编（1955～1957）》（内部资料），第8页。
❷ 中共贵州省委党史研究室、贵州省档案局（馆）编：《建国后贵州省重要文献选编（1955～1957）》（内部资料），第9页。

织有计划有领导地普遍进行了整顿，80% 以上的党员非常愉快地接受党的教育，其中缺点错误较为严重的，多数作了深刻检查，提高了社会主义觉悟，工作积极了，办社信心增强了，党内不团结的现象基本克服了，并增强了党的纪律性；进一步纯洁了党的组织，清除了混进党内的坏分子；健全了支部组织，改选了支部领导；有的并结合整党进行了对候补党员的转正工作。有的党员反映："好像洗了一次大澡"，"要不是整党，就要走绝道了"。❶

合作化时期乡村干部是党的各项政策在基层的具体执行者，是决定乡村秩序的重要力量。中华人民共和国成立之初，让文化程度原本不高的农民和乡村干部去理解集体主义、社会主义无疑是困难的。合作化时期，"在乡村干部不是国家干部的乡村经纪治理模式下，在经济理性是支配干部行为选择的基本原则下，在资源稀缺而且人情网络制约着乡村公共管理的环境和逻辑下，干部作为生存主体的需求与党的要求存在一定差距"。❷ 基层党建活动的开展，使广大基层干部放弃了原有的私有及乡土社区观念，而被完全整合到党和国家的建设蓝图之中，集体主义观念逐步成为新的社会价值取向。"一场革命最有意义的成就便是政治价值观和政治态度方面的迅速变化。"❸ 加强农村基层党建，加速了政党权力的乡村化，改变了乡村社会的政治结构。如贵州农村党建的开展，进一步纯洁和巩固了党的组织。对混入党内的阶级异己分子、反革命分子以及严重的违法乱纪屡教不改的流氓投机分子开除了党籍；对犯有严重错误的党员也分别进行了纪律处分。根据各地统计，三次整党，开除党籍与取消候补党员资格的占党员总数的 1.5%，受其他党纪处分的占党员总数的 1%。❹ 通过在农村建党、训练党员干部，并建立支部，党的组织末梢也随之延伸到了土地改革时尚未完全达到的乡村社会，从而全面实现了国家权力在乡村社会的下移，使集体主义、社会主义观念深入人心。合作化运动的一个重要后果就是将党的支部由乡镇一直延伸

---

❶　中共贵州省委党史研究室、贵州省档案局（馆）编：《建国后贵州省重要文献选编（1955~1957）》（内部资料），第 205 页。

❷　马维强、邓宏琴：《集体化时代乡村干部"反行为"研究——以山西平遥双口村为考察中心》，《华东师范大学学报（哲学社会科学版）》2015 年第 6 期，第 73 页。

❸　[美] 塞缪尔·P. 亨廷顿：《变化社会中的政治秩序》，第 283 页。

❹　中共贵州省委党史研究室、贵州省档案局（馆）编：《建国后贵州省重要文献选编（1955~1957）》（内部资料），第 260 页。

到村庄和生产单位。"支部建在村庄"和"支部建在生产单位"都是为了推动分散农民的组织化。❶ 具有浓厚意识形态色彩的、泛政治化的社会结构形态正在形成。"从土改到合作化过程中的运作逻辑，其间既有政治动员的推行，亦有观念自身蕴含的力量。共产主义一旦成为农村党员行动的思想指针，迅速带头走上合作化乃至集体化道路则是他们在理念支配下的行为选择。"❷ 农村党建工作的开展，提高了党在群众中的威信，密切了党与群众的关系，积极推动了正在开展的互助合作运动。从实施绩效观之，合作化时期树立了马克思主义意识形态在乡村日常生活中的主导地位，对农民、乡村干部的集体主义、社会主义教育基本达到了预期目标。

二、意识形态的重建

中华人民共和国成立初期是政治体系和意识形态构建的一个重要节点和关键时期，党在意识形态领域进行了大力改造，以获取在价值层面的持久认同。"政治体系是社会体系中唯一与实现目标功能有关的部分。如同任何此类体系一样，政治体系具有构成结构的各种因素——价值观、规范、集合体和角色，以及它不断予以规定和维护的界定。"❸ 中华人民共和国成立初期，西南民族地区土地制度的变革引发了乡村社会新的政治体系和社会意识结构的形成，改变了农民的乡土地方意识和家族意识，对于国家意识形态全面向乡村灌输有着重要作用。"理念是制度的精神和灵魂，制度是理念的物化和体现。"❹ 随着土地改革和合作化运动的进行，西南民族地区土地制度的变革强化了民族地区乡村社会成员的主体和参与意识，提高了农民政治觉悟。"新政权要想对传统社会结构进行彻底改造和重组，必须冲决统文化网络，进行价值重构。"❺ "革命既是以新政权代替旧政权的过程，也是确立全新的价值规范、伦

---

❶ 徐勇：《"政党下乡"：现代国家对乡土的整合》，《学术月刊》2007年第8期，第15页。

❷ 何志明：《地权变动中的新区农村党建工作研究（1952～1954）——以川北达县为个案》，《中南大学学报（社会科学版）》2014年第3期，第264页。

❸ ［美］安东尼·奥罗姆：《政治社会学》，张华青等译，第104页。

❹ 高冬梅：《新中国成立初期中国共产党社会救助思想与实践研究（1949～1956）》，第70页。

❺ 朱新山：《乡村社会结构变动与组织重构》，第81页。

理道德的过程，即以革命伦理替代旧伦理的过程。"❶ 中华人民共和国成立初期，乡村社会得到了大规模的改造与重建，党不断灌输和强化公众的社会主义信念和集体主义观，将其政治意识形态下沉于民间社会，以马克思主义为指导的意识形态在民族地区得以确立。

（一）精神生活的变化

中华人民共和国成立初期，西南民族地区在党和人民政府的领导下，通过引入"阶级"分类框架颠覆和重建乡村社区的社会分化体系和农民的身份体系，强化了民族地区乡村社会成员的主体和参与意识，个人、家庭与国家的关系紧密起来，提高了农民政治觉悟，人们的精神生活发生了重大变化。

中华人民共和国成立初期，土地改革实现了国家权力下沉到乡村社会。一个外来的政治力量如何把农民动员起来，使其成为社会变革的积极参与者，这是近代中国政治舞台上任何力图有所作为的政治力量面临的一个最具挑战性的问题。❷ "不懂得从群众的迫切要求出发，只会自上而下地'搬'和'套'，就不可能有自下而上的群众行动。但是，只懂得从群众的迫切要求出发了，而不懂得把大多数群众的迫切要求统一起来，去发动大多数群众起来行动，也不可能有极其广泛的轰轰烈烈的群众运动。这就是过去所苦恼的'单打一'或'零敲碎打'的关键所在。"❸ 土地改革时期，"革命被建构成为一种与自由、解放、翻身、新生等意涵相关联的主流政治文化"❹。在传统中国乡村社会长期的生产、生活实践中，农民形成比较固定的信仰和习俗，传统乡村社会的封闭性，造成农民群众政治意识比较淡薄及思想意识上的狭隘性。因此，中华人民共和国成立初期，中国共产党在进行社会改革时，不仅需要改造中国的社会经济制度，而且必须改变人们的习惯、传统和思想。"传统制度的解体可能会导致社会心理上的涣散和沉沦颓废，而这种涣散和沉

---

❶ 贾滕：《乡村社会秩序重构及灾害应对——以淮河流域商水县土地改革为例（1947～1954）》，第 244 页。

❷ 参见何高潮：《地主·农民·共产党——社会博弈论分析》，香港牛津大学出版社1997 年版，第 1 页。

❸ 《深入发动群众中的几个问题》，《云南日报》1951 年 2 月 26 日（第 2 版）。

❹ 王奇生：《革命与反革命：社会文化视野下的民国政治》，第 101 页。

沦颓废又反过来形成对新的认同和忠诚的要求。"❶　"只要存在着赞同，那么对权力与权利的同一性的判断就将一直延续下去。如果这种赞同被收回，那么这将构成政治缺乏合法性的标志。"❷　著名学者哈贝马斯认为："合法性就是承认一个政治制度的尊严性。"❸　任何政府、政党只有赢得社会成员广泛的政治认同，才能形成凝聚力。

中华人民共和国成立初期，土地改革颠覆农村传统的伦理价值和文化观念，强化对乡村社会的国家意识培养，加强农民的阶级意识，使农民确立起爱国思想和国家观念。土地改革通过从物质利益延伸到政治心理的关系建构，推动了国家权威对农村社会的动员力和整合力，国家实现了对乡村社会的政治整合。

土地改革中，为了摧毁农村中的传统权力结构，实现党的政治目标，重建乡村政治秩序，西南民族地区各地发动群众诉苦。"诉苦使农民的苦难从私域走向公域，将生存竞争转化为阶级矛盾。"❹　诉苦作为一种革命仪式，成为一种普遍性政治行为。"诉苦领导者通过通俗而有力的政治口号，确立了诉苦光荣的舆论空间，这是话语的力量；通过集体开会和典型示范，削弱了农民群众的种种顾虑，这是组织的力量；通过苦主选择和会场布置，营造了苦大仇深的氛围、激发了农民的愤怒与仇恨，这是情感的力量；通过诉苦与分配、诉苦与算账相结合，打破了可能出现的僵局，这是理性的力量；通过追挖苦根和道德归罪，使农民的苦难有了宣泄的对象，这是逻辑的力量。"❺　"通过诉苦，党成功地把阶级概念植入乡村社会，催生出了农民的阶级意识，因而在农民政治心理世界中激起了对原有政治秩序的憎恨和对新政权的拥护与爱戴，使农民摆脱了乡村传统的束缚，形成了对共产党政权的高度认同和忠诚。"❻

---

❶　[美] 塞缪尔·P. 亨廷顿：《变化社会中的政治秩序》，王冠华等译，第35页。

❷　[法] 让－马克·夸克：《合法性与政治》，佟心平、王远飞译，中央编译出版社2002年版，第18页。

❸　[德] 尤尔根·哈贝马斯：《重建历史难物主义》，郭官义译，社会科学文献出版社2000年版，第262页。

❹　张一平：《新区土改中的村庄动员与社会分层——以建国初期的苏南为中心》，《清华大学学报（哲学社会科学版）》2010年第2期，第54页。

❺　李里峰：《土改中的诉苦：一种民众动员技术的微观分析》，《南京大学学报（哲学·人文科学·社会科学版）》，第109页。

❻　彭正德：《土改中的诉苦：农民政治认同形成的一种心理机制——以湖南省醴陵县为个案》，《中共党史研究》2009年第6期，第112页。

诉苦把阶级概念植入乡村社会，打破了农村传统的权力的文化网络，提高了农民的政治觉悟。"通过这些物质对人们感官上的刺激，党和国家的启示与思想在基层获得了一种穿透力。也正是在通过像食品之类的物质所带来的最基础的感官与体验，国家的意识形态逐渐内化成为人们身体的一部分。"❶ 农民头脑中催生出了阶级意识，产生了新的政治认同。

中华人民共和国成立初期，土地改革一个重要目的就是要把处于离散状态的乡村社会，纳入国家主导的现代化进程中，从思想意识上激发乡村社会农民参与国家政治事务的积极性，促使农民改变心态、转变立场，强化农民的阶级、政党和国家意识。土地改革时期，农民一般地学会了"翻身靠自己""打铁还靠自身硬"的道理。学会了什么是阶级，学会了依靠贫雇农，团结中农，遇事要问"对谁有利？对谁有害？""他是哪个阶级？""是自家人，还是地主？"正如武定一个农民代表说："翻身有了共产党领导，还是要靠自己翻。好人（意指穷苦的劳动人民）与坏人要分开，不要狗吃牛屎图多，眉毛胡子一把连整，是不行的。"❷ 阶级关系在乡村基层社会的最终形成直接导致了传统社会结构的缺失与错位。"从表面上看，土地改革不过是划下新一轮家际竞争的起跑线，于竞争规则并无实质性改变。但是，如果我们超越经济角度，聚焦土改过程对于农民文化观念的冲击，就会发现这场运动事实上已经埋下了很多今后改变竞争规则（分化规则）的种子。"❸ 土地改革引起了乡村社会政治和阶级结构的变动，冲击了农民原有的文化观念，提升了农民与新国家之间的融合度，促进了乡村社会现代民主政治因素的生长。

中华人民共和国成立初期，西南民族地区土地改革打破了传统社会中的家族血缘关系的纽带，使国家的形象和权威渗入乡村农民的日常生活，从思想意识上对乡村社会进行了培养与训练。土地改革时期，文化娱乐活动，如打腰鼓、唱歌，在重庆市郊区都是相当普遍的事。杨九镇农民集体做了一首"农民翻身十二唱"，是一首普遍传唱的歌，其中插

❶ 汤芸：《民主改革口述史中的"人"与"物"》，《西南民族大学学报（人文社科版）》2008年6期。
❷ 康峻：《农村在变化中》，《云南日报》1951年1月1日（第5版）。
❸ 卢晖临：《集体化与农民平均主义心态的形成——关于房屋的故事》，《社会学研究》2006年第6期，第158页。

入土话，其用词恰当得很。例如："加租加押放大利"的"放大利"，"龟儿子蒋匪垮了杆"的"垮了杆"，多么清楚明白。❶ 正如韩丁描述的那样："这种转变对少地和无地农民的思想和信念产生了巨大的影响，使他们生平第一次感觉到多少能够掌握自己的命运了。他们睡在自己的房屋里，走在自己的土地上，撒着自己的种子，盼望着自己的收成。"❷ 政治上的"翻身感"，培养了农民的阶级意识，提高了他们的阶级觉悟，也极大地促进了农民对新政权的认同。

中华人民共和国成立初期，土地改革成为乡村社会与国家联系的重要步骤。通过引入"阶级"分类框架颠覆和重建乡村社区的社会分化体系和农民的身份体系，西南民族地区改变了村社传统伦理，个人、家庭与国家的关系紧密起来，对乡村社会国家意识的培养，为合作化运动奠定了强有力的思想基础。

（二）主流意识形态的确立

中华人民共和国成立初期党的意识形态工作的中心内容之一是向农民进行政治教育，在广大的农村地区确立起马克思主义指导的意识形态的主流地位。主流意识形态是指统治阶级或社会利益集团在对社会经济形态、政治制度和文化生活等做出自觉反应过程中所运用的思想观念、价值体系、心理认知、精神指向和理论学说等的总称。❸ 合作化运动开始后，国家倡导和强调社会主义理念的意识形态建构及其在社会运作中的积极实践，将宣传工作延伸到农村基层社会和农民的心理深层，淡化小农意识，组织化程度日趋增强，养成集体意识和团结意识等社会主义意识形态。整个乡村社会以党的组织网络为基础实现了全面的组织化管理。

小农经济体制由于自身的局限性，决定了劳动的自主性、个体性，不能从根本上解决农民的贫困问题。农民存在根深蒂固的传统私有观念，只有改变农民的私有观念，强化互助合作意识，改变农民经济的个体认同，集体主义成为农民的主导性观念，才能推动合作化运动的顺利进行。合作化时期，西南地区"对于农村大批基层干部及互助合作运动

---

❶ 《重庆市郊区土改参观团第三组工作报告》，重庆市档案馆藏档，档案号：D–65–19。

❷ ［美］韩丁：《翻身——中国一个村庄的革命纪实》，韩倞等译，第176页。

❸ 牟成文：《中国农民意识形态的变迁：以鄂东A村为个案》，第184页。

中的骨干分子、互助组长、生产模范等，进行充分的政治的思想的教育工作，主要的是经常地、适当地召开农民代表会、劳模分子会、互助组长或生产积极分子代表会议进行教育，或举办短期轮训班的办法加以分批轮训"。在云南，农业生产合作社的迅速发展，使农民的思想觉悟也有了很大的提高，特别是由于集体劳动的教育，使每个农民懂得了"互助"这个名词的崇高意义，它带给了人们的幸福和快乐，小私有者的自私自利思想在逐渐得到克服。集体劳动不仅改变了个体劳动的习惯，而且在人与人之间的关系上也显得更加密切了。❶ 1953 年冬，中央公布了党在过渡时期的总路线，贵州各地大张旗鼓地进行了宣传，广大农民的政治觉悟程度大为提高，他们说小农经济是"牛迹窝的水，经不住三个太阳"，"墙头上的草，风吹就要倒"；他们歌颂社会主义的农业经济是"流不尽的自流井"，认为只有通过社会主义改造这个"天梯"，才能达到社会主义的"天堂"。这就为发展农业生产合作社奠定了思想基础。❷因此，合作化过程中，西南各地必须加强农业生产合作社的政治工作，经常以集体主义教育社员，认识合作社的性质、目的，个人利益与集体利益的一致性，才能提高群众政治思想觉悟，推进合作化运动。

合作化运动促进了农村社会的组织化和规范化，控制了基层社会中的广大民众，强化了农民对党和国家的政治认同。合作化运动中，农民在改变客观世界的同时，自己的主观认识也不断发生改变。"信任关系是最重要的社会资本，它可以作为主体自身的延伸，增强主体行动的有效性。"❸ 中华人民共和国成立初期，中共对马克思主义在民族地区的传播工作高度重视，将其作为教育农民、重建乡村社会意识形态的重要内容，并使乡村社会成员按照党的政治意识形态进行活动。

合作化时期，西南民族地区在思想文化领域开始开展马克思主义意识形态建设，这是因为："人们自觉地或不自觉地，归根到底总是从他们阶级地位所依据的实际关系中——从他们进行生产和交换的经济关系

---

❶ 何伟：《农业合作化给宜良县带来的新变化》，《云南日报》1955 年 9 月 30 日（第 3 版）。

❷ 中共贵州省委党史研究室、贵州省档案局（馆）编：《建国后贵州省重要文献选编（1955～1957）》（内部资料），第 242 页。

❸ 时和兴：《关系、限度、制度：政治发展过程中的国家与社会》，第 250 页。

中，获得自己的伦理观念。"❶ "根深蒂固的旧思想、旧观念、旧伦理、旧道德不会随着新政权的建立就立即退出历史的舞台，意识形态观念的没有硝烟的战争，意味着新旧伦理观念的更替确实是一件非常艰难的事情。"❷ 在党和人民政府的领导下，西南民族地区农村大力开展集体主义、社会主义教育，逐步树立了马克思主义意识形态在乡村日常生活中的主导地位。

合作化时期，乡村干部是党的各项政策在基层的具体执行者，成为继续贯彻党的方针政策的关键对象。共产党选拔乡村干部注重对党的意识形态的忠诚和信仰。合作化运动的集体经济，需要习惯于自由散漫的民众转变伦理观念。这是因为："组织并非是一种自然形成的现象，而是人为的一种建构，解决集体行动的问题，合作的问题……这种合作只是要运用集体的力量来解决大家所面对的共同的难题。"❸ 为了让农民和乡村干部认同合作化政策，党在乡村社会进行了广泛、深入的政治动员，各地党组织因势利导，深入开展过渡时期总路线及集体主义、社会主义教育。农民和乡村干部的集体主义教育，使群众不仅了解了党的方针政策，而且有了比较高的政治参与的热情和能力，农民政治意识的增强使他们拥护中国共产党的领导，并逐渐认同和接受了社会主义思想，积极推动了正在开展的互助合作运动。

中华人民共和国成立初期，基层党组织逐步成为乡村治理的权力主体。在合作化运动中，党在乡村逐步建立乡党支部和村分支部，党的组织开始从乡向村庄延伸。如四川农村党组织 1954 年 9 月和 10 月，吸收了两万多名先进农民加入了共产党，四川建立支部的乡达到 90%。贵州基层党支部帮助各乡建立了 3500 多个农业合作社，发展了大批办社骨干入党。❹ 到 1956 年底，党的基层组织基本实现了在乡、村两级的全覆盖，党的组织扩展和深入到每个村庄。有研究者指出：真正实现中共权力乡村化的，并非"改天换地"的土地改革，而是和农业合作化相

---

❶ 《马克思恩格斯选集》（第三卷），人民出版社 1995 年版，第 434 页。

❷ 曹金合：《十七年合作化小说的叙事伦理研究》，第 56 页。

❸ ［法］米歇尔·克罗齐耶、艾哈尔·费埃德伯格：《行动者与系统——集体行动的政治学》，张月等译，上海人民出版社 2007 年版，第 2～3 页。

❹ 马社香：《中国农业合作化运动口述史》，中央文献出版社 2012 年版，第 298 页。

伴随的农村建党。❶ 基层党组织的扩充，从组织上、制度上密切了党与农民的联系，巩固了彼此的政治信任，改变了农村传统的权力结构、社会组织结构和政治生态，夯实了党执政的组织基础，实现了对乡村社会的有效整合。

农业合作化运动是土地改革之后国家权力对乡村社会和农民思想的一次重大介入。国家通过对土地所有制等经济制度的改造和意识形态的动员，建立了以集体经济为基础的"集权式乡村动员体制"。❷ 党和政府高度重视对旧的文化教育事业的改造和发展新的文化教育事业。"权力的使用尤其取决于物质资源量、公民的忠诚程度以及个人对社会最高价值观的信仰程度。"❸ 国家制度性的诱导引发了乡村干部和农民对社会主义理想信念的向往和追求，农民地位得到了前所未有的提高，认同合作化政策的社会心理基础不断扩大，建立了一种与新的社会制度相适应的社会文化观念和良好的社会风尚。贵州经过思想政治教育，各族人民进一步认识到了合作化的优越性，有力地推动了粮食征购工作，大大提高了干部和社员的思想觉悟，激发了社员的生产积极性。社员的出勤率一般达到80% ~90%以上，较1956年冬季提高了30% ~40%，原来对社有意见的满意了；原来要求退社的绝大多数不退了；有些已经退社的人又回到了合作社来。❹ 集体观念逐步成为广大农民新的社会价值观念，其潜在的政治参与热情被激发出来。新的伦理观念是从实际生活中人与人之间的交往关系中获得的。

中华人民共和国成立初期，国家政权以两种形式来构建自己的威信，一种是经济建设，另一种则是意识形态的塑造。❺ 在乡村土地改革、合作化运动这一社会变迁过程中，不仅塑造了一种组织形态，改变了土地所有制关系，同时它也塑造了一种村庄"集体主义"的文化意

❶　满永：《二十世纪五十年代的农村建党——以安徽省为中心的考察》，《中共党史研究》2015年第11期，第39页。

❷　于建嵘：《岳村政治——转型期中国乡村政治结构的变迁》，第218页。

❸　［美］安东尼·奥罗姆：《政治社会学》，张华青等译，第105页。

❹　中共贵州省委党史研究室、贵州省档案局（馆）编：《建国后贵州省重要文献选编（1955~1957）》（内部资料），第487页。

❺　邱泽奇：《建构与分化：当代中国社会结构的过程》，转引自朱冬亮：《社会变迁中的村级土地制度：闽西北将乐县安仁乡个案研究》，第17页。

义模式。❶ 农业合作化运动，健全了农村基层党支部，提倡社会主义、集体主义、共产主义理想教育以取代传统社会狭隘的宗族意识和民间信仰。合作化不是一种简单的意识形态逻辑。社会学家迪尔凯姆认为，把个体连接在一起的既不是卢梭的"理性契约"，也不是孔德的"国家强力"，更不是斯宾塞的"自由竞争"，而是社会成员的共同信仰、道德规范和价值标准，即"集体意识"。❷ 中华人民共和国成立初期，在西南民族地区，马克思主义的阶级观念与国家意识逐步为农民所接受与认同。"共产党的阶级话语在农村主要通过土改产生的新旧对比和互助合作化运动中的集体劳动不断加深。社会主义性质的农业集体化意识正是中共在乡村进行话语转换的最佳的实践选择，这为中共在乡村建立一套新的公有话语体系奠定了基础。"❸ 党的意识形态和阶级观念为重建乡村权力网络、培育新的乡村精英提供了思想和文化基础，"农业合作化之所以能够成功地给中国农村带来一场翻天覆地的变革，当然得力于新政权的权威及自上而下的强力发动。但除此之外，还要看到它的意识形态属性"❹。中华人民共和国成立初期，西南民族地区马克思主义、毛泽东思想逐步上升为农村社会的主导意识形态，从而培育了基层政权公信力的价值认同基础。

三、扫盲运动与文化翻身

文化教育对于社会进步与发展的重要性是毋庸置疑的。美国政治学者塞缪尔·亨廷顿认为文化促进了人类的进步，同样丹尼儿·帕特里克·莫伊尼汉也认为："对于一个社会的成功起决定作用的，是文化，而不是政治。"❺ 中华人民共和国成立初期，为了提高广大农民的文化素质和思想觉悟，改变农村落后面貌，西南民族地区在党和人民政府的领导下，采取措施，有计划、有步骤地开展大规模的扫除文盲运动，改

---

❶ 陈吉元、胡必亮主编：《当代中国的村庄经济与村落文化》，山西经济出版社1996年版，第218页。

❷ 张敦福：《现代社会学教程》，高等教育出版社2001年版，第36页。转引自高冬梅：《新中国成立初期中国共产党社会救助思想与实践研究（1949～1956）》，第262页。

❸ 史海泉：《土地改革与乡村变迁——以西北边疆为视角》，第196页。

❹ 杜国景：《合作化小说中的乡村故事与国家历史》，第62页。

❺ 转引自叶明文：《土地政策的政治逻辑：农民、政权与中国现代化》，第83页。

变了广大农民的精神面貌，农村社会发生了巨大的变化，农民获得了文化翻身。

（一）扫盲运动的开展

中华人民共和国成立初期，西南民族地区土地制度发生变革，随着土地改革和合作化运动的进行，民族地区农村提倡并大力推行识字运动，制定计划，有序开展扫除文盲运动，农村愚昧落后状态迅速改变，农民通过文化学习第一次获得了话语权，政治和文化素质得到提高，扫盲运动取得了显著成效。

1. 开展扫盲运动原因

中华人民共和国成立前，广大的西南民族地区农村处于愚昧落后状态，文盲和半文盲依然占绝大多数。在贵州雷公山"超短裙"苗族地区，国民党统治时期，政府当局为了表示边胞教育的"业绩"，曾下令要该地区每寨派一个人去读书，结果谁也不愿去，最后是大家出钱请人"代读书"。因此，这里解放前的文盲率是100%。❶ 民国时期，政府当局曾在西康大部分县办有小学，强迫少数民族学汉文汉语，结果形成"学差"。除巴安办了学校，曾有二三百人能懂汉文外，其他各地所办学校均无多大成绩。在大凉山彝区，因国民党政府当局用学生做"人质"，彝民都不敢出来读书，只有一个黑彝土司，办了一所小学，有100多人能懂汉文，但亦为数不多。❷

平亭村在解放前没有学校，识字的人也不多。据调查，1948年全村共有271人，识字的只有21人（相当于高小和初小文化水平的10人，初识文字的11人），识字的人只占人口总数的7.7%，其中地主、富农占的比重较大，中、贫农较少，雇农中没有一人识字。❸ 中华人民共和国成立后，黔东南地区成立了镇远专署，下辖天柱、施秉、黄平、炉山、三穗、剑河等12县，专署曾对各县农民文盲状况进行调查，结果：老年文盲占老年人总数的95%，壮年文盲占壮年总数的93%，青

---

❶ 李廷贵：《雷公山上的苗家》，贵州民族出版社1991年版，第28页。

❷ 《中央民族访问团访问西南各民族的总结报告》，《云南日报》1951年7月24日（第4版）。

❸ 贵州省编辑组：《布依族社会历史调查》，贵州民族出版社1986年版，第38页。

年文盲则占青年总数的 68%。❶

中华人民共和国成立初期，西南民族地区广大农村中文盲、半文盲普遍存在的现实难以适应国家社会经济发展的要求，为迅速提高农民的文化水平和政治素质，开展大规模的农村文化教育，在广大人民群众中有组织地开展扫盲运动势在必行。扫除文盲的工作成为中华人民共和国成立初期西南民族地区十分迫切的任务之一。

2. 扫盲措施及成效

中华人民共和国成立之初，中国共产党的政治理想和乡村社会的现实之间，差距可以说是巨大的。鉴于农村文盲人数多，不利于开展各项建设事业的局面，毛泽东曾乐观地指出："随着经济建设的高潮的到来，不可避免地将要出现一个文化建设的高潮。中国人被人认为不文明的时代已经过去了，我们将以一个具有高度文化的民族出现于世界。"❷

在党和人民政府的领导下，中央和地方各级人民政府发布了一系列开展扫盲运动和农民社会教育的方针、政策、措施。1949 年 12 月 5 日，教育部发出《关于开展 1949 年冬学工作的指示》，指出：冬学文化教育的内容应当以识字为主。可能时还可以加入适当的卫生常识教育和春节文艺娱乐活动的准备。为了扩大冬学教育的效果，应当在冬学中有计划地建立识字组、读报组等类经常的组织，并选择条件较好的冬学有准备地在冬学结束以后转变为经常的农民半日学校、农民夜校。❸ 指示还强调农村冬学运动是团结教育农民的有力武器之一，要求地方政府组织冬学机构，加强领导扫盲工作。1950 年召开的第一次全国工农教育会议正式作出"推行识字教育，逐步减少文盲"的决议。1952 年 9 月 13 日，中共中央发出《关于推行速成识字法开展扫除文盲运动的指示》，指出：农民主要是集中使用冬闲时期，每日以整日或半日时间突击学习。各地可根据具体情况采取分片、分期、分批等方式进行。一般讲，可先在工作有基础和条件较好、有常年民校的地区进行，然后再推

---

❶ 范连生：《革命语境下的文化翻身——评建国初期黔东南少数民族地区农村的扫盲运动》，《贵州社会科学》2008 年第 11 期，第 103 页。

❷ 《毛泽东文集》（第五卷），人民出版社 1996 年版，第 345 页。

❸ 《关于开展 1949 年冬学工作的指示》1949 年 12 月 5 日，高等教育部办公厅编：《教育文献法令汇编》（1949～1952 年），第 263 页。

及其他地方，先扫除略识文字的半文盲，然后使用这批力量来扫除完全不识字的文盲。❶ 1954 年 8 月，教育部和教育工作委员会召开第一次全国农民文化教育会议，提出为适应互助合作运动制定农民业余教育计划和扫盲的要求。1955 年 6 月，国务院发出关于加强农村业余文化教育的指示，要求开展农村扫盲，服务于社会主义改造和农业生产。❷ 1956 年 3 月 19 日，中共中央、国务院作出了《关于扫除文盲的决定》，指出：在少数民族地区和条件特殊困难的地区，应该根据具体情况确定扫除文盲的计划和速度。农村扫除文盲的任务特别艰巨，这就要求各地组织更大和更多的力量来进行这方面的工作。决定强调：识字教育必须贯彻执行"联系实际，学以致用"的原则。在农村，教学内容应该由近及远。第一步，应该适应当前农业合作化最迫切的需要，即记工的需要，教学本村本乡的人名、地名、合作社名、工具名、农活名、庄稼名、数词、量词和其他急切需用的语词，大约两三百个字。第二步，把教学内容扩大到以本县或者本专区的常见事物和常用语词做中心，加上一些本省和全国性的常见事物和常用语词，也只要几百个字。第三步，再把教学内容扩大到以本省的常见事物和常用语词做中心，加上一部分全国性的常见事物和常用语词，大约几百个字。❸

中华人民共和国成立初期，西南地区各省人民政府和相关部门相继发出了开展扫盲运动的政策、措施。以贵州省为例。1950 年 12 月，省人民政府发出开展冬学的训令，指出："凡地方革命秩序已经巩固，匪特已经肃清，群众已经发动，农协已经组织成立者，都可开展试办。"❹ 根据 1950 年 12 月 14 日政务院批准的《关于开展农民业余教育的指示》，贵州省人民政府制定了《1951 年贵州农民业余教育工作计划》，提出本年先从开始进行土改的区、乡、保比较完整的小学为阵地试办，开展农民教育。❺ 1951 年 10 月 22 日，贵州省人民政府又发出《关于

---

❶ 《新中国成立初期中共中央关于扫除文盲工作文献选载》（一九五二年九月～一九五六年三月），《党的文献》2012 年第 5 期，第 4 页。

❷ 刘立德、谢春风主编：《新中国扫盲教育史纲》，安徽教育出版社 2006 年版，第 33 页。

❸ 《新中国成立初期中共中央关于扫除文盲工作文献选载》（一九五二年九月～一九五六年三月），《党的文献》2012 年第 5 期，第 14 页。

❹ 《贵州省人民政府关于开展农村冬学的指示》，《新黔日报》1950 年 12 月 18 日（第 2 版）。

❺ 贵州省地方志编纂委员会：《贵州省志·教育志》，第 420 页。

1951年开展农村冬学的指示》，指出农村冬学的主要对象，是农村中的雇农、贫农、中农及农村中赞成反封建的群众，尤其是参加农民协会的会员。农民参加冬学，以自觉自愿为原则。冬学学习时间，一般为三个月。教师实行"以民教民"的方针。办学形式，应因地制宜，照顾农民生产、居住及生活的方便。❶ 1952年2月，贵州省人民政府发出《关于1951年冬学转为常年农民业余学校的指示》，要求冬学逐渐转为常年民校，其条件是：有一定的群众教师基础或专职教师；当地小学教师在辅助教学上能起到一定作用；学员学习情绪普遍高涨和有一定成绩；群众有自觉的基础，愿意挤出时间进行常年学习。❷ 贵州省教育厅于1956年2月4日发出《大力开展农村扫盲运动、加强具体领导的通知》，强调做好以下工作：第一，要加强扫盲的宣传工作，做到"层层发动、村村发动"，使扫盲运动真正成为一种群众性的运动。第二，注意巩固工作，使入学的人尽可能坚持下去。坚持经常学习，是扫除文盲的一个重要问题。今后农民业余学习不再分冬学、民校，必须坚持常年学习，各地应加强这一工作的领导，及时解决有关坚持常年学习中的问题。第三，各地应迅速地、普遍地建立扫盲协会。❸

除了上述扫盲政策指令外，西南民族地区各级政府还采取一些具体措施，解决扫盲组织领导机构、经费教材及师资等问题。

首先，成立扫盲机构。1952年9月13日，中共中央发出《关于推行速成识字法开展扫除文盲运动的指示》，要求从中央到县"均设立扫除文盲委员会"，除扫除文盲委员会外，应组织各级扫除文盲协会，广泛吸收一切愿意参加扫盲工作的各类知识分子与社会人士参加扫盲工作队，担任宣传、组织与教学工作（不能担负一定工作者不要参加）。从中央到各大行政区、省、专、市、县、区、村，以至工厂、机关、学校均可成立扫盲协会。❹ 贵州省人民政府1953年成立了"扫除文盲工作委员会"，各专署（市）、县人民政府也先后成立了扫除文盲工作委员

❶ 陈璨、包中：《贵州扫盲教育》，贵州教育出版社2007年版，第7页。

❷ 贵州省地方志编纂委员会：《贵州省志·教育志》，贵州人民出版社1990年版，第420页。

❸ 贵州省教育厅：《大力开展农村扫盲运动、加强具体领导的通知》1956年2月4日，黔东南州档案馆馆藏档案，档案号：28-1-226。

❹《新中国成立初期中共中央关于扫除文盲工作文献选载》（一九五二年九月～一九五六年三月），《党的文献》2012年第5期，第5页。

会，并配备了专职干部，成立领导扫盲运动机构。

其次，解决经费和教材问题。对于扫盲运动所需经费，除一部分由群众自愿负担外，由国家拨出专款。但民族地区扫盲经费一般由当地自筹。如云南元江那诺村农民新盖了一间草房做教室，江川乐家营乡农民自动组织起来挑柴、割茅草卖钱，解决民校的经费问题。❶ 教材一般由各地自编。教材提纲由省或专区教育机关负责编发，以向冬学教师传授。1956 年贵州省教育厅组织编写了政治性强、形式活泼、简单明了、易学易记并符合识字规律的《农民记工识字课本》三册。纯文盲从第一册学起，约 110 课时，初步解决记工识字问题；识 300 ~ 400 字者可从第二册学起，约 150 课时，进一步掌握识字、写字规律，逐步学写农村应用文，进一步普及记工识字、写便条、看分配决算表等知识；识1000 字左右的半文盲可从第三册学起，约需 180 课时，仍以识字、写字教学为重点，加强字、词、句的基本训练，初步培养学员阅读写作能力。学完全部课本能认 1500 多常用汉字，能大体上阅读浅近通俗书报，写简单农村应用文，达到脱盲标准。❷ 许多地方的区乡干部、民师编出课本后，采取边教边抄或发动群众抄写，解决课本缺乏的困难。❸

再次，解决师资问题。扫盲运动中，西南民族地区农村师资比较短缺。各地一般都组织干部、宣传员或具有一定文化政治水平的小学教师担任讲课教师，让他们成为开展冬学工作的骨干，以县为单位短期集训冬学教师，规定教育内容和方法等。各地发动识字较多的农民、中学生及高年级小学生教人识字。少数民族地区，凡是当地群众自愿以汉字进行扫盲的，满足他们的要求，积极组织他们入学，但在教学中，切实照顾民族特点，并尽可能地由本民族老师担任教学工作。❹ 许多地方，出现了夫妻、父子、亲属互教互学的典型事例。

最后，成立文化馆（站）。中华人民共和国成立初期，西南民族地区成立了一些文化馆，其目的是为了开展群众文化活动，并给群众文娱活动提供场所。如 1955 年 5 月 4 日，德宏傣族、景颇族自治区文化馆

---

❶ 《全省已有 152 万农民学文化》，《云南日报》1956 年 3 月 10 日（第 1 版）。

❷ 陈璨、包中：《贵州扫盲教育》，第 11 页。

❸ 《全省已有 152 万农民学文化》，《云南日报》1956 年 3 月 10 日（第 1 版）。

❹ 中共贵州省委党史研究室、贵州省档案局（馆）编：《建国后贵州省重要文献选编（1955 ~ 1957）》（内部资料），第 367 页。

正式成立，文化馆内设有图书阅览室，备有各种娱乐的用具、幻灯等，以供各族人民业余学习和娱乐之用。文化馆逐步开展街头广播和各种文娱活动，开展识字教育，举办科学知识和时事政策的讲座。文化馆的成立，受到了各族人民的热烈欢迎，纷纷说："只有在共产党的领导下，才会这样的关心我们边疆各族人民的文化生活。"❶ 中共陇川县工委会以邦瓦、岗巴、景哏为中心，帮助景颇族人民建立了3个文化站。文化站的周围包括四五个乡，有1000多户人口。每乡工作组，定时到站汇报和研究工作。1956年2月，邦瓦文化站正式成立，又开办了夜校，配备了收音机、电话，试办了5个农业生产合作社，并且建立了党团基层组织。经过一系列活动的开展，邦瓦文化站吸引了周围各地的群众，活跃了大家的政治、文化生活。卫生工作加强后，"杀牲口祭鬼"的习惯大大减少了，也减少了疾病、死亡现象，使群众逐渐相信科学道理。❷

由于人民政府颁布了扫盲的法令政策，又采取具体而有效的措施解决扫盲运动的实际问题，西南民族地区农民学习的积极性被极大地调动起来，各地农村普遍开展文化扫盲运动，成年农民参加扫盲的人数也逐年增多，扫盲运动取得了显著的成效。下面分别以贵州、云南、四川为例说明。

随着土改后农村经济的恢复，贵州农民的文化需求日益增加。1951年冬，贵州省人民政府发出开展冬学的训令后，锦屏县偶里乡在各村农民协会内，组织文盲、半文盲的农会干部开展识字教育，继之又组织部分农民积极分子参加夜校识字学习。1952～1954年，冬学逐步转为常年（业余夜校）民校，据统计1954年全乡（包括蔡中、校云小乡）约有15～45岁文盲、半文盲青壮年的20%入民校（即夜校）学习文化。❸ 1953年6月，据贵州39个县的报告统计，农村冬学共有7733班262459人入学，教师8237人，平均每县198班，学员6728人，教师211人。其中转为常年民校共有2600班，学员80007人，教师3335人，平均每县66班，学员2051人，教师85人。冬学民校人数占这39

---

❶ 《德宏自治区文化馆开放》，《云南日报》1955年6月2日（第3版）。

❷ 《陇川县景颇族的文化站》，《云南日报》1956年5月17日（第3版）。

❸ 锦屏县偶里乡人民政府编：《锦屏县偶里乡志》，2002年印刷，第235页。

个县农业人口的 5.5%。❶ 1957 年 10 月，贵州全省共有 90 万农民参加冬学学习。能坚持常年学习的，据 35 个县、市统计，有 25 万人，占这些县、市入学人数的 33.3%，比 1956 年增长了 3.9%，毕业比例也由 1956 年的 5% 上升到 8%。❷

麻江县谷硐区坝芒乡五星高级社是在 1956 年 2 月间由两个初级社合并成立的，全社有 184 户，人口 838 人，其中男 391 人，女 447 人。五星社扫盲工作速度快，不但学习人数多，而且学习的效果好。这个社的青壮年社员已经基本上入学。其中有 95 名过去一字不识的学员，经过两冬一春的学习，在 1956 年 4 月间经过考试，有 39 人能认识 1500 字以上，达到了扫盲标准，全部的学员到农民业余高小班继续学习。其余未升级的 56 人大部分都认识 500～1000 字，这些学员在年底也可以摘掉文盲帽子。❸

在云南，为贯彻教育部"在全国范围内进行识字教育，扫除文盲"的通知精神，1951 年云南大营街开展冬学运动，组织各村农民群众学文化。1952 年玉溪县文教科抽调教师学习"速成识字法"，在扫除文盲运动中实行，并成立"扫盲运动委员会"，抽调小学教师组成扫除文盲小队，到农村办夜校扫除文盲。❹ 在农业合作化的高潮里，云南各地农民都争先恐后地报名参加农民业余文化学校的学习。他们说：要搞合作化，就得有文化；合作社的家当越来越大，没有文化当不了家。❺ 合作化时期，农民业余文化学习有了更大的进展。云南各地利用冬季农闲时间，组织农民学习文化，学习政治，自 1954 年 11 月云南省教育厅召开了全省第一次农民业余文化教育会议以后，全省大部分地区都注意加强冬学、民校工作。保山、临沧、思茅等边远专区，在各级党政领导的重视与关怀下，农民业余文化教育有了较快的进展。峨山彝族自治区在农业生产合作社和常年互助组的基础上，开展农民业余文化教育，取得了一定的成绩。有些县区的冬学民校能够紧密与当地的收购工作、征集补

❶ 陈璨、包中：《贵州扫盲教育》，第 9 页。
❷ 贵州省地方志编纂委员会：《贵州省志·教育志》，第 421 页。
❸ 《麻江县五星高级合作化带来扫盲的新气象》1956 年，黔东南州档案馆馆藏档案，档案号：28－1－228。
❹ 马翀炜、孙信茹等：《云南第一村：红塔区大营街的人类学考察》，第 212 页。
❺ 北京大众出版社编：《在农业合作化运动中大力开展农民文化教育工作》，大众出版社 1956 年版，第 39 页。

充兵员工作结合起来进行，因而受到农民群众的热烈欢迎。❶ 德宏一些傣族地区以合作社为主组织了夜校，每天有 20～30 人参加学习，农闲时多到 50～60 人。每五天作为一周，两天学习新傣文，两天学算术，一天学政治时事。❷

合作化开始后，云南有的地区已注意总结组织乡村干部学习及在农业生产合作社的基础上办学的经验。例如保山专区的昌宁县农民业余文化教育工作，在党政的直接领导以及各有关部门、各区乡干部的积极努力下，全县共开设了 355 班，学员 8506 人。由于开办前对民师和群众进行了较充分的宣传动员，所以自开课到现在，学员情绪一般是正常的，到课情况良好，经常都能保持到 80% 左右。龙泉乡达炳冬学识字班，学员段俊昌原系一字不识的文盲，经一个月学习，所学 19 课 116字，仅有 16 字不识，其他均能讲出简单字意。❸ 截至 1956 年 3 月，云南全省已有 152 万青壮年农民参加业余文化学习，较原来计划组织入学人数超过 40% 左右，大部分地区达到了专、市的扫盲计划的要求，一般地都超过了规定的任务指标。❹ 扫盲运动提高了农民的文化素质和政治觉悟，取得了显著的成效。

中华人民共和国成立初期，四川也采取多种形式开展扫盲运动，农民文化教育的开展，一方面使得党和国家的方针政策、重大时事新闻等能够迅速而及时地传达贯彻到乡村基层社会以及广大农民群众中；另一方面，也在改变农民生产经营方式的同时，强烈地影响和改变着农民的生活习惯、社会活动与思想观念。❺

为了改变民族地区农村的落后面貌，中华人民共和国成立初期，在党和人民政府的领导下，西南各级政府对农村扫盲工作高度重视，通过积极的宣传动员、有效的组织管理以及灵活多样的学习形式，一定程度上提高了农民的整体素质，形成了良好的社会风尚，促进了农村社会的进步，为大规模展开的经济建设和社会建设提供了充足的人才储备。

---

❶ 《重视农民业余文化教育工作》，《云南日报》1955 年 4 月 19 日（第 3 版）。

❷ 中国科学院民族研究所云南民族调查组、云南省民族研究所民族研究室编：《云南省傣族社会历史调查材料》（德宏地区八），第 60 页。

❸ 《本省农民业余文化学习有进展》，《云南日报》1955 年 4 月 19 日（第 3 版）。

❹ 《全省已有 152 万农民学文化》，《云南日报》1956 年 3 月 10 日（第 1 版）。

❺ 段志洪、徐学初主编：《四川农村 60 年经济结构之变迁》，第 104 页。

但由于农村扫盲受到时代与环境的限制，工作中急于求成，还存在忽视扫盲工作自身规律、学习形式僵化、脱离实际、发展不平衡等问题。1954 年 11 月 16 日，贵州省教育厅厅长田君亮在《大力开展扫除文盲》的报告中说："从学员学习的情况看，能坚持常年在校学习的不多，1954 年虽然组织了 34 万人入学，但坚持常年学习的只有三分之一，毕业的只占 5% ~ 6%。同时，工作开展也不平衡，有的县已做到社社办学，村村有校，入学农民达 60% 以上，有的还是空白乡，甚至还有报名不入学的现象。"❶ 在开展扫盲运动的过程中，一些地方还定数字，下达指标任务。1953 年 3 月 30 日，贵州省扫盲委员会把黄平作为重点扫盲县，下达机关干部扫盲任务 50 名。镇远专署分给黄平 21325 名扫盲任务（含干勤 20 名）。❷ 正如美国学者罗兹曼所说，"大规模的扫盲运动效果可能是很低的"。❸ 根据 1955 年 3 月的统计，贵州省区以上行政、党群、事业等部门干部 75240 人中，就有文盲、半文盲 5100 人。❹ 中华人民共和国成立初期，西南民族地区的扫盲运动有着浓厚的革命化色彩和泛政治化倾向，存在形式主义和官僚主义倾向，这对扫盲运动产生了不利影响。

　　3. 开展扫盲运动的意义

　　土地改革和合作化运动时期，西南民族地区在党和人民政府的领导下，掀起了两次大规模的扫盲运动高潮。"阶级觉悟产生的根源并不只是剥削，它还来自广泛的相互作用和相互依赖的集体自我意识的积累。这恰好是农民一直缺乏的那种社会联系。"❺ 扫盲运动提供了建立这种联系的机会。扫盲运动提高了农民的整体素质，掀起农村文化高潮，形成了良好的社会风尚，促进了农村社会的进步，具有重大的历史意义。扫盲运动取得的经验对于民族地区开展社会主义文化建设具有一定的借鉴意义。

　　首先，提高了农民的整体素质。中华人民共和国成立初期，党和人

---

❶　贵州省地方志编纂委员会：《贵州省志·教育志》，第 420 页。

❷　黄平县教育志编纂委员会编：《黄平县教育志》，2009 年印刷，第 255 页。

❸　[美] 吉尔伯特·罗兹曼主编：《中国的现代化》，江苏人民出版社 1988 年版，第 537 页。

❹　陈璨、包中：《贵州扫盲教育》，第 10 页。

❺　J. 米格代尔：《农民、政治与革命——第三世界政治与社会变革的压力》，第 209 ~ 210 页。

民政府根据思想政治教育的需要和群众生产、生活中的现实需要开展扫盲运动，其目的不仅是提高民众的文化素养，更主要的是培养他们的民主意识、政治觉悟和政治素质。"翻身农民为了巩固其经济、社会和政治地位，发起了学习文化的热潮，从而掌握了话语权和学习先进文明的可能，并形成新的价值观念和意识形态，促进农民对新生国家的认同。"❶ 扫盲运动把政治理念、政策规定渗透到了农民的话语体系中，完成了对民众革命的教育和革命精神、政治理念的灌输。"土地改革还增加了 1949 年以前老解放区经常开办的冬学和各种成人短期班。这样做的目的部分是政治性的，这表现在开设的班级据认为是用来对农民进行土地改革和其他时事方面的宣传教育。"❷ 中华人民共和国成立初期，西南民族地区扫盲运动的开展，使民众的价值观念和行为模式发生了积极的变化，农民这一最广大的社会群体的潜在革命因素变成了现实的革命力量，从而为大规模展开的经济建设和社会建设提供了充足的人才储备。

其次，掀起农村文化高潮。土地改革和合作化运动时期的扫盲吸引了广大的群众积极参与其间，在教育范围和教育对象的广泛性上得到充分的体现。识字班、黑板报、读报组在农村建立起来。一些地区出现了"三代同学习，一门双模范"的家庭和"父子同窗""夫妻竞赛"等学文化的动人事例。❸ 扫盲运动的开展，改变了民族地区农村文化落后的面貌，大大促进了农村文化的发展。

最后，促进了农村社会的进步。西南各级政府对农村扫盲工作高度重视，通过积极的宣传动员、有效的组织管理以及灵活多样的学习形式，使扫盲运动结合各项中心工作，关注底层民众的生活需求，废除农村传统陋习，提高了妇女社会和政治地位，实现了政策指令对民众思想、行为等的调整，民众的道德准则、行为标准、生活观念和处世哲学等都被重新确立，乡村社会发生了翻天覆地的变化，形成了良好的社会风尚，促进了农村社会的进步。

中华人民共和国成立初期，西南民族地区农村扫盲尽管有不尽如人

---

❶ 叶国文：《土地政策的政治逻辑：农民、政权与中国现代化》，第 84 页。

❷ ［美］麦克法夸尔、费正清编：《剑桥中华人民共和国史：革命的中国的兴起（1949～1965 年）》，中国社会科学出版社 1990 年版，第 215 页。

❸ 当代中国研究所：《中华人民共和国史稿》（第一卷），第 63 页。

意之处，但由于扫盲采取了群众喜欢和乐于接受的形式，制定了一些可操作性的政策措施，关注了当时的土地改革、贯彻新婚姻法、爱国卫生、合作化运动等中心工作。如 1951 年 11 月 17 日，张际春强调："对于一般农村中的夜学、冬学和农民业余学校的工作，应加以整理指导使其经常化，以便利用农闲时间对农民进行时事、政治教育和文化教育（如读报识字等）。应在农民中掀起冬学运动的潮流，使广大农民中更多的人参加冬学受到冬学的教育。在教育中要密切结合抗美援朝，爱国增产节约和民主建政、生产互助以及婚姻法等政治教育。"❶ 扫盲运动的开展，使西南民族地区农村初步兴起文化热潮，这对农村经济发展和社会进步起到了重要作用。

（二）文化翻身的实现

中华人民共和国成立初期，广大农民获得了政治上、经济上的翻身，如何开启农民学习文化知识的大门，彻底改造旧文化、旧思想，通过技术革命改变农村的落后面貌，使农民获得文化的翻身，成为共产党亟需解决的一个重要问题。

韩丁在《翻身》一书中写道："每一次革命都创造了一些新的词汇。中国革命创造了一大整套新的词汇，其中一个重要的词就是'翻身'。"❷ 翻身一词用于政治时，它指的是推翻地主制度，推翻封建主义和独裁专制。但是翻身的含义并不局限于此。它具有明确、自觉的目的——使中国人民得到新的道德准则。❸ 中华人民共和国成立初期，农民获得了经济上和政治上的翻身，但要彻底翻身就必须在文化上也翻身。诚如布鲁克（Timothy Brook）所言："只靠财产不可能创造社会地位：它必须以文化的形式作媒体来使财产起作用。"❹

文化是人类社会生活的凝结剂。文化不仅经由社会化传递与其他文化接触而产生团体的归属感，同时也成为人们行为互动和沟通的基础。❺ 中华人民共和国成立初期，学习文化的机会和掌握文化使农民真

---

❶ 《中国的土地改革》编辑部：《中国土地改革史料选编》，第 783 页。
❷ ［美］韩丁：《翻身——中国一个村庄的革命纪实》，韩倞等译，第 2 页。
❸ ［美］杰克·贝尔登：《中国震撼世界》，邱应觉等译，第 604 页。
❹ 黄宗智主编：《中国乡村研究》（第二辑），商务印书馆 2003 年版，第 97 页。
❺ 陈吉元、胡必亮主编：《当代中国的村庄经济与村落文化》，第 193 页。

正有了翻身的体悟。"判断农民阶级是否获得翻身，不仅在于社会经济和政治地位上，更重要的是有没有彻底打破封建地主阶级对农村文化教育的独霸。土地改革促使农民参与文化学习，结束了几千年来只有地主阶级有文化、农民没有文化的农村愚昧落后状态，农民通过文化学习第一次获得了话语权。"❶

土地改革后，农民生活得到了初步的改善，政治上翻了身，普遍地要求学文化并自动地开展了文娱活动。解放前农民穷苦不堪，无法进学校读书，减租退押后各学校的社会教育加强。农民学习的人数也普遍增加了，如澄江镇牛尾村80余户进民教班的男女有180余名，金刚乡雨台村130余户有200人参加社教学习，每晚上从四面八方打着火把去上学；梅花山一个小学教师便担任了四个村的社教，每天跑出去给四五百农民上课。据不完全统计，北碚就有八千多农民参加学习。农民们普遍地认为：今后村里的事，由大家来办，不识字是不行的。在江北观音桥十七保，就有三所夜校，一间农民读书室，识字多的还订了《新华日报》。❷

农民在政治翻身和经济翻身以后，为了更好地参与各项建设事业，他们就必须掌握初步的文化知识，在文化上也得到翻身。"正是农民阶级翻身的体悟，以及中国共产党需要把这种体悟进一步推进的要求，使得农民和中国共产党共同推动了农村学习文化的热潮，也使得文化成为进一步推动和巩固农民阶级翻身的工具。"❸ 新的国家政权通过土地改革的革命性措施取得了合法基础。而其所采取的阶级成分的社会分类和分层方法已远远超出了"土地改革"的经济内涵，而有着深刻的"政治"和"文化"内涵。❹ 美国学者杜赞奇也指出："越来越多的证据表明，共产党在中国获得政权的原因不只有一个，如地主所有制或帝国主义，如果要将其归纳为一条，这就是共产党能够了解民间疾苦：从殴打妻子到隐瞒土地，无所不知，从而动员群众的革命热情。"❺ 扫盲加速了乡村社会力量的重新组合，实现了农民的文化翻身，推动了传统话语

❶ 叶国文：《土地政策的政治逻辑：农民、政权与中国现代化》，第82页。
❷ 张培田、张华主编：《中国西南档案：土地改革资料（1949～1953）》，第208页。
❸ 叶国文：《土地政策的政治逻辑：农民、政权与中国现代化》，第84页。
❹ 陈吉元、胡必亮主编：《当代中国的村庄经济与村落文化》，第213页。
❺ 杜赞奇：《文化、权力与国家——1900～1942年的华北农村》，第239页。

权的转移。

　　文化的习得是人类进步的标志。扫盲运动是中华人民共和国成立初期开始的一项面向广大农民群众的大规模文化运动。西南民族地区通过村级基层政权的建立，民主平等观念、公民意识的宣介，使社会主义意识形态和文化以组织和制度的形式在乡村中确立起来，西南民族地区农村变成了一个政治革命和文化革命改造下的全新乡村，完成了乡村社会的政治化、革命化过程。土地改革后民族地区农村开展的扫盲运动，开启了农民学习文化知识的大门，掀起了农村的学习文化热潮，从另一个方面证明农民实现了文化翻身。

第八章　西南地区民族团结与社会稳定

　　中华人民共和国的成立，开创了各民族平等、团结和共同繁荣的新局面。为了彻底消除历史上遗留下来的民族隔阂和民族内部矛盾，形成平等、团结、互助的社会主义的新型民族关系，在党和人民政府的领导下，西南民族地区积极采取有效措施，大力宣传党的民族政策，培养选拔任用少数民族干部，建立民族区域自治机关，实现了民族团结和社会的稳定发展。

一、民族政策的宣传

　　中华人民共和国成立初期，党和人民政府发布了一系列关于民族问题的政策指示。为了宣传党的民族政策，中央通过派民族访问团、少数民族参观团参观学习、检查民族政策执行等方式，在西南民族地区开展了以民族平等、团结为中心的民族政策的宣传教育工作。党的民族政策的宣传，对疏通民族关系、消除少数民族对党和人民政府的各种疑虑、调解民族纠纷、加强民族团结起了积极的作用。

（一）中华人民共和国成立前西南的民族关系

　　由于历史和环境的原因，西南少数民族的语言、风俗、心理素质等各有差异，经济文化落后。新中国成立前，由于反动统治者的挑拨和推行民族歧视和民族压迫政策，制造民族纠纷，民族之间存有隔阂和戒心，因而各民族之间出现互相歧视，甚至械斗的情况。1950 年 7 月 21日，邓小平指出："现在我们民族工作的中心任务是搞好团结，消除隔阂。只要不出乱子，能够开始消除隔阂，搞好团结，就是工作做得好，就是成绩。"❶ 中华人民共和国成立初期，西南地区民族矛盾和阶级矛盾是复杂的，互相交织。新中国的成立，虽然消灭了民族剥削和压迫产生的阶级根源，但影响民族团结、民族关系的民族歧视和排斥现象还没有在政治、经济和社会生活中完全消除。

民族关系本质上是相关民族之间的权益关系，既是双向的，也是动态的。中国历史上的民族关系从政治层面上讲，是民族压迫的不平等关系。❷ 解放前，傣族地区汉族统治者一面压迫少数民族种鸦片，一面又要征收烟税。汉族地主，除向少数民族农民剥削地租外，还兼放高利贷，用放秋烟、秋谷等形式进行重利盘剥。汉族商人在和少数民族互市中，用大斗量进、小斗量出；大秤称进，小秤称出，大力施展盘剥手段。因此，少数民族对汉人印象极为不好。❸ 在民族关系方面，以前傣族与汉族不团结，因设治局与司署之间的矛盾，造成两族的隔阂。傣族自认"进步"，生活较好，轻视景颇族；景颇族人因社会、生活等原因，有时下山抢劫，故坝子内的汉族及傣族皆对景颇族人不满，并主张政府应以武力镇压。景颇族内部彼此间亦有冲突。❹ 这就造成了民族之间的互不信任、民族歧视、民族隔阂、互不往来的民族壁垒。

解放前，四川苗族地区由于封建统治阶级的挑拨离间，有意制造民族矛盾以达到其统治的目的，因而造成了历史上各民族的互不团结和相互歧视。汉族把苗族看作是落后的民族，叫他们"苗子""苗婆""苗老保娘""苗老保爷"，因而在苗族中也流传着"老虎不是牲口，汉人不是朋友""石头不是枕头，汉人不是朋友""芭蕉不是丝绸，汉人做不得朋友"等说法。因此长期以来，在苗汉人民之间造成了不应有的隔阂和纠纷。❺ 有的地方打着"风俗改良"的旗号，强迫少数民族改变风俗习惯，说汉话，穿汉装。中华人民共和国成立前，由于民族压迫、民

---

❶ 《邓小平文选》（第一卷），第 164 页。

❷ 国家民族事务委员会：《中国共产党关于民族问题的基本观点和政策》（干部读本），民族出版社 2002 年版，第 111 页。

❸ 《民族问题五种丛书》云南省编辑委员会编：《傣族社会历史调查》（西双版纳之一），第 38 页。

❹ 《民族问题五种丛书》云南省编辑委员会编：《德宏傣族社会历史调查》，云南人民出版社 1984 年版，第 50 页。

❺ 四川省编辑组、《中国少数民族社会历史调查资料丛刊》修订编辑委员会编：《四川省苗族傈僳族傣族白族满族社会历史调查》，2009 年版，第 11 页。

族剥削的存在，西南各民族之间充满了敌对关系，民族对立、民族隔阂比较严重。

西南民族地区历史上遗留下来的矛盾和隔阂很多，有民族与民族之间的，也有民族内部的纠纷和隔阂。汉族和少数民族的隔阂和矛盾，乃是各民族间主要的民族隔阂和民族矛盾。少数民族普遍认为汉族狡猾、心毒，和汉族在一起就要吃汉族的亏。拉祜族把汉族叫作"海人"，佤族叫作"火"（其意为凶恶的狡猾的人）。❶ 少数民族和汉族之间，少数民族与少数民族之间互不信任，相互械斗相互仇杀事件时有发生。解放前四川省凉山彝族地区阿尔乡冤家械斗的频率是相当高的，不但与外部时常发生冤家械斗，内部亦常互相残杀，因此给当地人民的生产生活带来了严重的危害。❷ 这是反动统治者蓄意制造民族矛盾，挑起民族纠纷的结果。

新中国成立之初，民族隔阂主要表现在两方面：一方面在少数民族群众和上层中存在着残余的狭隘民族主义思想，他们不仅不相信汉族群众，就是对中国共产党、人民解放军和人民政府也持不信任态度，甚至反对干部进入他们的地区；另一方面在汉族干部和群众中存在着残余的大汉族主义思想，他们不尊重少数民族的风俗习惯、宗教信仰，不尊重少数民族干部的职权，个别干部还存在着严重的民族偏见，歧视、侮辱与排挤少数民族干部和群众的行为时有发生。❸

由上可知，中华人民共和国成立之初，西南少数民族对党的民族政策还缺乏深入的了解，民族矛盾、民族隔阂还比较深，因此，党和人民政府必须疏通民族关系，大力宣传党的民族政策。

（二）党的民族政策

中华人民共和国成立初期，关于民族政策，国家还没有制定相应的单行法规，只是在《中国人民政治协商会议共同纲领》《中华人民共和国宪法》中对民族政策作了相应的规定；另外，党和人民政府又发布了一系列关于民族工作的法令指示。1949 年 9 月 29 日，中国人民政治协商会议第一届全体会议通过《中国人民政治协商会议共同纲领》，规定

❶ 《云南省拉祜族社会历史调查资料》（拉祜族调查材料之一），内部资料，第 53 页。
❷ 四川省编写组：《四川省凉山彝族社会调查资料选辑》，第 228 页。
❸ 杜润生主编：《中国的土地改革》，第 509～510 页。

了新中国的民族政策:"中华人民共和国境内各民族一律平等,实行团结互助,反对帝国主义和各民族内部的人民公敌,使中华人民共和国成为各民族友爱合作的大家庭。反对大民族主义和狭隘民族主义,禁止民族间的歧视、压迫和分裂各民族团结的行为。"❶

1950 年 6 月,中共中央发出《关于慎重处理少数民族问题的指示》,强调:"在少数民族中进行工作,必须首先了解少数民族中的具体情况,并从各少数民族中的具体情况出发来决定当地的工作方针和具体工作步骤。必须严格防止机械搬用汉人地区的工作经验和口号,必须严格禁止以命令主义的方式在少数民族中去推行汉人地区所实行的各种政策。"❷

1954 年 9 月 20 日,第一届全国人民代表大会第一次会议通过了《中华人民共和国宪法》,其中第三条明确规定:"各民族一律平等。禁止对任何民族的歧视和压迫,禁止破坏各民族团结的行为。各民族都有使用和发展自己的语言文字的自由,都有保持或者改革自己的风俗习惯的自由。各少数民族聚居的地方实行区域自治。各民族自治地方都是中华人民共和国不可分离的部分。"❸

风俗习惯是各个民族的政治、经济和文化生活的一种反映。中华人民共和国成立初期,党和人民政府强调尊重民族风俗习惯。民族风俗习惯是指各民族在服饰、饮食、居住、生产、婚姻、丧葬、节庆、娱乐、礼仪等物质生活和文化生活方面的喜好、习尚和禁忌等。❹ 在四川彝族地区,党和政府严格规定,凡进入彝族聚居区工作的干部,出发前都要进行民族政策和纪律的教育,认真学习"三大纪律,八项注意",学习彝族的风俗习惯,并把"三大纪律,八项注意"以及有关尊重彝族风俗习惯应注意的事项编印成册,人手一本。具体规定有:不许站踏锅庄,不许在靠近内室的主位就座,不许在"神树"上拴马;不许在"神山"和火葬场地砍柴等。❺ 土改中,保山地委强调以诚恳严肃的态

❶ 中共中央文献研究室编:《建国以来重要文献选编》(第一册),第 12 页。
❷ 《当代中国》丛书编委会:《当代中国的云南》(下),当代中国出版社 1991 版,第 231 页。
❸ 中共中央文献研究室编:《建国以来重要文献选编》(第五册),中央文献出版社 1993 年版,第 522 页。
❹ 贵州省民族事务委员会编:《贵州民族工作五十年》,第 247 页。
❺ 《凉山彝族自治州概况》编写组:《凉山彝族自治州概况》,第 140 页。

度尊重各民族的风俗习惯，建立其民族感情，这样才能密切联系群众，掌握真实情况。❶

中华人民共和国成立初期，西南民族地区对少数民族风俗习惯、历史传统中有关土地财产问题，均按少数民族的意愿和要求进行处理。中共中央西南局第一书记邓小平强调："解决民族问题的关键是纠正大汉族主义，解决民族问题的基础是发展经济。"❷ 1950 年，云南省委书记宋任穷指出：目前少数民族的迫切要求是改良生产、医药卫生、贸易，而不是改良风俗，因此急于去改良少数民族风俗习惯是错误的。宜良区有些地方已成立"风俗改革委员会"要主动取消。祭龙、祭山不要急于去反对，硬性反对只有脱离群众。❸

中华人民共和国成立初期，中央和地方各级人民政府发布的关于民族问题的指示、政策，如各民族一律平等、禁止民族歧视压迫、尊重民族风俗习惯，取消侮辱少数民族的地名和碑碣，争取和团结民族上中层人士，对于消除民族间的隔阂，解除少数民族的疑虑和顾忌，解决历史遗留下来的问题，改善民族关系，增强民族团结，有着重要的意义和作用。少数民族人民从后来自身的经历中，感到党的民族政策是伟大的，真诚的，始终不渝的，逐步改变了过去那种"石头不能当枕头，汉人不能做朋友"的偏见和落后认识。

（三）西南少数民族访问团

为了疏通民族关系，宣传和推行党的民族平等团结政策，消除历史隔阂和少数民族对党和政府的各种疑虑，加强中央同地方、内地同边疆地区的联系，中央采取了积极有效的措施。其中的一项重要措施，就是中央和地方政府派出访问团和慰问团对西南少数民族地区进行慰问，访问团和慰问团直接向少数民族传达党和人民政府对他们的深切关怀，建立起民族之间基本的信任，消除了过去的民族隔阂，加强了民族团结，大力宣传了党的民族政策。

1950 年 6 月，政务院决定首先派出西南访问团，由刘格平担任团

---

❶ 中共保山地委：《关于民族地区土改的几个问题的通报》，云南省档案馆藏档，全宗号：2，目录号：8，案卷号：19。

❷ 杨胜群主编：《邓小平传（1904～1974）》（下），第 923 页。

❸ 《宋任穷云南工作文集》，第 322～323 页。

长，费孝通、夏康农为副团长，访问团分三个分团，成员主要从民族事务委员会、文化教育委员会、内务部、卫生部、贸易部和青年团中央等单位抽调，共 120 余人。7 月 2 日，访问团从北京出发，分别深入四川、西康、云南、贵州民族地区进行访问。"访问团将代表中央人民政府，对于各兄弟民族的人民在过去所遭受的痛苦，致以深切的慰问，并且征求他们对于中央人民政府各种政策实施的意见。应该使各兄弟民族的人民了解现在我们已经走进了历史的新时代，国内各民族人民必须平等互助、亲密团结。"❶

　　8 月 5 日，西南民族访问团组成云南、贵州、西康三个分团离开重庆前往各地访问调查。一分团去西康，刘格平兼任团长；二分团去贵州，费孝通兼任团长；三分团去云南，夏康农兼任团长。❷ 访问团一分团由刘格平负责，赴西康，除分组北赴甘孜、玉隆，西至理化，东至昭觉（大凉山内部），南至德昌，访问了全省大部分少数民族地区，并帮助筹备与建立了藏族自治区、西昌专区民族民主联合政府、西昌县红毛麻姑彝族自治区，及大凉山彝族调解委员会。三分团由夏康农负责，赴云南，访问了丽江等 6 个专区，配合各专署召开了 4 次民族代表会议，开办了两次民族干部训练班，加强了同分居在 60 个县内的少数民族的联系，并做了 20 个村和 10 余个专题的典型调查。二分团由费孝通负责，赴贵州，访问了镇远等 5 个专区，到达了 21 个县，做了 9 处的典型调查，开办了 4 次民族干部训练班，并帮助建立了炉山县凯里苗族自治区及帮助省人民政府先后召开了全省少数民族代表座谈会和全省民族工作会议。❸ 由于访问团严格地执行和宣传了共同纲领中的民族政策，因而，西南地区各民族之间和各民族内部的团结得到了加强。

　　1956 年 10 月 19 日，根据中共中央、国务院指示组成的中央慰问团，由团长王维舟、副团长刘格平等率领，前往四川、云南少数民族地区慰问，随同慰问团的还有医疗队、电影放映队、剧团和歌舞团等。11 月 14 日，中央慰问团在昆明组成第五分团，由云南省副省长张冲率

❶　《送西南访问团》，《人民日报》1950 年 7 月 2 日。
❷　云南省编辑组编：《中央访问团第二分团云南民族情况汇集》（下），云南民族出版社 1986 年版，第 304 页。
❸　《中央民族访问团访问西南各民族的总结报告》，《云南日报》1951 年 7 月 24 日（第 1 版）。

领，到云南西北部少数民族地区进行慰问，先后到藏族聚居的中甸、维西、德钦和彝族聚居的宁蒗、华坪、永胜等县的几百个村寨，向藏族、彝族人民传达了党和人民政府的关怀。❶

西南访问团深入少数民族地区慰问，历时 8 个月，宣传了民族政策，带来了党中央的深情厚谊，传达了中央人民政府和毛主席对少数民族的关怀和慰问，了解了一些实际情况，疏通了党和人民政府与少数民族之间以及汉族和少数民族之间的关系，倾听了各族人民的呼声和要求，使历史上造成的严重民族隔阂和民族间的互不信任，开始有了改变，密切了中央人民政府与各民族的关系，沟通了各少数民族与人民政府联系，极大地增强了各民族之间的凝聚力和向心力，增强了民族的团结，社会主义新型民族关系逐步建立，为之后在西南民族地区推行各项民族政策奠定了基础。

四川、西康两省的各级地方政府也先后多次组织访问团或慰问团，携带各种慰问品，深入民族地区慰问，帮助少数民族群众排忧解难，建立区乡基层政权，发展民族语文，发放各种救济物资和资金，扶持各族人民恢复和发展生产。地方各级政府和慰问团一般随带卫生队、文艺宣传队，免费为群众治病、演出或放电影，给各族人民带来了温暖和喜悦，加深了群众对民族政策的了解和信任，密切了党和人民群众的关系。❷

西南少数民族访问团，先后访问了许多城镇和边远村寨，与各阶层人士进行了广泛的接触，访问团传达了党中央和毛主席对各族人民的深切关怀，宣传了党的民族平等政策，并多方面了解了各族人民的愿望和要求，赠送了礼品，发放了救济，访问团根据各民族情况，作了政治、经济、文化等各方面的调查，还帮助指导成立民族区域自治机关。各族代表从心底里感到生活在祖国大家庭的温暖，纷纷把珍贵的礼品献给慰问团。访问团所到之处，大张旗鼓地宣传党的民族政策，改变了过去由于反动统治阶级的民族压迫、民族歧视所造成的对汉族不信任的心理，改善了民族关系，受到各民族各阶层人士的热烈拥护，对民族工作的开展起了重大的推动作用。

---

❶ 云南省民族事务委员会编：《云南民族工作大事记（1949～2007）》，第 54 页。

❷ 曲木车和主编：《四川省民族工作 50 年》，四川民族出版社 2004 年版，第 5 页。

（四）内地参观访问

从全国来看，新中国组织的少数民族参观团开始于 1950 年。为了进一步加强少数民族和中央的联系，疏通和改善民族关系，中华人民共和国成立初期，西南民族地区组织各种类型的少数民族参观团，有计划地组织少数民族代表到内地各大城市参观学习，开阔视野，以增强他们的"祖国"观念，这就进一步宣传了党的民族政策，增进了各民族间特别是少数民族与汉族之间的相互了解，增强了民族团结，各族人民更加热爱伟大的祖国。

西康省从 1950 年省政府成立至 1955 年撤省的 5 年时间里，共组织了 26 次少数民族代表参访内地的活动，先后有 2024 人次参加。❶ 从 1950 年至 1954 年，云南省人民政府先后组织了 45 次包括各民族各阶层代表 4170 人的代表团、参观团到北京观礼和到省外各大城市参观学习。与此同时，各地（州）、县也分别组织参观团到内地参观。以怒江州为例，1950 年 3 月，碧江县首先组织了 30 多人的民族参观团，到保山、大理、丽江等地参观。随后，各县相继仿效，先后组织了不同规模的参观团，到昆明等地参观学习。❷ 从 1950 年到 1956 年，四川民族地区各州、县组织民族宗教人士和各族群众代表共 1500 多人次，到北京、上海、成都、重庆等地参观工厂、学校、农村等。❸ 自 1950 年 10 月至 1956 年底，云南共组织少数民族参观团 1031 次、13513 人，包括 20 个民族的代表到外地参观学习。其中赴北京的 12 次 589 人，赴重庆的 5 次 521 人，在昆明参观的 87 次 10903 人，在专区内参观的 1500 人。参观团成员大体可分为四种：民族公众领袖、农民和积极分子、边疆干部、宗教界人士。❹ 通过参观学习，少数民族代表逐步接受了社会主义的理念和价值规范，思想上受到很大的教育和震动。

代表参观回来后，向群众传达自己的见闻和感受。代表团的宣传，使少数民族思想感情上发生了深刻变化，他们看到了中国共产党的英明

---

❶ 《西康省民族事务委员会一九五〇年至一九五五年组织参观统计表》1955 年 10 月 25 日，四川省档案馆藏，档案号：建康 017 - 52。

❷ 《云南民族工作四十年》（上册），第 129 页。

❸ 曲木车和主编：《四川省民族工作 50 年》，第 5 页。

❹ 云南省民族事务委员会编：《云南民族工作大事记（1949～2007）》，第 51 页。

伟大和祖国发展的光明前途，从而增强了民族团结，促进了生产的发展。

通过到内地参观学习，四川过去饱受民族压迫和歧视的少数民族代表，深深感到祖国大家庭的温暖、新中国的强大和社会主义的光明前途，受到了最现实的民族平等、民族团结和爱国主义的教育。这些代表回来后通过现身的宣传，又进一步扩大了影响面，团结了更多的少数民族群众跟着共产党走社会主义道路。❶ 参观团增强了少数民族之间的民族团结情感，拉近了与共产党的距离。

中央有计划分批组织少数民族参观团到祖国各地参观学习，使不同领域、不同行业的少数民族代表都受到了思想教育，作为一种特殊的传导机制，参观访问活动将内地的社会变革带到边疆，促使少数民族代表支持党和人民政府的社会改造方案，认知内地建设的成就和边疆建设的图景，增强其对新政权的认同，在一定程度上消除了西南地区历史上存留下来的民族隔阂，对于实现民族平等、增进民族团结起了重要的作用，成为民主改革的前奏与先声。

（五）民族政策检查

中华人民共和国成立初期，在党和人民政府的领导下，民族政策能比较正确地得到贯彻执行。但有些地区，尤其是民族杂居地区，发生了违反民族政策的情况，如没有根据民族平等原则组织联合政府，没有配备适当名额的少数民族干部，不尊重少数民族的风俗习惯等，为了克服和防止这类现象，除经常进行检查，随时发现问题及时纠正外，中共中央和中央人民政府决定 1952 年和 1956 年在全国范围进行民族政策执行情况的大检查。

1952 年下半年以后，西南一些地方出现了严重违背党的民族政策的偏向。如云南文山、砚山、广南、丘北等县把佛教徒和少数民族宗教神巫人员当作反革命分子对待，川南兴文县毓秀乡和曹营乡的干部禁止苗族人说苗语，等等。❷ 其他各地也发生了类似违反民族政策、引起少数民族群众不满的事件。

---

❶ 四川省地方志编纂委员会编：《四川省志·民族志》，四川民族出版社 2000 年版，第 27 页。

❷ 杨胜群主编：《邓小平传（1904～1974）》（下），第 920 页。

1952年9月，中共中央作出批示，要求各地认真检查民族政策的执行情况。1952年11月17日，云南省委发出检查民族政策执行情况的指示，指出：当前民族问题仍很突出，发生了一些事件，有些地方的民族民主建政工作流于形式，以致引起少数民族群众的不满。省委要求各级党委必须十分重视民族政策执行情况的全面检查。检查的重点：民族关系问题、民族干部问题、民族民主建政问题、社会改革问题、边疆问题等。这是新中国成立后，云南省第一次民族政策执行情况的检查，检查工作持续了半年。❶

1952年10月，中共贵州省委接到中央、西南局关于检查民族政策执行情况的指示后，立即作了研究、部署，全省各地均组织力量重点地进行了检查，检查中发现贵州一些地方在这一时期干部思想上产生了一种麻痹或忽视民族工作的思想，认为已经组织起来，已经是"天下穷人是一家"，认为"少数民族的工作是阶级问题而没有民族问题"。❷ 1951年2月25日，徐运北同志在贵州省少数民族工作会议上总结发言，再次指出：干部思想上比较普遍产生一种对少数民族工作忽视民族特点的现象，满足于形式上的轰轰烈烈，满足于少数民族积极参加各种工作。在社会改革中，笼统认为"天下穷人是一家"，"民族问题就是阶级问题"。❸ 因此，这一时期，贵州民族工作中有严重违反民族政策的现象，如不尊重少数民族风俗习惯及有的地区在进行社会改革中违反了"以基本民族群众为主，由其本民族干部领导，取决于本民族自觉自愿"的原则，不顾群众的觉悟，采取以这个民族的群众去斗争那个民族地主的错误做法，有的则在斗争中产生严重的吊打现象。有的地区错误地征收了少数民族的"祭祀田""神山""姑娘田""打牛场""马郎坡""清真寺"等，引起了少数民族不满，影响了民族团结。❹

云南少数民族工作中，也存在着严重的缺点和错误。解放前后各地在工作中表现的民族政策很模糊，在各种工作和政策上与对待汉人地区

❶　云南省民族事务委员会编：《云南民族工作大事记（1949～2007）》，第22页。

❷　中共贵州省委党史研究室、贵州省档案局（馆）编：《建国后贵州省重要文献选编（1949～1950）》（内部资料），第69页。

❸　中共贵州省委党史研究室、贵州省档案局（馆）编：《建国后贵州省重要文献选编（1951～1952）》（内部资料），第16页。

❹　贵州省档案馆编：《黔地新生——解放初期贵州土地改革档案文献选编》，第336页。

一样，一般化地对待少数民族地区，执行过急的、不适当的减租减息、清算斗争以及军事上的消灭土司等。❶ 有些可能团结的上层没有团结好，已经安排职务的上层人士有职无权。对云南民族内部的旧制度急于进行改革，对民族风俗习惯、宗教信仰不够尊重，有的地方发生过征收少数民族的祭祖田、清真寺，毁坏寺庙，挖掘祖坟，激起群众不满的事，个别地方甚至发生乱斗乱捆的严重事件。❷

农业合作化运动过程中，党和人民政府更加重视民族问题。1954 年 1 月 14 日，云南省委作出《关于农村工作迅速转入以互助合作冬季生产为中心，深入细致宣传贯彻总路线的指示》，强调贯彻过渡时期总路线必须重视民族问题。不尊重各民族的风俗、习惯，不重视各民族的自尊，认为土改了，再也没有民族问题，是大民族主义的表现。但曲解民族问题可以不服从社会主义根本原则，这是狭隘民族主义的表现。两者要认真划清界限。❸

农业合作化运动开始后，一些地方违背了"慎重稳进"的社会改革方针，一些少数民族聚居地区发生了规模大小不等、程度不一的骚乱和叛乱。"强烈的情绪通过对理智的抑制，使人表现出不合理的行为，当社会成员的个体情绪被集聚后，就会形成强大的社会冲动行为。"❹ 1956 年春季以来，在贵州的少数民族聚居区发生了多起民众群体性骚乱事件，其中以"麻山事件"为代表。在民族政策执行贯彻过程中，贵州少数民族的统战工作尤其是在团结、争取、改造民族上层和宗教神职人员方面也存在许多问题。"团结、争取、改造上层人物和宗教神职人物的方针，贯彻执行的很不够，对于民族代表人物和宗教神职人员的看法存在片面性，对他们的阴暗面看得多，忽视了他们解放几年来，在各种运动中尤其是在全国社会主义高潮影响下已经发生的重大变化，对他们'敬而远之'，甚至把他们看成是剥削阶级统治者和反革命，抱着排斥打击的态度。"❺ 骚乱和叛乱的教训是必须坚决实行政治上的团结，

---

❶ 《宋任穷云南工作文集》，第 319 页。

❷ 《宋任穷回忆录》，解放军出版社 2007 年版，第 315 页。

❸ 云南省民族事务委员会编：《云南民族工作大事记（1949～2007）》，第 31 页。

❹ 吴克昌：《社会心理论——转型期中国社会心态研究》，湖南人民出版社 1998 年版，第 44 页。

❺ 《毕节地委对民族政策执行情况的检查报告》1956 年 8 月，毕节市档案馆藏，档案号：4－1－258。

认真贯彻执行党中央的民族政策。要把检查民族政策执行情况作为一件经常的重要的工作来进行。

1956年4月14日，中央发出《关于检查民族政策执行情况的指示》，决定再次检查民族政策的执行情况。根据中央关于检查民族政策执行情况的指示，西南地区开始检查民族政策执行情况，进行民族政策宣传和民族团结教育。1956年5月25日，云南省委根据中央指示，发出《关于全面检查民族政策执行情况》的指示，并组织工作组分赴德宏、文山和昆明市进行重点检查，协助工作。这是第二次全省性的检查民族政策执行情况。这次民族政策检查工作持续了半年多时间。各级各部门，认真研究了中央和省委指示，分别召开了干部会、民族代表会和民族座谈会，派干部深入若干区乡进行检查。❶ 1956年5月25日，中共贵州省委制定《关于检查民族政策执行情况的计划》，计划提出：在农业合作化运动中执行民族政策的情况，要着重检查贯彻自愿互利政策和对少数民族的特殊经济问题的处理情况以及有无强迫命令或变相的强迫命令等现象。检查内容主要围绕大汉族主义思想倾向、执行民族政策中存在的问题、培养使用少数民族干部的问题以及少数民族地区骚动事件等方面。针对检查出来的问题，各级政府采取措施，克服和防止民族主义倾向，对民族政策执行中的缺点和错误进行纠正，改进民族工作，推进民族地区合作化运动的顺利进行。

根据中央关于检查民族政策执行情况的指示，西南各地及时安排部署，全面开展民族政策执行情况的大检查。通过检查，宣传了党的民族政策及其优越性，在干部群众中进行了深刻的民族政策教育，及时地纠正了民族政策执行中的错误，民族地区逐渐出现了政治上互相信任、经济上互相支援、文化上互相学习、风俗习惯上互相尊重的新局面，从而增进了各民族间的团结与互助，极大地促进了民族工作的顺利开展。

二、民族干部的培养、使用

中华人民共和国成立初期，为了领导土地改革和合作化运动，顺利开展各项建设事业，解决历史遗留的民族矛盾和民族问题，在党和人民

---

❶ 云南省民族事务委员会编：《云南民族工作大事记（1949～2007）》，第50页。

政府的领导下，西南民族地区大力培养、选拔、使用少数民族干部，取得了显著的成效。少数民族干部的培养、选拔、使用基本满足了少数民族干部带领各族人民进行社会主义改造和建设的需要。

（一）培养民族干部的原因

中华人民共和国成立初期，少数民族干部在开展民族工作中发挥着关键性的作用，毛泽东曾指出："要彻底解决民族问题，完全孤立民族反动派，没有大批从少数民族出身的共产主义干部，是不可能的。"❶ 1951 年 2 月，毛泽东在为中共中央起草的党内通报中，要求党的组织"认真在各少数民族中进行工作，推行区域自治和训练少数民族自己的干部是两项中心工作"。❷ 中央民委副主任乌兰夫也强调："必须大力培养干部，尤其是民族干部，加强各族干部的团结，才能顺利执行中央人民政府各项政策，团结各族人民推进各项工作。"❸ 因此，中华人民共和国成立初期，党和人民政府必须致力于做好少数民族干部的培养、选拔和使用工作。

1. 干部不能满足需要

中华人民共和国成立初期，西南民族地区社会秩序尚不稳定，民族关系较为紧张，各少数民族与汉族之间、各少数民族之间存在着很深的矛盾与隔阂。民族工作需要大量干部，而当时干部以外来干部为主，干部也十分紧缺，特别是少数民族干部数量更少，根本不能满足工作需要。因此，必须大量培养、提拔、使用少数民族干部，以开展民族工作，推进西南民族地区土地改革和合作化运动的顺利进行。

中华人民共和国成立初期，民族地区干部缺乏。解放初期，贵州省行政系统干部 15623 人中，来自老解放区及自军队调出并加上地方党的干部，约占干部总数的 30%，这是一切工作中的骨干，留用人员占 37%，其余则为新参加工作的学生及吸收的一些工农积极分子和少数民族的干部，对工农积极分子及少数民族干部的吸收还太少。全省干部尚

❶ 《毛泽东文集》（第六卷），第 20 页。
❷ 《毛泽东文集》（第六卷），第 146 页。
❸ 《乌兰夫文选》（上册），第 210 页。

缺四千余人之多，对于干部尤其是少数民族干部的提拔还注意不够。❶可见，少数民族干部的培养、提拔、使用数量还太少，远远不能适应形势发展的需要。

云南民族地区进行土改，首要任务是在各民族群众中进行访贫问苦，交代民族政策，扎下根来，经常进行帮助，培养各民族群众自己的干部。❷和平协商土地改革和"直接过渡"对民族干部的需求量是很大的，而民族干部的培养又需要较长的过程。云南各地必须采取多种办法，耐心细致地进行工作，普遍大量地培养，放手提拔使用，使大批少数民族干部迅速成长。❸

中华人民共和国成立初期，西南民族地区各种矛盾错综复杂，形势十分严峻，党和人民政府迫切需要短期培训、提拔使用一大批少数民族干部，以适应斗争形势的需要，宣传党的民族政策，开展民族工作。

2. 民族干部自身优势

中华人民共和国成立初期，少数民族群众不通汉文，不懂汉话。在少数民族地区进行社会改革，要有少数民族干部参加。因为民族干部通晓本民族语言及风俗习惯，熟悉本民族的历史和现状，与本民族人民群众有天然的联系，便于开展工作，可以更好地使党和人民政府的政策措施得到少数民族群众的理解、支持。

中华人民共和国成立初期，贵州"少数民族地区土地改革问题不能性急，要做长期的准备，主要是培养少数民族干部，工作干部应学习当地语言，深入交代政策，充分酝酿，待条件成熟时方宜进行"。❹"目前少数民族工作中的中心问题，仍是设法培养少数民族干部，使其参与各级人民政府工作。"❺

1951 年 8 月 21 日，省委书记宋任穷在中共云南省委扩大干部会议上指出："加强少数民族工作，努力推行抗美援朝，三自革新运动，努

❶ 中共贵州省委党史研究室、贵州省档案局（馆）编：《建国后贵州省重要文献选编（1949~1950）》（内部资料），第 316 页。

❷ 中共保山地委：《关于民族地区土改的几个问题的通报》，云南省档案馆藏档，全宗号：2，目录号：8，案卷号：19。

❸ 《当代中国的云南》（上），第 110 页。

❹ 贵州省档案馆编：《黔地新生——解放初期贵州土地改革档案文献选编》，第 203 页。

❺ 中共贵州省委党史研究室、贵州省档案局（馆）编：《建国后贵州省重要文献选编（1949~1950）》（内部资料），第 153 页。

力建立与加强区域自治和联合政府，在已建立者的地区应立即做几件应该而又可能做的事，在边沿的少数民族中注意争取条件和稳定上层。为做好以上这些工作，必须认真培养少数民族的干部。"❶ 这些都从侧面反映了少数民族干部在民族地区各项工作中的重要地位和作用。培养使用少数民族干部，能够密切各民族之间的关系，便于开展工作，顺利推行党的民族政策。

（二）民族干部的培养

中华人民共和国成立初期，西南民族地区迫切需要有一支思想素质高、工作能力强的干部队伍，为了培养少数民族干部，在党和人民政府的领导下，通过举办革命干校和各种干部训练班、保送民族干部到民族学院学习、在工作岗位和群众运动中培养干部等方式，西南地区培养了大量少数民族干部，基本满足了少数民族干部带领各族人民进行社会主义改造和建设的需要。

1. 举办革命干校和各种干部训练班

中华人民共和国成立初期，贵州通过举办各种干部训练班，培养了一批当地干部和少数民族干部。"目前少数民族工作的中心环节是培养少数民族干部，否则，我们一切政策均将落空，除省办少数民族训练班外，各地、县应根据实际情况办少数民族训练班，或在学校内附设一班。"❷ 根据中央、西南和贵州省委的指示要求，黔东南通过举办革命干校和各种干部训练班，培养了一批当地干部和少数民族干部。如镇远地委于 1949 年底开办的镇远革命干校，第一期培养了 400 余名当地各族干部。同时期独山地委开办的革命干校，为麻江、丹寨等县也培养了一批干部。❸

康定解放不久，党和人民政府即创办了州民族干部学校，短期培训少数民族积极分子 580 多人，吸收他们参加革命工作。为了适应当时革命形势的发展，各县均采取办短期学习班的办法，大力培养民族干部，

---

❶ 宋任穷：《为完成土地改革，迎接大规模的经济建设而斗争——1951 年 8 月 21 日在中共云南省委扩大干部会议上的报告》，《云南日报》1951 年 9 月 21 日（第 1 版）。

❷ 中共贵州省委党史研究室、贵州省档案局（馆）编：《建国后贵州省重要文献选编（1949～1950）》（内部资料），第 126 页。

❸ 中共黔东南州委党史研究室：《黔东南的土地改革》（内部资料），第 12 页。

五年中培养农、牧民积极分子 5200 多人，为民主改革的胜利进行准备了干部力量。❶ 在四川苗族地区，为了培养苗族干部，专区举办了两期民族训练班，训练了 201 名苗族干部（民族训练班主要学员为苗族）。❷

1950 年 5 月 1 日，中共保山地委在保山城举办了首期民族干部培训班，开始分期分批培训少数民族干部，来自全区各民族的先进分子 43 人参加培训，其中大多数人是少数民族上层子弟。同年 8 月，地委专门开办干部培训班，分期分批培养干部。到 1952 年，共培训 6 期共 1192 人，其中大多为在职干部和农村各民族中的积极分子。❸ "新提拔的少数民族干部有不纯的，不能随便采取打击洗刷的方法，而是要善于教育改造，调换工作等方式来解决；否则少数民族有意见，以为是看不起他们，这也说明我们要慎重的提拔少数民族干部，要很好地培养少数民族干部。"❹

为了民族地区革命和建设工作的需要，中华人民共和国成立初期，西南民族地区从少数民族群众中招收积极分子和进步青年，参加各种干部培训班，经过短期训练，充实干部队伍，分配到不同的工作岗位，提拔使用，在实际工作中逐步锻炼提高。

2. 选送民族干部到民族学院学习

1950 年 11 月 24 日，政务院第六十次政务会议批准了《培养少数民族干部试行方案》，根据该方案，人民政府创办了中央民族学院及其分院，有的省后来也创办了民族学院。在各族人民强烈要求和中央访问团帮助指导之下，1951 年 5 月 17 日，贵州民族学院创建，1951 年 8 月 1 日，云南民族学院创建，这两所学校都是新中国最早成立的高等民族院校之一。这些民族学院开设民族政策研究班、政治训练班，适应形势发展的需要，采取切合实际的教学方法，大力培训包括民族上层在内的在职民族干部。

楚雄专署开办民族训练班，培养了一批民族干部，又保送了一批到

❶ 《甘孜藏族自治州概况》编写组：《甘孜藏族自治州概况》，第 135 页。

❷ 四川省编辑组、《中国少数民族社会历史调查资料丛刊》修订编辑委员会编：《四川省苗族傈僳族傣族白族满族社会历史调查》，2009 年版，第 12 页。

❸ 保山市民族宗教事务局编：《保山市少数民族志》，云南民族出版社 2006 年版，第 30 页。

❹ 贵州省档案馆编：《黔地新生——解放初期贵州土地改革档案文献选编》，第 124 页。

省、中央的民族学院学习。到 1958 年初，全区少数民族脱产干部已有 1176 人，占干部总数的 13%。其中有县级干部 209 人、区级干部 173 人，有的担任了副专员、县长、副县长等领导职务。❶ 保山地委选拔大批有培养前途的少数民族干部到中央民族学院、西南民族学院、云南民族学院等高等院校培训。1953 年，全区脱产学习的少数民族干部 867 人中，到省城和省外学习的就达 265 人。❷

在四川苗族地区，为了培养苗族干部，解放以来党和人民政府先后选送了 317 名苗族优秀分子到中央民族学院、西南民族学院、各级党团校、卫生学校等培养干部的场所学习和深造。❸

3. 在工作岗位和群众运动中培养干部

中华人民共和国成立初期，在开展土地改革和合作化运动的过程中，西南民族地区认真地贯彻执行党的民族政策，通过实际工作的锻炼，大批民族干部在党的培养教育下脱颖而出，走上了各级领导岗位，少数民族干部队伍迅速壮大起来。

中华人民共和国成立初期，贵州在群众运动中及各种工作岗位上有意识地培养少数民族干部，如"革大"一期入学考试时汉族学员需 60 分取录，少数民族能识普通文字者即可录取，各专县来省学习的学员，如果旅费、被服及用具上有困难，有关部门帮助给予解决。❹ "在贵州反封建斗争中，涌现出来的大批农民积极分子，及农村的贫苦知识分子，我们要慎重的大量的吸收，提拔一批。并注意提拔少数民族干部，在使用标准上应不同于其他干部，解决区乡干部问题，不能任正职的就先任副职。"❺ 截至 1951 年 11 月，贵州全省脱离生产的干部有 5488 人；不脱离生产的村干积极分子约有 8 万余人，经过土地改革政治觉悟普遍提高，这部分积极分子将成为培养少数民族干部的后备力量。❻

---

❶ 《楚雄彝族自治州概况》编写组：《楚雄彝族自治州概况》，第 71 页。

❷ 保山市民族宗教事务局编：《保山市少数民族志》，第 30 页。

❸ 四川省编辑组、《中国少数民族社会历史调查资料丛刊》修订编辑委员会编：《四川省苗族傈僳族傣族白族满族社会历史调查》，2009 年版，第 12 页。

❹ 贵州省地方志编纂委员会：《贵州省志·民族志》（下），第 915 页。

❺ 中共贵州省委党史研究室、贵州省档案局（馆）编：《建国后贵州省重要文献选编（1949～1950）》（内部资料），第 341 页。

❻ 中国社会科学院、中央档案馆：《（1949～1952）中华人民共和国经济档案资料选编：农村经济体制卷》，第 289 页。

1951 年，在结合各项实际工作中，丹寨县吸收和培养了 95 名少数民族干部参加了区乡人民政府的工作，扬武、人和、永乐、长青等 9 个乡均提拔了苗族积极分子为乡长，有 226 位苗族人士充任了行政村的正副村长及农民协会正副主席。苗族干部参加政权工作后，情绪非常高涨，如复兴乡乡长吴正高（苗族）说："前年我当长工的时候，谁揣得起我呀！那时我不敢见他的（指国民党）乡长、保长，乡公所里那里找得出一个苗家当事的。今天在共产党、毛主席的领导下，苗、汉真做到一家人了，大家共同的为人民办事。"❶ 各级领导干部把培养当地少数民族干部作为义不容辞的光荣任务，培养了大量民族干部。

云南在土地改革运动中发现少数民族积极分子、骨干和群众领袖，工作队对他们进行手把手的教育和培养，不以汉族干部的标准去苛求他们，而是像带徒弟一样去进行培养，同时尊重、照顾他们的风俗习惯；每个民族的干部都培养，同时又注意培养当地主要民族的干部。❷ 1953 年，内地少数民族地区在土地改革中培养了大批少数民族干部。在边疆则通过发展生产，进行艰苦的群众工作，在条件基本具备后，也于 1955～1956 年先后完成了以土地改革为中心的民主改革。在土地改革中不仅锻炼提高了少数民族干部，而且大量吸收了贫、雇农出身的积极分子参加工作。例如澜沧拉祜族自治县在土地改革中就吸收了当地少数民族 650 人参加工作，从而迅速地扩大了少数民族干部队伍。❸ 1952 年，云南省派出大批民族工作队深入民族地区与少数民族打成一片，针对云南民族地区经济文化落后的特点，采取"带徒弟"的方法，手把手地教，热情耐心地培养民族干部，尊重少数民族风俗习惯，及时纠正和解决有些地方出现的硬要刚参加工作的少数民族干部改穿汉装或工作服，甚至剪发的错误做法。❹ 民族工作队中的外来干部身体力行，言传身教，采取"传、帮、带"的方式培养当地民族干部，为培养少数民族干部，倾注了许多心血。

另外，中华人民共和国成立初期，西南民族地区人民解放军驻军部

---

❶ 《丹寨贯彻执行中央民族政策培养少数民族干部三百余名》，《新黔日报》1951 年 4 月 6 日（第 2 版）。

❷ 中共云南省委党史研究室编：《云南土地改革》，第 200 页。

❸ 《云南民族工作四十年》（上册），第 331 页。

❹ 郭家骥主编：《云南的民族团结与边疆稳定》，民族出版社 1998 年版，第 373 页。

队也为当地培养了大批少数民族干部。从解放初起，人民解放军驻保部队也为保山专区各地培养了大批少数民族干部。保山边防区在保山组建了8个民族基干连，干部从部队中抽调，战士则从当地少数民族青年中动员志愿参加。这些基干连队，既是保卫边疆的武装力量，又是培养少数民族干部的学校。基干连训练期间，主要学习党的民族政策，进行爱国主义教育，同时学习科学文化知识。到1956年底，各族基干连已先后为地方输送民族干部171人，其中，有的被选拔为副州长，有的分别担任区长、公安局股长、乡支部书记、乡长、合作社主任等职务。❶1950年冬到1951年春，186师军训大队在榕江开办的干部训练班，为榕江、雷山、剑河、黎平、从江等县培养各族干部共400余名。❷人民解放军也为当地培养了一批从事地方工作的少数民族干部。

中华人民共和国成立初期，西南民族地区认真贯彻中央、西南颁布的一系列有关民族工作的法令和决定，通过院校培养、短期培训和实际工作锻炼相结合的方式，培养了大批少数民族干部，少数民族干部队伍迅速成长壮大起来。

（三）民族干部的选拔使用

少数民族干部是党和政府联系少数民族群众的桥梁和纽带。培养使用与各族人民有联系的民族干部，是新中国成立以来党在民族问题上一贯坚持的方针，也是在少数民族地区开展工作，帮助少数民族地区进步和发展的关键。中华人民共和国成立初期，在党和人民政府的领导下，西南民族地区大力培养使用少数民族干部，各级政权和各级领导班子逐步配备了一定数量的民族干部，使党的路线、方针、政策在少数民族中得到了更好的落实贯彻。

乌兰夫指出："培养少数民族干部的重要问题是信任他们，大胆放手使用和提拔他们；不仅帮助他们进步和培养他们的能力，并且相信他们的进步和能力，让他们独立负责地去工作。要珍惜少数民族干部热爱自己民族和关心自己民族正当利益的情感，不要去非难这种情感。"❸一般而言，关于少数民族干部使用，在杂居地区，政权按汉族与少数民

---

❶ 保山市民族宗教事务局编：《保山市少数民族志》，第30页。
❷ 中共黔东南州委党史研究室：《黔东南的土地改革》（内部资料），第12页。
❸ 《乌兰夫文选》（上册），第416页。

族人口比例分配，汉人多少数民族少者汉人任正职，少数民族任副职。反之，少数民族任正职，汉人任副职。纯少数民族地区，在人民政府领导下，实行区域自治。❶

中华人民共和国成立初期，云南省少数民族工作中最重要的就是吸收和培养了一批少数民族的工作干部。据初步统计，截至 1951 年 9 月，各专区、县、市（区、乡级不计）以及省人民政府和所属机关与国营各部门设在本省的机关在职的少数民族干部共有 2577 人。在全省 24 个各种训练班（包括云南民族学院）学习过和正在学习的各族学员共有 2592 人，另外，派到北京、成都、贵阳等地学习的有 146 人。❷ 至 1955 年底，云南省培养少数民族干部 17000 余人。边疆有干部 13884 人，其中少数民族干部 5630 人，占干部总数的 42.1%。少数民族党员 34976 人，其中干部党员 5186 人，农村党员 29790 人。❸

使用少数民族干部是开展少数民族工作的首要环节，贵州特别重视少数民族干部的使用与培养，据不完全统计，截至 1950 年底，在各级政府任职的少数民族干部总数约 700 余人，其中少数是留用人员，绝大多数都是由军大、革大、干校和各种训练班培养出来的。❹ 一批少数民族干部担任了各级民族民主联合政府的重要领导职务。苗族干部吴通明，布依族干部陈永康、陆镇藩，彝族干部李仿尧分别担任了镇远、贵阳、独山、毕节 4 个专区的副专员，有 17 名少数民族代表担任了正副县长，297 名少数民族上层人士、干部和积极分子担任了各级民族民主联合政府委员。在贵阳专区的 33 名政府委员中，有少数民族代表 11 名，占 33.3%。❺

新中国成立以来，贵州省就十分重视培养少数民族干部的工作，到 1952 年，全省已有脱离生产的少数民族干部 5405 人，比 1951 年增加 24.3%。这 5405 人中，在党务系统的 459 人，政法系统的 1884 人，财经系统的 l594 人，文教系统的 244 人，群工系统的 817 人，在土改工作

---

❶　《宋任穷云南工作文集》，第 207 页。

❷　古进：《云南各族人民空前大团结》，《云南日报》1951 年 9 月 30 日（第 2 版）。

❸　中共云南省委党史研究室编：《云南土地改革》，第 220 页。

❹　中共贵州省委党史研究室、贵州省档案局（馆）编：《建国后贵州省重要文献选编 (1949～1950)》（内部资料），第 317 页。

❺　贵州省民族事务委员会编：《贵州民族工作五十年》，第 109 页。

队的 407 人。❶ 中华人民共和国成立初期，黔东南地区对少数民族干部采取大胆提拔、大量培养的原则，提拔了大批的农村积极分子。到 1952 年，根据不完全的统计，专署及黄平、施秉、台江、炉山、三穗、锦屏、雷山等 7 县，共有少数民族干部 1058 人，内有副专员 1 人，专署科长级干部 6 人，县长级 7 人，县科局长级 17 人，区长级 59 人，科员及区助级 178 人，一般干部 790 人。❷

在四川苗族地区，解放后，党非常重视苗族干部的培养。一方面通过各项运动和工作来教育、培养苗族的积极分子，提拔干部；另一方面选派到各类学校学习培养。如 1952 年冬专区开办少数民族基层干部训练班，筠连县联合乡则选派四人去学习，又选派社干参加合作干部训练班。1954 年普选后全乡共有各类苗族干部 100 人，占总数的 45%，其中脱产干部 1 人，乡妇女副主任 1 人，占妇联干部数的 50%；乡人员（原文如此）委员 3 人，占同类总数的 33.3%；乡人民代表 14 人，占同类总数的 33.3%；县人民代表 2 人，占同类总数的 66.79%。❸

少数民族干部是民族地区贯彻执行党的路线、方针、政策的骨干力量。大量培养少数民族干部，是推行民族区域自治，做好民族工作的关键。中华人民共和国成立初期，少数民族干部的培养、选拔和使用受到各级党政部门的重视。西南民族地区党和人民政府大胆地培养、提拔和使用少数民族干部，放手让他们工作，在实际斗争中锻炼提高，少数民族干部迅速成长起来，各级政权和各级领导班子逐步配备了一定数量的民族干部，使党的路线、方针、政策在少数民族中得到更好的落实。少数民族干部的培养选拔使用，为进一步实现少数民族人民当家做主的权利，为民族地区进行土地改革、农业合作化运动奠定了基础，逐步消除历史上遗留下来的民族隔阂，促使民族关系的好转，加强了民族团结，从而使少数民族地区的各项事业从当地实际情况出发得到了更快更好地发展。

❶ 贵州省地方志编纂委员会：《贵州省志·民族志》（下），第 915 页。

❷ 《镇远专区 1952 年民族工作总结》，黔东南州档案馆馆藏档案，全宗号：45，目录号：1，案卷号：71。

❸ 四川省编辑组、《中国少数民族社会历史调查资料丛刊》修订编辑委员会编：《四川省苗族傈僳族傣族白族满族社会历史调查》，2009 年版，第 105 页。

三、民族区域自治机关的成立

中华人民共和国成立初期，民族政策的深入贯彻和各项工作的开展，促进了各民族之间的平等团结和友好合作，许多少数民族聚居区初步具备了实行民族区域自治的条件，西南民族地区在党和人民政府的领导下，从各民族的历史情况和当时现实情况出发，根据《共同纲领》《中华人民共和国宪法》中关于民族政策的规定以及《中华人民共和国民族区域自治实施纲要》的要求，推行民族区域自治，先后成立了区级、县级、地（州）级民族区域自治机关。民族区域自治机关的成立，使各族人民社会主义觉悟空前提高，加强了民族团结，实现了各民族人民当家做主、管理本民族事务的权利，促进了民族地区各项建设事业的发展。

（一）区级自治机关的成立

根据《共同纲领》关于民族政策的规定以及《中华人民共和国民族区域自治实施纲要》的要求，西南民族地区逐步推行民族区域自治，成立区级民族区域自治机关。

中央民委副主任乌兰夫指出："解决民族问题的最好办法是通过民族形式和照顾民族特点，实行民族区域自治，但只能是切合时宜地适当地合理地采取和照顾，而不能无原则地过分强调。"❶ "各自治区或民族民主联合政府的区域划分，原则上应按原行政区划，一般不动，以免发生不必要的纠纷。关于各兄弟民族及民族自治区的名称，应在代表会议上进行协商讨论，尊重他们自己的意见，同时提请上级人民政府核定。"❷

1950 年 7 月 31 日，西南军政委员会主席刘伯承在西南军政委员会第一次全体委员会议上强调：在政治上，应本平等团结互助原则，在少数民族聚居地区，实行民族区域自治。在各民族杂居地区之省、市、县人民代表会议和政权机关内，各民族均应有其相当名额的代表和工作人员。各民族间的纠纷，应本共同纲领的政策，经过各民族人民协商或由

---

❶ 《乌兰夫文选》（上册），第 157 页。
❷ 《中央民族访问团访问西南各民族的总结报告》，《云南日报》1951 年 7 月 24 日（第 1 版）。

政府调处解决之。禁止民族间的歧视、压迫和分裂各民族团结的行为。❶ 1951 年 1 月 6 日，西南军政委员会决定在西南大行政区少数民族地区，分别实行民族区域自治及建立民族联合政权，为了巩固新生的人民民主政权，加强民族团结，民族地区在土改结束时，分别在民族聚居乡实行区域自治，民族杂居乡建立各族联合政权。❷

1951 年 1 月 27 日，在中央民族访问团第三分团、国家民委、省民委帮助和指导下，在原炉山县的凯里镇建立了相当于区级的苗族自治区。凯里苗族自治区人民政府由苗族顾怀安任区长，这是贵州省第一个民族区域自治的区一级人民政府。

从 1952 年冬到 1953 年，党和政府遵照民族区域自治实施纲要的规定，在条件成熟的基础上，在贵州部分少数民族聚居区推行了民族区域自治，相继建立了相当于区一级的民族自治机关。如安顺地区，1952 年成立了四个区级民族自治机关。1952 年 9 月 25 日，成立"镇宁县扁担山彝族（现布依族）自治区人民政府"。1952 年 12 月 28 日成立"紫云县猴场苗族自治区人民政府"。同年成立了"安顺县黄腊布依族自治区"和"郎岱县禹王布依族自治区"。❸ 羌族地区民主建政后，先后建立 5 个区级自治区，即理县通化区，茂县北部的沙坝、赤不苏、较场坝三个自治区，小黑水自治区。

中华人民共和国成立初期，党中央和中央人民政府派出了以刘格平同志为团长的西南少数民族访问团，在凉山先后访问了许多城镇和边远山村，与各界人士进行了广泛的接触，传达了党和毛主席对彝族人民的关怀，进一步广泛深入地宣传了党的民族政策，巩固和加强了统一战线工作。在中央民族访问团的协助下，1951 年 1 月 1 日，红毛麻姑彝族自治区成立，这是凉山第一个区级的民族区域自治政权。❹

这些区级自治地方政权的设立，充分体现了少数民族当家做主，管理本民族事务的平等权利。区级民族自治机关成立后，认真贯彻执行党

---

❶ 四川省档案馆编：《西南军政委员会纪事》（内部资料），第 280～281 页。

❷ 中共保山地委：《关于民族地区土改的几个问题的通报》，云南省档案馆藏档，全宗号：2，目录号：8，案卷号：19。

❸ 《解放初期的安顺（1949～1956）》，第 233 页。

❹ 蒋彬、罗曲、米吾作主编：《民主改革与四川彝族地区社会文化变迁研究》，民族出版社 2008 年版，第 37 页。

的民族政策，大力培养少数民族干部，进一步加强民族团结的宣传教育，密切了汉族和少数民族的关系，增强了民族的凝聚力，各族人民从此真正感到祖国大家庭的温暖，更加积极主动地投身到建设热潮中去。

（二）县级自治机关的成立

为了使党的民族区域自治政策得到比较认真地贯彻执行，进一步尊重少数民族的平等权利和自治权利，西南民族地区在党和人民政府的领导下，先后建立了一些县级的民族区域自治机关。起初，这些民族区域自治机关称为"自治区"，在《中华人民共和国宪法》颁布后，特别是在 1955 年 12 月，国务院颁布了《关于改变地方民族民主联合政府的指示》后，这些民族区域自治机关一般称之为"自治县"。

《中华人民共和国民族区域自治实施纲要》颁行后，从 1952 年底到 1953 年，党和人民政府在条件成熟的基础上，根据少数民族的历史情况和现实特点，在贵州部分少数民族聚居区建立了相当于县一级的民族自治地方政权。经政务院批准，贵州省先后撤县设立了炉山、雷山、丹寨、台江等苗族自治区，成立了罗甸布依族自治区、惠水彝族苗族自治区、威宁彝族回族苗族自治区。❶ 炉山苗族自治区是贵州省最早成立民族区域自治政府的一个县，炉山苗族自治区人民政府于 1952 年 9 月 30 日成立。1955 年 1 月 7 日，炉山苗族自治区改称炉山苗族自治县。后因建立黔东南苗族侗族自治州，1956 年 4 月 18 日，炉山苗族自治县改称炉山县。炉山苗族自治区是省委进行民族区域自治的试点县，它的成立，照顾了苗族聚居的情况，有利于自治地方的发展和各民族的团结，给其他少数民族地区实现民族区域自治提供了榜样和经验。

1950 年底，经过认真调查研究，云南省委决定首先在玉溪地区工作基础较好的峨山县试行民族区域自治。经过认真筹备和省人民政府批准，1951 年 5 月 12 日，峨山彝族自治区成立，这是云南第一个相当于县级的民族自治地方政权，彝族干部施致宽当选为自治区主席。❷ 1952 年，在哈尼族聚居的红河县，成立了县级的哈尼族自治区人民政府，此后又相继成立了屏边瑶山瑶族自治区人民政府、元阳县太和哈尼

❶ 贵州省民族事务委员会编：《贵州民族工作五十年》，第 110 页。
❷ 《云南民族工作四十年》（上册），第 281 页。

族彝族傣族联合自治政府。❶ 从 1952 年 8 月中央颁布《中华人民共和国民族区域自治实施纲要》以来，截至 1954 年 8 月，云南先后成立专区级民族自治地方 3 个：西双版纳、德宏、红河；县级民族自治地方 9 个：峨山、碧江、福贡、贡山、德钦、弥勒、澜沧、江城、孟连。

在民族自治地方机关成立过程中，各地反复认真地宣传党的民族政策，尤其是党的领导与少数民族实行区域自治之间的关系，进行民族团结、平等、互助、友爱的教育，尊重各民族的意愿，反复说明什么是民族区域自治，实行民族区域自治的目的、意义和具体做法，从而澄清了人们的错误认识，提高了各族人民的思想觉悟和认识水平，他们对党和人民政府有了更深层次的认识。

民族自治地方政府的建立，体现了党和国家民族平等团结的政策，开创了各少数民族人民当家做主管理本民族内部地方性事务的新阶段，是在西南民族聚居区实行民族区域自治的重要实践，为普遍推行民族区域自治提供了一定的经验，为其后进一步实行民族区域自治奠定了坚实的基础。

（三）地级自治机关的成立

中华人民共和国成立初期，根据中央规定的"慎重稳进"的方针，西南民族地区采取了一系列不同于内地一般地区的方法和步骤，一切从加强民族团结出发，建立了 13 个地州级的民族区域自治机关。这些自治机关根据宪法和法律规定，充分照顾民族特点，密切结合当地的历史情况和现实特点，制定单行条例和法规，以指导自治机关各项建设事业的发展。

中华人民共和国成立初期，在党和人民政府的领导下，贵州民族地区在开展土地改革和合作化运动过程中，社会秩序基本安定，民族关系得到了进一步的改善，一大批少数民族干部成长起来，民族团结有了进一步的增强，平等、团结、互助的社会主义民族关系开始形成，黔南的社会面貌发生了深刻变化。根据黔南的历史情况、民族情况和民族关系，成立自治州条件逐步成熟。为了尽快在黔南民族地区推行民族区域自治，中央人民政府和贵州省进行了大量的准备工作。1956 年 4 月

---

❶ 金炳镐：《中国民族自治州的民族关系》，687 页。

13 日，国务院第二十七次全体会议讨论通过了《关于在贵州省南部设置黔南布依族苗族自治州的决定》。根据黔南地区民族构成、分布状况、民族人口、民族特点以及当地各民族之间在政治、经济、文化和社会生活各方面的关系，在中共贵州省委和省人民委员会的直接领导下，成立了黔南布依族苗族自治州筹备工作委员会，开始进行了建州的各项筹备工作。1956 年 8 月 1～8 日，黔南布依族苗族自治州第一届人民代表大会第一次会议在都匀隆重召开。8 月 8 日，会议胜利闭幕，宣布黔南布依族苗族自治州正式成立。

1956 年 4 月 13 日，国务院全体会议第二十七次会议通过了设置贵州省黔东南苗族侗族自治州的决定。1956 年 7 月 15～23 日，黔东南苗族侗族自治州第一届人民代表大会第一次会议在镇远隆重举行，大会通过了《黔东南苗族侗族自治州人民代表大会组织条例（草案)》及《黔东南苗族侗族自治州人民委员会组织条例（草案)》，选举了自治州州长、副州长，自治州领导组成人员实现民族化，使用各民族语言文字，充分体现了少数民族当家做主的权利已经实现。1956 年 7 月 23 日，黔东南苗族侗族自治州正式宣告成立。

自治州的成立，民族区域自治的推行是民族因素与区域因素的结合，是贵州各族人民政治生活中具有历史意义的大事，标志着各民族实现当家做主权利，增强了民族间的团结与合作，是党的民族政策的又一伟大胜利，自治州的成立促进了民族地区经济和文化建设事业的发展。

表 8-1　贵州地（州）级民族区域自治机关成立简况

名称	成立时间	领导人	主要自治民族	行政区划
黔东南苗族侗族自治州	1956 年 7 月 23 日	王德安	苗族、侗族	自治州辖 16 个县市，州政府驻凯里市
黔南布依族苗族自治州	1956 年 8 月 8 日	韦茂文	布依族、苗族	自治州辖 12 个县市，其中 1 个自治县，州政府驻都匀市

西康省藏族自治区是西南成立最早的民族自治地方。解放以来，西南各级人民政府根据共同纲领规定的民族政策，本着平等、友爱、互助的精神，普遍召开了少数民族代表座谈会和各族各界人民代表会议，加强了各族人民与政府的联系。1950 年 7 月中央民族访问团初到西南时，

西南军政委员会主席刘伯承、副主席邓小平和王维舟明确指出，少数民族应早日建立自治区和民族民主联合政府，并决定首先在西康藏区实行区域自治，作为典型试验。❶ 在中央访问团的指导下，1950 年 11 月24 日，西康省藏族自治区成立，这是成立最早的相当于地州一级民族自治地方政权，也是西南最早的民族自治地方政府。"这一成功的范例，推动了西南少数民族地区实行民族区域自治制度工作的稳步发展。从1951 年 3 月开始，西南各省、区少数民族地区先从专区搞起，由上而下进行，分别实行民族区域自治和建立民族联合政府。到 1953 年 4 月，西南全区少数民族地区普遍建立起了各级民族区域自治政府。"❷ 西康省藏族自治区的成立，推动了民族区域自治在西南少数民族地区开始实施，为西南民族区域自治的实践积累了宝贵经验。

表 8－2　四川地（州）级民族自治地方成立情况

自治区	省份	成立时间	自治州	备注
四川省藏族自治区	四川	1953 年1 月 1 日	阿坝藏族羌族自治州	1953 年 1 月 1 日撤销茂县专区，改设四川省藏族自治区。1955 年 11 月 28 日四川省藏族自治区改设阿坝藏族自治州。1987 年 7 月 24 日阿坝藏族自治州更名为阿坝藏族羌族自治州
西康省藏族自治区	西康省	1950 年11 月 24 日	甘孜藏族自治州	1950 年 11 月 24 日西康省藏族自治区人民政府在康定正式成立。1955 年 3 月 3 日改西康省藏族自治区为西康省藏族自治州，11 月 28 日改原西康省藏族自治州为四川省甘孜藏族自治州
西康省凉山彝族自治区	西康省	1952 年10 月 1 日	凉山彝族自治州	1952 年 10 月 1 日西康省凉山彝族自治区成立（后来改为州）。1955 年 10 月 1 日，撤销西康省，凉山州改属四川省

❶ 《中央民族访问团访问西南各民族的总结报告》，《云南日报》1951 年 7 月 24 日（第1 版）。

❷ 杨胜群主编：《邓小平传（1904～1974）》（下），第 885 页。

西南民族地区土地制度变革与乡村社会重构研究（1949～1957）

为了在云南民族地区推行民族区域自治，保障各少数民族的平等地位和平等权利，激发少数民族人民参加社会主义革命与建设的积极性，云南省委和省人民政府于 1951 年委托中央访问团协助思茅地委进行建立西双版纳自治区的筹备工作。1953 年 1 月 17～23 日，在车里举行的西双版纳首届各族各界人民代表大会选举产生了西双版纳自治区人民政府，选举召存信（傣族）任自治区人民政府主席，刀承宗（傣族）、刀学林（傣族）、车罗（哈尼族）、刘岩、刀有良（傣族）任副主席。自治区管辖范围包括车里、佛海、南峤、镇越四县，以及江城县的整董、思茅县的普文、象明、六顺县的整糯、宁江县的勐往等 6 个区。自治区成立后，撤销原建制，划分为 12 个版纳。1953 年 1 月 24 日，西双版纳傣族自治区经省人民政府批准正式成立。❶ 西双版纳傣族自治区是云南省第一个专区级民族自治区。之后，云南各地民族聚居区纷纷建立民族区域自治机关，各自治地方政府人员的组成，都以实行民族区域自治的少数民族人员为主，民族自治州州长、民族自治县县长，均由实行区域自治的民族担任。

表 8－3　云南地州级民族区域自治机关成立简况

名称	成立时间	领导人	主要自治民族	备注
西双版纳傣族自治区	1953 年 1 月 23 日	召存信	傣族	召存信（傣族）当选为自治区人民政府主席，1956 年改为自治州后连任州长
德宏傣族景颇族自治区	1953 年 7 月 24 日	刀京版	傣族、景颇族	刀京版（傣族）当选为自治区人民政府主席，1956 年改为自治州后任州长
怒江傈僳族自治区	1954 年 8 月 23 日	裴阿欠	傈僳族	裴阿欠（傈僳族）当选为自治区人民政府主席，1956 年改为自治州后任州长
大理白族自治州	1956 年 11 月 22 日	张子斋	白族	自治州成立后，在 1958 年之前州长没有变动
迪庆藏族自治州	1957 年 9 月 13 日	松谋	藏族	自治州成立后，在 1958 年之前州长没有变动

---

❶　云南省民族事务委员会编：《云南民族工作大事记（1949～2007）》，第 24 页。

名称	成立时间	领导人	主要自治民族	备注
红河哈尼族彝族自治州	1957年11月18日	李和才	哈尼族、彝族	自治州成立后，在1958年之前州长没有变动
文山壮族苗族自治州	1958年4月1日	罗运通	壮族、苗族	自治州成立后，在1958年之前州长没有变动
楚雄彝族自治州	1958年4月15日	普贵忠	彝族	自治州成立后，在1958年之前州长没有变动

民族区域自治机关的成立，实现了少数民族当家做主的权利，加强了民族团结，增强了民族凝聚力。到1958年初，云南省已建立了8个自治州和9个自治县，共有14个少数民族实现了区域自治。

民族区域自治制度体现了经济因素与政治因素的结合，消除了旧社会遗留下来的民族压迫、歧视所造成的消极影响。"民族区域自治是民族形式、新民主主义内容，解决民族问题是形式问题，也是实质问题，是民族的也是阶级的。民族形式就是要解决阶级问题，解决民族内部广大人民的生存与发展问题。"❶ 民族区域自治的实现，党的民族政策的认真贯彻落实，使西南地区民族团结不断加强，民族干部队伍不断发展壮大，保证了民族自治地方少数民族当家做主管理地方性事务的权力。民族区域自治政权的建立，提高了西南地区各族人民的政治觉悟，充分发挥了各族人民社会主义革命和建设的积极性和创造力，推动了本地区各项事业的迅速发展。中华人民共和国成立初期，民族区域自治的实现，使西南民族地区呈现出了政治稳定、经济发展、民族团结、社会进步的新面貌新气象。

四、民族团结与社会的稳定与发展

中华人民共和国成立初期，在党和人民政府的领导下，西南民族地区疏通民族关系，大力宣传贯彻党的民族政策，并结合民族地区的具体情况，制定了一系列不同于内地汉族地区的政策，加强了各民族的团

---

❶ 《乌兰夫文选》（上册），第202页。

结，新型的社会主义的民族关系开始形成，极大地调动了各族人民社会主义革命和建设的积极性，经济发展取得了巨大的成就，实现了西南地区民族团结与社会的稳定与发展。

（一）新型民族关系的形成

中华人民共和国成立初期，在党和人民政府的领导下，西南民族地区认真执行党的民族政策，一方面采取措施在土地改革和合作化运动中加强民族团结，另一方面对民族上层和宗教上层人士采取团结、教育、改造的方针，加强统一战线工作，这些政策措施，使西南地区民族关系融洽，新型的平等团结互助的社会主义的民族关系开始形成。

1. 加强民族团结

鉴于西南民族地区往往民族矛盾掩盖着阶级矛盾、阶级关系中交织着复杂的民族关系的情况，依据党的民族政策，中华人民共和国成立初期党和人民政府采取措施，疏通民族关系，尊重各民族的风俗习惯和宗教信仰，消除民族隔阂，加强民族团结，巩固统一战线。

少数民族地区土地改革能否成功的一个主要标准，就是看是否从根本上解决了民族团结问题。邓小平指出："团结少数民族的关键是抛弃大汉族主义，我们抛弃了大汉族主义，才能换得少数民族抛弃狭隘民族主义。"[1]"对少数民族的许多事宜，不盲动，不要轻率地跑去进行改革，不要轻率地提出主张，宣传民族政策也不要轻率。改革是需要的，不搞改革，少数民族的贫困就不能消灭，不消灭贫困，就不能消灭落后，但是这个改革必须等到少数民族内部的条件具备了以后才能进行。我们现在民族工作的中心任务是搞好团结，消除隔阂。"[2]

因此，中华人民共和国成立初期，党和人民政府在民族工作中，"一定要坚持慎重稳进的方针，特别是对于少数民族的内部改革，必须根据该民族大多数人的自觉自愿而不是该民族中少数人的觉悟与愿望，并要考虑各种必要的条件是否具备。若是大多数人尚未觉悟，各种必要的条件尚未具备，则应该进行艰苦的群众工作，善于耐心地启发和等待

[1] 《邓小平副主席在西南军政委员会第一次全体委员会议第四次大会上的发言》，重庆市档案馆藏档，全宗号：D，目录号：65，案卷号：10。

[2] 中央文献研究室编：《邓小平年谱（一九〇四～一九七四)》（中），第930页。

群众的觉悟，并创设各种必要的条件"❶。

1951年8月21日，云南省土地改革委员会主任委员于一川强调："在内地民族杂居地区进行发动群众，则需要十分注意民族间的历史隔阂、民族特点以及民族情绪问题，要十分注意尊重少数民族的风俗习惯，先反汉人地主后反少数民族地主，认真地发动少数民族群众，以他们为主进行斗争，他们自己不同意的事情不要做，以免被上层分子利用民族情绪来钻空子，制造民族关系的混乱。"❷

宋任穷强调："今后少数民族工作的方针，是做好民族和睦团结，消除民族间的隔阂，稳步前进。"❸ 他还指出：少数民族地区搞土地改革的时候，要始终强调尊重民族风俗习惯，加强民族团结，强调区别不同情况，进行分类指导，采取一些区别于汉人的措施。❹ 中共保山地委重视民族团结，强调少数民族地区进行土改，必须慎重掌握民族团结政策。一切工作的开展，必须从民族团结的愿望出发，实现民族间关系的和睦团结。❺ 因此，少数民族地区进行土改，必须注意民族特点，充分尊重民族意愿，加强民族团结，严禁忽视民族问题制造阶级斗争。

西南少数民族的政治、经济、文化发展不平衡的，为了在土改中正确地贯彻党的民族政策，加强民族团结，1952年7月21日，中共贵州省委提出了《对目前少数民族进行土地改革的意见》，强调："必须首先明确：少数民族是在民族团结、完全在少数民族自觉自愿并有了干部条件的基础上进行土改，是要求达到各民族进一步团结，而不是制造新的纠纷。"❻ 贵州在土改中强调贯彻执行民族政策，各民族平等团结，共同翻身解放。一些地方召开民族代表会，讨论通过了执行土改的决议，土改中注意了各村、各兄弟民族的团结。❼ 土改中贵州在斗争少数民族地主时，强调要召开农代会，各族各界代表会，少数民族代表会，

❶　杨静仁：《一年来的民族工作》，《人民日报》1951年3月4日（第3版）。

❷　于一川：《贯彻减租退押运动，准备土地改革——1951年8月21日在中共云南省委扩大干部会议上的报告》，《云南日报》1951年9月21日（第2版）。

❸　《宋任穷云南工作文集》，第206页。

❹　《宋任穷云南工作文集》，第35～36页。

❺　中共保山地委：《关于民族地区土改的几个问题的通报》，云南省档案馆藏档，全宗号：2，目录号：8，案卷号：19。

❻　贵州省民族事务委员会编：《贵州民族工作五十年》，第18页。

❼　贵州省档案馆编：《黔地新生——解放初期贵州土地改革档案文献选编》，第237页。

而且代表不能都是积极分子，要吸收落后的群众参加。民族间出了问题都要以这种会议的形式来解决。农协领导不能满足于贫雇农占三分之二，中农占三分之一，要注意民族人口数的比例，照顾民族特点，照顾民族团结，一般地说哪一个民族人口比例较大，农协领导就从该民族中遴选。❶ 土地改革时，贵州在执行统一土改政策的同时，少数民族地区大力培养、提拔、任用少数民族干部，依靠他们开展各项工作；在少数民族聚居的乡村，凡建立了民族民主联合政府的地方，充分发挥联合政府的作用，注意团结少数民族中的最大多数，把打击面缩小到最低程度。❷

合作化运动中，西南各地重视加强民族团结，认真贯彻党的民族政策。1956 年 3 月 29 日，中共贵州省委农村工作部作出了《关于高级农业生产合作社中若干具体问题的处理意见》，指出：少数民族社员的麻园地、棉花土、祭祀田和妇女的私房田，可以不入社。但是，如果少数民族群众要求将这些土地入社时，也可以入社。少数民族群众的特殊土地，如"马郎坡""跳花场""斗牛坡"等，可以不入社。少数民族的特殊用牛，如"斗牛""祭祀牛""姑娘牛"等，一般不作价归社；如果本族群众要求作价归社，合作社应该按照合理的价格收买。❸

中华人民共和国成立初期，党和人民政府坚持慎重稳进的方针，少数民族的社会改革，由少数民族自己来进行，根据少数民族地区大多数人民及与人民有联系的领袖人物的志愿，其他任何人都不能包办代替。西南民族地区土地改革和合作化过程中，都非常重视民族问题，注意各民族的特点，一切都从有利于民族团结出发，慎重对待和处理民族问题，调整和处理好民族关系，认真贯彻党的民族政策。

2. 加强民族上层统战工作

中华人民共和国成立初期，西南民族地区为疏通民族关系，开辟民族地区工作，维护社会安定，积极采取措施，团结、争取民族上层，加强统一战线工作，取得了显著的成效，在实践中取得了成功。

做好争取团结民族上层的工作，成为西南地区解决民族问题的关键。中华人民共和国成立初期，争取团结民族、宗教上层人士的主要措

---

❶ 贵州省档案馆编：《黔地新生——解放初期贵州土地改革档案文献选编》，第 124 页。

❷ 贵州省地方志编纂委员会编：《贵州省志·农业志》，第 42 页。

❸ 中共贵州省委党史研究室、贵州省档案局（馆）编：《建国后贵州省重要文献选编（1955～1957）》（内部资料），第 208～209 页。

施，是在政治上给予适当安排，生活上给予切实保证，思想上帮助其进步。❶ 云南各地都把团结、争取土司头人和宗教领袖人物作为工作的重要内容。在土地改革中如何对待宗教上层人士，云南省委专门进行了研究，并作出明确规定。对回民阿訇中的地主采取缺席划阶级的办法，对其土地不采取一般的没收方式，而动员其交出，他们的房屋、衣物、家具一律不动。个别属恶霸成分的阿訇也不进行斗争，经地委批准后采取在民族代表参加下由政府仲裁教育的方式解决。❷

在党和政府的领导下，西南民族地区大力推行统一战线工作，始终把贯彻落实党的统一战线政策和党的民族政策，贯穿于土地改革的各项具体工作之中。各族各界人士共商土改大计，宣讲党在土地改革运动中的各项方针政策。"为了减少土改阻力，对少数民族上层人物（如土司、阿訇、宗教头子等），虽封建色彩浓厚，对其目前赞成土改者应联合之。"❸ 在进行广泛动员的同时，黔东南各级党委还加强统一战线工作，有针对性地做好各族上层人物和各界知名人士的思想工作。如黄平县分别召开了民主人士和少数民族上层人士座谈会，宣传党的土改政策，动员他们同党和人民同心同德，亲密合作，以实际行动支持土地改革。❹ 1956 年 4 月 16 日，四川省甘孜藏族自治州人民委员会发布公告：人民政府对僧俗各界领袖人物、上层人士一贯坚持团结教育的政策，实行民主改革期间和改革以后都不改变政策，人民政府将采取办法使他们的政治地位不至于降低，生活水平都能保持和从前大体相当。对于能够参加工作的上层人士都将吸收他们参加各种工作，为人民服务，由国家发给薪金。对于个别不能参加工作的上层人士亦由国家长期补助。❺

为了争取团结少数民族上层人士，西南一些民族地区适当推迟了民主改革的时间，同时为了体现对少数民族上层人士的尊重和信任，在民主改革的方法上也作了一些让步。

合作化运动中，西南一些民族地区对民族上层人物都始终坚持"不能把剥削带入合作社"的原则，只有劳动守法、放弃剥削才能入社；对

---

❶ 《当代中国》丛书编辑委员会：《当代中国的民族工作》（上），第 83 页。

❷ 《宋任穷云南工作文集》，第 37 页。

❸ 贵州省档案馆编：《黔地新生——解放初期贵州土地改革档案文献选编》，第 272 页。

❹ 中共黔东南州委党史研究室：《黔东南的土地改革》（内部资料），第 15 页。

❺ 《中国的土地改革》编辑部：《中国土地改革史料选编》，第 861 页。

原剥削较少而已放弃剥削入社，并积极劳动、热心社务的，可吸收参加社的领导；对已作政治安排和生活补助的大山官头人，暂不允许入社，但可以按合理的地租、工资，向合作社出租土地或雇工经营。因此，许多参加劳动的中小山官头人都先后入了社，有的还被选为社务委员或副社长；未入社的也都有了出路。据统计，三台山1955年办社村寨中，9个山官中有6户入了社，其中3个还当了社干，114个董萨中有8户入了社，其中4个当了社干。❶

民族上层一般都具有爱国主义思想，在本民族中也有一定的历史影响和威望。搞好民族上层的统一战线工作，就能进一步消除民族隔阂，有利于开展群众工作，有利于进一步解决民族问题和社会问题，从而使民族上层增强他们之间的民族团结情感，逐步树立坚定跟着共产党走社会主义道路的信念，拉近与共产党的距离，加强民族团结，为社会主义新型民族关系的建立创造条件。

3. 民族关系的融洽

新中国成立前，由于反动统治阶级的挑拨，民族之间曾经进行过械斗，民族关系复杂，民族隔阂较深。中华人民共和国成立初期，党和人民政府注意各民族的特点，慎重对待和处理民族问题，采取措施，疏通民族关系，尊重各民族的风俗习惯和宗教信仰，历史上遗留下来的民族隔阂逐步消除，民族关系开始融洽，建立了平等团结、互助友爱的新关系。

在解决封建土地所有制的同时，对历史上遗留下来的民族纠纷，以互相谅解为原则，消除隔阂，增进民族大团结。在缓冲地区的土改中，仅屏边县就解决了民族纠纷48件；建水县8个乡，解决了132件。一些地方对于民族的公田、家田也保留了一部分和全部。不少地区还召开民族团结大会，忆民族分裂的苦，思民族团结的乐。土地改革增进了民族团结，过去的隔阂变成了共同反封建斗争的力量。❷

山区民族与傣族之间的关系有了改善，纠纷越来越少，各族人民逐渐体会到民族团结的好处。傣族过去常有耕牛丢失，认为是其他民族偷的，现在傣族群众说："解放以后，我们放出去的牛，许多天不去看它，

❶ 《景颇族阿昌族社会历史调查文集》，第264页。
❷ 《红河哈尼族彝族自治州概况》，第70~71页。

也从来没有打失过一条。"1950 年出公粮时，勐海区生活在山头上的民族与坝区傣族特别表示团结，傣族人说："山头上民族生活苦，出产少，我们再多出一些。"山头上民族又表示要平摊，不愿减少，结果超额完成了任务。❶

在贵州民族地区，通过学习党的民族政策，召开民族代表会，沟通各民族思想，历史遗留的民族纠纷得到了解决。如榕江县大西乡七村一地主挑拨两个自然寨争相械斗，大寨一农民被杀而使两寨村民结了仇。民族代表会为他们找出了问题的症结，使两寨和睦相处，加强了民族团结。❷ 四川民族地区历史上的冤家械斗连绵不断，一直延续到解放之后，各族群众不仅深受民族压迫之苦，而且也受永无休止的冤家械斗之苦。针对这种状况，党和政府及时派出各民族干部，奔走于有争斗的部落、家支各方，本着团结、互让、和解原则以及"旧案互相谅解，新案帮助调解，大事化小，小事化了"的精神，并参照历史习惯，公正地调解和平息了一大批冤家械斗。❸

新中国成立前，由于民族压迫、民族剥削的存在，西南地区民族对立、民族隔阂比较严重。中华人民共和国成立初期，党和人民政府花费大量的时间、精力来调解民族纠纷，通过民主改革和社会主义改造，消除历史上遗留下来的民族隔阂，增强了民族之间和各民族内部的团结，建立了平等团结、互助友爱的新关系，对于顺利进行少数民族地区的民主改革和社会主义改造，都起了重要的作用。

（二）民族地区社会的稳定与发展

中华人民共和国成立初期，为了维护社会稳定，促进社会改革，西南民族地区在有条件的地方建立了民族区域自治，暂时不具备条件的地区建立了民族民主联合政府，广泛运用民族代表会议的形式讨论决定问题，发挥少数民族人民当家做主的积极性，这就为社会的稳定与发展奠定了政治基础。各级人民政权的建立，民族区域自治制度的推行，争取了民族上层，团结了各族人民，巩固了民族地区新生的人民民主政权，

---

❶ 《民族问题五种丛书》云南省编辑委员会编：《傣族社会历史调查》（西双版纳之一），第 24 页。

❷ 中共黔东南州委党史研究室：《黔东南的土地改革》（内部资料），第 147 页。

❸ 四川省地方志编纂委员会编：《四川省志·民族志》，第 27 页。

成为实现西南民族地区社会稳定和发展的最重要的政治条件。

1. 民族地区社会的稳定

中华人民共和国成立初期，西南民族地区许多地方倡议发起各族人民团结公约，坚决反对一切形式的民族歧视和压迫，疏通民族关系，自动消除各民族之间或各民族内部多年来的纠纷和隔阂。"签订民族团结公约，既是民族团结的表现形式，也是各少数民族希望真正的、长远的民族团结的一种内心表达。"❶ 1950 年 11 月，西康藏族自治区订立各族人民团结公约，同年 12 月，西昌专区各族人民订立团结公约。❷ 在云南省，1951 年 1 月 1 日，云南普洱区 48 位土司、头人、少数民族代表和党政军领导按照佤族传统举行"剽牛""喝咒水"仪式，共同立下《民族团结誓词碑》。誓约表达了各族人民决心在中国共产党的领导下，团结一心、奋斗到底，誓为创造平等、自由、民主、幸福的革命大家庭而努力奋斗的决心。❸ 1951 年 7 月，三都县各族各界人民代表会议制定和通过了各族人民团结公约。这些民族团结公约，对西南各民族有一定的约束力，进一步增强了各民族团结意识，赋予了民族团结新的时代内容，逐步消除了民族隔阂和民族矛盾。从当时和长远看，这一措施都有利于社会的稳定和发展。

中华人民共和国成立初期，由于党的民族政策得到认真的贯彻落实，黔南各族人民在生产、生活上互相关心、互相帮助的事例不胜枚举。在兴修水利、建筑公路、桥梁等方面，更有不少团结合作的典型事例，如"连心桥""相好林""合心沟""团结水库"等感人事例举不胜举。黔南民族地区逐步形成了少数民族离不开汉族人民，汉族人民也离不开少数民族的各民族团结的友好局面。❹

土地改革中，西南民族地区大力疏通民族关系，加强同少数民族人民的联系。土地改革使云南民族关系发生了巨大的变化。各民族之间在生活上互相照顾，在生产上互相学习，农村中呈现出动人的民族团结互

❶ 赵永忠：《20 世纪 50 年代初期西南的民族团结公约》，《贵州民族研究》2012 年第 5 期，第 163 页。

❷ 郎维伟主编：《邓小平与西南少数民族——在主持西南局工作的日子里》，四川人民出版社 2004 年版，第 54 页。

❸ 云南省民族事务委员会编：《云南民族工作大事记（1949～2007）》，第 9 页。

❹ 中共贵州省黔南州委党史研究室编：《中国共产党黔南布依族苗族自治州历史》第一卷（1930～1978），第 261～262 页。

助的景象。云南内地农民以搞好社会改革来协助各少数民族发展各项建设事业。例如宜良县第四区的汉族农民拿出胜利果实 12 万市斤谷子来救济弥勒县西山区正遇旱灾的少数民族，解决了他们的生产困难。各族人民的互相合作，使得少数民族更加团结友爱，大家都说："毛主席是我们各族人民的大救星！"❶

合作化运动中，云南回族地区的回族、汉族群众一起组织合作社。在处理回族阿訇的生活问题上，更显示了两族人民的团结友爱。如玉溪大西营乡有回族 618 户，汉族 476 户，1956 年春，全乡合办了一个高级社，清真寺的土地都入了社。在支部研究解决阿訇生活及清真寺的费用时，回族党员主张社里补贴一部分，回民社员负担一部分，汉族党员则主张根据实际情况，本着节约原则，全部由社上给予补贴。他们反映"办了高级社，回汉更加团结了"。❷

由上可知，中华人民共和国成立初期，西南少数民族对党的民族政策有了深深的了解，因历史原因造成的民族隔阂逐步消除，增强了各民族之间的凝聚力和向心力，加强了民族团结，民族关系融洽，新型的民族关系开始形成，实现了西南民族地区社会的稳定。

2. 民族地区生产的发展

中华人民共和国成立初期，西南民族地区的生产力水平一般较低，人民生活极端困苦，为帮助少数民族群众解决生产生活上的困难，党和政府发放救济粮和救济款，发放农具和农业贷款，发展了农业生产，改善了广大少数民族群众的物质生活。

在云南民族杂居区，选择那些人口相对比较集中、交通比较方便又有发展前途的中心地点建立"生产文化站"，下设财政所、粮管所、卫生所、邮电所和国营商店等，大力帮助发展生产文化事业，仅德宏地区就先后建立了 17 个"生产文化站"。❸ 在人民政府帮助、扶持下，景颇族人民发展了生产，改善了生活。每年人民政府都发放巨额的山区生产贷款，即耕牛、农具、籽种、口粮贷款和寒衣救济等，其中有很大一部分是无偿贷给的。据统计，政府每年对山区的生产补助总额约 30 万元之多。潞西县遮放弄丙寨解放后每户平均得到 2 把锄头、2 把犁头、2

---

❶ 古进：《云南各族人民空前大团结》，《云南日报》1951 年 9 月 30 日（第 2 版）。
❷ 云南省编辑组编：《云南回族社会历史调查》（一），第 71 页。
❸ 《当代云南简史》，第 148 页。

葨土布和 4 箩大米的补助。❶ 据不完全统计，人民政府仅 1952 年在大凉山方面就发放救济费 368800 多元，其中昭觉、布拖、喜德、金阳四县部分地区，政府发放的贷款即可折合耕牛 375 头、农具 8000 余件、羊 3000 多只、救济粮 120000 余斤、寒衣 18000 余套。同时，设立民族贸易机构，廉价供应彝族人民必须的生产生活资料。❷

根据统计，西双版纳傣族自治州 1953 年的稻谷产量比上年增长 33%。怒江州 1953 年的粮食产量比上年增长 28%。据西双版纳州的戛董、戛洒两个行政村 17 个村寨的调查，1953 年的耕地面积已由解放前的 5096 亩增长到 9310 亩，扩大 82.6%，各项副业收入也较解放前增加 50% 左右。❸

贵州土地改革的完成，把农民从封建制度下解放出来，少数民族地区的耕地面积由 1949 年的 72.34 万公顷增加到 1952 年的 75 万公顷；农作物播种面积由 81.33 万公顷增加到 87.39 万公顷；粮食产量由 133.74 万吨上升到 153.69 万吨，增长 14.92%；农业总产值增长了 18.9%。1957 年实现农业合作化以后，完成了生产资料由私人所有制向集体所有制的过渡，少数民族地区农业生产进一步得到发展。耕地面积比 1952 年增加了 9.31 万公顷，农作物播种面积增加 36.68 公顷，粮食产量增加到 376.11 万吨，农业总产值增长 54.6%，年平均增长 9.1%；人均占有粮食由 1949 年的 222.9 公斤上升到 326.1 公斤，人均增加 103.2 公斤。❹ 由上可知，在党和人民政府的领导下，西南民族地区在重点帮助少数民族地区的经济、文化建设，大力扶持和帮助各族群众发展生产，改善少数民族的物质生活方面取得了显著的成效。

中华人民共和国成立初期，在党和人民政府的领导下，西南民族地区团结争取改造少数民族上层人物，消除民族隔阂，解除少数民族的疑虑和顾忌，改善民族关系，新型的平等团结互助的社会主义的民族关系开始形成。各民族团结的加强，极大地调动了各族人民社会主义革命和建设的积极性，促进了民族地区的社会稳定与发展。

---

❶ 雷春国：《区域自治给景颇族人民的好处》，《云南日报》1956 年 5 月 10 日（第 3 版）。

❷ 《凉山彝族自治州概况》编写组：《凉山彝族自治州概况》，第 139 页。

❸ 《云南民族工作四十年》（上册），第 474～475 页。

❹ 贵州省民族事务委员会编：《贵州民族工作五十年》，第 26 页。

结 束 语

　　关于制度的定义很多，制度一般指要求大家共同遵守的办事规程或行动准则。新经济史的先驱者诺斯认为："制度是为约束在谋求财富或本人效用最大化中个人行为而制定的一组规章、依循程序和伦理道德行为准则。"❶ 中华人民共和国成立初期，在党和人民政府的领导下，西南民族地区先后进行土地改革和合作化运动，土地制度发生了重大的变革，先后由封建土地所有制变为农民土地所有制，最后变为农地公有制。在土地制度变革的过程中，西南民族地区结合民族地区实际，灵活运用和推行中央政策，土地制度变革促使乡村社会重构，反之，乡村社会的重构、变化又推进了民族地区土地制度的变革，二者之间是双向互动关系。

一、西南民族地区土地制度的变革

　　土地改革前，西南地区由于内外条件的影响和制约，民族间或民族内部的社会发育不平衡，一些少数民族长期与汉族交错杂居，阶级分化十分明显，早已进入封建地主制社会，封建地主阶级占有大量的土地、山林和其他生产资料，由于封建土地所有制的存在，地权分配不均，各族农民遭受着阶级和民族的双重压迫。叙永县枧槽乡南坳村 139 户居民中，有 127 户苗族，占全村总户数的 91.36%，共占有耕地 1352.03 亩，占全村耕地总面积的 80.18%。苗族中有地主 2 户，占总户数的 1.4%，占有耕地为总耕地面积的 4.5%，平均每户占有耕地 45.68 亩；富农 5 户，占总户数的 3.5%，占有耕地为总耕地面积的 17.88%，平均每户

---

　　❶ ［美］道格拉斯·C. 诺思：《经济史上的结构和变革》，商务印书馆 2011 年版，第 227～228 页。

占有耕地 54.65 亩；中农 26 户，占总户数的 18.70％，占有耕地占总耕地面积的 26.51％，平均每户占有耕地 17.29 亩；贫农 92 户（其中有 12 户完全没有土地）占总户数的 66.18％，耕地仅占有耕地总面积的 30.70％，平均每户仅有耕地 5.95 亩。即地主富农占有的土地约为中农的 3~5 倍，为贫农的 7~9 倍。❶ 潞西县法帕寨占全寨人口 38.38％ 的贫雇农仅占有耕地的 5.89％，占总产量的 5.86％，全寨人口 10.76％ 的地主、富农却占有耕地的 56.93％，占总产量的 52.39％，富农经济的发展极为突出，中农还保持着相当的比重，占有耕地的 33.68％，占总产量的 37.73％。❷ 别色同子属法地区大街乡，东关寨（包括上寨和下寨）属法地区大松乡。解放前，两寨共 43 户，225 人。其中，有苗族 21 户 115 人，彝族 18 户 101 人，汉族 4 户 9 人。共有土地 1115.3 亩，其中地主、富农、小土地出租者不到人口的 23％，却占有土地总面积的 77.9％。广大的彝、苗族中、贫、雇农占总人口的 77％ 以上，仅占有土地总面积的 22.1％。很多贫、雇农根本没有土地，完全靠租种土地来维持生活。别色园子 21 户，其中彝族 13 户，苗族 4 户，汉族 4 户。东关寨共 22 户，其中苗族 17 户，彝族 5 户。两寨的地主、富农都是彝族，他们占有较大多数的土地，苗族不但没有地主、富农，甚至中农也很少，大多是贫雇农。❸ 生产力水平低下，地权分配不均，使各族人民生活极为困难。

中央、西南、各省先后发布了一系列土地改革的法令政策，以指导土地改革运动的顺利开展。在土地改革发动的过程中，需要对农民进行利益诱导和情感启发。西南民族地区的减租退押具有产权清理和经济退赔的性质，运动使西南地区多数农民经济要求得到不同程度的满足，鼓舞了他们的士气和斗争热情，提高了他们的觉悟程度和组织程度，培养了他们对共产党和人民政府深厚的阶级感情，为下一步开展土地改革创造了条件。西南地区农民协会作为团结与组织广大农民进行斗争的群众

❶ 四川省编辑组、《中国少数民族社会历史调查资料丛刊》修订编辑委员会编：《四川省苗族傈僳族傣族白族满族社会历史调查》，2009 年版，第 6 页。

❷ 中国科学院民族研究所云南民族调查组、云南省民族研究所民族研究室编：《云南省傣族社会历史调查材料》（德宏地区八），第 9 页。

❸ 中国科学院民族研究所贵州少数民族社会历史调查组、中国科学院贵州分院民族研究所编印：《贵州省威宁县法地区别色园子和东关寨解放前社会经济调查资料》，1964 年印刷，第 1 页。

组织，其成立与整顿，使农民的阶级觉悟普遍提高，进一步认识并靠拢了共产党和人民政府，调动起广大农民群众的积极性，作为土地改革的主要组织形式和执行机关，农民协会实际上起到了基层政权的作用。

土地改革是新中国成立以后西南地区经历的第一次大规模社会改造，土地改革消灭了封建生产关系，各族农民无偿地得到土地等生产资料，土地所有权和经营权高度地统一于农民，农民既是土地的所有者，又是土地的自由经营者，这就彻底改变了他们的经济地位。元江县哈尼族聚居的哈梯寨，土改前占人口不到 10% 的地主富农，占有全土地村总数的 47%；而占总人口 90% 多的广大农民只占有土地总数的 53%。土改后，地主富农占有的土地下降到 19%（富农自耕部分全部保留），农民占有的土地上升为 81%，根本改变了各阶层土地的占有状况，农民真正成了土地的主人。❶ 无疑，土地改革首先是一场经济变革，通过再分配的手段，废除了封建地主土地所有制，实现了"耕者有其田"。

西南民族地区土地改革一方面使地主土地财产被没收，政治权力被剥夺，社会地位被削弱，另一方面注意团结少数民族中的最大多数，把打击面缩小到最低程度，各民族间平等、团结、互助的新型民族关系开始形成，建立了人民民主专政的各级政权，重塑了国家与农民之间的关系，这种变化在历史上是空前的、翻天覆地的。

中华人民共和国成立初期，西南民族地区通过土地改革虽然平均了地权，确立了平等基础上的农民土地私有制，农民得到了梦寐以求的土地，但并没有消灭农民各阶层在经济地位上的差别，没有改变小农经济的基本状况，农村生产力水平低下和农民个体经济的普遍贫困。特别是土改后农村两极分化的出现，使当时领导人判断农村出现了"两极分化"，害怕农村会走向资本主义，党决心发动合作化，把合作组织的制度纳入国家工业化战略的实施框架，消灭农民的个体私有制，建立起农业生产资料的公有制，避免两极分化，提高农业生产，为工业化提供条件和基础。

为了避免使农民陷于严重的贫困化状态，挽救农村危机，一些地方掀起了合作运动。"地方自助和互助往往是对生存问题的最初反应措施，

❶ 中国科学院民族研究所、云南少数民族社会历史调查组编：《哈尼族简史简志合编》（初稿），1964 年印刷，第 140 页。

也是当其他办法失效时的持续有效的选择办法。穷人中的劳动强化和互惠的结合，虽然可以满足短期的迫切需要，但从长期看来，在孤立的生存组织的范围之外，是靠不住的。"❶ 合作化运动中，"我们的政策是在于积极地而又谨慎地经过许多具体的、恰当的、多样的过渡形式，把农民的个体经济的积极性引到互助合作的积极性的轨道上来，从而克服那种建立在个体经济基础上的资本主义自发势力的倾向，逐步过渡到社会主义"。❷ 中国社会没有合作传统，合作社组织对于长期习惯于小农经济生活的农民说来，是一个陌生的事物，一定要有个适应与学习的过程。❸ 为了指导民族地区的合作化运动，1955 年 3 月，中共中央发出了《关于在少数民族地区进行社会主义改造问题的指示》，要求针对民族地区农村经济分散，生产资料缺乏的情况，从实际出发，充分注意民族特点，民族地区的农业生产合作社可以形式多样，采取慎重稳进方针，照顾地区和少数民族的风俗习惯，阻碍发展生产和民族进步的陈规陋习由本民族自己逐步废除，逐步地把少数民族地区的互助合作运动健康地推向前进。

在党和人民政府的领导下，西南各地开展了合作化运动。为了照顾农民的私有心理和个体经营习惯，先采取农民比较容易接受的形式，经过互助组，而后进到初级社，再逐步进到高级社。❹ 高级社的成立使个人生产资料的各项资产所有权、使用权、收益权与处置权均归集体，打破了制约中国传统社会经济发展单一的小农经济结构，实现了社会主义农地公有制，使农业经济制度发生了根本性变化。生产资料归高级社集体所有，采取集中生产，按劳分配的方式，带来了源源不断的农业剩余，在农业生产经营形式上改变了过去农户单干的状况，改变了小农生产的生产关系、社会关系，农村经济形势逐渐好转。

生产关系的变革，特别是所有制的变革，新的财富分配制度和社会关系体系的建立，是社会变革的一种较为剧烈的形式。合作化的实现，西南民族地区农村的社会制度发生了翻天覆地的变化，农业由个体经济转变为集体经济，实现了历史性的深刻变革。

---

❶ ［美］詹姆斯·C. 斯科特：《农民的道义经济学：东南亚的反叛与生存》，第 265 页。
❷ 史敬棠等编：《中国农业合作化运动史料》（下册），第 14 页。
❸ 《回忆邓子恢》，第 56 页。
❹ 《邓子恢传》，人民出版社 1996 年版，第 456 页。

中华人民共和国成立初期西南民族地区土地制度变革实现了"耕者有其田"，使农村土地制度的多变性和土地占有结构的畸形化得到了有效抑制。从根本来说，新中国在农村开展合作化，方向是正确的。合作化运动初期，西南民族地区生产关系的变革和合作组织规模，基本上与生产力发展水平相适应，发展是健康的，体现了渐进和自愿，一定程度上解决了乡村社会生产力水平低下的问题。从土地改革到合作化运动，是国家与乡村社会持续互动的结果。土地制度变革使新型民族关系开始形成，国家权力下移，国家与乡村社会关系得到重塑，社会稳定发展，为中华人民共和国成立初期的政权巩固和经济发展发挥了最大效用，从而成为 20 世纪后半期社会变迁和乡村重构的宏伟开端。

二、西南地区灵活运用和推行中央政策

中华人民共和国成立初期少数民族地区土地改革的进行，决定于少数民族大多数的自觉自愿及由少数民族干部领导进行。土地改革中，西南民族地区认真贯彻中央民族政策，注意民族特点，尊重少数民族的风俗习惯，大力培养少数民族干部，尊重他们的意见，真正有职有权。由各族干部领导进行土改和善于等待少数民族觉悟，认真召开民族代表会议，研究讨论通过一切有关少数民族土地改革事宜，一切有关土地改革问题，如民族习俗之尊重，特殊问题之解决，均取决于少数民族自己，严禁干部忽视民族问题制造阶级斗争。少数民族地区土改，强调各民族的共同利益，慎重掌握民族团结政策。一切工作的开展，必须从民族团结出发，消除历史遗留下来的民族隔阂，达到民族团结。为了减少土改阻力，对少数民族上层人物，加强统一战线工作。因此在少数民族区域检查土地改革是否成功的一条主要标准，就是看是否从根本上解决了民族团结问题。

在社会经济结构和汉族相同的少数民族地区，改革的方法步骤大体和汉族地区相同，但也采取了一些区别于一般汉族地区的特殊政策和措施。那些民族隔阂较深、宗教问题严重、社会经济发展更为落后，特别是上层人士在群众中影响较大的少数民族地区的社会改革，采取不同的方针、政策和方法，"慎重稳进"，用和缓的方式进行，稳步地进行和平协商土地改革。

根据土地改革基本原则和边疆民族基本特点，接受了内地办社的经验和教训，采取了比较慎重稳妥的做法，德宏傣族景颇族自治区首届人民代表大会第三次会议，制定并通过了和平协商土地改革法的规定及单行条例，如《傣族地区和平协商土地改革办法》《傣族地区农村债务和土地抵押、典当纠纷处理办法》《傣族地区划分农村阶级成分的补充办法》，等等。这三个办法是傣族地区和平协商土地改革的纲领性文件。和平协商土地改革在动员地方权威和社会组织的基础上，始终注意和突出各民族特点，尊重各民族风俗习惯，谨慎对待各民族的宗教信仰，采用自上而下的方式来进行土地改革，避免了民族隔阂和宗教纠纷，对上层人士只采取"背靠背"的斗争，以团结、教育、改造和心平气和的方式，说服民族上层和村寨的当权头人，民族上层在运动中受到了教育、改造，使他们放弃了封建特权，交出了土地，不降低民族上层代表人物的生活待遇，并在政治上予以妥当安排，巩固了统一战线，认真做好了民族上层的统战工作，团结了各族上层人士。和平协商土地改革锻炼和培养了大量少数民族干部，使他们成为乡村基层政权的骨干，充实了民族区域自治机关，不仅证明中国共产党的统战政策、民族政策是正确的，完全符合西南民族地区的实际情况和各族人民的意愿，而且证明采取与内地不同的和平协商方式进行土地改革是必要的和成功的。

　　合作化运动中，西南民族地区认真执行民族政策，具体照顾地区实际和民族特点。在建社工作中，加强民族团结的教育，做好民族团结工作。建社时切实开好民族座谈会，向少数民族自然领袖、房族领袖、歌师、歌手、罗汉头、姑娘头等交代建社政策，征求他们的意见，做好协商工作，发挥他们的积极性。评选社的领导，除正确贯彻执行党的阶级政策外，还充分注意到各民族之间和民族内部的关系。对于社的领导，从有利民族团结出发，全面照顾，妥善安排，根据民族、地区情况决定各民族各占多大比例。合作化运动中，西南地区各民族之间形成了真正的互助合作的民族关系。合作化运动把以家庭为单位的各民族或同一民族内部的不同的家庭紧密地联系在一起，强调各民族互相尊重，发挥各民族的特长，先进帮助落后，多数照顾少数，从而西南地区出现了互相学习、共同进步、齐心协力的新气象，平等、团结、互助的社会主义民族关系的形成，促进了合作化运动的发展。

　　中华人民共和国成立初期，西南各级地方政府在推行中央土地政策的过程中，结合民族地区实际，带有较为明显的行政层级性差异和地域性差异特点。中华人民共和国成立初期，中央政府主导全国农村土地制度变革，但西南地方政府在革命与建设的实践中，贯彻和灵活运用中央土地政策和民族政策，培养、使用了相当数量的少数民族出身的干部，这也对乡村社会重构产生了重大的影响。

三、土地制度变革和乡村社会重构关系

中华人民共和国成立初期西南民族地区土地制度变革推动了社会变迁，随着土地改革和合作化运动的进行，西南地区政治、经济、社会、文化和民族关系等方面发生了巨大的嬗变，加速了乡村社会的重构。

在政治方面，中华人民共和国成立初期西南民族地区的土地改革是一个颠覆乡村政治秩序的革命。通过土地改革，西南地区建立了一种阶级制度，土地改革过程中的阶级划分、成分评定导致传统社会血缘、地缘结构的解体，它为土改后农村的政治、经济与社会生活提供了一个基本框架，形成了以阶级结构为核心的新的社会结构。阶级斗争的意识形态广泛渗透在乡村生活的各个方面。土地改革扭转了旧政权对乡村社会无法有效管控的局面，实现了国家对乡村的有效治理和管控，改变了乡村社会原有的政治生态，"政权内卷化"得以克服，大大提升了对乡村社会的控制程度，国家对乡村社会实施控制的效能极大增强，使国家权力真正实现了现代意义上的乡村社会治理。合作社运动虽然外观上主要地具有经济性质，但体现了国家强制制度安排对乡村社会的全面渗透与控制，其实也是乡村的政治重建，把村民组织在跨家族的组织中，国家力图实现整个乡村社会的整合。社会结构和社会关系得到了重组、重构，带来乡村政治权力的变动，进一步巩固了乡村政权，巩固了人民民主专政。

在经济方面，土地改革和合作化运动本质上是从根本上变革农村经济制度的运动。土地制度变革过程中，党和人民政府强调运动的每一步骤都要注意结合农业生产，促进农业生产。在经济制度变迁过程中，不仅塑造了一种组织形态，改变了土地所有制关系，而且铲除了使少数民族人民长期处于贫困落后的根源，改变了农村生产关系，改革了农业生产方式，促进了少数民族地区社会生产力的发展。中华人民共和国成立

初期西南民族地区土地制度的变革使农业生产得到了发展，农民的生活水平得到了提高，农村面貌为之一新，产生了巨大的经济绩效。但土地制度变革过程中用政治手段解决经济问题，特别是合作化并不是因生产力发展要求所引起的制度变革，从长远来看，这些都产生了一定的消极影响。

在文化思想方面，土地制度改革最终瓦解了乡村传统，改变了农民消极地适应文化的现象，导致了乡村社会文化的巨大变迁。合作化运动也是一个建立超家族体制的新文化的过程。"农业合作化，在生产劳动和生活的集体化过程中完成了心灵集体化的过程，在重构乡村社会结构的同时也重构了农民的心灵。"❶ 社会变迁就是社会文化从一种状态向另一种状态的转变。土地制度变革，改变了农民的思想观念，塑造了一种村庄"集体主义"的文化意义模式，形成了新的国家与农民的关系，从而获得彻底的社会动员能力，政府强化了国家对农民的控制能力，改变了乡村社会运行的惯性轨道，将乡村社会纳入既定的现代化目标，用新文化、新价值观取代村落家族传统文化、传统价值观，乡村社会得到了大规模的改造与重建，党不断灌输和强化公众的社会主义信念和集体主义观，将其政治意识形态下沉于民间社会，以马克思主义为指导的意识形态在民族地区得以确立，从思想文化上实现对乡村社会的控制。

在社会方面，中华人民共和国成立初期，随着土地制度变革，西南民族地区婚姻制度发生变革，烟毒基本禁绝，农村医疗卫生条件初步改善，良好的社会风气开始形成。如大邑县三岔乡土改后呈现一种崭新气象。土改改造了游民小偷，56 个迷信职业者转入劳动，增加了农村劳动力，杜绝了匪患。农会组织和人民武装也得到初步整理和纯洁，乡保领导成分中清洗了地主和帮凶十余人，农会会员及自卫队员清洗坏分子百余人，使贫雇农在农会领导中占三分之二，中农占三分之一。开始创办农民短期夜学，买卖婚姻亦开始打破。几位士绅到三岔乡参观回来后发出了"哑巴开言，寡妇生儿，和尚还俗，尼姑思凡"的感叹。❷ 婚姻法的宣传贯彻颠覆了传统女性被动、柔弱、依赖的形象，提高了妇女在家庭和社会上的地位，"劳动光荣""妇女解放"等成为 20 世纪 50 年

---

❶ 王政、陈雁主编：《百年中国女权思潮研究》，复旦大学出版社 2005 年版，第 297 页。

❷ 《李井泉委员在西南军政委员会第二次全体委员会议上的发言》，重庆市档案馆藏档，全宗号：D，目录号：65，案卷号：10。

代的社会主流话语，凸显了女性社会性别的变化。为了迅速恢复国民经济、巩固新政权，党和人民政府把禁烟禁毒作为社会改革的重要内容，发布政策法令，禁止种植和吸食鸦片，坚决荡涤旧社会留下来的污泥浊水，这是中华人民共和国成立初期中共在接管政权后立即付诸实施的一项重要社会政策。在党和人民政府的领导下，西南各级政府结合本地区的实际情况，相继制定和公布了相应的禁烟禁毒实施办法，烟毒泛滥不止的势头得到了有效的遏制，除少数边远地区尚有偷种现象以外，烟毒基本禁绝，禁烟禁毒活动取得了显著的成效。土地改革和合作化运动时期，西南民族地区在党和人民政府的领导下，掀起了两次大规模的扫盲运动高潮。扫盲运动把政治理念、政策规定渗透到了农民的话语体系中，完成了对民众革命的教育和革命精神、政治理念的灌输。扫盲运动的开展，使民众的价值观念和行为模式发生了积极的变化，提高了农民的整体素质，掀起了农村文化高潮，形成了良好的社会风尚，促进了农村社会的进步，具有重大的历史意义。农民这一最广大的社会群体的潜在革命因素变成了现实的革命力量，从而为大规模展开的经济建设和社会建设提供了充足的人才储备。

在民族关系方面，在党和人民政府的领导下，西南民族地区疏通民族关系，大力宣传贯彻党的民族政策，并结合民族地区的具体情况，制定了一系列不同于内地汉族地区的政策，加强了各民族的团结。土地制度变革过程中，西南民族地区大力培养使用少数民族干部，各级政权和各级领导班子逐步配备了一定数量的民族干部，使党的路线、方针、政策在少数民族中得到了更好地落实贯彻。西南民族地区采用更宽松、更缓和的政策及更策略、更灵活的方式，改善了民族关系，对外震动小，平等、团结、互助的社会主义民族关系开始形成，推行民族区域自治，先后成立了区级、县级、地（州）级民族区域自治机关。民族区域自治机关的成立，使各族人民社会主义觉悟空前提高，加强了民族团结，实现了各民族人民当家做主、管理本民族事务的权利，实现了民族团结和社会的稳定发展。

中华人民共和国成立初期，西南民族地区乡村社会重构又推进了民族地区土地制度的变革。

西南民族地区在党和人民政府的领导下，通过引入"阶级"分类框架颠覆和重建乡村社区的社会分化体系和农民的身份体系，强化了民族地区乡村社会成员的主体和参与意识，形成了广泛的组织网络并全面有效地整合民族社会，使得新中国政府的号召力和行政命令以从未有过的力度深入民族地区乡村。个人、家庭与国家的关系紧密起来，提高了农民政治觉悟，人们的精神生活发生了重大变化，减少了土地制度变革的阻力，加快了土地改革和合作化运动的进程，推动了土地制度的变革。

土地是农业资源中最重要的部分，是农村社会经济的基础，土地与农民的关系构成了农村的基本关系。因而土地制度在很大程度上决定着农业的性质和农村发展道路。20世纪上半叶国家对乡村所实施的改造始终是肤浅和皮相的，并未对西南民族地区传统的经济与社会格局发生根本性的影响。新中国成立初期西南民族地区的经济制度的变革以无偿的方式满足了农民"耕者有其田"的要求，根本改变了农村的生产关系，改善了农民的生活，提高了农民的收入水平，从而获得了农民的信任和对新生国家政权的认同，加速了土地制度的变革。

思想是行动的先导。在西南传统的乡村社会，封建迷信活动非常流行，传统的民间信仰是相当普遍的。中华人民共和国成立初期，西南民族地区一方面民间信仰衰微，鬼神迷信开始破除，长期以来被人们祭祀供奉的神灵，受到怀疑，不再被信仰崇拜；另一方面土地制度变革从政治信仰、政治话语、意识形态等角度将民族地区纳入到国家对基层社会的一体化整合之中，各阶级阶层的社会心理和思维习性等都发生了一定的嬗变，国家倡导和强调社会主义理念的意识形态建构及其在社会运作中的积极实践，对革命领袖崇拜开始形成，对中国共产党和革命领袖的崇拜成了农村的新时尚，提高了他们的觉悟程度和组织程度，培养了他们对共产党和人民政府深厚的阶级感情，农民政治、经济、文化社会地位空前提升，逐步形成了与新的土地制度相适应的新风俗和新观念，民众的凝聚力和向心力形成，思想政治觉悟空前提高，为党和人民政府随后动员广大农民参加更大规模的社会改造奠定了基础，因此民间信仰衰微，封建迷信开始破除，农民从心灵深处感激共产党、敬仰毛主席，认同于宏观的国家目标，这就加速了土地制度变革的进程，新的生产关系形成。

中华人民共和国成立初期，西南民族地区禁烟毒运动的开展，增强了人民的体质，烟毒泛滥不止的势头得到了有效的遏制，涤荡了旧社会和国民党遗留下来的污泥浊水，基本上清除了旧社会遗留下来的丑恶现象，良好的社会风气开始形成。西南地区大力发展卫生事业，提高各族人民健康水平，从土改到合作化，西南民族地区农民收入普遍增加，农民生活质量提高，在此基础上，农村医疗卫生条件初步改善，生育率提高而死亡率大为降低，改变了以前疫病丛生、缺医少药的严重局面，卫生事业取得了巨大的进步。中华人民共和国成立初期，党和人民政府根据思想政治教育的需要和群众生产、生活中的现实需要开展扫盲运动，提高了民众的文化素养，培养了他们的民主意识、政治觉悟和政治素质。上述一切，均为大规模的社会改造和土地制度的变革提供了有利条件。

中华人民共和国成立初期，在党和人民政府的领导下，西南民族地区疏通民族关系，大力宣传贯彻党的民族政策，消除历史上遗留下来的民族隔阂和民族内部矛盾，培养选拔使用少数民族干部，建立民族区域自治机关，加强了各民族的团结，农村中呈现出动人的民族团结互助的景象，实现了民族团结和社会的稳定发展，民族关系发生了巨大的变化，新型的社会主义的民族关系的形成，促进了西南民族地区土地制度变革的历史进程。

中华人民共和国成立初期西南民族地区土地制度变革促使乡村社会重构，反之，乡村社会的重构、变化又推进了民族地区土地制度的变革，二者之间是双向互动关系。

参考文献

一、报纸刊物

[1]《人民日报》(1949~1957年)

[2]《云南日报》(1950~1957年)

[3]《新黔日报》(1950~1957年)

[4]《新华日报》重庆版(1949~1954年)

[5]《川北日报》(1950~1951年)

[6]《西南政报》(1951年)

二、文献资料

[1] 中央编译局.马克思恩格斯全集［M］.第2卷.北京：人民出版社，1957.

[2] 中央中央著作编译局.马克思恩格斯选集［M］.第2~4卷.北京：人民出版社，1995.

[3] 中共中央文献编辑委员会.毛泽东选集［M］.第3卷.北京：人民出版社，1991.

[4] 中共中央文献研究室.毛泽东文集［M］.第5卷.北京：人民出版社，1996.

[5] 中共中央文献研究室.毛泽东文集［M］.第6卷.北京：人民出版社，1999.

[6] 中共中央文献编辑委员会.邓小平文选［M］.第1卷.北京：人民出版社，1994.

[7] 中共中央文献研究室.建国以来重要文献选编［M］.第1~2册.北京：中央文献出版社，1992.

[8] 中共中央文献研究室.建国以来重要文献选编［M］.第5~6册.北京：中央文献出版社，1993.

[9] 中共中央文献研究室、中共重庆市委员会编.邓小平西南工作文集［M］.北京：中央文献出版社，重庆：重庆出版社，2006.

［10］中央文献研究室．邓小平年谱（一九〇四～一九七四）［M］．北京：中央文献出版社，2009．

［11］杨胜群主编．邓小平传（1904～1974）［M］．下册．北京：中央文献出版社，2014．

［12］《邓子恢文集》编辑委员会．邓子恢文集［M］．北京：人民出版社，1996．

［13］中共中央文献编辑委员会．胡耀邦文选［M］．北京：人民出版社，2015．

［14］江泽民．江泽民文选［M］．第2卷．北京：人民出版社，2006．

［15］乌兰夫．乌兰夫文选［M］．上册．北京：中央文献出版社，1999．

［16］云南省党史研究室．宋任穷云南工作文集［M］．北京：中央文献出版社，2006．

［17］薄一波．若干重大决策与事件的回顾［M］．修订本．上卷．北京：人民出版社，1997．

［18］中国社会科学院，中央档案馆．（1949～1952）中华人民共和国经济档案资料选编［M］．农业卷．北京：社会科学文献出版社，1991．

［19］中国社会科学院，中央档案馆．（1949～1952）中华人民共和国经济档案资料选编［M］．农村经济体制卷．北京：社会科学文献出版社，1992．

［20］中国社会科学院，中央档案馆．（1953～1957）中华人民共和国经济档案资料选编［M］．农业卷．北京：中国物价出版社，1998．

［21］《当代中国农业合作化》编辑室．建国以来农业合作化史料汇编［M］．北京：中共党史出版社，1992．

［22］中华人民共和国国家农业委员会办公厅编．农业集体化重要文件汇编［M］．上册．北京：中共中央党校出版社，1981．

［23］史敬棠等编．中国农业合作化运动史料［M］．下册．北京：三联书店，1962．

［24］贵州农业合作化史料编写委员会编．贵州农村合作经济史料［M］．第1辑．贵阳：贵州人民出版社，1987．

［25］贵州农业合作化史料编写委员会编．贵州农村合作经济史料［M］．第2～3辑．贵阳：贵州人民出版社，1988．

［26］贵州农业合作化史料编写委员会编．贵州农村合作经济史料［M］．第4辑．贵阳：贵州人民出版社，1989．

［27］云南农业合作化史编辑室等编．云南农业合作制史料·重要文件汇编（1952～1962）［M］．内部发行，1989．

［28］云南农业合作化史编辑室等编．云南农业合作制史料·历史资料选编［M］．内部发行，1989．

［29］云南农业合作化史编辑室等编．云南农业合作制史料·简史·大事记［M］．

内部发行，1989.

[30] 《四川省农业合作经济史料》编辑组. 四川省农业合作经济史料［M］. 成都：四川科学技术出版社，1989.

[31] 《中国的土地改革》编辑部. 中国土地改革史料选编［M］. 北京：国防大学出版社，1988.

[32] 张培田，陈翠玉主编. 江北土改档案（1949~1953）［M］. 内部资料，2010.

[33] 张培田，张华主编. 中国西南档案：土地改革资料（1949~1953）［M］. 内部资料，2009.

[34] 贵州省档案馆编. 黔地新生——解放初期贵州土地改革档案文献选编［M］. 贵阳：贵州人民出版社，2011.

[35] 中共云南省委党史研究室编. 云南土地改革［M］. 昆明：云南大学出版社，2011.

[36] 中共黔东南州委党史研究室. 黔东南的土地改革［M］. 内部资料，1992.

[37] 四川省档案馆编. 西南军政委员会纪事［M］. 内部资料，2001.

[38] 张培田主编. 新中国婚姻改革和司法改革史料：西南地区档案选编［M］. 北京：北京大学出版社，2012.

[39] 中央人民政府法制委员会. 婚姻法及其有关文件［M］. 北京：人民出版社，1953.

[40] 四川省编辑组编. 四川省凉山彝族社会历史调查［M］. 成都：四川省社会科学院，1985.

[41] 四川省编写组编. 四川省凉山彝族社会调查资料选辑［M］. 成都：四川省社会科学院出版社，1987.

[42] 四川省编辑组编. 四川省甘孜州藏族社会历史调查［M］. 成都：四川省社会科学院出版社，1985.

[43] 四川省编辑组编. 四川省阿坝州藏族社会历史调查［M］. 成都：四川省社会科学院出版社，1985.

[44] 贵州省编辑组编. 苗族社会历史调查（一）［M］. 贵阳：贵州民族出版社，1986.

[45] 贵州省编辑组编. 苗族社会历史调查（二）（三）［M］. 贵阳：贵州民族出版社，1987.

[46] 贵州省编辑组编. 布依族社会历史调查［M］. 贵阳：贵州民族出版社，1986.

[47] 贵州省编辑组编. 黔西北苗族彝族社会历史综合调查［M］. 贵阳：贵州民族出版社，1986.

[48] 云南省编辑组编. 傣族社会历史调查［M］. 昆明：云南民族出版社，1985.

［49］云南省编辑组编. 临沧地区傣族社会历史调查［M］. 昆明：云南人民出版社，1986.

［50］云南省编辑组编. 云南彝族社会历史调查［M］. 昆明：云南人民出版社，1986.

［51］《民族问题五种丛书》云南省编辑委员会编. 傈僳族社会历史调查［M］. 昆明：云南人民出版社，1981.

［52］《民族问题五种丛书》云南省编辑委员会编. 德宏傣族社会历史调查［M］. 昆明：云南人民出版社，1984.

［53］云南省编辑组编. 景颇族社会历史调查（一）［M］. 昆明：云南人民出版社，1985.

［54］云南省编辑组编. 景颇族社会历史调查（二）［M］. 昆明：云南人民出版社，1985.

［55］云南省编辑组编. 景颇族社会历史调查（三）［M］. 昆明：云南人民出版社，1986.

［56］云南省编辑组编. 思茅玉溪红河傣族社会历史调查［M］. 昆明：云南人民出版社，1985.

［57］云南省编辑组编. 云南回族社会历史调查（一）［M］. 昆明：云南人民出版社，1985.

［58］云南省编辑组编. 云南回族社会历史调查（三）［M］. 昆明：云南人民出版社，1986.

［59］云南省编辑组编. 佤族社会历史调查（二）［M］. 昆明：云南人民出版社，1983.

［60］《民族问题五种丛书》云南省编辑委员会编. 傣族社会历史调查（西双版纳之一、二、四）［M］. 昆明：云南民族出版社，1983.

［61］《民族问题五种丛书》云南省编辑委员会编. 傣族社会历史调查（西双版纳之六）［M］. 昆明：云南民族出版社，1984.

［62］《民族问题五种丛书》云南省编辑委员会编. 傣族社会历史调查（西双版纳之七）［M］. 昆明：云南民族出版社，1985.

［63］《民族问题五种丛书》云南省编辑委员会编. 拉祜族社会历史调查（一）（二）［M］. 昆明：云南人民出版社，1982.

［64］《民族问题五种丛书》云南省编辑委员会，《中国少数民族社会历史调查资料丛刊》修订编辑委员会编. 德宏傣族社会历史调查（一）（二）［M］. 北京：民族出版社，2009.

三、地方史志

[1] 贵州省民族事务委员会编. 贵州民族工作五十年 ［M］. 贵阳：贵州民族出版社，1999.

[2] 曲木车和主编. 四川省民族工作 50 年 ［M］. 成都：四川民族出版社，2004.

[3] 高发元主编. 云南回族 50 年 ［M］. 昆明：云南大学出版社，2003.

[4]《贵州农村合作经济简史》编写委员会编. 贵州农村合作经济简史（1949～1990）［M］. 贵阳：贵州人民出版社，1993.

[5]《傣族简史》修订本编写组. 傣族简史 ［M］. 北京：民族出版社，2009.

[6] 中共贵州省黔南州委党史研究室. 中国共产党黔南布依族苗族自治州历史 ［M］. 第一卷（1930～1978），北京：中共党史出版社，2006.

[7] 中共三都水族自治县党史研究室编著. 中共三都水族自治县历史 ［M］. 第一卷（1949～1978）. 北京：中共党史出版社，2006.

[8] 陈璨、包中. 贵州扫盲教育 ［M］. 贵阳：贵州教育出版社，2007.

[9] 中共独山县委员会编写. 跃进中的独山 ［M］. 贵阳：贵州人民出版社，1960.

[10] 中共镇远县委员会编写. 镇远十年 ［M］. 贵阳：贵州人民出版社，1960.

[11] 高发元主编. 云南民族村寨调查：彝族——峨山双江镇高平村 ［M］. 昆明：云南大学出版社，2001.

[12] 中共贵州省委党研究室编. 贵州城市的接管与社会改造 ［M］. 内部资料，2000.

[13] 中共云南省委党史研究室编. 云南土地改革回忆录 ［M］. 昆明：云南民族出版社，2008.

[14] 四川省地方志编纂委员会编. 四川省志·民政志 ［M］. 成都：四川人民出版社，1996.

[15] 四川省地方志编纂委员会编. 四川省志·民族志 ［M］. 成都：四川民族出版社，2000.

[16] 四川省地方志编纂委员会编. 四川省志·农业志（上册）［M］. 成都：四川辞书出版社，1996.

[17] 川北区志编纂委员会. 川北区志 ［M］. 北京：方志出版社，2015.

[18] 云南省民政厅编. 云南民政志 ［M］. 内部发行，1991.

[19] 贵州省地方志编纂委员会编. 贵州省志·民族志 ［M］. 贵阳：贵州民族出版社，2002.

[20] 贵州省地方志编纂委员会编. 贵州省志·农业志 ［M］. 贵阳：贵州人民出版社，2001.

[21] 贵州省地方志编纂委员会编. 贵州省志·教育志 [M]. 贵阳：贵州人民出版社，1990.

四、学术专著

[1] 彭正德. 生存政治：国家整合中的农民政治认同 [M]. 北京：中国社会科学出版社，2010.

[2] 陈吉元，陈家骥，杨勋. 中国农村社会经济变迁（1949～1989）[M]. 太原：山西经济出版社，1993.

[3] 杜润生主编. 中国的土地改革 [M]. 北京：当代中国出版社，1996.

[4] 李金铮. 传统与变迁：近代华北乡村的经济与社会 [M]. 北京：人民出版社，2014.

[5] 王瑞芳. 土地制度变动与中国乡村社会变革——以新中国成立初期土改运动为中心的考察 [M]. 北京：社会科学文献出版社，2010.

[6] 陈翠玉. 西南地区实施土地改革法研究 [M]. 北京：法律出版社，2010.

[7] 时和兴. 关系、限度、制度：政治发展过程中的国家与社会 [M]. 北京：北京大学出版社，1996.

[8] 纪程. 话语政治：中国乡村社会变迁中的符号权力运作 [M]. 北京：中国社会科学出版社，2011.

[9] 朱新山. 乡村社会结构变动与组织重构 [M]. 上海：上海大学出版社，2004.

[10] 王跃生. 社会变革与婚姻家庭变动——20世纪30～90年代的冀南农村 [M]. 北京：三联书店，2006.

[11] 周晓虹. 传统与变迁：江浙农民的社会心理及其近代以来的嬗变 [M]. 北京：三联书店，1998.

[12] 陈吉元，胡必亮. 当代中国的村庄经济与村落文化 [M]. 太原：山西经济出版社，1996.

[13] 李若建. 折射：当代中国社会变迁研究 [M]. 广州：中山大学出版社，2009.

[14] 黄荣华. 农村地权研究：1949～1983——以湖北省新洲县为个案 [M]. 上海：上海社会科学院出版社，2006.

[15] 林毅夫. 再论制度、技术与中国农业发展 [M]. 北京：北京大学出版社，2000.

[16] 赵永忠. 当代中国西南民族发展史论 [M]. 昆明：云南大学出版社，2012.

[17] 邱泽奇. 当代中国社会分层状况的变迁 [M]. 保定：河北大学出版社，2004.

[18] 张乐天. 告别理想——人民公社制度研究 [M]. 上海：东方出版中心，1998.

[19] 杜国景. 合作化小说中的乡村故事与国家历史 [M]. 北京：中国社会科学出版社，2011.

[20] 曹金合. 十七年合作化小说的叙事伦理研究 [M]. 北京：，中国社会科学出版社，2014.

[21] 林毅夫. 制度、技术与中国农业发展 [M]. 上海：上海三联书店、上海人民出版社，1994.

[22] 项继权. 集体经济背景下的乡村治理：南街、向高和方家泉村村治实证研究 [M]. 武汉：华中师范大学出版社，2002.

[23] 于建嵘. 岳村政治——转型期中国乡村政治结构的变迁 [M]. 北京：商务印书馆，2001.

[24] 叶扬兵. 中国农业合作化运动研究 [M]. 北京：知识产权出版社，2006.

[25] 于昆. 变迁与重构：新中国成立初期社会心态研究（1949～1956）[M]. 北京：中国社会科学出版社，2014.

[26] 刘娅. 解体与重构：现代化进程中的"国家—乡村社会" [M]. 北京：中国社会科学出版社，2004.

[27] 关海庭. 20 世纪中国政治发展史论 [M]. 北京：北京大学出版社，2002.

[28] 高王凌. 租佃关系新论——地主、农民和地租 [M]. 上海：上海书店出版社，2005.

[29] 陈翰笙. 解放前的地主与农民——华南农村危机研究 [M]. 北京：中国社会科学出版社，1984.

[30] 王奇生. 革命与反革命：社会文化视野下的民国政治 [M]. 北京：社会科学文献出版社，2010.

[31] 徐勇. 中国农村研究 2002 年卷 [M]. 北京：中国社会科学出版社，2003.

[32] 徐勇. 乡村治理与中国政治 [M]. 北京：中国社会科学出版社，2003.

[33] 高化民. 农业合作化运动始末 [M]. 北京：中国青年出版社，1991.

[34] 贾滕. 乡村社会秩序重构与灾害应对——以淮河流域商水县土地改革为例（1947～1954）[M]. 北京：社会科学文献出版社，2013.

[35] 陈益元. 建国初期农村基层政权建设研究（1949～1957）——以湖南省醴陵县为个案 [M]. 上海：上海社会科学院出版社，2006.

[36] 李立志. 变迁与重建：1949～1956 年的中国社会 [M]. 南昌：江西人民出版社，2002.

[37] 黄宗智主编. 中国乡村研究 [M]. 第二辑. 北京：商务印书馆，2003.

[38] 吴毅. 村治变迁中的权威与秩序——20 世纪川东双村的表达 [M]. 北京：

中国社会科学出版社，2002.

[39] 郭家骥. 云南的民族团结与边疆稳定 [M]. 北京：民族出版社，1998.

[40] 解冰. 新农村基层政权权责制衡重构 [M]. 北京：中国方正出版社，2010.

[41] 马社香. 中国农业合作化运动口述史 [M]. 北京：中央文献出版社，2012.

[42] 苑书义，董丛林. 近代中国小农经济的变迁 [M]. 北京：人民出版社，2001.

[43] 邢乐勤. 20 世纪 50 年代中国农业合作化运动研究 [M]. 杭州：浙江大学出版社，2003.

[44] 张一平. 地权变动与社会重构：苏南土地改革研究（1949～1952）[M]. 上海：上海人民出版社，2009.

[45] 张厚安，白益华主编. 中国农村基层建制的历史演变 [M]. 成都：四川人民出版社，1992.

[46] 郭德宏. 中国近现代农民土地问题研究 [M]. 青岛：青岛出版社，1993.

[47] 张静. 基层政权：乡村制度诸问题 [M]. 杭州：浙江人民出版社，2000.

[48] 朱冬亮. 社会变迁中的村级土地制度：闽西北将乐县安仁乡个案研究 [M]. 厦门：厦门大学出版社，2003.

[49] 景军. 神堂记忆：一个中国乡村的历史、权力与道德 [M]. 吴飞译. 福州：福建教育出版社，2013.

[50] 张鸣. 乡村社会权力与文化结构的变迁（1903～1953）[M]. 南宁：广西人民出版社，2001.

[51] 王沪宁. 当代中国村落家族文化——对中国社会现代化的一项探索 [M]. 上海：上海人民出版社，1991.

[52] 高冬梅. 新中国成立初期中国共产党社会救助思想与实践研究（1949～1956）[M]. 北京：人民出版社，2009.

[53] 王金香. 中国禁毒史 [M]. 上海：上海人民出版社，2005.

[54] 齐磊，胡金野. 中国禁毒史 [M]. 兰州：甘肃人民出版社，2004.

[55] 马模贞等编著. 中国百年禁毒历程 [M]. 北京：经济科学出版社，1997.

[56] 蒋秋明，朱庆葆. 中国禁毒历程 [M]. 天津：天津教育出版社，1996.

[57] 邵雍. 中国近代贩毒史 [M]. 福州：福建人民出版社，2004.

[58] [美] 杜赞奇. 文化、权力与国家——1900～1942 年的华北农村 [M]. 南京：江苏人民出版社，1994.

[59] [德] 马克斯·韦伯. 经济与社会（下卷）[M]. 北京：商务印书馆，1997.

[60] [美] 珀金斯. 中国农业的发展（1368～1968）[M]. 宋海文等译. 上海：上海译文出版社，1984.

[61] [美] 黄宗智. 长江三角洲小农家庭与乡村发展 [M]. 北京：中华书

局，1992.

[62] ［美］麦克法夸尔，费正清编．剑桥中华人民共和国史：革命的中国的兴起
（1949～1965）［M］．北京：中国社会科学出版社，1990.

[63] ［法］H. 孟德拉斯．农民的终结［M］．李培林译．北京：中国社会科学出版
社，1991.

[64] ［美］胡素珊．中国的内战——1945～1949 年的政治斗争［M］．王海良等译，
金光耀校．北京：中国青年出版社，1997.

[65] ［美］道格拉斯·诺斯．制度、制度变迁与经济绩效［M］．刘守英译．上海：
三联书店，1994.

[66] ［美］吉尔伯特·罗兹曼主编．中国的现代化［M］．南京：江苏人民出版
社，1988.

[67] ［美］塞缪尔·P. 亨廷顿．变化社会中的政治秩序［M］．王冠华等译．北
京：三联书店，1989.

[68] ［美］J. 米格代尔．农民、政治与革命——第三世界政治与社会变革的压力
［M］．李玉琪，袁宁译．北京：中央编译出版社，1996.

五、期刊论文

[1] 郭德宏．旧中国土地占有状况及其趋势［J］．中国社会科学，1989（4）.

[2] 李里峰．土改中的诉苦：一种民众动员技术的微观分析［J］．南京大学学报
（哲学·人文科学·社会科学），2007（5）.

[3] 张志永．建国初期干部群体婚姻问题辨正［J］．复旦学报·社会科学版，
2009（6）.

[4] 谢迪斌．论新中国成立初期中共对乡村村落的改造与重建［J］．中共党史研
究，2012（8）.

[5] 李敏昌，陈巍．农民传统地权观再认识——以建国初新区土改为例［J］．江
汉论坛，2016（3）.

[6] 张一平．新区土改中的村庄动员与社会分层——以建国初期的苏南为中心
［J］．清华大学学报·哲学社会科学版，2010（2）.

[7] 卢晖临．集体化与农民平均主义心态的形成——关于房屋的故事［J］．社会
学研究，2006（6）.

[8] 李立志．土地改革与农民社会心理变迁［J］．中共党史研究，2002（4）.

[9] 张晓玲．从基尼系数看土地改革后农村地权分配［J］．中国经济史研究，
2014（1）.

[10] 李里峰．土改结束后的乡村社会变动：兼论从土地改革到集体化的转化机

制．江海学刊，2009（2）．

[11] 赵永忠．20 世纪 50 年代初期西南的民族团结公约 [J]．贵州民族研究，2012（5）．

[12] 张举．新中国初期农民协会兴起与隐退原因探析 [J]．湖南农业大学学报·社会科学版，2002（3）．

[13] 熊秋良．建国初期乡村政治格局的变迁——以土改运动中农民协会为考察对象 [J]．贵州社会科学，2010（6）．

[14] 何志明．地权变动中的新区农村党建工作研究（1952～1954）——以川北达县为个案 [J]．中南大学学报·社会科学版，2014（3）．

[15] 马维强，邓宏琴．集体化时代乡村干部"反行为"研究——以山西平遥双口村为考察中心 [J]．华东师范大学学报·哲学社会科学版，2015（6）．

[16] 徐勇．"政党下乡"：现代国家对乡土的整合 [J]．学术月刊，2007（8）．

[17] 王俊斌．20 世纪 50 年代农村婚姻家庭的变迁 [J]．兰州学刊，2012（10）．

[18] 邓宏琴．包夹：集体化时代乡村阶级斗争的运作机制——以山西长治张庄为中心的考察 [J]．开放时代，2011（6）．

[19] 张静．新中国成立初期乡村地权交易中的农户行为分析 [J]．中国经济史研究，2012（2）．

[20] 王安平，韩亮，朱华．胡耀邦与川北土地改革 [J]．中共党史研究，2010（1）．

[21] 邢乐勤．论土改后中国农村社会阶层的分化 [J]．浙江学刊，2003（3）．

[22] 李巧宁．农业合作社与农民心态 [J]．浙江学刊，2005（1）．

[23] 张晓玲．新中农在农业合作化运动中的心态探析（1952～1956）[J]．历史教学，2010（8）．

[24] 彭正德．土改中的诉苦：农民政治认同形成的一种心理机制——以湖南省醴陵县为个案 [J]．中共党史研究，2009（6）．

[25] 汤芸．民主改革口述史中的"人"与"物" [J]．西南民族大学学报·人文社科版，2008（6）．

[26] 陈益元．建国初期中共政权建设与农村社会变迁——以 1949～1952 年湖南省醴陵县为个案 [J]．史学集刊，2005（1）．

[27] 满永．二十世纪五十年代的农村建党——以安徽省为中心的考察 [J]．中共党史研究，2015（11）．

[28] 王瑞芳．新中农的崛起：土改后农村社会结构的新变动 [J]．史学月刊，2003（7）．

[29] 李海金．集体化时期农民政治身份及其影响的变迁研究 [J]．中共党史研究，2011（12）．

［30］靳道亮．抗美援朝运动与乡村社会国家意识的塑造［J］．史学月刊，2009（10）．

［31］王瑞芳．"李四喜思想"讨论：建国初期中共教育农民的尝试［J］．史学月刊，2006（9）．

［32］吴毅，陈颀．"说话"的可能性——对土改"诉苦"的再反思［J］．社会学研究，2012（6）．

［33］朱斌．马克思主义意识形态嵌入乡村日常生活探析——以新中国成立初期的土地改革为考察对象［J］．学术论坛，2013（12）．

［34］徐勇．"宣传下乡"：中国共产党对乡土社会的动员与整合［J］．中共党史研究，2010（10）．

后　记

　　《西南民族地区土地制度变革与乡村社会重构研究（1949～1957）》一书是 2015 年教育部人文社科项目的研究成果。土地制度变革与乡村社会重构是一个富有历史价值和社会价值的重大课题。本书从课题申报、搜集资料、撰写研究报告、发表论文到最终成书定稿，要首先感谢我的团队成员，没有他们的努力付出和帮助，课题研究也不可能按期完成。

　　其次，感谢我的硕士导师郭贵儒教授和博士导师汪征鲁教授，在攻读学位期间，二位先生给予了许多指导和帮助，他们学术视野开阔，感谢他们引领我走上学术研究的道路；二位先生严谨的治学态度，认真的做事风格深深地影响了我，使我受益终生，在此一并致谢。

　　在开展课题研究搜集资料期间，图书馆、档案馆提供了便利，使我能安心查阅资料。在这里我要非常感谢凯里学院图书馆，从那下载了大量的专著、论文资料，感谢贵州省数字图书馆、云南省图书馆、贵州省档案馆、重庆市档案馆、云南省档案馆、四川省档案馆等提供了许多有价值的原始档案资料，新中国成立初期的《人民日报》《云南日报》《新黔日报》《新华日报》（重庆版）、《川北日报》等也能在这些地方方便地查阅。在社会调查资料方面，20 世纪五六十年代，中央和西南各省组织了对西南民族地区的社会调查，出版了许多社会调查资料，近年来又公开出版了一些档案史料，为从事研究提供了珍贵的第一手历史资料，这些档案资料、报刊史料为本文写作奠定了基础。

　　知识产权出版社的宋云女士惠纳书稿，为本书的出版穿针引线，做了大量细致工作；另外，责任编辑褚宏霞博士一丝不苟，认真校对，花费了大量时间和精力。她们提供的修改意见、建议，使本书增色不少，二位女士的敬业精神和做事风格值得我学习。还要感谢凯里学院计财处、科研处和马克思主义学院的领导和老师对本书出版提供的帮助与方便，使得书稿能得以出版。在此，表示衷心的感谢。

　　写作期间，我的家人提供了大力支持和充分理解，我的妻子乔青峰女士承担了大量家务劳动，使我能安心写作，按时完成课题研究的任务。对家人的宽容、支持和鼓励，对关心和支持帮助我的亲戚朋友表示衷心的感谢！

　　由于学力有限，本书肯定会存在许多问题和不足，衷心地希望学界同人和朋友批评就正。